Reforma Tributária em Pauta

Reforma Tributária em Pauta

2021

Coordenador
Wesley Rocha

ALMEDINA

REFORMA TRIBUTÁRIA EM PAUTA

COORDENADOR: Wesley Rocha

DIRETOR ALMEDINA BRASIL: Rodrigo Mentz

EDITORA JURÍDICA: Manuella Santos de Castro
EDITOR DE DESENVOLVIMENTO: Aurélio Cesar Nogueira
ASSISTENTES EDITORIAIS: Isabela Leite e Larissa Nogueira

DIAGRAMAÇÃO: Almedina
DESIGN DE CAPA: FBA

ISBN: 9786556272689
Agosto, 2021

Dados Internacionais de Catalogação na Publicação (CIP)
(Câmara Brasileira do Livro, SP, Brasil)

CReforma tributária em pauta coordenação
Wesley Rocha. – São Paulo: Almedina, 2021.

Bibliografia
ISBN 978-65-5627-268-9

1. Direito tributário 2. Reforma tributária
3. Reforma tributária – Brasil I. Rocha, Wesley.

21-68997 CDU-34:336.2(81)

Índices para catálogo sistemático:

1. Brasil: Reforma tributária: Direito tributário 34:336.2(81)

Maria Alice Ferreira – Bibliotecária – CRB-8/7964

Este livro segue as regras do novo Acordo Ortográfico da Língua Portuguesa (1990).

EDITORA: Almedina Brasil
Rua José Maria Lisboa, 860, Conj. 131 e 132, Jardim Paulista | 01423-001 São Paulo | Brasil
editora@almedina.com.br
www.almedina.com.br

SOBRE O COORDENADOR

Wesley Rocha

É mestrando em Direito Econômico e Desenvolvimento pelo IDP – Instituto Brasileiro de Ensino, Desenvolvimento e Pesquisa. Especialista em Planejamento Tributário pela UNB – Universidade Federal de Brasília. Graduado pela UCS – Universidade de Caxias do Sul. Conselheiro do CARF – Conselho Administrativo de recursos Fiscais, Vice-Presidente da 1ª Turma, da 3ª Câmara da Segunda Seção (nomeado em 2017 e indicado pela vaga da CNC). Foi Presidente da Associação dos Conselheiros dos Contribuintes no CARF– ACONCARF (Gestão 2019-2020). Presidente da Subcomissão da Reforma Tributária da OAB-DF (gestão 2019-2021, membro-consultor convidado). É membro da Câmara de tributação e finanças da FECOMÉRCIO-DF. É membro-consultor convidado da Comissão de Desenvolvimento Econômico Sustentável, Ciência, Tecnologia, Meio Ambiente e Turismo – CDESCMAT – da Câmara Legislativa do Distrito Federal (nomeação em 2021). Atuou como advogado na área tributária da Confederação Nacional dos Municípios (2009-2017). Trabalhou com o Procurador do Estado do Rio Grande do Sul Ernesto José Toniolo (2004-2008). É idealizador do PLS 372/2018 que trata da suspensão do crédito fiscal por meio da penhora de faturamento na execução fiscal apresentado pelo Senado Federal. Participou na confecção das alterações da LC 116/2003, a Lei do ISS por meio da LC 157/2016. Ministra cursos em especialização, é articulista e autor de artigos acadêmicos.

SOBRE OS AUTORES

Alexis Fonteyne
Deputado Federal eleito por São Paulo, membro da Comissão Mista da Reforma Tributária. Graduado em Engenharia Mecânica pelo Centro Universitário FEI.

Alice Grecchi
Mestre em Direito pela UNISINOS-RS. Advogada Tributarista – sócia do escritório Grecchi Advogados Associados fundado em 1998. Juíza no Tribunal Administrativo de Recursos Fiscais – TARF/RS. Professora dos cursos de pós-graduação e de Graduação. Mestre em Direito Tributário. Pós-Graduação: Em Direito Tributário. Graduação: Administração de Empresas e Direito. Conselheira do Conselho Curador da FESDT – Fundação Escola Superior de Direito Tributário. Membro da Comissão Especial de Direito Tributário da OAB/RS. Membro do IET – Instituto de Estudos de Direito Tributário. Vice-Presidente do IARGS – Instituto dos Advogados do Estado do Rio Grande do Sul. Vice-Presidente – ACISE – Associação Comercial, Industrial e de Serviços de Esteio. Ex-Secretária da Fazenda do Município de Esteio RS. Ex-Coordenadora do pós-graduação em Direito e Gestão Tributária – UNISINOS. Ex-conselheira do CARF – Conselho Administrativo de Recursos Fiscais do Ministério da Fazenda. Ex-Presidente do IARGS – Instituto dos Advogados do Estado do Rio Grande do Sul. Ex-Presidente – ACISE – Associação Comercial, Industrial e de Serviços de Esteio. Auditora Fiscal da Receita Estadual do RS (aposentada). Autora de artigos publicados em revistas e livros e palestrante em vários Congressos e Seminários.

Ana Paula Pasinatto
Mestre pela Faculdade de Direito da Universidade de Brasília (UNB). Pós-Graduada pela Escola da Magistratura do Distrito Federal. Presidente da SubComissão de Arbitragem da OAB/DF. Sócia-Fundadora do Instituto Jurídico de Arbitragem Tributária no Estado de São Paulo. Diretora Científica da Associação de Mediadores e Arbitralistas do Distrito Federal. Realizou estudos e pesquisas sobre a AT na Faculdade de Direito da Universidade de Lisboa. Advogada. Membro-Consultora da Subcomissão da Reforma Tributária da OAB-DF (Gestão 2019/2021).

Ariane Costa Guimarães
Advogada. Co-fundadora do Elas Pedem Vista. Mestre e Doutora em Direito e Políticas Públicas Fiscais. Professora de Direito Tributário no UniCEUB. Foi Visiting Researcher em Georgetown. Vice-presidente da Subcomissão de Reforma Tributária da OAB/DF (Gestão 2019/2021). Vice-presidente do comitê de legislação da Câmara Americana de Comércio (AMCHAM). Vice-presidente da ABAT-DF.

Cairo Trevia Chagas
Advogado graduado em Direito pela Universidade Federal do Ceará (UFC). Graduando em Ciências Contábeis pela Universidade de Brasília (UNB). Membro-Consultor da Comissão Especial de Direito Tributário do Conselho Federal da Ordem dos Advogados do Brasil (CEDT/CFOAB). Membro-Consultor da Subcomissão da Reforma Tributária da OAB-DF (Gestão 2019/2021).

Carlos Alberto de Moraes Ramos Filho
Doutor em Direito pela Pontifícia Universidade Católica de São Paulo – PUC-SP. Mestre em Direito pela Universidade Federal de Santa Catarina – UFSC e pela Universidade Federal de Pernambuco – UFPE. Professor da Faculdade de Direito da Universidade Federal do Amazonas – UFAM. Procurador do Estado do Amazonas.

Charles Dickens
Formado em economia e direito. Advogado especializado em direito tributário e societário. Presidente da Câmara de Tributação e Finanças Públicas e diretor da Fecomércio-DF. Vice-presidente do Sindicato de informática (Sindisei-DF) e das empresas de processamento de dados (Assespro DF). Trinta anos de experiência como empreendedor.

Danielle Nascimento
Mestre em Finanças Públicas, Tributação e Desenvolvimento pela UERJ, Procuradora da Fazenda Nacional e Professora de Direito Financeiro e Direito Tributário.

Daniel Giotti de Paula
Doutor em Finanças Públicas, Tributação e Desenvolvimento pela UERJ, Procurador da Fazenda Nacional e Professor de Direito Financeiro e Direito Tributário.

Demetrius Nichele Macei
Doutor em Direito do Estado pela PUC/SP. Estágio de Pós Doutorado pela USP. Professor do Corpo Permanente do Mestrado e Doutorado do UNICURITIBA. Ex-Conselheiro da Câmara Superior de Recursos Fiscais 1ª CSRF/CARF/MO. Advogado.

Eduardo Muniz Machado Cavalcanti
Advogado. Mestre em Direito Público pela Universidade Federal de Pernambuco (UFPE), obteve o Diploma de Estudos Avançados na Universidade de Salamanca na Espanha, com período de pesquisa na Universidade de Nápoles na Itália. Foi Procurador da Fazenda Nacional (PGFN) junto ao Supremo Tribunal Federal e ao Superior Tribunal de Justiça. Também foi Procurador do Estado de Minas Gerais junto aos Tribunais Superiores. Atualmente é Procurador do Distrito Federal com atuação no consultivo fiscal, financeiro e orçamentário. É sócio do escritório Bento Muniz Advocacia, eduardo@bentomuniz.com.br.

Edvaldo Nilo de Almeida
Pós-Doutorando em Direito Tributário e Financeiro pela Universidade Estadual do Rio de Janeiro (UERJ). Doutor em Direito Público pela PUC/SP. Mestre em Direito Constitucional pelo Instituto Brasiliense de Direito Público (IDP). Especialista em Direito Tributário pela Fundação Faculdade de Direito da Universidade Federal da Bahia (UFBA). Especialista em Direito Tributário pelo Instituto Brasileiro de Estudos Tributários (IBET). Procurador do Distrito Federal (2009-atual). Procurador da Fazenda do Distrito Federal no Tribunal Administrativo de Recursos Fiscais do Distrito Federal – TARF/DF (2019-atual).

Everardo de Almeida Maciel
Consultor tributário, professor do Instituto Brasiliense de Direito Público – IDP e da Escola de Magistratura do TRF-1. Foi Secretário da Receita Federal (1995-2002), Secretário da Fazenda do Estado de Pernambuco (1979-1982) e Secretário de Fazenda e Planejamento do Distrito Federal (1991-1994).

Fernando Daniel de Moura Fonseca
Residência Pós-Doutoral em Direito Tributário na Universidade Federal de Minas Gerais (UFMG). Mestre e Doutor em Direito Tributário pela Universidade de São Paulo (USP). *Master of Laws* (LL.M.) pela *New York University* (NYU). Especialista em Direito Tributário pela Fundação Getúlio Vargas (FGV). Foi pesquisador visitante na *Università Degli Studi di Genova*. Advogado e Contador. Professor da Faculdade de Direito Milton Campos (Graduação e Mestrado).

George Alex Lima de Souza
Auditor-fiscal da Receita Federal, DiretorParlamentar do Sindifisco Nacional. Especialista em direito tributário e financeiro pelo IDP-Instituto Brasiliense de Direito Público. Possui MBA em gestão empresarial pela Unifacs-universidade Salvador. Bacharel em direito pelo UDF – Centro Universitário do Distrito Federal e Engenheiro Civil pela UFBA. Membro--Consultor convidado da Subcomissão da Reforma Tributária da OAB-DF (Gestão 2019/2021).

Hadassah Santana
Pós-doutoranda em Direito (UNB). Doutora e mestre (UCB). Especialista em Direito Tributário e Finanças Públicas pela Escola de Administração Fazendária – ESAF. Assessora legislativa em matéria tributária na Câmara Federal. Professora no Instituto Brasileiro de Ensino, Desenvolvimento e Pesquisa (IDP)e professora convidada na graduação da Escola de Políticas Públicas e Governo da Fundação Getúlio Vargas – EPPG/FGV. Diretora da Subcomissão da Reforma Tributária da OAB-DF (Gestão 2019/2021).

Iágaro Jung Martins
Especialista em Direito Tributário. Bacharel em Ciências Contáveis e Direito. Subsecretário de Fiscalização da Secretaria Especial da Receita Federal do Brasil entre 2014 e 2019.

João Gabriel Ferreira Calzavara
Advogado graduado em Direito pela Universidade Federal do Pará (UFPA). Pós-Graduado em Direito Tributário e Finanças Públicas pelo Instituto Brasiliense de Direito Público (IDP). Pós-Graduando em Direito Tributário Municipal pelo Instituto de Aperfeiçoamento Jurídico e Fiscal. Membro da Subcomissão da Reforma Tributária da OAB-DF (Gestão 2019/2021). Membro-Consultor da Subcomissão da Reforma Tributária da OAB-DF (Gestão 2019/2021).

Joicy Leide Montalvão de Almeida
Bacharel em Direito pela Universidade Católica de Brasília – UCB. Pós-graduanda em Direito Tributário pelo Instituto Brasiliense de Direito Público – IDP. Advogada. Membro-Consultora da Subcomissão da Reforma Tributária da OAB-DF (Gestão 2019/2021).

Jules Michelet Pereira Queiroz e Silva
Doutorando em Direito Tributário pela Faculdade de Direito da Universidade de São Paulo. Mestre em Direito, Estado e Constituição pela Universidade de Brasília. Professor do IDP e da ESA/DF. Vice-Presidente do Instituto Potiguar de Direito Tributário. Consultor Legislativo e Advogado em Brasília.

Jussandra Maria Hickmann Andraschko
LLM em Tributação das Empresas e dos Negócios pela Unisinos/RS. Especialista em Direito Tributário pelo IBET/RS. Advogada. Professora. Vice-Presidente da Comissão Especial de Direito Tributário da OAB/RS.

Larissa Romana dos Santos Sousa
Especialista em Direito e Jurisdição, Direito Empresarial e Digital pela ESMA-DF. Pós-Graduanda em Direito Sistêmico, Fenomenologia e Desenvolvimento Humano e Formação em Constelação Sistêmica pelo Instituto Adoleser em parceria com faculdade JK. Vice-Presidente da Comissão de Assuntos Tributários da OAB Subseção do Guará-DF. Membro-Consultora da Subcomissão da Reforma Tributária da OAB/DF (Gestão 2019/2021). Membro do Instituto dos Advogados do DF (IADF). Membro da INOVARB Arbitragem e Diversidade. Mediadora pelo Centro de Mediadores do DF. Advogada.

Leandro Alves dos Santos
Especialista em Direito Tributário e Finanças Públicas pelo Instituto Brasiliense de Direito Público – IDP. Bacharel em Direito pelo Centro Universitário do Distrito Federal – UDF. Advogado. Membro-Consultor da Subcomissão da Reforma Tributária da OAB-DF (Gestão 2019/2021).

Leandro Paulsen
Doutor em Direitos e Garantias do Contribuinte. Desembargador do Tribunal Regional Federal da 4ª Região.

Luciano Felicio Fuck
Doutor em Direito (USP). Mestre (Ludwig-Maximilians-Universität – Munique, Alemanha). Professor da pós-graduação Stricto Sensu em Direito no Instituto Brasileiro de Ensino, Desenvolvimento e Pesquisa (IDP). Membro-Consultor da Subcomissão da Reforma Tributária da OAB-DF (Gestão 2019/2021).

Luís Eduardo Schoueri
Professor Titular da Faculdade de Direito da Universidade de São Paulo. Vice-Presidente do Instituto Brasileiro de Direito Tributário.

Luiz Carlos Jorge Hauly
Economista especialista tributário, ex deputado Federal (por 7 mandatos consecutivos: 1991-2019) e ex Secretário da Fazenda do Estado do Paraná (por 2 vezes).

Luiz Renato O. J. Hauly
Economista (UEL) e Advogado (PUC/PR).

Marcos Cintra Cavalcanti de Albuquerque
Foi Secretário Especial da Receita Federal do Brasil do Ministério da economia, Presidente da Financiadora de Estudos e Projetos-FINEP, Secretário do Planejamento do Município de São Paulo, Secretário de Finanças do Município de São Bernardo do campo, Secretário do Desenvolvimento Econômico e Trabalho do Município de São Paulo e Subsecretário de Ciência, Tecnologia e Inovação do Estado de São Paulo. Foi Vereador e Deputado Federal. Possui graduação em Economia – Harvard College (1968), mestrado em Economia (M.A in Economics)

– Harvard University (1976), mestrado em Planejamento Regional (M.R.P. in Regional Planning) – Harvard University (1974) e doutorado em Economia – Harvard University (1985). É professor titular e vice-presidente da Fundação Getúlio Vargas e foi Diretor da Escola de Administração de Empresas de São Paulo – EAESP/FGV.

Misabel Abreu Machado Derzi
Doutora em Direito Tributário pela Universidade Federal de Minas Gerais (UFMG). Professora Titular de Direito Tributário e Financeiro da Universidade Federal de Minas Gerais (UFMG) e da Faculdade de Direito Milton Campos (FDMC). Presidente Honorária da Associação Brasileira de Direito Tributário (Abradt). Membro da Fondation des Finances Plubiques (Fondafip).

Nina Pencak
Doutoranda em Finanças Públicas, Tributação e Desenvolvimento pelo Programa de Pós-Graduação em Direito da Universidade do Estado do Rio de Janeiro (UERJ). Mestre em Finanças Públicas, Tributação e Desenvolvimento pelo Programa de Pós-Graduação em Direito da Universidade do Estado do Rio de Janeiro (UERJ). Assessora de Ministro no Supremo Tribunal Federal. Cofundadora do coletivo jurídico Elas Discutem.

Paulo Ayres Barreto
Professor Associado de Direito Tributário da Universidade de São Paulo – USP. Advogado.

Paulo Arthur Cavalcante Koury
Doutorando em Direito Tributário na USP. Master of Law (LLM) pela University of Cambridge. Advogado.

Paulo Caliendo
Doutor em Direito pela PUCSP (2002), Estágio de Doutoramento na *Ludwig-Maximilians Universität* em Munique (Alemanha) (2001). Mestre em Direito pela UFRGS. Endereço para acessar este CV Lattes: <http://lattes.cnpq.br/9047483160060734>. E-mail: caliendo@cedadvogados.com.br. Membro-Consultor da Subcomissão da Reforma Tributária da OAB-DF (gestão 2019/2021).

Roberto Coelho Rocha
Senador da República. Foi deputado estadual, deputado federal por três mandatos. Graduado em Administração de empresas.

Roque Antonio Carrazza
Professor Titular da Cadeira de Direito Tributário da Faculdade de Direito da Pontifícia Universidade Católica de São Paulo – Advogado e Consultor Tributário – Mestre, Doutor e Livre-docente em Direito Tributário pela *PUC/SP* – Ex-Presidente da Academia Paulista de Direito.

Thuany Campbell Brisolla
Advogada. Especialista em Direito Tributário e Aduaneiro pela Pontifícia Universidade Católica (PUC/MG). Pós-Graduanda em Gestão Tributária pela Universidade de São Paulo (USP). Presidente da Comissão de Direito Tributário da Subseção Guará da OAB-DF. Membro-Consultora da Subcomissão da Reforma Tributária da OAB-DF (Gestão 2019/2021).

Tiago Conde Teixeira
Mestre em Direito Público pela Universidade de Coimbra (Portugal). Bacharel em Direito pelo Centro Universitário de Brasília. Professor de Direito Tributário do Instituto Brasiliense de Direito Público (IDP). Membro efetivo da Câmara de Tributação da FECOMÉRCIO. Advogado e Consultor e Diretor da Abradt. Foi Presidente da Comissão de Assuntos Tributários da OAB-DF (Gestão 2019/2020).

Valter Pedroso Vitelli
Advogado. Graduado em direito na Universidade de Brasília (UnB). Membro do Grupo de Estudos em Empresarial e Arbitragem (GEA-UnB).

Victor Lyra Guimarães Luz
Mestrando em Direito Tributário pela Universidade de São Paulo (USP). Especialista (LL.M.) em Direito Tributário pelo Insper – Instituto de Ensino e Pesquisa. Pesquisador do Instituto Brasileiro de Direito Tributário (2020-2021). Advogado em São Paulo.

Victor Ribeiro Ferreira
Mestrando em Direito Econômico e Desenvolvimento pelo IDP. Especialista em Direito Tributário e Finanças Públicas pelo IDP. LLM em Direito Empresarial pela FGV. Advogado. Membro-Consultor da Subcomissão da Reforma Tributária da OAB-DF (Gestão 2019/2021).

NOTA DA COORDENAÇÃO

Os Coordenadores do livro têm o satisfação de oferecer a presente obra coletiva da Reforma Tributária em Pauta, que envolve juristas e personalidades importantes na discussão do tema, da qual permeia o contexto político brasileiro há mais de três décadas e tem sido destaque no Parlamento, nos últimos três anos.

O livro conta com Parlamentares que estão atuando diretamente na elaboração do texto da Reforma Tributária, como o Senador Roberto Coelho Rocha, que presidiu a Comissão Mista da Reforma Tributária e o foi relator de um dos textos encaminhados pelo Senado Federal, além do Deputado Federal Alexis Fonteyne, que foi membro da Comissão Mista da Reforma Tributária.

A obra é resultado do trabalho desenvolvido pela *Sub-Comissão de Reforma Tributária*, da OAB-DF, presidida pelo Dr. Wesley Rocha, membro-consultor, convidado para coordenar os trabalhos na gestão da OAB-DF 2019/2021, conduzida pelo Presidente Dr. Délio do Lins e Silva. O período da gestão foi marcado pela intensidade de ações profícuas, com realização de seminários, palestras, reuniões, participação em audiências públicas, e que envolveram diversos dos autores dos textos endereçados na presente obra.

Registra-se que, não se pode ignorar a relevância do debate, sobretudo quando se trata do país com maior desproporcionalidade quanto ao retorno da arrecadação tributária em favor da sociedade, o que por si só justifica a necessidade de simplificação do Sistema Tributário Nacional e de normas que observem a justiça tributária.

Quanto à complexidade da tributação no Brasil existe certa unanimidade de entendimento entre diversos seguimentos da sociedade, no sentido de se reconhecer a necessidade de ampla e positivada mudança no cenário tributário nacional, fato que se intensificou ainda mais no ano de 2019 até o presente período de 2021, e que possivelmente seguirá o mesmo ritmo nos próximos anos, caso não haja aprovação das propostas colocadas em pauta.

A perspectiva da Reforma Tributária, portanto, é positiva para a progressividade nacional e vista como uma oportunidade para a simplificação, transparência, eficiência e justiça do Sistema Tributário do país, a fim de melhorar o ambiente de negócios, criticado pela tributação complexa, desigual e burocrática.

Nesse sentido, a Reforma Tributária é um dos temas mais esperados pela comunidade empresarial e política dos últimos tempos. Objeto de várias proposições de emenda à Constituição, destacando-se a PEC 45/19 e a PEC 110/19, o assunto é, tido como um dos fatores necessários para a economia brasileira, está ancorada em sua extrema importância no cenário de grande litigância brasileiro, que já ultrapassa R$ 1 trilhão de reais em disputas tributárias em todo o país, bem como no imperioso potencial de redução da complexidade de um sistema atual que eleva o Custo Brasil e dificulta os investimentos no país.

O Brasil é o país com o pior índice de retorno de bem-estar à sociedade do mundo, conforme ranking anualmente divulgado (IRBES). Assim, apesar de não ter a maior ou estar entre as maiores cargas tributárias no mundo, segundo a OCDE, o gasto público com a arrecadação de tributos não é retornado à sociedade na mesma proporção da exação fiscal. Estudo publicado pelo IPEA revela que a carga tributária brasileira é, do ponto de vista econômico, regressiva, o que implica dizer que "o excesso de tributação sobre bens e serviços, de 18,8% do PIB, [é] maior do que em qualquer país da OCDE, onde a média é de 11,6% do PIB", sendo a parte mais afetada a camada mais destituída de recursos financeiros da sociedade brasileira.

Daí que o objetivo maior e comum das proposições de Reforma Tributária, em síntese, se resume às ideias de: simplificação do sistema brasileiro, redução de litígios administrativos e judiciais, eliminação de alguns benefícios fiscais setoriais e redução de outros, atribuição de mais transparência ao sistema e adoção de um sistema de tributação do consumo inspirado no imposto sobre valor agregado (IVA), com ampla não cumulatividade, ou seja, de efeito mais neutro para os empresários.

Fruto do trabalho diligente da reunião de autores juristas, economistas e auditores, foi idealizada a presente obra justamente com o propósito de registrar as reflexões contemporâneas sobre o tema, bem como esclarecer os aspectos de cada um dos principais pontos dos textos em discussão, que analisam também a regressividade do Sistema Tributário como maior fator de contribuição para os problemas na concentração de renda no país, além de um grande número de regras de incidência tributária, como é o caso da tributação sobre o consumo e da complexidade na forma de recolhimento das obrigações principais e acessórias.

Registra-se, ainda, que a obra conta com textos de que permeiam o universo da pesquisa e da academia, que abordam o tema sob as mais diversas perspectivas, possibilitando maior compreensão do debate e dos caminhos disponíveis para melhorar o sistema tributário atual, de forma a englobar diversas especificações que impactam ou que serão impactadas na elaboração de uma Reforma tão relevante, o que fundamenta as amplas discussões acadêmicas entre juristas, que cooperam para que o novo ordenamento jurídico tributário abranja todos os meios necessários e fundamentais para uma era de desenvolvimento nacional.

Mesmo com tanta "batalha" do Congresso Nacional, é possível que nova versão da reforma tributária se sobressaia, atendendo a evolução de tudo o que já foi apresentado até o momento.

Decorrente dessas questões circunstanciais, evidente que esta obra guarda uma limitação temporal do que foi construído até o presente momento. Contudo, apesar de possíveis alterações pontuais serem realizadas daqui em diante em termos de tramitação, as ideias e conteúdos aqui registrados, por esbarrarem em firmes substratos, possivelmente irão permanecer em outras propostas que estão por vir, caso não sejam mantidas as numerações e o conteúdo dos dispostos já apresentados. Portanto, é de grande valia o material produzido, visto que poderá servir como fonte das mais variadas pesquisas.

Esperamos que público leitor aprecie os artigos que revelam a preocupação sistêmica, consistente, sofisticada dos Autores e Autoras, como um dos principais marcos na história do Direito Tributário brasileiro.

Os Coordenadores

Wesley Rocha
Hadassah Santana
Ariane Costa Guimarães
Luciano Felicio Fuck
Paulo Antonio Caliendo Velloso da Silveira

APRESENTAÇÃO

A Reforma Tributária é tema que permanece latente dentro da sociedade, vez que tem se tornado, indiscutivelmente, uma das principais e mais necessárias reformas para o país. O tema esteve na pauta de debates no Congresso nos últimos 30 (trinta) anos, ora de forma mais vasta, ora de forma mais específica.

Neste contexto, a Ordem dos Advogados do Distrito Federal instaurou em 2019 uma Subcomissão com foco de estudar e propor debates sobre a Reforma Tributária. Desde então, foram promovidos eventos no âmbito da OAB/DF com o objetivo de colocar em perspectiva os projetos em tramitação no Congresso Nacional para apresentar esclarecimentos sobre os impactos dos textos, caso aprovados, bem como propor sugestões de aprimoramento das redações, cumprindo assim uma das missões da advocacia brasileira, de proporcionar a defesa dos direitos e interesses os cidadãos e contribuintes.

Durante esse período, entidades como o Conselho Federal da OAB, Confederação Nacional da Agricultura, Sindifisco, Confederação Nacional dos Transportes, Confederação Nacional dos Municípios, Associações, participação de representantes do Governo Federal, além de parlamentares, como o próprio Presidente da Frente Parlamentar em Defesa da Advocacia Deputado Fábio Trad, bem como protagonistas das propostas apresentadas no Congresso Nacional, como o economista Bernardo Appy e o ex-Deputado Luiz Hauly, advogados e estudiosos acadêmicos estiveram nos bancos físicos e virtuais da OAB/DF para discussão sobre esses projetos tão relevantes à sociedade brasileira.

A partir dos trabalhos propostos, surgiu a importante ideia de reunir conteúdo sobre o tema, nascendo assim a presente obra, da qual reúne contribuições e debates ocorridos no âmbito da Subcomissão de Reforma Tributária da OAB/DF, justamente com o propósito de registrar e incentivar as reflexões contemporâneas sobre a necessária Reforma Tributária, bem como apresentar reflexões sobre os principais pontos dos textos em discussão.

Importante registrar que as críticas e sugestões são necessárias para a consolidação de um sistema aperfeiçoado, sobretudo ao que todos almejam: uma simplificação da tributação e melhoria do ambiente de negócios.

Sabemos da importância que é ter um sistema reformado e reestabelecido com níveis máximos de atenção ao desenvolvimento tributário sustentável, preservando a autonomia dos entes federados, com respeito na forma federativa - trina - do Brasil, para tornar mais atrativo investimentos, a fim de que as empresas possam se desenvolver com foco no emprego e renda, atendendo às camadas sociais que mais necessitam e, assim, conformar a progressividade da tributação nacional e efetivar a melhoria da arrecadação pelo Estado. Somado a isso, deve-se estar atento para que um sistema tributário possa nascer de maneira mais neutra, simplificada, diminuindo o tempo gasto para o recolhimento dos tributos.

Investidos nos elevados valores de uma Democracia justa, trabalhos como o proposto devem ser incentivados, à guisa de colocar todos os interessados a par desse tão espinhoso assunto, que diferente da reforma da previdência, ganha complexidade além do comum.

Destaca-se, por fim, que o discurso amplo que tangencia o tema da tributação no Brasil não pode afastar a atuação conjunta dos players e atores sociais, sobretudo ao se pretender uma modificação estruturante de um sistema tributário que atinge a todas as classes e setores da economia. Com isso, não por outro motivo que, diversos são os profissionais contemplados na presente obra, e assim se espera de qualquer debate rico sobre o sistema tributário que se proponha a implementar no país.

A difícil iniciativa de produzir conteúdo a respeito de um tema tão complexo, como o que ora se propõe, é sempre louvável, e o papel da OAB-DF de enfrentar temas tão difíceis é fundamental para trazer à sociedade, imbuída do espírito reformista, a colaboração e o convencimento na aprovação de tão importante proposta, sob o olhar de variadas expertises, grandes estudiosos dos temas tratados, entre eles juristas, economistas e auditores fiscais do Brasil.

Délio Lins e Silva
Presidente da OAB-DF

PREFÁCIO

Não é nenhuma novidade que o Sistema Tributário Nacional possui suas "*fraturas expostas*" e demanda soluções urgentes que visem a simplificar e racionalizar seus mecanismos de instituição, cobrança e fiscalização, a fim de se corrigir o atual cenário de elevada litigância tributária no país, tanto no âmbito administrativo como no judicial.

Some-se a isso a pulverização excessiva das competências tributárias e a heterogeneidade da legislação que hoje regulamenta os mais variados tributos, cada um com suas particularidades e competências. Há, hoje, uma grande quantidade de leis e atos normativos esparsos, que certamente tornam a tributação no Brasil algo extremamente complexo.

Nesse sentido, muito se tem discutido sobre as melhores soluções para se desintrincar o atual sistema. No âmbito do Poder Legislativo, estima-se que já existam mais de cem Propostas de Emenda à Constituição (PEC) sobre a reforma tributária e o tema está na pauta prioritária do Congresso Nacional. Nota-se, assim, que é quase um consenso a urgência para se buscar uma solução que simplifique o nosso Sistema Tributário.

Contudo, em que pese a relevância do assunto, fato é que os principais aspectos práticos das proposições ainda não foram muito bem explorados por essas PECs ou pelos projetos de lei a elas ligados, o que torna essencial o desenvolvimento de estudos técnicos sobre todos os pontos que tocam o tema, de forma a convidar comunidade acadêmica, os operadores do direito e todos os cidadãos para o debate. Dessa forma, posso assegurar que tenho a gratificante incumbência de proemiar uma obra de grande relevância para os debates atuais.

A obra é resultado dos valorosos trabalhos desenvolvidos pela Ordem dos Advogados do Distrito Federal, que, desde 2019, promove pesquisas voltadas especificamente para o tema, através da Subcomissão sobre a Reforma Tributária. Muitos desses estudos agora estão transcritos nos artigos acadêmicos deste livro, que reúne contribuições de excelentes profissionais entusiastas do direito tributário. Portanto, este primoroso trabalho certamente já nasce como uma importante referência para os debates que serão travados no âmbito da reforma tributária.

Desejo a todos uma proveitosa leitura!

Gilmar Ferreira Mendes

SUMÁRIO

1.

Onde está a Real Regressividade do Sistema Tributário Brasileiro?

ALEXIS FONTEYNE

Introdução

A regressividade tributária é o fenômeno que faz com que um sistema tributário pese mais na parcela de renda inferior de determinada sociedade, aliviando as camadas superiores. A regressividade tributária contribui para que se torne mais severo o problema de concentração de renda no Brasil. Trata-se não da diferença natural de renda gerada pela parcela produtiva da sociedade versus a mais improdutiva, mas da que é gerada pelas distorções econômicas causadas pelo conjunto de regras que fornece o incentivo errado ou que altera o funcionamento do Estado de maneira que ele pese mais sobre determinada parcela da população.

O objetivo deste artigo é demonstrar onde realmente se encontra o fator que mais contribui para que o sistema tributário brasileiro seja mais regressivo e apontar a forma de solução.

1. Desenvolvimento

Podemos entender como regressividade de um sistema tributário o desequilíbrio pouco lógico de se tributar mais as pessoas de menor capacidade contributiva, seja ela por ter menos recursos ou renda e tributar menos as pessoas ou famílias de maior capacidade contributiva em suma: "quem ganha mais, paga menos".

A regressividade em um sistema tributário se manifesta de inúmeras maneiras, podendo ser um desequilíbrio entre as tributações das bases, – propriedade, renda e consumo – ou pode ser uma distorção dentro da própria base, quando tributamos proporcionalmente mais as pessoas de baixa renda mais do que as pessoas de alta renda.

Um dos claros desequilíbrios regressivos entre bases existentes no Brasil é uma alta carga tributária no consumo e menor carga na renda. Esta maior tributação no consumo afeta especialmente as camadas de menor renda, que consomem tudo o que ganham, não poupam e, portanto, pagam integralmente os tributos sobre o consumo. As famílias mais abastadas não consomem toda a sua renda, fazem poupança e investimentos. Assim, acabam por não sentir uma carga tão elevada de impostos sobre o consumo. Ainda podem gozar de rendas isentas e não tributáveis ou pagar menos tributos oriundos do ganho de capital.

A alta carga tributária no consumo e menor na renda não é uma exclusividade brasileira nem tão pouco invenção tupiniquim. Alta carga tributária no consumo é fenômeno típico de países em desenvolvimento com população de baixa renda, onde a base renda não gera arrecadação suficiente para manter as necessidades do Estado. Chega a ser contraditório, pois o Estado tributa a base mais ampla, que é justamente a população mais pobre. Pior, quando tributa mais o consumo e mais os de menor renda, retroalimenta o círculo vicioso do empobrecimento da população.

2. A renda do brasileiro e o perfil de consumo

Quando vemos o perfil de renda do Brasil, é possível observar que 80% da população ganha em média até dois salários mínimos[1]. Ainda, o Brasil é um país tão desigual que o 1% mais rico, ganha em média 180 vezes mais que a parcela que está dentro dos 5% com menor renda. Assim, o desenho de distribuição de renda do Brasil dificulta a simples transferência da carga tributária do consumo para a renda, pelo evidente fato que a grande maioria da população é pobre.

Além disso, o Brasil tem um dos orçamentos mais engessados do mundo. Em 2018, cerca de 90% das despesas da União eram obrigatórias[2] – liderados pela Previdência e pagamento do funcionalismo. Ou seja, o governo tem menos de 10% para gastar livremente. Isto significa que

[1] Fonte: PNAD (IBGE). Disponível em: https://www.nexojornal.com.br/expresso/2020/05/11/A-desigualdade-de-renda-no-Brasil-%C3%A9-alta.-E-vai-piorar

[2] Disponível em: https://www.gazetadopovo.com.br/politica/republica/quem-vencer-as-eleicoes-vai-governar-de-maos-amarradas-evl017lsiy64g53id79gzupx6/

o governo não consegue diminuir sua arrecadação, em uma possível transferência de carga tributária do consumo para a renda.

A solução para se aumentar a carga tributária na renda passa pelo aumento da renda, subindo a barra da renda e não pelo aumento da alíquota sobre a mesma. O Brasil precisa se tornar um país rico com renda bem distribuída.

3. Regressividade no consumo

Dentro de cada base há distorções que acumulam a regressividade e na base consumo não é diferente. A base consumo tem uma particularidade, ela vai se compondo e transformando conforme o tempo, gerando desafios de tributação. *Streaming* é produto ou serviço? Armazenamento de dados na nuvem é serviço ou locação?

A regressividade dentro da base consumo se dá principalmente pela diferença de carga tributária entre bens – produtos fabricados – e serviços, combinado com o perfil de consumo das pessoas de baixa renda.

A carga tributária sobre a produção de bens é, em média, de aproximadamente 43%, incluído o ICMS, IPI, PIS, COFINS e IOF segundo relatório recente da CNI. Acrescenta-se a esta carga tributária os custos para cumprir todas as obrigações acessórias inerentes à produção de bens, como o Bloco K, o crédito físico, a substituição tributária ou diferencial de alíquotas, por exemplo. Não é só a carga tributária que é alta na produção de bens, é o custo de conformidade, o custo Brasil, que pesa mais sobre bens do que sobre serviços.

4. Tributação de serviços

Segundo o mesmo estudo, a carga tributária sobre a prestação de serviços é inferior, por volta de 21%, composta principalmente por ISS, PIS e COFINS e IOF, sendo que a carga de ISS variando de 2 a 5%, muito diferente do ICMS, que varia – dependendo do Estado e dependendo do interestadual – de 7 a 19%, sem contar a substituição tributária que pode chegar a alíquotas estratosféricas.

O custo de conformidade sobre o serviço é igualmente inferior quando comparado com os bens produzidos. Prestadores de serviços não se creditam de absolutamente nada, não há o conceito de insumo nos serviços, não há substituição tributária ou Bloco K. Por outro lado, é inegável que o custo da oneração da folha tem maior impacto sobre o setor de serviços, uma vez que a prestação de serviços depende de mão de obra intensiva.

5. Custos de conformidade

Há que se ressaltar o que o leviatã tributário que atualmente conhecemos vem sendo criado pelo Estado brasileiro há um bom tempo. De tempos em tempos são feitas alterações na legislação pátria visando corrigir distorções interpretativas, criar obrigações acessórias no sentido de combater sonegação e majoração de tributos disfarçadas de garantia de segurança jurídica.

Um exemplo claro disso é o instituto substituição tributária, criada em 1966 com a sanção do Código Tributário Nacional e que posteriormente foi implantado na Constituição Federal pela Emenda Constitucional nº 3/1993 com o acréscimo do art. 150 §7º. Anos depois, foi regulamentada pela Lei Complementar nº 87/96, que é mais conhecida como Lei Kandir. Por conseguinte, cada Estado da Federação elaborou sua legislação específica para tratar o tema. No Estado de São Paulo a primeira regulamentação se deu pela Lei nº 6.374 de 1º de março de 1989, que teve seu rol de contribuintes sujeitos ao regime de Substituição Tributária no ICMS fortemente ampliado em 2008 e 2009, que coincidentemente foi o mesmo período da crise econômica financeira americana causada pela falência do Banco Lehman Brothers.

Em São Paulo as alterações se tornaram tão recorrentes que o Decreto nº 64.552/2019 previu que a lista de produtos sujeito ao referido regime fosse delegado à Coordenadoria da Administração Tributária (CAT), que poderá alterá-la por meio de ato normativo.

Este tipo de norma causa instabilidade nos mercados que é seu destinatário. Claramente constatamos que a substituição tributária é um dos institutos que tem seu rol alterado de tempos em tempos causando insegurança jurídica, distorção de preços relativos e majoração disfarçada de tributos, o que proporciona uma carga tributária mais pesada àqueles que têm menos recursos. Assim, concretiza-se o que cita o filósofo francês Frederic Bastiat, *in verbis*:

> "Quando a própria lei comete um ato que ela deveria reprimir, nesse caso a espoliação não é menor, porém maior e, do ponto de vista social, com circunstâncias agravantes."

4. Padrão de consumo dos níveis de renda inferiores

Uma vez esclarecido que a carga tributária e custo de conformidade sobre bens é o dobro dos serviços, vamos analisar agora o perfil de consumo das populações de mais baixa renda, aquela população que ganha em média até 2 salários mínimos.

Há dois aspectos importantes para se analisar no perfil de consumo da população de baixa renda:

1) Eles consomem toda a renda e, portanto, não fazem poupança;
2) Eles consomem prioritariamente bens e menos serviços.

Uma vez que as pessoas de baixa renda consomem praticamente toda a sua renda, significa que ela é tributada na integridade pela base consumo e potencializando ainda mais a regressividade, o perfil de consumo é de produtos que possuem a maior carga tributária.

Pessoas de baixa renda consomem vestuários, utensílios, calçados, alimentos, material de construção, bicicleta, etc. Elas certamente não consomem serviços como restaurantes, pacotes de viagem, spas, cinema, teatro, academias, streaming, ou pacote de dados de telefonia. Segundo a POF de 2018[3], famílias que ganham até 2 salários mínimos, gastam cerca de 9% da sua renda com serviços, enquanto famílias que ganham mais de 25 salários mínimos por mês despendem 31% de seus rendimentos com serviços. Percebe-se que a diferença brutal das cargas tributárias de bens e serviços contribuí na "raíz" do problema para maior regressividade do sistema.

5. Sistema tributário que induz à informalidade e ao desemprego

Existem outros aspectos indiretos de regressividade do atual sistema tributário que poucos levam em consideração, quais sejam: a informalidade, o subemprego e o desemprego.

O sistema tributário brasileiro cria um dos ambientes mais inóspitos para se empreender no mundo, é o que aponta o relatório do Banco

[3] Disponível em: https://www.ibge.gov.br/estatisticas/sociais/trabalho/9050-pesquisa-de--orcamentos-familiares.html?=&t=o-que-e e https://epocanegocios.globo.com/Economia/noticia/2020/08/epoca-negocios-reforma-tributaria-melhora-percepcao-de-solvencia--do-setor-publico-diz-appy.html

Mundial sobre a facilidade de fazer negócios no país. Hoje o Brasil está na posição de número 184 de 190 países, para pagamento de tributos do ranking Doing Business do Banco Mundial[4]. Ou seja, só existem 6 países com um sistema tributário pior que o nosso.

O número gasto para pagamentos de imposto é de 1.501 horas anuais, cerca de cinco vezes mais que a América Latina e 10 vezes mais que a OCDE. Esse valor nos coloca em último da lista da quantidade de horas gastas para pagar impostos. Isto é nós somos o país que mais perde tempo pagando imposto do mundo. Desta maneira, diminui-se as possibilidades de criação de novas empresas e, consequentemente, a geração de mais vagas formais.

Uma das características mais indesejáveis do sistema tributário brasileiro é o de quem produz tem de agregar custos muito antes de agregar valor. É o efeito de mecanismos de presunção de lucro e resultado, como a substituição tributária, em que se paga antecipadamente os tributos da cadeia.

Outro problema se dá pelas diferentes alíquotas entre os Estados, que culmina em uma grande complexidade pela instituição do diferencial de alíquota, criado com o intuito de evitar a guerra fiscal, objetivo nunca atingido. Outra fonte de complexidade são os tributos cumulativos, como o ISS, o IOF, o ICMS quando não gera crédito, PIS e COFINS quando não geram crédito, Simples Nacional e outros que não têm mecanismos de devolução de créditos.

Todos estes fatores juntos culminam em 1.501 horas para cumprir as obrigações com o fisco apontadas pelo Banco Mundial. Sendo que deste total 60% do tempo que se leva é gerado pela dificuldade de recolhimento do ICMS. Isso ressalta a importância do esforço político que deve ser feito para o IVA envolver todas as Unidades da Federação, os estados, o distrito federal e os municípios.

6. Isenções fiscais e a regressividade

Outra ineficiência presente no sistema tributário brasileiro são as isenções fiscais. Inicialmente, é importante lembrar que a redução de um imposto tem como consequência direta o aumento de outro, considerando a manutenção da mesma arrecadação tributária do governo. Deste modo,

[4] Disponível em:https://www.doingbusiness.org/en/data/exploretopics/paying-taxes

é previsto que o governo deixe de arrecadar cerca de R$330 bilhões de renúncias tributárias para o ano de 2020[5]. Cerca de 4,3% do PIB.

As principais desonerações vêm das pequenas empresas, Zona Franca de Manaus, agronegócio e deduções de despesas médicas. Muitas delas são ineficiências e contribuem para a regressividade do nosso sistema tributário. Um estudo da CCIF[6] mostrou que as renúncias federais têm um sinal negativo sobre a produtividade. Ou seja, maior isenção fiscal, menor a produtividade da economia.

A desoneração da cesta básica, por exemplo, é o maior fator de benefício do agronegócio. Embora famílias pobres gastem uma parcela maior da sua renda na aquisição de produtos da cesta básica, as famílias ricas gastam, em termo absolutos valores maiores na aquisição destes produtos. Neste sentido, estudos mostram que é muito mais eficiente como ferramenta distributiva, arrecadar o imposto total sobre os produtos da cesta básica e transferir o montante de isenção somente para as famílias pobres[7]. Além disso, o desenho de isenção tributária atrapalha a eficiência competitiva do mercado. Por exemplo, o peixe está na cesta básica. O salmão também é peixe. Qual família é mais beneficiada com a isenção do salmão?

A Zona Franca de Manaus é um grande exemplo de falta de eficiência competitiva. Empresas se organizam de modo a pagar menos impostos e muitas acabam se alocando nesta zona. No entanto, seria muito mais eficiente por questões de logística a instalação em outro polo empresarial. O custo desta ineficiência é refletido nos preços dos produtos e quem paga a conta é a população. Outro fator que contribui para regressividade no nosso sistema são as deduções de despesas médicas. Em 2016, a renúncia fiscal na área de saúde atingiu R$ 34,1 bilhões[8]. As despesas médicas deduzidas chegaram no patamar de cerca de R$ 70 bilhões, e metade delas de declarantes de alta renda, com alíquota máxima do IR (27,5%). Como a isenção leva em conta essa alíquota, o total da renúncia acaba beneficiando os contribuintes mais ricos.

[5] Disponível em: https://www.jornaldocomercio.com/_conteudo/economia/2019/09/701213-receita-projeta-renuncia-fiscal-de-r-331-bilhoes-em-2020.html

[6] Disponível em: https://ccif.com.br/wp-content/uploads/2020/06/Nota_Tecnica_Reforma_PEC45_2019_VF.pdf

[7] Disponível em: https://ccif.com.br/wp-content/uploads/2020/06/NT-IBS-v2_2.pdf

[8] Disponível em: https://monitormercantil.com.br/isen-o-fiscal-equivale-a-1-3-das-despesas-em-sa-de-p-blica

O sistema tributário brasileiro, pela sua complexidade, falta de clareza e transparência, mata empresas e é exclusivo. É para poucos, para quem tem escala, quem consegue contratar bons contadores e bons advogados. O que acaba concentrando ainda mais as riquezas, aumentando ainda mais as desigualdades. O atual sistema tributário gera informalidade e desemprego. Não há nada mais regressivo que a falta de empregos formais.

6. Reforma tributária para diminuir a desigualdade gerada pelo Estado

A reforma tributária tem um grande poder de resolver esta distorção regressiva dentro da base consumo ao criar um imposto no sistema IVA (Imposto de Valor Adicionado) que agregue todas as bases de consumo, aplicando uma alíquota para bens e serviços e até criar mecanismos de progressividade, retornando os impostos pagos sobre o consumo para as populações de mais baixa renda.

A unificação de alíquotas federais, municipais e estaduais acabará com inúmeras distorções da tributação do consumo. Esta alíquota propõe: (i) diminuir de forma direta e drástica a regressividade no consumo; (ii) acabar com a guerra fiscal de Estados e Municípios, (iii) tornar a alocação de recursos e das empresas mais eficiente; (iv) reduzir a complexidade do sistema atual; (v) eliminar a cumulatividade do atual sistema; (vi) desonerar completa dos investimentos e das exportações, (vii) aumentar a transparência para os consumidores acerca da carga de tributos embutida nos produtos; (viii) estimular a formalização.

Um estudo da CCIF estimou[9] os efeitos positivos da PEC 45 nos indicadores macroeconômicos brasileiros. Considerando os impactos diretos e indiretos da reforma, foi estimado um aumento do PIB potencial de 32% em 15 anos e 40% no longo prazo, aumento de 22% sobre a produtividade (PTF) em 15 anos e 24% no longo prazo e aumento do estoque de capital de 22% em 15 anos e 30% no longo prazo. Isto é, com a reforma, as famílias deverão ficar 40% mais ricas e a economia 25% mais produtiva e um aumento no investimento em 30% no longo prazo.

[9] Disponível em: https://ccif.com.br/wp-content/uploads/2020/06/Nota_Tecnica_Reforma_PEC45_2019_VF.pdf

O CCIF também estimou[10], para um cenário otimista, um aumento de cerca de 25% no consumo das famílias, 25% no investimento, 17% nas exportações, 16% nas importações, 18%, 26% e 18% nas atividades setoriais da agropecuária, indústria e serviços, respectivamente. Ainda, foi estimado uma redução do custo de insumos de 15%, 11% e 12% para os setores agropecuária, indústria e serviços, respectivamente. Finalmente, o estudo mostrou que em um cenário otimista, ocorre uma melhora no bem-estar de cerca de 17% para famílias menos de 6 salários-mínimos e 16% para famílias que ganham mais de 30. Isto é, ocorre um aumento geral no bem-estar de famílias, e as famílias mais beneficiadas são as mais pobres.

Por fim, a multinacional EY estimou[11] que as empresas deixariam de gastar 600 horas anuais com impostos indiretos com a implementação do IBS. Passando a gastar 285 horas/anuais.

Conclusões

Existem, portanto, diversas fontes de regressividade no sistema tributário brasileiro, mas localiza-se na tributação do consumo a maior delas. Contribuem de sobremaneira para a regressividade os tributos cumulativos, as exorbitantes regras para recolhimento, o pagamento adiantado de tributos de resultado presumido, a profusão de regramentos e obrigações acessórias, dentre outros.

O sistema de tributação do consumo é, da forma com que está posto atualmente, uma máquina de geração de desigualdade que precisa ser desmontada pela implementação de uma reforma que crie regras simples, objetivas e claras, alinhadas com os melhores modelos internacionais. Ao mesmo tempo deve reduzir tratamentos diferenciados entre produtos, serviços e que possa limitar benefícios tributários, concentradores naturais de renda. Precisa ser implementada uma reforma constitucional que reúna em um só ponto toda a arrecadação do consumo através da aplicação de um moderno sistema de imposto de valor agregado nacional.

[10] Disponível em: https://ccif.com.br/wp-content/uploads/2020/10/CCiF_NT_Impactos.pdf

[11] Disponível em: https://endeavor.org.br/leis-e-impostos/reforma-tributaria-e-doing-business/

2.
Os Impactos sobre o Patrimônio nos Projetos de Reforma Tributária em Andamento

Alice Grecchi

Introdução

Este artigo tratará dos impostos sobre o patrimônio previstos na Constituição Federal e das alterações propostas nas emendas constitucionais, que tramitam no Senado Federal e na Câmara dos Deputados.

Para tanto, será efetuada uma breve análise dos princípios da capacidade contributiva e da progressividade, que visam a assegurar a justiça na tributação, na medida em que têm como fim a distribuição da carga tributária, de acordo com a riqueza manifestada pelo contribuinte. Também será examinada a possibilidade de aplicação destes princípios a outros impostos existentes em nosso sistema tributário.

Por fim, serão apontados os benefícios e prejuízos, que a eventual aprovação das Propostas de Emendas Constitucionais nºs. 45/2019 e 110/2019 trará, no concernente à tributação sobre o patrimônio.

1. O princípio da capacidade contributiva e o princípio da progressividade nos impostos sobre o patrimônio

O artigo 145, parágrafo primeiro, da Constituição Federal, preceitua que "sempre que possível, os impostos terão caráter pessoal e serão graduados segundo a capacidade econômica do contribuinte, facultado à administração tributária, especialmente para conferir efetividade a esses objetivos, identificar, respeitados os direitos individuais e nos termos da lei, o patrimônio, os rendimentos e as atividades econômicas do contribuinte".

Como se vê, a Constituição é clara, no sentido de que os impostos deverão ser graduados de acordo com a concentração de riquezas do contribuinte, de modo a implementar, na tributação, o valor justiça, ou seja, a equalizar as forças econômicas, auxiliando, assim, a construção de uma sociedade mais igualitária.

Acerca do princípio da capacidade contributiva, Roque Antonio Carrazza (2019, p. 79) aduz:

> (...) o princípio da capacidade contributiva hospeda-se nas dobras do princípio da igualdade e ajuda a realizar, no campo tributário, os ideais republicanos. Realmente é justo e jurídico que quem, em termos econômicos, tem muito pague, proporcionalmente, mais imposto do que quem tem pouco. Quem tem maior riqueza deve, em termos proporcionais, pagar mais imposto do que quem tem menor riqueza".

Portanto, o princípio em tela representa uma das formas de garantir a efetivação, no campo impositivo, da igualdade na tributação. Vem a calhar, a respeito, a sempre lembrada definição de Rui Barbosa (1999, p.22), contida em sua magnífica "Oração aos Moços"; *verbis*:

> A regra da igualdade não consiste senão em aquinhoar desigualmente aos desiguais, na medida em que se desigualam. Nesta desigualdade social, proporcionada à desigualdade natural, é que se acha a verdadeira lei da igualdade. O mais são desvarios da inveja, do orgulho ou da loucura. Tratar com desigualdade a iguais, ou a desiguais com igualdade, seria desigualdade flagrante, e não igualdade real.

Transplantando estas ideias retóricas para o campo jurídico, Humberto Ávila (2012, p. 455) esclarece: "Isso significa que a igualdade mantém íntima vinculação com as decisões valorativas constitucionais, que tanto determinam os critérios para a igualdade de tratamento quanto permitem a justificação do tratamento desigual".

De modo mais amplo, Paulo de Barros Carvalho (2018, p. 345) sustenta que o princípio da capacidade contributiva está presente em todas as figuras tributárias. Confira-se:

> Realizar o princípio da capacidade contributiva quer significar, portanto, a opção a que se entrega o legislador, quando elege para antecedente das normas tributárias fatos de conteúdo econômico que, por terem essa natureza, fazem pressupor que as pessoas que deles participam apresentam condições de colaborar com o Estado mediante parcelas do seu patrimônio.

O Imposto de renda é um exemplo clássico de aplicação do princípio da capacidade contributiva, posto que sua base de cálculo é composta pelo total dos rendimentos auferidos pelo contribuinte e suas alíquotas são progressivas, conforme a faixa em que os rendimentos se encaixam.[1]

Por aí se vê que o princípio da capacidade contributiva leva a outro princípio de extrema relevância, para o estabelecimento de critérios de justiça na tributação: o princípio da progressividade. É o que ensina Luciano Amaro (2017, p.169); *verbis*:

> Outro preceito que se aproxima do princípio da capacidade contributiva é o da progressividade, previsto para certos impostos, como o de renda. A progressividade não é uma decorrência necessária da capacidade contributiva, mas sim um refinamento desse postulado. A proporcionalidade implica que riquezas maiores gerem impostos proporcionalmente maiores (na razão direta do aumento da riqueza). Já a progressividade faz com que a alíquota para as fatias mais altas de riqueza seja maior.

Portanto, a progressividade implica a aplicação, nos impostos, de alíquotas maiores, conforme o aumento das suas bases de cálculo (progressividade fiscal). Também é a progressividade que leva à aplicação de alíquotas maiores, utilizando como parâmetros a ocupação do solo e sua produtividade (progressividade extrafiscal), como se dá com o Imposto sobre a Propriedade Territorial Rural – ITR.

Embora o princípio da capacidade contributiva esteja positivado na Carta Magna, o Supremo Tribunal Federal ao se manifestar sobre a possibilidade de sua aplicação aos impostos sobre o patrimônio, mais

[1] O debate em torno da implementação do princípio da capacidade contributiva se restringe aos impostos indiretos, posto que incidentes sobre determinados bens ou serviços, o que dificulta a identificação do poderio econômico do contribuinte de fato (destinatário da carga econômica da exação).

especificamente ao Imposto de Transmissão de Bens Imóveis-ITBI, decidiu que ele não pode ter alíquotas progressivas, em razão do valor venal do bem. Tal entendimento acabou se consubstanciando na Súmula 656; *verbis*: "É inconstitucional a lei que estabelece alíquotas progressivas para o imposto de transmissão inter vivos de bens imóveis – ITBI com base no valor venal do imóvel".

Tal modo de pensar também prevaleceu em relação ao Imposto sobre a Propriedade Predial e Territorial Urbana – IPTU, conforme o voto do Ministro Moreira Alves, prolatado no RE 153.771 (julg. em 20/11/1996), onde restou ressaltado:

> No sistema tributário nacional, é o IPTU inequivocadamente um imposto real, porquanto ele tem como fato gerador a propriedade, o domínio útil ou a posse de imóvel localizado na zona urbana do Município, sem levar em consideração a pessoa do proprietário, do titular do domínio útil ou do possuidor, tanto assim que o Código Tributário Nacional ao definir seu fato gerador e sua base de cálculo não leva em conta as condições da pessoa do sujeito passivo.

Posteriormente, com a publicação da Emenda Constitucional nº 29/2000, instituiu-se uma progressividade específica para o IPTU, que passou a ter alíquotas progressivas, em razão do valor do imóvel, sendo facultado ao legislador municipal o direito de instituí-las, na forma do artigo 156, parágrafo 1º, inciso I, da Carta Magna; *verbis:*

> § 1º Sem prejuízo da progressividade no tempo a que se refere o art. 182, § 4º, inciso II, o imposto previsto no inciso I poderá:
> I – ser progressivo em razão do valor do imóvel; e
> II – ter alíquotas diferentes de acordo com a localização e o uso do imóvel.

Discutiu-se, então, a partir de que momento a progressividade das alíquotas passou a ser possível em relação ao Imposto sobre a Propriedade Territorial Urbana – IPTU. O assunto somente se pacificou com a publicação da Súmula 668 do Supremo Tribunal Federal, assim ementada: "É inconstitucional a lei municipal que tenha estabelecido, antes da Emenda Constitucional 29/2000, alíquotas progressivas para o IPTU, salvo se destinada a assegurar o cumprimento da função social da propriedade urbana".

Conforme se depreende da só leitura da súmula acima transcrita aceitava-se, antes da edição da Emenda Constitucional 29/2000, em relação a este imposto, apenas a progressividade extrafiscal, cuja finalidade é estimular o adequado aproveitamento da propriedade urbana, conforme diretrizes fixadas no *plano diretor* do Município.

Por outro lado, o artigo 153, parágrafo 4º, inciso I, da Constituição Federal, prevê a progressividade da alíquota do Imposto Territorial Rural – outro imposto incidente sobre o patrimônio –, com o nítido escopo de desestimular a manutenção de propriedades improdutivas.

Em recente decisão proferida no julgamento do Recurso Extraordinário nº 562.045/RS, o Supremo Tribunal Federal, voltando sobre os próprios passos, manifestou-se favorável à progressividade do Imposto de Transmissão Causa Mortis e Doação – ITCMD. O fundamento jurídico que justificou a possibilidade de progressão das suas alíquotas foi justamente a necessidade de observância do princípio da capacidade contributiva.

A propósito, cabe salientar que o Senado Federal aprovou, com respaldo no artigo 155, parágrafo 1º, inciso IV, da Constituição Federal, a Resolução nº 9/92, na qual, ao fixar a alíquota máxima do Imposto de Transmissão Causa Mortis e Doação – ITCMD em 8%, também normatizou a progressividade desta exação, tomando por base o quinhão de cada herdeiro.

Sempre mais se confirma, pois, que a progressividade representa uma forma de concretizar o princípio da capacidade contributiva, a partir da aplicação de alíquotas diferençadas, que se elevam, na medida em que a base tributável aumenta. Este princípio, que outrora era aplicado exclusivamente ao imposto de renda, passou a prevalecer nos impostos sobre o patrimônio, com o que restou superada a tese da distinção entre impostos reais e pessoais.

Tal ideia, de resto, transparece cristalina na lição de Roque Antonio Carrazza (2019, p. 81) que encerra o debate ressaltando: “É por isso que, em nosso sistema jurídico, todos os impostos, em princípio, devem ser progressivos. Por quê? Porque é graças à progressividade que eles conseguem atender ao princípio da capacidade contributiva”.

Feitas estas considerações, é importante destacar que os impostos podem ser classificados com base em diferentes critérios, mas, para os fins deste artigo, importa a que aproveita aos incidentes sobre o patrimônio.

2. Impostos sobre o patrimônio

De acordo com a atual Constituição, os impostos sobre o patrimônio estão distribuídos entre os três entes da Federação. A União tem competência para instituir o Imposto sobre a Propriedade Territorial Rural – ITR e o Imposto sobre Grandes Fortunas; os Estados, o Imposto sobre a Propriedade de Veículos Automotores – IPVA e o Imposto sobre a Transmissão *Causa Mortis* e Doação, de quaisquer bens ou direitos – ITCMD; os Municípios, o Imposto sobre a Propriedade Predial e Territorial Urbana – IPTU e o Imposto sobre a Transmissão "Inter Vivos", a Qualquer Título, por Ato Oneroso, de bens imóveis, por natureza ou acessão física, e de direitos reais sobre imóveis, exceto os de garantia, bem como cessão de direitos a sua aquisição – ITBI.

Um aspecto que difere os impostos sobre o patrimônio dos impostos sobre a produção e a circulação é a forma de percepção. Os primeiros são impostos que o contribuinte responde de forma direta aos cofres públicos, ao passo que os segundos, são impostos que possuem dois contribuintes, – o direto – aquele que suporta o encargo, também denominado contribuinte de fato – e o indireto – aquele que está obrigado a fazer o repasse aos cofres públicos, também denominado contribuinte de direito.

Conforme a esclarecedora distinção de Regina Helena Costa (2019, p. 146):

> (...) imposto direto é aquele em que o contribuinte absorve o impacto econômico da exigência fiscal, como ocorre no Imposto sobre a Renda, por exemplo. Já no imposto indireto observa-se o fenômeno da repercussão tributária ou translação econômica do tributo, segundo o qual o contribuinte de direito não é aquele que absorve o impacto econômico da imposição tributária, pois o repassa ao contribuinte de fato, o consumidor final.

Consoante se denota os impostos indiretos acabam por ocasionar o evento denominado repercussão tributária, que em linhas gerais significa a transferência do ônus tributário para o contribuinte que se encontra na etapa seguinte da cadeia econômica.

São vários os exemplos de tributos indiretos geradores do fenômeno da repercussão tributária, mas dentre os impostos, certamente, o Imposto sobre a Circulação de Mercadorias e Serviços – ICMS é o principal, qualificado pelo Código Tributário Nacional como pertencente ao rol de Impostos sobre a Produção e a Circulação.

A excessiva tributação indireta, geralmente, embutida na cadeia de consumo, faz com que inúmeros bens e serviços tenham um custo muito elevado, tornando-se, por vezes, inacessíveis, ou ainda, violando o princípio da capacidade contributiva.

Importante destacar neste tópico que as propostas de reforma que resultam na majoração da carga tributária, por intermédio de tributos indiretos, sofrem críticas severas de determinados setores da economia, normalmente dos responsáveis pelo repasse destes tributos aos cofres públicos, posto que os contribuintes de fato, em regra, não percebem o impacto gerado pela majoração da alíquota de determinado tributo incidente sobre os bem ou serviço de consumo rotineiro.

Por outro lado, as propostas de reforma que resultam na majoração da carga tributária por intermédio dos tributos diretos, como é o caso dos impostos sobre o patrimônio, são visíveis, gerando inconformidade de todos os setores da sociedade, sendo de extrema dificuldade a sua implementação. No entanto, se por um lado, os tributos diretos geram um impacto visível a toda a coletividade, permitem, em contrapartida, uma maior individualização da carga tributária, de acordo com a capacidade contributiva do contribuinte, garantido a "justiça fiscal".

Traçadas estas breves premissas e considerando o objeto do presente estudo, torna-se imperioso analisar, cada um dos impostos incidentes sobre o patrimônio, supracitados.

3.1. Impostos sobre o patrimônio

O artigo 153 da Constituição Federal, em seu inciso VI, estabelece que "Compete à União instituir impostos sobre: (...) VI – a propriedade territorial rural". Consoante se denota é dever da União legislar sobre o Imposto sobre a Propriedade Territorial Rural – ITR, sendo esta competência indelegável.

Conforme previsto na Carta Constitucional, no tópico que trata da partilha das receitas, apesar de ser da União a competência exclusiva para instituição e modificação deste tributo, a receita é partilhada com o município em que se encontra a gleba em igualdade de condições.

Apesar da indelegabilidade da competência, o poder de fiscalização e arrecadação é passível de delegação, o que significa dizer que pode ser delegada aos Municípios, em que estejam localizadas as referidas propriedades. Quando presente a delegação integral dos poderes de arrecadar e fiscalizar, os valores arrecadados pertencerão, na integralidade, aos Municípios. Todavia a delegação das atribuições de fiscalização e cobrança aos Municípios não retira da União a competência tributária de legislar.

A Emenda Constitucional nº 42/2003, alterou o parágrafo 4º do artigo 150, determinando que fosse dado a este tributo caráter extrafiscal, cuja finalidade é desestimular a manutenção de propriedades improdutivas, auxiliando na realização da função social da propriedade.

Alguns aspectos são de extrema relevância quando da análise da delegação. O primeiro diz respeito ao fato de que grande parte dos Municípios não possuem área rural, o segundo decorre da necessidade de criação de estrutura administrativa apta a responder pela arrecadação e fiscalização, o que acaba por inviabilizar o próprio imposto, por fim, tendo em vista o caráter extrafiscal deste tributo, cuja finalidade é garantir a observância da função social da propriedade, os valores gerados com a sua arrecadação, tratando-se de propriedades produtivas, não são significativos.

Sobre o tema Paulo de Barros Carvalho (2019, p. 261) explica que: "A lei do Imposto Territorial Rural (ITR), ao fazer incidir a exação de maneira mais onerosa, no caso de imóveis inexplorados ou de baixa produtividade, busca atender, em primeiro plano, a finalidade de ordem social e econômica e não o incremento de receita".

Desta forma, mantendo o titular a propriedade, domínio útil ou posse de determinado imóvel situado na zona rural tem-se configurado o fato gerador do Imposto sobre a Propriedade Territorial Rural, surgindo ao proprietário, na qualidade de contribuinte, a obrigação de pagar à União ou ao Município o valor equivalente a aplicação da alíquota sobre a base de cálculo (valor composto através de critérios que levam em consideração o valor da terra nua e a produtividade da terra).

A União também tem competência para instituir o Imposto sobre Grandes Fortunas, nos termos de lei complementar (art.153, VII), no entanto, até a presente data não exerceu sua atribuição autorizada constitucionalmente.

Compete aos Estados e ao Distrito Federal, por sua vez, o Imposto sobre a Propriedade de Veículos Automotores, na forma prevista no artigo 155, inciso III da Constituição Federal.

O Imposto sobre a Propriedade de Veículos Automotores foi criado pela Emenda Constitucional nº 27/85, para substituir a Taxa Rodoviária Única – TRU, até então existente. As principais diferenças existentes entre os dois tributos é o fato dos impostos não serem vinculados a um gasto específico, ao passo que as taxas têm destino determinado pela lei que as institui. Conforme leciona Roque Antonio Carrazza (2019, p. 451): "Tal modalidade de tributo (ao contrário da taxa e da contribuição de melhoria) não exige qualquer contrapartida. A pessoa política que o cria deve, apenas, obedecer aos princípios constitucionais que influem na tributação".

Por força do artigo 146 da Constituição Federal, cabe a Lei Complementar fixar as normas gerais em relação aos impostos. Ocorre que, no caso do referido imposto, inexiste Lei Complementar regulamentando a matéria, do mesmo modo, inexiste resolução do Senado Federal fixando a alíquota máxima nos termos que preconiza o parágrafo 6º do artigo 155 da Constituição Federal, motivo pelo qual cada um dos Estados possui lei própria determinando a forma e os parâmetros de incidência deste tributo, ou seja, a alíquota e a base de cálculo é determinada por cada governo estadual, com base em critério próprio.

Todavia, em razão da determinação expressa do texto constitucional de que cabe a Lei Complementar regulamentar a matéria, caso sobrevenha a Lei ou Resolução do Senado, unificando as alíquotas ou estabelecendo critérios distintos das legislações estaduais, estas deverão se adequar a norma de superior hierarquia, para que permaneçam vigente no ordenamento jurídico.

O Imposto sobre a Propriedade de Veículos Automotores tem como fato gerador a propriedade do veículo automotor, ou seja, alcançando tanto veículos rodoviários, quanto aeroviários e aquaviários (marítimos, fluviais e lacustres), embora o Supremo Tribunal Federal firmou o posicionamento, através do RE 255.111/SP, de que somente veículos automotores terrestres devem ser tributados, portanto, restam excluídas da incidência as aeronaves e embarcações.

Este imposto possui alíquotas diferenciadas em razão do tipo e da forma de utilização. No que concerne ao produto da arrecadação, à unidade federativa deverá repassar 50% do produto da arrecadação ao Município, no qual veículo está registrado.

Portanto, todo o titular de um veículo automotor está obrigado a pagar à unidade federativa onde este estiver matriculado o valor correspondente ao resultado da aplicação da alíquota sobre o valor venal do veículo, em percentual e valor fixado por lei estadual.

O Imposto sobre Transmissão Causa Mortis e Doação – ITCMD, também de competência Estadual e Distrital tem como fato gerador a transmissão causa mortis e a doação de quaisquer bens ou direitos, conforme estabelece o artigo 155, inciso I e parágrafo 1º da Constituição Federal.

A base de cálculo é composta pelo valor venal dos bens transmitidos, ao passo que as alíquotas, de acordo com decisão proferida no Recurso Extraordinário nº 562.045/RS, serão progressivas, sendo a técnica da progressividade um instrumento por excelência para aferição da capacidade contributiva.

O Senado Federal, ao editar a Resolução nº 9/92, conforme determina o artigo 155, parágrafo 1º, inciso IV da Constituição Federal, fixou em 8% a alíquota máxima do Imposto de Transmissão Causa Mortis e Doação – ITCMD, no entanto, ao prever no artigo 2º que "As alíquotas dos Impostos, fixados em lei estadual, poderão ser progressivas em função do quinhão que cada herdeiro efetivamente receber nos termos da Constituição Federal", já preconizava a necessidade de observância do princípio da progressividade.

O Imposto sobre Propriedade Predial e Territorial Urbana – IPTU, a seu turno, é de competência municipal e está previsto no inciso I do artigo 156 da Constituição Federal, o produto da arrecadação deste imposto, fica integralmente vinculado ao Município.

Trata-se de um tributo regulamentado pelo Código Tributário Nacional, conferindo ao Poder Legislativo municipal competência para estabelecer os elementos da hipótese de incidência tributária, notadamente o mais importante deles que é a fixação da alíquota, bem como conceder isenção, aplicar multa, impor obrigações acessórias e definir a data e a forma de pagamento.

Ainda, com a publicação da Emenda Constitucional nº 29/2000, o Imposto sobre Propriedade Predial e Territorial Urbana passou a ter previsão expressa de progressividade das suas alíquotas levando-se em consideração o valor do imóvel, bem como a aplicação de alíquotas seletivas considerando-se a sua localização e destinação.

Devido a estrutura deficitária da maior parte dos Municípios, a atualização do valor venal dos imóveis não é feita anualmente, pelo contrário, via de regra está só ocorre, em alguns Municípios, no momento em que o imóvel é alienado, fatos que demonstram que estão despreparados e desaparelhados, pois acabam deixando de auferir receita decorrente da correta cobrança deste importante imposto.

A titularidade de uma propriedade, domínio útil ou posse de um imóvel localizado em solo urbano faz com que ocorra o fato gerador do Imposto sobre Propriedade Predial e Territorial Urbana, que, por ficção jurídica, se opera no primeiro dia de cada ano calendário. O possuidor a qualquer título, na qualidade de contribuinte, está obrigado ao pagamento do imposto recolhido e destinado ao Município, no valor equivalente a aplicação da alíquota sobre a base de cálculo (valor composto através de critérios que estabelecidos na legislação de cada município, que deveria ser o valor venal).

Por fim, a Constituição de 1988, voltou a bipartir o Imposto de Transmissão de bens Imóveis, *inter vivos* e *causa mortis* – ITBI, atribuindo aos Estados e ao Distrito Federal, com base ampliada, a competência para instituição do Imposto de Transmissão *Causa Mortis* e Doação, de quaisquer bens ou direitos – ITCMD, e aos Municípios a competência para a instituição do Imposto de Transmissão "inter vivos", a qualquer título, por ato oneroso, de bens imóveis, por natureza ou acessão física, e de direitos reais sobre imóveis, exceto os de garantia, bem como cessão de direitos a sua aquisição – ITBI.

O ITBI, por força do § 2º, I, do art. 156, da CF, "não incide sobre a transmissão de bens ou direitos incorporados ao patrimônio de pessoa jurídica em realização de capital, nem sobre a transmissão de bens ou direitos decorrente de fusão, incorporação, cisão ou extinção de pessoa jurídica, salvo se, nesses casos, a atividade preponderante do adquirente for a compra e venda desses bens ou direitos, locação de bens imóveis ou arrendamento mercantil".

Em decisão recente, o Supremo Tribunal Federal, no julgamento do RE 796.376/SC (tema 376 da repercussão geral), decidiu, por maioria de votos (7 a 4), que, na transmissão de imóveis, incorporados ao patrimônio de pessoa jurídica, na integralização de seu capital social, há incidência de ITBI, na parte em que o valor excedente destes bens se destina à formação de reserva de capital. Em outras palavras, deixou assentado, que a imunidade ao ITBI, não alcança o valor dos bens imóveis excedente ao capital social a integralizar.

Feitas estas considerações, passa-se a analisar os projetos de reforma tributária em andamento e quais as repercussões geradas em relação aos impostos sobre o patrimônio.

3. Impostos sobre o patrimônio e os projetos de reforma tributária em andamento

Neste tópico final será efetuada a análise breve da proposta de Emenda Constitucional nº 110/2019 do Senado Federal e da proposta de Emenda Constitucional nº 45/2019 da Câmara dos Deputados, com o intuito de identificar quais as alterações inseridas, em relação aos impostos incidentes sobre o patrimônio e apontar os possíveis benefícios ou prejuízos.

Antes de adentrar propriamente nos impostos incidentes sobre o patrimônio vale destacar que ambas as propostas de alteração do sistema tributário apresentam uma aparente simplificação, vez que o período de transição das propostas é longo e prevê a concomitância dos sistemas de tributação sobre a produção e a comercialização de bens e a prestação de serviços. Em relação aos tributos indiretos, nos quais observa-se o fenômeno da repercussão tributária, hoje apresentam uma aparente complexidade, uma vez que o enredamento é infraconstitucional, sendo estes tributos partilhados entre os diferentes entes da federação.

Para tanto, o principal mecanismo utilizado é a extinção de uma série de tributos, com a unificação em dois novos impostos, quais sejam: o Imposto sobre Bens e Serviços – IBS; e o Imposto Seletivo, incidente sobre bens específicos.

Diante de uma proposta de reforma, é sempre importante reforçar, conforme aponta Hugo de Brito Machado (2001, p.32), “que a carga tributária não se torne pesada ao ponto de desestimular a iniciativa privada. No Brasil, infelizmente, isto vem acontecendo. Nossos tributos, além de serem muitos, são calculados mediante alíquotas elevadas”. Este deve ser sempre o fio condutor de toda e qualquer proposta de reforma.

Quanto aos impostos sobre o patrimônio, as principais modificações dizem respeito a inclusão das embarcações e dos aviões no rol de bens passíveis de incidência do Imposto sobre Propriedade de Veículos Automotores – IPVA, visto que, nos termos da jurisprudência consolidada da Corte Superior, a materialidade constitucional do IPVA não abarca a propriedade de embarcações e aeronaves, portanto os projetos passam a incluí-las, expressamente, bem como a transferência integral do produto da arrecadação deste imposto aos Municípios.

Como já delimitado, o presente artigo baliza a analisar os impostos sobre o patrimônio, assim, conforme acima noticiado o Imposto sobre Propriedade de Veículos Automotores – IPVA, passaria o total da sua arrecadação revertida aos Municípios.

Considerando que a proposta não altera a competência para criação e modificação do Imposto sobre Propriedade de Veículos Automotores – IPVA, a transferência integral do produto da arrecadação aos Municípios representa, na verdade, modificação nos critérios da partilha das receitas.

Ora, se a pretensão da proposta é garantir um acréscimo de receita para os Municípios, a alteração não atingirá o objetivo pretendido. A exemplo do Imposto sobre a Propriedade Rural – ITR, que com alteração realizada pela Emenda Constitucional nº 42, no capítulo da Repartição das Receitas Tributária, modificando em parte o texto do artigo 158 da Carta de 1988, concedeu a destinação da totalidade da arrecadação do Imposto sobre a Propriedade Rural – ITR, de competência da União, aos Municípios, caso estes façam opção pela fiscalização e cobrança do referido tributo, em verdade o acréscimo da receita é de apenas cinquenta por cento, mas traz na base todos os custos de fiscalização e arrecadação, que pela sua complexidade, inclusive, por se tratar de um imposto extrafiscal, dificilmente trará resultados positivos de receita líquida.

No caso do Imposto sobre Propriedade de Veículos Automotores – IPVA a dinâmica passaria a ser a mesma, a proposta de emenda constitucional admite a transferência das funções da administração tributária, ou seja, do exercício da execução do tributo.

As propostas não modificam a competência conferida pela Carta Constitucional, que em linhas gerais representa o poder de criar determinados tributos e definir seu alcance, provavelmente porque esta alteração, certamente, resultaria em guerra fiscal entre os Municípios, que passariam a estabelecer alíquotas diferenciadas, gerando incentivo para a aquisição e registro dos veículos neste ou naquele Município.

É de suma importância entender que o legislador constitucional deve ter cautela, para não aprofundar o desequilíbrio, já existente, entre os diferentes Municípios, que compõe cada um dos Estados da federação, posto que o Imposto sobre Propriedade de Veículos Automotores – IPVA, na atualidade, representa uma fonte de renda importante para os Municípios.

Ocorre que, a transferência da fiscalização e do produto da arrecadação traz consigo a necessidade de que os Municípios mantenham um cadastro atualizado dos veículos, cabe salientar que a propriedade de veículos automotores se altera constantemente. Portanto, precisam arcar com os custos de reaparelhamento do sistema de fiscalização e arrecadação, contratando mão-de-obra e mantendo estrutura adequada para realizar tal encargo, o que poderá não ser muito vantajoso, em termos de receita líquida.

Nesse contexto, cabe destacar que os benefícios arrecadatórios certamente poderiam ser menores do que o ônus de manter a estrutura funcional, haja vista que o artigo 158, inciso III da Constituição Federal determina que: "Art. 158. Pertencem aos Municípios: (...) III – cinquenta por cento do produto da arrecadação do imposto do Estado sobre a propriedade de veículos automotores licenciados em seus territórios", ou seja, o Município aufere a metade do total arrecadado independentemente de qualquer ação por ele praticada.

Receber a integralidade do Imposto sobre Propriedade de Veículos Automotores – IPVA e, concomitantemente passar a ter a responsabilidade pela fiscalização e arrecadação, representará um custo até então não suportado pelo erário municipal, o que poderá gerar uma receita líquida inferior a atual, pois, os Estados diluem este custo, vez que utilizam a mesma estrutura para fiscalizar e arrecadar o imposto em relação a todos os Municípios.

Vale lembrar que este encargo se torna ainda mais significativo para os Municípios menores, os quais não estão aparelhados para realizar esta função, no caso do Estado do Rio Grande do Sul, a alteração, certamente, geraria impacto negativo para mais de 90% (noventa por cento) dos Municípios, tendo em vista que a riqueza está concentrada em menos de 10% (dez por cento) dos Municípios existentes no Estado e somente estes têm a máquina administrativa preparada para a realização desta atividade.

Por conseguinte, as singelas alterações existentes nos projetos de Emenda Constitucional, no que se refere aos impostos sobre o patrimônio não representam benefícios concretos, e, ainda, reduzem a competência dos Municípios, em relação aos impostos indiretos, pois perdem o poder de legislar sobre o Imposto sobre o Serviço, tributo que vem ganhando força no cenário econômico.

Apesar das propostas unificarem uma série de tributos em um único imposto denominado Imposto sobre Bens e Serviços, incluindo o Imposto sobre Serviço antes de competência municipal, prever a partilha da arrecadação entre União, Estados, Distrito Federal e Municípios, a partir da aplicação das regras constitucionais descritas no novo texto, ou seja, mediante entrega de recursos a cada ente federativo (Projeto de Emenda Constitucional nº 110) ou ainda, determinada pela aplicação direta de sua "sub-alíquota" fixada sobre a base de cálculo do imposto (Projeto de Emenda Constitucional nº 45), a redução do espectro de impostos de competência municipal certamente representará prejuízo, para a maioria dos Municípios.

Por fim, a Projeto de Emenda Constitucional nº 110 propõe a transferência do Imposto sobre Transmissão *Causa Mortis* e Doação – ITCMD, da competência estadual para a federal, com a arrecadação integralmente destinada aos Municípios.

Constata-se que ambos os projetos exigirá dos Municípios maior estrutura administrativa, visto a delegação de fiscalização e arrecadação dos tributos sobre o patrimônio.

Conclusões

A partir do estudo proposto, foi possível identificar que são mínimas as alterações existentes em relação aos impostos incidentes sobre o patrimônio, se atendo, em regra, a repartição das receitas, intensificando a complexidade e o custo na fiscalização e arrecadação dos respectivos tributos.

E mais, as alterações propostas possuem duvidosos benefícios para os Municípios, para não dizer que podem ocasionar redução na receita líquida, pois deixam de contar com um importante imposto, qual seja, o Imposto sobre os Serviços, e passam a ter a faculdade de exercer os poderes de arrecadação e fiscalização do Imposto sobre os Veículos Automotores (da mesma forma que já ocorre com o Imposto sobre a Propriedade Territorial Rural), hoje realizada pelos Estados e com previsão de repasse de cinquenta por cento do produto da arrecadação para os Municípios.

A crítica reside justamente no fato de que os Municípios passariam a receber integralmente a receita proveniente deste imposto (cujo benefício representa em números concretos somente a metade do valor hoje arrecadado), assumindo o ônus de manter cadastros atualizados em relação aos veículos registrados e ao seu valor venal, bem como toda a estrutura necessário a realização da tarefa de arrecadação e fiscalização antes mencionada.

Por conseguinte, as propostas apresentadas se mostram insuficientes para responder as necessidades de reforma do sistema tributário nacional há muito apontadas não só por importantes setores da economia, mas também pelos próprios entes da federação.

Referências

ÁVILA, Humberto. *Sistema constitucional tributário*. 5. ed. São Paulo: Saraiva, 2012.

AMARO, Luciano. *Direito Tributário Brasileiro*. 22. ed. São Paulo: Saraiva, 2017.

BARBOSA, Ruy (1999). *Oração aos Moços* (1999). Edições Casa de Rui Barbosa. Rio de Janeiro. 1999. p. 22.

CARRAZZA, Roque Antonio. *Curso de Direito Constitucional Tributário*. 32. ed. São Paulo: Malheiros, 2019.

CARVALHO, Paulo de Barros. *Curso de Direito Tributário*. 30. ed. São Paulo: Saraiva Educação, 2019.

CARVALHO, Paulo de Barros. *Direito Tributário: linguagem e método*. 7. ed. São Paulo: Noeses, 2018.

COSTA, Regina Helena. *Curso de Direito Tributário – Constituição e Código Tributário Nacional*. 9. ed. São Paulo: Saraiva Educação, 2019.

MACHADO, Hugo de Brito. *Curso de Direito Tributário*. 19. ed. São Paulo: Malheiros Editores, 2001.

3.
Paralelo entre as Vantagens da Arbitragem Tributária Portuguesa para os Investimentos Econômicos e como Mecanismo de Efetivação do Desenvolvimento Brasileiro

Ana Paula Pasinatto
Wesley Rocha

Introdução

"...todos sabemos que, uma Justiça que não é célere, (...) não é Justiça."[1]

Vale ressaltar, com Bruno Bastos de Oliveira, que a verdade é uma só. O mundo *"vem enfrentando uma série de crises, havendo uma verdadeira internacionalização de seus efeitos, tal como ocorrido no ano de 2008 e novamente em 2011, mais especificamente em países considerados da periferia europeia."*.[2] Vejamos a própria crise em que estamos, a pandemia do novo coronavírus. Não enfrentamos apenas dificuldades de âmbito pessoal, mas, também, de âmbito profissional. Não experimentamos apenas reflexos individuais como, também, reflexos coletivos.

Antes da crise do ano de 2020, o Brasil já encarava *"anormalidades significativas... especialmente no âmbito tributário"*. Eis que entra outra importância

[1] FALCÃO, José Alberto Poças. Arbitragem Tributária. *Revista Portuguesa de Contabilidade*. vol. I. n.º 002. Portugal: 2011, p. 195.

[2] OLIVEIRA, Bruno Bastos de. Arbitragem Tributária: Racionalização e desenvolvimento econômico no Brasil. Rio de Janeiro: Lúmen Juris, 2019. p. 119.

do estudo sobre a Arbitragem Tributária e, principalmente, do motivo pelo qual devemos voltar os olhos para este novo instituto.

Eis o nosso papel com a presente pesquisa. A intenção, aqui, não é verificar como inserir a arbitragem para a resolução de conflitos tributários. Muito menos esgotar o tema dos óbices a serem enfrentados, e dos paradigmas a serem quebrados, para a implementação da arbitragem em matéria tributária. A proposta que apresentamos é a de analisar o motivo pelo qual devemos verificar formas de consolidar a Arbitragem Tributária, também, no Brasil. A relevância que tal instituto, novo – diga-se de passagem –, possui para a sociedade como um todo. Partindo de uma visão macro, a diferença que a possibilidade de outra via heterocompositiva fará no desenvolvimento do Brasil. Afinal, em um Estado Democrático, os nossos direitos possuem um custo. Este custo depende, diretamente, dos recursos arrecadados. Lembrando que o Brasil possui mais de 2 trilhões de reais inscritos em dívida ativa da União.[3] Inclusive, nessa contabilização não entram os débitos inscritos em dívida ativa por Fazendas estaduais e municipais.

Para além, a presente pesquisa parte do método hipotético-dedutivo e da distinção jus-filosófica[4] entre os interesses públicos primários, que são indisponíveis, e os interesses públicos secundários, que são disponíveis e arbitráveis.[5]

Para tanto, inicialmente, encontraremos a arbitragem dentro do denominado "Sistema Multiportas", verificando as diferenças existentes entre os meios autocompositivos e heterocompositivos. A intenção, neste momento, é compreender o motivo de escolhermos a arbitragem, heterocompositiva, no lugar de quaisquer outros métodos autocompositivos. Após, entraremos na análise das vantagens que permeiam a AT em Portugal para, então, verificar a necessidade da arbitragem como

[3] Dados obtidos por meio do "PGFN em números". Disponível em: <https://www.gov.br/pgfn/pt-br/acesso-a-informacao/institucional/pgfn-em-numeros-2014/pgfn-em-numeros-2020/view>. Acessado em: 10 de dezembro de 2020.

[4] Eis dois acórdãos no Superior Tribunal de Justiça sobre o tema: *i.* proferido no julgamento do Recurso Especial n. 303.806/RO e; *ii.* o segundo no julgamento do Recurso Especial n. 640.412/SC.

[5] Recomendamos a leitura: PASINATTO, Ana Paula. Arbitragem Tributária: Breve Análise Luso-Brasileira, in: *Revista Jurídica Luso-Brasileira*, Ano 3 (2017), no 6, p. 1041-1073. Disponível em: <https://www.cidp.pt/ publicacoes/revistas/rjlb/2017/6/2017_06_1041_1073.pdf>.

uma terceira via de acesso à justiça no tocante à resolução de conflitos tributários brasileiros.

1. Breves comentários sobre o *Multi-door Courthouse* de Frank Sander

Desde os anos 80, este Sistema Multiportas é tratado como a ideia do futuro. Escritores como Larry Ray, Anne Clare[6], Gladys Kessler, Linda Finkelstein[7], defendiam, desde àquela época, com o intuito de ser encontrado o melhor meio para a resolução de determinada controvérsia. Tal expressão *Multi-door Courthouse* (MDC), ou, em português, "Sistema Multiportas"[8], foi escrito por Frank Sander.[9] Podermos retratar a sua conjectura da seguinte forma:

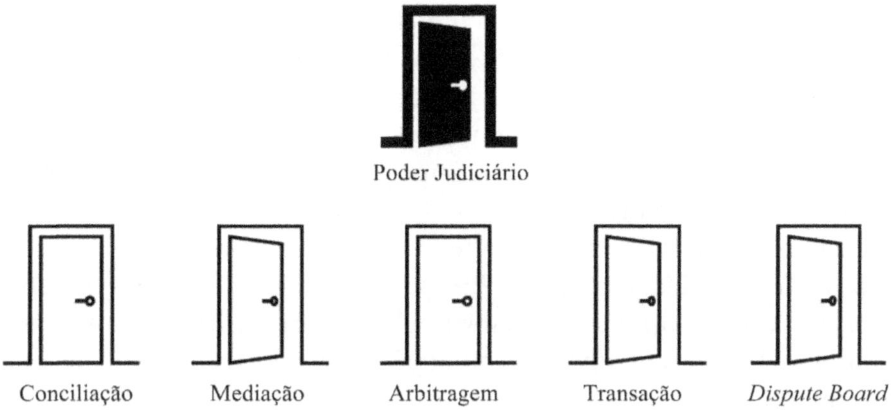

[6] LARRY, Ray; CLARE, Anne. The Multi-Door Courthouse Idea: Building the Courthouse of the Future ... Today. Ohio State Journal on Dispute Resolution, vol. 1, no. 1 (1985), 7-54. Ohio State University – College of Law, 1985. Disponível em: <https://kb.osu.edu/handle/1811/75850>. Último acesso em: 10 de dezembro de 2020.

[7] KESSLER, Gladys; FINKELSTEIN, Linda J. The Evolution of a Multi-Door Courthouse. Vol. 37. Issue 3. Spring. Article 2. Catholic University Law Review, 1988.

[8] ALVIM, Angélica Arruda; ASSIS, Araken de; ALVIM, Eduardo Arruda. *Comentários ao código de processo civil.* 1.ed.. Saraiva, 2016. p. 254; MÜLLER, Júlio Guilherme. *A Negociação no Novo Código de Processo Civil:* Novas Perspectivas para a Conciliação, para a Mediação e para as Convenções Processuais. In.: ALVIM, Thereza Arruda. *O Novo Código de Processo Civil Brasileiro – Estudos Dirigidos: Sistematização e Procedimentos.* Forense, 2015; BARCELLAR, Roberto Portugal. *Mediação e arbitragem.* 2.ed. Col Saberes do Direito. Vol. 53. Saraiva, 2016; FREIRE, Alexandre. *Comentários ao Código de Processo Civil.* 2. ed. Saraiva, 2017.

[9] Inclusive, falamos mais sobre este Sistema Multiportas em outra oportunidade que, inclusive, recomendamos a leitura: PASINATTO, Ana Paula. Arbitragem Tributária: Breves Considerações sobre o Regime Português. *Revista Fórum de Direito Tributário – RFDT.* Belo Horizonte, ano 17, n. 101, p. 77-97, set./out. 2019.

Frank Sander era Professor catedrático de Direito e de Prática Clínica de Harvard, no ano de 1976. Neste mesmo ano, aconteceu a famosa conferência sobre o desagrado da população com a administração da justiça. Este evento ficou conhecido por *"Pound Conference"*, sendo patrocinado pela *American Bar Association* (ABA).[10] O objetivo central era fornecer outra forma de as partes poderem resolver os seus conflitos. Sendo que, esta outra forma de resolução de litígios seria mais adequada ao caso concreto. Consequentemente, o modelo acabou por dominar todo o sistema de resolução de conflitos nos Tribunais de Justiça dos Estados Unidos da América.[11]

Entretanto, as iniciativas brasileiras para existirem outras formas de resolução de disputas, que não o Judiciário, são mais recentes. No ano de 2002 e 2004, foi instalado o Setor de Conciliação ou de Mediação em Primeiro Grau de Jurisdição, além do Setor de Conciliação em Segundo Grau de Jurisdição. Respectivamente, por meio dos provimentos de n. 783, n. 843 e n. 893, todos do Conselho Superior de Magistratura do Tribunal de Justiça de São Paulo. Inclusive, em termos legislativos, o Sistema dos Juizados Especiais Cíveis foi o que mais se aproximou da proposta de Frank Sander.[12] Há, também, o Projeto de Lei n. 5.139, de 29 de abril de 2009, que disciplina a ação civil pública para a tutela de interesses difusos, coletivos ou individuais homogêneos e possui a ideia do Sistema Multiportas.[13]

[10] RAO, Hayagreeva; MORRILL, Calvin; ZALD, Mayer N. Power Plays: How social movements and collective action create new organizational forms. In.: STAW, Barry M.; SUTTON, Robert I. *Research in organizational behavior.* USA: Jai, 2000.p. 253.

[11] EDWARDS, Barry. *Renovating the Multi-Door Courthouse:* Designing Trial Court Dispute Resolution Systems to Improve Results and Control Costs. Harvard Negotiation Law Review. Vol. 18:281. Spring, 2013, p. 321. Disponível em: <www.hnlr.org/wp-content/uploads/2013/12/18HarvNegotLRev281-Edwards.pdf>.

[12] Iniciado no Rio Grande do Sul na década de 80, perante a Comarca de Rio Grande, o Juizado Especial Civil teve como marco histórico a criação pelo denominado juizado de pequenas causas, implementando o Primeiro Conselho, sob a Responsabilidade do Juiz Antônio Guilherme Tanger Jardim, tendo sido pioneiro, por meio da AJURIS-RS, os chamados Conselhos de Conciliação e Arbitramento.

[13] Em seu Art. 19, menciona: *"Não sendo o caso de julgamento antecipado, encerrada a fase postulatória, o juiz designará audiência preliminar, à qual comparecerão as partes ou seus procuradores, habilitados a transigir. § 1o O juiz ouvirá as partes sobre os motivos e fundamentos da demanda e tentará a conciliação, sem prejuízo de outras formas adequadas de solução do conflito, como a mediação, a arbitragem*

Contudo, o que mais marcou no Brasil foi a Resolução n. 125, de 29 de novembro de 2010, do Conselho Nacional de Justiça (CNJ). Essa Resolução reconheceu que a conciliação e a mediação são instrumentos efetivos de pacificação social.[14] Afinal, *"tem reduzido a excessiva judicialização dos conflitos de interesses, a quantidade de recursos e de execução de sentenças"*.[15] Para além, instituiu a Política Judiciária Nacional de tratamento dos conflitos de interesses, assegurando a resolução de litígios por meio do método mais adequado. Entre os inúmeros órgãos criados com a Resolução n. 125, encontram-se: *i)* o Núcleo Permanente de Métodos Consensuais de Resolução de Conflitos; *ii)* o Centros Judiciários de Solução de Conflitos, subdividido em: *ii.1)* Setor de Solução de Conflitos Pré-Processual; *ii.2)* Setor de Solução de Conflitos Processual e, por fim, *ii.3)* Setor de Cidadania.[16] Concordamos com Marco Antônio Garcia Lopes Lorencini que esses programas *"não oferecem um leque de opções para a solução de uma controvérsia, como propõe o sistema multiportas"*.[17] Mas, de certa forma, são iniciativas que incentivam a utilização dos meios complementares *autocompositivos*, como a conciliação, a mediação e a própria transação. Eis a similaridade com o incentivo dado pelo novo Código de Processo Civil aos meios complementares[18] de resolução de litígios.

e a avaliação neutra de terceiro, observada a natureza disponível do direito em discussão.". Disponível em: <https://www.camara.leg.br/proposicoesWeb/fichadetramitacao?idProposicao=432485>. Último acesso em: 10 de dezembro de 2020.

[14] Recomenda-se a leitura: LAGRASTA NETO, Caetano. A conciliação judicial – Avanços, retrocessos e esperança. In: PELUSO, Antonio Cezar; RICHA, Morgana de Almeida (Coord.). *Conciliação e mediação:* estruturação da política judiciária nacional. Rio de Janeiro: Forense, 2011. p. 95-106. (Coleção ADRS).

[15] CNJ. Resolução n. 125. Disponível em: <www.crpsp.org.br/interjustica/pdfs/outros/Resolucao-CNJ-125_2010.pdf>. Último acesso em: 20 setembro 2020.

[16] Recomenda-se a leitura: LUCHIARI, Valéria Feriolli. *A Resolução n. 125 do Conselho Nacional de Justiça:* origem, objetivos, parâmetros e diretrizes para a implantação concreta. In: *PELUSO*, Antonio Cezar; *RICHA*, Morgana de Almeida (coord.) *Conciliação e Mediação*: estruturação da política judiciária nacional. Rio de Janeiro: Forense, 2011. p. 95-106. (Coleção ADRS).

[17] LORENCINI, Marco Antônio Garcia Lopes. *"Sistema Multiportas":* Opções Para Tratamento De Conflitos De Forma Adequada. In.: SALLES, de, C. A., LORENCINI, Lopes, M.A. G., SILVA, da, P.E. A. *Negociação, Mediação e Arbitragem – Curso Básico para Programas de Graduação em Direito.* São Paulo: Método, 2012. p. 72.

[18] Concordamos com Francisco Nicolau Domingos, Luiz Dias Martins Filho e Luís Inácio Lucena Adams, no que preferimos chamar os "Meios Alternativos de Resolução de Conflitos"

Temos, com a Constituição Federal e com o Código de Processo Civil brasileiro, a garantia da eficiência, da celeridade e da razoabilidade do processo. Tais garantias encontram-se, respectivamente, dispostas no artigo 37 e no artigo 5º, incisos LXXVIII e XXXV, da Magna Carta, além do disposto nos artigos 3º e 4º do Código de Processo Civil de 2015. Mas, infelizmente, o Poder Judiciário não atende o seu primordial objetivo do acesso eficiente à Justiça. Considerando tais fatos, o Conselho Nacional de Justiça, por ser de sua competência controlar a atuação administrativa e financeira do Poder Judiciário, resolveu instituir *"a Política Judiciária Nacional de tratamento dos conflitos de interesses, tendente a assegurar a todos o direito à solução dos conflitos por meios adequados à sua natureza e peculiaridade"*,[19] determinando a criação de Núcleos Permanentes de Métodos Consensuais de Solução de Conflitos.

A instalação do Centro Judiciário de Solução de Conflitos e Cidadania (CEJUSCS), com a redação dada pela emenda 2 de 8 de março de 2016, acompanhou a entrada em vigor do Código de Processo Civil em 2015 (art. 8º, §5º). Com o Código de Processo Civil de 2015 passa a existir o Centro Judiciário de solução de conflitos.[20]

Acreditamos que, tanto os meios autocompositivos, como a conciliação e a mediação, como os meios heterocompositivos, como a arbitragem, são alternativas ao Judiciário. Melhor dizendo, são *portas* complementares de acesso à justiça. Concordamos com Daniel Amorim Assumpção Neves ao mencionar que *"quanto mais conflitos forem resolvidos fora da jurisdição, haverá menos processos e por consequência o Poder Judiciário poderá funcionar de maneira mais célere e adequada às aspirações do acesso à ordem jurídica justa."*.[21] Por ser a

de "Meios Complementares de Resolução de Conflitos". DOMINGOS, Francisco Nicolau. *Os métodos alternativos de resolução de conflitos tributários.* Porto Alegre: Núria Fabris Editora, 2016; MARTINS FILHO, Luiz Dias; ADAMS, Luís Inácio Lucena. A transação no Código Tributário Nacional (CTN) e as novas propostas normativas de lei autorizadora. In.: SARAIVA FILHO, Oswaldo Othon de Pontes; GUIMARÃES, Vasco Branco. *Transação e Arbitragem no Âmbito Tributário.* Belo Horizonte: Fórum, 2018. p. 34-35.

[19] Conselho Nacional de Justiça. *Resolução 125 do CNJ*, de 29 de novembro de 2010. Disponível em: <www.cnj.jus.br>. Último acesso em: 20 setembro 2020.

[20] ALVIM, Angélica Arruda; ASSIS, Araken de; ALVIM, Eduardo Arruda. *Comentários ao código de processo civil.* 1.ed.. Saraiva, 2016. p. 254.

[21] NEVES, Daniel Amorim Assumpção. *Manual de Direito Processual Civil.* 9. ed. Jus Podivm, 2017. p. 62.

arbitragem caracterizada por um terceiro imparcial a julgar o conflito[22], focaremos neste método complementar. Ou seja, não será objeto desta pesquisa a conciliação ou a transação tributária.

2. As vantagens da arbitragem tributária para os investimentos econômicos em Portugal

Sobre as crises anteriores a esta crise em que vivemos do ano de 2020 e 2021, em Portugal, os dados do Conselho Superior dos Tribunais Administrativos[23] refletem que, de 2003 a 2008, o número de processos pendentes passou de 35 mil para, quase, 40 mil. Aumentando para 43 mil processos no ano de 2009.[24] Para nós, brasileiros, esses números são irrisórios, são pequenos. Mas, para Portugal, considerando a sua proporção, são assustadores.

Paulo Núncio conta que foram recrutados 28 novos juízes com a intenção de reduzir o número de processos distribuídos a cada juiz. De fato, o recrutamento atendeu ao objetivo inicial, mas, não alcançou o seu objetivo final, de diminuir as pendências judiciais, que excediam em volume monetário 13 milhões de euros.[25] Para Nuno Villa-Lobos, a distribuição para cada juiz, de um número crescente de processos, repercutia negativamente no tempo de decisão, em prejuízo dos contribuintes e da Administração Fiscal.[26]

Segundo Jesuíno Alcântara Martins e José Costa Alves, era de se esperar que a situação dos tribunais tributários melhorasse com a admissão de novos juízes para os tribunais tributários. Afinal, foram criadas equipes

[22] Heterocompositiva. Recomendamos a leitura das seguintes obras: CAHALI, Francisco José. *Curso de Arbitragem: mediação: conciliação:* resolução CNJ 125/2010. 6 ed. rev. atual. e ampl. São Paulo: Revista dos Tribunais, 2017. p. 44-51; CARMONA, Carlos Alberto. *Arbitragem e Processo:* Um comentário à Lei nº. 9.307/96. 3. ed. São Paulo: Atlas, 2009. p. 31-34; NUNES, Antonio Carlos Ozório. *Manual de mediação:* guia prático para conciliadores. São Paulo: Revista dos Tribunais, 2016. p. 31-41.

[23] Com base em dados do Conselho Superior dos Tribunais Administrativos. PORTUGAL. *Conselho Superior dos Tribunais Administrativos.* Dados atualizados. Disponível em: <http://www.cstaf.pt/Paginas/Estatistica-Processual.aspx>. Acesso em: 10 junho 2020.

[24] NÚNCIO, mar., 2010, p. 63-71.

[25] NÚNCIO, mar., 2010, p. 63-71.

[26] VILLA-LOBOS, Nuno. *Avaliação sucessiva perfunctória da implementação da arbitragem tributária em Portugal.* Desafios Tributários. Lisboa: Vida Econômica, ago./2015. p. 193-212.

extraordinárias de juízes para a resolução de determinados processos tributários. Entretanto, nada melhorou. Nas palavras dos autores, a morosidade da justiça tributária continuou em Portugal, registrando momentos inaceitáveis de crise.[27] Anselmo Rodrigues, por sua vez, é enfático ao mencionar que a verdade sobre o Judiciário de Portugal é outra. Para ele, *"a crise da Justiça está instalada nos jornais, nas sondagens, nos operadores judiciários, no cidadão"* o que leva, consequentemente, para *"uma consciência generalizada da sua falta de eficácia, o que conduz a um sentimento de impunidade e inexistência de qualquer sanção por falta de cumprimento das leis."*.[28]

Tal *"elevado grau de litigância"* marca a *"fiscalidade de massas"*. Para além, *"exacerba a dificuldade que os tribunais judiciais sentem para lhe dar resposta pronta, mais ainda pela crescente sofisticação do Direito Fiscal, marcado por soluções técnicas de imensa delicadeza e em constante transformação."*. Não há qualquer dúvida que a elevada taxa de congestionamento do Poder Judiciário de Portugal *"representa um prejuízo económico efectivo para os contribuintes e não poucas vezes para a administração fiscal."*.[29]

Aliada com a crise em que se encontrava o Poder Judiciário de Portugal, a Constituição portuguesa *"tem objectivos que o Estado deve prosseguir, como sejam objectivos de justiça, ou objectivos de eficiência económica, objectivos que se encaixam, que se enquadram totalmente no esforço de criação dos tribunais arbitrais."*.[30] Eis a razão pela qual o *"Governo português assumiu perante a União Europeia a obrigação de 'implementar a nova lei de arbitragem fiscal' até ao 3.º trimestre de 2011 (ponto 3.35 iii. do Memorando de Entendimento sobre as Condicionalidades de Política Económica)."*.[31] A urgência que se colocou

[27] MARTINS, Jesuíno Alcântara; ALVES, José Costa. *Procedimento e Processo Tributário* – Uma perspectiva prática. Coimbra: Almedina, 2015. p. 206. Jesuíno Alcântara Martins é especialista em Direito Fiscal e Fiscalidade, em Portugal; José Costa Alves é Jurista na Administração Tributária Portuguesa.

[28] RODRIGUES, Anselmo. *A Possibilidade da Arbitragem Tributária:* A Arbitragem em Direito Tributário. In.: I Conferência AIBAT-IDEFF. Portugal: 2010, p. 32.

[29] VASQUEZ, Sérgio. *Os primeiros passos da arbitragem tributária.* Artigo publicado na Newsletter de Outubro de 2011, do CAAD. Disponível em: <http://www.caad.org.pt/content/show/id/34/s/3>. Acesso em: 21 setembro 2020.

[30] FERREIRA, Eduardo Paz. *A possibilidade da arbitragem tributária.* A Arbitragem em Direito Tributário. In.: I Conferência AIBAT-IDEFF. Portugal: 2010, p. 21.

[31] "No ano 2011, face ao desequilíbrio entre oferta e procura, havendo nesse ano 47 mil processos pendentes, correspondentes a certa de 7 mil milhões de euros, foram concebidas várias medidas visando, em síntese, desbloquear a justiça fiscal portuguesa, tendo sido a

naquele tempo, para a implementação da Arbitragem Tributária, foi o fato dos tribunais tributários portugueses não disporem de um número suficiente de juízes, *"estando mesmo os quadros por preencher desde há vários anos, o que se vem tornando mais patente pelo enorme aumento de actividade da máquina fiscal e correlativa amplificação da litigiosidade."*.[32]

Assim, no ano de 2011, foi revogada a Lei de Arbitragem Voluntária de 1986, passando as vezes para a Lei nº. 63, de 14 de dezembro de 2011. Modificou-se, então, a legislação, a qual passou a prever a arbitragem em matéria tributária[33], juntamente com o Decreto-Lei nº 10, de 20 de janeiro

arbitragem tributária uma dessas medidas, contributo que veio a ser sublinhado no Memorando de Entendimento entre o Governo e o conjunto FMI/BCE/CE.". NÚNCIO, 2010, p. 63-71.

[32] SOUSA, José Manuel Lopes de. Breve nota sobre a implementação [...]. *Revista do CAAD.* Lisboa: Out., 2011. Disponível em: <http://www.caad.org.pt/content/show/id/34/s/3>. Acesso em: 21 setembro 2020.

[33] Recomendamos a leitura: PASINATTO, Ana Paula. *Arbitragem Tributária: Breves Considerações sobre o Regime Português.* Belo Horizonte, ano 17, n. 101, p. 77-97, set./out., 2019.
Vejamos: A título de curiosidade, a aplicação da arbitragem no Direito Tributário Português segue o seguinte rito: (I) Custos do Processo: Os sujeitos passivos podem, a partir da entrada em vigor da nova Lei de Arbitragem Voluntária de Portugal, submeter à apreciação de tribunais arbitrais as pretensões que tenham por objeto atos tributários que se encontrem pendentes de decisão nos tribunais judiciais tributários, em primeira instância, há mais de dois anos – ficando dispensados do pagamento de custas judiciais, mas sem possibilidade de indicar o árbitro no processo; (II) Breves notas sobre o procedimento arbitral/tramitação e estrutura do tribunal arbitral: Com relação à constituição do tribunal arbitral, esta deve ser uma comunicação escrita ao Presidente do CAAD. A escolha dos árbitros é realizada da mesma forma que a nossa Lei de Arbitragem prevê, ou seja, número ímpar, partes escolhem número par e os árbitros já nomeados pelas partes escolhem o Presidente do tribunal arbitral. Deve, ele, ser escolhido de acordo com sua capacidade técnica, idoneidade moral e sentido de interesse público. Exige-se, ainda, em Portugal, para uma melhor efetividade, que os árbitros escolhidos sejam juristas com pelo menos dez anos de comprovada experiência na área do direito tributário, seja por meio do exercício de funções públicas, da magistratura, da advocacia, da consultoria e consultoria jurídica, seja mediante a docência no ensino superior, a prestação de serviço na administração tributária ou de trabalhos científicos relevantes neste sentido. Apresentada a resposta ao pedido de constituição do tribunal arbitral, é promovida uma primeira reunião com as partes para definir a tramitação processual a ser adotada em função das circunstâncias do caso e da complexidade do processo, para ouvir as partes quanto a eventuais exceções que sejam necessárias à apreciação e decisão antes de conhecer o pedido, para eventualmente convidar as partes a corrigir as suas peças processuais e para comunicar às partes a data para as alegações finais orais, igualmente a data para a prolação da sentença arbitral. O não comparecimento de qualquer das partes ao ato processual, a inexistência de defesa ou a falta de produção de

de 2011, que passou a regular o regime jurídico da arbitragem em matéria tributária.[34]

Jesuíno Alcântara Martins e José Costa Alves contam que não eram favoráveis ao meio da arbitragem, por todos os posicionamentos contrários que eram levantados quando a questão suscitada era admiti-la, também, em matéria tributária. Mas, a *"longa vivência e experiência das actividades de justiça tributária no domínio do procedimento tributário e do processo judicial tributário, fizeram-nos inverter de opinião e contribui para fazer de nós um convicto adepto da arbitragem tributária."*.[35]

O contexto, com a Arbitragem Tributária, conta com a celeridade dos processos[36], além da previsibilidade dos custos. Vantagens que atraem investimentos ao País.

qualquer prova solicitada não obstam o prosseguimento do processo e à consequente emissão de decisão arbitral com base na prova produzida, de acordo com o princípio da livre apreciação de prova e da autonomia do tribunal arbitral na condução do processo; (III) Processo Arbitral – Objeto: Primeiramente, conforme o art. 3, nº. 1 do Regulamento de Arbitragem Tributária, mesmo que seja sobre atos tributários distintos, é possível a cumulação de solicitações quando depender das mesmas regras, circunstâncias de fato, interpretação e aplicação dos princípios. Salienta que a apresentação do pedido de constituição de tribunal arbitral resulta em preclusão do direito de, com os mesmos fundamentos, reclamar, impugnar, requerer revisão (a vantagem disto é a celeridade). No caso em que o pedido tenha por objeto a apreciação da legalidade dos atos tributários, haverá um prazo de oito dias para proceder à revogação, ratificação, reforma ou conversão do ato tributário cuja ilegalidade foi suscitada, praticando, quando necessário, ato tributário substitutivo. PEREIRA, Rui Ribeiro. Breves notas sobre o regime da arbitragem tributário. In.: CELESTE, Isabel (coord.). 2. ed. Arbitragem Administrativa e Tributária – Problemas e Desafios. Portugal: Almedina, 2012. p. 191/208. Cf.: Para mais informações sugere-se a leitura tanto de Rui Ribeiro, como dos livros: FEIO, Diogo. *Arbitragem Fiscal em Portugal:* Um início de um caminho. II Coletânea de Textos Publicados na Newsletter GRAL. Portugal: Agora Comunicação, fev., 2008. SOUTELINHO, Susana. A arbitragem tributária – uma realidade?. In.: CELESTE, Isabel (coord.). 2. ed. Arbitragem Administrativa e Tributária – Problemas e Desafios. Portugal: Almedina, 2012. pg. 209/218; juntamente como base a doutrina já mencionada: MARTINS; ALVES, 2015, p. 206.

[34] Decreto-Lei nº. 10/2011, de 20 de Janeiro. Este decreto tem importância por possuir em seu escopo os três objetivos centrais, que serão abarcados com mais afinco posteriormente, do método alternativo em matéria tributária: 1. Reforça a proteção legal dos direitos e interesses dos sujeitos passivos; 2. Celeridade na resolução dos litígios entre administração tributária e sujeito passivo; 3. Redução de pendências.

[35] MARTINS; ALVES, 2015, p. 207.

[36] No Brasil, há esta celeridade principalmente pela sua decisão ser irrecorrível – conforme art. 18 da Lei de Arbitragem brasileira, salvo determinados casos elencados em seu art. 32 e 33:

2.1. As vantagens elencadas no regime jurídico da arbitragem tributária de Portugal

O Regime Jurídico da Arbitragem Tributária (RJAT) enumera três vantagens centrais, intimamente conectadas com a atração de investimentos no País. A primeira vantagem refere-se a tutela eficaz dos direitos e interesses legalmente protegidos dos sujeitos passivos. Podemos mencionar que está ligada ao acesso à justiça de forma efetiva.[37] Sendo essa a *"condição essencial ao desenvolvimento econômico de qualquer país, representando um eixo estruturante da competitividade da economia e da atração do investimento estrangeiro"*.[38] A segunda vantagem está conectada com a celeridade: *"Imprimir maior celeridade na resolução de litígios que opõem a administração tributária ao sujeito passivo"*, sendo o prazo máximo de seis meses, em regra. A terceira e última vantagem é a resolução dos litígios de forma mais especializada. Mais litígios na via arbitral, consequentemente menos litígios na via judicial: *"Reduzir a pendência de processos nos tribunais administrativos e fiscais"*. Nuno Villa-Lobos enumera o total de 9 (nove)[39] vantagens da Arbitragem

"Art. 32. É nula a sentença arbitral se: I – for nula a convenção de arbitragem; (Redação dada pela Lei nº 13.129, de 2015) II – emanou de quem não podia ser árbitro; III – não contiver os requisitos do art. 26 desta Lei; IV – for proferida fora dos limites da convenção de arbitragem; VI – comprovado que foi proferida por prevaricação, concussão ou corrupção passiva; VII – proferida fora do prazo, respeitado o disposto no art. 12, inciso III, desta Lei; e VIII – forem desrespeitados os princípios de que trata o art. 21, § 2º, desta Lei." Ainda, "Art. 33. A parte interessada poderá pleitear ao órgão do Poder Judiciário competente a declaração de nulidade da sentença arbitral, nos casos previstos nesta Lei." Por fim, o artigo que deixa expressamente dito a irrecorribilidade das decisões proferidas em tribunal arbitral: "Art. 18. O árbitro é juiz de fato e de direito, e a sentença que proferir não fica sujeita a recurso ou a homologação pelo Poder Judiciário." Disponível em: < http://www.planalto.gov.br/ccivil_03/leis/L9307.htm>.

[37] PORTUGAL. *Constituição da República Portuguesa.* Art. 20º. c/c *Constituição Federal do Brasil.* Art. 5º. LXXVIII.

[38] Os relatórios internacionais anuais, *Doing Business*, do Banco Mundial, avaliam o ambiente regulatório oferecido por cada Estado em matéria de negócios.Um dos parâmetros centrais dessa análise é a "eficiência do sistema judicial (além de custos exagerados, carência de meios e falta de especialização)". Em suma, como destaca o autor, "problemas que de alguma forma colocam a Justiça em contra ciclo com as exigências atuais das sociedades globalizadas". VILLA-LOBOS, jun, 2015, p. 4.

[39] VILLA-LOBOS, Nuno (coord. e Presidente do CAAD). Nota de abertura. A Prova das Nove Vantagens. *Revista de Arbitragem Tributária.* n. 4. Lisboa: CAAD, jan., 2016.

Tributária. Ou seja, são inúmeras as vantagens existentes.[40] Em razão de um dos objetivos da presente pesquisa ser a atração dos investimentos econômicos, teremos como foco: *i.* a previsibilidade de custos; *ii.* a celeridade; e *iii.* a especialização das decisões proferidas pelos árbitros.

Com relação ao primeiro ponto, qual seja, a previsibilidade de custos, no Regime Jurídico da Arbitragem Tributária de Portugal, as custas são denominadas como *"taxa de arbitragem"*. Tal taxa de arbitragem dependerá do valor da causa e do modo de designação do árbitro. O artigo 2º do Regulamento de Custas nos Processos de Arbitragem Tributária do CAAD dispõe que a taxa de arbitragem compreende: *i.* as despesas resultantes da condução do processo arbitral, como eventuais encargos decorrentes da designação de peritos, tradutores, intérpretes e outros encargos com a produção de prova; e *ii.* os honorários dos árbitros. Apesar dessa previsibilidade de custos atrair investimentos econômicos, concordamos com Francisco Nicolau Domingos ao mencionar que *"deve existir uma maior convergência de valores"*.[41] Afinal, como salienta o Autor, uma causa em que o valor é de 50 mil euros, o contribuinte irá pagar o valor de 2.142 euros de custas arbitrais, enquanto pagaria apenas 714 euros de custas judiciais. Ou seja, a causa, se levada para a Arbitragem Tributária, custaria mais que o dobro se levada ao Judiciário. Tal circunstância deve *"ser corrigida, sob pena da aspiração da observância de uma das dimensões do princípio da tutela jurisdicional efectiva, o direito ao processo arbitral não constituir mais do que uma*

[40] 1. Diminuição dos custos de litigância para o Estado e para os contribuintes por via da celeridade na resolução de litígios; 2. Democratização do acesso à justiça arbitral tributária, acessível a todos os contribuintes, sendo em regra o valor pago ao final pela parte vencida idêntico ao que seria devido nos tribunais tributários; 3. Devolução do valor integral da taxa de arbitragem para o contribuinte em caso de procedência total do pedido; 4. Redução do volume de processos entrados nos tribunais tributários e consequente diminuição da duração média da resolução processual para os utilizadores dos tribunais tributários; 5. Atração de investimentos econômicos pela previsibilidade de custos e do tempo de decisão dos litígios; 6. Antecipação da arrecadação definitiva da receita fiscal pelo Estado; 7. Previsibilidade do tempo do processo; 8. Qualidade elevada das decisões proferidas; 9. Eleva a importância da jurisprudência arbitral tributária com efeitos na atuação fiscal do Estado e dos contribuintes. VILLA-LOBOS, Nuno. Nota de abertura. A Prova das 9 Vantagens. *R. de Arbitragem Tributária* n. 4. Lisboa: CAAD, jan., 2016.

[41] DOMINGOS, Francisco Nicolau. *Os métodos alternativos de resolução de conflitos tributários.* Porto Alegre: Núria Fabris Editora, 2016. p. 470.

miragem".[42] Por outro lado, para os sujeitos passivos hipossuficientes, há apoio judiciário, sendo possível aderir à Arbitragem Tributária de qualquer modo.[43]

Com relação ao segundo ponto, no caso, a celeridade, está intimamente conectada com o último ponto, a especialização dos árbitros. Quanto maior a especialização, melhor é a qualidade das sentenças. Consequentemente, são vantagens que possibilitam não apenas maior segurança jurídica, como, também, confiança no procedimento, tendo em vista que os profissionais a serem escolhidos para atuarem como árbitros deverão demonstrar currículo de alta experiência no âmbito tributário.[44] Lembrando: A ordem jurídica portuguesa foi a pioneira com a previsão da Arbitragem Tributária.[45] Exemplo a ser seguido por todos os países, ainda mais pelo Brasil. Não se trata mais de uma possibilidade e, sim, de uma necessidade brasileira.

3. A importância de uma nova forma de acesso à Justiça Tributária no Brasil

Os processos de execução de título extrajudicial fiscal não alcançam índice satisfatório de solução no Brasil. São os grandes responsáveis pela morosidade dos processos de execução, ferindo garantias fundamentais e a possibilidade de recursos públicos para a efetivação de direitos sociais. Com a finalidade de elaborar panorama geral dos processos tributários atualmente,[46] de forma a verificar que as garantias constitucionais estão

[42] Ibid., p. 470.

[43] FIGUEIRAS, Cláudia Sofia Melo. *Justiça Tributária:* Prevenção e Resolução Alternativa de Litígios. Coimbra: Almedina, 2018, p. 331-332.

[44] Em Portugal, a previsão legal prevê, especificamente, que o árbitro, além de escolhido "entre pessoas de comprovada capacidade técnica" (em regra, são dez anos), deve ter "idoneidade moral e sentido de interesse público". Art. 7, n. 1º do RJAT e art. 2, n. 1 do Código Deontológico do CAAD.

[45] DOMINGOS, 2016, p. 179.

[46] Para Rubens Miranda de Carvalho: *"Não vale a pena gastar tempo e papel com considerações sobre o mau funcionamento do judiciário brasileiro, pois é fato conhecido de todos e já sobejamente criticado sem que se chegue a melhores resultados. [...] Os particulares têm-se valido da conciliação e da arbitragem como forma de escapar das demoras, da falta de especialização técnica e da corrupção que afetam o judiciário brasileiro, procedimentos aqueles que têm permitido a solução célere e quase sempre mais conveniente, pois os árbitros são pessoas escolhidas dentre experts nas matérias que irão decidir, ao contrário do judiciário, em que experientes criminalistas são postos a julgar casos tributários para os quais têm pouco ou nenhum*

sendo realmente afrontadas pela morosidade do Judiciário, serão consideradas as conclusões alcançadas por meio do último relatório do Conselho Nacional de Justiça.[47]

Diante do cenário jurídico *"caótico e instável"* brasileiro, *a* instituição da arbitragem deixa de ser uma faculdade *e "passa a ser uma necessidade"*.[48] Os estudos anuais do Conselho Nacional de Justiça (CNJ), denominados *"Justiça em Números"*, apontam *"os problemas que precisam ser resolvidos para a prestação da jurisdição em tempo razoável"*. Demonstram, ainda, as *"dificuldades com que lida o Judiciário, com volume de processos e modelo de legislação processual que adia a finalização dos casos submetidos à jurisdição"*.[49]

conhecimento, com conhecidos e desastrosos resultados ou episódios acertos." CARVALHO, Rubens Miranda de. *Transação tributária, arbitragem e outras formas convencionais de solução de lides tributárias.* São Paulo: Juarez de Oliveira, 2008. p. 149.

[47] Pesquisa de dados realizada anualmente. Como destaca a Ministra Maria Cristina Peduzzi, *presidente da Comissão de Gestão Estratégica, Orçamento/Estatística e conselheira do CNJ, o "Justiça em Números" nada mais é que: "uma radiografia, um retrato da Justiça brasileira, da litigiosidade, da taxa de congestionamento. Relata com precisão o número de processos que ingressam no Poder Judiciário e o número de processos baixados [...] um índice que mede a produtividade nacional e a produtividade de cada segmento do Poder Judiciário. Na sua composição, temos insumos e resultados. Os insumos são os recursos humanos – quadro de magistrados e de servidores –, os recursos financeiros que compõem a despesa de cada segmento e a litigiosidade, representada pelo número de processos em tramitação. O resultado é o número de processos baixados. Até o relatório do ano anterior, considerávamos os processos julgados, mas nem sempre o processo julgado representa um processo concluído, já que pode haver interposição de algum recurso."*. PEDUZZI, Maria Cristina. Relatório Justiça em Números. Tribunal Superior do Trabalho, Brasília, 2013. Entrevista realizada pela secretaria de comunicação social do Tribunal Superior do Trabalho. p. 1. Disponível em: < http://www.tst.jus.br/home?p_p_id=15&p_p_lifecycle=0&p_p_state=maximized&p_p_mode=view&_15_struts_action=%2Fjournal%2Fview_article&_15_groupId=10157&_15_articleId=6074796&_15_version=1.3>. Último acesso em: 20 setembro 2020.

[48] MONTEIRO, Alexandre Luiz Moraes do Rêgo; CASTRO, Leonardo Freitas. Direito Tributário e Arbitragem: uma análise da possibilidade e dos óbices ao juízo arbitral em matéria tributária no Brasil. a. 17, n. 88. São Paulo: *Revista Tributária e de Finanças*, set-out. 2009, p. 33-38.

[49] LÚCIA, Cármen. Apresentação Justiça em Números 2018. Conselho Nacional de Justiça, p. 5. Para a presente pesquisa, foram considerados os relatórios: Justiça em Números 2015/2016/2017/2018, ano base 2014/2015/2016/2017, respectivamente. *Relatam, também, a elevada taxa de congestionamento no que diz respeito às execuções fiscais.* Relatórios disponíveis, de forma integral, por meio do *Conselho Nacional de Justiça (CNJ)*. Veja em: <http://cnj.jus.br/programas-e-acoes/pj-justica-em-numeros>. Último acesso em: 5 setembro 2020.

No relatório de 2018, as execuções fiscais continuam com a taxa de congestionamento mais elevada (91,7%), *"de cada cem processos de execução fiscal que tramitaram no ano de 2017, apenas 8 foram baixados. Desconsiderando esses processos, a taxa de congestionamento do Poder Judiciário cairia 9 pontos percentuais, passando de 72% para 63% em 2017"*. Se compararmos este relatório com os relatórios mais recentes[50], constataremos que não houve qualquer mudança, muito menos foi tomada qualquer medida, como em Portugal.A excessiva carga judicial inviabiliza a busca efetiva de resoluções de controvérsias tributárias.[51]

Em suma, portanto, os processos de execução de título extrajudicial fiscal não alcançam um índice satisfatório de solução. São os grandes responsáveis pela morosidade dos processos de execução e representam, aproximadamente, 75% do total de casos pendentes de execução, resultando em uma taxa de congestionamento de 91%. Infelizmente esta taxa se repete tanto no âmbito da Justiça Federal, quanto no da Justiça Estadual. Se tais processos fossem desconsiderados, a taxa de congestionamento do Poder Judiciário seria reduzida de aproximadamente 70% para 60%.[52] O Judiciário, de tal modo, não experimenta apenas a elevação da taxa de congestionamento, como, também, fere princípios constitucionais da administração pública e garantias fundamentais.

[50] Conselho Nacional de Justiça (CNJ). *Relatórios Justiça em Números*. Brasília: CNJ, 2019. Anual. Disponível em: < http://cnj.jus.br/programas-e-acoes/pj-justica-em-numeros>. Último acesso em: 5 setembro 2020.

[51] *"Muitas vezes pode se passar anos e anos – até décadas – inclusive e infelizmente sucedendo o falecimento da parte, sem que tenha recebido pelo Estado (Judiciário) aquilo que era dele por direito"*. Cf. TAKOI, Sérgio Massaru. *O princípio constitucional da duração razoável do processo* – Art. 5º, LXXVIII, da CF/88 – e sua aplicação no direito processual civil. Dissertação. pp. 233. Mestrado em Função Social do Direito. Direito: Faculdade Autônoma de Direito, FADISP, São Paulo, 2007. p. 23-24.

[52] Ou seja: *"Não basta apenas o direito a um provimento jurisdicional; faz-se extremamente necessário que esta tutela prestada comporte um resultado útil, efetivo e capaz de atender as expectativas dos jurisdicionados, inclusive, e com certa preponderância, no que tange a duração razoável da resposta obtida pelo contribuinte ao movimentar a máquina judiciária. Posto isso, frise-se que o movimento atual no sentido de supervalorizar a via judiciária nos processos fiscais é elemento nocivo à efetivação da justiça tributária"*. GOMES, Anna Flávia Silva; ALMEIDA, Priscila Batista. Morosidade nos processos tributários: breve análise da conjuntura atual e a utilização da via administrativa como alternativa a sobrecarga judicial em matéria tributária. In: Âmbito Jurídico, n. 103, XV. Rio Grande: Ago., 2012. Disponível em: <http://www.ambito-juridico.com.br/site/?n_link=revista_artigos_leitura&artigo_id=12134>. Último acesso em: 20 setembro 2020.

5. Necessidade de implementação da arbitragem tributária para melhorar as arrecadações fiscais e homenagear os direitos fundamentais

A litigiosidade do Poder Judiciário reflete diretamente nas arrecadações fiscais. Lembrando, com Cass Sunstein e Stephen Holmes, que os nossos direitos possuem um custo e estes custos dependem dos tributos cobrados, dos valores arrecadados.[53] Esses direitos são mais conhecidos por interesses públicos primários (direito fundamental à saúde e à educação, por exemplo) que, diferente dos interesses públicos secundários, são indisponíveis e dependem diretamente destes.

Mas, atualmente, *"a recuperação do crédito tributário passou a ser o grande desafio para os governos de todos os níveis da federação"*.[54] Uma das medidas possíveis de adoção é a Arbitragem Tributária.[55] Eis a relevância dos estudos sobre tal instituto.

A ideia não defende de forma finalística, que a arbitragem tributária descongestionaria o Poder Judiciário. De acordo com os dados do CNJ, a movimentação processual deixa clara a dificuldade para a diminuição da taxa de congestionamento, e a proposta não tem o condão de dar solução "mágica" ao problema.

A Arbitragem Tributária pode ser, em realidade, uma via complementar[56] de resolução das controvérsias tributárias[57], uma solução

[53] SUNSTEIN, Cass; HOLMES, Stephen. *El costo de los derechos:* Por qué la libertad depende de los impuestos. Buenos Aires: Siglo Veituno Editores, 2011.

[54] Projeto de Lei nº. 4.257/2019, autoria do Senador Antonio Anastacia. Justificativa. p. 8. Disponível em: <https://legis.senado.leg.br/sdleg-getter/documento?dm=7984784&ts=1565128158755&disposition=inline>. Último acesso em: 20 setembro 2020.

[55] Recomendamos a leitura: PASINATTO, Ana Paula. Arbitragem Tributária: Breve Análise Luso-Brasileira, in: *Revista Jurídica Luso-Brasileira*, Ano 3 (2017), no 6, p. 1041-1073. Disponível em: <https://www.cidp.pt/ publicacoes/revistas/rjlb/2017/6/2017_06_1041_1073.pdf>.

[56] Preferimos, aqui, se referir à arbitragem como meio "complementar", ao invés de meio "alternativo" ou meio "adequado", concordando com a doutrina portuguesa na pessoa do Professor Francisco Nicolau Domingos. Para tanto, recomendamos a leitura de sua obra publicada no Brasil – *Métodos alternativos de resolução de conflitos tributários.* Porto Alegre: Núria Fabris, 2016.

[57] Para Geraldo Ataliba: "[...]se todas as divergências forem submetidas ao poder judiciário, este submergirá sob o peso de um acúmulo insuportável de questões para julgar. Além disso – e também por isso – tardarão muito as soluções, em detrimento das partes envolvidas. Daí a razão pela qual, em quase todos os países, se criaram organismos e sistemas para reduzir

"à desjudicialização de demandas", retirando *"alguns assuntos que hoje, em virtude da legislação vigente, estão desnecessariamente sendo processadas pelo Poder Judiciário"*, visando maior efetividade na cobrança da dívida ativa e, consequentemente, aumentando a arrecadação fiscal.[58]

Concordamos com o Projeto de Lei nº. 4.257, 6 de agosto de 2019, ao afirmar que a via judicial apenas seria acionada se "a intervenção do juiz for considerada imprescindível para garantir a proteção a um direito fundamental do cidadão". Dentro dessa perspectiva, salientamos que a AT é – e deve ser, pelo requisito da voluntariedade – facultativa, não interferindo, de forma alguma, no princípio da inafastabilidade de jurisdição.[59] Ao contrário, efetiva garantias fundamentais, além de recursos públicos para a efetivação de direitos sociais.

Conclusões

Como mencionado no início da presente pesquisa, a Arbitragem Tributária não apenas é possível como, principalmente, necessária no Brasil. Não acreditamos que a medida irá resolver todos os problemas de congestionamento de processos tributários do Poder Judiciário brasileiro. Entretanto, sim, colaborará, e muito, para uma alternativa na solução de litígios tributários. Seja com a especialidade técnica dos árbitros, ou seja, com a celeridade, propondo uma fórmula inovadora para estimular a resolução de tais demandas, além do custo ser menor, promovendo economia processual.

Para tanto, devemos ter como norte a experiência dos outros países, lembrando da necessidade de adaptarmos tal experiência para a nossa realidade. Evitando aquilo que Alfredo Augusto Becker temia, já em

o número de causas instauradas perante o Poder Judicial". Diz, ainda, que "diversas razões recomendam que se crie um sistema de eliminação célere e eficaz desses conflitos, tendo em vista a harmonia fisco-contribuinte e os interesses em jogo". ATALIBA, Geraldo. Recurso em Matéria Tributária. Brasília: *Revista de informação legislativa*, v. 25, n. 97, 1988. p. 123.

[58] Projeto de Lei nº. 4.257/2019, autoria do Senador Antonio Anastacia. Justificativa. p. 10. Disponível em: <https://legis.senado.leg.br/sdleg-getter/documento?dm=7984784&ts=1565128158755&disposition=inline>. Acesso em: 8 setembro 2020.

[59] AMARAL, Paulo Osternack. Cláusula Compromissória em Título Executivo Extrajudicial: Tentativa de Compatibilização. Curitiba: Informativo Justen, Pereira, Oliveira e Talamini, nº. 17, jul., 2008. p. 1. Disponível em: <http://www.justen.com.br/informativo.php?l=pt&informativo=17&artigo=819#>. Acesso em: 8 setembro 2020.

1998, de construir *"atabalhoadamente quantidade enorme de novas leis de tão péssima qualidade que revela ignorância troglodita na arte de criar o instrumento apropriado"*.[60] Em outras palavras, utilizando como exemplo as confecções de roupas, cada peça criada é feita para uma pessoa específica, dentro do seu tamanho, do seu molde e do seu estilo. Na Arábia Saudita, a moda-praia é totalmente diferente da moda-praia brasileira. Não apenas precisamos, como devemos adaptar as peças de roupas estrangeiras para o formato físico do brasileiro. Do contrário, de nada adiantará a importação.

Além disso, a necessidade de métodos complementares de resolução de litígios tributários, como a AT, é urgente. As atuais leis brasileiras estão caminhando para implementação de alternativas, como a própria transação tributária, proposta por meio da Medida Provisória nº. 899, de 16 de outubro de 2019, regulamentada pela Portaria da PGFN de nº. 11.956/2019, convertida na Lei nº. 13.988, de 14 de abril de 2020 e, atualmente, regulamentada pela Portaria da PGFN de nº. 9.917/2020. O volume de litígios é alto e o estoque da dívida ativa é enorme. Nesse norte, é de se destacar que a mudança pode vir acompanhada de uma melhoria nas relações "fisco *versus* contribuinte".

Referências

ALVIM, Angélica Arruda; ASSIS, Araken de; ALVIM, Eduardo Arruda. *Comentários ao código de processo civil.* 1.ed.. Saraiva, 2016.

AMARAL, Paulo Osternack. Cláusula Compromissória em Título Executivo Extrajudicial: Tentativa de Compatibilização. Curitiba: Informativo Justen, Pereira, Oliveira e Talamini, nº. 17, jul., 2008. p. 1. Disponível em: <http://www.justen.com.br/informativo.php?l=pt&informativo=17&artigo=819#>. Acesso em: 8 setembro 2020.

ATALIBA, Geraldo. Recurso em Matéria Tributária. Brasília: *Revista de informação legislativa*, v. 25, n. 97, 1988.

BARCELLAR, Roberto Portugal. *Mediação e arbitragem.* 2.ed. Col Saberes do Direito. Vol. 53. Saraiva, 2016; FREIRE, Alexandre. *Comentários ao Código de Processo Civil.* 2. ed. Saraiva, 2017.

BECKER, Alfredo Augusto. *Teoria Geral do Direito Tributário.* São Paulo: Saraiva, 1998.

CAHALI, Francisco José. *Curso de Arbitragem: mediação: conciliação:* resolução CNJ 125/2010. 6 ed. rev. atual. e ampl. São Paulo: Revista dos Tribunais, 2017.

[60] BECKER, Alfredo Augusto. *Teoria Geral do Direito Tributário.* São Paulo: Saraiva, 1998. p. 9.

CARMONA, Carlos Alberto. *Arbitragem e Processo:* Um comentário à Lei nº. 9.307/96. 3. ed. São Paulo: Atlas, 2009.

CARVALHO, Rubens Miranda de. *Transação tributária, arbitragem e outras formas convencionais de solução de lides tributárias.* São Paulo: Juarez de Oliveira, 2008.

DOMINGOS, Francisco Nicolau. *Os métodos alternativos de resolução de conflitos tributários.* Porto Alegre: Núria Fabris Editora, 2016.

EDWARDS, Barry. *Renovating the Multi-Door Courthouse:* Designing Trial Court Dispute Resolution Systems to Improve Results and Control Costs. Harvard Negotiation Law Review. Vol. 18:281. Spring, 2013, p. 321. Disponível em: <www.hnlr.org/wp-content/uploads/2013/12/18HarvNegotLRev281-Edwards.pdf>.

FEIO, Diogo. *Arbitragem Fiscal em Portugal:* Um início de um caminho. II Coletânea de Textos Publicados na NewsletterGRAL. Portugal: Agora Comunicação, fev., 2008.

FERREIRA, Eduardo Paz. *A possibilidade da arbitragem tributária.* A Arbitragem em Direito Tributário. In.: I Conferência AIBAT-IDEFF. Portugal: 2010.

FIGUEIRAS, Cláudia Sofia Melo. *Justiça Tributária:* Prevenção e Resolução Alternativa de Litígios. Coimbra: Almedina, 2018.

GOMES, Anna Flávia Silva; ALMEIDA, Priscila Batista. Morosidade nos processos tributários: breve análise da conjuntura atual e a utilização da via administrativa como alternativa a sobrecarga judicial em matéria tributária. In: Âmbito Jurídico, n. 103, XV. Rio Grande: Ago., 2012. Disponível em: <http://www.ambito-juridico.com.br/site/?n_link=revista_artigos_leitura&artigo_id=12134>. Último acesso em: 20 setembro 2020.

LAGRASTA NETO, Caetano. A conciliação judicial – Avanços, retrocessos e esperança. In: PELUSO, Antonio Cezar; RICHA, Morgana de Almeida (Coord.). *Conciliação e mediação:* estruturação da política judiciária nacional. Rio de Janeiro: Forense, 2011. p. 95-106. (Coleção ADRS).

LORENCINI, Marco Antônio Garcia Lopes. *"Sistema Multiportas":* Opções Para Tratamento De Conflitos De Forma Adequada. In.: SALLES, de, C. A., LORENCINI, Lopes, M.A. G., SILVA, da, P.E. A. *Negociação, Mediação e Arbitragem – Curso Básico para Programas de Graduação em Direito.* São Paulo: Método, 2012.

LUCHIARI, Valéria Ferioli. *A Resolução n. 125 do Conselho Nacional de Justiça:* origem, objetivos, parâmetros e diretrizes para a implantação concreta. In: *PELUSO,* Antonio Cezar; *RICHA,* Morgana de Almeida (coord.) *Conciliação e Mediação*: estruturação da política judiciária nacional. Rio de Janeiro: Forense, 2011. p. 95-106. (Coleção ADRS).

LÚCIA, Cármen. Apresentação Justiça em Números 2018. Conselho Nacional de Justiça, p. 5. Para a presente pesquisa, foram considerados os relatórios: Justiça em Números 2015/2016/2017/2018, ano base 2014/2015/2016/2017, respectivamente. *Relatam, também, a elevada taxa de congestionamento no que diz respeito às execuções fiscais.* Relatórios disponíveis, de forma integral, por meio do

Conselho Nacional de Justiça (CNJ). Veja em: <http://cnj.jus.br/programas-e-acoes/pj-justica-em-numeros>. Último acesso em: 5 setembro 2020.

MARTINS, Jesuíno Alcântara; ALVES, José Costa. *Procedimento e Processo Tributário* – Uma perspectiva prática. Coimbra: Almedina, 2015. p. 206. Jesuíno Alcântara Martins é especialista em Direito Fiscal e Fiscalidade, em Portugal; José Costa Alves é Jurista na Administração Tributária Portuguesa.

MONTEIRO, Alexandre Luiz Moraes do Rêgo; CASTRO, Leonardo Freitas. Direito Tributário e Arbitragem: uma análise da possibilidade e dos óbices ao juízo arbitral em matéria tributária no Brasil. a. 17, n. 88. São Paulo: *Revista Tributária e de Finanças*, set-out. 2009.

MÜLLER, Júlio Guilherme. *A Negociação no Novo Código de Processo Civil:* Novas Perspectivas para a Conciliação, para a Mediação e para as Convenções Processuais. In.: ALVIM, Thereza Arruda. *O Novo Código de Processo Civil Brasileiro – Estudos Dirigidos: Sistematização e Procedimentos.* Forense, 2015.

NEVES, Daniel Amorim Assumpção. *Manual de Direito Processual Civil.* 9. ed. Jus Podivm, 2017.

NÚNCIO, Paulo. A arbitragem em Direito Tributário – Traços Gerais. In.: CAMPOS, Diogo José Paredes Leite de.; FERREIRA, Eduardo Paz (com. Org.). *A arbitragem em direito tributário:* I Conferência Associação Ibero-Americana de Arbitragem Tributária (AIBAT)/Instituto de Direito Econômico, Financeiro e Fiscal (IDEFF). Coimbra: Almedina, 2010.

NUNES, Antonio Carlos Ozório. *Manual de mediação:* guia prático para conciliadores. São Paulo: Revista dos Tribunais, 2016.

OLIVEIRA, Bruno Bastos de. Arbitragem Tributária: Racionalização e desenvolvimento econômico no Brasil. Rio de Janeiro: Lúmen Juris, 2019.

PASINATTO, Ana Paula. *Arbitragem Tributária: Breves Considerações sobre o Regime Português.* Belo Horizonte, ano 17, n. 101, p. 77-97, set./out., 2019.

___. Arbitrabilidade da matéria tributária: Seria a arbitragem a ferramenta necessária para cortar a última cabeça da Hidra de Lerna? In.: DOMINGOS, Francisco Nicolau (org.). *Justiça Tributária:* Um Novo Roteiro. Lisboa: Rei dos Livros, 2018.

___. Arbitragem Tributária: Breve Análise Luso-Brasileira, in: *Revista Jurídica Luso-Brasileira,* Ano 3 (2017), no 6, p. 1041-1073. Disponível em: <https://www.cidp.pt/ publicacoes/revistas/rjlb/2017/6/2017_06_1041_1073.pdf>.

PEDUZZI, Maria Cristina. Relatório Justiça em Números. Tribunal Superior do Trabalho, Brasília, 2013. Entrevista realizada pela secretaria de comunicação social do Tribunal Superior do Trabalho. p. 1. Disponível em: < http://www.tst.jus.br/home?p_p_id=15&p_p_lifecycle=0&p_p_state=maximized&p_p_mode=view&_15_struts_action=%2Fjournal%2Fview_article&_15_groupId=10157&_15_articleId=6074796&_15_version=1.3>. Último acesso em: 20 setembro 2020.

PEREIRA, Rui Ribeiro. Breves notas sobre o regime da arbitragem tributário. In.: CELESTE, Isabel (coord.). 2. ed. Arbitragem Administrativa e Tributária – Problemas e Desafios. Portugal: Almedina, 2012. p. 191/208.

RAO, Hayagreeva; MORRILL, Calvin; ZALD, Mayer N. Power Plays: How social movements and collective action create new organizational forms. In.: STAW, Barry M.; SUTTON, Robert I. *Research in organizational behavior*. USA: Jai, 2000.

RODRIGUES, Anselmo. *A Possibilidade da Arbitragem Tributária:* A Arbitragem em Direito Tributário. In.: I Conferência AIBAT-IDEFF. Portugal: 2010.

SOUSA, José Manuel Lopes de. Breve nota sobre a implementação [...]. *Revista do CAAD*. Lisboa: Out., 2011. Disponível em: <http://www.caad.org.pt/content/show/id/34/s/3>. Acesso em: 21 setembro 2020.

SOUTELINHO, Susana. A arbitragem tributária – uma realidade?. In.: CELESTE, Isabel (coord.). 2. ed. Arbitragem Administrativa e Tributária – Problemas e Desafios. Portugal: Almedina, 2012. pg. 209/218.

SUNSTEIN, Cass; HOLMES, Stephen. *El costo de los derechos:* Por qué la libertad depende de los impuestos. Buenos Aires: Siglo Veituno Editores, 2011.

TAKOI, Sérgio Massaru. *O princípio constitucional da duração razoável do processo* – Art. 5º, LXXVIII, da CF/88 – e sua aplicação no direito processual civil. Dissertação. pp. 233. Mestrado em Função Social do Direito. Direito: Faculdade Autônoma de Direito, FADISP, São Paulo, 2007.

VALLE, Maurício Dalri Timm do; PASINATTO, Ana Paula. Arbitragem Tributária no Brasil e o Interesse Público: um novo mito da caverna? In.: DOMINGOS, Francisco Nicolau (org.). *Justiça Tributária:* Um Novo Roteiro. Lisboa: Rei dos Livros, 2018.

VASQUEZ, Sérgio. *Os primeiros passos da arbitragem tributária*. Artigo publicado na Newsletter de Outubro de 2011, do CAAD. Disponível em: <http://www.caad.org.pt/content/show/id/34/s/3>. Acesso em: 21 setembro 2020.

VILLA-LOBOS, Nuno. *Avaliação sucessiva perfunctória da implementação da arbitragem tributária em Portugal*. Desafios Tributários. Lisboa: Vida Econômica, ago./2015.

VILLA-LOBOS, Nuno. Nota de abertura. A Prova das 9 Vantagens. *R. de Arbitragem Tributária* n. 4. Lisboa: CAAD, jan., 2016.

4. Reforma Tributária e Estado Constitucional Fraternal: Gênero, Raça e Sustentabilidade[1]

Ariane Costa Guimarães

Introdução

A Reforma Tributária está entre os assuntos mais abordados na arena política nos anos de 2019 e 2020, no mercado e, sem sombra de dúvida, na academia, por meio de diversos aprofundamentos e simulações que tanto a área jurídica quanto econômica vêm realizando, e ainda será no ano-calendário de 2021, ocupando a pauta do Congresso Nacional nos próximos anos

Entre críticos desconstrutivistas e entusiastas iludidos, a grande maioria dos operadores do Direito e acadêmicos dedicaram parte de seu tempo, uns mais, outros menos, ao estudo das proposições legislativas sobre a Reforma Tributária e concordam em um ponto, ao menos: o Brasil necessita de uma Reforma Tributária. A questão é saber qual reforma e em que bases.

O Brasil é o país com o pior índice de retorno de bem-estar à sociedade, conforme ranking divulgado pelo Instituto Brasileiro de Planejamento Tributário (IBPT)[2], ou seja, apesar de não ter a maior ou estar em as

[1] Este artigo contou com a revisão de Marina da Silva Costa e Thalita Lima, profissionais entusiastas e crentes de que o direito deve ser instrumento de transformação social.

[2] O GLOBO. *Brasil é o país com o menor índice de retorno de bem-estar à sociedade.* Divulgado em 01.06.2019. Disponível em: < https://g1.globo.com/pr/parana/noticia/2019/07/04/brasil-e-o-pais-com-o-menor-indice-de-retorno-de-bem-estar-a-sociedade-pesquisa-foi-feita-com-30-paises-de-maior-carga-tributaria-no-mundo.ghtml>. Acesso em: 29 set. 2020.

maiores cargas tributárias no mundo, segundo a OCDE, o gasto público com a arrecadação de tributos não é retornado e devolvido à sociedade na mesma proporção da exação fiscal. Outro estudo, dessa vez publicado pelo IPEA, revela que a carga tributária brasileira é, do ponto de vista econômico, regressiva[3], ou até ousamos afirmar altamente regressiva, o que implica dizer que "o excesso de tributação sobre bens e serviços, de 18,8% do PIB, [é] maior do que em qualquer país da OCDE, onde a média é de 11,6% do PIB", sendo a parte mais afetada a camada mais pobre da sociedade brasileira.

Daí que o objetivo maior e comum das proposições de Reforma Tributária possui, em síntese, as ideias de: simplificação do sistema brasileiro, redução de litígios administrativos e judiciais, eliminação de alguns benefícios fiscais setoriais e redução de outros, atribuição de mais transparência ao sistema e adoção de um sistema de tributação do consumo inspirado no imposto sobre valor agregado (IVA), com ampla não cumulatividade, ou seja, de efeito neutro para os empresários.

Neste contexto, foram apresentadas as Propostas de Emendas Constitucionais nº. 45/19 e 110/19 com vistas à outorga de competência à União para instituir o Imposto sobre Bens e Serviços (IBS), imposto que pretende simplificar a arrecadação de tributos sobre o consumo no Brasil, unificando cinco diferentes tributos de diversas competências federativas para um único imposto sobre valor agregado. O imposto agruparia operações onerosas com bens tangíveis e intangíveis e teria alíquota, ainda a ser definida em lei, que giraria em torno de 25%.

Em um modelo de transição progressiva, o IBS deverá ser instituído com uma alíquota única, mantida por dois anos, enquanto se reduz a alíquota dos tributos a serem extintos (ISS, ICMS, PIS, COFINS, IPI, na PEC no. 45/2019), com o objetivo de avaliar e dimensionar a dinâmica do novo imposto e seu potencial de arrecadação. Posteriormente, o IBS seria elevado de forma progressiva e linear simultaneamente à redução da alíquota dos tributos atuais que, ao fim, seriam extintos.

[3] GOMES, Marcel. As distorções de uma carga tributária regressiva. *In Revista de Informações e Debates do Instituto de Pesquisa Econômica Aplicada.* Disponível em: <http://www.ipea.gov.br/desafios/index.php?option=com_content&view=article&id=3233&catid=30&Itemid=41>. Acesso em: 20 mai. 2019.

O governo, por seu turno, apresenta o seu plano de Reforma Tributária em algumas etapas, sendo que a primeira delas, a reunião do PIS e da COFINS, está endereçada no PL nº. 3.887/20, e as demais fases se relacionam à desoneração da folha de pagamentos, à criação de um imposto para operações digitais e ao ajuste da legislação do imposto sobre a renda.

A promessa do IBS é de não cumulatividade e de direito de crédito amplo, em que o método de apuração seria o sistema de débito e crédito com recolhimento periódico referente à diferença do imposto lançado nas operações. Em regime de crédito financeiro, a proposta é que ele tenha incidência sobre bens e serviços e gere créditos a serem acumulados e ressarcidos após a solicitação do contribuinte.

Por envolver diretamente as principais fontes de arrecadação dos Estados e Municípios, impostos sobre a circulação de mercadorias e prestação de serviços, as PECs 45/19 e 110/19 vêm sendo amplamente discutidas ainda com alguma resistência. Atualmente, o ICMS, de competência estadual, e o ISS, de competência municipal, são regidos por uma infinidade de legislações e esse emaranhado normativo gera insegurança e falta de calculabilidade para as transações, além de uma disputa entre os entes da Federação, afetando e muito no valor do produto final ou no custo dos serviços prestados. Essa insegurança afeta inclusive nas intenções de investidores e empresários estrangeiros que poderiam encontrar no Brasil um ambiente de negócios mais favoráveis às suas prática comerciais.

Desse modo, a principal preocupação das propostas de Reforma Tributária neste aspecto é com a instabilidade que a implementação do novo modelo terá, essencialmente no que diz respeito ao pacto federativo. Para impedir isso, é importante que o projeto inclua estratégias de manutenção dos níveis de arrecadação, de gestão de receitas e poder de fiscalização.

Além disso, há algumas incertezas em relação à tributação dos bens e serviços, tais como ao efetivo impacto em relação aos preços relativos a bens e serviços, inconsistências no desenho do fato gerador, ausência de garantias e prazos no sistema de ressarcimento do saldo credor do regime atual, tanto de ICMS quanto de PIS/COFINS, possibilidade de acúmulo de créditos em alguns setores, além da relevância vital que determinados benefícios fiscais possuem em alguns segmentos de longo prazo.

Aliás, no bojo do debate, sobreleva ainda a relação entre os modelos propostos de Reforma Tributária e a desigualdade social nas suas mais diversas acepções. É dizer, importante refletir, neste ínterim, quais são os atualmente previstos? Sendo ainda escassos, há a possibilidade de a alteração do ordenamento jurídico contemplar essas preocupações ao disciplinar novo modelo de tributação sobre o consumo e sobre a renda, levando em conta as camadas sociais de baixa renda e, além disso, os grupos com pouca ou nenhuma representatividade na arena política?

Para conduzir esta investigação, a primeira abordagem a ser feita diz respeito ao grau de obrigatoriedade imposto na Constituição Federal, tanto ao poder constituinte derivado quanto ao legislador, de observância dos direitos fundamentais na elaboração das emendas e das leis, em especial a tributária. Neste momento, serão levantadas as formas pelas quais a lei tributária pode e/ou deve assumir papeis e funções que sobreponham à função eminentemente fiscal para alcançar objetivos não tipicamente tutelados no direito tributário.

No segundo momento, serão tecidas considerações e fornecidos exemplos sobre formatos possíveis de disposições tributárias que possam servir ao propósito da concretização de objetivos constitucionais e políticas públicas voltadas ao desenvolvimento social e à redução das desigualdades. Nessa análise, o marco teórico será o constitucionalismo fraterno como base argumentativa.

1. O constitucionalismo social e o direito tributário

O Brasil optou pelo desenho constitucional de Estado de bem estar social para permitir ao indivíduo o acesso à proteção social integral. Por essa razão, a Constituição brasileira reconhece ferramentas institucionais para fornecimento de condições de desmercadorização do cidadão, como a Previdência Social, os modelos de Assistência Social, o Sistema Único de Saúde, e a Educação Pública[4].

Para dar conta dessas despesas, o tributo tem função primordial, tanto para servir de fonte para as novas receitas públicas decorrentes dos novos compromissos públicos, como para interferir nas relações sociais[5]. Por

[4] BOSCHETTI, Ivanete. *Seguridade social:* a armadilha dos conceitos. Disponível em: <http://vsites.unb.br/ih/dss/gesst/seguridade.pdf.> Acesso em: 20 mar. 2019.

[5] Marcus Faro afirma que o sistema tributário reflete o poder coercitivo do Estado de intervenção indireta. FARO, Marcus. *A administração da justiça e os reflexos na economia.* Disponível em: <http://www2.cjf.jus.br/ojs2/index.php/cej/article/viewFile/459/640>. Acesso em 12 out. 2013.

conseguinte, a introdução desses contornos da relação entre Estado e sociedade, promovida com a construção do *welfare state*[6] *(não seria mais didático explicar ao menos em nota de roda-pé o welfare state)*, como modelo a ser implantado, ensejou a releitura do sistema tributário liberal.

O ideal da construção de uma sociedade comprometida com a promoção das liberdades substantivas de todos os indivíduos é definir tais objetivos como prioritários na consecução da definição de políticas públicas. Uma primeira frente de ação é o enfrentamento da pobreza, o qual, enquanto subsistir, deve atrair maiores esforços e foco aos interesses dos menos favorecidos. Consectariamente, flagrante consequência dessa perspectiva "é a possibilidade de que um movimento em direção à justiça acarrete uma perda significativa de renda e riqueza para os que agora estão no topo da escala social"[7]. Ou seja, é necessário instituir normas para alterar as estruturas sociais e uma ferramenta para isso é a relação jurídico-tributária estabelecida.

Os tributos não podem significar apenas o suporte financeiro do Estado, mas devem ser lidos como institutos que combatem as privações de liberdades políticas. Esta premissa baliza as normas jurídicas, pois "não se pode nem justificar nem criticar um regime econômico tomando-se como norma independente algo que, na verdade, é uma consequência desse regime"[8]. Daí que a percepção de justiça tributária deve ser conferida, também, a partir do destino que o governo dá aos recursos públicos, critério este que não está incorporado na concepção liberal de igualdade tributária[9]. No particular, conforme critério de análise de liberdade

[6] Estado de bem estar social em que o poder público assume papel protagonista na sociedade para a presteção de serviços públicos, tanto visando o tratamento equitativo entre os indivíduos como promovendo a justiça social distributiva.

[7] MURPHY, Liam; NAGEL, Thomas. *O mito da propriedade.* Tradução de Marcelo Brandão Cipolla. São Paulo: Martins Fontes, 2005, p. 192.

[8] MURPHY, Liam; NAGEL, Thomas. *O mito da propriedade.* Tradução de Marcelo Brandão Cipolla. São Paulo: Martins Fontes, 2005, p. 13.

[9] Outro problema da equidade vertical consiste no fato de que "está implícita uma concepção de governo como um prestador de serviços cujas exigências de pagamento intrometem-se indevidamente numa economia de mercado capitalista do tipo laissez-faire, a qual supostamente produziria uma distribuição legítima dos direitos da propriedade": "Justa partilha dos ônus tributários entre os indivíduos, uma partilha avaliada a partir daquela base". MURPHY, Liam; NAGEL, Thomas. *O mito da propriedade.* Tradução de Marcelo Brandão Cipolla. São Paulo: Martins Fontes, 2005, p. 21.

substantiva proposto por Amartya Sen[10], não se leva em consideração o elemento "funcional", o qual, na realidade, deveria ser entendido como necessário para que seja avaliado o destino dado à renda.

Do mesmo modo, aponta-se a insuficiência do princípio do benefício como forma de definição da justiça tributária. Para este postulado, cada contribuinte seria tributado em conformidade com sua demanda por serviços públicos. No Brasil, é o que se chama de Princípio da Referibilidade Estrita. Neste caso, o problema reside no fato de que jamais será alcançada a redistribuição da renda por esta metodologia. Considerando o conceito de justiça social, o princípio do benefício passa a ser incompatível, visto que, "se os muito pobres obtêm menos benefícios do governo do que os ricos, eles ainda assim se beneficiam deveras em comparação com seu estado na guerra de todos contra todos"[11].

Outra crítica desenvolvida contra a concepção tradicional do sistema tributário se refere ao princípio da capacidade contributiva. A ideia de capacidade contributiva refletiria a "tributação pelo talento", segundo a qual os indivíduos devem recolher os impostos conforme as suas habilidades, definidas como a capacidade de auferir renda e acumular riqueza. No entanto, mais uma vez, pode-se pensar que o critério da riqueza pré-tributária, juntamente com a ausência de vinculação com o direcionamento dos gastos, faz com que a identificação do "talento" das pessoas seja equivocada[12].

Por outro lado, a capacidade contributiva traz uma concepção importante: a de que quem tem mais acesso às formas de auferir rendas poderá contribuir com maior quantidade para o custeio dos serviços imprescindíveis para garantia do direito de todos por meio da distribuição de renda pelo Estado.

[10] SEN, Amartya. *Desenvolvimento como liberdade.* São Paulo: Companhia das Letras, 2010, p. 377.

[11] MURPHY, Liam; NAGEL, Thomas. *O mito da propriedade.* Tradução de Marcelo Brandão Cipolla. São Paulo: Martins Fontes, 2005, p. 25.

[12] "uma vez que a justiça na tributação não é uma realidade isolada, não podemos afirmar com segurança que o Estado deve cobrar sacrifícios tributários iguais de todas as pessoas, tendo por base a renda pré-tributária, e, ao mesmo tempo, não nos pronunciar acerca de qual seria a política de gastos". MURPHY, Liam; NAGEL, Thomas. *O mito da propriedade.* Tradução de Marcelo Brandão Cipolla. São Paulo: Martins Fontes, 2005, p. 32.

Logo, a Constituição Federativa do Brasil de 1988 propõe diversos instrumentos para conformar a imposição fiscal com os vetores da justa distribuição da renda e do patrimônio. Mas, conforme afirma Klaus Tipke, "o Brasil pertence, todavia, àquele grupo de países em que a Constituição e a realidade constitucional claramente divergem"[13]. Um dos exemplos para tal crítica está no fato de que, como a Constituição brasileira prevê a capacidade contributiva apenas para os impostos, a leitura literal do texto constitucional que faz esta previsão afasta a possibilidade de inseri-la como pano de fundo dos demais tributos, como taxas, contribuições de melhoria e contribuições. Nesse sentido, diz Geraldo Ataliba[14] apesar de esses tributos não se sujeitarem ao princípio da capacidade contributiva, sujeitam-se ao princípio da igualdade, o qual contempla o sentido de capacidade contributiva que tem previsão constitucional expressa para os impostos.

No estado democrático de direito, na opinião de Betina Grupenmacher[15], só é admissível que incida tributação sobre as manifestações de capacidade contributiva do cidadão, de modo a preservar seus direitos fundamentais de acesso a bens de consumo para a sua subsistência. A tributação da capacidade econômica do contribuinte de satisfação de suas necessidades básicas é incompatível com a manutenção da dignidade do indivíduo, pois impede que ele tenha recursos mínimos para seu sustento e o de sua família.

A intributabilidade do mínimo existencial deveria ser reconhecida, assim, como corolário da capacidade contributiva, isto é, como forma de superação do olhar formalista da tributação. Deve haver a correspondência entre a perspectiva jurídica e a econômica para permitir que a consequência seja considerada no questionamento dos tributos. O direito serve

[13] TIPKE, Klaus. *Moral tributária do Estado e dos contribuintes*. Tradução de Luiz Dória Furquim. Porto Alegre: Sergio Antonio Fabris Editor, 2012, p. 46.

[14] DOMINGUES, José Marcos. O princípio da capacidade contributiva, o acesso à justiça e outros desafios à Jurisprudência do Supremo Tribunal. *Estudo de Caso*: o Imposto sobre Serviços, a Locação de coisas e o afretamento de embarcações. In GOMES, Marcus Lívio; VELLOSO, Andrei Pitten (org.). Sistema constitucional tributário: dos fundamentos teóricos aos hard cases tributários. 1. ed. Porto Alegre: Livraria do Advogado Editora, 2014, p. 104.

[15] GRUPENMACHER, Betina Treiger. Tributação e direitos fundamentais. *In* FISCHER, Octavio Campos (org.). *Tributos e direitos fundamentais*. 1. ed. São Paulo: Dialética, 2004, p. 13-16.

a algo e, na relação Estado-indivíduo, quanto ao pagamento de impostos, o alcance da lei deve observar a concretização da capacidade contributiva e da isonomia[16].

Dessa forma, já preconizava na doutrina de Geraldo Ataliba[17] a referência à capacidade contributiva como limitadora da tributação ou como instrumento de proteção do mínimo existencial. Em verdade, não se pode dizer que haja capacidade contributiva quando o contribuinte gasta tudo o que ganha para sobreviver. A capacidade contributiva, para fins de tributação pelo imposto de renda, deve estar sujeita ao enriquecimento e efetivo aumento de patrimônio do contribuinte.

Para dar reforço à força da capacidade contributiva, a proibição de excesso na tributação não é uma característica intrínseca da capacidade contributiva. É, de fato, limitação constitucional quantitativa e decorre dos direitos fundamentais, independentemente da capacidade contributiva, mas por ela reforçada. A cobrança de tributo além do limite definido pelo espectro de atuação econômica do contribuinte é suscetível de controle jurisdicional.

Em outras palavras, é como se o princípio da capacidade contributiva consistisse em uma das ferramentas pelas quais a dignidade da pessoa humana e da liberdade se concretizassem. No plano econômico, por meio da observância à capacidade contributiva, o Estado efetua escolhas de tributação de modo a fazer com que o indivíduo mantenha riqueza suficiente para a satisfação de direitos cujo usufruto dependa diretamente de recursos financeiros.

O Estado pode fornecer os bens por meio de transferência, ou pode permitir que o indivíduo explorasse a atividade econômica e não a tributasse até o montante necessário à satisfação do mínimo existencial. A propósito, sobre o mínimo existencial, o Tribunal Constitucional alemão deliberou que o Estado, ao garantir bases mínimas de existência condigna aos hipossuficientes, precisa, também, inseri-los gradualmente, além de estruturar as bases administrativas necessárias para lhes conferir a assistência adequada.

[16] TORRES, Ricardo Lobo. A legitimação da capacidade contributiva e dos direitos fundamentais do contribuinte. *In Direito tributário*. V. I. São Paulo: Editora Quartier Latin do Brasil, 2003, p. 435.

[17] ATALIBA, Geraldo. Limitações constitucionais ao poder de tributar. *In Revista de Direito Tributário*, n. 62. São Paulo: Malheiros Editores, 1992, p. 116.

Veja-se que o mínimo existencial não tem, em seu âmago, uma fotografia estática, mas há de ser interpretado como marco inicial, objetivando a estruturação de políticas públicas no sentido de, paulatinamente, tornar-se a vida em comunidade mais digna.

Nessa perspectiva, de acordo com a reflexão levada a efeito por Marcos Faro de Castro[18] sobre a interpretação das regras jurídico-tributárias – segundo ele, o sistema tributário deve estar articulado de tal modo que permita a fruição empírica e concreta dos direitos fundamentais – não se pode falar em crescimento econômico sem que o Estado salvaguarde os direitos mínimos dos indivíduos, em especial do ponto de vista do direito de consumir.

Com base nessas considerações, é possível afirmar que o sistema tributário deve ser compreendido como um instituto de que dispõe o Estado para a redução da desigualdade social e a pobreza, não apenas como uma forma de suporte financeiro, mas que seja instituído com base nas peculiaridades sociais próprias. Não é só. Há, mais recentemente, abordagem do Estado Constitucional Fraternal, que agrega alguns fatores ao constitucionalismo social, abordado a seguir.

2. O constitucionalismo fraternal e o direito tributário

No constitucionalismo fraternal[19], o indivíduo deve ocupar o centro do ordenamento jurídico e as diretrizes dos poderes estatais devem ter em vista a garantia de sua dignidade. É neste contexto que se inserem as reflexões para que o ser humano seja o centro do ordenamento jurídico, incorporando na garantia do mínimo existencial a preservação do indivíduo, não apenas do ponto de vista de subsistência, como se preocupa o constitucionalismo social, mas, igualmente, na busca do bem da vida. O bem da vida aqui é empregado como aquilo que seja comunitariamente considerado como valorado por intermédio de tutela jurídica principalmente constitucional, mas não apenas.

A Constituição Federal de 1988 consagrou, no seu preâmbulo, a igualdade e a justiça como valores supremos de uma sociedade fraterna,

[18] CASTRO, Marcus Faro de. *Direito, tributação e economia no Brasil*: aportes da análise jurídica da política econômica. Disponível em: <http://www.pgfn.fazenda.gov.br/revista-pgfn/ano-i--numero-ii-2011/007.pdf>. Acesso em 28 abr. 2017.

[19] BRITTO, Carlos Ayres. *Teoria da Constituição*. Rio de Janeiro: Forense, 2003, p. 37.

pluralista e sem preconceitos, embasada na harmonia social e comprometida com a inclusão e a busca pelo consenso na arena política, deliberadas democraticamente. Neste particular, "quando a Constituição proíbe preconceitos contra as mulheres, os negros, os pobres, os homossexuais e os deficientes físicos, está atuando no campo da fraternidade"[20].

O assunto é ainda pouco abordado, principalmente quando confrontado com a sua relevância. É fato, no entanto, que o Poder Constituinte objetivou viabilizar a construção de uma sociedade fraterna e plural, sem preconceitos. O compromisso firmado na Constituição Federal não se assenta na vertente puramente liberal (Estado Liberal Clássico) ou, ainda, social, mas, sim, com o Estado fraterno, que emerge com a convivência harmônica e plural dos diversos grupos, acomodando crenças, credos, origens.

Evidentemente que este conjunto de fatores são concretizados na esfera político-institucional e o direito funciona como instrumento das políticas públicas definidas para alcançar os propósitos da Constituição. Há, porém, de modo inegável, influência do Poder Judiciário na consolidação desses *standards*, em especial quando se examinam questões legais confrontadas com os princípios que simbolizam o ideal de fraternidade, podendo haver a declaração de inconstitucionalidade ou a interpretação judicial de acordo com esses direitos constitucionais.

Sobre o assunto, Sonia Fleury entende que o Brasil, em que pese as "conquistas sociais inscritas na Constituição de 1988", é notório ainda o enfrentamento pelo país dos muitos empecilhos para a sua concretização, o que se deve, em grande parte, ao modelo de *welfare state* conservador, prestigiando pela manutenção das desigualdades sociais que assolam o país desde sempre[21].

20 FONSECA, Reynaldo da. *Princípio constitucional da fraternidade*. Disponível em: <http://www.stj.jus.br/sites/portalp/Paginas/Comunicacao/Noticias/Ministro-Reynaldo-Fonseca-lanca-obra-sobre-principio-constitucional-da-fraternidade.aspx>. Acesso em: 29 set. 2020.

21 "As mudanças introduzidas pela Carta Constitucional de 1988, embora eivadas de contradições, representam uma clara intenção do legislador no sentido de atingir uma ordem social mais justa. No entanto, a impossibilidade de sustentar esta posição hegemonicamente em um governo baseado em uma transição pactuada entre os setores conservadores e progressistas, levou a que muitos dos conflitos revelados por ocasião da elaboração da Constituição tenham sido adiados para posterior definição". FLEURY, Sonia. *Estado sem cidadãos*: seguridade social na América Latina. São Paulo: Fio Cruz, 1992, p. 225.

Diferente não é a posição defendida por Maria Lucia Werneck Vianna, que destaca a presença do lobismo no Brasil desde a era Vargas. Para ela, "conflitos latentes entre Executivo e Legislativo, a estrutura partidária fraca e pouco enraizada na sociedade, entidades de representação dos grupos sociais segmentadas, com baixa capacidade de interlocução, e uma disseminada cultura de privativismo"[22], fatores que demonstram o *welfare state* corporativo, seja pelo fato de que o efetivo acesso aos serviços públicos de ordem social sempre beneficiou os grupos influentes no processo de tomada de decisões, a despeito do atual sistema normativo brasileiro contemplar a proteção social universal.

E, nesse cenário, se indaga qual a relação que o tributo pode assumir no contexto institucional político para concretização do constitucionalismo fraternal. No Brasil, conforme explica Mizabel Derzi,[23] os tributos têm a função de custeio dos serviços públicos realizados pelo Estado a fim de que sejam reduzidas as desigualdades de modo a garantir vida digna a todos e proteger os direitos fundamentais e a justiça social.

Esse contexto conflita com o princípio constitucional da capacidade contributiva, que encontra previsão no art. 145, § 1º, da Constituição Federal, segundo o qual os impostos, sempre que possível, de acordo com patrimônio, renda e atividade econômica, "terão caráter pessoal e serão graduados segundo a capacidade econômica do contribuinte, facultado à administração tributária, especialmente para conferir efetividade a esses objetivos, identificar, respeitados os direitos individuais". Além disso, pode deixar de concretizar o Estado Constitucional Fraternal.

Para tanto, tratando de Reforma Tributária, deve começar a ser lançada a questão de como se relaciona a análise da carga fiscal com a dignidade e a implementação dos direitos devidos aos grupos sociais com menor representatividade política e institucional, como negros, mulheres, homoafetivos. Se, numa primeira acepção, a impressão é de que a tributação não seria um instrumento de reforço de desigualdades, na medida em que, em verdade, não haveria uma tributação mais onerosa com base neste critério,

[22] VIANNA, Maria Lucia Teixeira Werneck. A americanização da seguridade social no Brasil. Rio de Janeiro: Revan, 2000, p. 131.

[23] BALEEIRO, Aliomar. DERZI, Misabel (atual). *Direito Tributário Brasileiro.* Rio de Janeiro: Forense, 2003, p. 42-43.

recentes pesquisas têm, por outro lado, denunciado o impacto que os tributos possuem nesta perspectiva.

É o caso de pesquisas levadas a efeito nos Estados Unidos, com a economista americana Janet Stotsky, com o texto *Gender Bias in Tax Systems*, além das acadêmicas Caren Grown, americana, and Imraan Valodia, africana, com a coletânea *Taxation and Gender Equity*, na ONU Mulheres, no estudo *Orçamentos sensíveis a gêneros*, os materiais da brasileira Isabelle Resende Alves Rocha sobre gênero e tributação, além da dedicação à temática de influxos entre raça e tributação, de Tathiane Piscitelli, *Tributação e gênero*, Luciane Freitas Mazzardo e Heleno Taveira Torres, a americana Glace Blumberg, com o estudo *Sexism in the code: a comparative study of income taxation of working wives and mothers.*

Tratando da perspectiva de tributação e raça, é importante mencionar alguns poucos estudos, a saber, o de Evilasio Silva Salvador e Silvia Cristina Yannoulas *As Implicações do Sistema Tributário Brasileiro nas Desigualdades de Renda*, a americana Chye-Ching Huang e Roderick Taylor no *How the Federal Tax Code Can Better Advance Racial Equity* e Dorothy Brown, com *Tax Law and Critical Race Theory.*

Há, ainda, reflexões sobre como o tributo ambiental pode ser implementado, com série de autores que propõem ferramentas tributárias para alcançar este propósito, já mais amplamente difundido entre os acadêmicos, mas timidamente tratado na legislação.

Nesse sentido, é importante dizer que a análise e as sugestões endereçadas nessa frente de utilização do tributo como ferramenta de concretização do Estado Constitucional Fraternal demanda incursões em outras áreas para além do direito, como economia, gestão pública e contabilidade. No entanto, a necessidade de um estudo interdisciplinar do assunto não é um empecilho para que reflexões sobre estruturas sejam sugeridas no campo jurídico para alcançar este propósito preambular e fundante da sociedade brasileira.

3. Tutela dos direitos fundamentais para desenvolvimento e redução das desigualdades sociais: a oportunidade da Reforma Tributária

A Reforma Tributária não endereça pontos para redução das desigualdades sociais. Segundo Regina Helena Costa, "a reforma tributária seria uma excelente oportunidade de se pensar em Justiça tributária e eu não vi em nenhuma dessas propostas uma preocupação com isso. É uma pena"[24]. A título de exemplo, objetiva-se a revogação das isenções das cestas básicas.

Como se verifica, o objetivo maior das proposições de Reforma Tributária, de forma resumida, tem em comum a ideia de simplificação do arquétipo tributário brasileiro, a redução de litígios administrativos e judiciais, a eliminação em uns e a redução de benefícios fiscais setoriais, conferir mais transparência ao sistema, importância de adoção de um sistema de tributação do consumo inspirado no imposto sobre valor agregado (IVA), com ampla não cumulatividade, ou seja, de efeito neutro para os empresários.

Assim, abaixo estão algumas reflexões que podem ser endereçadas em relação ao assunto, a partir das suas especificidades.

3.1. Gênero e tributação

Para a professora Misabel Derzi[25], a preocupação com o impacto da tributação tem assento em deliberação no Tribunal Constitucional Federal da Alemanha, em 1957, no qual foi declarada inconstitucional a obrigatoriedade da declaração conjunta do imposto de renda de pessoas casadas. É que a obrigatoriedade eleva a tributação do casal quando confrontada com a tributação separadamente, tudo em função da tributação progressiva. A Corte, portanto, recomendou a utilização do *splitting*, utilizando o parâmetro americano. Em 1976, a Corte Constitucional italiana reconheceu a inconstitucionalidade da declaração conjunta de homem e mulher, bem como o Tribunal Constitucional espanhol.

No Brasil, não há obrigatoriedade de declaração conjunta. Nada obstante, atesta-se que 57% dos declarantes são homens e 42% mulheres. Do total das declarações conjuntas enviadas num determinado exercício, apenas 30% foi enviada por mulheres, sugerindo de forma veemente a preferência do homem na administração dos rendimentos[26]. Além disso, "mesmo sendo elas as principais responsáveis pelo trabalho de cuidado

[24] COSTA, Regina Helena. *Regina Helena Costa*: nenhuma proposta de reforma se preocupa com Justiça tributária. Disponível em: <www.jota.com.br>. Acesso em: 29 set. 2020.

[25] DERZI, Misabel. *Os conceitos de renda e de patrimônio*. Belo Horizonte: Editora Del Rey, 1992, p. 1.200.

[26] *Apud* ALVES, Isabelle Resende. *Gênero, direito tributário e imposto de renda da pessoa física*: aspectos sobre a influência da tributação nas desigualdades entre homens e mulheres. Dissertação de Mestrado na Universidade Católica de Minas Gerais, 2020.

dos dependentes, além de auferirem uma renda inferior, as mulheres acabam não se valendo das deduções dos dependentes pelo fato destas se mostrarem mais relevantes para reduzir o montante tributável da renda somada do casal"[27].

Trazendo esta realidade para o âmbito da política pública, é conveniente refletir, no contexto da Reforma Tributária, as considerações de Isabelle Rocha que, após analisar impactos econômicos da incidência do imposto de renda na perspectiva de gênero, concluiu a existência de:

a) aumento dos limites de dedução com dependentes e com instrução, para além da atualização monetária urgente e necessária; tal medida pode beneficiar mulheres, reduzindo desigualdades frente a dedução integral do valor pago pelos homens (predominantemente) a título de pensão alimentícia;
b) concessão de crédito para mães e chefes de família, que exerçam a responsabilidade econômica pelo núcleo familiar; é que a maternidade revela-se como instrumento de nivelamento no mercado de trabalho;
c) dedução de empregadores da contribuição previdenciária patronal paga para empregado doméstico, na medida em que as mulheres são as que mais exercem esses trabalhos;
d) dedução do IRPF de empregadores com despesas com instrução e saúde de empregadas domésticas e suas filhas e filhos.

Além disso, há sugestões de tributação mais branda a produtos utilizados e consumidos pelas mulheres, como absorventes.

3.2. Raça e tributação

De início, malgrado não seja o foco deste ensaio uma reflexão mais apurada sobre a categoria de sentido "raça", saliento ser sabido o latente debate em torno do conceito. "É claro que a falta de precisão da palavra raça em seus sentidos sociais e políticos modernos é uma das razões para sua influência vaga e nociva. Foi usada contra grupos tão diferentes em termos

[27] *Apud* ALVES, Isabelle Resende. *Gênero, direito tributário e imposto de renda da pessoa física*: aspectos sobre a influência da tributação nas desigualdades entre homens e mulheres. Dissertação de Mestrado na Universidade Católica de Minas Gerais, 2020.

de classificação (...). As diferenças físicas, culturais e socioeconômicas assumem-se, projetam-se, generalizam-se e confundem-se a ponto de fazer que diferentes espécies de variação se representem ou se impliquem mutuamente"[28]. Nesse ínterim, importante trazer a tona ao debate sobre como garantir dignidade prevista no constitucionalismo social e, especialmente, na virada hermenêutica do direito constitucional fraternal, ao se operacionalizar os institutos tributários como meios para a redução de desigualdade.

O Sistema Tributário Nacional não beneficia explicitamente uma raça em detrimento da outra. Porém, por conta do racismo estrutural, segundo o professor Silvio Almeida, "é um ato ou um conjunto de atos e tampouco se resume a um fenômeno restrito às práticas institucionais; é, sobretudo, um processo histórico e político em que as condições de subalternidade ou de privilégio de sujeitos racializados é estruturalmente reproduzida", esta realidade é perpetuada.

É também institucionalizada diante da ausência de tutela específica do impacto da tributação sobre, especialmente a comunidade negra ajuda a moldar os fatores que determinam a responsabilidade fiscal das famílias, como sua renda, riqueza e consumo. A distribuição de renda reflete uma longa história de políticas afetadas pelo racismo, combinado com o preconceito racial e a discriminação contínua, que reduzem sistematicamente oportunidades para famílias de cor.

Destaca-se nas pesquisas que as mulheres são as maiores reprimidas pelo sistema de tributação regressivo. Quando se analisa pelo fator de raça são grandes as diferenças entre mulheres negras e mulheres brancas. Em média, as mulheres negras gastam cerca de 32% de sua renda apenas com tributos, enquanto pessoas brancas gastam somente 21% do que recebem com carga fiscal[29].

As dimensões de gênero e raça estão no cerne das desigualdades sociais brasileiras, mas ausentes do debate tributário. Como negros estão na base da pirâmide social, a elevada carga tributária regressiva onera fortemente esse segmento da população. As desigualdades sociais em relação a

[28] WILLIAMS, Raymond. *Palavras-chave: um vocabulário de cultura e sociedade.* Trad. Sandra Guardini Vasconcelos. São Paulo: Boitempo, 2007, p. 334.

[29] SALVADOR, Evilásio. *As implicações do Sistema Tributário Brasileiro nas desigualdades de renda.* Brasília: INESC, 2014.

população negra são vistas desde a sua inserção na sociedade brasileira, como no mercado de trabalho e pelo acesso à educação, perpassando pelos direitos básicos de assistência social. Consequentemente isso sobrecai nos valores dos rendimentos obtidos e nas condições de vida.

Pelo fato de a maior parte da carga tributária incidir sobe o consumo, a consequência é que as pessoas com menor renda (por exemplo, mulheres negras) pagam proporcionalmente mais tributos do que aquelas com renda mais elevada. Dito isto, o financiamento das políticas públicas brasileiras quanto ao peso dos tributos recai sobre as mulheres e aos negros. Em representação, as mulheres negras pagam proporcionalmente, em relação aos seus rendimentos, muito mais tributos do que os homens brancos.

Nosso sistema tributário deveria considerar a assimetria do ônus e do sacrifício maior suportado pela comunidade negra e estabelecer ferramentas tributárias para alcançar a isonomia, como modalidades de dedução de despesas, por exemplo, da base de cálculo do imposto de renda ou, ainda, concessão de créditos financeiros para consumo por determinados grupos. Há, ainda, a possibilidade de se refletir sobre incentivos para os que empregam negros. A presença do racismo institucional na construção da nação brasileira faz com que seja importante um olhar para além da inciativa meramente universalista de redistribuição de renda.

3.3. Proteção ambiental e tributação

Em que pese a possível contribuição da experiência internacional sobre a instituição de um "*carbon tax*", a adaptação de tais experiências à realidade brasileira deveria levar em consideração (i) especificidades da economia brasileira e (ii) o modo como o sistema tributário brasileiro se organiza.

Quanto ao primeiro aspecto, o atingimento dos pretendidos efeitos econômico-indutores da tributação sobre o carbono no Brasil – independentemente da forma jurídica que se venha a adotar – deveria considerar particularidades relacionadas aos principais destinatários da norma e a forma como se organizam as atividades econômicas responsáveis pela geração de gases de efeito estufa no país.

Além disso, quanto ao segundo aspecto, o sistema tributário brasileiro se caracteriza pela imposição de uma maior carga tributária sobre o consumo que aquela incide sobre a renda, ao contrário do que ocorre em muitos países desenvolvidos. Eventual criação de um "*carbon tax*" no Brasil poderia implicar nova oneração sobre o consumo, possivelmente agravando distorções no sistema tributário e gerando efeitos econômicos indesejados (tais como a possível regressividade da tributação sobre o consumo, além de impactos à competitividade de determinadas atividades e risco de "*carbon leakage*").

Adicionalmente, a depender do formato concebido, a criação de um "*carbon tax*" poderia ter o potencial de aumentar a complexidade do sistema tributário brasileiro já excessivamente complexo, além de resultar em um aumento da carga tributária, na contramão dos princípios que norteiam a reforma tributária nos moldes em que vem sendo discutida no Brasil.

Referências

ALVES, Isabelle Resende. *Gênero, direito tributário e imposto de renda da pessoa física: aspectos sobre a influência da tributação nas desigualdades entre homens e mulheres*. Dissertação de Mestrado na Universidade Católica de Minas Gerais, 2020.

ATALIBA, Geraldo. Limitações constitucionais ao poder de tributar. *In: Revista de Direito Tributário*, n. 62. São Paulo: Malheiros Editores, 1992.

BALEEIRO, Aliomar. DERZI, Misabel (atual). *Direito Tributário Brasileiro*. Rio de Janeiro: Forense, 2003.

BOSCHETTI, Ivanete. *Seguridade social: a armadilha dos conceitos*. Disponível em: <http://vsites.unb.br/ih/dss/gesst/seguridade.pdf.> Acesso em: 20 mar. 2019.

BRITTO, Carlos Ayres. *Teoria da Constituição*. Rio de Janeiro: Forense, 2003.

CASTRO, Marcus Faro de. *Direito, tributação e economia no Brasil: aportes da análise jurídica da política econômica*. Disponível em: <http://www.pgfn.fazenda.gov.br/revista-pgfn/ano-i-numero-ii-2011/007.pdf>. Acesso em 28 abr. 2017.

COSTA, Regina Helena. *Nenhuma proposta de reforma se preocupa com Justiça tributária*. Disponível em: <www.jota.com.br>. Acesso em: 29 set. 2020.

DERZI, Misabel. *Os conceitos de renda e de patrimônio*. Belo Horizonte: Editora Del Rey, 1992.

DOMINGUES, José Marcos. O princípio da capacidade contributiva, o acesso à justiça e outros desafios à Jurisprudência do Supremo Tribunal. Estudo de Caso: o Imposto sobre Serviços, a Locação de coisas e o afretamento de embarcações. In: GOMES, Marcus Livio; VELLOSO, Andrei Pitten (org.). *Sistema constitucional tributário: dos fundamentos teóricos aos hard cases tributários*. 1. ed. Porto Alegre: Livraria do Advogado Editora, 2014.

FARO, Marcus. *A administração da justiça e os reflexos na economia*. Disponível em: <http://www2.cjf.jus.br/ojs2/index.php/cej/article/viewFile/459/640>. Acesso em 12 out. 2013.

FONSECA, Reynaldo da. *Princípio constitucional da fraternidade*. Disponível em: <http://www.stj.jus.br/sites/portalp/Paginas/Comunicacao/Noticias/Ministro-Reynaldo-Fonseca-lanca-obra-sobre-principio-constitucional-da-fraternidade.aspx>. Acesso em: 29 set. 2020.

FLEURY, Sonia. *Estado sem cidadãos: seguridade social na América Latina*. São Paulo: Fio Cruz, 1992.

GRUPENMACHER, Betina Treiger. Tributação e direitos fundamentais. *In:* FISCHER, Octavio Campos (org.). *Tributos e direitos fundamentais*. 1. ed. São Paulo: Dialética, 2004.

O GLOBO. *Brasil é o país com o menor índice de retorno de bem-estar à sociedade*. Divulgado em 01.06.2019. Disponível em: < https://g1.globo.com/pr/parana/noticia/2019/07/04/brasil-e-o-pais-com-o-menor-indice-de-retorno-de-bem-estar-a-sociedade-pesquisa-foi-feita-com-30-paises-de-maior-carga-tributaria-no-mundo.ghtml>. Acesso em: 29 set. 2020.

GOMES, Marcel. As distorções de uma carga tributária regressiva. *In: Revista de Informações e Debates do Instituto de Pesquisa Econômica Aplicada*. Disponível em: <http://www.ipea.gov.br/desafios/index.php?option=com_content&view=article&id=3233&catid=30&Itemid=41>. Acesso em: 20 mai. 2019.

MURPHY, Liam; NAGEL, Thomas. *O mito da propriedade*. Tradução de Marcelo Brandão Cipolla. São Paulo: Martins Fontes, 2005.

SALVADOR, Evilásio. *As implicações do Sistema Tributário Brasileiro nas desigualdades de renda*. Brasília: INESC, 2014.

SEN, Amartya. *Desenvolvimento como liberdade*. São Paulo: Companhia das Letras, 2010.

TIPKE, Klaus. *Moral tributária do Estado e dos contribuintes*. Tradução de Luiz Dória Furquim. Porto Alegre: Sergio Antonio Fabris Editor, 2012.

TORRES, Ricardo Lobo. A legitimação da capacidade contributiva e dos direitos fundamentais do contribuinte. *In:*___. *Direito tributário*. V. I. São Paulo: Editora Quartier Latin do Brasil, 2003.

VIANNA, Maria Lucia Teixeira Werneck. *A americanização da seguridade social no Brasil*. Rio de Janeiro: Revan, 2000.

WILLIAMS, Raymond. *Palavras-chave: um vocabulário de cultura e sociedade*. Trad. Sandra Guardini Vasconcelos. São Paulo: Boitempo, 2007.

5. Reforma do Contencioso Administrativo Fiscal

Cairo Trevia Chagas
João Gabriel Ferreira Calzavara

Introdução

Desde muitos anos antes de a reforma tributária se tornar um assunto comum aos brasileiros, já se debatiam diversas mudanças para aprimoramento do processo administrativo fiscal no País. É natural que assim seja, pois, segundo dados oficiais do Conselho Administrativo de Recursos Fiscais (CARF)[1], apenas o seu estoque de processos equivalia, em junho de 2019 (dois mil e dezenove), a assustadores R$ 617.600.000,00 (seiscentos e dezessete bilhões e seiscentos milhões de reais) em disputa. Esse valor é, ainda, subdimensionado, pois não sequer contabiliza os litígios resolvidos em primeira instância, muito menos o que se encontra sob controvérsia nos órgãos de contencioso tributário de todos os estados, municípios e do Distrito Federal.

No atual contexto de reforma tributária, é também natural que esses debates, sobre os problemas correntes no processo administrativo fiscal, se tornem ainda mais urgentes. Ora, se o processo – aqui definido como "procedimento estruturado em contraditório"[2] – é tão somente um meio

[1] Disponível em: http://idg.carf.fazenda.gov.br/dados-abertos/relatorios-gerenciais/dados--abertos-final.pdf/view. Acesso em: 07/09/2020.

[2] DIDIER JR., Fredie. *Teoria Geral do Processo, Essa Desconhecida.* 3ª ed. Salvador: Juspodivm, 2016. p. 81.

de solucionar disputas sobre o direito material[3], uma vez que se altere a contenda em si, incluindo objetos e sujeitos dela, seria esperado que se modificasse também a forma em que é dada a solução.

Em outros termos, propomos como verdadeiro o seguinte silogismo: devemos nos comportar como agentes racionais, adequando os meios aos fins para maximização de utilidade, conforme a Teoria da Escolha Racional[4] (premissa maior); e o processo é um meio para realização dos direitos e deveres prescritos no direito material (premissa menor); então, devemos adequar o processo ao direito material respectivo (corolário). Sem prejuízo da formalização do raciocínio, ele seria inferível pelo mero bom senso de quem dele disponha. Há de ser óbvio que o Direito Processual Penal brasileiro não é adequado à resolução de disputas entre estados nacionais por território, tanto quanto o Direito Processual Tributário não se presta a resolver disputas de Direito de Família.

Assim, por exemplo, uma regra processual que é, por ora, perfeitamente lícita pode ser inconstitucional para processar uma disputa com mais interessados, a todos os quais deve ser garantido o direito fundamental ao contraditório. Esse tipo de situação, aliás, é esperado em casos como o do Imposto sobre Bens e Serviços (IBS), que é comum nos principais projetos de reforma tributária em discussão. De idêntico modo, é possível que a regra continue válida no sistema jurídico, mas não seja eficaz ou eficiente para resolver uma contenda com variáveis distintas, o que também a torna inadequada.

Com efeito, o propósito deste Trabalho é exatamente, então, propor soluções para a concepção de novos meios adequados aos fins da reforma. Como não se pode discutir, pormenorizadamente, cada eventual problema imaginável, elegemos alguns, que, ao nosso melhor juízo, são objetos dos principais debates sobre processo administrativo fiscal no Brasil há vários anos. Estes são, especificamente: a duração razoável do processo, a elevada litigiosidade, a complexidade do sistema, os custos de transação e, claro, os desenhos institucionais que evitem conflitos de agência. Essas soluções, por estarem inseridas em contexto pós-reforma, devem, obviamente,

[3] MACHADO SEGUNDO, Hugo de Brito. *Processo Tributário*. 8ª ed. São Paulo: Atlas, 2015. p. 5.

[4] CARVALHO, Cristiano. *Teoria da Decisão Tributária*. São Paulo: Saraiva, 2013. p. 56-57.

preocupar-se em serem lícitas sob as novas regras propostas, o que há de gerar, portanto, algumas considerações de conformidade com o sistema.

Nessa perspectiva, ainda a propósito desta Introdução, é importante observar que este Trabalho não é um empreendimento puramente científico, em sentido estrito. Enquanto a linguagem da Ciência Jurídica é descritiva[5] da realidade institucional que é o ordenamento jurídico[6], esta Obra se ocupa de emitir atos de fala precipuamente diretivos[7], ou seja, que prescrevem condutas para orientar o processo legislativo. Proposições descritivas serão usadas de forma meramente instrumental para o adequado reconhecimento dos meios, dos fins e dos limites fáticos e jurídicos, a partir do que será possível formar os respectivos juízos de conformidade.

Nesse sentido, serão necessárias ferramentas teóricas que tenham por objeto o comportamento humano em si, porquanto nos propomos a criar normas jurídicas e estas são, por sua vez, um sistema de incentivos para ordenar condutas humanas. Em outros termos, a Ciência do Direito é uma linguagem descritiva do Direito Positivo, que, por sua vez, é uma linguagem prescritiva que se ocupa em ordenar comportamentos relatados por outras linguagens, as das ciências que estudam o comportamento humano. Como nosso objeto é a criação de linguagem prescritiva (Direito Positivo), é necessário conhecer o objeto que se busca regular.

Das ciências que estudam o comportamento humano, consideramos que a Ciência Econômica é a de melhor potencial explicativo, devido ao maior grau de falseabilidade[8] de suas proposições, pelo que a Análise Econômica do Direito (AED) será instrumento importante aos nossos esforços de cognição.

Sem mais delongas, então, passamos a empreendê-los.

[5] BORGES, José Souto Maior. *Obrigação Tributária: Uma Introdução Metodológica.* 3ª ed. São Paulo: Malheiros Editores, 2015. p. 22-23.

[6] SEARLE, John. *Speech Acts: An Essay in the Philosophy of Language.* Cambridge University Press, 1969. p. 50-52.

[7] CARVALHO, Cristiano. *Ficções Jurídicas no Direito Tributário.* São Paulo: Noeses, 2008. p. 49.

[8] POPPER, Karl. *A Lógica da Pesquisa Científica.* 2ª ed. São Paulo: Cultrix, 2013. Capítulo I.

1. O contencioso administrativo fiscal nas Propostas de Emenda Constitucional 45/2019 e 110/2019

Existem hoje, no Congresso Nacional, 2 (duas) principais propostas de reforma tributária[9] que, segundo os meios de comunicação[10], podem ser consideradas politicamente viáveis de aprovação em um futuro próximo. Estas são, respectivamente, a Proposta de Emenda à Constituição (PEC) 45/2019, submetida à Câmara dos Deputados, e a Proposta de Emenda à Constituição (PEC) 110/2019, em trâmite no Senado Federal.

Entre si, as propostas têm muitas diferenças, mas, sobretudo, têm muitas semelhanças. Em um trabalho sobre Direito Material Tributário, essas convergências e divergências mereceriam cognição mais esmerada. Aos nossos fins, todavia, basta mencionar que, na grande maioria dos aspectos, as implicações para o modelo de processo administrativo tributário no Brasil seriam mínimas, como, talvez, a alteração dos órgãos de julgamento do CARF para que haja turmas especializadas em disputas acerca do Imposto Seletivo (IS), novo tributo comum a ambas as proposições.

Há, todavia, uma importante exceção. É que, conforme já adiantado, ambas as propostas de reforma propõem a criação do IBS, cuja arrecadação seria de interesse comum de todos os entes federados, União, estados, municípios e Distrito Federal.

Com efeito, a instituição desse novo tributo concorreria para o propósito de simplificação do sistema tributário, uma vez que, sob o regime da PEC 45/2019, unificaria 5 (cinco) tributos[11] e, sob o regime da PEC 110/2019, haveria a fusão de 9 (nove) deles[12]. Como qualquer dessas

[9] Não se considera, para os fins deste Trabalho, o Projeto de Lei 3.887/2020 como uma proposta de reforma tributária, uma vez que as alterações pretendidas nessa proposição legislativa não alteram o Sistema Tributário Nacional profundamente, e têm de poucas a nenhuma consequência para o contencioso administrativo tributário.

[10] Disponível em: https://exame.com/economia/propostas-para-reforma-tributaria-acabam-com-a-guerra-fiscal/. Acesso em: 08/09/2020.

[11] Estes são: o Imposto sobre Produtos Industrializados (IPI), a Contribuição ao Programa de Integração Social (PIS), a Contribuição para Financiamento da Seguridade Social (COFINS), o Imposto sobre Circulação de Mercadorias e Serviços (ICMS) e o Imposto sobre Serviços de Qualquer Natureza (ISSQN)

[12] Nesse caso, além dos 5 (cinco) citados anteriormente, seriam extintas ainda as seguintes exações: o Imposto Sobre Operações Financeiras (IOF), a Contribuição de Intervenção no Domínio Econômico sobre combustíveis (CIDE-Combustíveis), a Contribuição ao

fusões de tributos envolveria competências tributárias de todos os entes e, logo, importaria na divisão do produto da arrecadação também, é natural, e consta no texto de ambas as propostas, que haja fiscalização e arrecadação comum.

A forma que isto deve ser regulamentado varia ligeiramente, porquanto a PEC 45/2019, em seu pretenso artigo 152-A, § 6º, da Constituição, outorga à lei complementar a competência de criar o comitê gestor do imposto sobre bens e serviços, o qual, por sua vez, teria a competência de estabelecer critérios para essa atuação coordenada entre os entes federados. A PEC 110/2019, todavia, apenas outorga à lei complementar a competência de normatizar a atuação das administrações tributárias.

Essa divergência seria de muita consequência sobre o procedimento administrativo fiscal, em sentido amplo[13], mas pouco importa ao processo administrativo em si, tido como fase contenciosa. As regras desta, em ambas as propostas, seriam unificadas e de competência da lei complementar a ser editada pelo Congresso Nacional, segundo o que seria o § 8º do artigo 152-A, da Constituição sob a PEC 45/2019; ou o eventual artigo 155-A, III, do texto constitucional, se aprovada a PEC 110/2019.

A principal diferença entre as duas PECs, para a definição do modelo de processo administrativo tributário, na verdade, é a regra de direito material de competência do IBS. É que, enquanto a PEC 45/2019 cria competência comum sobre o IBS, podendo cada ente federado definir apenas sua própria alíquota, a PEC 110/2019, embora também utilize lei complementar como meio, atribui essa competência a estados e Distrito Federal.

A consequência prática do modelo proposto na PEC 110/2019 é uma potencial descentralização do contencioso administrativo do IBS, pois poderia ser facultado a cada estado e ao Distrito Federal, mediante normas procedimentais e materiais comuns, exercer o controle sobre seus próprios atos administrativos, o que já ocorre no modelo atual[14]. A PEC 45/2019,

Programa de Formação do Patrimônio do Servidor Público (PASEP) e a Contribuição sobre o Salário-Educação.

[13] MACHADO SEGUNDO, Hugo de Brito. *Processo Tributário*. 8ª ed. São Paulo: Atlas, 2015. p. 54-55.

[14] HABLE, José. *Curso de Processo Administrativo Fiscal: Teoria e Prática, com Ênfase nas Decisões do Tribunal Administrativo de Recursos Fiscais*. Rio de Janeiro: Lumen Juris, 2020. p. 91-93.

por outro lado, gera um modelo em que haveria controle heterônomo e centralizado desses atos de lançamento, o que é absolutamente novo na tradição jurídica tributária brasileira e gera discussões, inclusive, sobre Pacto Federativo.

Desta feita, essa concorrência entre possíveis modelos alternativos deve ser objeto de consideração nas próximas secções, porquanto a escolha do desenho institucional deve ser feita a partir dos objetivos para os quais se estão criando incentivos.

2. Um desenho institucional para a reforma do contencioso tributário

Como já adiantado, o propósito de um novo sistema processual administrativo fiscal, no Brasil, deve ser resolver problemas que há muito perturbam todos os interessados, de sorte que seja um meio adequado para os fins da reforma tributária, como um todo. Notadamente, os objetivos são: a) gerar uma tendência a uma duração razoável nos processos administrativos fiscais; b) reduzir a litigiosidade; c) reduzir a complexidade do sistema; d) reduzir custos de transação; e) fazer que os agentes que exercem cognição tenham como preocupação principal a fiel aplicação das normas jurídicas previamente positivadas. Esses objetivos terão que ser conciliados com a produção de soluções estritamente constitucionais, o que não é, por si, um objetivo, mas uma condição para que os demais sejam possíveis.

Nessa perspectiva, a toda evidência, o modelo de contencioso que parece ser a consequência natural das regras de competência postas na PEC 45/2019 atende melhor, simultaneamente, aos fins de reduzir custos de transação, a complexidade do sistema e a litigiosidade, sem que haja, necessariamente, qualquer desvantagem nos demais aspectos.

Ora, é bastante instintivo que criar diversos órgãos, em diversos entes federativos, para exercer a exata mesma função – qual seja, julgar disputas acerca do IBS – importa em custos adicionais nada desprezíveis, dada a necessidade de uma estrutura burocrática para cada um deles. Isso eleva os custos de administração e arrecadação do tributo, os quais são, por excelência, custos de transação[15].

[15] BERTOLUCCI, Aldo Vincenzo. *Uma Contribuição ao Estudo da Incidência dos Custos de Conformidade às Leis e Disposições Tributárias: Um Panorama Mundial e Pesquisa dos Custos das Companhias de Capital Aberto no Brasil.* São Paulo: FEA/USP, 2001. p. 12-18.

De idêntico modo, é esperado que, se existirem 27 (vinte e sete) órgãos[16] julgando a exata mesma matéria, não obstante operem sobre as mesmas regras de direito material e processual, sejam produzidos entendimentos divergentes. Sem que haja um órgão central de pacificação – o que exigiria uma instância recursal centralizada – elevar-se-á a complexidade do sistema, uma vez que os contribuintes, e os próprios fiscos, têm que lidar com a incerteza sobre qual dessas orientações é a correta.

Na prática, nessa hipótese, prevalecerá a que o Poder Judiciário acolhesse, o que aconteceria, muito provavelmente, após longas disputas em massa e a produção de precedentes vinculantes pelas instâncias superiores, a julgar pela experiência brasileira das últimas décadas. É prescindível, portanto, prover maiores explicações sobre como essa situação é prejudicial para o objetivo de reduzir litigiosidade no sistema.

Por mera consequência, esse modelo causaria também agravo à duração razoável do processo, porquanto, se não há consenso, as demandas tendem a continuar sendo travadas e, uma vez que elas o sejam em grande quantidade, serão geradas filas, sobrecarregando os órgãos julgadores e elevando o tempo de espera de julgamento.

Ademais, perder-se-ia a otimização que o sistema de precedentes tende a gerar, uma vez que as mesmas discussões teriam que ser consideradas simultaneamente por vários colegiados, em detrimento da alternativa de que a disputa ocorra uma ou algumas poucas vezes em instância superior e os outros órgãos passem a analisar tão somente a adequação do caso concreto às razões de decidir do precedente. Há um óbvio ganho de produtividade nessa segunda forma.

Dito isto, convimos, desde já, pela adoção de um modelo de contencioso do IBS com estrutura de julgamentos nacional e unificada, inobstante a possibilidade de descentralização entre os órgãos da mesma estrutura hierárquica, como já acontece, atualmente, com as delegacias regionais de julgamento da Receita Federal, no modelo atual de processo administrativo fiscal federal.

Eis, então, que se gera a primeira séria preocupação com a constitucionalidade da proposta. É que, sob esse modelo, todos os entes federados – tanto a União quanto estados e municípios – renunciaram, em favor do

[16] Faz-se, aqui, referência ao número de unidades da Federação: estados e Distrito Federal.

órgão de julgamento nacional, à exclusividade que ora exercem sobre o controle administrativo dos próprios atos de lançamento. Assim, há de se aferir se não há violação ao pacto federativo, que é cláusula pétrea, conforme o artigo 60, § 4º, inciso I, da Constituição da República.

A resposta a essa objeção, com efeito, é a de que o controle heterônomo de atos administrativos, por si, não parece ser tido como uma restrição que atinja o núcleo essencial da forma federativa do Estado e isto parece, inclusive, ser bem consolidado na tradição jurídica brasileira. São muitos os casos em que o Ministério Público Federal (MPF), o Tribunal de Contas da União (TCU), o Poder Judiciário – seja na Justiça do Trabalho, na Justiça Federal ou nos tribunais dos estados e Distrito Federal – exercem controle externo dos atos da União e dos próprios estados e municípios, sem que se alegue violação da forma federativa. De idêntico modo, não haveria, no modelo proposto, superioridade de qualquer ente federado sobre outro, mas repartição de competência em favor de uma entidade externa às respectivas administrações.

Desse modo, embora exista uma parcela considerável da produção doutrinária[17] que defenda a inconstitucionalidade de uma proposta como o IBS, em si, porquanto violaria a autonomia dos estados e municípios de controlar suas próprias políticas fiscais; quanto à possibilidade de controle unificado e externo dos atos administrativos, não se tem notícia de qualquer oposição acadêmica até o momento.

Há, contudo, outra preocupação quanto a essa centralização do processo administrativo fiscal: a obsolescência das estruturas ora existentes nos estados e municípios. É que, como o ICMS representa mais de 85% (oitenta e cinco por cento) das receitas dos estados[18], e o ISSQN também corresponde a parcela importante do orçamento dos municípios, as atuais estruturas de contencioso administrativo tributário perderão importância e, principalmente, volume de demandas. Como conciliar, portanto, a manutenção de competências de outros tributos (IPTU, ITBI,

[17] RIBEIRO, Ricardo Lodi. *Pacto Federativo e Reforma Tributária*. In: Revista de Direito Administrativo. Rio de Janeiro, v. 222, p.87-96, 2000. Disponível em: http://bibliotecadigital.fgv.br/ojs/index.php/rda/article/view/48939. Acesso em: 31/08/2020.

[18] RIBEIRO, Ricardo Lodi. *Pacto Federativo e Reforma Tributária*. In: Revista de Direito Administrativo. Rio de Janeiro, v. 222, p.87-96, 2000. p. 91. Disponível em: http://biblioteca-digital.fgv.br/ojs/index.php/rda/article/view/48939. Acesso em: 31/08/2020.

IPVA, taxas...) aos entes subnacionais com a necessidade de reduzir custos de administração e arrecadação?

Uma resposta perfeitamente adequada para essa questão parece já constar na PEC 110/2019, no artigo 155-A que pretensamente cria na Constituição. Nesse novo dispositivo, constaria que a regulamentação, a arrecadação e a fiscalização do IBS seria realizada em conjunto pelas administrações tributárias, "bem como de outros tributos ou responsabilidades que lhe sejam delegados por convênio". Essa solução, portanto, tem a vantagem de preservar o Pacto Federativo, pois permite aos estados e municípios delegar a arrecadação e a fiscalização – e consequentemente, o julgamento dos atos praticados para tanto – ao mesmo tempo que não o obriga, sujeitando ao melhor juízo dos administradores públicos a celebração, ou não, de convênios.

Com efeito, a autonomia de vontade do partícipe no convênio é evidente, sendo facultado a qualquer um denunciá-lo, a qualquer tempo, retirando sua cooperação, e responsabilizando-se apenas pelas obrigações relativas ao tempo em que voluntariamente participou do acordo. Assim, a liberdade de ingresso e retirada é traço característico no convênio. Na ordem jurídica atual, a validade desses instrumentos normativos já é muito bem consolidada, encontrando previsão expressa nos artigos 102 e 199 do Código Tributário Nacional (CTN), cuja validade deriva, por sua vez, do artigo 37, XXII, da Constituição Federal.

Esse ato de delegação passa a ser, desta feita, um ato de gestão, permitindo ao administrador público local melhor avaliação sobre a sua conveniência e oportunidade. Idealmente, portanto, a celebração de convênios dependeria apenas de juízos sobre a melhor alocação de recursos para a arrecadação e fiscalização dos tributos.

Há ainda outra vantagem para os fins propostos neste modelo. É que, quanto mais unificadas forem as regras processuais sob as quais serão resolvidos os litígios, menos complexo será o sistema tributário. Atualmente, os contribuintes que exercem atividade econômica em diversas unidades da Federação devem ser capazes de litigar em cada uma delas, sob regras de processamento distintas entre si, o que causa, além de menos segurança jurídica, maiores custos de conformidade com todas essas legislações.

Assim, um órgão de julgamento do contencioso tributário unificado do IBS, além de centralizar as discussões sobre o Imposto, com a consequente redução de complexidade pertinente a ele, teria o potencial de fazer o mesmo para outros tributos.

Com efeito, supondo um bom desenho institucional gerado pelos convênios, são previsíveis ainda vantagens adicionais, como um ganho de eficiência decorrente da especialização, o que ocorreria, por exemplo, com a formação de turmas para julgamento de questões exclusivamente pertinentes ao Imposto sobre Propriedade Territorial Urbana (IPTU), dentre outros tributos.

A arquitetura institucional em questão não estaria completa, todavia, sem uma definição de como serão designados os julgadores. Nos últimos anos, duas situações geraram grande polêmica sobre a forma de escolha dos conselheiros do CARF, a operação Zelotes[19] e a extinção do voto de qualidade[20]. Esses fatos originaram alegações de conflito de agência, ou seja, de divergência entre os interesses do agente que efetivamente faz o julgamento e da instituição em nome da qual este é feito, em um clássico caso de problema agente-principal[21].

Ora, há de se inferir, até pelo que consta no Regimento Interno do CARF[22], que a finalidade institucional dos órgãos de contencioso administrativo é o interesse público primário, ou seja, a correta aplicação do ordenamento jurídico. Pessoas reais, contudo, têm interesses particulares que nem sempre convergem com os objetivos institucionais. Essa desarmonia é, em alguma medida, inevitável, uma vez que, se não bastarem a experiência e o bom senso, a Teoria Econômica Neoclássica já estabeleceu, há muito, que seres humanos têm preferências não coincidentes entre si[23]. Logo, se há um interesse único para a instituição, mas semi-infinitos para os agentes que a compõem, é impossível fazer que haja sempre identidade entre eles.

[19] Disponível em: http://receita.economia.gov.br/sobre/acoes-e-programas/simplificacao-tributaria/operacao-deflagrada/operacoes-e-acoes-realizadas/operacao-zelotes. Acesso em: 10/09/2020.

[20] Disponível em: https://www.jota.info/tributos-e-empresas/tributario/voto-de-qualidade-e-extinto-no-carf-14042020. Acesso em: 20/09/2020.

[21] PIMENTA, Eduardo Goulart. Análise Econômica dos Conflitos de Agência e Governança Corporativa. In: Economic Analysis of Law Review, V. 9. p. 72-94, Jan-Abr, 2018. p. 81.

[22] Disponível em: http://idg.carf.fazenda.gov.br/acesso-a-informacao/institucional/regimento-interno/reg-outros/ricarf-multi-11072016.pdf. Acesso em: 20/09/2020.

[23] COOTER, Robert. ULEN, Thomas. *Direito & Economia*. Porto Alegre: Bookman, 2010. p. 43.

Todavia, ressalvada a imperfeição das instituições humanas, e as limitações à racionalidade, é possível sim reduzir severamente esses conflitos. Um juiz tende a ser muito menos compelido a julgar de acordo com seus interesses particulares quando nenhum dos sujeitos processuais é seu filho, ou qualquer parente próximo, e é por essa razão que existe a regra de impedimento no Direito Processual Civil brasileiro[24]. De modo análogo, no contencioso administrativo fiscal, é necessário que existam regras que também mitiguem esses problemas.

Outra exigência importante para essa composição, a ser conciliada com a primeira, é a paridade. Esta permeia a tradição brasileira de contencioso administrativo já há muito e cumpre funções importantes, de realizar os princípios (mandados de otimização[25]) democrático e da paridade de armas, este que, por sua vez, segundo parte da literatura a que faz referência Fredie Didier[26], é decorrência do devido processo legal substancial (art. 5º, LV, CF/88). Se tinha razão de ser antes, a paridade se torna ainda mais importante quando o controle dos atos administrativos passa a ser externo, e não mais mera revisão a ser feita por cada administração pública.

Nesse contexto, embora a forma de repartição de receitas divirja nas duas propostas analisadas, em ambos os casos, o interesse dos sujeitos ativos do IBS é comum. Em outros termos, os riscos morais[27] para uma entidade fiscal decorrentes da escolha, por outro entre tributante, de um agente que julgará os conflitos tributários pertinentes a todas as fazendas públicas, são desprezíveis. Se um município julga que determinada pessoa tem o perfil para representar seus interesses no tribunal

[24] Consta no artigo 144 da Lei Federal 13.105/2015, o Código de Processo Civil, um elenco de regras para preservar a imparcialidade do magistrado.

[25] SILVA, Virgílio Afonso da. *Direitos Fundamentais: Conteúdo Essencial, Restrições e Eficácia*. São Paulo: Malheiros Editores, 2018. p. 45-46.

[26] DIDIER JR., Fredie. Curso de Direito Processual Civil: Introdução ao Direito Processual Civil, Parte Geral e Processo de Conhecimento. 17ª ed. Salvador: Ed. Jus Podivm, 2015. p. 98.

[27] Cristiano Carvalho, citando Krugman e Wells (2007, p. 807), define os riscos morais na seguinte forma: "situação que pode ocorrer quando um indivíduo sabe mais sobre as implicações de suas próprias ações do que outras pessoas. Isso leva a distorção de incentivos para tomar cuidados ou para fazer um esforço, sobretudo, quando o custo de não tomar cuidado ou de não fazer o esforço é incorrido pelos outros" (CARVALHO, Cristiano. *Teoria da Decisão Tributária*. São Paulo: Saraiva, 2013. p. 206).

administrativo, muito provavelmente, esse perfil será apropriado para representar os interesses da União, sem qualquer prejuízo. Para fins de paridade, portanto, a representação dos fiscos, como bloco único, há de ser da mesma quantidade que a representação de contribuintes.

Persiste, todavia, o problema de como eliminar a influência dos interesses particulares nos julgamentos. É que, como adiantamos, seres humanos, inevitavelmente, têm interesses próprios e há uma crença comum – sobre a qual não fazemos juízo aqui – de que julgadores indicados por entidades privadas tendem a favorecer os contribuintes, enquanto os indicados pela Fazenda Pública tendem a preferir as teses desta. Ao senso comum, parece verdadeira a tese, mas, por falta de oportunidade para submeter a proposição a teste de falseamento, suspendemos o juízo sobre ela.

De todo modo, é ideal que se crie mecanismos para evitar a prevalência, nos pronunciamentos do órgão administrativo, dos interesses particulares, tanto para garantir o aperfeiçoamento das decisões, que é um fim em si, quanto para evitar danos à reputação do órgão em decorrência das suspeitas de parcialidade.

Nessa perspectiva, a solução mais adequada parece ser evitar atribuir a qualquer das representações das partes interessadas o poder potestativo de fazer prevalecer sua posição, como acontecia anteriormente, em âmbito federal, com o voto de qualidade e permanece ocorrendo, em sentido oposto, com a atual regra do artigo 19-E da Lei Federal 10.522/2002. Para tanto, a composição de cada colegiado deve ter um número ímpar de integrantes, equiparando a quantidade de julgadores indicados pelo contribuinte e pelo fisco e incluindo um julgador independente, integrante de carreira de Estado própria, provida por concurso público e dotada de garantias e deveres similares aos da magistratura, como inamovibilidade, vitaliciedade e irredutibilidade de vencimentos.

Outra medida de governança recomendável para a evolução do sistema seria a criação de critérios objetivos para recondução dos julgadores não integrantes da carreira. Além de prevenir conflitos de agência, pois não permite que um terceiro pressione aquele que decide com a ameaça de não mantê-lo no órgão, essa regra tende a gerar bons incentivos para a produtividade e mesmo para redução de litigiosidade, se um dos critérios for a observância aos precedentes obrigatórios, administrativos e judiciais.

Essas melhorias na composição institucional são recomendadas sem prejuízo da necessidade de programas de *compliance* e governança, a serem prescritos em lei complementar e detalhados em regulamento. Nesse âmbito, podem ser criadas diversas outras regras – como muitas que já existem no âmbito do CARF – para evitar corrupção e aprimorar a integridade dos julgamentos administrativos.

Merece consideração um último problema: como dividir as indicações para esses colegiados entre tantos entes tributantes, todos os quais, presumivelmente, pretender-se-ão representados?

Em mais esse caso, parece-nos muito pertinente novamente o instituto do convênio. Caberia à lei complementar tão somente definir quais entes tributantes teriam que formar convênios entre si, sob quais critérios e para que proporção das vagas disponíveis. Os convênios, cuja validade já foi justificada, por sua vez, definiriam sob que sistema de votação seriam escolhidos os nomes, ou como se daria um rodízio nessa escolha, ou qualquer outro critério que se pretenda adotar.

Certamente, não haverá solução que gere Eficiência de Pareto[28] pura nas disputas políticas, as quais são exemplos famosos de jogos de soma zero[29]. Dada essa impossibilidade, concessões serão necessárias e o processo por meio do qual elas acontecerão não deve ser engessado pelo legislador complementar, sob pena de impossibilitar as composições e gerar situações sub-ótimas para todos os envolvidos.

3. Regras processuais para um contencioso administrativo razoável, previsível e eficiente

Uma vez eleito modelo e estrutura que melhor contemplem nossos objetivos, algumas soluções complementares podem ainda ser providas, com vistas à melhor realização desses fins. Embora o escopo desta Obra não permita um detalhamento das regras processuais desejáveis, algumas merecem nota, pois são particularmente interessantes aos propósitos anunciados.

[28] COOTER, Robert. ULEN, Thomas. *Direito & Economia*. Porto Alegre: Bookman, 2010. p. 38.

[29] Na Teoria dos Jogos, os chamados "jogos de soma zero" ocorrem quando, em uma determinada interação, não é possível que uma parte ganhe sem que a outra perca e vice-versa. São, portanto, situações que não induzem a cooperação.

Com efeito, uma primeira regra que deveria ser contemplada em lei complementar, se adotado o modelo ora proposto, seria a de uma prescrição intercorrente administrativa. Enquanto créditos tributários não sujeitos a causas de suspensão de exigibilidade se extinguem em 5 (cinco) anos, e mesmo os já submetidos a execução forçada podem ser extintos no mesmo prazo, após o 1 (um) ano de suspensão, os créditos submetidos a processo administrativo fiscal não têm qualquer prazo para serem cobrados ou deixarem de existir, prolongando a situação de incerteza.

Embora o objetivo precípuo dessa norma seja, obviamente, proporcionar uma duração razoável ao processo, ela teria outras funções nada desprezíveis. Outra, já sugerida, é melhorar o estado de segurança jurídica, uma vez que a incerteza sobre a relação jurídica, ao prolongar-se no tempo, gera prejuízos tanto ao fisco quanto ao contribuinte, que não conhecem plenamente seus respectivos estados patrimoniais e, consequentemente, planejam-se de forma inferior.

Há, entretanto, uma vantagem menos óbvia, a de elevar a eficiência da arrecadação. É que no modelo de desenho institucional sugerido, em que se outorga discricionariedade para criação ou extinção de colegiados fracionários dentro de uma mesma instância, por meros regulamentos ou convênios, o administrador público poderia adequar o tamanho do órgão a uma medida ótima de arrecadação.

Em outros termos, se – por exemplo, na forma que propõe a PEC 45/2019 – o Comitê Gestor notar que é mais eficiente arcar com a ampliação de estrutura física, os custos de gestão e os vencimentos dos julgadores de um novo colegiado, este poderá ser criado para reduzir o estoque de processos e evitar que ocorra a prescrição.

Por outro lado, o mesmo Comitê poderia criar regra de ordem de julgamento, impondo que os processos de maior valor econômico sejam julgados primeiro. Nesse contexto, pode não valer a pena ampliar a estrutura administrativa, com todos os custos disto decorrentes, para evitar a prescrição de alguns processos de baixíssima monta.

Com efeito, ampliar o tamanho do órgão para haver créditos que – mesmo se bem sucedida a arrecadação, com a procedência do lançamento e os subsequentes custosos procedimentos de cobrança, como inscrição em dívida ativa e execução fiscal – não remuneram os custos adicionais é um jogo de soma negativa[30]. As fazendas públicas têm mais custos que receitas, considerando os dispêndios com litígio, cobrança e de oportunidade, e os contribuintes, obviamente, também perdem, com os custos de litígio e de arcar com o pagamento em si. Não faz sentido para qualquer dos interessados.

Alternativamente, enquanto a ampliação de estrutura administrativa importar em um ganho marginal de produtividade arrecadatória nos julgamentos que seja superior ao custo marginal de adição de um novo colegiado, será eficiente a expansão. Trata-se, então, de atribuir o ônus de efetivar a duração razoável do processo a quem pode arcar com ele, de modo a melhorar os incentivos e tornar o sistema, como um todo, mais eficiente.

Essa proposta, todavia, comporta temperamentos. Nada impede que se criem causas de interrupção da prescrição, como um abuso do direito de recorrer do contribuinte, ou a anulação de alguma determinada decisão administrativa. De idêntico modo, a discricionariedade do administrador, principalmente de extinguir colegiados, não pode ser plena. Há de se respeitar um período mínimo para que ocorra a operação e estabelecer critérios objetivos e prévios para a redistribuição do acervo, com o fito de se evitar a manipulação da competência.

Outra regra interessante nesse contexto seria a proibição de que as fazendas públicas eventualmente derrotadas contestem a decisão perante o Poder Judiciário. Hoje, esse impedimento decorre da ausência de interesse de agir e da proibição de comportamento contraditório, uma vez que a administração tributária não pode se manifestar de formas conflitantes no exercício da revisão dos seus atos de lançamento e em juízo. Sobrevindo um órgão externo, que exerça controle heterônomo sobre esses lançamentos, isso deixaria de ser verdade.

De toda sorte, a manutenção da regra é desejável, pois evita um aumento de litígios que, certamente, seria considerável, pois, a cada revés administrativo no IBS, haveria, no mínimo, 3 (três) entes federados, agindo sob vinculação a lei e regulamento, com legitimidade para levar a questão ao Poder Judiciário.

[30] Mais uma vez, usa-se "jogo" na acepção da Teoria dos Jogos, de modo a, nesse caso, denotar uma interação em que há perda para ambos os agentes.

A objeção de que isto importaria em impedimento de acesso à jurisdição pelos entes estatais de pouco adianta, pois direitos fundamentais individuais (art. 5º, XXXV, CF/88) são garantias oponíveis pelos particulares ao Estado[31], justamente para compensar o desequilíbrio de poder e recursos materiais existente entre ambos. Seria absurdo tentar reverter um pronunciamento da administração pública – embora não seja a do próprio ente federado em questão – contra o Estado, este invocando para tanto o que é uma limitação ao seu próprio poder, por excelência.

Se, atualmente, os processos administrativos federais são passíveis de empate e, nesses casos, são resolvidos em favor dos contribuintes[32], com impossibilidade da União de provocar a jurisdição, e a maioria dos autores defende não haver ofensa à paridade de armas[33], muito menos seria razoável tal oposição sob esse novo modelo. É que o ônus de mover a discussão para o âmbito judicial já é muito maior para os contribuintes, que são obrigados a arcar com custas, defesa técnica e, principalmente, garantia integral da suposta dívida, diferentemente das fazendas públicas que, além de constituírem os próprios créditos, não enfrentam essas inibições da atuação judicial em contrapartida.

Por fim, seria recomendável também facultar a discussão da constitucionalidade das normas no âmbito administrativo, pois a proibição de fazê-lo não significa que a matéria não será discutida, mas apenas que isto será feito pelo Poder Judiciário. Este, todavia, costuma ser mais lento e tornar mais custoso o litígio para ambas as partes.

No mais, se as normas constitucionais têm aplicabilidade imediata, não há motivo para que a administração pública se exima de cumpri-las, em prejuízo ao interesse público primário, especialmente considerando que não se pode restringir o direito fundamental de petição (art. 5º, XXXIV,

[31] Nesse sentido, escrevendo em perfeito acordo com a posição de Ronald Dworkin: ABBOUD, Georges. *O Mito da Supremacia do Interesse Público Sobre o Privado: A Dimensão Constitucional dos Direitos Fundamentais e os Requisitos Necessários para Autorizar a Restrição a Direitos Fundamentais.* In: Revista dos Tribunais. Vol. 907, p. 61, mai/2011. p. 14-15.

[32] Apenas em casos de determinação e exigência do crédito, conforme artigo 19-E da Lei 10.522/2002.

[33] A título de exemplo, Hugo de Brito Machado Segundo. Disponível em: https://www.conjur.com.br/2020-mai-06/consultor-tributario-lei-1398820-fim-voto-qualidade-carf. Acesso em: 20/09/2020.

CF/88) por força da matéria. No mesmo sentido, já escreveram Pedro Lunardelli e Vanessa Spina[34].

Conclusões

A partir da conjunção dessas razões, tem-se que o modelo que cria meios mais adequados ao direito material das propostas de reforma tributária em discussão é o de um tribunal administrativo nacional, paritário e de composições ímpares, com a instituição de carreira de Estado própria para formar a desigualdade numérica na constituição dos respectivos colegiados.

Concluímos também que os convênios, além de válidos, são instrumentos complementares importantes para gerar cooperação entre os entes federados não apenas nas questões que seriam obrigados a colaborar, por força de disposição constitucional ou lei complementar, mas para expandir o âmbito de discricionariedade na gestão de recursos pertinente à arrecadação e fiscalização de tributos.

Definiu-se, por último, que, por melhor que seja a configuração institucional, ela não prescinde de regras processuais que gerem bons incentivos e, logo, eficiência para a realização dos objetivos do sistema. As regras especificamente analisadas, e tidas por cumpridoras dessas exigências, foram a criação de prescrição intercorrente administrativa; a proibição de que as fazendas públicas, ao sofrerem revés administrativo, provoquem o Poder Judiciário; e a possibilidade de análise da constitucionalidade de normas legais e regimentais pelos tribunais administrativos.

Referências

ABBOUD, Georges. *O Mito da Supremacia do Interesse Público Sobre o Privado: A Dimensão Constitucional dos Direitos Fundamentais e os Requisitos Necessários para Autorizar a Restrição a Direitos Fundamentais.* In: Revista dos Tribunais. Vol. 907, p. 61, mai/2011.

[34] LUNARDELLI, Pedro Guilherme Accorsi. SPINA, Vanessa Damasceno Rosa. *O Novo Código de Processo Civil e a Possibilidade de os Tribunais Administrativos Analisarem a Constitucionalidade de Normas.* In: 50 Anos do Código Tributário Naciona. Org.: Priscila de Souza. Coord.: Paulo de Barros Carvalho. 1ª ed. São Paulo: Noeses: IBET, 2016.

BERTOLUCCI, Aldo Vincenzo. *Uma Contribuição ao Estudo da Incidência dos Custos de Conformidade às Leis e Disposições Tributárias: Um Panorama Mundial e Pesquisa dos Custos das Companhias de Capital Aberto no Brasil.* São Paulo: FEA/USP, 2001.

BORGES, José Souto Maior. *Obrigação Tributária: Uma Introdução Metodológica.* 3ª ed. São Paulo: Malheiros Editores, 2015.

BRASIL. Constituição (1988). *Constituição da República Federativa do Brasil de 1988*, de 5 de outubro de 1988. Brasília, Distrito Federal, Disponível em: http://www.planalto.gov.br/ccivil_03/Constituicao/ConstituicaoCompilado.htm. Acesso em: 08/09/2020.

BRASIL. Congresso. Câmara dos Deputados. *Proposta de Emenda À Constituição nº 45, de 2019.* Brasília, Distrito Federal, 03 abr. 2019. Disponível em: https://www.camara.leg.br/proposicoesWeb/prop_mostrarintegra?codteor=1728369&filename=PEC+45/2019. Acesso em: 07/09/2020.

BRASIL. Congresso. Senado. *Proposta de Emenda À Constituição nº 110, de 2019.* Brasília, Distrito Federal. Disponível em: https://legis.senado.leg.br/sdleg-getter/documento?dm=7977850&ts=1597069265092&disposition=inline. Acesso em: 07/09/2020.

BRASIL. Código de Processo Civil. Lei nº 13.105, de 16 de março de 2015. Brasília, Distrito Federal. Disponível em: <http://www.planalto.gov.br/ccivil_03/_ato2015-2018/2015/lei/l13105.htm>. Acesso em: 07/09/2020.

BRASIL. Código Tributário Nacional. Lei nº 5.172, de 25 de outubro de 1966. Brasília, Distrito Federal. Disponível em: <http://www.planalto.gov.br/Ccivil_03/Leis/L5172Compilado.htm>. Acesso em: 07/09/2020.

BRASIL. Conselho Administrativo de Recursos Fiscais. *Dados Abertos junho 2019.* Disponível em: http://idg.carf.fazenda.gov.br/dados-abertos/relatorios-gerenciais/dados-abertos-final.pdf/view. Acesso em: 07/09/2020.

BRASIL. Lei 10.522, de 19 de julho de 2002. Brasília, Distrito Federal. Disponível em: http://www.planalto.gov.br/ccivil_03/LEIS/2002/L10522compilado.htm. Acesso em: 08/09/2020.

CARRAZZA, Roque Antonio. *Curso de Direito Constitucional Tributário.* 30ª ed. São Paulo: Malheiros Editores, 2015.

CARVALHO, Cristiano. *Ficções Jurídicas no Direito Tributário.* São Paulo: Noeses, 2008.

CARVALHO, Cristiano. *Teoria da Decisão Tributária.* São Paulo: Saraiva, 2013.

COOTER, Robert. ULEN, Thomas. *Direito & Economia.* Porto Alegre: Bookman, 2010.

DIDIER JR., Fredie. Curso de Direito Processual Civil: Introdução ao Direito Processual Civil, Parte Geral e Processo de Conhecimento. 17ª ed. Salvador: Ed. Jus Podivm, 2015.

DIDIER JR., Fredie. *Teoria Geral do Processo, Essa Desconhecida.* 3ª ed. Salvador: Juspodivm, 2016.

HABLE, José. *Curso de Processo Administrativo Fiscal: Teoria e Prática, com Ênfase nas Decisões do Tribunal Administrativo de Recursos Fiscais*. Rio de Janeiro: Lumen Juris, 2020.

LUNARDELLI, Pedro Guilherme Accorsi. SPINA, Vanessa Damasceno Rosa. *O Novo Código de Processo Civil e a Possibilidade de os Tribunais Administrativos Analisarem a Constitucionalidade de Normas*. In: 50 Anos do Código Tributário Naciona. Org.: Priscila de Souza. Coord.: Paulo de Barros Carvalho. 1ª ed. São Paulo: Noeses: IBET, 2016.

MACHADO SEGUNDO, Hugo de Brito. *Processo Tributário*. 8ª ed. São Paulo: Atlas, 2015.

PIMENTA, Eduardo Goulart. *Análise Econômica dos Conflitos de Agência e Governança Corporativa*. In: Economic Analysis of Law Review, V. 9. p. 72-94, Jan-Abr, 2018.

POPPER, Karl. *A Lógica da Pesquisa Científica*. 2ª ed. São Paulo: Cultrix, 2013.

RIBEIRO, Ricardo Lodi. *Pacto Federativo e Reforma Tributária*. In: Revista de Direito Administrativo. Rio de Janeiro, v. 222, p.87-96, 2000. Disponível em: <http://bibliotecadigital.fgv.br/ojs/index.php/rda/article/view/48939>. Acesso em: 31/08/2020.

SEARLE, John. *Speech Acts: An Essay in the Philosophy of Language*. Cambridge University Press, 1969. p. 50-52.

SILVA, Virgílio Afonso da. *Direitos Fundamentais: Conteúdo Essencial, Restrições e Eficácia*. São Paulo: Malheiros Editores, 2018.

6.
A Reforma do Sistema Tributário Nacional e a Zona Franca de Manaus

CARLOS ALBERTO DE MORAES RAMOS FILHO

Introdução

O Brasil é um país de extensa dimensão territorial, cujo processo de desenvolvimento econômico, como bem observa Gilberto Bercovici, amparado nas conclusões de Celso Furtado, acabou por transformar algumas de suas regiões em polos de desenvolvimento, mas deixando outras em nítida situação de estagnação econômica[1].

Em tal quadro, a Zona Franca de Manaus – ZFM exerce um papel de destaque como mecanismo de redução das disparidades inter-regionais, ao atuar como instrumento de atração de investimentos para uma região menos favorecida, a qual não teria, por si só, condições de atraí-los e, por conseguinte, de desenvolver-se no mesmo ritmo das regiões do País de maiores potencialidades. Consoante explana Daniela Ribeiro de Gusmão,

[1] BERCOVICI, Gilberto. *Constituição econômica e desenvolvimento*: uma leitura a partir da Constituição de 1988. São Paulo: Malheiros, 2005, p. 88. Tal situação de desequilíbrio – assim considerada por conservar dentro do mesmo território regiões com inúmeras disparidades – não passou despercebida pela CF/1988, que preconizou a redução das desigualdades regionais como um dos objetivos fundamentais da República Federativa do Brasil (art. 3º, inciso III) e um dos princípios da ordem econômica nacional (art. 170, inciso VII), tendo determinado, ainda, o enfrentamento de tais desigualdades ao tratar das regiões (art. 43), ao impor funções às leis orçamentárias (art. 165, § 7º) e ao permitir a concessão de incentivos fiscais para "promover o equilíbrio do desenvolvimento sócio-econômico entre as diferentes regiões do País" (art. 151, inciso I).

"o favorecimento de uma região menos desenvolvida através do estímulo ao estabelecimento de novas empresas em seu território é uma atitude encorajada pelo ordenamento jurídico brasileiro, visto que dissemina o progresso tecnológico e fomenta o emprego nessas regiões, atenuando, em última análise, as disparidades regionais"[2].

Considerando o exposto, o presente artigo busca analisar as principais propostas de Reforma Tributária – a da Câmara dos Deputados/ Centro de Cidadania Fiscal (CCiF) (**PEC 45**) e a do Senado Federal/Hauly (**PEC 110**)[3] – e demonstrar como tais propostas devem ser compatibilizadas com a proteção constitucional à ZFM.

1. A Zona Franca de Manaus

A Zona Franca de Manaus foi criada pela Lei n. 3.173, de 06.06.1957, com a precípua finalidade de receber mercadorias de origem estrangeira, para armazenamento, depósito, guarda, conservação e beneficiamento a fim de que fossem retirados para o consumo interno no Brasil ou para exportação.

Na forma como foi concebida originariamente, a ZFM tornou-se inoperante por falta de infraestrutura, não tendo chegado efetivamente a operar. Sua reestruturação, com o intuito de torná-la atuante, somente veio efetivar-se com a edição do Decreto-Lei n. 288, de 28.02.1967.

Sobre a criação da ZFM, merecem destaque as palavras de Geraldo Ataliba e Cléber Giardino:

> Quem conheceu o clima político econômico brasileiro anterior a 1967, sabe a expectativa que cercou a criação da Zona Franca de Manaus, como pólo de desenvolvimento, tendo por objetivo estimular a fixação do homem, atrair capitais, consumir matéria-prima local, criar um centro industrial e econômico-demográfico na região. Com isso, lançaram-se bases e meios propícios ao estabelecimento objetivo de condições concretas, de estável ocupação do território, tendo em vista também a segurança nacional.[4]

[2] GUSMÃO, Daniela Ribeiro de. *Incentivos fiscais, princípios da igualdade e da legalidade e efeitos no âmbito do ICMS*. Rio de Janeiro: Lumen Juris, 2005, p. 56.

[3] O conteúdo da PEC 110/2019 é idêntico ao do Substitutivo aprovado na Comissão Especial da PEC 293/2004 da Câmara dos Deputados em dezembro de 2018, tendo como relator o Deputado Luiz Carlos Hauly.

[4] ATALIBA, Geraldo; GIARDINO, Cléber. Isenção para vendas para a ZFM – Finsocial e imposto sobre transporte. *Revista de direito tributário*. n. 41. São Paulo: Revista dos Tribunais, julho-setembro/1987, p. 206-207.

O êxito da ZFM enquanto modelo de desenvolvimento regional mereceu o explícito reconhecimento do Poder Constituinte Originário responsável pela Carta Brasileira promulgada em 05.10.1988, que, no art. 40 do Ato das Disposições Constitucionais Transitórias – ADCT, garantiu sua manutenção "com suas características de área livre de comércio, de exportação e importação, e de incentivos fiscais, pelo prazo de vinte e cinco anos, a partir da promulgação da Constituição". Tal disposição evidencia que, ainda em 1988 – portanto, mais de vinte anos após a criação da ZFM –, permanecia o interesse nacional na manutenção e proteção daquela área incentivada.

Como bem observa Liziane Angelotti Meira, "o art. 40 do ADCT é uma norma de recepção, que não criou o regime especial da Zona Franca, apenas o recepcionou expressamente no sistema jurídico inaugurado pela Constituição de 1988"[5].

Quinze anos após a promulgação da Constituição de 1988, a importância da ZFM como propiciadora do desenvolvimento econômico da Região Amazônica foi reconhecida uma vez mais, agora pelo Poder Constituinte Derivado, que promulgou Emenda Constitucional n. 42, de 19.12.2003, introduzindo no ADCT o art. 92, que acresceu dez anos ao prazo fixado no art. 40 do ADCT, tendo prorrogado, assim, o prazo da garantia constitucional outorgada à ZFM.

Também por obra do Poder Constituinte Derivado adveio a Emenda Constitucional n. 83, de 05.08.2014, que incluiu no ADCT o art. 92-A, o qual acresceu cinquenta anos ao prazo de vigência da proteção constitucional à ZFM.

A criação e a manutenção da Zona Franca de Manaus funda-se no princípio da **igualdade**, pois, consoante destaca Beatriz Stevenson Braga, foi instituída "não como um privilégio local, mas dentro da política de tratar o desigual com desigualdade, para atingir-se a igualdade relativa do progresso do próprio Brasil, como um todo"[6].

No mesmo sentido é a percepção de Humberto Ávila, que assim a expõe: "O que deve ficar claro é que a CF/88 não atribui, à Zona Franca de

[5] MEIRA, Liziane Angelotti. *Regimes aduaneiros especiais*. São Paulo: IOB, 2002, p. 291.

[6] BRAGA, Beatriz Stevenson. A Zona Franca de Manaus. In: DÓRIA, Antônio Roberto. Sampaio (coord.). *Incentivos fiscais para o desenvolvimento*. São Paulo: José Bushatsky, Editor, s/d., p. 242.

Manaus, um tratamento privilegiado, isto é, um tratamento diferente sem um motivo que o justifique. Ao contrário, foi com a finalidade de buscar uma igualdade de fato inexistente, em virtude de desvantagens geográficas e econômicas, que a CF/88 atribuiu a ela um tratamento jurídico diferente dentro do sistema federativo"[7].

Ressalte-se que o sistema normativo constituído pelos arts. 40, 92 e 92-A, do ADCT não significa que em 2073, necessariamente, a ZFM deixará de existir, mas a garantia constitucional da sua manutenção é que desaparecerá. Nesse sentido é a precisa lição de Tercio Sampaio Ferraz Júnior, que ressalta não haver impedimentos para que o legislador ordinário, após a citada data e com fundamento nos arts. 3º, inciso III, e 170, inciso VII, da CF/1988, justifique "plenamente a continuidade da ZFM, se as circunstâncias e o interesse nacionais o recomendarem"[8].

2. A proteção constitucional à ZFM

É importante salientar que a proteção contida no art. 40 do ADCT não se dirige, única e exclusivamente, aos incentivos fiscais em si, mas alcança a **diferenciação de regime tributário** que torne **mais vantajoso** da ótica fiscal, o desenvolvimento da atividade econômica naquela região do que em outras. Esta diferença no tratamento fiscal constitucionalmente reputada necessária e adequada para enfrentar outras diferenças inversas que a região apresenta comparativamente às demais regiões do País (floresta, distância em relação aos mercados consumidores etc.)[9].

A Constituição, no art. 40 do ADCT, manteve mais do que o simples texto da legislação vigente à data de sua promulgação. Com efeito, referida norma constitucional tem duas dimensões:

[7] ÁVILA, Humberto. ICMS. Tratamento diferenciado para produtos oriundos da Zona Franca de Manaus Restrições ao crédito por ausência de convênio interestadual. Alíquotas e créditos diferenciados para mercadorias produzidas no Estado de São Paulo. Exame de constitucionalidade das restrições. *Revista Dialética de Direito Tributário*. n. 144. São Paulo: Dialética, setembro/2007, p. 69.

[8] FERRAZ JÚNIOR, Tercio Sampaio. Zona Franca de Manaus. In: SCHOUERI, Luís Eduardo (coord.). *Direito tributário*: homenagem a Alcides Jorge Costa. v. II. São Paulo: Quartier Latin, 2003, p. 1096.

[9] GRECO, Marco Aurélio. Reedição de medidas provisórias e abuso do poder de legislar – Incentivos à informática e ZFM. *Revista Dialética de Direito Tributário*. n. 66. São Paulo: Dialética, março/2001, p. 136.

a) uma, **conservativa**, voltada para a legislação existente à data da promulgação da Constituição, que impede a legislação superveniente de diminuir o alcance das normas definidoras do regime jurídico da ZFM existente àquela data;
b) e outra, **dinâmica**, que projeta efeitos em relação à legislação que vier a ser editada posteriormente à promulgação da CF/1988 (ou seja, no curso do prazo mencionado no art. 40 e prorrogado pelos arts. 92 e 92-A do ADCT).

A primeira dimensão corresponde à análise estática do ordenamento jurídico (nomoestática), que, consoante leciona Paulo de Barros Carvalho, surpreende as unidades normativas num determinado instante (no caso, a data da promulgação da Constituição), como se fossem fotografadas[10].

Já a segunda dimensão corresponde a uma análise dinâmica do funcionamento do ordenamento (nomodinâmica)[11], atuando como um critério de verificação da constitucionalidade da legislação futura, ou seja, a legislação editada no período constitucionalmente assegurado à manutenção da ZFM deve atender a essa determinação, pois, se não o fizer, padecerá do vício de inconstitucionalidade.

Ressalte-se que, na perspectiva dinâmica da proteção constitucional à ZFM, esta sujeitar-se-á às disposições supervenientes à CF/1988 desde que sejam mais favoráveis que as do regime anterior à vigente Carta Constitucional[12].

3. As propostas de reforma tributária

Há diversos anos se discute a necessidade de reformulação do sistema tributário brasileiro que, em suas grandes linhas, foi estruturado em

[10] CARVALHO, Paulo de Barros. *Direito tributário, linguagem e método*. 4. ed. São Paulo: Noeses, 2011, p. 220.

[11] Em tal análise, é possível investigar as constantes mutações do ordenamento, tanto no que diz respeito a criação de novas regras, como no que tange às transformações internas que o complexo de normas pode produzir (CARVALHO, Paulo de Barros. *Direito tributário, linguagem e método*. cit. p. 220).

[12] Nesse sentido: GRECO, Marco Aurélio. ICMS – Operações com destino à Zona Franca de Manaus – Interpretação do art. 40 do ADCT – Caráter conservativo e caráter dinâmico. *Cadernos de direito tributário e finanças públicas*. n. 3. São Paulo: Revista dos Tribunais, abril-junho/1993, p. 112.

1965 com a edição da Emenda Constitucional n. 18, desenvolvida com a colaboração de Rubens Gomes de Souza, Gerson Augusto da Silva e Gilberto de Ulhôa Canto[13].

Vale ressaltar que, no Brasil, falar sobre reforma tributária é falar sobre **reforma constitucional**, porquanto em nosso país, a tributação está ampla e rigidamente estruturada na Constituição Federal por meio da disciplina de um "Sistema Tributário" (Capítulo I, do Título VI) que, concedendo poder de tributar aos vários níveis de governo, também assegura garantias constitucionais aos contribuintes.

Isto significa que o âmbito do poder tributário é demarcado pelas extremas postas pela própria Constituição que, ao proceder à repartição daquele poder, pelo mecanismo da competência tributária, estabeleceu contornos nítidos para o exercício do mesmo, como bem observa Celso Ribeiro Bastos:

> O exercício do poder de tributar, bem como todos os seus consectários, está submetido à disciplina contida na própria Constituição, na qual encontraremos os fundamentos e os limites do direito tributário positivo, seja da União ou dois Estados, Distrito Federal ou Municípios.[14]

Pode-se dizer, portanto, que nenhuma nova política tributária será implantada no País sem que se passe por um processo de reforma da Constituição[15].

[13] A Emenda Constitucional n. 18, de 01.12.1965, reformou o Sistema Tributário Nacional, tendo revogado diversas normas da Constituição de 1946, que foram, então, substituídas pelas disposições da citada Emenda, cujo art. 1º assim dispunha: "O sistema tributário nacional compõe-se de impostos, taxas e contribuições de melhoria, e é regido pelo disposto nesta Emenda, **em leis complementares**, em resoluções do Senado Federal, e, nos limites das respectivas competências, em leis federal, estadual ou municipal" (destaque nosso). Ressalte-se que, apesar do referido dispositivo mencionar as "leis complementares", não estabelecia critérios para a caracterização de tal modalidade de instrumento normativo.

[14] BASTOS, Celso Ribeiro. *Direito público*: estudos e pareceres. São Paulo: Saraiva, 1997, p. 143.

[15] RAMOS FILHO, Carlos Alberto de Moraes. A reforma tributária e a autonomia municipal: o respeito ao pacto federativo. In: ROCHA, Ernesto dos Santos Chaves da; RAMOS FILHO, Carlos Alberto de Moraes. *A reforma tributária*. Manaus: Editora da Universidade do Amazonas, 2000, p. 55-56.

Com supedâneo em tal argumento, o Congresso Nacional tem recebido várias sugestões de reforma tributária sob a forma de proposta de emenda constitucional (PEC). Analisaremos, aqui, algumas dessas propostas.

Tanto a Proposta de Emenda Constitucional (PEC) n. 45/2019, da Câmara dos Deputados/Centro de Cidadania Fiscal (CCiF), quanto a PEC n. 110/2019, do Senado Federal/Hauly, convergem para o modelo de um "Imposto sobre Bens e Serviços – IBS".

Referido imposto teria uma base ampla de incidência: na PEC n. 45/2019, englobaria a contribuição ao PIS, a Cofins, o IPI, o ICMS e o ISS; na PEC n. 110/2019, abrangeria, além dos referidos tributos, o IOF e a contribuição do Salário Educação.

A PEC n. 45/2019 autoriza a União a instituir impostos seletivos, com finalidade extrafiscal, destina dos a desestimular o consumo de determinados bens, serviços ou direitos (art. 154, inciso III). A PEC n. 110/2019, por seu turno, prevê a possibilidade de criação de um imposto sobre fumo, bebidas, energia elétrica, telecomunicações, combustíveis e veículos automotores (art. 153, inciso VIII).

A tributação do IBS será no destino tanto na PEC n. 45/2019 (art. 152-A, § 3º, inciso II), quanto na PEC n. 110/2019 (art. 155, § 7º, inciso VII)

A PEC n. 110/2019 consagra tratamentos diferenciados para alguns setores (art. 155, § 7º, inciso VIII) e para a Zona Franca de Manaus[16]. A PEC n. 45/2019, por sua vez, não prevê tal possibilidade.

[16] Relativamente à ZFM, trata-se da disposição prevista no art. 15 da PEC n. 110/2019: "Art. 15. Fica garantida à Zona Franca de Manaus, com suas características de área livre de comércio, de exportação e importação, e de incentivos fiscais, tratamento tributário diferenciado, pelo prazo estabelecido nos arts. 40, 92 e 92-A do Ato das Disposições Constitucionais Transitórias. Parágrafo único. As pessoas jurídicas que realizem operações com bens e serviços na Zona Franca de Manaus, inclusive os destinados a consumo interno, industrialização em qualquer grau, beneficiamento, agropecuária, pesca, instalação e operação de indústrias e serviços de qualquer natureza, bem como a estocagem para reexportação, gozarão, nos termos da lei complementar de trata o *caput* do § 7º do art. 155 da Constituição Federal, de crédito presumido do imposto sobre operações com bens e serviços fixado de forma a manter o diferencial de competitividade conferido, na data da promulgação desta Emenda Constitucional, pela legislação dos tributos por ela extintos às operações de que trata este artigo".

4. A ZFM e as propostas de reforma tributária

A PEC n. 45/2019 prevê a inclusão do art. 152-A na Constituição Federal, que, dentre outras disposições, estabelece que o IBS "não será objeto de concessão de isenções, incentivos ou benefícios tributários ou financeiros, inclusive de redução de base de cálculo ou de crédito presumido ou outorgado, ou sob qualquer outra forma que resulte, direta ou indiretamente, em carga tributária menor que a decorrente da aplicação das alíquotas nominais" (§1º, inciso IV).

Referida norma, ao vedar a concessão de benefícios fiscais relativamente ao IBS, inviabilizaria a ZFM, tendo em vista que os principais tributos que compõem o seu quadro de incentivos serão extintos e substituídos pelo referido imposto, o que acabaria por configurar afronta ao mandamento constitucional (arts. 40, 92 e 92-A do ADCT) que garante a ZFM como área de incentivos fiscais até 2073.

Para evitar tal situação, faz-se necessária a inclusão de uma norma no ADCT – que poderia ser o art. 92-B, por afinidade temática aos artigos imediatamente anteriores – com o seguinte texto: "Nos termos do art. 40 deste Ato das Disposições Constitucionais Transitórias, é garantido à Zona Franca de Manaus tratamento tributário favorecido pelo prazo estabelecido nos arts. 92 e 92-A do referido Ato, não se lhe aplicando o inciso IV do § 1º do art. 152-A da Constituição Federal".

Como reforço à proteção constitucional à ZFM, sugere-se, ainda, a inclusão de um parágrafo em tal artigo, com os seguintes dizeres: "A lei complementar de que trata o art. 152-A da Constituição Federal[17] estabelecerá, para as empresas instaladas ou que vierem a se instalar na Zona Franca de Manaus, incentivos fiscais e outros instrumentos necessários à manutenção de vantagem competitiva existente na data da promulgação da Emenda Constitucional n. (.../...), decorrente da legislação dos tributos extintos".

De acordo com a PEC 45/2019 (art. 152-A, § 3º, inciso II), o IBS, nas operações interestaduais, pertencerá ao Estado de destino. Considerando que a ZFM vende quase a totalidade de sua produção para outras unidades da Federação, o Estado do Amazonas acabaria por perder mais da metade de sua receita atual de ICMS, obrigando-o, como medida compensatória,

[17] Trata-se da lei complementar instituidora do IBS.

a adotar uma alíquota interna de, no mínimo, 48,5% (que seria a maior do Brasil), inviável economicamente para a sociedade amazonense.

Sobre o tema, merece destaque a advertência de Ernesto dos Santos Chaves da Rocha:

> Mantido o parâmetro de competência tributária em favor do Estado em que ocorrer o consumo, para a Zona Franca de Manaus seria um desastre, uma vez que o Estado do Amazonas é, por força das empresas industriais aqui[18] estabelecidas, exportador líquido de produtos. As operações de vendas interestaduais são sempre superiores às compras interestaduais, até porque muitos dos nossos insumos são importados do exterior.[19]

Em razão do exposto, recomenda-se a inclusão de mais um parágrafo no anteriormente referido art. 92-B do ADCT, com a seguinte redação: "O imposto sobre bens e serviços incidente nas operações interestaduais originadas na Zona Franca de Manaus será partilhado entre o Estado do Amazonas e as unidades federadas de destino, nos termos da lei complementar de que trata o art. 152-A da Constituição Federal".

Com tal disposição – que pode ter seu texto adaptado à PEC 110/2019 –, manter-se-ia de forma aproximada a regra atualmente vigente de partilha do ICMS.

Considerando que a PEC 45/2019 prevê a extinção do IPI – o principal imposto do quadro de incentivos da ZFM – e prevê apenas um imposto seletivo (IS) para bebidas alcoólicas e cigarros, a concessão de incentivos fiscais do IBS pode ser insuficiente para manter a competitividade da ZFM em relação aos produtos que são fabricados exclusivamente em Manaus, a exemplo de motocicletas (IPI de até 35%), televisores (20%), condicionares de ar (até 35%), relógios (até 25%), dentre outros.

Como solução ao referido problema, sugere-se a inserção de mais um parágrafo ao art. 92-B do ADCT nos seguintes termos: "O imposto previsto

[18] O autor refere-se à área geográfica da Zona Franca de Manaus.

[19] ROCHA, Ernesto dos Santos Chaves da. Eqüidade e fidelidade ao pacto federativo: pressupostos democráticos de uma reforma tributária. In: ROCHA, Ernesto dos Santos Chaves da; RAMOS FILHO, Carlos Alberto de Moraes. *A reforma tributária*. Manaus: Editora da Universidade do Amazonas, 2000, p. 33.

no inciso III do art. 154 da Constituição Federal[20] incidirá também, nos termos da lei que o instituir, sobre bens fabricados com os incentivos fiscais da Zona Franca de Manaus, quando produzidos ou importados fora de sua área de abrangência". Tal norma propõe a não incidência do IS para os produtos fabricados na ZFM e incidência somente se estes forem produzidos fora da referida região, mantendo, assim, o a vantagem comparativa atualmente proporcionada pelo IPI.

Finalmente, cabe destacar que, com a aprovação da PEC 45/2019 em sua versão original, o Amazonas será o Estado com maior perda de receita. Ademais, tal PEC garante as receitas por apenas 20 anos, ao passo que a Constituição assegura a manutenção da ZFM até 2073. Assim, mesmo a proposta acima ditada de manutenção parcial da receita do IBS na ZFM pode ser insuficiente para atender a arrecadação atual do Estado, especialmente após o vigésimo ano da reforma.

Para contornar tal problema, necessária se faz a inclusão de outro parágrafo ao art. 92-B do ADCT, ostentando a seguinte redação: "Ficam garantidos ao Estado do Amazonas, durante o prazo referido no *caput* deste artigo, recursos atualizados equivalentes à perda da receita do imposto a que se refere o inciso II do art. 155 da Constituição Federal, decorrente de sua redução ou extinção". Com tal previsão, busca-se garantir ao Amazonas, pelo menos, a manutenção atualizada de suas receitas próprias de ICMS até o final do prazo de vigência do modelo ZFM.

Registre-se, ainda, que a solução dada pela PEC 110/2019 (art. 15, parágrafo único) para proteção à ZFM não é suficiente para garantir as vantagens comparativas da região, pois só admite a concessão uma espécie de incentivo fiscal (crédito presumido) e não assegurar as receitas do Estado do Amazonas, que seria inviabilizado com a efetivação da receita do IBS no Estado de destino.

Conclusões

A Zona Franca de Manaus, como ressalta Rubens Gomes de Sousa, visa "à integração da Amazônia na comunidade econômica brasileira, através da criação de condições que lhe assegurem, nessa comunidade, o lugar

[20] Referida norma prevê a possibilidade de criação de "impostos seletivos, com finalidade extrafiscal, destinados a desestimular o consumo de determinados bens, serviços ou direitos".

que lhe compete em função do pleno emprêgo de suas capacidade potenciais"[21].

Enquanto propulsora do desenvolvimento da região na qual se encontra inserida, a ZFM, segundo Samuel Benchimol, rompeu "o quadro de estagnação e decadência secular de uma sociedade que, desde o fim do ciclo da borracha, estava enclausurada no tempo, isolada no longínquo espaço e imersa na desesperança e pobreza, após haver perdido o melhor de suas lideranças empresariais, políticas e profissionais"[22].

Vale destacar, a propósito, a lição de Humberto Ávila, que ressalta a relevante posição que a ZFM ocupa no pacto federativo:

> "(...) não há um sistema federativo **sem** a Zona Franca de Manaus. Há um sistema federativo **com** a Zona Franca de Manaus. Um sistema federativo composto de entes federados, em posição federativa de igualdade, e da Zona Franca de Manaus, em posição federativa de desigualdade, relativamente à concessão de incentivos fiscais. Isso significa que toda regra infraconstitucional relativa à parte tributária do sistema federativo brasileiro deverá sempre levar em conta, no seu conteúdo, a posição específica da Zona Franca de Manaus. Em outras palavras, não se pode conceber o sistema federativo apenas com os Estados, mas **sem** a Zona Franca de Manaus para, num momento seguinte, tentar encaixá-la **de fora para dentro**. O sistema federativo brasileiro foi concebido constitucionalmente com a Zona Franca de Manaus. Sendo assim, é preciso concretizar o sistema federativo com a participação igualitária dos Estados e com a posição diferenciada da Zona Franca de Manaus, do início ao fim." (destaques no original)[23]

Assim, por todo o exposto, conclui-se que as propostas de reforma tributária elaboradas no período constitucionalmente assegurado

[21] SOUSA, Rubens Gomes de. As isenções condicionadas e a Zona Franca de Manaus. *Revista de Direito Público*. v. 13. São Paulo: Revista dos Tribunais, julho-setembro/1970, p. 120.

[22] BENCHIMOL, Samuel. *Zona franca de Manaus:* pólo de desenvolvimento industrial. Manaus: Edição Universidade do Amazonas, 1997, p. 1.

[23] ÁVILA, Humberto. ICMS. Tratamento diferenciado para produtos oriundos da Zona Franca de Manaus Restrições ao crédito por ausência de convênio interestadual. Alíquotas e créditos diferenciados para mercadorias produzidas no Estado de São Paulo. Exame de constitucionalidade das restrições. *Revista Dialética de Direito Tributário*. n. 144. São Paulo: Dialética, setembro/2007, p. 69.

à manutenção da ZFM (arts. 40, 92 e 92-A, do Ato das Disposições Constitucionais Transitórias – ADCT), não podem diminuir as vantagens comparativas decorrentes do quadro de incentivos fiscais concedidos àquela região, sob pena de violação de um dos objetivos fundamentais da República Federativa do Brasil, que é o da redução das desigualdades regionais (art. 3º, inciso III), que também é um dos princípios constitucionais da ordem econômica brasileira (art. 170, inciso VII).

Referências

ATALIBA, Geraldo; GIARDINO, Cléber. Isenção para vendas para a ZFM – Finsocial e imposto sobre transporte. *Revista de direito tributário*. n. 41. São Paulo: Revista dos Tribunais, julho-setembro/1987, p. 206-220.

ÁVILA, Humberto. ICMS. Tratamento diferenciado para produtos oriundos da Zona Franca de Manaus Restrições ao crédito por ausência de convênio interestadual. Alíquotas e créditos diferenciados para mercadorias produzidas no Estado de São Paulo. Exame de constitucionalidade das restrições. *Revista Dialética de Direito Tributário*. n. 144. São Paulo: Dialética, setembro/2007, p. 64-81.

BASTOS, Celso Ribeiro. *Direito público*: estudos e pareceres. São Paulo: Saraiva, 1997.

BENCHIMOL, Samuel. *Zona franca de Manaus:* pólo de desenvolvimento industrial. Manaus: Edição Universidade do Amazonas, 1997.

BERCOVICI, Gilberto. *Constituição econômica e desenvolvimento*: uma leitura a partir da Constituição de 1988. São Paulo: Malheiros, 2005.

BRAGA, Beatriz Stevenson. A Zona Franca de Manaus. In: DÓRIA, Antônio Roberto. Sampaio (coord.). *Incentivos fiscais para o desenvolvimento*. São Paulo: José Bushatsky, Editor, s/d., p. 219-245.

CARVALHO, Paulo de Barros. *Direito tributário, linguagem e método*. 4. ed. São Paulo: Noeses, 2011.

FERRAZ JÚNIOR, Tercio Sampaio. Zona Franca de Manaus. In: SCHOUERI, Luís Eduardo (coord.). *Direito tributário*: homenagem a Alcides Jorge Costa. v. II. São Paulo: Quartier Latin, 2003, p. 1095-1106.

GRECO, Marco Aurélio. ICMS – Operações com destino à Zona Franca de Manaus – Interpretação do art. 40 do ADCT – Caráter conservativo e caráter dinâmico. *Cadernos de direito tributário e finanças públicas*. n. 3. São Paulo: Revista dos Tribunais, abril-junho/1993, p. 103-118.

__. Reedição de medidas provisórias e abuso do poder de legislar – Incentivos à informática e ZFM. *Revista Dialética de Direito Tributário*. n. 66. São Paulo: Dialética, março/2001, p. 130-156.

GUSMÃO, Daniela Ribeiro de. *Incentivos fiscais, princípios da igualdade e da legalidade e efeitos no âmbito do ICMS*. Rio de Janeiro: Lumen Juris, 2005.

MEIRA, Liziane Angelotti. *Regimes aduaneiros especiais*. São Paulo: IOB, 2002.

RAMOS FILHO, Carlos Alberto de Moraes. A reforma tributária e a autonomia municipal: o respeito ao pacto federativo. In: ROCHA, Ernesto dos Santos Chaves da; RAMOS FILHO, Carlos Alberto de Moraes. *A reforma tributária*. Manaus: Editora da Universidade do Amazonas, 2000, p. 53-83.

ROCHA, Ernesto dos Santos Chaves da. Eqüidade e fidelidade ao pacto federativo: pressupostos democráticos de uma reforma tributária. In: ROCHA, Ernesto dos Santos Chaves da; RAMOS FILHO, Carlos Alberto de Moraes. *A reforma tributária*. Manaus: Editora da Universidade do Amazonas, 2000, p. 1-51.

SOUSA, Rubens Gomes de. As isenções condicionadas e a Zona Franca de Manaus. *Revista de Direito Público*. v. 13. São Paulo: Revista dos Tribunais, julho-setembro/1970, p. 119-132.

7.
IBS ou Manter Tudo Como Está: A Oportunidade de Realização do Princípio do Federalismo Fiscal Cooperativo via Reformas Tributárias

Danielle Nascimento
Daniel Giotti de Paula

Introdução

O Estado Fiscal, modelo de organização dos países ocidentais contemporâneos, necessita primordialmente da arrecadação tributária para custear as suas atividades. Isso significa dizer que, no Estado moderno, o tributo é a principal fonte de receita pública[1], ou seja, o custeio de todos os bens e serviços públicos, bem como a garantia a diversos direitos fundamentais, tais como o direito à saúde, à educação e à segurança, dependem primordialmente de receitas públicas derivadas, oriundas de tributos[2].

[1] ABRAHAM, Marcus. *Curso de Direito Financeiro Brasileiro*. Rio de Janeiro: Forense, 2015, p.110.

[2] Acerca das espécies tributárias autônomas, há divergência doutrinária, havendo quem defenda: (i) a corrente bipartida, na qual apenas os impostos e taxas seriam espécies tributárias autônomas; (ii) a corrente tripartite, que confere autonomia aos impostos, taxas e contribuição de melhoria; (iii) a corrente quadripartida, que acrescenta o empréstimo compulsório como categoria autônoma; (iv) a corrente quinquipartida, para a qual existem cinco categorias tributárias autônomas: impostos, taxas, contribuições de melhoria, empréstimo compulsório e contribuições, adotada pelo Supremo Tribunal Federal, conforme excerto do Voto do Relator no RE 146.733, Ministro Moreira Alves: "De fato, a par das três modalidades de tributos (os impostos, as taxas e as contribuições de melhoria), a que se refere o art. 145, para declarar que são competentes para instituí-los a União, os Estados, o Distrito Federal e os Municípios, os arts. 148 e 149 aludem a duas outras modalidades tributárias, para cuja instituição só a

De acordo com a Confederação Nacional da Indústria (CNI)[3], o peso da carga tributária no Brasil em 2017 correspondeu a 32,3% do PIB (Produto Interno Bruto), percentual inferior apenas ao observado na Espanha (33,7%) e na Polônia (33,9%), países que em 2018 tinham renda *per capta* cerca de duas vezes superior à brasileira.

Por outro lado, o Brasil também é apontado como o país onde mais se gasta tempo no mundo para lidar com a burocracia tributária. Nele, as empresas gastam em média 1.501 horas por ano para cumprir todas as regras exigidas pelo fisco brasileiro[4].

Além disso, segundo o IBPT[5], a complexidade tributária no Brasil é significativa, existindo em vigor no país em 2017, 63 tributos e 97 obrigações acessórias, exigidos através de mais de 3.790 normas brasileiras. A cada dia, uma média de 30 novas regras ou atualizações tributárias são editadas no país, o que, indubitavelmente, também compromete a competitividade, dificulta o combate à corrupção, diminui o crescimento econômico e afeta o nível de investimento externo, conforme pesquisa realizada pela Fiesp (Federação das Indústrias do Estado de São Paulo)[6].

Verifica-se, portanto, especialmente no caso brasileiro, que as reformas tributárias devem estar direcionadas à garantia de uma legislação mais uniforme, clara, simples, assim como à formação de um sistema tributário mais transparente, racional e efetivo nos incentivos. Além disso, devem estimular maior cooperação entre os entes federados, conferindo maior

União é competente: o empréstimo compulsório e as contribuições sociais, inclusive as de intervenção do domínio econômico e de interesse das categorias profissionais econômicas. Sobre a classificação das espécies tributárias, ver: RIBEIRO, Ricardo Lodi. Tributos – Teoria Geral e Espécies. Rio de Janeiro: Impetus, 2013, p.s 8-17.

3 IMPOSTÔMETRO. *Peso dos tributos no Brasil é menor apenas do que na Argentina.* Disponível em: https://impostometro.com.br/Noticias/Interna?idNoticia=851. Acesso em 06 de out. 2020.

4 FOLHA DE SÃO PAULO. *Brasil é o país em que empresário gasta mais tempo para pagar imposto, diz Banco Mundial.* Disponível em: https://www1.folha.uol.com.br/mercado/2019/10/brasil-e-o-pais-em-que-empresario-gasta-mais-tempo-para-pagar-imposto-diz-banco-mundial.shtml. Acesso em 25 jul. 2020.

5 IBPT. *Empresas gastam 1958 horas e R$ 60 bilhões por ano para vencer burocracia tributária, apontam pesquisas.* Disponível em: https://ibpt.com.br/noticia/2627/Empresas-gastam-1-958-horas-e-R-60-bilhoes-por-ano-para-vencer-burocracia-tributaria-apontam-pesquisas. Acesso em 15 jul. 2020.

6 FIESP. *Relatório Burocracia: custos econômicos e propostas de combate.* Disponível em: < file:///C:/Users/xx/Downloads/custos-economicos-da-burocracia-final.pdf>. Acesso em: 10 jul. 2020.

segurança e previsibilidade à relação fisco-contribuinte, garantindo, outrossim, uma devolução simplificada do crédito tributário, maior eficiência à administração tributária e estímulo à progressividade, onerando de forma mais intensa os contribuintes com maior capacidade contributiva.[7]

Nesse contexto, as reformas tributárias tornaram-se tema relevante e recorrente no ordenamento jurídico pátrio, especialmente em tempos de pandemia, de guerra fiscal e de crise econômica. Nos últimos anos, foram elaborados diversos Projetos de Lei e de Emenda Constitucional sobre o tema, destacando-se, dentre eles, as PECs nº 110/2019 e nº 45/2019, ambas com o intuito de introduzir um novo imposto no Brasil, o IBS (Imposto sobre bens e serviços), como forma de conferir maior simplicidade, transparência, segurança jurídica e coerência ao Sistema Tributário Nacional, coibindo, outrossim, a guerra fiscal e a concessão de benefícios tributários indevidos.

Assim, tendo em vista a relevância e o impacto financeiro-orçamentário dos Projetos de Emenda Constitucional supracitados, faz-se necessário analisar, como objeto central do presente estudo, os principais aspectos positivos e negativos das inovações tributárias por elas introduzidas, especialmente no que tange à realização do princípio do federalismo fiscal cooperativo, positivado constitucionalmente como cláusula pétrea e diretamente vinculado à segurança jurídica, ao equilíbrio federativo e à justiça fiscal.

1. Vantagens e desvantagens do IBS

1.1. Considerações Iniciais sobre o IBS

O Imposto sobre Bens e Serviços (IBS) é um tributo inspirado no Imposto sobre Valor Agregado (IVA), existente na Europa, nos EUA e no Canadá, cuja criação é objeto da **PEC nº 110/2019**, do Senado Federal, de relatoria do Senador Roberto Rocha (PSDB-MA), de mesmo conteúdo do Substitutivo aprovado na Comissão Especial da PEC nº 293/2004, em dezembro de 2018, e da **PEC nº 45/2019**, da Câmara dos Deputados, de relatoria do Deputado Aguinaldo Ribeiro (PP-PB).

[7] ENDEAVOR. Qual é a reforma tributária que o Brasil precisa? Disponível em: https://endeavor.org.br/ambiente/ambiente-tributario/simplificacao-tributaria/?gclid=CjwKCAjwq_D7BRADEiwAVMDdHt_BFZXSguq2tm05mTEVktFAC1NV10_lQydj7Y2Ja2SsGcKrnjC-XhoCPrYQAvD_BwE. Acesso em 06 out. 2020.

Em ambas as proposições, o que se pretende é a simplificação e a racionalização do Sistema Tributário Nacional, especialmente no que se refere à produção e comercialização de bens e à prestação de serviços. As referidas PECs também propõem a extinção de diversos tributos, mediante a criação de dois novos impostos: (a) o imposto sobre bens e serviços (IBS), nos moldes do imposto sobre valor agregado (IVA) e (b) o Imposto Seletivo, específico para alguns bens e serviços.

Além disso, estabelecem como base de incidência todas as modalidades de bens e serviços, incluindo a exploração de bens e direitos (tangíveis e intangíveis), e a locação de bens, possibilitando, por outro lado, a devolução do imposto recolhido para contribuintes de baixa renda, nos termos de lei complementar.

No entanto, há algumas diferenças entre elas em relação à competência tributária, ao número de tributos substituídos, à determinação da alíquota aplicável, à concessão de benefícios fiscais, à partilha e à vinculação da arrecadação, bem como à transição do sistema de cobrança e de partilha de recursos, conforme tabela abaixo colacionada:

	PEC Nº 110/2019	**PEC Nº 45/2019**
Competência Tributária do IBS	Tributo Estadual	Tributo Federal
Número de Tributos Substituídos	nove: IPI, IOF, PIS, Pasep, Cofins, CIDE-Combustíveis, Salário-Educação, ICMS e ISS.	cinco: PI, PIS, Cofins, ICMS e ISS.
Determinação da Alíquota	Por Lei Complementar – alíquotas padrão e diferenciadas aplicadas de forma uniforme em todo o território nacional.	Cada ente federativo fixa uma parcela da alíquota total do imposto por meio de lei ordinária (sub-alíquota). Após, forma-se a alíquota única aplicável a todos os bens e serviços consumidos em ou destinados a cada um dos Municípios/Estados brasileiros. Tributação não é uniforme em todo o território nacional.

Concessão de Benefícios Fiscais	Autorizada por lei complementar nas operações com alimentos, inclusive os destinados ao consumo animal; medicamentos; transporte público coletivo de passageiros urbano e de caráter urbano; bens do ativo imobilizado; saneamento básico; e educação infantil, ensino fundamental, médio e superior e educação profissional.	Não autoriza.
Partilha da arrecadação do IBS	Entre União, Estados, Distrito Federal e Municípios, mediante entrega de recursos a cada ente federativo conforme aplicação de percentuais previstos na Constituição sobre a receita bruta do IBS (repasse de cota-parte).	Cada ente federativo tem sua parcela na arrecadação do tributo determinada pela aplicação direta de sua "sub--alíquota", incidente sobre a base de cálculo do IBS.
Vinculação da arrecadação do IBS	Vinculado às despesas e aos fundos de acordo com o método fixado nas regras constitucionais propostas pela PEC.	Vinculadas a parcelas da sub-alíquota de cada ente federativo, fixadas em pontos percentuais e denominadas "alíquotas singulares".
Transição do sistema de cobrança	Durante um ano é cobrada uma contribuição "teste" de 1%, e, depois, a transição dura cinco anos, sendo os atuais tributos substituídos pelos novos tributos à razão de um quinto ao ano.	Durante dois anos é cobrada uma contribuição "teste" de 1%, com a mesma base de incidência do IBS, e, depois, a transição dura oito anos, sendo os atuais tributos substituídos pelos novos tributos à razão de um oitavo ao ano.
Transição da partilha de recursos	No total, a transição será de quinze anos.	No total, a transição será de cinquenta anos.

Cabe ressaltar que tais diferenças são normais por se tratar de tema tão sensível e complexo, que é o de reformar o capítulo constitucional destinado ao Sistema Tributário Nacional, envolvendo, simultaneamente, a reconstrução do pacto federativo, bem como direitos e garantias fundamentais do contribuinte, aproximando, dessa forma, finanças públicas, tributação e desenvolvimento.

1.2. Principais vantagens e desvantagens do IBS

Como visto, de uma forma geral, a instituição do IBS nas PECs nº 110/2019 e nº 45/2019 objetiva a redução significativa da complexidade tributária, da burocracia, dos custos administrativos e de *compliance*, além de facilitar a fiscalização e a compreensão do Sistema Tributário brasileiro pelo contribuinte, com reflexos, inclusive, no fortalecimento da sua consciência fiscal[8].

Em outras palavras, a multiplicidade de tributos, de benefícios fiscais e de regimes especiais na tributação sobre bens e serviços dificulta a compreensão do cidadão sobre o montante da sua carga fiscal, especialmente em relação a que lhe é repassada na qualidade de consumidor final.

Por outro lado, a possibilidade de devolução do IBS recolhido para contribuintes de baixa renda auxiliará na redução da regressividade do atual Sistema Tributário brasileiro, cuja principal origem está na concentração da tributação sobre o consumo (bens e serviços), a qual, em 2018, representou 44,79% de todos os tributos recolhidos no Brasil, segundo dados da Receita Federal do Brasil[9].

Outros aspectos positivos envolvendo as duas proposições são o estabelecimento de um regime de não cumulatividade, a fixação de uma base ampla de tributação sobre bens, serviços e direitos e a não incidência nas exportações, sendo relevante, outrossim, a criação de normas simples e

[8] Sobre medidas que podem auxiliar no fortalecimento da consciência fiscal do contribuinte brasileiro, consultar: SOUZA, Danielle Nascimento Nogueira de. *Neurodireito, Psicologia e Economia Comportamental no combate à evasão fiscal.* Rio de Janeiro: Lumen Juris, 2019.

[9] RECEITA FEDERAL DO BRASIL. Carga Tributária no Brasil 2018. Análise por tributos e bases de incidência. Disponível em: https://receita.economia.gov.br/dados/receitadata/estudos-e-tributarios-e-aduaneiros/estudos-e-estatisticas/carga-tributaria-no-brasil/ctb-2018-publicacao-v5.pdf. Acesso em 18 set. 2020. Segundo o estudo, em 2018, a tributação sobre a folha de salários correspondeu a 27,34%, seguida da tributação sobre a renda (21,62%), a propriedade (4,64%) e as transações financeiras (1,60%).

objetivas na devolução dos créditos acumulados, a fim de não gerar maior litigiosidade e insegurança jurídica, prejudicando investimentos.

As PECs nº 45/2019 e nº 110/2019 também preveem prazo de transição razoável, o que permitirá uma adaptação lenta e progressiva à reforma tributária proposta, facilitando ajustes e compensações em relação aos prejuízos arrecadatórios eventualmente experimentados por alguns entes federados. Ademais, a adoção nas referidas PECs do princípio da tributação no destino, isto é, da efetivação da arrecadação tributária no Estado ou no Município ao qual o produto se destina, viabilizará a redução da guerra fiscal entre os entes federados.

Tais medidas poderão implicar, portanto, no aumento da produtividade e do PIB potencial do Brasil, na redução da judicialização e da guerra fiscal, além de contribuir para a diminuição da pobreza e para uma correta aplicação do princípio da capacidade contributiva, consubstanciado no artigo 145, § 1º da Carta Magna de 1988, que restringe a incidência tributária sobre aqueles que não possuem condições financeiras, a fim de proteger o mínimo existencial vital[10].

No caso da PEC nº 45, de 2019, evidencia-se como aspecto negativo a aplicação de uma alíquota única para todos os bens e serviços, o que resultará na elevação da carga fiscal sobre os prestadores de serviços, a exemplo dos dentistas, advogados e contadores, entre outros profissionais, conforme esclareceu Kiyoshi Harada e Ives Gandra Martins[11]:

> A primeira perplexidade é que a PEC 45/2019 implicará aumento de impostos. De fato, o IBS será “uniforme para todos os bens e serviços” e englobará o ICMS, IPI, ISS e PIS/COFINS. Assim, quase todos os setores sofrerão alguma elevação tributária. Produtos agrícolas que atualmente não se sujeitam ao IPI passarão a absorvê-lo parcialmente. Serviços tradicionais, como advocacia, contabilidade etc., hoje submetidos ao ISS com alíquota média de 4,38%, terão sua tributação acrescida de percentuais equivalentes ao IPI e ao ICMS. Se o IBS tiver alíquota de 25%, como se noticia, estima-se

[10] ABRAHAM, Marcus. *Curso de Direito Tributário brasileiro*. Rio de Janeiro: Forense, 2018, p. 116.

[11] HARADA, Kiyoshi; MARTINS, Ives Gandra da Silva et al. *Reforma tributária: onerar mais não é o caminho*. Revista Jus Navigandi, ISSN 1518-4862, Teresina, ano 24, nº 5872, 30 jul. 2019. Disponível em: https://jus.com.br/artigos/75628. Acesso em: 16 set. 2020.

que haja majoração de mais de 300% para serviços prestados por pessoas jurídicas optantes pelo lucro presumido. Para os autônomos, o impacto será ainda maior, podendo chegar a quase 700%, pois será adicionado não só o equivalente ao IPI e ICMS, mas também ao PIS/COFINS que hoje não alcança tais pessoas físicas.

Nesse mesmo sentido, Hugo de Brito Machado Segundo[12]:

> Refiro-me à natureza supostamente "indireta" do IBS, que seria pago "na verdade" pelo consumidor final, somada ao fato, a ela relacionada, de que o tributo seria "não cumulativo", gerando créditos de forma ampla. Essas afirmações são feitas por defensores da PEC como solução vejam só para os problemas que se lhes apontam. É o que se ouve, por exemplo, quando se lhes objeta que o IBS elevará demasiadamente a carga tributária incidente sobre prestadores de serviços. Dentistas, advogados e contadores que hoje se submetem a 5% de ISS passarão a sofrer a incidência de um IBS de aproximadamente 25%, ao que os apoiadores da proposta replicam: "mas o crédito será amplo, e quem pagará esse ônus será o consumidor final!". Prosseguem dizendo que, se o usuário do serviço for um consumidor final, ele pagará a conta; se for outro agente econômico, no caso, por exemplo, de um advogado que presta serviço a uma empresa, esta poderá creditar-se do valor do serviço, IBS incluso, e abater tudo do IBS que tiver a pagar nas operações seguintes. Assim, repete-se, o ônus será transferido ao consumidor final, não recaindo sobre nenhum agente produtivo.

Apesar de não serem preocupações menores ou meros apelos setoriais, já que se trata de efetivo aumento da carga tributária sobre os serviços, não se pode esquecer que boa parte dos prestadores de serviço são albergados pelo programa do SIMPLES NACIONAL, o que reduz a abrangência do argumento. Além disso, numa economia que caminha para a "servificação", aumentar a carga tributária sobre os serviços não se mostra uma escolha desarrazoada do ponto de vista macroeconômico.

Outro aspecto negativo da PEC nº 45/2019 é a impossibilidade de concessão de qualquer tipo de benefício fiscal, o que pode tornar o

[12] SEGUNDO, Hugo de Brito Machado. *IBS pode corrigir ou amplificar problemas da tributação indireta no Brasil.* Disponível em: https://www.conjur.com.br. Acesso em: 16 set. 2020.

sistema tributário mais injusto, inviabilizando a aplicação do princípio da seletividade, previsto nos artigos 155, § 2º, III (ICMS) e artigo 153, § 3º, I da CR/88 (IPI), segundo o qual a alíquota do imposto deve ser adequada à essencialidade do bem ou do serviço[13].

Além disso, a criação de um contencioso administrativo representado por vários entes federados, bem como uma representação judicial e extrajudicial de forma conjunta pelo comitê gestor, isto é, mediante participação coordenada de Procuradores de todos os entes federados, pode trazer complexidade e insegurança jurídica, o que deve ser ponderado, porém, com o princípio do federalismo fiscal.

No que tange à PEC nº 110/2019, pode-se citar como ponto positivo a possibilidade da fixação de alíquotas menores para itens considerados essenciais para o ser humano (alimentação, remédio, água, esgoto, educação e saúde), de modo a observar o princípio da seletividade e reduzir a regressividade da tributação sobre o consumo, sendo relevante, outrossim, a criação de fundos para a compensação de eventuais disparidades na arrecadação de Estados e Municípios.

No entanto, o fato de o IBS, na PEC nº 110/2019, ser um tributo estadual cuja arrecadação, fiscalização e cobrança seja realizada conjuntamente

[13] Sobre a aplicação obrigatória do princípio da seletividade ao ICMS e ao IPI, Leonardo Buissa e Lucas Bevilacqua afirmaram que "para grande parte da doutrina pátria, a seletividade é consectária imediata do princípio da capacidade contributiva (art. 145, §1º, CRFB/88) que, por sua vez, deriva do sobreprincípio da igualdade tributária (art. 150, II, CRFB/1988)." Cabe ressaltar, ainda, que a aplicação da seletividade no ICMS foi submetida à sistemática de repercussão geral perante o Supremo Tribunal Federal (Tema 745 – Alcance do art. 155, § 2º, III, da Constituição Federal, que prevê a aplicação do princípio da seletividade ao Imposto sobre Circulação de Mercadorias e Serviços - ICMS. RE 714139/SC). L.; BEVILACQUA, L. *Seletividade, justiça fiscal e neutralidade concorrencial: o ICMS sobre energia elétrica nos tribunais superiores tanto ao IPI quanto ao ICMS*, p. 127. Disponível em: https://d1wqtxts1xzle7.cloudfront.net/60725283/IP93_Seletividd_ICMS_EnergiaEletrica20190927114122l7tc9sp.pdf?1569625135=&responsecontentdisposition=inline%3B+filename%3DSeletividade_justica_fiscal_e_neutralida.pdf&Expires=1600406250&Signature= d5r0TaDp4lEe2lj7K4W1ozh3zYJlFvFW6C2~vdM4yo3CBoitJKkFk7 JbeiwpPRvW5vbVy6U2r9m 173dv3KHXb8IZd0esgph3TupPzlv8SE-dWNQBFGn6R m1nUFR6FcUeTvDtgWWMAs DObS1KPfFUgyqOzQI0qKDnYVmvp3bZvqQawt9FUNVCOli8mQ3zXU1kMaHjeXBCkLNaQfwxw DAoM94rS5QAOGNn4kJJTp5W0YWIOrRRtGBm80zBgSiP87nMtLPmqGDlSWXbouLgAkpeDriliVL05jkLsXWZLuQGjAkiXzH3MfzsWELZNXEa~Na0AmKOYJJh56XSi1w__&Key-Pair-Id=APKA-JLOHF5GGSLRBV4ZA. Acesso em 18 set. 2020.

pelas administrações tributárias dos Estados, Distrito Federal e Municípios pode gerar complexidade, significativas dificuldades operacionais e, consequentemente, maior litigiosidade, o que, por outro lado, também precisa ser ponderado com o princípio do federalismo fiscal, adiante analisado.

2. IBS ou deixar como tudo está? Argumentos ao redor do federalismo fiscal cooperativo como cláusula pétrea e princípio

Um dos temas mais invocados na discussão de uma reforma tributária, com tanto na PEC nº 45, quanto na PEC nº 110, é o federalismo fiscal, pois se alega que estariam sendo suprimidas competências tributárias de alguns entes em detrimento de outros, agravando o desequilíbrio federativo.

O argumento do federalismo fiscal tem matizes históricos, político--econômicos e jurídicos, que parecem se misturar numa desordem quase dadaísta.

Pintar um melhor quadro do tema envolve tentar distinguir as tintas da aquarela de cores utilizadas nesta obra complexa, até por isso exuberante, como é o Brasil, com tantas especificidades e necessidades, que precisa se adequar aos padrões da OCDE por sua força econômica, ao mesmo tempo dando conta de deveres históricos em face das suas desigualdades manifestas e tradicionais.

Para isso, o primeiro passo é saber o que é federalismo, qual a feição do Estado Federal brasileiro e qual o tipo de federalismo fiscal brasileiro.

Estado Federal é o que se caracteriza pela "união de coletividades políticas dotadas de autonomia político-constitucional, autonomia federativa"[14].

Diz-se que federalismo brasileiro é *sui generis*, pois, ao contrário do federalismo tradicional, surgido nos Estados Unidos da América, em que "as antigas colônias britânicas firmaram uma tratado de direito internacional, criando uma confederação, que tinha como objetivo básico preserver a soberania de cada antigo território colonial"[15], entre nós, de um Estado unitário já existente forjou-se uma federação.

[14] SILVA, José Afonso da. *Curso de Direito Constitucional Positivo*. 23ª ed, São Paulo: Malheiros, 2004, p. 99.

[15] MENDES, Gilmar Ferreira; COELHO, Inocêncio Martires; BRANCO, Paulo Gustavo Gonet. *Curso de Direito Constitucional. 5ª ed.*, São Paulo: Editora Saraiva, 2010, p. 929.

Na opinião de Heleno Taveira Torres, mais especificamente em 15 de novembro de 1889, o Brasil dormiu uma Federação e acordou unitário, falando-se em "federalismo por decreto", com a conversão das províncias em Estados federados[16]. Trata-se não apenas de uma sutileza histórica, pois essa talvez seja a explicação pela qual a centralização dos poderes estatais na União seja uma constante no Brasil.

Desde os albores do federalismo, a autonomia financeira foi uma máxima, e, de início, a influência do modelo norte-americano na primeira Constituição brasileira se deu em 1891, adotando-se o chamado federalismo "dualista" puro (*dual federalism*): "União e Estados arrecadavam seus impostos direta e exclusivamente sem qualquer participação, direta ou indireta, em imposto de alheia competência"[17]. Seria a chamada autonomia financeira, tributária ou fiscal, termos que variam nos *Cursos* e *Tratados* das várias disciplinas do Direito Público atuais e clássicos.

Com base nesse escorço histórico, entra-se no terreno do federalismo fiscal brasileiro. Lembre-se de que o adjetivo fiscal pode gerar uma confusão sobre o tema ser apenas de Direito Financeiro ou tão-só de Direito Tributário nos limites da atual Constituição da República.

A bem da verdade, o núcleo do federalismo envolve questões tributárias e financeiras, justamente por isso se entende que não existe verdadeira federação sem a atribuição de competência tributária e a previsão de transferências intergovernamentais constitucionais e infraconstitucionais para compensar desníveis regionais e populacionais.

A conjugação dessas duas características seria a medida para se aquilatar uma verdadeira Federação no encontro sempre marcado entre finanças públicas e tributação, daí que, com Marcus Abraham, possa-se definir federalismo fiscal como

> "a expressão financeira da forma com que os entes federados – União, Estados, DF e Municípios – se organizam e se relacionam na realização do seu *munus*, enfrentando e harmonizando as tensões decorrentes de uma estrutura heterogênea, decorrente de uma multiplicidade de interesses e das diferenças regionais – culturais, sociais e econômicas –, na busca da implementação de

[16] TORRES, Heleno Taveira. *Direito Constitucional Financeiro: Teoria da Constituição Financeira*. São Paulo: Editora Revistados Tribunais, 2014, p. 246.

[17] *Idem*, p. 248.

um *modelo federal cooperativo*, a fim de realizar um objetivo comum para toda nação"[18].

Heleno Taveira Torres lembra que, já em 1914, Alberto Torres apontava as dificuldades de o federalismo brasileiro prosperar, pois os Estados funcionavam como eixos concêntricos sem vínculos com os interesses gerais do país[19], o que se complica hoje com a realidade federativa de vinte e seis Estados, o Distrito Federal, 5.565 Municípios e cinco Regiões, apresentando desníveis socioeconômicos notáveis entre si.

Não se desconhece que o Constituinte, em 1988, tenha tentado, pois deu as bases para a instituição do chamado modelo aperfeiçoado de federalismo fiscal cooperativo,

> "com competências (fontes) para instituição de tributos pelas unidades do federalismo (i) e distribuição do produto arrecado dos impostos entre as unidades de menor capacidade econômica (ii), mediante atribuição *direta*, segundo percentuais previamente designados na própria Constituição, e *indireta*, por fundos, ordenados por critérios determinados em lei complementar"[20].

Assim, se em um mundo ideal, cada um dos entes deveria viver da arrecadação advinda do exercício de suas próprias competências tributárias, do chamado "esforço fiscal próprio" ao gosto da literatura norte-americana, gerando receitas para dar conta de suas competências administrativas, o experimentalismo constitucional brasileiro foi mais longe, adotando-se a premissa de que há desníveis entre os entes que os incapacitam para esse desiderato.

Superado o aspecto histórico, pode-se analisar a disfuncionalidade até o momento deste federalismo fiscal cooperativo.

De pronto, não há que se falar em cooperação em um ambiente de guerras fiscais no exercício das competências de vários tributos, tais como

[18] ABRAHAM, Marcus. *Curso de Direito Tributário Brasileiro.* Rio de Janeiro: Forense, 2018, pp. 61-62.

[19] TORRES, Alberto. *A organização nacional: a Constituição.* 4ª ed., São Paulo: Unb, 1982, pp. 162-163; *apud* TORRES, H.T.T. *Op. cit.*, p. 246.

[20] TORRES, H.T. *Op. cit.*, p. 263.

ICMS, IPVA e ISS. Aliás, não se pode cogitar de esforço fiscal próprio em entes que renunciem tanto a suas bases tributárias.

Sabe-se que Estados renunciaram à parcela de ICMS para atrair empresas e reduziram IPVA para forçarem registros de carros em seus territórios; além de a ausência de cobrança de ISS ser tão gritante, a ponto de ter se criado uma hipótese de crime de responsabilidade por sua não instituição (artigo 10-A, da Lei Federal nº 8.429, de 1992).

Por mais que concebido os contornos básicos do federalismo fiscal cooperativo, o pacto fiscal brasileiro é torto, não só por aquilo que aponta Regis Fernandes de Oliveira e tantos outros autores no desequilíbrio de fontes de receitas para a União[21], mas também pelo fato de que os entes subnacionais travarem suas guerras fiscais.

A situação foi piorada pelo Supremo Tribunal Federal. ao se esquivar de controlar a tredestinação de contribuições e fixar balizas jurídicas para DRU ("Desvinculação de Receitas da União"), as quais colaboram para a redução da capacidade de os entes subnacionais custearam seus gastos[22].

Frise-se que, mesmo entes com capacidade econômica reconhecida, abdicam de suas competências tributárias. Exemplo marcante e recente se deu em Belo Horizonte, quando os vereadores recusaram-se a aprovar projeto de lei enviado em 2017 que incluía na legislação municipal a tributação dos novos e relevantes serviços digitais e tecnológico, sob a justificativa de que haveria "a necessidade de ampliar a atração para o território do Município de negócios e parcerias nacionais e internacionais no setor"[23].

Do ponto de vista das despesas, o quadro se agrava ainda mais com a proliferação da definição de competências administrativas concorrentes ou a pressão sobre os Estados e os Municípios para cumprir serviços públicos e concretizar direitos fundamentais.

[21] OLIVEIRA, Regis Fernandes de. *Curso de direito financeiro*. 5ºed. São Paulo: Revista dos Tribunais, 2013. p. 50.

[22] Como aponta Fernando Rezende (*Desafios do federalismo fiscal*. Rio de Janeiro: FGV Editora. 2006), entre 1997 e 2005, o uso de recursos próprios por parte dos entes federativos para custear seus gastos caiu de 3/4 para 2/3.

[23] GODOI, Marciano Seabra de; FREITAS JÚNIOR, Efigênio de. *Guerra fiscal no imposto sobre serviços e improbidade administrativa O caso do Município de Belo Horizonte*. In: Revista de Informação Legislativa Brasília a. 56 n. 221 jan./mar. 2019, p. 162.

Existe um conhecido teorema, o Teorema da Descentralização, criado por William Oates, segundo o qual o fundamento econômico para a descentralização de serviços, o que aumentaria, em consequência, a demanda de mais receitas para os entes subnacionais e eventual melhor alocação de recursos no setor público, assumindo-se que o governo local gastaria melhor do que as entidades nacionais por uma pressão sobre como se gasta[24].

Em sociedades profundamente desiguais, como é a brasileira, existe uma justificativa política mais clara: o governo local sofre sempre a maior pressão política dos cidadãos, que buscam ajuda onde lhes é mais fácil, daí que o escolhido preferencial para prestar os serviços públicos, de forma espontânea ou por decisões judiciais, sejam os Municípios.

A questão não é se o gasto é mal feito ou não, mas a necessidade de que haja algum gasto que se transforme em direitos fundamentais, políticas públicas e serviços públicos, para parcelas da população tão dependentes da atuação estatal.

A verdade, então, é que não obstante o Poder Constituinte Originário ter municiado os entes de formas a buscarem o esforço fiscal próprio, com uma redução das desigualdades sociais e regionais pelas transferências intergovernamentais, o chamado *princípio do federalismo fiscal*[25] não tem sido efetivado em suas máximas possibilidades.

É engenhosa a ideia de Heleno Taveira Torres no sentido de extrair as máximas consequências do federalismo como princípio, o que talvez dê a maior concretude possível a não ser o Estado Federal um modelo ideal e apriorístico, mas fruto de um processo jurídico-político de realização continuada.

É este o marco teórico que se julga adequado para analisar juridicamente as reformas tributárias em curso ou quaisquer outras que venham a ser propostas.

Assim, ao contrário daqueles que enxergam na cláusula pétrea do federalismo uma impossibilidade absoluta de supressão de competências tributárias, as reformas tributárias podem ser analisadas como oportunidades para se chegar às máximas possibilidades do projeto de Federação brasileira.

[24] OATES, William E. *On the Evolution of Fiscal Federalism: Theory and Institutions.* In: "National Tax Law, vol. LXI, n. 2. Junho/2008, pp. 314-315.

[25] TORRES, H. T. *Op. cit.*,pp. 256-257.

É que se a Constituição da República toma a forma federativa do Estado como cláusula pétrea, à luz do artigo 60 do Texto Constitucional, apenas a situação-limite de supressão de todas as competências tributárias de um ente ou casos análogos poderiam caracterizar ofensa constitucional constatável de imediato.

Não há dúvida de que seriam inconstitucionais casos, como a da federalização do IPTU e do ISS, sabendo que são as propriedades territoriais urbanas e os serviços de qualquer natureza as bases econômicas mais relevantes sobre as quais podem os Municípios tributar, bem como a criação de um tributo único sobre o consumo, a cargo de qual ente fosse, sem qualquer contrapartida para os entes que não o cobrarem, sabendo-se que economicamente o mundo caminha para a chamada "servificação", o que já demandaria algum grau de argumentação.

Por outro lado, as reformas tributárias que ofereçam alternativas para fomentar o modelo de federalismo fiscal cooperativo, sem reduzir desarrazoadamente as receitas dos entes, mas atenuando as complexidades do sistema tributário nacional e evitando as guerras entre os entes, gozariam de presunção de constitucionalidade, não o contrário, como sustentam aqueles que se apegam a um modelo abstrato de Federação, em geral, e de federalismo fiscal, em especial.

Assim, como as PECs trazem normas de proteção da atual distribuição de receitas entre os entes durante a transição de sistemas tributários, bem como no caso específico do IBS, assume-se que ele seja um imposto nacional e que haja formas de controlar a repartição das receitas, é difícil apontar as reformas, conclusivamente, como ofensivas à cláusula pétrea do federalismo.

De igual modo, são relevantes os argumentos dos entes subnacionais de que o Comitê Gestor do IBS deva ser um órgão efetivamente nacional e que deva haver salvaguardas do efetivo repasse das receitas aos entes, sob pena de enfraquecimento e não fomento do federalismo fiscal cooperativo.

É claro que não se deve cogitar de alterações bruscas de receitas entre os entes, com base na cláusula pétrea do federalismo e no valor da segurança jurídica, pois assim se reafirma o federalismo cooperativo.

Por outro lado, não obstante os esforços dos defensores das duas PECs já mencionadas, é discutível a impossibilidade de benefícios fiscais em tributos sobre o consumo.

Mesmo se reconhecendo que haja modelos de transferências de rendas por subsídios para famílias de baixa renda, como é o caso do Canadá, e o acerto da nota técnica n. 07, do Centro de Cidadania Fiscal, apontando que o IBS é tributo suportado pelo consumidor final[26], tomando como base que se deve reformar para fomentar o federalismo fiscal cooperativo, não se pode considerar o tema apenas sob o prisma tributário, devendo haver algum mecanismo de efetiva obrigação de redução dos desequilíbrios regionais e sociais.

O princípio do federalismo fiscal cooperativo passa assim a agir como uma diretriz para se levar a sério argumentos econômicos, sociais e políticos no tema da reforma tributária, de modo que o *design* normativo criado não desconsidere fatos conhecidos e vivenciados na dura realidade de concretização do Estado Federal brasileiro.

Conclusões

Entre tipos, ideias e modelagens normativas, a Federação é construída. Como o federalismo fiscal envolve a distribuição de poder, é natural que haja conflitos e divergências entre os entes, para que se chegue ao melhor modelo possível de Federação.

É sob este pano de fundo que a reforma tributária deve ser analisada, havendo espaço para um experimentalismo institucional que, antes de esbarrar na cláusula pétrea da Federação, pode vir a ser a melhor expressão do *princípio do federalismo cooperativo,* norma implícita na Constituição brasileira e que não tem sido concretizada com suas máximas possibilidades.

Sem prejuízo das críticas possíveis, apontou-se ao longo deste artigo que o IBS possui nítidas vantagens práticas ao modelo tributário atual, não obstante oferecer desafios também práticos e sugerir vetores contrários ao que se convencionou considerar no Brasil como a melhor forma de se obter justiça fiscal.

O nítido efeito conservador da dogmática tributária não pode impedir os debates que se travam em torno do IBS. Manter tudo como está implica

[26] CCFI, Nota Técnica nº 07: *Benefícios Fiscais e o IBS*, vol. 3, 26.09.2018. Disponível em https://ccif.com.br/wp-content/uploads/2020/06/1809-Benef%C3%ADcios-Fiscais-e-o-IBS-v.3.pdf, acesso em 22.09.2020.

aceitar a hipercomplexidade tributária[27] brasileira como ela é, naturalizá-la, como se fosse o legado maldito que nos cabe.

Um triste destino que não nos cabe.

Referências

ABRAHAM, Marcus. *Curso de Direito Financeiro Brasileiro*. Rio de Janeiro: Forense, 2015.

__. *Curso de Direito Tributário Brasileiro*. Rio de Janeiro: Forense, 2018.

BEVILACQUA, L. *Seletividade, justiça fiscal e neutralidade concorrencial: o ICMS sobre energia elétrica nos tribunais superiores tanto ao IPI quanto ao ICMS*. Disponível em: https://d1wqtxts1xzle7.cloudfront.net/60725283/IP93_Seletividd_ICMS_EnergiaEletrica20190927114122l7tc9sp.pdf?1569625135= &responsecontentdisposition=inline%3B+ filename%3DSeletividade_justica_fiscal_e_neutralida.pdf&Expires=1600406250&Signature= d5r0TaDp4lEe2lj7K4W1ozh3zYJl-FvFW6C2~ vdM4yo3CBoitJKkFk7JbeiwpPRvW5vbVy6U2r9m173dv3KHXb8IZd0esgph3TupPzlv8S EdWNQBFGn6Rm1nUFR6FcUeTvDtgWWMAsDObS1KPfFUgyqOzQI0qK DnYVmvp3bZvqQawt9FUNVCOli8mQ3zXU1kMaHjeXBCkLNaQfwxw DAoM94rS5QAOGNn4kJJTp5W0YWIOrRRtGBm80zBgSiP87nMtLPmqGDlSWX bouLgAkpeDriliVL05jkLsXWZLuQGjAkiXzH3Mfzs WELZNXEa~Na0AmKOYJJh56XSi1w__ &Key-Pair-Id=APKAJLOHF5GGSLRBV4ZA. Acesso em 18 set. 2020.

BRASIL, CCFI, *Nota Técnica nº 07: Benefícios Fiscais e o IBS*, vol. 3, 26.09.2018. Disponível em https://ccif.com.br/wp-content/uploads/2020/06/1809-Benef%C3%ADcios-Fiscais-e-o-IBS-v.3.pdf. Acesso em 22 set. 2020.

ENDEAVOR. *Qual é a reforma tributária que o Brasil precisa?* Disponível em: https://endeavor.org.br/ambiente/ambiente-tributario/simplificacao-tributaria/?gclid=CjwKCAjwq_D7BRADEiwAVMDdHt_BFZXSguq2 tm05mTE-VktFAC1NV10_lQydj7Y2Ja2SsGcKrnjC-XhoCPrYQAvD_BwE. Acesso em 06 out. 2020.

FIESP. *Relatório Burocracia: custos econômicos e propostas de combate*. Disponível em: < file:///C:/Users/xx/Downloads/custos-economicos-da-burocracia-final.pdf>. Acesso em: 10 jul. 2020.

FOLHA DE SÃO PAULO. *Brasil é o país em que empresário gasta mais tempo para pagar imposto, diz Banco Mundial*. Disponível em: https://www1.folha.uol.com.br/

[27] Sobre o tema, ver de um de nós: PAULA, Daniel Giotti de. *A Praticabilidade no Direito Tributário: controle jurídico da complexidade*. Rio de Janeiro, Editora Multifoco, 2018, pp. 73-83.

mercado/2019/10/brasil-e-o-pais-em-que-empresario-gasta-mais-tempo-para-pagar-imposto-diz-banco-mundial.shtml. Acesso em 25 jul. 2020.

GODOI, Marciano Seabra de; FREITAS JÚNIOR, Efigênio de. *Guerra fiscal no imposto sobre serviços e improbidade administrativa O caso do Município de Belo Horizonte.* In: Revista de Informação Legislativa Brasília a. 56 n. 221 jan./mar. 2019.

HARADA, Kiyoshi; MARTINS, Ives Gandra da Silva et al. *Reforma tributária: onerar mais não é o caminho.* Revista Jus Navigandi, ISSN 1518-4862, Teresina, ano 24, nº 5872, 30 jul. 2019. Disponível em: https://jus.com.br/artigos/75628. Acesso em: 16 set. 2020.

IBPT. *Empresas gastam 1958 horas e R$ 60 bilhões por ano para vencer burocracia tributária, apontam pesquisas.* Disponível em: https://ibpt.com.br/noticia/2627/Empresas-gastam-1-958-horas-e-R-60-bilhoes-por-ano-para-vencer-burocracia-tributaria-apontam-pesquisas. Acesso em 15 jul. 2020.

IMPOSTÔMETRO. *Peso dos tributos no Brasil é menor apenas do que na Argentina.* Disponível em: https://impostometro.com.br/Noticias/Interna?idNoticia=851. Acesso em 06 out. 2020.

OATES, William E. *On the Evolution of Fiscal Federalism: Theory and Institutions.* In: "National Tax Law, vol. LXI, n. 2. Junho/2008.

OLIVEIRA, Regis Fernandes de. *Curso de direito financeiro.* 5ºed. São Paulo: Revista dos Tribunais, 2013.

PAULA, Daniel Giotti de. *A Praticabilidade no Direito Tributário: controle jurídico da complexidade.* Rio de Janeiro, Editora Multifoco, 2018.

MENDES, Gilmar Ferreira; COELHO, Inocêncio Martires; BRANCO, Paulo Gustavo Gonet. *Curso de Direito Constitucional. 5ª ed.,* São Paulo: Editora Saraiva, 2010.

RECEITA FEDERAL DO BRASIL. Carga Tributária no Brasil 2018. Análise por tributos e bases de incidência. Disponível em: https://receita.economia.gov.br/dados/receitadata/estudos-e-tributarios eaduaneiros/estudos-e-estatisticas/carga-tributaria-no-brasil/ctb-2018-publicacaov5.pdf. Acesso em 18 set. 2020.

REZENDE, Fernando. *Desafios do federalismo fiscal.* Rio de Janeiro: FGV Editora. 2006.

RIBEIRO, Ricardo Lodi. *Tributos – Teoria Geral e Espécies.* Rio de Janeiro: Impetus, 2013.

SEGUNDO, Hugo de Brito Machado. *IBS pode corrigir ou amplificar problemas da tributação indireta no Brasil.* Disponível em: https://www.conjur.com.br. Acesso em: 16 set. 2020.

SILVA, José Afonso da. *Curso de Direito Constitucional Positivo.* 23ª ed, São Paulo: Malheiros, 2004.

SOUZA, Danielle Nascimento Nogueira de. *Neurodireito, Psicologia e Economia Comportamental no combate à evasão fiscal.* Rio de Janeiro: Lumen Juris, 2019.

TORRES, Heleno Taveira. *Direito Constitucional Financeiro: Teoria da Constituição Financeira.* São Paulo: Editora Revistados Tribunais, 2014.

8.
A PEC 45/2019 e seu Conteúdo Extrajurídico

Demetrius Nichele Macei

A Comissão de Constituição e Justiça da Câmara dos Deputados (CCJ) convidou-me para dar palestra na Audiência Pública realizada dia 22/05/2019, com o fim de discutir a admissibilidade da Reforma Tributária disposta na Proposta de Emenda à Constituição (PEC) nº 45/2019.

O propósito deste artigo é relatar, de forma prática e objetiva, a manifestação que fiz quanto ao assunto nessa audiência, que antecedeu a votação da matéria no âmbito da CCJ[1], bem como, o conteúdo revelador extraído dessa emblemática votação. Por fim, tentarei extrair seu conteúdo extrajurídico da PEC, não menos importante que o jurídico, como se verá.

O tema é polêmico. Aliás, até mesmo o "nome de batismo" – aquele usado pelos deputados e imprensa – para referir-se à PEC, é polêmico: "PEC da Reforma Tributária".

Examinando o texto da PEC, não vejo "reforma", propriamente. Esta expressão tem acompanhado todas as inúmeras tentativas frustradas de promover maiores alterações no sistema tributário nacional, desde a Constituição de 1988. Nem vamos falar da etimologia da expressão (dar nova forma, aprimorar) pois, entre nós, Reforma Tributária teve sempre a conotação de reduzir carga tributária; e isso ficou na década passada.

[1] Sobre o tema, publiquei opinião no jornal paranaense: Gazeta do Povo. Aqui, amplio e inovo o tema, adotando linguagem menos "jornalística". https://www.gazetadopovo.com.br/opiniao/artigos/a-pec-da-simplificacao-tributaria-e-o-monstro-de-cinco-cabecas/. Acesso em 22.09.2020.

Agora, há uma conscientização de que é ilusório esperar redução de tributos dessa maneira. O que se clama é pela simplificação do sistema, que se tornou ininteligível, insustentável, obscuro e porque não dizer: imoral (na acepção jurídica da palavra mesmo)[2]. Nessa medida, o novo tributo proposto (IBS – imposto sobre bens e serviços) na verdade apenas substitui outros 05 existentes (ICMS, IPI, PIS, COFINS e ISS) sem reduzir a arrecadação dos entes destinatários originais. Assim, essa proposta deveria ser chamada sim de "PEC da Simplificação Tributária."[3]

Pois bem. A audiência pública durou duas sessões da CCJ (dois dias). No primeiro dia, o que pude perceber foram discussões que sequer tangenciaram o propósito da audiência: a admissibilidade da PEC. Alguns dos palestrantes convidados limitaram-se a contextualizar a Proposta (o que apesar de fugir ao escopo dos trabalhos, foi útil) mas a maioria ingressou no mérito do texto no sentido de discutir se, para o interesse de cada um – ou de seus representados – a proposta era interessante ou não. E para todos estes, a proposta era ruim.

Os deputados, levados por esta onda, também questionaram os palestrantes quanto ao mérito.

Em meados do segundo dia, porém, o rumo da discussão mudou e passou a cuidar da admissibilidade em si da Proposta legislativa.

A análise está concentrada no parágrafo 4º do artigo 60 da Constituição[4], sendo relevantes para a PEC os incisos que tratam do chamado "pacto federativo" e dos "direitos e garantias individuais". Pacto federativo porque com a extinção do Imposto sobre Operações de Circulação de Mercadorias e Serviços (ICMS) e do Imposto sobre Serviços (ISS) elimina-se tributo

[2] Sobre o tema, veja-se: GRECO, Marco Aurelio. *Moralidade Administrativa: uma questão de postura.* In Estudos em Homenagem ao Professor Demetrius Nichele Macei. Coord. GRUPENMACHER, Betina Trieger. Curitiba: Instituto Memória, 2017.

[3] Neste século, surgiram movimentos sociais/empresariais já indicando que o mais relevante é simplificar o sistema e promover a cidadania fiscal, e não necessariamente reduzir carga tributária. Tal redução passa a ser vista como "utópica". Sobre o tema, veja-se: http://www.gestaoescolar.diaadia.pr.gov.br/arquivos/File/pdf/sombra_imposto.pdf. Acesso em 22.09.2020.

[4] Não será objeto de deliberação a proposta de emenda tendente a abolir: I – a forma federativa de Estado; II – o voto direto, secreto, universal e periódico; III – a separação dos Poderes; IV – os direitos e garantias individuais.

de competência privativa dos Estados, Municípios e Distrito Federal. Com isto, segundo alguns, eles perdem sua principal fonte de arrecadação com a substituição por outro tributo a ser criado por Lei Complementar (não mais por Lei Ordinária Estadual/municipal/distrital).

Garantias Individuais porque, também segundo alguns, a extinção do ICMS e do IPI acarreta o desaparecimento do princípio da seletividade[5], que garante a tributação menor de bens e produtos essenciais ao cidadão e maior tributação para os supérfluos, na tentativa de tornar "possível" concretizar tributos sobre o consumo ao princípio da capacidade contributiva[6].

Entendo que não há, em absoluto, inconstitucionalidade.

Inclusive, essa foi a posição ao final acatada pela grande maioria dos deputados presentes na CCJ ao final da votação, pela admissibilidade (incluindo partidos de oposição).

Dentre as limitações ao poder de tributar, temos as imunidades e os princípios constitucionais tributários. Quanto aos princípios, temos aqueles que se aplicam a todos os tributos (mormente os previstos no art. 150 da CF) e aqueles que se referem a espécies em específico (impostos, taxas, contribuições...).

A extinção de tributos (ICMS e IPI, no caso), obviamente, acarreta a extinção das limitações ao exercício da competência tributária relativa a ambos. Portanto, a seletividade, e até mesmo a não cumulatividade relativa a estes mesmos tributos, desaparecem, cabendo o constituinte derivado restabelecê-los ou não em novos tributos, observados outros dispositivos que possam exigir seu (re)estabelecimento, como é o caso da chamada competência residual da União, por exemplo (art. 154 da CF).

Quanto à questão federativa, é preciso olhar a constituição de forma pragmática. Digo isso pois apesar dos Estados e Municípios terem competência para legislar privativamente, isso não necessariamente lhes confere autonomia financeira, lembrando que sem autonomia financeira, não há autonomia federativa. Lembrei do filho que sai de casa para morar sozinho e continua recebendo mesada dos pais. Há uma aparente autonomia, apenas.

[5] Artigos 153 e 155 da CF.

[6] Artigo 145 da CF.

O ISS tem Lei Complementar que limita o exercício da competência dos Municípios[7]. Veja, por exemplo, o limite de alíquotas entre 2 e 5 %, ou a lista de serviços, que é taxativa. Ainda assim o que é de competência dos Municípios-metrópole tem sido questionado pelo Município vizinho, quando o tema é o local da prestação de serviços *versus* local da sede do estabelecimento, para fins de recolhimento do tributo... discussão sem fim até hoje.

Em relação ao ICMS a questão é muito pior. Quase nada é efetivamente de competência dos Estados. A Lei complementar do ICMS e até mesmo a Constituição, no seu artigo 155, estabelece um sem-número de regras a serem observadas pelos Estados. Apenas para citar um exemplo, temos a impossibilidade de concessão de benefícios ou incentivos fiscais sem convênio prévio no âmbito do CONFAZ (único órgão colegiado de que se tem notícia cuja decisão precisa ser unânime para ter eficácia). Os militantes na área desse imposto bem sabem o significado da expressão "*guerra fiscal*" gerada em torno do tema.

Conclusão inexorável é que os Estados e Municípios não têm concretamente autonomia para cobrar esses tributos. O IBS, ao compartilhar a competência, dar liberdade irrestrita no estabelecimento de alíquotas e por fim às isenções, devolve a autonomia que estes Entes foram perdendo gradativamente desde a Constituição de 1988.

Um alerta ao Tributaristas que não saíram do século XX: o formalismo não resolve mais os problemas concretos!

Sob o aspecto formal, "perder" um tributo é "perder" autonomia. Mas sob o aspecto substancial: "ter" um tributo para chamar de seu, não garante mais (e já faz tempo) a autonomia constitucional que se pretende preservar no artigo 60 da Constituição.

Outro tema esquecido pelos críticos do IBS é que a União (tida a meu ver agora, injustamente, como a vilã centralizadora) perde 03 tributos de uma vez. Dentre eles, duas contribuições que, como é notório, não estão sujeitas ao reparte com Estados e Municípios. Ora, agora os Estados e municípios participarão da receita do IBS, que passará a ter na sua base de cálculo o que será o resultado da arrecadação do PIS e da Cofins.

É preciso observar que a PEC da Simplificação Tributária inova ao estabelecer a competência do IBS. A doutrina talvez, ao tentar classificá-lo,

[7] LC 116/2003, que impõe normas gerais do ISS.

dirá que se trata de tributo de competência comum, semelhante às taxas e contribuições de melhoria. Veja que o IBS é inserido no artigo 152 (A) da Constituição. Se o tributo fosse federal (como alguns chegaram a sustentar) estaria previsto no artigo 153. Mesmo abstraindo a questão topográfica, a competência compartilhada (ou comum) advém do simples e explicito fato de que a PEC propõe que a sujeição passiva seja compartilhada entre União, Estados e Distrito Federal, por meio de um Comitê Gestor – inspirado na ideia do regime do SIMPLES NACIONAL.

Ademais, sendo pragmático novamente, nunca vi reclamação do repasse feito para os Estados e Municípios conveniados ao SIMPLES (!!) E porque haveria problema agora com o IBS? A proposta, a meu ver, não só deve ser admitida (como de fato foi – por não ferir o pacto federativo), como garante e até amplia a efetiva autonomia desses Entes, na medida em que deixa de lado uma hipocrisia vigente até agora sobre uma pseudo-autonomia do ICMS e do ISS.

Finalmente, quanto às garantias individuais consubstanciadas no princípio da seletividade (mandatório ao IPI e facultativo para o ICMS) a proposta estabelece a criação dos impostos seletivos, que contém o mesmo comando constitucional vigente, ou seja: os produtos/mercadorias supérfluos devem ter alíquotas maiores que as normais e, consequentemente, os essenciais terão alíquotas menores. Além disso, considerando que a proposta elimina as isenções do âmbito do IBS, os produtos essenciais teriam sua respectiva tributação uniformizada, o que atende princípio fundante do sistema tributário: o da igualdade!

O princípio da Igualdade, como se sabe, resume-se a tratar igualmente os iguais e desigualmente os desiguais, na medida de suas desigualdades.[8] Tal princípio vem expresso em nossa Constituição no Art. 150, inciso II[9], e prevê que não pode haver discriminação entre contribuintes em situação

[8] Aristóteles ao tratar acerca da justiça no Livro V já dispunha sobre a relatividade do princípio da igualdade: "porque se as pessoas não forem iguais não terão partes iguais, e é daqui que resultam muitos conflitos e queixas, como quando pessoas iguais têm e partilham partes desiguais ou pessoas desiguais têm e partilham partes iguais". (ARISTÓTELES. *Ética a Nicômaco*. 2009, p. 109.)

[9] (é vedado) II – instituir tratamento desigual entre contribuintes que se encontrem em situação equivalente, proibida qualquer distinção em razão de ocupação profissional ou função por eles exercida, independentemente da denominação jurídica dos rendimentos, títulos ou direitos;

equivalente, em virtude da atividade que exercem. Também se sabe que tal *discrimen*, ou seja, a medida das desigualdades, em matéria tributária, pode se dar apenas com fundamento no Princípio da Capacidade Contributiva (Art. 145 da CF)[10].

Nesta medida, em nosso sistema tributário brasileiro, como se sabe também, quem não tem: não paga (veja-se a teoria do mínimo existencial), quem tem pouco: paga pouco e quem tem mais, paga mais (veja-se o princípio da progressividade do Imposto de Renda).

Muito se discutiu sobre o princípio da Capacidade Contributiva e seu sentido e alcance. Destaco a dicção relativa ao "Sempre que possível..." prevista na primeira parte do art. 145 da CF. Concluiu-se que tal expressão não significa que se trata de faculdade do legislador aplicar o princípio ao criar impostos, mas sim que estará dispensado, caso seja *impossível* atendê-lo.

De olho os tributos sobre o consumo, como é o caso do ICMS (extinto pela PEC 45/2019), vemos que o legislador tentou, com certo sucesso, atender o princípio da Capacidade Contributiva, justamente ao prever a seletividade de alíquotas em função da essencialidade dos produtos. Isso porque, quanto mais essencial, menores as alíquotas, e quanto mais supérfluo, maiores. No IPI, enquanto tributo sobre a produção, esse acerto fica mais evidente, pois as alíquotas são muito variadas, partindo de zero para mais de 300%, a depender do produto. Quanto ao ICMS os Estados previram apenas três faixas básicas de alíquotas: As alíquotas mínimas (7%) relativas, por exemplo, aos itens da Cesta Básica. As alíquotas máximas (em torno de 30%, variando um pouco de Estado para Estado), destinadas às poucas mercadorias consideradas não essenciais (asa delta, munições, cosméticos etc.) e as chamadas alíquotas médias (entre 17 e 18%, também variando de Estado para Estado) para todo o restante de mercadorias.

A ideia obviamente foi onerar aqueles que ganham mais, pois estes, supostamente, têm recursos para aquisição de bens considerados supérfluos. Obviamente também, essa técnica não é perfeita, pois pessoas com

[10] § 1º Sempre que possível, os impostos terão caráter pessoal e serão graduados segundo a capacidade econômica do contribuinte, facultado à administração tributária, especialmente para conferir efetividade a esses objetivos, identificar, respeitados os direitos individuais e nos termos da lei, o patrimônio, os rendimentos e as atividades econômicas do contribuinte.

mais capacidade econômica também adquirem produtos da cesta básica, e não pagam mais por isso. Mas é preciso reconhecer que houve uma preocupação do legislador em aplicar, no que fosse possível, o princípio para este imposto.

O propósito aqui não é relatar tais teorias e princípios, já consolidados em nosso Direito Constitucional, mas sim apresentar um desdobramento desse enfoque, agora por meio da PEC 45/2019.

Digo isso pois, efetivamente, o projeto do IBS não se preocupa com o Princípio da Capacidade Contributiva. É verdade que, segundo seus idealizadores, a Lei Complementar, ao criar efetivamente o tributo preverá, por exemplo, o retorno do imposto para os menos favorecidos por meio dos projetos sociais (bolsa família etc), utilizando a sistemática moderna de devolução de parte do imposto, vinculado ao fornecimento do número do Cadastro de Contribuinte Pessoa Física (CPF). Aliás, bastante interessante a proposta.

Não quero aqui criticar a PEC, ao não dar relevância ao Princípio da Capacidade Contributiva, nesse sentido, mas sim elogiar. O que se nota na PEC 45 é evidentemente um enfoque filosoficamente diverso do Princípio da Igualdade Tributária.

O cerne da PEC 45, na minha visão, não é apenas a simplificação dos tributos, mas sim a visão de que a Igualdade Tributária, para este tributo, será alcançada com a cobrança uniforme de uma alíquota única de referência.

O IBS, nesse sentido, é um imposto que atingirá a todos, com a mesma carga. Este têm sido um item de grande polêmica entre os tributaristas. Muitos dos que são contra a proposta, afirmam que o novo imposto não é sensível as desigualdades, seja entre contribuintes, seja entre regiões.

Vejo exatamente ao contrário. Lembro daquela classificação de tributos quanto a sua função. Fiscais e extrafiscais, sendo os fiscais aqueles que tem a função meramente arrecadatória, e os extrafiscais, que têm função mista, ou as vezes, totalmente não arrecadatória.

Os tributos extrafiscais, nas palavras de Luis Eduardo Schoueri, têm a precípua função *indutora*, ou seja, de induzir comportamentos na sociedade, ou desestimulá-los, mediante a desoneração ou oneração de tributos[11].

[11] SCHOUERI, Luis Eduardo. *Normas Tributárias Indutoras e Intervenção Econômica*. Rio de Janeiro: Forense, 2005.

Tipicamente extrafiscal é o Imposto de Exportação. Partindo do princípio de que quanto mais exportamos melhor (para a acumulação de divisas para o país), pode parecer um contrassenso taxar essa atividade. Mas sabemos que, se exportamos demais determinado produto, o mesmo não estará disponível no mercado interno, e nessa hipótese ele precisa ser cobrado ou majorado em determinadas situações.

Nesta linha de raciocínio caminha a PEC 45, pois entende que o IBS deve ser estritamente *Fiscal*, ou seja, ele não deve ter a função indutora. Mas não apenas isso: entende que não cabe ao Ente arrecadador do IBS, mas sim ao Ente administrador da receita do IBS, tratar diferentemente os contribuintes menos favorecidos economicamente.

Em outras palavras: não é função do Direito Tributário identificar os infindáveis grupos de contribuintes que merecem desoneração tributária. A arrecadação deve ser uniforme e o Estado, por meio de políticas públicas de utilização de seus recursos disponíveis, é que deve preocupar-se com a distribuição dos valores arrecadados.

É por essa razão que a PEC veda a possibilidade de os Entes tributantes (União, Estados, Municípios e DF) de concederem Isenção do IBS. Este é sem dúvida, uma nova abordagem do princípio da igualdade tributária que, desconsidera o Principio da Capacidade Contributiva, ao menos por meio do *discrimen* entre contribuintes na concessão de Isenções. Entendo que esta ideia é um grande avanço, não só na questão jurídica, mas também na questão extrajurídica, filosófica, que norteia a criação do tributo. Tributo é para arrecadar, doa a quem doer... e o Estado, por outros meios não tributários, deverá remediar eventuais excessos em relação a contribuintes menos favorecidos.

É bom lembrar que nossa Constituição adotou a teoria filosófica do sacrifício, não do benefício[12]. A tributação não é apenas um pagamento direto pelos serviços prestados pelo Estado, mas também um mecanismo de distribuição de renda. Esse é o efeito da adoção do Princípio da Capacidade Contributiva em nosso sistema.

Ora, se todos tem direitos iguais perante o Estado (Educação, Saúde, Segurança...) mas alguns pagam mais que outros, pelo simples fato de terem mais capacidade econômica que outros, isso sem dúvida acarreta

[12] Sobre o tema, veja-se: MILL, John Stuart. Essays on economics and society. London :University of Toronto Press: Routledge & Kegan Paul, 1967.

distribuição indireta de renda. Aquele que paga mais não pode exigir do Estado a exata proporção de serviços pelos tributos que paga pelo simples fato de que o Estado precisa prestar serviços para aqueles que não pagam necessariamente por eles, ao menos não pagam na proporção que recebem.

Voltando a questão da votação, ocorrida na CCJ, da qual me referi bem no início deste texto, todas essas questões sequer foram examinadas. Veja que o princípio da Igualdade Tributária também está no espectro de análise da Constitucionalidade da PEC.

Mas a surpresa aqui foi que a discussão da admissibilidade em si, ficou um tanto ofuscada naquele preciso momento. A votação foi praticamente unanime[13] pela aprovação da PEC na comissão, e percebi que a principal razão não foi o não ferimento a algum dos requisitos do parágrafo 4º do Art. 60 da CF, mas sim o fato de que a PEC teve origem na casa legislativa, e não no Governo.

Mas que diferença faz isso? Toda a diferença, pois numa proposta de iniciativa do Governo, os partidos da chamada 'situação' se filiam ao projeto, enquanto a 'oposição' é, em regra, contra. Mas aqui não havia nem uma coisa nem outra. Pela primeira vez, assume relevância uma reforma que tem iniciativa no Congresso Nacional, e isso teve a virtude de unir todos os deputados federais presentes, em torno da causa.[14]

Conclusões

Em conclusão, entendo que a PEC como está não fere regra constitucional alguma e quanto mais escuto os críticos, mais me convenço de sua constitucionalidade. Esta é típica proposta "século XXI" e lamento que muitos ainda estejam com os pés enraizados no século passado para interpretar este projeto. Obviamente que, no mérito, está sujeita a críticas e ajustes, e a Lei complementar virá justamente possibilitar tal calibração.

[13] O representante do PSOL foi o único que votou contra, mas surpreendentemente não tinha nada contra a proposta, queria apenas atenção dos demais para falar do projeto que estava em discussão na sala ao lado, na Comissão Especial da Reforma da Previdência, como se nota dos anais do evento, disponíveis no sitio da internet do Congresso Nacional (vide nota de rodapé 13).

[14] Veja: https://www.camara.leg.br/proposicoesWeb/fichadetramitacao?idProposicao=2196833 e ainda: https://www.camara.leg.br/noticias/558168-ccj-aprova-proposta-de-reforma-tributaria-que-agora-segue-para-comissao-especial/ Acesso em 24.09.2020.

Mas o nível das discussões doutrinárias será mais elevado na medida que olhemos para o futuro. Para o passado, apenas quando não quisermos repetir velhos erros.

Mas independentemente da conclusão acima, o que mais chama a atenção dessa PEC são alguns elementos extrajurídicos, como o novo enfoque filosófico relativamente ao princípio da Igualdade, como também as elevadas chances de aprovação, que não levam em consideração questões de técnica legislativa, propriamente, mas o fato de que, ao contrário das demais reformas relevantes desde 1988 até hoje, tal proposta nasce no Poder Legislativo, e não no Poder Executivo.

Referências

ARISTÓTELES. *Ética a Nicômaco*. Trad. Edson Bini. São Paulo: Edipro, 2009.

GRECO, Marco Aurelio. *Moralidade Administrativa: uma questão de postura*. In Estudos em Homenagem ao Professor Demetrius Nichele Macei. Coord. GRUPENMACHER, Betina Trieger. Curitiba: Instituto Memória, 2017.

MELLO, Celso Antonio Bandeira de. *Conteúdo jurídico do principio da igualdade*. 3 Ed. 8 Tir. São Paulo: Malheiros, 2000.

MILL, John Stuart. *Essays on economics and society*. London: University of Toronto Press: Routledge & Kegan Paul, 1967.

SCHOUERI, Luis Eduardo. *Normas tributárias indutoras de intervenção econômica*. Rio de Janeiro: Forense, 2005.

9.
A Não-Cumulatividade Plena na Reforma Tributária

Eduardo Muniz Machado Cavalcanti

Introdução

A não cumulatividade é uma técnica de tributação que busca adequar a incidência das exações à forma complexa com que são desenvolvidos os processos econômico-produtivos plurifásicos, aqueles que são compostos por diversas etapas ou ciclos que se ordenam ou se sobrepõem em função de um resultado final, seja o fornecimento de bens, seja a prestação de serviços.

A par das divergências acadêmicas sobre sua natureza jurídica de princípio ou regra, a não cumulatividade ganha concretude nas normas de aproveitamento de crédito tributário e é um dos institutos jurídicos objeto de intensos debates a partir da ideia avançada sobre a necessidade de uma reforma do complexo sistema tributário brasileiro.

Tramitam no Poder Legislativo algumas propostas de reforma que, de modo geral, se apresentam como meios de simplificação do sistema. Outro ponto convergente nos debates é a alteração, em alguma medida, do modo de apuração não cumulativa da base de cálculo dos tributos, tendente a uma uniformização de conceitos e requisitos, o que não se verifica entre as espécies tributárias em vigor atualmente.

O caminho aparentemente perseguido para a não cumulatividade é o objeto do presente estudo, que tem como ponto de partida a diversidade das formas de creditamento em vigor na atualidade.

1. A não cumulatividade no sistema tributário nacional

O princípio da não cumulatividade tem relação com as cadeias de operações que compõem o processo econômico-produtivo, a partir da concepção de que as diversas fases devem ser individualizadas para aferição da efetiva carga tributária, impedindo a sobreposição de incidências e a oneração excessiva da cadeia pela denominada tributação em cascata, o que tornaria as etapas seguintes cada vez mais onerosas.

A não cumulatividade é, portanto, um modo de apuração da base de cálculo do tributo, cujo propósito ganha efetividade pela via do creditamento do valor recolhido sobre despesa que não corresponda ao elemento material da hipótese de incidência tributária ou já tenha sido tributada, ainda que tal despesa componha o custo real da etapa do processo econômico-produtivo de determinado bem ou serviço.

Trata-se de uma acepção do princípio da capacidade contributiva com o escopo de impedir que a exação se torne um gravame cada vez mais oneroso nas várias operações de circulação do produto ou da mercadoria, de prestação dos serviços ou de industrialização de produtos[1].

Esse ajuste no momento de apuração do valor a ser recolhido pode ser necessário porque determinado custo já foi tributado em outra fase do ciclo ou deve ser excluído da base de incidência do tributo e consuma-se pela apropriação de valores como crédito a ser compensado, a fim de que o tributo não cumulativo incida somente sobre os reais elementos a serem tributados em cada etapa.

Não obstante a essência da não cumulatividade seja uma só, um olhar mais detido para o sistema tributário nacional permite observar uma diversidade de microssistemas de aproveitamento de créditos fundados nesse modo de operação.

São diferenças que decorrem de características próprias do ordenamento brasileiro, que conta com vários tributos sobre a produção de bens e a prestação de serviços. Dentro de cada incidência tributária, ainda estão estruturados regimes diferenciados ou especiais que dependem ora das características da atividade desempenhada, ora de mera opção do contribuinte.

[1] Além dos tributos expressamente denominados pela Constituição Federal, a União pode instituir, mediante lei complementar, impostos não previstos, desde que sejam não--cumulativos e não tenham fato gerador ou base de cálculo próprios dos discriminados nesta Constituição (art. 154, I).

Essa diversidade de tributos, regimes e modos de apuração decorre, naturalmente, do complexo conjunto de normas que compõem o ordenamento jurídico-tributário nacional, muitas delas sujeitas a mais de uma proposta hermenêutica e operacional, tanto pelo poder público quanto pelos contribuintes.

Na defesa do interesse público em prol da arrecadação, os fiscos costumam adotar formas de conceituação e interpretação restritivas para a aplicação dessas normas, o que gera posições administrativas e defesas judiciais limitativas do direito ao aproveitamento de créditos pelos contribuintes, os quais, em contraposição, perseguem a seu favor uma aplicação mais elástica do instituto.

O resultado disso são divergências e debates jurisprudenciais que se arrastam por longos períodos e que dificultam uma aplicação uniforme e segura a casos concretos similares, até que sobrevenha alteração normativa ou um precedente vinculante que estabilize determinada solução, o que prolonga situações que comprometem a igualdade de condições de competitividade.

As questões que giram em torno do modo de apuração da base de cálculo de cada tributo revelam as peculiaridades da não cumulatividade para cada um deles, sobretudo na orientação acerca dos critérios de identificação de quais valores geram direito ao crédito, ou seja, que características ou conceito deve ter aquilo que se agrega ao ciclo econômico-produtivo a ponto de ser considerado insumo para então ser deduzido no momento da tributação.

1.1. A não cumulatividade e o ICMS

Os Estados e o Distrito Federal têm competência tributária para instituir e cobrar o ICMS – imposto sobre operações relativas à circulação de mercadorias e sobre prestações de serviços de transporte interestadual e intermunicipal e de comunicação, ainda que as operações e as prestações se iniciem no exterior.

Nos termos do art. 155, II, e §2º, I, da Constituição Federal, o imposto sobre a circulação de bens é em regra não cumulativo, compensando-se o que for devido em cada operação relativa à circulação de mercadorias ou prestação de serviços com o montante cobrado nas anteriores pelo mesmo ou outro Estado ou pelo Distrito Federal.

A Lei Complementar nº 87, de 1996, é a norma geral nacional que orienta a instituição e cobrança do tributo e quanto ao tema dispõe:

> Art. 19. O imposto é não-cumulativo, compensando-se o que for devido em cada operação relativa à circulação de mercadorias ou prestação de serviços de transporte interestadual e intermunicipal e de comunicação com o montante cobrado nas anteriores pelo mesmo ou por outro Estado.
>
> Art. 20. Para a compensação a que se refere o artigo anterior, **é assegurado ao sujeito passivo o direito de creditar-se do imposto anteriormente cobrado em operações de que tenha resultado a entrada de mercadoria, real ou simbólica, no estabelecimento, inclusive a destinada ao seu uso ou consumo ou ao ativo permanente, ou o recebimento de serviços de transporte interestadual e intermunicipal ou de comunicação.**
>
> § 1º Não dão direito a crédito as entradas de mercadorias ou utilização de serviços resultantes de operações ou prestações isentas ou não tributadas, ou que se refiram a mercadorias ou serviços alheios à atividade do estabelecimento.

Segundo o Superior Tribunal de Justiça, o artigo 20, *caput* e § 1º a LC nº 87, de 1996, evita a oneração excessiva do processo industrial com a tributação em cascata da matéria-prima (incluindo-se o material secundário) e dos serviços relacionados com a atividade específica do estabelecimento[2].

Segundo a Corte Superior, os insumos que geram direito ao creditamento de ICMS são aqueles que, extrapolando a condição de mera facilidade, se incorporam ao produto final, de forma a modificar a maneira como esse se apresenta e configurar parte essencial do processo produtivo[3], condição que foi reconhecida para filmes e sacos plásticos, utilizados exclusivamente com o propósito de comercialização de produtos de natureza perecível pelos supermercados, condição que não foi reconhecida para as sacolas plásticas e bandejas empregadas pela mesma atividade[4].

[2] REsp 850.362/MG, Rel. Ministra ELIANA CALMON, SEGUNDA TURMA, julgado em 15/02/2007, DJ 02/03/2007.

[3] AgInt no REsp 1.802.032/RS, Rel. Ministro Mauro Campbell Marques, Segunda Turma, julgado em 20/8/2019, DJe 27/8/2019

[4] REsp 1830894/RS, Rel. Ministro BENEDITO GONÇALVES, PRIMEIRA TURMA, julgado em 03/03/2020, DJe 05/03/2020

O entendimento do STJ é de que o direito de crédito de ICMS decorre dos denominados produtos intermediários, isto é, aqueles utilizados no processo industrial, fundamentais à composição do produto final, ou seja, consumidos no processo de forma imediata e integral[5].

Por isso que, no julgamento do REsp nº 1.201.635/MG[6], julgado sob a sistemática do art. 543 do CPC, o STJ firmou que o ICMS incidente sobre a energia elétrica consumida pelas empresas de telefonia pode ser creditado para abatimento do imposto devido quando da prestação de serviços porquanto imprescindível ao seu funcionamento e único insumo empregado, ou seja, não é possível o exercício da prestação dos serviços de telecomunicações sem haver a utilização de energia.

Mas, em regra, tal como afirma o STF, não enseja ofensa ao princípio da não cumulatividade a situação de inexistência de direito a crédito de ICMS pago em razão de operações de consumo de energia elétrica, de utilização de serviços de comunicação ou de aquisição de bens destinados ao ativo fixo e de materiais de uso e consumo, por se tratar de opção do legislador que não afronta a ordem constitucional[7].

Significa dizer que, para ser insumo à luz da incidência do ICMS, precisa ficar demonstrada uma despesa com produto que configure matéria-prima ou equipamento utilizado no processo de industrialização, de modo de integre o produto comercializado[8]. Aplicando a literalidade da Lei Kandir, insumo é o que se incorpora à versão final do produto ou que seja consumido no curso do processo de industrialização[9].

Uma questão recentemente dirimida pelo STF é a constitucionalidade de disposição da LC nº 87, de 1996, que prorroga o direito ao crédito de ICMS sobre as mercadorias destinadas ao uso ou consumo do estabelecimento[10]. Atualmente, vigora o termo inicial (sucessivamente postergado)

[5] AgRg no REsp 738.905/RJ, Rel. Ministro Humberto Martins, Segunda Turma, DJ 20.2.2008.

[6] REsp 1201635/MG, Rel. Ministro SÉRGIO KUKINA, PRIMEIRA SEÇÃO, julgado em 12/06/2013, DJe 21/10/2013.

[7] Nesse sentido, AI 766168 Rg, ARE 777449 AgR e RE 770588 AgR.

[8] REsp 1816565/RS, Rel. Ministro HERMAN BENJAMIN, SEGUNDA TURMA, julgado em 20/08/2019, DJe 19/09/2019.

[9] REsp 1806834/RS, Rel. Ministro HERMAN BENJAMIN, SEGUNDA TURMA, julgado em 23/05/2019, DJe 17/06/2019.

[10] RE 601967, Relator(a): MARCO AURÉLIO, Relator(a) p/ Acórdão: ALEXANDRE DE MORAES, Tribunal Pleno, julgado em 18/08/2020, PROCESSO ELETRÔNICO DJe-221 DIVULG 03-09-2020 PUBLIC 04-09-2020.

somente para as entradas a partir de 2033. Segundo a Suprema Corte, a não cumulatividade não permite amplo e irrestrito creditamento, cumprindo à lei complementar disciplinar a questão.

1.2. A não cumulatividade e o IPI

O art. 153, IV, e §3º, II, da Constituição Federal estabelece que a União é competente para instituir o IPI – imposto sobre produtos industrializados – que deve ser não cumulativo, compensando-se o que for devido em cada operação com o montante cobrado nas anteriores.

De modo singelo, o objeto da tributação é a atividade humana que altera a natureza ou a finalidade de determinado bem ou produto, o que pode acontecer em diversas etapas do ciclo produtivo, razão por que o ordenamento preserva cada uma dela da tributação em cascata[11]. Para tanto, é abatido do total do imposto incidente sobre a saída de produtos industrializados em determinado período o crédito de IPI resultante dos produtos que entraram no estabelecimento.

A não cumulatividade no IPI está baseada no enquadramento nos conceitos de matéria-prima, produto intermediário e material de embalagem que sejam empregados no processo industrial e submetidos ao campo de incidência tributária do imposto na fase anterior à entrada no estabelecimento que pretende o creditamento[12].

O STJ entende que o creditamento de IPI, na forma regulamentada, quando faz referência às matérias-primas e aos produtos intermediários (que não integrando ao novo produto, são consumidos no processo de industrialização) não alcança, por exemplo, combustíveis, energia elétrica, gases e lubrificantes utilizados para o funcionamento do parque industrial do contribuinte[13].

[11] Segundo o art. 46, parágrafo único, do CTN considera-se industrializado o produto que tenha sido submetido a qualquer operação que lhe modifique a natureza ou a finalidade, ou o aperfeiçoe para o consumo.

[12] REsp 1693760/RS, Rel. Ministro GURGEL DE FARIA, PRIMEIRA TURMA, julgado em 26/02/2019, DJe 02/04/2019.

[13] AgRg no REsp 1205255/DF, Rel. Ministro NAPOLEÃO NUNES MAIA FILHO, PRIMEIRA TURMA, julgado em 21/03/2017, DJe 31/03/2017; REsp. 1.116.552/AL, Rel. Min. MAURO CAMPBELL MARQUES, DJe 12.8.2015; AgRg no REsp. 1.038.719 / SC, Segunda Turma, Rel. Min. HERMAN BENJAMIN, julgado em 4.2.2010.

Assim como, também em recurso representativo da controvérsia, ficou assentado que não há direito de creditamento em relação à aquisição de produtos que não são consumidos no processo de industrialização, mas que são componentes do maquinário – bens do ativo fixo, imobilizado ou permanente – que sofrem o desgaste indireto no processo produtivo e cujo preço já integra a planilha de custos do produto final[14], compreensão também adotada pelo STF[15].

Nesse sentido, o estabelecimento produtor/exportador que adquire insumos e repassa-os a terceiros para beneficiá-los, por encomenda, para, posteriormente, revenda dos produtos, faz jus ao crédito presumido do IPI relativo às aquisições de matérias-primas, produtos intermediários e material de embalagem por ela suportadas[16].

Pode-se concluir que a técnica de creditamento do IPI comunga de premissas semelhantes ao ICMS uma vez que ambos os impostos são aplicados a partir de regras de creditamento mais intrinsicamente relacionadas ao bem (objeto) material e concreto da circulação ou do processo de industrialização, a partir da ideia de que o legislador infraconstitucional tem a prerrogativa de estabelecê-las e o fez legitimamente de forma mais restritiva na definição do que é passível de gerar o direito ao crédito.

A Suprema Corte adota o posicionamento de que a não cumulatividade do IPI opera-se com a compensação de crédito financeiro físico (de imposto incidente na operação anterior sobre produto empregado

[14] REsp 1.075.508/SC, Rel. Min. LUIZ FUX, Primeira Seção, julgado em 23.9.2009, DJe 13.10.2009.

[15] IMPOSTO SOBRE PRODUTOS INDUSTRIALIZADOS – IPI – PRINCÍPIO DA NÃO-CUMULATIVIDADE – CRÉDITO – BENS INTEGRADOS AO ATIVO FIXO – INEXISTÊNCIA DE ELO CONSIDERADA MERCADORIA PRODUZIDA. A aquisição de equipamentos que irão integrar o ativo fixo da empresa ou produtos destinados ao uso e consumo não gera o direito ao crédito, tendo em conta o fato de a adquirente, na realidade, ser destinatária final. AGRAVO – ARTIGO 557, § 2º, DO CÓDIGO DE PROCESSO CIVIL – MULTA. Se o agravo é manifestamente infundado, impõe-se a aplicação da multa prevista no § 2º do artigo 557 do Código de Processo Civil, arcando a parte com o ônus decorrente da litigância de má-fé. (RE 352856 AgR, Relator(a): MARCO AURÉLIO, Primeira Turma, julgado em 01/02/2011, DJe-042 DIVULG 02-03-2011 PUBLIC 03-03-2011)

[16] AgInt no REsp 1444939/RS, Rel. Ministra REGINA HELENA COSTA, PRIMEIRA TURMA, julgado em 27/05/2019, DJe 29/05/2019.

na industrialização), real (restrito ao valor exigido) e condicionado (à posterior saída tributada)[17].

1.3. A não cumulatividade e as contribuições ao PIS e à COFINS

O regime de apuração para fins de não cumulatividade das contribuições de PIS e COFINS já conta com especificidades próprias. A nota distintiva básica é uma maior aproximação com a ideia de custos da atividade tributada.

O art. 195, I, b, IV, e §12 autoriza a União a instituir contribuições sociais (i) devidas por empregador, empresa ou entidade equivalente incidentes sobre a folha de salários e demais rendimentos do trabalho pagos ou creditados, a qualquer título, à pessoa física que lhe preste serviço, mesmo sem vínculo empregatício ou (ii) devida pelo importador de bens ou serviços do exterior, ou de quem a lei a ele equiparar.

Fica a cargo da lei a definição dos setores e das atividades econômicas para os quais as contribuições incidentes serão não-cumulativas e, dentro dessa sistemática, a indicação dos bens e serviços que geram créditos para determinadas operações ou para específicos modos de produção.

Duas características marcantes são o aproveitamento de créditos diretamente ligado ao conceito do termo "insumo"[18] e a relação maior à receita auferida em cada operação do que ao imposto incidente. Ocorre que ambos os conceitos (insumo e receita) não foram detalhados de forma exaustiva pelo legislador, o que tem gerado grandes debates e exigido a pacificação da questão por meio do exercício hermenêutico, doutrinário e jurisprudencial que adote uma análise sistemática do ordenamento jurídico.

Os elementos que compõem a hipótese de incidência do PIS e da COFINS precisaram ser enfrentados pela jurisprudência para elucidar qual é receita bruta sujeita aos tributos de modo que o creditamento

[17] RE 387592 AgR, Relator(a): LUIZ FUX, Primeira Turma, julgado em 20/09/2011, DJe-191 DIVULG 04-10-2011 PUBLIC 05-10-2011 EMENT VOL-02601-01 PP-00094.

[18] Lei nº 10.833, de 2003:

Art. 3º Do valor apurado na forma do art. 2º a pessoa jurídica poderá descontar créditos calculados em relação a: [...] II – bens e serviços, utilizados como insumo na prestação de serviços e na produção ou fabricação de bens ou produtos destinados à venda, inclusive combustíveis e lubrificantes, exceto em relação ao pagamento de que trata o art. 2º da Lei nº 10.485, de 3 de julho de 2002, devido pelo fabricante ou importador, ao concessionário, pela intermediação ou entrega dos veículos classificados nas posições 87.03 e 87.04 da Tipi;

considere os valores que devem compor a base de cálculo das exações, deduzindo assim os valores que não se amoldam à base de cálculo e considerando-os para fins de creditamento. Desse modo, o conceito de insumo pondera as especificidades da atividade desenvolvida e a realidade do processo produtivo.

Como isso, a ideia mais restritiva proposta incialmente pelo fisco[19] deu lugar à compreensão de que o insumo não tem que, necessariamente, ser empregado ou consumido em determinada etapa, tal como se consolidou, por exemplo, na apuração de créditos de IPI[20].

A jurisprudência do STJ pacificou a questão no julgamento do Resp. nº 1.221.170/PR[21], sob o rito dos recursos repetitivos, reconhecendo um conceito mais elástico de insumo, que observa os contornos de faturamento ou receita bruta tributável como base de cálculo das contribuições.

Para fins de creditamento do PIS a da COFINS o insumo deve ser aferido à luz dos critérios da essencialidade ou relevância, ou seja, considerando-se a imprescindibilidade ou a importância de determinado item – bem ou serviço – para o desenvolvimento da atividade econômica desempenhada pelo contribuinte.

A partir de então, é viável a utilização dos créditos relativos a despesas como água, combustíveis, lubrificantes, materiais de limpeza, equipamentos de proteção individual (EPI), itens de tecnologia da informação e de segurança, sempre considerando a pertinência, essencialidade

[19] O STJ considerou ilegal e restritivo o conceito de insumo previsto nas Instruções Normativas da SRF nºs. 247/02 e 404/04. Segundo a IN SRF 247/2002, são considerados "insumos", para efeito do creditamento os bens aplicados ou consumidos na prestação de serviços, desde que não estejam incluídos no ativo imobilizado e os serviços prestados por pessoa jurídica domiciliada no País, aplicados ou consumidos na prestação do serviço.

[20] Nessa linha, entendeu a Câmara Superior do CARF: PIS/COFINS NÃO-CUMULATIVOS. APROPRIAÇÃO DE CRÉDITOS. As leis instituidoras da sistemática não-cumulativa das contribuições PIS e COFINS, ao exigirem apenas que os insumos sejam utilizados na produção ou fabricação de bens, não condicionam a tomada de créditos ao "consumo" no processo produtivo, entendido este como o desgaste em razão do contato físico com os bens em elaboração. Comprovado que o bem foi empregado no processo produtivo e não se inclui entre os bens do ativo permanente, válido o crédito sobre o valor de sua aquisição. (CARF, Processo nº 10925.720046/2012-12; Acórdão nº 9303-003.477; Câmara Superior, julgamento em 25/02/2016).

[21] REsp 1221170/PR, Rel. Ministro NAPOLEÃO NUNES MAIA FILHO, PRIMEIRA SEÇÃO, julgado em 22/02/2018, DJe 24/04/2018.

e/ou relevância do bem ou serviço considerado para o processo produtivo (atividade empresarial).

O STJ tem afirmado que a não cumulatividade dessas contribuições é distinta daquela observada no IPI e no ICMS, em que a possibilidade de creditamento vincula-se ao valor recolhido nas operações anteriores, enquanto nas contribuições vigora a técnica que enumera os diversos tipos de créditos que poderão ser descontados do tributo a ser recolhido, sem relação com as incidências nas operações anteriores[22].

2. A não cumulatividade plena

Com propósito de estruturar o que se tem por "não cumulatividade plena" para o presente texto, é importante partirmos da distinção entre crédito financeiro e crédito físico[23].

O crédito financeiro (econômico) leva em consideração, de modo mais abrangente, as despesas geradas para o resultado do bem ou serviço e que perpassam o funcionamento da atividade empresarial, tais como investimentos em ativo imobilizado, insumos da atividade desenvolvida e bens de uso e consumo empregados no processo produtivo ou ciclo econômico de forma indireta.

Já o crédito físico é mais restrito aos gastos com matéria-prima, bens e produtos empregados direta e materialmente na cadeia produtiva. Quando em maior extensão, abrangem despesas que não sejam agregados fisicamente ao produto, mas sem se distanciar da dimensão física de insumo.

O apanhado acima permite afirmar que predomina no sistema tributário nacional o aproveitamento do crédito físico, quando muito, ampliando o conceito do insumo para incorporar despesas essenciais que não são necessariamente decorrentes de produtos consumidos/transformados no processo produtivo da mercadoria ou do serviço.

Não obstante isso, é importante ressaltar que, em tese, a natureza do crédito financeiro ganhou espaço na previsão legal que permite o aproveitamento de despesas com ativo imobilizado e bens de uso e consumo,

[22] AgInt no AgInt no REsp. 1.446.150/RS, Rel. Min. NAPOLEÃO NUNES MAIA FILHO, DJe 18.11.2019; AgInt no REsp 1.370.859/RJ, Rel. Min. BENEDITO GONÇALVES, DJe 6.9.2019; REsp. 1.740.752/BA, Rel. Min. REGINA HELENA COSTA, DJe 25.9.2018.

[23] BALEEIRO, Aliomar. Direito Tributário Brasileiro, 11ª ed. Atualizado por MISABEL ABREU MACHADO DERZI. Rio de Janeiro: Forense, 2001, p. 421.

o que na prática não foi implementando por sucessivo diferimento legislativo.

Traçada essa dicotomia, a não cumulatividade plena está diretamente relacionada à acepção de crédito financeiro, que estende seus efeitos para abranger algo mais próximo da universalidade e da diversidade de despesas que sustentam o fornecimento de um bem sob circulação ou a oferta de um serviço, a fim de que o elemento material da tributação seja considerado de modo mais pontual, efetivo e não sobreposto dentro da cadeia econômica.

A perspectiva de considerar de forma múltipla e ordenada todos os aspectos econômicos do ciclo produtivo tanto pode estar relacionada somente a aquisições de bens quanto incluir também despesas que agregam valor técnico, tecnológico ou intelectual ao objeto de tributação, ou seja, envolver a tributação das despesas que interfiram nos elementos constitutivos do preço final.

Quanto maior o espectro de operações incorporadas por uma modalidade de creditamento, mais exige-se do sistema que o ampara, tanto em termos de complexidade envolvida quanto de estruturação necessária ao desempenho seguro e eficiente.

O resultado da apuração final do tributo, para que se considere somente o que deve ser tributado, exige o reconhecimento de todo o custo essencial ao processo produtivo, que é necessariamente multifacetado.

Embora soe contraditório, pode-se afirmar que a não cumulatividade ampla sinaliza para um método mais simplificado de tributação em função da complexidade que ela absorve, o que demanda capacidade e amadurecimento do sistema tributário como um todo, independentemente da política arrecadatória pretendida.

Um dos objetivos, em maior extensão, é o alcance da neutralidade tributária vertical dos tributos plurifásicos, que consiste em assegurar a mesma carga tributária, independentemente do número de fases entre a produção e a aquisição pelo consumidor final, uma vez que, para tanto, é fundamental a recuperação do tributo pago na etapa anterior com o reconhecimento do crédito[24].

[24] MOREIRA, André Mendes. Neutralidade, valor acrescido e tributação. Belo Horizonte: Fórum, 2019. p.100.

Há sistemas tributários internacionais que adotam o creditamento financeiro, em maior ou menor grau, prevalecendo o abatimento de todas as aquisições tributadas que tenham relação com a atividade empresarial desenvolvida, padrão comum nos países europeus e em outras nações que compõem a Organização de Cooperação e de Desenvolvimento Econômico (OCDE).

Os países integrantes da União Europeia adotam o Imposto sobre Valor Acrescido (IVA) na tributação do consumo de bens e serviços. À luz de detido apanhado histórico, André Mendes Moreira[25] entende que o IVA conta com a possibilidade do tributo incidente sobre a aquisição de bens e serviços que, direta ou indiretamente, impacta o custo global das atividades tributadas, vigorando o teste econômico de creditamento.

Na análise de Marcelo Jabour Rios, o IVA permite que o valor do tributo a recolher aos cofres públicos seja decorrente da diferença entre débitos (apurados pelas vendas) menos créditos (apurados pelas compras), o que lhe confere o caráter não cumulativo com créditos de natureza financeira, abrangendo aquisições de bens e serviços vinculadas às saídas tributadas, mecanismo que confere ao sistema plurifásico a neutralidade necessária, pois o número de operações existentes até o consumidor final torna-se irrelevante para caracterizar ou diferenciar o valor do encargo devido ao fisco[26].

3. A reforma tributária em debate e a não cumulatividade

Desde o final do ano de 2019, a sociedade brasileira intensificou as discussões em torno da necessidade de revisão do sistema tributário nacional, sobretudo a partir de políticas institucionais mais concretas nesse sentido. Em maior ou menor escala, busca-se dinamizar, simplificar, tornar mais eficiente e menos dispendioso o conjunto complexo de tributos, obrigações, sistemas de apuração e regimes de cobrança.

No âmbito do Congresso Nacional, ganharam maior espaço as propostas de emendas à Constituição Federal, EC nº 45/19 e a EC nº 110/19, que compartilham a ideia de unificação de tributos como PIS/COFINS, IPI, ICMS e ISS, com alíquotas uniformes sob a regra da não cumulatividade. Enquanto a PEC nº 45/19 veicula a instituição do Imposto sobre Bens

[25] Idem, p. 45-47.

[26] Revista Direito Izabela Hendrix, vol. 19, nº 19, outubro de 2017, p. 56.

e Serviços (IBS), a PEC nº 110/19 busca instituir um imposto sobre consumo e outro seletivo sobre bens e serviços, incorporando a CSLL pelo IRPJ.

Paralelamente, o Governo Federal trabalha em uma proposta de reforma a ser estruturada por etapas, voltada à alteração do ordenamento infraconstitucional. A primeiro delas[27] foi apresentada na forma do Projeto de Lei nº 3.887, de 2020, que institui a Contribuição Social sobre Operações com Bens e Serviços – CBS e altera a legislação tributária federal, com a pretensão de unificar o PIS e a COFINS, extinguir os atuais regimes opcionais de cumulatividade e não-cumulatividade, eliminar a inclusão de tributo na base de cálculo de outros tributos e impor uma extensão conceitual de insumos para fins de aproveitamento de crédito.

Uma característica que marca essas propostas é a incidência dos tributos no regime de apuração não cumulativo, sinalizando para uma uniformização de incidência e de regime de apuração, tanto para a tributação sobre a circulação de mercadorias, quanto sobre a prestação de serviços.

O tratamento tributário uniforme importa simplificação, ao menos à luz da multiplicidade de microssistemas normativos verificada. Não só é difundida a ideia de redução do número de tributos como também de supressão da diversidade de formas de apuração. Esse olhar do legislador para a modernização e potencialização do sistema é um avanço importante e exige determinadas cautelas, sobretudo porque a medida pode resultar em consequências impactantes para determinados setores da economia que operam no regime cumulativo e/ou sujeitos a uma menor carga tributária.

O ponto de equilíbrio, em boa medida, pode estar no perfil da não cumulatividade adotada e das regras de creditamento para sua concretização. O caminho trilhado pela reforma lança luzes para o conceito da

[27] A princípio, dos demais eixos são (i) a transformação do IPI em imposto seletivo incidente sobre determinados produtos, como cigarros, bebidas e veículos; (ii) a reformulação do imposto sobre a renda de pessoas físicas e jurídicas; (iii) a desoneração progressiva da folha de pagamento; Além disso, são crescentes os estudos sobre a necessidade de uma nova fonte de arrecadação que permita a efetiva desoneração da folha de pagamento sem o comprometimento do montante da arrecadação total.

não cumulatividade baseada na ideia de tributo sobre o valor agregado, de modo que cada agente da circulação ou produção responda pela tributação sobre aquilo que foi acrescido, enriquecido, complementado ao bem ou ao serviço ofertado.

A pretensão encontra identidade em experiências internacionais que adotam o conceito da cumulatividade mais ampla, pautada no crédito financeiro (econômico), e indica uma superação da concepção de aproveitamento de crédito físico (material) que se limita ao insumo concretamente incorporado ao produto.

O valor agregado passa a ser considerado na apuração do crédito, englobando em maior dimensão as despesas adotadas no ciclo econômico sem as quais não é possível realizar o objeto da tributação.

Pontualmente, os debates para criação do IBS – que pretendem a unificação de PIS, COFINS, IPI, ICMS e ISS – contam com propostas de alteração do texto originário quanto à definição de valor agregado, que tem reflexos tanto na ampliação de base de cálculo, quanto na sistemática de aproveitamento de créditos.

Estudos sugerem que sejam tributados todos os negócios jurídicos onerosos que tenham por objeto bens ou serviços, sempre que houver contraprestação em dinheiro ou de outras maneiras, bem como a exclusão de créditos sobre bens ou serviços destinados a uso e consumo pessoal de sócios, diretores ou empregados, ou seja, quando os bens ou serviços adquiridos não forem usados na atividade econômica da empresa.

As perspectivas de mudança, contudo, não apontam para um caminho fácil, sobretudo porque a depuração de um sistema complexo passa pelo enfrentamento de peculiaridades que gradativamente foram justificando as diversidades de regime, muitas delas decorrentes de políticas públicas e do cenário socioeconômico vivenciado, o que insere elementos muito próprios da sociedade e do sistema tributário brasileiro.

A composição atual conta com variáveis expressivas na tributação tanto sobre a circulação de bens, quanto sobre a prestação de serviços que decorrem, dentre outros fatores, do pacto federativo, da dimensão continental do país, além dos contextos históricos e das realidades socioeconômicas das regiões brasileiras.

Esse cenário sustenta uma diversidade de incidências tributárias, além de regimes e técnicas de apuração e obrigações acessórias que são permeados por políticas públicas, benefícios e regras compensatórias.

São muitos os fatores que contribuem para o sistema complexo que se pretende reformar.

Tal composição tem se revelado como ambiente propício para elevada burocracia e a macrolitigância fiscal marcada pela grande contenciosidade administrativa e judicial, além de dificuldades na construção de uma organização tributária hígida por parte dos contribuintes e do comprometimento da capacidade do Estado de cobrar seus créditos com eficiência.

Para além do interesse arrecadatório, o exercício do poder de tributar envolve decisões legislativas e executivas que interferem diretamente no grau de estímulo do potencial produtivo e no custo das atividades empresariais que são refletidos no valor econômico dos bens e serviços e interferem, ainda que diretamente, em relevantes fatores socioeconômicos tais como a empregabilidade e o combate à pobreza e à desigualdade.

Presume-se que esses e outros elementos foram considerados na construção histórica do sistema tributário nacional de não cumulatividade baseada essencialmente no restritivo aproveitamento do crédito físico. Contudo, precisam ser repensados para que o atual contexto de reformulação pujante resulte em oportunidade concreta de avanço.

A liberdade conferida pelo Supremo Tribuna Federal ao legislador infraconstitucional para restringir os efeitos da não cumulatividade prevista na Constituição Federal também permite vislumbrar espaço para uma aproximação do sistema tributário a um novo regime de aproveitamento de créditos, o que legitima não somente uma reforma pela via de emendas como também os caminhos possíveis no âmbito infraconstitucional.

Cumpre aos agentes sociais a atuação concreta no sentido do equacionamento dos ideais de isonomia tributária e de equilíbrio fiscal dos entes federados, para o que a reformulação da não cumulatividade pode se revelar um importante instrumento.

Conclusões

Dentre os objetivos perseguidos pela desafiadora pretensão de reforma tributária nacional está a uniformização da tributação e do regime de apuração dos tributos sobre o consumo de bens e serviços.

Diante da complexidade do atual sistema tributário, um instituto jurídico que deve ser revisto é a não cumulatividade ante a necessidade de se afastar a sobreposição de incidências tributárias e a oneração excessiva da cadeia de produção plurifásica, conferindo maior neutralidade tributária vertical, um avanço possível pela aproximação do ordenamento com a ideia de creditamento financeiro, aquele que vai além das despesas na dimensão física do objeto tributado.

Ainda que com suas especificidades, os tributos não cumulativos instituídos atualmente adotam a sistemática do crédito físico, não obstante a interpretação sempre restritiva das autoridades tributárias tenham encontrado resistência do Poder Judiciário em certa medida.

As propostas de reforma tributária postas em debate sinalizam para o conceito de não cumulatividade ampla, que preserva de modo mais fidedigno a tributação daquilo que cada etapa da cadeia de circulação/ /produção agregou ao resultado final do produto, de forma que cada agente responda pela tributação sobre aquilo que acresceu ao produto, reconhecidos os custos necessários ao exercício da atividade econômica.

O caminho no sentido de semelhança normativa com outras experiências mundiais, no entanto, não obstante possa ser muito proveitoso, exige um amadurecimento na compatibilização do perfil de creditamento a ser adotado com as diversas nuances socioeconômicas que moldaram o atual sistema tributário, sobretudo porque sua complexidade resulta justamente da relevância que todas as variáveis que orientem a organização político-tributária e o interesse público.

Referências

BALEEIRO, Aliomar. Direito Tributário Brasileiro, 11ª ed. Atualizado por MISABEL ABREU MACHADO DERZI. Rio de Janeiro: Forense, 2001;

MOREIRA, André Mendes. Neutralidade, valor acrescido e tributação. Belo Horizonte: Fórum, 2019;

Revista Direito Izabela Hendrix, vol. 19, nº 19, outubro de 2017.

10. Reforma Tributária e Temas Relacionados aos Serviços Sociais Autônomos: Financiamento, Sujeição Ativa, Poder de Isenção e Imunidade

Edvaldo Nilo de Almeida
Charles Dickens

Introdução

Há anos se comenta sobre as reformas do Sistema Tributário Nacional e, atualmente, discute-se a tributação nas Propostas de Emenda Constitucionais (PECs) 45 e 110, o IVA brasileiro, o IBS, coexistência dos regimes tributários e transição proposta nas PECs, não cumulatividade plena, Agência Tributária Nacional, reforma no processo tributário administrativo e judicial, fase preparatória do lançamento fiscal, arbitragem e mediação, o federalismo fiscal, benefícios fiscais, zona franca de Manaus, tributação da economia digital, dentre outras.

Assim, o presente estudo pretende fazer um esboço sobre os temas tributários relacionados aos serviços sociais autônomos, iniciando-se pelo seu financiamento público, especialmente por meio tributos, discorrendo-se na sequencia sobre a sujeição ativa ou capacidade tributária ativa das entidades, a peculiaridade do poder de concessão de isenção tributária por pessoas jurídicas de direito privado e a respeito do benefício fiscal da imunidade tributária incondicionada outorgado dentro do contexto do ordenamento jurídico-constitucional.

Desse modo, os serviços sociais autônomos surgem na década de 1940, em face da ineficiência do Estado na formação de profissionais qualificados e a carência de políticas de lazer, cultura e saúde para os trabalhadores e seus familiares. Decerto, o Poder Público, diante das dificuldades em cumprir e expandir esses papéis tão indispensáveis, transfere a responsabilidade para os empresários que passam a ser responsáveis não só pela qualificação técnica-profissionalizante dos trabalhadores como por serviços relevantes de assistência social.

Assim sendo, diante da clara dificuldade estatal em prover serviços de assistência social e educação profissionalizante para inclusão no mercado de trabalho e a atualização constante de técnicas de capacitação, foram criados os serviços sociais autônomos, com objetivos estabelecidos em lei e, por meio de contribuição tributária incidente sobre a própria folha de pagamento das próprias empresas, que tinham enorme necessidade de mão-de-obra saudável e qualificada e, a partir de então, passariam a organizar, a manter e a gerir o seu próprio serviço social e de aprendizagem em favor de seus trabalhadores.

De fato, os serviços sociais autônomos têm já na sua gênese a concreção de aspectos da seguridade social na sua concepção constitucional mais atual de promoção de ações destinadas a assegurar os direitos relativos à saúde e à assistência social do trabalhador (art. 194, caput, da CF/88) e, assim, de formar e desenvolver políticas de promoção da integração ao mercado de trabalho (art. 203, inciso III, da CF/88) por meio de desenvolvimento do ensino profissional e geração de empregos. Por via de consequência, também, os serviços sociais autônomos têm na sua história a concretização direta de três dos quatro objetivos constitucionais fundamentais da República Federativa do Brasil, buscando-se construir uma sociedade livre, justa e solidária (art. 3º, inciso I), o desenvolvimento nacional (art. 3º, inciso II) e a erradicação da pobreza e da marginalização com a redução das desigualdades sociais (art. 3º, inciso III).

Nesse ínterim, os serviços sociais autônomos vêm contribuindo para a melhoria da qualidade de vida e para o exercício da cidadania da população, com a finalidade de promover a execução de políticas de interesse coletivo e utilidade pública voltadas para a saúde no seu sentido mais amplo e adequado, ou seja, de atendimento às necessidades de alimentação, de habitação, de lazer, de cultura, de transporte, de emprego, de educação, de renda do trabalhador, de previdência, de proteção do meio ambiente urbano e rural, de liberdade, de acesso e posse de terra e de acesso a serviços de saúde. Registra-se que constitucionalmente e legalmente a noção de saúde deve ser compreendida não só como a falta de doença, mas sim como bem-estar individual e social do indivíduo.

Decerto, os serviços sociais autônomos a cada dia ganham em relevância para a sociedade brasileira e, hoje, no âmbito federal, compõem essa forma de organização o Serviço Social da Indústria (Sesi), o Serviço Social do Comércio (Sesc), o Serviço Nacional de Aprendizagem da Indústria (Senai), o Serviço Nacional de Aprendizagem do Comércio (Senac), o Serviço Brasileiro de Apoio às Micro e Pequenas Empresas (Sebrae), o Serviço Nacional de Aprendizagem Rural (Senar), o Serviço Nacional do Transporte (Sest), o Serviço Nacional de Aprendizagem do Transporte (Senat), o Serviço Nacional de Aprendizagem das Cooperativas (Sescoop), a Associação das Pioneiras Sociais – Rede Sarah ou Centro de Reabilitação Sarah Kubitschek, a Agência de Promoção de Exportações do Brasil (Apex-Brasil), a Agência Brasileira de Desenvolvimento (Abdi), a Agência Nacional de Assistência Técnica e Extensão Rural (Anater), a Agência para o Desenvolvimento da Atenção Primária à Saúde (Adaps) e a Agência Brasileira de Promoção Internacional do Turismo (Embratur). Nesse sentido, dados oficiais da Receita Federal do Brasil demonstram a arrecadação nos anos de 2015 a 2019 de contribuições sociais tributárias do Sesi, do Sesc, do Senai, do Senac, do Sebrae, do Senar, do Sest, do Senat, do Sescoop, da Apex-Brasil e da Abdi, somaram o valor de aproximadamente de 86 bilhões de reais[1].

Nessa senda, destaca-se aspectos relacionados a direitos e garantias fundamentais do contribuinte, o financiamento por meio do dever fundamental de pagar tributos, as peculiaridades da capacidade tributária ativa, do poder de verificar o cumprimento das condições e requisitos exigidos para a concessão de isenção tributária e o benefício fiscal da imunidade tributária incondicionada outorgados dentro do contexto do ordenamento jurídico-constitucional, isto é, a fonte de arrecadação, a competência para cobrar um tributo, a competência para constatar a prova do preenchimento das condições e do cumprimento dos requisitos legais para a concessão de isenção tributária de um contribuinte ou responsável tributário e a imunidade tributária estabelecida diretamente do texto

[1] Soma de valores feito com base nos dados disponibilizados pela Receita Federal do Brasil. Disponível em: http://receita.economia.gov.br/dados/receitadata/arrecadacao/arrecadacao-de-contribuicoes-destinadas-aos-servicos-sociais-autonomos/. Acesso em 30 de abril de 2020.

constitucional corroboram nesse estudo os ares de singularidade máxima dos serviços sociais autônomos.

1. Financiamento público: dotações orçamentárias e contribuições tributárias

As entidades integrantes do serviço social autônomo são entidades privadas que não integram a Administração Pública e possuem a finalidade de concretizar direitos sociais mediante a prestação de serviços ordinariamente identificados com o Estado após a Constituição Federal de 1988. Nessa senda, para que possam concretizar esses fins sociais e prestar relevantes serviços em prol da sociedade, estas entidades necessitam de instalações físicas, contratar pessoal e fornecedores, adquirir equipamentos e efetuar despesas necessárias à busca de seus objetivos. Em razão disso, necessitam de recursos com os quais possam financiar suas atividades e remunerar seu pessoal.

As entidades do serviço social autônomo têm como fonte principal de receitas as contribuições tributárias, ressalvando-se a Adaps, a Aps e a Anater como únicas exceções a essa regra no plano federal que possuem exclusivamente como financiamento dotações orçamentárias decorrentes da implementação do contrato de gestão. Com ambas as fontes de custeio originadas de receitas, tem-se que a forma de financiamento destas entidades é essencialmente pública, ainda que possam obter outras fontes como rendas oriundas de prestação de serviços, da alienação ou da locação de seus bens ou receitas operacionais.

As contribuições tributárias são instituídas pela União com fundamento no art. 149 da Constituição Federal. Da leitura da norma constitucional, elencam-se três modalidades de contribuições: as sociais, as de intervenção no domínio econômico e as de interesse de categorias profissionais ou econômicas. As referidas contribuições possuem natureza jurídica tributária autônoma, diferente de impostos, taxas, contribuições de melhoria ou empréstimo compulsório. Outra característica singular dessas contribuições é a destinação da sua arrecadação, pois, nem sempre, é destinada ao Estado, mas, também, a pessoas jurídicas que não integram, diretamente, a estrutura administrativa estatal como as autarquias e as entidades privadas que colaboram com o Poder Público.

As contribuições sociais, desse modo, foram implementadas com o objetivo de viabilizar a entrega do bem-estar social e são submetidas ao princípio da solidariedade o qual preconiza que todos indistintamente, inclusive os aposentados, devem contribuir para o bem-estar da população em geral. Com base neste princípio, tem-se que todas as pessoas, físicas ou jurídicas, devem contribuir para o bem-estar social. A garantia do bem-estar social foi implementada na Constituição Federal mediante a positivação de direitos que demandam, em sua maior parte, ações afirmativas por parte do Estado. Como resultado da necessidade de financiamento para a realização das ações afirmativas necessárias à concretização desses direitos, o constituinte criou as contribuições sociais. Desse modo, por exemplo, são espécies de contribuições sociais a contribuição previdenciária, instituída com o intuito de financiar a seguridade social, incidindo sobre valores de propriedade de empregados e empresa, conforme previsão do art. 195 da Constituição Federal. Para auxiliar com o financiamento da educação, noutro exemplo, tem-se a contribuição social do salário educação, prevista no § 5º do art. 212 da Constituição Federal.

As contribuições para intervenção no domínio econômico (CIDE) têm como objetivo financiar fomentar determinados setores da economia, intervindo em determinado setor ou ramo da atividade econômica, com vistas a redução das desigualdades sociais e regionais. O objetivo é que o produto da arrecadação seja revertido em favor da sociedade, mediante políticas econômicas que traduzam benefício social. Desse modo, o benefício direto para o sujeito passivo não é característica da CIDE, ou seja, não goza de referibilidade. Atualmente existem contribuições de intervenção no domínio econômico incidentes sobre diversos setores, como a de financiamento do Sebrae, Apex-Brasil, Abdi, Embratur, prevista no art. 8º, §§ 3º e 4º, da Lei nº 8.029/1990, a de financiamento de combustíveis, prevista no art. 177, § 4º, da Constituição Federal, o adicional de frete para a renovação da marinha mercante previsto na Lei nº 10.893/2004 e a contribuição para o desenvolvimento da indústria cinematográfica, denominada de Condecine, criada pela Lei nº 10.454/2002, dentre outras.

Já as contribuições de interesse das categorias profissionais ou econômicas possuem como elemento comum o interesse de determinada categoria profissional ou econômica. Este é o caso das contribuições para financiamento do Senai, Sesi, Senac, Sesc, Senar, Sest, Senat, Sescoop, bem como o caso das entidades de fiscalização do exercício profissional, excetuando-se dessa modalidade a contribuição para a Ordem dos

Advogados do Brasil, em razão de esta entidade possuir natureza *sui generis*, segundo o STF[2].

Como outra forma de financiamento, apresenta-se o contrato de gestão entre o Poder Executivo e o serviço social autônomo como o instrumento jurídico pelo qual se consolida o escopo de atuação da entidade, a qual recebe do Poder Executivo as metas, os objetivos, os prazos e as responsabilidades contratuais, bem como os critérios que serão utilizados para avaliação da destinação das verbas orçamentárias que serão repassadas e eventuais limitações de gastos. Para execução das atividades propostas pelo contrato de gestão, a entidade elabora um orçamento e o submete à aprovação do Poder Executivo, o qual reflete se as despesas estão de acordo com o plano de ação que lhe foi apresentado, bem como sua aderência ao contrato de gestão celebrado entre as partes e às normas orçamentárias aplicáveis. A remuneração deste contrato se dá mediante repasses efetuados pela União, os quais devem observar o cronograma de desembolsos constantes da lei orçamentaria anual.

O contrato de gestão, comumente, prevê uma série de obrigações adicionais, como a necessidade de contratação de consultoria externa para validação das informações contábeis e financeiras da entidade, bem como previsão de acompanhamento do contrato por um dos órgãos do Poder Executivo e os requisitos que deverão constar dos relatórios de gestão. Referidos documentos, por seu turno, destinam-se à prestação de contas dos recursos financeiros utilizados pelas entidades do serviço social autônomo e de dados que permitam a verificação do desempenho da entidade em relação aos objetivos e as metas que lhe foram estabelecidas. Em caso de descumprimento de quaisquer das metas ou objetivos traçados, faz-se necessário que a entidade justifique os fatores que ensejaram o seu não cumprimento.

Em ambas as formas de financiamento, as medidas propostas visam garantir que as verbas públicas arrecadadas atinjam a sua destinação social e assegurar que seu emprego está sendo efetuado de acordo com os princípios da administração pública e com a observância das regras legais e contratuais aplicáveis a cada entidade. Do ponto de vista constitucional, a medida se justifica sob aspecto de que as contribuições sociais e as verbas

[2] BRASIL. **Supremo Tribunal Federal**. ADI nº 3026/DF, Pleno, Relator Ministro Eros Grau, DJ de 19.6.2006.

oriundas do tesouro público devem ser utilizadas da forma que melhor beneficiem a sociedade e o resultado de sua utilização deve ser compatível com os princípios da Administração Pública.

Ademais, a própria natureza das contribuições tributárias que financiam o sistema “S”, o qual existe como instrumento para a concretização de direitos sociais, exige um cuidado maior ao se lidar com os recursos recebidos pelas entidades do serviço social autônomo. Por certo, o caráter finalístico é elemento que diferencia as contribuições sociais de outras espécies tributárias e, ao mesmo tempo, determina a destinação a ser dada ao produto das arrecadações. Se o art. 149 da Constituição Federal prevê a possibilidade de a União instituir contribuições para a garantia de direitos sociais, por exemplo, a instituição desse tributo tem que ser destinada ao seu desiderato, em regra, sob pena de se retirar a lógica normativa do texto constitucional.

Esse argumento da finalidade das contribuições sociais encontra validade jurídica na estrutura desses tributos dentro da Constituição Federal, porquanto o art. 149 da CF vinculou expressamente a instituição de contribuições para as áreas que se destinam, mediante a utilização da expressão “[...] como instrumento de atuação nas respectivas áreas [...]”, ou seja, como meio de atuação nas áreas sociais, de intervenção de domínio econômico e de categorias profissionais ou econômicas.

Por sua vez, sempre que foi necessário vincular o produto da arrecadação de contribuições sociais, o próprio texto normativo excepcionou esta medida. Como exemplo, tem-se a disposição do art. 194 da Constituição Federal que criou contribuição para o financiamento da saúde, previdência e assistência social. Assim, ao criar uma contribuição incidente sobre área na qual não haja expressa vinculação constitucional, o legislador infraconstitucional possui liberdade para fixar a sua incidência, desde que vinculada a uma das áreas descritas no *caput* do art. 149.

Diante do quadro normativo constitucional, defende-se que os recursos empregados para financiamento dos serviços sociais autônomos necessitam ser destinados às respectivas áreas para as quais foram criadas e que as verbas devem ser alvo de adequada fiscalização acerca de sua destinação, ainda mais, diante do art. 76 do ADCT e seus dois parágrafos atualmente vigentes, §§2º e 4º, com redação dada pela Emenda Constitucional nº 103, de 2019, que desvincula de órgão, fundo ou despesa, até 31 de dezembro de 2023, 30% (trinta por cento) da arrecadação da União relativa às contribuições sociais, às contribuições de intervenção no domínio econômico e às taxas, já instituídas ou que vierem a ser criadas até a referida data, excetuando dessa regra a contribuição social do salário-educação e das contribuições sociais destinadas ao custeio da seguridade social.

Nesse sentido, por outro lado, para uma melhor compreensão do destino da arrecadação, tem-se que verificar a norma instituidora das entidades.

O Senai foi criado com o objetivo de administrar escolas de aprendizagem industrial em todo o País, além do oferecimento de bolsas de estudos para operários, para cursos de aperfeiçoamento ou especialização profissional, podendo, ainda, montar laboratórios destinados à complementação de suas atividades pedagógicas (art. 6º do Decreto-Lei nº 4.048/1942). Com vistas a execução desse objetivo, o Senai está autorizado a realizar a formação, aperfeiçoamento ou especialização dos funcionários das indústrias. Além disso, deve investir no aperfeiçoamento ou especialização de seu próprio corpo técnico, tanto nos docentes quanto nos que trabalham na parte administrativa, por meio de bolsas de cursos ou estágios (art. 53 do Decreto nº 494/1962).

Já o Sesi foi criado com o objetivo de melhorar o padrão de vida dos trabalhadores da indústria e atividades congêneres, sendo autorizado a realizar estudos, planejar e executar, direta ou indiretamente, medidas com o intuito de incrementar o bem-estar desses trabalhadores, além de estimular o aperfeiçoamento moral e cívico e o desenvolvimento do espírito de solidariedade entre as classes. Como parte das atividades a serem implementadas para a realização de seu objetivo social, possui o dever de defender melhorias reais de salários para o trabalhador, inclusive melhorias de suas condições de habitação, nutrição e higiene. Todavia, as suas atribuições não se restringem ao aspecto da melhoria das relações de trabalho, encarregando-se legalmente de prestar assistência aos trabalhadores, de fornecer atividades educativas e culturais com o objetivo de valorização humana. Ademais, encontra-se encarregado de realizar pesquisas de cunho social e econômico e incentivar a atividade produtora (art. 1º do Decreto-Lei 9.403/1946). São elencados como objetivos da entidade a alfabetização do trabalhador e de seus dependentes, a educação de base, a educação para a economia, a educação voltada para a saúde física, mental e emocional, a educação familiar, a educação moral e cívica e a educação comunitária (art. 5º do Decreto 57.375/1965).

Para cumprimento das referidas obrigações, o Sesi pode aplicar seus recursos em qualquer de seus objetivos e atribuições, sendo vedada a destinação de verba para atividade que não estejam relacionados a seus fins sociais ou que não se destinem ao pagamento de remuneração de pessoal, ressaltando-se que um terço da receita líquida da contribuição compulsória deve ser obrigatoriamente destinado a ações de educação básica e continuada, bem como a ações educativas ligadas à saúde, ao esporte, cultura e lazer, destinadas a estudantes vinculados aos trabalhadores e seus dependentes, de preferência de baixa renda, sendo que metade deste valor deve ser empregado para dar gratuidade a estas ações (art. 6º, § 2º, c/c art. 69, ambos do Decreto nº 57.375/1965). O Sesi possui, ainda, a faculdade de firmar convênios com o Banco Nacional de Habitação, regulando a aplicação de recursos de sua receita na construção, reforma ou aquisição de casas populares para os beneficiários do serviço, ou seja, concretizando--se o direito social fundamental de moradia (art. 50, parágrafo único, do Decreto 57.375/1965).

O Senac, no que lhe diz respeito, foi criado com propósito semelhante ao do Senai, mas voltado à área do comércio. Logo, compete ao Senac estabelecer as escolas de aprendizagem comercial, com cursos práticos, de continuação e de especialização, para os empregados adultos do comércio, não sujeitos a aprendizagem, além de difundir e aperfeiçoar o ensino comercial mediante colaboração com estabelecimentos de ensino comercial do Governo Federal (arts. 1º e 3º do Decreto-Lei 8.621/1946). O Decreto 61.843/1967, que regulamentou a entidade previu como objetivos suplementares a orientação para a aprendizagem metódica, a promoção da divulgação de novos métodos e técnicas de comercialização e a execução de programas de treinamento de pessoal, assistir às empresas comerciais no recrutamento, seleção e enquadramento de pessoal (art. 1º).

Para atingir os seus fins sociais, o Senac encontra-se autorizado a empregar recursos para a organização dos serviços de aprendizagem comercial e de formação, treinamento e adestramento para os comerciários adultos, por meio de programas voltados as necessidades e possibilidades regionais, locais e nacionais do mercado de trabalho. Pode, ainda, estabelecer convênios, contratos acordos voltados à formação profissional e de pesquisas de mercado de trabalho, conceder bolsas de estudo, no País e no exterior, para aprimoramento de seu pessoal técnico, contratar técnicos, dentro e fora do País, sempre que necessário para o desenvolvimento e aperfeiçoamento de seus serviços (art. 3º, do Decreto nº 61.843/1967).

É de responsabilidade do Senac a realização de estudos sobre a as circunstâncias de vida de seus beneficiários, a eficiência da produção individual e coletiva, sobre aspectos ligados à vida do comerciário e às condições socioeconômicas da empresa comercial. Além disso, 2/3 da receita líquida da contribuição social que lhe é destinada devem ser empregados para garantir oferta de vagas gratuitas de aprendizagem, em formação inicial e continuada e em educação profissional técnica de nível médio a pessoas de baixa renda, matriculadas ou egressas da educação básica, trabalhadores de baixa renda, empregados ou desempregados, e usuários dos programas de proteção a vítimas e testemunhas ameaçadas, acusados ou condenados que tenham voluntariamente prestado efetiva colaboração à investigação policial ou ao processo criminal e aos defensores dos Direitos Humanos. Ressalte-se que o valor de custeio direto e indireto da entidade, os custos de gestão e de investimento são considerados como sendo parte integrantes do valor a ser obrigatoriamente gasto com a gratuidade.

Na sequência, inclui-se o Sesc, cuja criação objetivou a elevação do bem-estar social e a melhoria do padrão de vida dos comerciários e suas famílias e do aperfeiçoamento moral e cívico da sociedade. Ficou determinado legalmente que a execução de atividades objetiva especialmente a resolução de problemas domésticos como nutrição, habitação, vestuário, saúde, educação e transporte, bem como a defesa dos salários reais dos comerciários e o incentivo à atividade produtora. Também se encontra dentre seus objetivos a realização de atividades educativas e culturais, visando a valorização do indivíduo e a realização de pesquisas sociais e econômicas (art. 1º do Decreto-Lei nº 9.853/1946). O Decreto nº 61.836/1967, que regulamentou o Sesc, previu, ainda, que as atividades do Sesc abrangem não apenas o trabalhador no comércio e atividades assemelhadas, mas também seus dependentes e os diversos meios-ambientes que condicionam a vida do trabalhador e de sua família (art. 2º).

Para atingir seus objetivos, o Sesc está autorizado a organizar utilizar recursos educativos e assistenciais, tanto públicos quanto privados, promover quaisquer modalidades de cursos e atividades especializadas de serviço social, conceder bolsas de estudo no País e no estrangeiro, para formação e aperfeiçoamento de seu pessoal técnico. Além disso, incumbe à entidade a realização de estudos e pesquisas sobre as circunstâncias de vida de seus beneficiários, sobre a eficiência da produção individual e coletiva, sobre aspectos ligados à vida do trabalhador e sobre as condições socioambientais das comunidades. Por fim, é atribuição do Sesc desenvolver programas nas áreas de educação, cultura, saúde, assistência, lazer e turismo, além de promover a aproximação entre empregados e empregadores (art. 3º do Decreto nº 61.836/1967).

O Senar, segue a mesma lógica de atribuições presentes no Senai e no Senac, com a diferença de ser voltado para ao trabalhador rural, com a obrigação de organizar, administrar e executar, no território nacional, o ensino da formação profissional rural, a promoção social, a assistência técnica e gerencial do trabalhador rural, em centros instalados e mantidos pela entidade, ou sob a forma de cooperação (art. 2º do Decreto nº 566/1992). No caso do Senar ficou a cargo de seu regimento interno o detalhamento de seus objetivos, obrigações, forma de atuação e destinação de recursos, respeitando-se a aplicação proporcional dos recursos nas diferentes Unidades da Federação, sendo até cinco por cento sobre a arrecadação para a administração superior a cargo da CNA e até cinco por cento sobre a arrecadação regional para a administração superior a cargo da Federação da Agricultura e Pecuária (arts. 12 e 16 do Decreto nº 566/1992).

Assim sendo, restou consignado no Regimento Interno do Senar que figuram, dentre outras obrigações, a assistência às entidades empregadoras na elaboração e execução de programas de treinamento e na realização de aprendizagem metódica ministrada no próprio ambiente de trabalho, difundir metodologias adequadas à formação profissional rural e promoção social do trabalhador rural com base nos princípios da livre iniciativa e da economia de mercado. Ademais, compete-lhe coordenar, supervisionar e fiscalizar a execução dos programas e projetos de formação profissional rural e promoção social, além de assessorar o Governo Federal, em assuntos ligados à formação de profissionais rurais e atividades semelhantes.

Para cumprimento de seus objetivos, o Senar pode dispender recursos com o custeio de sua estrutura nacional e regional e com os projetos de formação profissional rural e promoção social. De sua arrecadação líquida, o Senar destina 20% para despesas de caráter geral, dentre os quais se inserem 8% que são diretamente aplicados nos Estados, de acordo com as normas do Conselho Deliberativo. O montante restante – 80% da arrecadação – é aplicado pelas Administrações Regionais em cursos de formação profissional rural e promoção social e 20% desses é destinado a seu custeio e investimento.

O Sebrae, no que lhe concerne, foi criado com o objetivo de coordenar e orientar programas técnicos, projetos e atividades de apoio às micro e pequenas empresas, de acordo com as políticas nacionais de desenvolvimento (art. 9º da Lei 8.029/1999). Por expressa previsão do art. 7º do Decreto nº 99.570/1990, os recursos serão aplicados em projetos que objetivem o aperfeiçoamento técnico, a racionalização, a modernização e a capacitação gerencial das micro e pequenas empresas e terão a seguinte destinação: 45% serão investidos nos Estados e Distrito Federal, outros 45% serão aplicados de acordo com as diretrizes do Conselho Deliberativo do Sebrae. Até 5% serão empregados para o custeio da entidade nacional e 5% serão destinados ao custeio das entidades dos Estados e Distrito Federal. A metade dos recursos que não se destinam ao custeio da entidade deve ser aplicada para a modernização de micro e pequenas empresas, em especial as tecnologicamente dinâmicas com preferência às localizadas em áreas de parques tecnológicos.

O Sest, por sua vez, atuando em cooperação com o Poder Público e a iniciativa privada, possui a competência de gerenciar, desenvolver, executar, direta ou indiretamente, e apoiar programas voltados à promoção social do trabalhador em transporte rodoviário e do transportador autônomo, notadamente nos campos da alimentação, saúde, cultura, lazer e segurança no trabalho. A lei não esmiúça a forma de vinculação dos valores arrecadados pelo Sest, como fez detalhamento em outras entidades, deixando a definição dos programas e formas de dispêndio para serem estabelecidos pelos órgãos internos da entidade. Contudo, por óbvio, permanecem as obrigações de adequação das despesas ao seu fim social, elaboração de orçamento, bem como os controles externos e internos que são exercidos sobre todas as entidades do serviço social autônomo.

O Senat, instituído pela mesma lei que criou o Sest, possui estrutura idêntica e objetiva, também em cooperação com o Poder Público e a iniciativa privada, de gerenciar, desenvolver, executar, direta ou indiretamente, e apoiar programas voltados à aprendizagem do trabalhador em transporte rodoviário e do transportador autônomo, notadamente nos campos de preparação, treinamento, aperfeiçoamento e formação profissional. De igual modo ao verificado no caso do Sest, a lei não disciplinou de forma específica a destinação das verbas arrecadadas pela entidade, deixando a cargo dos órgãos internos a responsabilidade por definir as diretrizes de distribuição das receitas. Deve-se, ainda, cumprir as obrigações de utilização das verbas para a concretização de seu fim social, elaboração de orçamento, bem como se submeter aos controles externos e internos que lhe são aplicáveis.

Buscando possibilitar a realização de suas atividades foram destinadas ao Sest e a Senat as contribuições das empresas de transporte rodoviário que antes eram recolhidas ao Sesi e ao Senai, assim como por uma contribuição compulsória paga sobre os valores recebidos pelos transportadores autônomos. Ademais, referidos valores são complementados pelos rendimentos oriundos de suas receitas operacionais, por eventuais multas aplicadas, bem como pelo recebimento de doações, legados, contribuições e outras verbas ou subvenções de que as entidades venham a ser venham destinatárias (art. 7º da Lei nº 8.706/1993).

Incumbe à Receita Federal do Brasil, atualmente, o recolhimento das referidas contribuições, bem como a fiscalização de seu pagamento e base de cálculo. Não obstante essa seja a hodierna forma de recolhimento das contribuições, registra-se a existência de expressa previsão legislativa autorizando os contribuintes a realizarem o recolhimento diretamente ao Sest e ao Senat, mediante a celebração de convênio para tanto (art. 7º, § 1º, da Lei nº 8.706/1993). Do mesmo modo, as contribuições destinadas ao Sest e ao Senat possuem os mesmos privilégios legais que os créditos da seguridade social, inclusive no tocante aos privilégios e sanções que são aplicáveis a seus contribuintes (art. 7º, § 2º, da Lei nº 8.706/1993). Como forma de remuneração pela administração de todo o sistema do Sest e do Senat, a Confederação Nacional do Transporte faz jus ao recebimento de uma parte do produto da arrecadação.

Ademais, em razão da necessidade de não se onerar demasiadamente a folha de salários das empresas, procedimento que pode, em casos mais extremos, levar a uma redução do valor da remuneração dos trabalhadores em razão do custo do aumento da remuneração para as empresas, previu a lei instituidora do Sest e do Senat que uma vez iniciada a cobrança das contribuições em favor do Sest e do Senat, cessariam as antigas contribuições recolhida em favor do Sesi e do Senai, bem como a competência destas entidades para disciplinar o recolhimento destas contribuições.

Do mesmo modo, a norma que criou o Sest e do Senat já havia transferido parte das rendas do Sesi e do Senai para essas novas entidades. Por sua vez, esta redução de receitas aliada a eventuais questionamentos acerca da propriedade poderia prejudicar as entidades mais antigas, dificultando a realização de seu fim social. Visando evitar este tipo de problema, a legislação previu que o patrimônio do Sesi e do Senai não seria afetado pela criação do Sest e do Senat, sendo também dispensados do encargo de atender os beneficiários das novas entidades. Tanto é verdade que a legislação possibilitou a celebração de convênio para possibilitar que o Sesi e o Senai realizassem o atendimento provisório de beneficiários do Sest e do Senat. A expressa estipulação da precariedade desta medida demonstra que não era intenção do legislador manter esta atribuição dentro das competências do Sesi e do Senai, mas apenas assegurar o atendimento dos beneficiários durante o interstício temporal necessário para que o Sest e o Senat organizassem suas operações (art. 11 da Lei nº 8.706/1993).

A norma instituidora determinou, ainda, que a atuação do Sest e do Senat deve se orientar, primordialmente, por meio de políticas que beneficiem os trabalhadores do transporte rodoviário, os trabalhadores autônomos do transporte, demais trabalhadores do serviço de transporte que sejam vinculados ao sistema da Cnt, bem como seus dependentes e os servidores das próprias entidades, nas áreas de saúde, alimentação, cultura, lazer, segurança no trabalho, educação e desenvolvimento pessoal e profissional.

Por seu turno, o Sescoop foi criado com o objetivo de organizar, administrar e executar em todo o território nacional o ensino de formação profissional, desenvolvimento e promoção social do trabalhador em cooperativa e dos cooperados. Seus objetivos foram delineados no Decreto nº 3.017/1999. A forma de distribuição e repartição específica de seus recursos foram definidos em seu regimento interno. Referido documento detalhou os objetivos da entidade, dentre os quais consta o monitoramento, a supervisão, a auditoria e o controle em cooperativas, o fomento a cultura cooperativista, o aperfeiçoamento de suas estruturas de governança e o estabelecimento e difusão de metodologias adequadas à formação profissional e à promoção social do empregado de cooperativa.

Para atingir seus objetivos, o Sescoop está autorizado a empregar sua arrecadação líquida para financiamento de seus fins sociais, bem como para a formação do Fundo Solidário de Desenvolvimento Cooperativo

(Fundecoop), administrado pela entidade nacional, bem como para o custeio de suas atividades. Em virtude de os objetivos do Sescoop estarem circunscritos ao ramo das cooperativas, sua base de financiamento encontra-se, de igual forma, circunscrita à base econômica das sociedades cooperativas. Dessa forma, todo o sistema é financiado por meio de contribuições mensais, de caráter compulsório, que são recolhidas e fiscalizadas pela Receita Federal do Brasil.

As sociedades cooperativas operam, assim, nos mais diversos ramos de atividade econômica, razão pela qual, quando houve a concentração da arrecadação de suas contribuições no Sescoop, foi necessário a retirada da obrigatoriedade do recolhimento dessas contribuições para outras entidades do serviço social autônomo. À semelhança do que ocorrido quando da criação do Sest e do Senat, optou o legislador pela transferência de recursos de uma entidade mais abrangente para outra mais especializada ao invés de simplesmente criar contribuição e aumentar os encargos sobre a folha de salários das empresas.

Quando da criação desta entidade, a Confederação Nacional da Indústria questionou no STF, dentre outros pontos, a capacidade de recebimento da contribuição destinada ao Sescoop, com o fundamento de que não se tratava de entidade do sistema sindical. No julgamento da medida cautelar, o STF, por meio de voto da lavra do Min. Joaquim Barbosa, fixou o entendimento de que o fato de o art. 240 da Constituição Federal ter recepcionado a existência de contribuições em favor das entidades de serviço social autônomo não implica em impossibilidade de modificação de sua destinação[3]. Constata-se, pois, que o STF ao se debruçar sobre a matéria não viu qualquer irregularidade no fato de uma contribuição social outrora destinada a uma entidade do serviço social autônomo ser direcionada a outra, desde que mantida a característica de prestação de serviço social relevante.

Por outro lado, importa destacar o teor da Súmula 499/STJ, a qual se pautou no disposto no art. 240 da Constituição Federal para afirmar que as empresas prestadoras de serviços devem contribuir para o Sesc e o Senac. Embora o enunciado tenha ficado restrito à situação das empresas prestadoras de serviços, o raciocínio empregado é no sentido de que dentro da

[3] BRASIL. **Supremo Tribunal Federal.** ADI 1924 MC, Relator(a) p/ Acórdão: Min. JOAQUIM BARBOSA, Tribunal Pleno, julgado em 20/05/2009, DJe-148, PUBLIC. 07-08-2009.

estrutura sindical brasileira toda e qualquer atividade econômica precisa se enquadrar em uma das hipóteses do quadro anexo ao art. 577 da CLT. Mediante a verificação da posição ocupada pelas empresas na relação de atividades econômicas, tem-se a verificação de sua classificação para fins de recolhimento das contribuições sociais.

Ainda com base no verbete sumular, é possível se conferir a existência de uma exceção à regra geral de pagamento das contribuições: quando a empresa já estiver vinculada a outra entidade do serviço social autônomo. Como exemplo, uma empresa prestadora de serviços rurais tem de recolher suas contribuições para o Senar e não para o Sesc e o Senac, conforme entendimento do STJ. No entender da Corte, aplica-se o princípio da especialização para fins de definição da entidade responsável pelo recebimento das contribuições sociais, sendo o Sesc e o Senac os destinatários gerais das contribuições das empresas prestadoras de serviços.

Por sua vez, a Associação das Pioneiras Sociais (Aps) foi instituída para prestar assistência médica qualificada e gratuita a todos os níveis da população e de desenvolver atividades educacionais e de pesquisa na área da saúde (art. 1º da Lei 8.246/1991). Seu contrato de gestão ampliou para determinar que a assistência médica seja desenvolvida também nas áreas neurológica e ortopédica, desenvolver programas de formação e qualificação profissional para estudantes e profissionais de outras instituições, o desenvolvimento de programas de educação para os funcionários da APS e de redução de patologias, bem como pesquisas científicas. Em razão do contrato de gestão, a destinação de seus recursos se encontra vinculada não apenas às finalidades sociais para as quais foi criada a entidade e ao custeio de sua estrutura administrativa e de pessoal, como também para implementação do plano estratégico e eventual ampliação de sua rede física.

De outro lado, a Apex-Brasil foi constituída com o objetivo de promover as exportações favorecendo, em especial, as pequenas empresas e a geração de empregos. Este objeto foi ampliado pelo Decreto nº 4.584/2003 para incluir a promoção de investimentos e a cooperação com o Poder Público na promoção das políticas nacionais de desenvolvimento (art. 2º, *caput* e § 1º, do Decreto nº 4.584/2003). O contrato de gestão[4], por sua vez,

[4] Disponível em: https://portal.apexbrasil.com.br/wp-content/uploads/2019/02/portal.apexbrasil.com.br-primeiro-termo-aditivo-ao-contrato-de-gestao-2016-2019-1-ta-contrato-de-gestao-2016-2020-apex-brasil-x-mre-final-assinado-2.pdf. Acesso em 16 de jan. de 2020.

estabelece que a Apex-Brasil deverá firmar acordos de cooperação técnica com órgãos do Poder Executivo, de forma a apoiar as políticas nacionais de desenvolvimento. A legislação e o contrato limitam os gastos da Apex-Brasil para sua finalidade social e custeio de sua estrutura física e de pessoal, sendo os gastos com pessoal limitados a vinte e cinco por cento de seu orçamento-programa anual líquido e que os cargos de confiança não podem ultrapassar vinte e um por cento do quadro de funcionários contratados.

De modo semelhante à Apex, a Abdi foi instituída para promover a execução de políticas de desenvolvimento industrial, com especial enfoque à geração de empregos. O Decreto nº 5.532/2005 determinou que a entidade deveria ter foco especial nos programas e projetos estabelecidos pela Política Industrial, Tecnológica e de Comércio Exterior (PITCE). Para cumprimento de seus objetivos, o contrato de gestão[5] autorizou a Abdi a utilizar seus recursos em financiamento de programas e projetos relacionados com seu fim social e custeio de sua estrutura administrativa e de pessoal. Referido instrumento ainda impõe a limitação de gasto com pessoal a cinquenta por cento do orçamento bruto da ABDI.

Também regida por contrato de gestão, a Anater foi criada para executar políticas de desenvolvimento da assistência técnica e extensão rural, com especial enfoque na elevação da produção, da produtividade e da qualidade dos produtos e serviços rurais. A Lei nº 12.897/2013 estabeleceu como competência da Anater a promoção, o estímulo, a coordenação e a implementação de programas de assistência técnica e extensão rural visando à inovação tecnológica, à geração de novas tecnologias e à geração de conhecimentos científicos, bem como fomentar o aperfeiçoamento e a geração de novas tecnologias. Além disso, a entidade deve apoiar a utilização de tecnologias sociais e a manutenção dos saberes tradicionais pelos produtores rurais. Também inclui-se em suas atribuições a competência para credenciar e acreditar em entidades públicas e privadas prestadores de serviços de assistência técnica e extensão rural. O contrato de gestão[6],

[5] Disponível em: https://api.abdi.com.br/uploads/files/transparency/_5bb27aae4c8f08.19180795.pdf. Acesso em: 01 de jan. de 2020.

[6] Disponível em: http://www.anater.org/ascom/legado/docs/Contrato-de-Gestao-ANATER.pdf. Acesso em: 01 de fev. de 2020.

ao abordar a destinação dos repasses, determinou a liberdade da Anater para fixar suas despesas, ressalvadas a parcela a ser repassada à agricultura familiar e médios agricultores, não podendo, contudo, gastar mais do que dez por cento de seu orçamento com pessoal.

A Agência para o Desenvolvimento da Atenção Primária à Saúde (Adaps) foi criada com o objetivo de suprir a demanda de médicos do SUS em locais de difícil provimento ou de alta vulnerabilidade e de fomentar a formação de médicos especialistas em medicina de família e comunidade (art. 1º da Lei nº 13.958/2019). Os objetivos da entidade são, dentre outros, promover o acesso universal, igualitário e gratuito da população às ações e aos serviços do SUS, especialmente em locais de difícil provimento ou de alta vulnerabilidade social, fortalecendo a atenção primária de saúde, com foco na saúde da família e no atendimento humanizado. Entre as competências da Adaps, destacam-se as seguintes atribuições: (i) prestar serviços de atenção primária à saúde no âmbito do SUS em caráter complementar ao dos Entes Públicos e com foco nos locais de difícil provimento ou alta vulnerabilidade; (ii) atividades de ensino, pesquisa e extensão integrando ensino e serviço; execução o Programa Médicos pelo Brasil em parceria com o Ministério da Saúde; (iii) programas e ações de caráter continuado para a qualificação profissional na atenção primária à saúde (art. 7º da Lei nº 13.958/2019).

Por fim, a Embratur, entidade do sistema "S" criada a partir da Medida Provisória nº 907/2019, tem por objetivo planejar, formular e implementar ações de promoção comercial de produtos, serviços e destinos turísticos brasileiros no exterior. De acordo com o art. 4º da referida norma, deve a Embratur desenvolver suas atividades em cooperação com a administração pública federal. São competências da entidade a formulação, implementação e execução das ações de promoção, marketing e apoio à comercialização de destinos, produtos e serviços turísticos do País no exterior, dentre outros. Para atingir suas finalidades, está a Embratur autorizada a participar de organizações e entidades nacionais e internacionais, públicas e privadas, de turismo, na qualidade de membro ou mantenedora, realizar contratações com outras empresas e entidades para fins de atingir seus fins sociais, sendo permitido, inclusive, o estabelecimento de *joint-venture*.

2. Sujeição ativa tributária

A expressão capacidade tributária ativa ou sujeição tributária ativa é sinônima de sujeito ativo da relação tributária, ou seja, refere-se à capacidade para cobrar o tributo instituído pelos entes políticos, cuja outorga é de natureza constitucional. Sob a ótica do presente estudo, busca-se analisar se os serviços sociais autônomos detêm esta capacidade. Nessa senda, a expressão capacidade tributária ativa é sinônima de sujeito ativo da relação tributária. Segundo o art. 119 do CTN, o sujeito ativo é a pessoa jurídica de direito público, titular da competência para exigir o seu cumprimento, ou seja, que possui competência para fiscalizar e arrecadar o tributo. Em outros termos, pode-se afirmar que indica o sujeito ativo da obrigação tributária principal e é uma espécie de titularidade estabelecida no texto infraconstitucional, sendo caracterizada como uma espécie de capacidade administrativa.

Doutro ponto, a competência tributária é indelegável e pertence somente aos entes políticos, que são a União, os Estados-membros, o Distrito Federal (DF) e os Municípios. A competência tributária é estabelecida no texto constitucional, sendo considerada uma espécie de competência legislativa, isto é, a competência tributária é a competência legislativa para instituir os tributos. Logo, o sujeito ativo não é necessariamente a pessoa jurídica de direito público titular da competência tributária para instituir o tributo, mas sim a pessoa titular do direito para cobrá-lo ou fiscalizá-lo. Em outras palavras, o sujeito ativo pode ser o ente federativo competente para instituir tributo ou outra pessoa jurídica, em razão de delegação da capacidade tributária ativa.

Nesse rumo, o sujeito ativo direto é o ente federativo competente para instituir o tributo, podendo transferir esta sujeição, em razão de delegação da capacidade tributária ativa, de acordo com os artigos 7º e 119 do CTN. Assim, existem dois tipos de sujeito ativo, a saber: (i) o sujeito ativo direto, que são a União, os Estados, os Municípios e o DF detentores do poder de instituir tributos; (ii) o sujeito ativo indireto, que são os entes que não têm competência tributária, mas são detentores de capacidade tributária ativa, isto é, do poder subjetivo de cobrança e de fiscalização.

A função de fiscalização tributária, segundo a literalidade dos artigos 7º e 119 do CTN, é delegável apenas para pessoas jurídicas de direito público (União, Estados-membros, DF, municípios, autarquias e fundações públicas de direito público). No que se refere à arrecadação, existe a possibilidade de delegação por lei também para pessoas jurídicas de direito privado, tais como aos bancos, às empresas de telefonia, às empresas de água e esgoto, ou, como no caso em análise, aos serviços sociais autônomos, conforme §3º, do art. 7º, do CTN.

Destarte, os serviços sociais autônomos possuem legitimidade caso haja previsão legal para figurar como sujeito ativo indireto da relação tributária e, com base nos artigos 149 e 240 da CF/88, seriam as entidades privadas de serviço social e de formação profissional vinculadas ao sistema sindical. Sendo assim, o artigo 149 da Constituição Federal prevê a competência tributária privativa da União Federal para "[...] instituir contribuições sociais, de intervenção no domínio econômico e de interesse das categorias profissionais ou econômicas, como instrumento de sua atuação nas respectivas áreas [...]". Acerca das contribuições de seguridade social, o artigo 195 dispõe que a seguridade social será financiada por toda a sociedade, de forma direta e indireta, nos termos da lei, mediante recursos provenientes dos orçamentos da União, dos estados, do Distrito Federal e dos municípios, e das contribuições sociais a que alude o dispositivo. Por sua vez, o artigo 240 da Carta Magna esclarece que as contribuições compulsórias dos empregadores sobre a folha de salários, destinadas às entidades privadas de serviço social e de formação profissional vinculadas ao sistema sindical, não se incluem naquelas listadas no citado artigo 195. Nesse sentido, afirmou corretamente o STF, *in verbis*:

> O art. 240 da Constituição expressamente recepcionou as contribuições destinadas às entidades privadas de serviço social e de formação profissional vinculadas ao sistema sindical. (...) *A alteração do sujeito ativo das Contribuições ao Sesi [Serviço Social da Indústria]/Senai [Serviço Nacional de Aprendizagem Industrial] para o Sest [Serviço Social do Transporte]/Senat [Serviço Nacional de Aprendizagem do Transporte] é compatível com o art. 240 da Constituição,* pois a destinação do produto arrecadado é adequada ao objetivo da norma de recepção, que é manter a fonte de custeio preexistente do chamado Sistema S[7]. (g. n.)

Por outro lado, apesar do art. 119 do CTN dispor expressamente que o sujeito ativo é apenas pessoa jurídica de direito público, o art. 217 do

[7] BRASIL. **Supremo Tribunal Federal**. RE 412.368 AgR, rel. min. Joaquim Barbosa, j. 1º-3-2011, 2ª T, *DJE* de 1º-4-2011.

mesmo *Codex* e, também, o Superior Tribunal de Justiça (STJ) reconhecem que pessoa jurídica de direito privado pode figurar como sujeito ativo da obrigação tributária. O art. 217 do CTN dispõe, por exemplo, que o Código não exclui a incidência e a exigibilidade da contribuição sindical e das contribuições do Senai, Sesi, Sesc, Senac arrecadadas pelos Institutos de Aposentadoria e Pensões das empresas que lhe são vinculadas. Já o artigo 589 da CLT dispõe que as contribuições sindicais devem ser partilhadas entre as entidades sindicais (Sindicatos, Federações e Confederação). Historicamente, até 1996, a contribuição sindical rural era arrecadada pela Secretaria da Receita Federal. A partir de 1997, a legitimidade ativa passou a ser exercida legalmente exercida pela Confederação da Agricultura e Pecuária do Brasil (CNA), por força expressa do disposto no artigo 24, da Lei nº 8.847, de 28 de janeiro de 1994, e, nessa compreensão, o STJ editou inclusive a Súmula 396 (DJe 07/10/2009), *in verbis*: "A Confederação Nacional da Agricultura tem legitimidade ativa para a cobrança da contribuição sindical rural".

Assim sendo, as contribuições devidas às respectivas entidades do sistema "S", instituídas pelos próprios normativos que criaram tais entidades, quando arrecadadas e recolhidas diretamente por estes entes, são exemplos de sujeição ativa tributária dos serviços sociais autônomos. O texto constitucional, deste modo, estabelece explicitamente no art. 150, inciso I, que os tributos devem ser criados ou aumentados por lei prévia, buscando excluir o arbítrio do poder estatal. É a denominada legalidade tributária, que obriga o surgimento da obrigação tributária por lei formal (obrigação *ex lege*). Em regra, os tributos são instituídos por lei ordinária. Todavia, existem tributos que, se forem criados, devem ser por meio de lei complementar, a saber: imposto sobre grandes fortunas, impostos sobre empréstimos compulsórios, impostos residuais da União e as contribuições sociais novas ou residuais.

Neste ponto, como decorrente da legalidade nasce o princípio da tipicidade tributária cerrada que delineia que não basta o tributo ser criado ou aumentado por lei formal, deve-se também ocorrer a adequação da conduta do sujeito passivo à norma tributária. É a subsunção do fato real à norma jurídico-tributária geral e abstrata, pois a lei deve exaurir os dados necessários à identificação do fato gerador da obrigação tributária e à quantificação do tributo, sem que restem à autoridade fiscal arrecadadora poderes para, discricionariamente, decidir se alguém irá ou não pagar o tributo, em face de determinada situação de fato que expresse signo presuntivo de riqueza.

A tipicidade cerrada ordena, por certo, que o legislador estabeleça em lei todos os aspectos da regra matriz de incidência tributária. Assim sendo, em função da obediência à tipicidade, os aspectos materiais (situação geradora da incidência), espacial (local de incidência), temporal (momento de incidência), pessoal (sujeito ativo e passivo) e quantitativo (base de cálculo e alíquota) devem estar previstos em lei. A tipicidade é complementar à legalidade e, também, está expressa no art. 150, inciso I, da CF/88. Assim, afirma-se que a legalidade tributária faz referência ao veículo da norma (lei formal) e a tipicidade ao conteúdo da lei, que é a própria norma tributária em todos os seus aspectos, inclusive o pessoal que define a sujeição ativa.

Destarte, em razão de sua natureza tributária, as contribuições destinadas aos serviços sociais autônomos sujeitam-se a imposições da legalidade e da tipicidade cerrada tributária acima. Na regra geral, nesse rumo, oriunda da edição da Lei nº 11.457/07, atribuiu-se à Secretaria da Receita Federal do Brasil (SRF), a competência, dentre outras, de cobrar, de arrecadar e de recolher a todas as contribuições sociais, inclusive àquelas devidas a terceiros (art. 3º, *caput*). Por consequência lógica, as contribuições sociais destinadas aos serviços sociais autônomos passaram a ser atribuição daquela Secretaria. Exemplo disso se encontra na Instrução Normativa nº 971/2009, da SRF, que estabeleceu que a contribuição destinada a terceiros pode ser feita diretamente à entidade ou fundo, se houver previsão legal, mediante convênio celebrado entre um ou outro e a empresa contribuinte. Como se observa, é permitido aos serviços sociais autônomos a arrecadação e o recolhimento direto de contribuições, desde que mediante previsão legal.

Atualmente, somente três serviços sociais autônomos detêm previsão legal do poder de cobrar diretamente dos contribuintes e responsáveis tributários as contribuições sociais e, portanto, possuem o direito de figurar como sujeito ativo da relação jurídica tributária, a saber: Senar, Sest e Senat. São apenas e tão-somente essas três entidades e isso é muito importante, pois, na doutrina, popularizou-se de forma ampla, geral e irrestrita que a lei estabeleceu outros serviços sociais autônomos como sujeito ativo e isso é um erro. Após pesquisa exaustiva de todas as legislações dos serviços sociais autônomos, constata-se que apenas o

Senar, o Sest e o Senat possuem autorização legal para configuraram como sujeito ativo.

Dentre muito outros, mas apenas para trazer à baila autores mais significativos, Geraldo Ataliba afirma que "[...] algumas vezes recebem (da lei) esta qualidade de ser sujeito ativo de obrigação tributária pessoas de direito privado, como é o caso do Sesc, Senac, Senai" (2003, p. 85). Sacha Calmon Navarro Coelho entende que não se pode duvidar de que "[...] o Sesi, Sesc, Senai *et caverna* recebem contribuições para emprego no serviço social. São sujeitos ativos de obrigações tributárias sem serem as pessoas jurídicas de direito público da competência tributária que tornaram exigíveis os tributos que recebem" (1999, p, 280). Contudo, nos casos do Senai, Sesi, Senac e Sesc, por exemplo, as respectivas Leis de criação, Decreto-lei nº 4.048/1942, Decreto-Lei nº 9.043/1946, Decreto-lei nº 8.621/1946, Decreto-Lei nº 9.043/1946, em legislações similares, previram o recolhimento direto destas contribuições pelo Instituto de Aposentadoria e Pensões dos Industriários (IAPs) ou, eventualmente, pelo Banco do Brasil.

Destarte, o art. 217 do CTN já citado manteve esse panorama legal e igualmente as legislações que se seguiram até o momento. Logo, conforme se observa, as leis não autorizam ao Senai, ao Sesi, ao Senac e ao Sesc a realização da arrecadação, destinando a função ao IAPS, que, posteriormente, foi extinto, razão pela qual esta função passou a recair ao Instituto Nacional da Previdência Social (INPS), transformando-se, após alguns anos, no Instituto Nacional de Seguridade Social (INSS) e, em 2005, com a extinção desse órgão, as suas atribuições foram transmitidas à SRF. Portanto, não tem competência legal o Senai, Sesi, Senac e o Sesc, para arrecadar diretamente as contribuições tributárias que financiam a sua instituição. Contudo, na prática, nos casos do Senac e do Sesc, a SRF vem arrecadando as contribuições tributárias normalmente e, nas hipóteses do Senai e do Sesi, as próprias instituições vêm fazendo a cobrança e a arrecadação direta dos industriários e mais de 50% da arrecadação está nessa situação[8], com o reconhecimento chapadamente inconstitucional por parte do TCU, ferindo-se o direto fundamental da legalidade tributária, *in verbis*:

[8] Disponível em: https://economia.estadao.com.br/noticias/geral,cobranca-direta-outra--distorcao-do-sistema-s,70002721912. Acesso em 1 de março de 2020.

Na verdade, o recolhimento direto das contribuições por parte do Senai e do Sesi ocorre já há bastante tempo com base em seus regulamentos internos, aprovados, respectivamente, pelos Decretos 494/1962 e 57.375/1965, abaixo reproduzidos no que interessa à presente discussão:

Decreto 494/1962 (Senai)

"Art. 50. Visando ao atendimento de situações especiais, determinadas empresas poderão recolher as suas contribuições diretamente aos cofres do Senai."

Decreto 57.375/1965 (Sesi)

"Art. 11º As despesas do Sesi serão custeadas por uma contribuição mensal das empresas das categorias econômicas da indústria, dos transportes, das comunicações e da pesca, nos termos da lei.

[...]

§ 2º No caso de cobrança direta pela entidade, a dívida considerar-se-á suficientemente instruída com o levantamento do débito junto à empresa, ou com os comprovantes fornecidos pelos órgãos arrecadadores.

§ 3º A cobrança direta poderá ocorrer na hipótese de atraso ou recusa da contribuição legal pelas empresas contribuintes, sendo facultado em consequência, ao Serviço Social da Indústria, independentemente de, autorização do órgão arrecadador, mas com seu conhecimento, efetivar a arrecadação por via amigável, firmando com o devedor os competentes acordos, ou por via judicial, mediante ação executiva, ou a que, na espécie, couber.

[...]

Art. 49 [...]

§ 2º Em face de circunstâncias especiais, as empresas que nela se encontrarem poderão recolher as suas contribuições diretamente ao Sesi, mediante autorização do Departamento Nacional, comunicada ao órgão previdenciário competente."

7. Como se trata de decretos, a Semag arguiu, de forma acertada, que não são os instrumentos adequados para operar a transferência da capacidade tributária ativa (de arrecadar o tributo), matéria objeto de reserva legal.

8. Indagada acerca dessa questão, a Secretaria da Receita Federal do Brasil esclareceu que já estudou o assunto, tendo firmado entendimento no sentido de que "*o fato de o Sesi e o Senai arrecadarem diretamente parte das contribuições que a lei lhes destinou com base apenas nos Decretos 494, de 1962, e 57.375, de 1965, não*

> *teria ofendido o princípio da legalidade tributária (...) a despeito de tais instrumentos não serem lei em sentido estrito, habilitaram as entidades ao exercício da capacidade tributária ativa por mais de quarenta anos e teriam, portanto, se convalidado pelo tempo, suprindo assim o requisito.*
>
> 9. De fato, a situação já se encontra consolidada, tendo sido consentida por todos os órgãos arrecadadores que se sucederam nos últimos 48 anos. [...]
>
> 12. Em síntese, estamos diante de uma situação em que todos os atores envolvidos, inclusive a Receita Federal, são uníssonos em repudiar a proposta de alteração da forma de recolhimento das contribuições fiscais devidas ao Sesi e Senai, mesmo reconhecendo que o arcabouço normativo que o sustenta talvez não seja o mais apropriado[9]. (grifos da decisão).

Portanto, o TCU e a SRF reconhecem expressamente a patente violação à Constituição Federal, mas, surpreendentemente, compreendem que houve convalidação da situação pelo tempo e que determinar a centralização, na SRF, da arrecadação das contribuições devidas ao Sesi e ao Senai, implicaria desvantagens do ponto de vista do interesse público e considerável ônus aos agentes envolvidos. Insustentável juridicamente a compreensão do TCU e da SRF. Interesse público é o interesse da observância da Constituição e das leis e não pode qualquer órgão público se furtar a cumprir com a legalidade e a tipicidade tributária estabelecida no art. 151, inciso I, da CF sob o suposto pretexto do ônus aos aplicadores envolvidos com a interpretação da norma jurídica constitucional. Parafraseando Lenio Luis Streck, o que o TCU e a SRF fizeram com a Constituição que lhe foi dada? Diz: "[...] A Constituição deve ser, pois, significada, tornada visível, em um acontecer do Direito. Afinal, o que há nessa palavra de tão amedrontador para que o jurista, frequentemente, em vez de fazê-la falar, a faça tagarelar?" (2003, p. 296-297). Em outros termos, os Decretos nº 494/1962 e 57.375/65 regulamentadores, respectivamente, do Senai e do Sesi, dispuseram sobre a hipótese de sujeição ativa inconstitucionalmente, por terem *status* de norma infralegal feriram a um só tempo os arts. 84, inciso IV e 150, inciso I, da CF.

Na hipótese, a legalidade tributária é objetiva e expressa a característica ou a ideia constitucional de certeza jurídica e de segurança que o Direito

[9] BRASIL. **Tribunal de Contas da União**. TC 030.409/2008-4, Relator Ministro José Múcio Monteiro, Julgado em 27 de novembro de 2013.

assegura ao contribuinte em cada caso concreto. Como observa Carmem Lúcia Antunes Rocha: "Não se cuidam, pois, de conteúdos subjetivos ou aleatórios. Têm substância jurídica própria, cuja explicitação é tarefa do aplicador das normas nas quais eles se contêm [...]" (1994, pg. 33). Em outras palavras, a objetividade impede então que "[...] seja permitida a seus aplicadores a opção livre de sentidos a serem extraídos num determinado momento da vigência do sistema jurídico [...]" (1994, pg. 34).

Já em relação ao Sest e ao Senat, existe previsão legal que autoriza o recolhimento direto das contribuições sociais se encontra prevista no §1º, do artigo 7º, da Lei nº 8.706/93. Da mesma maneira, no que pertinente ao Senar, há previsão legal expressa de que a arrecadação da contribuição social tributária será feita juntamente com a Previdência Social, isto é, permite-se que a SRF, o Senar, ou os dois, possam cobrar o tributo (art. 3º, §3º, da Lei nº 8.315/1991). Porém, em que pese a autorização legislativa vigente pela viabilidade do recolhimento direto de tributos às entidades que possuam esta previsão em lei, o Sest, o Senat e o Senar, hoje, não exercem na prática essa atividade administrativa.

Nesse cenário, conclui-se pela possibilidade jurídica da sujeição ativa tributária dos serviços sociais autônomos, condicionada sempre à edição de lei autorizativa expressa desta capacidade administrativa, não bastando, portanto, a autorização infralegal. Portanto, é patente a inconstitucionalidade e a ilegalidade da forma de recolhimento direto das contribuições tributárias por parte do Senai e do Sesi e a alteração numa futura reforma tributária é rigorosamente necessária, pois a atual ordem normativa não sustenta o sistema de cobrança.

3. Poder de concessão de isenção tributária

Outra característica marcante dos direitos fundamentais encontrada em parte das entidades integrantes do serviço social autônomo é sua capacidade de estimular as empresas a implementar serviços de educação de seus trabalhadores que, dentro da discricionariedade da entidade, sejam considerados adequados para os fins legais ao qual almejam, tendo como contraprestação a isenção ou redução da obrigação de recolhimento das contribuições sociais que financiam estas entidades. Referida prerrogativa é exercida pelas entidades por expressa delegação legal e se encontra presente no Senai (art. 5º do Decreto-Lei 4.048/1942) e no Senac (art. 6º do Decreto-Lei nº 8.621/1946). Para adequada análise dessa prerrogativa necessário se faz ponderar alguns princípios constitucionais tributários.

Inicialmente, destaca-se a existência implícita do princípio da transparência fiscal. A razão de sua existência advém da necessidade de garantir que a sociedade, como um todo, e o sujeito passivo, em particular, tenham conhecimento da carga tributária que lhes é imposta. O desenvolvimento da consciência do impacto fiscal sobre o poder de compra das pessoas é, sem sombra de dúvida, um instrumento para o desenvolvimento da própria cidadania. Nesse contexto, destacam-se dois dispositivos constitucionais que dão substância ao princípio da transparência fiscal.

O primeiro se encontra previsto no art. 150, § 5º, e dispõe que a lei determinará medidas para que os consumidores sejam esclarecidos acerca dos impostos que incidam sobre mercadorias e serviços. O segundo se encontra previsto no art. 150, § 6º, e dispõe sobre a necessidade de lei específica para a concessão de qualquer desoneração tributária, sem prejuízo dos convênios do Confaz. Como implementação da necessidade de esclarecimentos ao consumidor acerca da carga tributária que lhe aplicada quando da aquisição de bens e serviços, foi promulgada a Lei nº 12.741/2012, que estabeleceu a obrigatoriedade de informação do valor aproximado dos impostos pagos pelo consumidor. Menciona-se que, inobstante o comando constitucional tenha determinado a necessidade de informação aos consumidores apenas dos impostos, a Lei nº 12.741/2012 incluiu não apenas estes, como também as contribuições para o Pis/Pasep, a Cofins e a Cide incidentes sobre combustíveis. Assim, forçoso se reconhecer que o texto legal poderia ter sido aprimorado no sentido de incluir não apenas a Cide sobre combustíveis e derivados de petróleo, como as demais contribuições de intervenção no domínio econômico e as próprias contribuições sociais de financiamento do serviço social autônomo. O ajuste sugerido teria o condão de ampliar a possibilidade de conhecimento do consumidor sobre as contribuições, que hoje significam a maior parte da arrecadação do Estado, além de dar a mais ampla efetividade ao princípio da transparência fiscal, cuja importância poderia ser reforçada se a lei previsse a necessidade de divulgação dos impostos incidentes sobre a cadeia produtiva não apenas para o consumidor, mas para a sociedade como um todo. Baseado no princípio da transparência fiscal, tem-se que eventual isenção deve constar de legislação específica materialmente relacionada com o tributo a que se venha dar isenção, o que foi observado no caso do Senai e do Senac, cujas leis instituidoras trataram do tributo a ser cobrado para seu financiamento, bem como a hipótese de isenção ou redução da contribuição.

No que diz respeito à isenção, o art. 175, inc. I, do CTN, a define como uma das formas de exclusão do crédito tributário, no entanto o conceito legal se revela muito limitado e deixa de observar a aplicação do princípio da legalidade estrita para a concessão de isenções. Pondera-se que a isenção, ainda quando prevista em contrato, deve ser estabelecida em lei que estabeleça os requisitos para sua concessão, os tributos para os quais se aplica e seu prazo de duração. Este conceito deve ser ampliado para definir a isenção como sendo a limitação legal da norma jurídica tributária que impede a geração de efeitos que consubstancia a hipótese de incidência, significando hipótese de exoneração tributária. Sua existência impede o exercício da competência tributária pelo sujeito ativo e, por consequência, o surgimento da obrigação tributária principal.

Em regra, a concessão de isenção poderá ser feita por meio de lei ordinária. A exceção a esta regra reside nos tributos cuja criação dar-se-á apenas por meio de lei complementar os quais demandam, para concessão de isenção, norma de igual tipo legislativo. Mas independente da forma legislativa adotada para a instituição da isenção, a lei que a institui deve ser específica, conforme determina o art. 150, § 6º, da Constituição Federal, do mesmo modo que ocorre para a anistia. Ante tal obrigação, é vedada a concessão de isenção por intermédio de lei geral. Desse modo, lei que trate de servidores públicos não poderia disciplinar, em seu texto normativo, hipóteses de isenção do imposto de importação, por exemplo.

De outro lado, importa verificar a possibilidade de supressão ou revogação da isenção. Sobre este assunto, sublinha-se que o art. 178 do CTN dispõe que a isenção pode ser revogada ou modificada por lei, exceto se tiver sido concedida por prazo certo e sob condições. Para se verificar a possiblidade de revogação da isenção, é obrigatório, portanto, o exame das condições sob as quais foi concedida. Caso a isenção tenha sido concedida de forma não onerosa – incondicional – pode ser revogada a qualquer momento. Desde 2009, quando a Suprema Corte julgou o Recurso Extraordinário nº 204.062/RS, já vigorava o entendimento segundo o qual "na isenção, o tributo já existe. Por isso, revogado o favor legal, força é concluir que um novo tributo não foi criado, senão que houve apenas a restauração do direito de cobrar o tributo, o que não implica a obrigatoriedade de ser observado o princípio da anterioridade"[10]. Em se tratando de isenção onerosa e sem prazo certo, entende-se que a sua supressão não pode ser feita de imediato, devendo-se respeitar o princípio da anterioridade. Por fim, se a isenção for dada por prazo certo e condicional, não poderá ser revogada, porquanto existente direito adquirido do contribuinte.

Realizadas estas considerações, ao se meditar sobre a natureza da isenção que pode ser concedida pelas entidades do serviço social autônomo, sobressaem as seguintes características: (i) a isenção do Senai é incidente sobre a integralidade da contribuição social, ao passo que a isenção do Senac limita-se a oitenta por cento da contribuição; (ii) ambas isenções se encontram sob o poder discricionário das entidades em razão de sua capacidade de avaliar os cursos e sua adequação para fins de isenção; (iii) as isenções são concedidas de forma onerosa, porquanto demandam investimentos em educação para poderem ser concedidas pelas entidades; (iv) são pactuadas por prazo indeterminado, porquanto enquanto mantidas as condições para a isenção esta deve permanecer.

Face tais atributos, verifica-se que, uma vez concedida a isenção sem prazo certo pelas entidades do serviço social autônomo, sua revogação se afigura possível, desde que respeitado o princípio constitucional da anterioridade.

4. Imunidade tributária de contribuições sociais e de impostos

O art. 150 da CF/88 estabeleceu na alínea "c", do seu inciso VI, a vedação à União Federal de instituir impostos em face das entidades de assistência social sem fins lucrativos, atendidos os requisitos legais. Nesse mesmo sentido, o artigo 195, §7º, da CF estabeleceu expressamente que as entidades beneficentes de assistência social fazem jus à imunidade quanto às contribuições de assistência social. Assim, resta evidenciada a intenção legislativa do constituinte de estabelecer a estas entidades ampla imunidade, não só em relação aos seus impostos, mas também quanto às

[10] Brasil. **Supremo Tribunal Federal**. RE 204.062/ES. Rel. Min Carlos Velloso, Segunda Turma, julgado em 27/09/1996, Publicado em 19/12/1996.

contribuições sociais, eis que não teria coerência constitucional impor ônus tributário a contribuintes que precisam de recursos do próprio Estado, ou seja, haveria nítido prejuízo financeiro e falta de lógica e coesão constitucional retirar tributos de entidades de assistência social para retornar esses mesmos valores algum tempo depois por dotações orçamentárias para as mesmas entidades.

Nesse rumo, as entidades do sistema "S" gozam peremptoriamente de imunidade constitucional tributária, pois, além de lei expressa, conforme as disposições dos arts. 12 e 13 da Lei nº 2.613/55, os serviços sociais autônomos, constituídos sob a forma de sociedade civil sem fins lucrativos, são criados por leis que expressamente preveem sua função de assistência social. Diante disso, ao assegurarem direitos sociais aos cidadãos brasileiros que deveriam ser assegurados pelo Poder Público, configuram-se legalmente com previsão expressa de ausência de finalidade lucrativa de suas ações e aplicam integralmente no País os seus recursos relacionados à atividade social que desempenham. No mesmo sentido, por obrigação legal, mantêm escrituração de receitas e despesas em livros formais. Por isso, preenchem todos os requisitos constitucionais e legais para alcançar o benefício da imunidade sobre impostos.

Decerto, o art. 6º da CF estabelece como direitos sociais "[...] a educação, a saúde, a alimentação, o trabalho, a moradia, o transporte, o lazer, a segurança, a previdência social, a proteção à maternidade e à infância, a assistência aos desamparados.". Já o art. 203 da CF dispõe que a assistência social será prestada a quem dela necessitar, independentemente de contribuição à seguridade social. Nesse rumo, a Lei nº 8.742/93, que dispõe sobre a organização da assistência social no Brasil, prevê que os objetivos são a proteção social, a promoção da integração ao mercado de trabalho, a proteção à família, à maternidade, à infância, à adolescência e à velhice, a vigilância socioassistencial e a defesa dos direitos sociais dos brasileiros. Assim sendo, os serviços sociais autônomos, na qualidade de entidades de assistência social criadas por lei, fazem jus à imunidade das contribuições sociais. Afinal, se a assistência social é o objetivo precípuo da seguridade social, é incoerente exigir das entidades que possuem como objetivo fulcral a defesa e promoção dos direitos sociais o recolhimento de contribuições ao Estado para financiar este setor, uma vez que elas próprias já atuam de forma integrada com o Estado nesse sentido.

Ressalta-se, mais uma vez, que as próprias leis de criação destas entidades já deixam clara a sua natureza beneficente de assistência social. A exemplo disso, cite-se que todos os serviços sociais autônomos possuem previsão expressa quanto ao seu principal objetivo de promoção da integração ao mercado de trabalho. Ao Senai e ao Sesi, por exemplo, nas respectivas leis de criação, Decreto-lei nº 4.048/42 e Decreto-lei nº 9.403/46, foram-lhes atribuídas as funções sociais de promoção de emprego e bem-estar social dos trabalhadores na indústria e nas atividades assemelhadas.

O Senac e o Sesc, igualmente, possuem desde a suas respectivas leis de criação, Decreto-lei nº 8.621/46 e Decreto-lei nº 9.853/46, o objetivo principal de promoção da integração dos trabalhadores comerciários com mercado de trabalho. A Lei nº 8.706/93, que criou o Sest e o Senat, igualmente determinou como objetivo daquelas entidades a promoção da integração do trabalhador em transporte rodoviário e do transportador autônomo com o mercado.

No mesmo sentido, ao Sebrae também foi atribuída pela Lei nº 8.029/90 a promoção da integração ao mercado de trabalho das micro e pequenas empresas, em conformidade com as políticas nacionais de desenvolvimento, particularmente as relativas às áreas industrial, comercial e tecnológica. Com relação ao Senar, o legislador não agiu diferente. Na própria Lei 8.315/91 de criação da entidade já restou definida sua finalidade assistencial, restando determinado que o objetivo fundamental é fomentar o ensino da formação profissional rural e promover a integração do trabalhador rural com o mercado de trabalho.

No que concerne ao Sescoop, o artigo 8º, da MP nº 2.168-40/2001, com atual força de lei, conforme a Súmula Vinculante 54, deixa claro que esta entidade, assim como os demais serviços sociais autônomos, tem o propósito de promover a integração dos trabalhadores com o mercado de trabalho por meio do fomento do cooperativismo. Os serviços sociais autônomos da Apex-Brasil e da Abdi, igualmente, preveem em suas respectivas leis de criação, Lei nº 10.668/03 e Lei nº 11.080/04, sua finalidade precípua de fomento do mercado de trabalho pela formação profissional dos trabalhadores e fomento da atividade econômica e da geração de empregos.

Já o serviço social autônomo Associação das Pioneiras Sociais (APS), também voltado à proteção dos direitos sociais, tem como objetivo principal, descrito em sua lei de criação, a assistência médica qualificada e gratuita a todos os níveis da população e o desenvolvimento das atividades educacionais e de pesquisa no campo da saúde.

Em que pese os serviços sociais autônomos possuam suas respectivas atividades de assistência social voltadas, sobretudo, à promoção da integração ao mercado de trabalho, conforme previsto no art. 203, III, da CF, como é o caso, por exemplo, do Sesi e do Sebrae, ou à proteção à família, à maternidade, à infância, à adolescência e à velhice, de acordo com o art. 203, inciso I, da CF, como o faz a Associação das Pioneiras Sociais (APS), todos eles, sem exceção, possuem o reconhecimento de sua função beneficente em suas leis de criação, de forma expressamente reconhecida pelo legislador.

Assim, os serviços sociais autônomos possuem direito à imunidade quanto à contribuição social incidente sobre a folha de pagamento, bem como em relação aos impostos. Contudo, em oposição à tese de imunidade tributária dos serviços sociais autônomos, a Fazenda Nacional vem sustentando judicialmente que essas entidades deveriam se submeter à exigência do Certificado de Entidades Beneficentes de Assistência Social (Cebas), para o reconhecimento da natureza de assistência social. Todavia, esse argumento não tem sustentação, os serviços sociais autônomos são criados por lei com todos os seus objetivos e forma de atuação no plano do atendimento do seu fim assistencial, ou seja, há lei específica e especial tanto de criação que estabelece os seus objetivos de inclusão no mercado de trabalho e supervisão do Poder Executivo e fiscalização do TCU no cumprimento da lei, como lei específica que determina a isenção tributária das entidades do sistema "S". Desse modo, estabeleceu-se que, além de preencherem todos os requisitos constitucionais previstos nos artigos 150, inciso VI, "c", e 195, §7º, da Carta Magna, as entidades do sistema "S" possuem a isenção reconhecida expressamente de acordo com os artigos 12 e 13, da Lei nº 2.613/55:

> Art. 12. Os serviços e bens do S. S. R. gozam de ampla isenção fiscal como se fossem da própria União.
>
> Art. 13. O disposto nos arts. 11 e 12 desta lei se aplica ao Serviço Social da Indústria (SESI), ao Serviço Social do Comércio (SESC), ao Serviço Nacional de Aprendizagem Industrial (SENAI) e ao Serviço Nacional de Aprendizagem Comercial (SENAC).

Ainda sobre o ponto, destaque-se que não se aplica aos serviços sociais autônomos o julgamento do Recurso Extraordinário nº 566.622/RS (Tema 32), que determinou que, por lei ordinária, a União institua procedimentos e formalidades administrativas relativas à concessão da imunidade, tal como o Cebas. Primeiro, porque os serviços sociais autônomos têm lei específica e especial de isenção tributária, conforme os arts. 12 e 13 da Lei nº 2.613/55. Segundo, pois não existe necessidade de certificar algo que já consta atestado expressamente e taxativamente na lei de criação do serviço social autônomo. Terceiro, porquanto os serviços sociais autônomos têm como finalidade a assistência social e isso é a razão legal da sua existência. Quarto, porque existe necessidade de que se faça prova daquilo que não se sabe, daquilo que lhes é externo, mas não daquilo que é interno e constitui a natureza e a razão de ser do serviço social autônomo.

Por isso, às entidades sem fins lucrativos, em geral, ao contrário dos serviços sociais autônomos, aplica-se o Recurso Extraordinário nº 566.622/RS e a exigência do Cebas, pois, inexiste comprovação prévia de que possuem finalidade de assistência social, servindo o documento infralegal procedimental justamente para comprovar tal condição. Ainda sobre o tema, veja-se o Parecer vinculante nº 169 da Advocacia-Geral da União que tratou do tema do Cebas para os serviços sociais autônomos, assim ementado:

> *A criação, por lei, de entidade filantrópica supre o certificado ou registro que ateste tal finalidade,* e isenta a entidade das contribuições de que tratam os arts. 22 e 23 da Lei n. 8.112, de 24.7.1991.
>
> A prática da filantropia pelas demais entidades que a elas se dedicam, ainda que tal objetivo figure nos seus atos institutivos, é algo que se lhes adiciona, é algo que lhes é externo, tanto que pode e, por vezes, acontece de o título servir-lhes apenas de fachada. Diferentemente é o que sucede com a nova Associação das Pioneiras Sociais. *Nessa, quer ela queira quer não, a filantropia constitui sua finalidade; a entidade é filantrópica por natureza; por reconhecimento legal; porque foi criada para a prática da filantropia. E, em sendo assim, a declaração legal supre o reconhecimento de um órgão burocrático da administração*[11] (g. n.)

[11] BRASIL. **Advocacia Geral da União.** Parecer GQ 169, de 06 de outubro de 1998. Dispõe sobre a isenção de serviço social autônomo à contribuição de cota patronal e de terceiros. Publicada no Diário Oficial da União, Seção 1, de 08 de outubro de 1998.

No referido parecer, o douto advogado-geral descreve que os serviços sociais autônomos preenchem todos os requisitos arrolados pela Lei nº 8.112/91 para obtenção da imunidade tributária nela prevista, salvo o Cebas. Todavia, a conclusão do parecer é no sentido de que tal certificação a tais entidades é suprido "[...] pelo reconhecimento legal que institui a pessoa jurídica como entidade filantrópica [...]". Nesse rumo, ainda que se admitisse a aplicação da Lei-geral nº 8.112/91 às entidades do sistema "S", em detrimento das leis singulares e específicas que criaram os serviços sociais autônomos e atestaram a sua natureza de entidade de assistência social, a Lei nº 2.613/55, como já dito, expressamente reconhece a imunidade dos serviços sociais autônomos ao recolhimento de contribuições de seguridade social.

De mais a mais, o próprio STF, no Tema 459, distinguindo-o do Tema 32, reconheceu a ausência de repercussão geral da matéria, estabelecida pelo Tribunal por ocasião do julgamento do RE nº 642.442/RS. Nesta oportunidade, o Plenário da Suprema Corte, ao apreciar o recurso da União, interposto contra acórdão que havia reconhecido a imunidade tributária em favor do Sesi, concluiu inexistente o requisito da repercussão geral, em acórdão assim ementado:

> RECURSO. Extraordinário. Inadmissibilidade. Imunidade tributária. Entidade beneficente de assistência social. Requisitos legais. Tema infraconstitucional. Precedentes. Ausência de repercussão geral. Recurso extraordinário não conhecido. Não apresenta repercussão geral recurso extraordinário que, tendo por objeto o preenchimento dos requisitos impostos pelo art. 55 da Lei 8.212/1991, aptos a caracterizar pessoa jurídica como entidade beneficente de assistência social, para efeitos de reconhecimento de imunidade tributária, versa sobre tema infraconstitucional.[12]

Naquela oportunidade, a Fazenda Nacional tentava afastar a imunidade dos serviços sociais autônomos, afirmando a aplicação a essas entidades da Lei nº 8.212/91 e o não preenchimento dos requisitos do artigo 55 da referida legislação. Na oportunidade, o STF reconheceu a inexistência de repercussão geral que viabilizasse a apreciação do tema pela Corte,

[12] BRASIL. **Supremo Tribunal Federal.** Recurso Extraordinário nº 642.442 RS, Relator Ministro Presidente Cesar Peluzo, julgado em 05 de agosto de 2011 e publicado no Diário de Justiça eletrônico em 08 de setembro de 2011.

uma vez que a situação da imunidade do sistema "S" é regulada por tema infraconstitucional. Neste ponto, observa-se que a lei infraconstitucional que regula a questão da imunidade aos "S" são as respectivas leis de criação e a Lei nº 2.613/55. Nesse contexto, todos os serviços sociais autônomos fazem jus à imunidade tributária, sendo-lhes assegurado pela Constituição Federal e pela legislação infraconstitucional o direito de não se submeterem ao recolhimento das contribuições de seguridade social.

Conclusões

O presente estudo trabalha com um esboço atual de temas fundamentais tributários nos serviços sociais autônomos, passando por suas fontes de custeio, seus instrumentos de cobrança tributária, a sua capacidade de conferir isenção e a imunidade tributária estabelecida na Constituição Federal de 1988.

Demonstra-se que as entidades que compõem o sistema "S" desempenham serviços sociais que não são exclusivos do Estado e esse objeto comum dos serviços sociais autônomos evidencia o propósito de sua criação, desde sua origem, na década de 1940, que é a ampliação da oferta de serviços sociais à população, seja na área da educação, seja na concretização do direito social ao trabalho, seja na atenção à saúde, na assistência social ou em diversos outros aspectos relacionados à cidadania, à dignidade da pessoa humana, aos valores sociais do trabalho e ao pluralismo político (art. 1º, II, III, IV e V, da Constituição).

Decerto, verifica-se que um dos elementos constitutivos dos serviços sociais autônomos, especialmente do Senai e do Senac, é a sua capacidade de estimular as empresas a implementar serviços de educação de seus trabalhadores que, dentro da discricionariedade da entidade, sejam considerados adequados para os fins ao qual almejam, tendo como contraprestação a isenção ou redução da obrigação de recolhimento das contribuições sociais que financiam estas entidades.

Noutro giro, como essas entidades prestam serviços de relevante interesse social a partir de repasse de tributos ou de verba pública por meio de contrato de gestão, elas submetem-se ao rigoroso regime de direito público na relação de controle finalístico que o Estado exerce e nas regras de orçamento. Ademais, devem atuar na gestão de seus recursos e de seu patrimônio, especialmente no dispêndio de recursos e na contratação de pessoal, a partir dos princípios constitucionais da Administração Pública.

Com relação à sujeição ativa tributária, os serviços sociais autônomos possuem legitimidade caso haja previsão legal para figurar como sujeito ativo indireto da relação tributária. Assim sendo, as contribuições devidas às respectivas entidades do sistema "S", instituídas pelos próprios normativos que criaram tais entidades, quando arrecadadas e recolhidas diretamente por estes entes, são exemplos de sujeição ativa tributária dos serviços sociais autônomos. Após pesquisa exaustiva de todas as legislações dos serviços sociais autônomos, constata-se que apenas o Senar, o Sest e o Senat possuem autorização legal para configurarem como sujeito ativo da relação obrigacional tributária. Logo. é patente a inconstitucionalidade e a ilegalidade da forma de recolhimento direto das contribuições tributárias por parte do Senai e do Sesi e a alteração numa futura reforma tributária é rigorosamente necessária, pois a atual ordem normativa não sustenta o sistema de cobrança.

Com relação à imunidade tributária de contribuições sociais e de impostos, a partir dos arts. 150, inciso VI, alínea "c", e 195, § 7º, da CF/88, verifica-se que as entidades do sistema "S" gozam peremptoriamente de imunidade constitucional tributária, pois, além de lei expressa, conforme as disposições dos arts. 12 e 13 da Lei nº 2.613/55, os serviços sociais autônomos, constituídos sob a forma de sociedade civil sem fins lucrativos, são criados por leis que expressamente preveem sua função de assistência social. Diante disso, ao assegurarem direitos sociais aos cidadãos brasileiros que deveriam ser assegurados pelo Poder Público, configuram-se legalmente com previsão expressa de ausência de finalidade lucrativa de suas ações e aplicam integralmente no País os seus recursos relacionados à atividade social que desempenham. No mesmo sentido, por obrigação legal, mantêm escrituração de receitas e despesas em livros formais. Por isso, preenchem todos os requisitos constitucionais e legais para alcançar o benefício da imunidade.

Destaque-se que não se aplica aos serviços sociais autônomos o julgamento do Recurso Extraordinário n.º 566.622/RS (Tema 32), que determinou que, por lei ordinária, a União institua procedimentos e formalidades administrativas relativas à concessão da imunidade, tal como o Cebas. Primeiro, os serviços sociais autônomos têm lei específica e especial de isenção tributária, conforme os arts. 12 e 13 da Lei nº 2.613/55. Segundo, não existe necessidade de certificar algo que já consta atestado expressamente e taxativamente na lei de criação do serviço social autônomo. Terceiro, o serviço social autônomo tem como sua finalidade precípua a assistência social e isso é a razão legal da sua existência. Quarto, existe necessidade de que faça prova daquilo que não se sabe, daquilo que lhes é externo, mas não daquilo que é interno e constitui por natureza a razão de ser do serviço social autônomo.

Assim sendo, com a percepção de que o direito público não se confunde com o direito estatal e que as atividades com fins lucrativos ou econômicos não se confundem com as atividades econômicas no sistema capitalista de produção estabelecido constitucionalmente, desde que respeitada a proteção à livre-iniciativa (arts. 1º, inciso IV, 170, parágrafo único, e 174 da CF), percebe-se que os serviços sociais autônomos devem dirigir as suas atividades sociais de modo que empreendam atividades econômicas sempre como meio e que o resultado econômico obtido seja obrigatoriamente e integralmente aplicado na sua finalidade social, seguindo-se a premissa constitutiva de não se manter sob a dependência exclusiva de dotações orçamentárias do Estado.

Portanto, verifica-se que os serviços sociais autônomos atuam em atividades puramente vinculadas à assistência social ou ao ensino profissional de certos grupos sociais ou categorias profissionais, com recursos derivados de contribuições tributárias e/ou dotações orçamentárias, e que, além dessas fundamentais atividades vinculadas a grupos sindicais, os serviços sociais autônomos vêm crescendo com contribuições relevantes em serviços voltados para toda a coletividade na área de seguridade social, promovendo grandes saltos na saúde pública, na previdência social e no desenvolvimento social nacional de políticas econômicas de interesse coletivo e utilidade pública para a geração de novos postos de empregos e consequente integração ao mercado de trabalho.

Conclui-se, assim, que os estudantes e os trabalhadores são os principais beneficiados com diversas ações voltadas para a educação, a saúde, o lazer, o treinamento profissionalizante, a valorização do trabalho por meio do desenvolvimento de tecnologias e a inserção do trabalhador nesse contexto e a promoção da organização do trabalhador em cooperativas. Logo, os serviços sociais autônomos são entes com participação estatal, desde sua criação, mas de natureza privada, voltados para a prestação de serviços sociais fundamentais para toda a sociedade e, principalmente, para o estudante e o trabalhador brasileiro.

Referências

ALMEIDA, Marcio José de; CORDEIRO, Alexandre Modesto; ANDREGUETTO, Rafael; DALMAZ, Wellington Otavio. **Limites e potencialidades dos novos formatos organizacionais: 15 anos de experiência dos serviços sociais autônomos paranaenses**. Disponível em: http://consadnacional.org.br/wp-content/uploads/2013/05/187-limites-e-potencialidades-dos-novos-formatos-organizacionais-15-anos-de-experi%c3%8ancia-dos-servi%c3%87os-sociais-aut%c3%94nomos-paranaenses.pdf. Acesso em: 02 fev. de 2019.

ATALIBA, Geraldo. **Hipótese de incidência tributária**. 6º edição. São Paulo: Malheiros, 2003.

BRASIL. **Advocacia Geral da União**. Parecer GQ 169, de 06 de outubro de 1998. Dispõe sobre a isenção de serviço social autônomo à contribuição de cota patronal e de terceiros. Publicada no Diário Oficial da União, Seção 1, de 08 de outubro de 1998.

BRASIL. **Supremo Tribunal Federal**. RE 516195 ED-AgR-EDv-AgR, Relator(a): Min. Alexandre De Moraes, Tribunal Pleno, julgado em 26/10/2018, Processo Eletrônico DJe-236, Public. 07-11-2018.

BRASIL. **Supremo Tribunal Federal**. ADI 4016 MC, Relator(a): Min. Gilmar Mendes, Tribunal Pleno, julgado em 01/08/2008, DJe-075, Public 24-04-2009.

BRASIL. **Supremo Tribunal Federal**. Recurso Extraordinário nº 642.442 RS, Relator Ministro Presidente Cesar Peluzo, julgado em 05 de agosto de 2011 e publicado no Diário de Justiça eletrônico em 08 de setembro de 2011.

Brasil. **Supremo Tribunal Federal**. RE 204.062/ES. Rel. Min Carlos Velloso, Segunda Turma, julgado em 27/09/1996, Publicado em 19/12/1996.

BRASIL. **Supremo Tribunal Federal**. RE 412.368 AgR, rel. min. Joaquim Barbosa, j. 1º-3-2011, 2ª T, *DJE* de 1º-4-2011.

BRASIL. **Supremo Tribunal Federal**. ADI nº 3026/DF, Pleno, Relator Ministro Eros Grau, DJ de 19.6.2006.

BRASIL. **Tribunal de Contas da União**. TC 030.409/2008-4, Relator Ministro José Múcio Monteiro, Julgado em 27 de novembro de 2013.

COELHO, Sacha Calmon Navarro. **Comentários ao Código Tributário Nacional**. 4º edição. Rio de Janeiro: Forense, 1999.

ROCHA, Carmem Lúcia Antunes. **Princípios Constitucionais da Administração Pública**. Belo Horizonte: Del Rey, 1994.

STRECK, Lenio Luis. **Hermenêutica jurídica e(m) crise**. 4.ed., Porto Alegre: Livraria do Advogado, 2003.

11.
Breves Reflexões sobre Projetos de Reforma Tributária

Everardo de Almeida Maciel

Sistemas tributários não são meras técnicas de extração de renda da sociedade para financiar o bem comum, mas escolhas políticas balizadas por princípios constitucionais. Encerram conflitos de razão e de interesse, porque, nas democracias, se sujeitam à aprovação no parlamento.

São, portanto, construções político-culturais, inevitavelmente imperfeitas. Adotam técnicas de extração tributária, mas não são caudatários delas. Em outras palavras, não são softwares de prateleira.

Günter Schmölders, citado por Sérgio André da Costa[1], ao discorrer sobre a psicologia tributária, ressalta a índole político-cultural dos sistemas tributários, ao assinalar que a resistência à tributação entre os povos está condicionada à sua respectiva "mentalidade tributária", isto é, às questões culturais, históricas e comportamentais que motivam o contribuinte a cumprir, espontaneamente, a obrigação tributária.

Ao longo do tempo, essas imperfeições podem aumentar, em virtude de mudanças no contexto econômico, obsolescência das formas de extração, surgimento de novas tecnologias, controvérsias conceituais, superabundância de exceções e regimes especiais, etc.

É nesse contexto que se inscrevem as reformas tributárias. Não como um evento específico, mas como um processo permanente.

Reforma é uma palavra que goza de muito prestígio, porque mobiliza sentimentos de esperança ante os inevitáveis problemas da realidade. Não

[1] COSTA, Sérgio André. "Da Lei à decisão – a segurança jurídica tributária possível na pós-modernidade". Lumen Juris Editora. Rio de Janeiro, 2017, p. 81.

é, entretanto, autoexplicativa, porquanto encerra uma enorme diversidade de arranjos. Não há reforma, mas reformas.

Nos países menos desenvolvidos, de quando em quando, surgem ondas de reformismo, por múltiplas razões, a exemplo do entendimento simplista de que a mera reprodução de modelos adotados em países desenvolvidos é capaz de promover o desenvolvimento.

Há mesmo quem condicione investimentos à consecução das "reformas", mesmo que não saiba quais são elas.

O reformismo obsessivo, nos países menos desenvolvidos, pretende a redenção por meio de práticas salvacionistas, o que prospera bem em um contexto marcado por frustração, desinformação, interesses dissimulados e manipulação intelectual.

Esse entendimento não autoriza concluir que reformas são dispensáveis e que boas práticas adotadas de outros países devem ser rechaçadas. O que aqui se condena é o neocolonialismo cultural, que interdita as circunstâncias e as iniciativas locais.

No caso específico da reforma tributária, a adoção acrítica de modelos adotados em outros países pode ser um grande equívoco, quando se desconsidera o contexto político e histórico em que eles foram concebidos e os custos da transposição. Além do mais, paradigmas tributários absolutos são ficções, sem compromisso com o mundo real.

O Brasil assumiu, com pioneirismo, práticas que, posteriormente, foram implementadas em outros países, como: na década de 1960, a utilização da rede bancária na cobrança de impostos, a fusão da administração aduaneira com a de tributos internos, a utilização da informática como suporte para a administração tributária; na década de 1990, o uso intensivo da internet no cumprimento das obrigações tributárias acessórias.

A despeito dos problemas que o ICM (hoje, ICMS) adquiriu no curso de sua evolução, não se pode esquecer que foi o primeiro modelo, em todo o mundo, de tributação do consumo pela técnica do valor agregado que abrangeu todas as etapas do processo produtivo, desde a produção até o varejo.

Os projetos de reforma tributária, portanto, não podem ser uma trivial escolha por modelos teóricos ou soluções adotadas em outros países. Ao contrário, devem estar fundadas em diagnósticos, em que sejam identificados, com clareza e precisão, os problemas a enfrentar, sem apelos a chavões e dogmatismos.

Com base nos diagnósticos devem ser indicadas soluções jurídica e economicamente consistentes, e politicamente viáveis, procedendo-se, também, à mensuração dos efeitos sobre contribuintes e preços e, quando for o caso, sobre os entes federativos.

A inobservância desses pressupostos compromete, irremediavelmente, qualquer projeto de reforma.

De salientar que reformas não são necessariamente soluções para os problemas tributários. Podem, inclusive, ampliá-los, como ocorreu com inúmeras reformas tributárias, pela via constitucional, nas últimas décadas.

O projeto de reforma deve, sempre, observar o que Thomas Sydenham (1624-1689), inspirado em Hipócrates, ensinava aos médicos: primeiro, não prejudicar[2], em alusão à indispensável prevenção de riscos elevados, custos desnecessários e danos irredimíveis para os pacientes.

A percepção de uma carga tributária desproporcionalmente elevada, quando cotejada com a má qualidade do gasto público, a excessiva litigiosidade, a insegurança jurídica e as exorbitantes exigências burocráticas geram um compreensível clamor por reforma tributária. Esse clamor se faz acompanhar de juízos autodepreciativos.

Esse quadro propicia a construção de teses que, frequentemente, tentam reproduzir enlatados tributários, não raro com validade vencida, e "teorias" para, muitas vezes, encobrir agendas ocultas.

A aridez da matéria tributária pretexta, com muita facilidade, a construção de fabulações e falsas ilações, que muitas vezes escondem interesses econômicos ou políticos. A partir daí, são construídas soluções, autodesignadas reformas tributárias, que desfrutam do prestígio da novidade.

É recorrente dizer-se, por exemplo, que no Brasil são gastas, anualmente, 2.600 horas para cumprimento das obrigações tributárias, tendo por base a pesquisa anual "Doing Business", patrocinada pelo Banco Mundial.

Se procedente a informação, caberia indagar se o tempo dispendido decorreria da sobrecarga de obrigações acessórias ou da elevada atenção dada à "indústria das teses" com elevado potencial de litigiosidade e cujo objetivo é não pagar impostos. A primeira hipótese remete ao campo da administração tributária e a segunda ao processo tributário.

[2] *Primum non nocere*, em latim.

Em nenhum caso, portanto, o problema se vincula à natureza dos tributos. A despeito disso, essa informação é utilizada como pretexto para uma reforma tributária centrada na natureza dos tributos e as formas de extração.

Uma instituição com a responsabilidade do Banco Mundial tem a obrigação de esclarecer a questão, caso efetivamente pretenda dar curso ao seu propósito de melhorar o ambiente de negócios. A mera divulgação das informações é um desserviço, que gera danos à reputação do País e repercussões negativas sobre o ânimo dos investidores.

Nestes tempos da pandemia da covid-19 se apresentam como projetos de reforma tributária as Propostas de Emenda Constitucional (PEC) nº 45 e nº 110, originárias, respectivamente, da Câmara dos Deputados e do Senado Federal e o Projeto de Lei (PL) nº 3.887, de iniciativa do Poder Executivo, que pretende instituir a Contribuição sobre Bens e Serviços (CBS), procedendo-se à extinção da Cofins e do PIS.

A CBS foi anunciada como iniciativa que, no futuro, se ajustaria às pretensões mais abrangentes da PEC nº 45, da PEC nº 110 ou de uma outra PEC, produto da fusão daquelas Propostas. Não se esclarece, entretanto, como ocorreria esse singular ajustamento.

Característica comum das autodesignadas propostas de reforma tributária é a existência de agenda ocultas.

O desencontro de informações é de tal ordem que o pedido de urgência na tramitação do PL que institui a CBS foi retirado, poucos dias após sua apresentação, a pretexto de viabilizar a apreciação de projeto que dispõe sobre alterações na legislação de trânsito. A explicação parece inverossímil.

O “mérito” da proposta da CBS, todavia, foi antecipar, em escala reduzida, os inúmeros problemas embutidos nas PEC nº 45 e nº 110, cuja verdadeira dimensão somente seria conhecida quando da apresentação dos respectivos projetos de leis complementares.

Não há diagnósticos que fundamentem as propostas de reforma tributária, mas mera alusão a experiências de outros países, a conceitos questionáveis que assumem natureza dogmática, a ilações marcadas por uma lógica borrada e a ficções assentadas em elegantes exercícios econométricos, que procuram associar crescimento futuro à “reforma tributária”.

Nenhuma proposta especifica as repercussões sobre setores, entes federativos e preços.

Quando discrimina a alíquota geral, como na proposta da CBS, não disponibiliza a memória de cálculo[3]. Como podem os parlamentares deliberar sobre a matéria de tamanha relevância, se as informações são sonegadas a eles e à sociedade? Como ensinava Miguel Reale: "o direito de informação e à informação é fundamentalmente ético[4]".

Cuida-se, a seguir, de examinar questões gerais e específicas daquelas proposições.

Recorre-se, com frequência, ao argumento da complexidade do sistema tributário brasileiro como motivação para a reforma tributária. Não se explora, contudo, o tema com profundidade.

Afinal, qual seria a natureza dessa complexidade? Seria a excessiva litigiosidade vinculada ao processo tributário, o burocratismo pernicioso, as indeterminações conceituais que repercutem sobre a segurança jurídica ou os problemas específicos de tributos?

Sistemas tributários, ainda que seja óbvio, encerram inevitavelmente complexidades, sempre que lidam com fenômenos complexos, a exemplo de preços de transferência, planejamento tributário, operações no mercado financeiro, etc.

Mesmo no tocante a preços de transferência, o Brasil em comparação com outros países, notadamente os que orbitam na zona de influência da OCDE, tem a mais pragmática e simples legislação do mundo. Ainda assim, ela só é manejada, adequadamente, por especialistas.

Preços de transferência, entretanto, constituem tema da mais elevada importância em um mundo globalizado. Reclamam, por isso mesmo, disciplinamento.

Complexidade demanda a concepção, quando viável, de soluções fundadas na praticabilidade tributária, voltadas, por exemplo, para pequenas e microempresas ou para pessoas físicas equiparadas a jurídicas.

[3] Em matéria veiculada, em 09.09.20, pelo site Poder360 e assinada pelo jornalista Caio Spechoto, (https://www.poder360.com.br/economia/proposta-de-reforma-tributaria--foi-feita-sem-simulacao), a Receita Federal, em resposta a demanda fundada na Lei de Acesso à Informação (Lei nº 12.527, de 2011), informou, por meio da Nota SIC CETAD/COEST nº 133, de 21 de agosto de 2020, que "em sua análise sobre a proposta de criação da Contribuição Social sobre Operações com Bens e Serviços (CBS), não realizou estimativas de impacto que eventualmente poderão ser causados pela criação do novo tributo".

[4] REALE, Miguel. "Variações". Edições GRD. São Paulo, 2000, p.187

É responsabilidade da administração tributária desenvolver sistemas que tornem amigável, em termos de facilidade operacional e baixo custo, o cumprimento da obrigação tributária, a exemplo do que ocorre com a declaração de imposto de renda das pessoas físicas no Brasil.

As propostas de reforma tributária enxergam, de forma simplista, a fusão de tributos como a via para a simplificação, descurando-se de examinar, no caso específico, as repercussões sobre preços, setores, entes federativos e, até mesmo, sobre a destinação das receitas.

É simplismo imaginar que reunir dois tributos gera, necessariamente, um terceiro mais simples do que os que foram objeto da fusão.

Veja-se, por exemplo, a pretensão de fundir o PIS e a Cofins gerando outro tributo (CBS), com o propósito de simplificar. Essas contribuições, exceto em situações especialíssimas, têm a mesma legislação e são recolhidas por meio de um mesmo documento de arrecadação. Por essa razão, são comumente referidas como PIS/Cofins.

Diferenciam-se, tão somente, na destinação do produto da arrecadação: o PIS financia o seguro-desemprego, o abono salarial e o BNDES; a Cofins, o orçamento da seguridade social.

Fica, desde logo, evidente que, na perspectiva do contribuinte, a fusão em nada aproveitaria à tese de simplificação.

Já no plano da destinação dos recursos seria instaurada uma disputa entre os gastos financiados por aquelas contribuições, ademais da possibilidade de questionamento quanto à constitucionalidade da fusão.

A propósito, no âmbito das agendas ocultas, não se pode descartar a hipótese de que exista uma intenção não declarada de extinguir o abono salarial, a pretexto de reestruturar o modelo de transferência de renda a pessoas.

O argumento da simplificação, também, não se confirma na perspectiva da determinação do tributo a recolher.

O art. 11 do PL nº 3.887, que propõe a instituição da CBS, admite diferença entre as receitas que permitem ou não a apropriação de créditos.

Para dar curso a essa diferenciação, prevê um método que consiste na "apropriação direta por meio de sistema de contabilidade de custos integrada e coordenada com a escrituração".

A sistemática vigente do PIS/Cofins está centrada em dois regimes: cumulativo e não cumulativo. No primeiro caso, a apuração se dá por uma singela multiplicação de uma alíquota por uma base de cálculo (receita bruta); no outro, por meio de um modelo "base contra base", que faculta a coexistência entre aqueles dois regimes, reproduzindo, *mutatis mutandi*, o modelo de tributação do IRPJ, na sistemática do lucro real.

Percebe-se, portanto, que a apuração da CBS seria bem mais complexa que a hoje aplicável ao PIS/Cofins.

Registre-se que o regime cumulativo do PIS/Cofins, que se pretende extinguir, tem a mesma natureza do modelo que, hoje, inúmeros países da Europa pretendem adotar na tributação dos serviços digitais providos pelos gigantes do mundo tecnológico. Entendem que esse modelo é eficaz quanto ao objetivo de prevenir a erosão das bases tributárias pelo deslocamento de lucros para paraísos fiscais.

Paradoxalmente, os que acenam com a bandeira da simplificação têm uma indisfarçada má vontade com o regime do lucro presumido do IRPJ, e com o Simples, justamente as mais bem-sucedidas iniciativas de simplificação tributária no Brasil.

A prevenção e resolução de litígios são, também, invocadas como motivação para os projetos de reforma tributária.

No regime cumulativo do PIS/Cofins, entretanto, jamais existiu controvérsia. Tampouco há qualquer queixa de contribuinte quanto à sua complexidade.

A opção pela tributação da renda no regime do lucro presumido e, por via de consequência, na sistemática cumulativa do PIS/Cofins se dá justamente pela simplicidade e segurança jurídica do modelo.

No regime não cumulativo, quase todos os litígios estão centrados no reconhecimento dos direitos creditórios dos insumos, que decorre de um erro de interpretação em ato infralegal, cuja solução é trivial[5].

No projeto de criação da CBS, o tributarista Roberto Quiroga[6] identificou 12 brechas para questionamentos judiciais. Outras, provavelmente, serão encontradas, por conta da intrincada redação do projeto.

Quanto à PEC nº 45, uma questão central é a discussão sobre sua própria constitucionalidade, por restringir a competência tributária dos

[5] Introdução do § 5º no art. 66 da IN SRF nº 247, de 2002, pela IN SRF nº 358, de 2003, em que, equivocadamente, se alterou o conceito de insumo, previsto na Instrução Normativa original, para adotar-se o que se aplica ao IPI.

[6] "Reforma pode gerar discussões judiciais", Valor Econômico, 25 de agosto de 2020.

entes federativos e, desse modo, ofender o pacto federativo[7], cláusula pétrea da Constituição, insusceptível, portanto, de alteração por emenda constitucional.

Esse entendimento já foi suscitado por eminentes tributaristas, como Hamilton Dias de Souza, Heleno Torres, Humberto Ávila, Ives Gandra Martins, Kyioshi Harada, Roque Carrazza, Ricardo Lodi Ribeiro, Roberto Quiroga, Tathiane Piscitelli, aos quais me associo[8]. Desde logo se avista um litígio de grandes proporções.

A PEC nº 45 dispõe, além disso, sobre mais de 150 normas constitucionais, o que propiciaria litígios judiciais, cuja solução demandaria décadas. Mais grave, esses litígios se acrescentariam aos atuais, pois o novo sistema conviveria por 10 anos com os tributos que pretende substituir.

A instituição de um Comitê Gestor[9] para administrar o Imposto sobre Bens e Serviços (IBS), proposto na PEC nº 45, com competência para expedir normas que usurpam funções do Poder Legislativo, seria uma fonte inesgotável de litigiosidade.

Como se vê, em lugar de redução haveria um exponencial aumento nos questionamentos judiciais, em desfavor da segurança jurídica.

Em todas as propostas de reforma tributária, afirma-se, com convicção, que não haverá aumento de carga tributária.

Trata-se de um discurso enganoso. Contribuintes pagam tributos e não carga tributária, que afinal é tão somente um parâmetro para aferir

[7] Art. 60, § 4º, inciso I da Constituição.

[8] A propósito, v. "Onerar mais não é o caminho", O Estado de São Paulo, 26.de julho de 2019, artigo subscrito por Everardo Maciel, Hamilton Dias de Souza, Humberto Ávila, Ives Gandra Martins, Kyioshi Harada e Roque Carrazza.

[9] Em texto veiculado na internet pelo Centro de Cidadania Fiscal, a quem se atribui a elaboração da PEC nº 45, é apresentado um anteprojeto de lei complementar àquela PEC, malgrado ainda não tenha sido apreciada pelo Congresso Nacional. Apesar de ser uma inusitada iniciativa, ajuda a revelar as deficiências da proposição. Em lugar do Comitê Gestor, seria criada uma Agência Tributária Nacional visando "implementar federalismo cooperativo" (sic), integrada por servidores da administração tributária dos entes federativos e dirigida por um conselho de administração, escolhido por uma assembleia geral, com poderes para eleger uma diretoria executiva. Esse Conselho teria competência para expedir normas infralegais e proceder ao julgamento administrativo tributário por meio de um órgão denominado "Contencioso Tributário". Há também alusão, não traduzida no texto do anteprojeto, a um Conselho Consultivo Empresarial. É, provavelmente, a mais esdrúxula concepção de órgão de administração tributária já formulada.

o nível geral de tributação, como proporção do PIB. O que conta para o contribuinte é o montante de tributos que ele paga individualmente.

Elaboradas sem nenhum diagnóstico e clareza quanto a alíquotas, arrecadação e impactos setoriais, as propostas constituem um vazio de projeções, salvo fantasiosas especulações quanto a repercussões sobre o crescimento do PIB.

Para enfrentar esse vazio de informações é que foram apresentadas projeções, veiculadas na mídia e em conferências, sobre os impactos setoriais das propostas.

Essas projeções foram elaboradas por este articulista e, entre outros tributaristas, Hamilton Dias de Souza, Gustavo Brigagão e Ricardo Lacaz, bem como por várias instituições, como, entre outras, a Confederação Nacional de Saúde, o Fórum das Entidades Representativas do Ensino Superior Particular, a Associação Brasileira de Mantenedoras de Ensino Superior (ABMES), a Federação Brasileira de Bancos (Febraban), a Confederação Nacional do Comércio (CNC), a Confederação Nacional da Agricultura (CNA).

Nenhuma projeção foi enfrentada. Pontificaram tão somente arroubos verbais com o objetivo de desqualificá-las, inclusive alegando-se, por incrível que pareça, que a divulgação das projeções não contribuiria para o debate sobre a matéria.

Números não podem ser arrostados com bravatas, mas com outros números. Conduta diversa significa dizer que a proposta está maculada por aventureirismo, porque não se conhecem os números, ou por deslealdade política, porque eles são convenientemente omitidos.

No debate sobre as soluções possíveis, a sociedade tem o direito de conhecer os respectivos custos e benefícios para que haja uma escolha consciente.

Em qualquer uma das propostas de reforma tributária, as primeiras vítimas são os optantes do lucro presumido que recolhem o PIS/Cofins na sistemática cumulativa. São cerca de 850 mil contribuintes.

Admitida a conservadora hipótese de dois sócios por empresa, temos um universo de quase dois milhões de profissionais liberais, além de pequenos prestadores de serviços, comerciantes e industriais.

As alíquotas nominais incidentes em seus negócios cresceriam em percentuais que variam de 211 a mais de 500%, implicando aumento significativo nas cargas tributárias daqueles contribuintes.

Esse aumento alcançaria, também, muitos outros setores, como o imobiliário, o de radiodifusão, o de tecnologia da informação e o de administração de *shoppings centers*, assim como o agronegócio (mormente no caso das pessoas físicas equiparadas a jurídicas, que representam 98% dos produtores rurais) e as entidades de assistência social.

Os optantes do Simples seriam atingidos indiretamente, em virtude da opção pelo modelo "imposto contra imposto", que reduz sua capacidade de transferir direitos creditórios para contribuintes tributados por outros regimes.

Por sua vez, a tributação dos setores sujeitos, no PIS/Cofins, à substituição tributária (bebidas e tabaco) ou à incidência concentrada (combustíveis, automóveis, produtos farmacêuticos) entraria no campo do imprevisível, especialmente pela possibilidade de serem tributados pelo Imposto Seletivo.

Haveria, por conseguinte, aumento de preços das mensalidades escolares, consultas médicas e outros serviços prestados a pessoas por profissionais liberais, das prestações da casa própria (inclusive as que integram programas de habitação popular), dos livros, das diárias de hotéis, etc.

Ao menos no contexto da PEC nº 45, seria eliminada a isenção da cesta básica, a ser compensada por uma transferência de renda de impossível individualização, difícil operacionalidade e sujeita às contingências orçamentárias.

Alega-se que existem produtos que estão indevidamente incluídos na cesta básica. Não seria mais fácil, se procedente o fato, excluí-los?

No campo dos eventuais beneficiários das reformas, estariam provavelmente produtos integrantes de cadeias industriais longas. Na PEC nº 45, as instituições financeiras, hoje tributadas pelo PIS/Cofins, seriam totalmente desoneradas.

Nessa perspectiva, o que se constata é um propósito dissimulado de promover uma desproporcional redistribuição de carga tributária, com muitos perdedores e poucos ganhadores.

Paradoxalmente, essas agendas ocultas estão associadas a projetos de reforma que proclamam a transparência como princípio norteador de sua concepção, que, afinal, se reduz à cobrança "por fora" do tributo.

É indefensável cogitar-se de uma reforma tributária para proceder-se à cobrança "por fora", cuja distinção de uma cobrança "por dentro", como é da tradição brasileira, requer modestos conhecimentos de aritmética elementar.

De forma recorrente, atribui-se a complexidade do PIS/Cofins à profusão de regimes especiais, instituídos após adoção da sistemática não cumulativa na Cofins, em 2003.

Não há como negar essa evidência, conquanto se saiba, evidentemente, que eles são específicos para determinados grupos de contribuintes, sendo desarrazoado compreendê-los de forma extensiva a todos os contribuintes.

Regimes especiais não surgiram por geração espontânea. Avaliada sua relevância para atividade, caso se pretenda revogá-los deve-se recorrer à mesma via normativa que os instituiu, respeitados os que foram concedidos por prazo certo e sob condições, conforme estabelece o art. 178 do Código Tributário Nacional.

A queixa contra a existência de regimes especiais não pode ser razão para promover reformas tributárias de larga amplitude, pois, como se viu, revogá-los constitui procedimento conhecido.

Outro propósito da PEC nº 45 é a pretensão de acabar com a guerra fiscal. Para tal cogita-se a vedação a incentivos na tributação do consumo. Em contrapartida, seria admitida a concessão de subsídios a empreendimentos, por meio de dotações consignadas nos orçamentos anuais.

Antes de tudo, convém assinalar que competição fiscal é instituto universal, inerente à história dos impostos. Só se torna ilícita quando praticada *contra legem,* o que faculta qualificá-la como guerra fiscal ou competição fiscal nociva.

É indiscutível que nos casos do ISS e, sobretudo, do ICMS há evidências notórias de guerra fiscal, especialmente a partir da década de 1990.

Em relação ao ISS, apesar de alguns avanços na legislação constitucional e infraconstitucional, as normas coercitivas para impedir práticas de guerra fiscal ainda não são suficientes.

Quanto ao ICMS, a guerra fiscal é bem mais expressiva e decorre de duas causas principais.

A primeira delas foi a extinção da Secretaria de Economia e Finanças do Ministério da Fazenda, órgão responsável pela coordenação nacional do ICMS, no âmbito da reforma administrativa promovida pelo Governo Collor. Assim, desatentamente, a União demitiu de si a responsabilidade pela coordenação daquele imposto, de índole francamente nacional.

A outra causa foi o novo tratamento, a ser disciplinado em lei complementar, dispensado pela Constituição de 1988[10] à concessão e revogação de isenções, incentivos e benefícios fiscais relativos ao ICMS.

A Constituição estabeleceu, também, que enquanto não fosse editada aquela lei complementar prevaleceria a Lei Complementar (LC) nº 24, de 7 de janeiro de 1975.

Ocorre que a mencionada LC nº 24, de 1975, além de inscrever-se em outro contexto constitucional já não tinha mais eficácia coercitiva, porque as sanções pelo seu descumprimento, previstas no art. 8º, tornaram-se inconstitucionais em virtude de legislação posterior à sua edição. Desse modo, pereceram as sanções pela prática de guerra fiscal no ICMS.

As ações contra a guerra fiscal do ICMS desaguaram no STF. A despeito de, reiteradamente, considerar ilegal essa prática, a morosidade dos julgamentos na Suprema Corte não foi suficiente para impedir a guerra fiscal. Sequer um projeto de súmula vinculante conseguiu prosperar.

A Lei Complementar nº 160, de 7 de agosto de 2017, ao dispor sobre a concessão de incentivos fiscais do ICMS é norma de baixa densidade normativa, limitando-se praticamente a conferir legalidade às práticas passadas de guerra fiscal e facultar sua extensão a outras Unidades da Federação.

O abuso, como se sabe, não deve impedir o uso. As deficiências normativas e administrativas, na competição fiscal daqueles impostos, são sanáveis, mediante adoção, por lei complementar, de critérios objetivos para a concessão ou revogação de incentivos fiscais, associados a sanções eficazes contra a prática de guerra fiscal, aplicáveis ao contribuinte (pagamento do imposto devido com multa), ao ente federativo infrator (impedimentos previstos nos incisos I, II e III do § 3º do art. 23 da Lei de Responsabilidade Fiscal) e aos agentes públicos responsáveis (ação de improbidade administrativa e tipificação do crime pela prática de guerra fiscal).

A pretensão de neutralidade na tributação do consumo não pode se contrapor à correção das desigualdades regionais de renda, conforme previsão constitucional. Acrescente-se que é inviável a consecução desses objetivos sem a participação efetiva da iniciativa privada.

[10] Art. 155, § 2º, inciso XII, g

É implausível, na esteira do que propõe a PEC nº 45 admitir-se a substituição de incentivos fiscais por subsídios a empreendimentos, consignados em dotações constantes dos orçamentos anuais e competindo com despesas tradicionais, como educação, saúde e segurança pública.

Alguma empresa faria investimentos de médio ou longo prazo confiante em dotações orçamentárias anuais, especialmente quando se considera a incompatibilidade entre a vigência anual dos orçamentos e o prazo de investimentos?

A inclusão do IPI no IBS, como propõe a PEC nº 45, estranhamente, se faria acompanhar da instituição de um Imposto Seletivo, cujo alcance não é suficiente esclarecido na referida PEC, a despeito de, em sua justificação, afirmar-se que objetivo do Imposto Seletivo seria eliminar externalidades negativas no consumo.

Em outras palavras, sendo razoável admitir que o universo dessa compensação seriam produtos industrializados, o Imposto Seletivo seria nada mais do que um IPI com base de incidência restrita, o que, se fosse o caso, seria alcançável pela mera edição de um decreto restringindo a incidência daquele imposto a alguns produtos.

Essa excêntrica construção talvez encerre outra agenda oculta, como tem sido usual no curso nas propostas de "reformas tributárias". No caso, ferir mortalmente a Zona Franca de Manaus (ZFM) e as Áreas de Livre Comércio (ALC) na Amazônia, reproduzindo o culto à eliminação de "distorções alocativas" em desfavor da correção das desigualdades regionais.

A ZFM e as ALC foram modelos escolhidos para promover a integração da Amazônia à economia nacional e preservar a floresta amazônica. Desde 1988, esses modelos lograram amparo constitucional.

Problemas naquelas áreas de tratamento tributário diferenciado devem ser resolvidos com base em uma discussão responsável, cuidando-se de preservar investimentos e empregos.

Extinguir a ZFM e as ALC significa desempregar cerca de 86 mil trabalhadores. promover indiretamente o desmatamento e inundar de migrantes as periferias dos grandes centros urbanos, justamente quando a preservação da Amazônia está no centro dos debates internacionais sobre mudanças climáticas. Como estariam suas florestas sem polos de geração de empregos urbanos?

Conquanto desabastecida de pesquisas consistentes, é entendimento corrente que o sistema tributário brasileiro é regressivo.

Há muitos que entendem que a justiça fiscal é mais efetiva quando implementada pela via do gasto público, em lugar da tributação.

Sem ingressar nessa polêmica, parece inequívoco que a adoção de uma alíquota única, na tributação do consumo, é uma clara hipótese de opção pela regressividade. Todas as propostas de "reforma tributária" elegeram essa opção.

O ICM, que vigeu até 1988, tinha alíquota uniforme em todo território nacional[11] para todas as mercadorias, ressalvadas diferenciações nas operações interestaduais e de exportação. Essa uniformidade, entretanto, foi mitigada pela adoção do instituto da redução de base de cálculo.

Para corrigir esse equívoco conceptual é que a Constituição de 1988 admitiu a diversidade de alíquotas no então instituído ICMS, sem cuidar, contudo, de vedar a redução de base de cálculo.

A combinação da diversidade de alíquotas nominais com preservação da redução da base de cálculo gerou uma indevida profusão de alíquotas efetivas.

O contrário de muitas alíquotas, todavia, não é alíquota única, mas um número pequeno de alíquotas, como ocorre na tributação do consumo em quase todos os países do mundo.

Uma salutar iniciativa visando à redução do número de alíquotas do ICMS e do ISS seria vedar, em legislação infraconstitucional, a redução de suas respectivas bases de cálculo, o que seria ainda mais eficaz se acompanhada da vedação à instituição de regimes especiais e fixação de um teto para as alíquotas.

É indiscutível que o sistema tributário brasileiro tem problemas, como de resto todos os sistemas tributários do mundo, em todo o tempo.

Cabe perquirir quais problemas as propostas de "reforma tributária" pretendem enfrentar e quais as repercussões sobre os contribuintes, preços e entes federativos. Caso contrário, estaríamos examinando meros exercícios de modelagem tributária, sem compromisso com os problemas reais e com as consequências das soluções. É o que Evgeny Morozov denomina "solucionismo"[12].

[11] Art. 24, inciso II, § 4º, da Constituição de 1967.

[12] MOROZOV, Evgeny. "Big Tech, a ascensão dos dados e a morte da política". Ubu Editora. São Paulo, 2018, p.

Essa constatação não autoriza, todavia, imobilismo e conformismo, mas racionalidade, prudência e pragmatismo.

Este artigo procura de algum modo explorar a consistência das propostas, sem esquecer, entretanto, a lição do escritor inglês G. K. Chesterton (1874-1936): "o reformador está sempre certo no que há de errado, mas está errado ao não ver o que havia de certo".

Há que se refletir, também, sobre a oportunidade do debate sobre "reformas tributárias" no curso de uma pandemia.

Kristalina Georgieva, diretora-gerente do FMI qualificou, com precisão, a pandemia da Covid-19, como uma "crise como nenhuma outra", porque é a mais complexa, mais incerta e verdadeiramente global[13].

Abundam previsões sombrias sobre os desdobramentos da crise sanitária e suas consequências econômicas e sociais, ainda que sejam meras aproximações de um futuro muito incerto, em que fica evidente a impossibilidade de estimativa e cálculo.

São reais, no Brasil, as ameaças de um elevado aumento do desemprego e da pobreza, uma crise fiscal desproporcional sobretudo nos Estados e Municípios e problemas de toda ordem para empresas, especialmente as micro e pequenas.

Relatório da ONU, divulgado, em julho de 2020, pelo secretário-geral António Guterres, prevê para o Brasil, em 2020, a elevação da taxa de pobreza (de 20% para 26,4%) e a de extrema pobreza (de 5% para 10%).

O mundo inteiro está focalizado na crise, em suas diferentes dimensões. As soluções não serão fáceis e exigirão muita criatividade, flexibilidade, cooperação e sacrifício.

A despeito desse dramático quadro, abdicamos de debater e produzir um plano capaz de enfrentar a pandemia e suas consequências econômicas e sociais, como estão fazendo todos os países do mundo.

Medidas tributárias, neste momento, somente são cabíveis as que integrem um plano de enfrentamento da crise múltipla e que não sejam hostis aos contribuintes.

Identificar fontes de financiamento para esse plano não é uma tarefa trivial. Demandará muita criatividade, determinação e habilidade política para mobilizar a solidariedade dos contribuintes.

[13] Blog do FMI, em 20 de abril de 2020.

Um projeto de reforma tributária estruturante, para além das medidas de caráter emergencial, deveria partir de um inventário de problemas agrupados em quatro eixos: reforma do processo, desburocratização, reestruturação do federalismo fiscal e problemas específicos dos tributos.

Na elaboração do projeto, seria recomendável buscar inspiração na metodologia adotada, nos anos 1960, pela Comissão Especial de Reforma Tributária[14], cujos trabalhos levaram a uma arrojada reforma tributária, implementada pela Emenda Constitucional nº 18, de 1º de dezembro de 1965.

[14] A Comissão era presidida por Luiz Simões Lopes, presidente da Fundação Getúlio Vargas, e integrada por Rubens Gomes de Sousa, na condição de Relator, Gerson Augusto da Silva, Sebastião Santana e Silva, Gilberto de Ulhôa Canto e Mário Henrique Simonsen. Os trabalhos dessa Comissão são acessíveis na biblioteca virtual da Fundação Getúlio Vargas.

12.
Sob Nova Direção: Uma Nova Administração para um Novo Sistema Tributário

George Alex Lima de Souza

Introdução

O tema da Reforma Tributária nunca esteve em tamanha evidência. A discussão sobre como simplificar o caótico sistema tributário brasileiro foi turbinada pela pandemia, que acelerou o uso dos recursos tecnológicos e aproximou estudiosos e interessados das mais diversas regiões da pátria continental.

Muitas são as soluções propostas que vão de mera fusão de dois tributos federais[1] até a unificação de nove tributos incidentes sobre o consumo dos 3 entes da Federação, modelo concebido originalmente pela PEC 293/2004[2].

De autoria do Poder Executivo e relatada pelo ex-deputado federal Luiz Carlos Hauly, a PEC 293/2004 foi a proposta de reforma que mais avançou no Congresso Nacional, tendo sido aprovada pela Comissão Especial em dezembro de 2018.

Durante sua tramitação, diversas emendas foram apresentadas, dentre as quais a de Nº 7, de autoria do ex-deputado federal Mendes Thame[3].

[1] PL 3887/2020, disponível em: https://www.camara.leg.br/proposicoesWeb/fichadetramitacao?idProposicao=2258196. Acessado em 11/10/2020.

[2] disponível em: https://www.camara.leg.br/proposicoesWeb/fichadetramitacao?idProposicao=259094. Acessado em 11/10/2020.

[3] disponível em: https://www.camara.leg.br/proposicoesWeb/fichadetramitacao?idProposicao=2183168. Acessado em 11/10/2020

Na legislatura seguinte, a emenda ganhou vida própria e acabou materializada na PEC 45/2019, assinada pelo deputado federal Baleia Rossi.

A PEC 45/20019[4] foi idealizada pelo CCiF – Centro de Cidadania Fiscal, entidade que reúne renomados especialistas como Bernard Appy, Vanessa Canado, Nelson Machado e Eurico de Santi.

A exemplo da PEC de que era apêndice, a Proposta 45 também cria um único imposto sobre o consumo, o IBS – Imposto sobre bens e serviços, que substituiria 5 tributos: PIS, COFINS, IPI, ICMS e ISS. Como a proposta afetava a arrecadação dos 3 entes federativos, a PEC 45/2019 propôs a criação de um Comitê Gestor Nacional, que seria responsável por operacionalizar a distribuição da receita do novo imposto.

Além de cuidar da distribuição da bilionária arrecadação, a proposta atribui ao futuro Comitê Gestor a competência de editar o regulamento do IBS e gerir sua arrecadação. O Comitê ainda representaria, judicial e extrajudicialmente, a União, os Estados, o Distrito Federal e os Municípios, nas matérias relativas ao imposto sobre bens e serviços, e estabeleceria critérios para os entes nacionais fiscalizarem o futuro IBS.

1. Solução complicada para um problema complexo

Para quem conhece a administração pública não é difícil concluir que seria extremamente difícil para um único órgão realizar sozinho o que hoje fazem as Procuradorias dos Municípios, dos Estados e da Fazenda Nacional, a quem compete a representação judicial dos entes federados, e além disso realizar as atividades das administrações tributárias da União, Estados, Distrito Federal e Municípios, a quem o ordenamento jurídico atribui o exclusivo, portanto indelegável, mister de fiscalizar e arrecadar tributos.

O Comitê Gestor ganha ainda mais musculatura com a Emenda de Comissão Nº 63/2019[5], apresentada pelo saudoso jurista e deputado federal Luiz Flávio Gomes, que eleva o Comitê ao status de autarquia nacional, intitulada ATN – Agência Tributária Nacional.

[4] disponível em: https://www.camara.leg.br/proposicoesWeb/fichadetramitacao?idProposicao=2196833. Acessado em 11/10/2020.

[5] Disponível em: https://www.camara.leg.br/proposicoesWeb/fichadetramitacao?idProposicao=2219481. Acessado em 11/10/2020

A ATN seria regulada por lei complementar e composta por uma Assembleia Geral, constituída pela reunião dos representantes da União, dos Estados e Distrito Federal e dos Municípios, por uma Diretoria Executiva e demais diretorias, conselhos e órgãos previstos na futura lei.

Em que pese a concepção da Agência Tributária Nacional não constar do texto original da PEC 45, talvez por ela ensejar críticas que conturbariam ainda mais as discussões, a autarquia supra nacional já era idealizada pelo CCiF, que elaborou a inacabada "*Nota Técnica: Agência Tributária Nacional (ATN)*"[6], na tentativa de esclarecer o que seria e como funcionaria o novo organismo tributário.

Em suma, a Nota cuida de apresentar o organograma da autarquia e de tentar rascunhar como se desenharia a representatividade dos entes federados, dentro de um modelo inspirado nas "*corporations*":

> "Uma alternativa seria a Agência Tributária Nacional, notadamente o modelo das aproveitar a experiência do modelo de gestão empresarial e aplicá-lo "corporations", que são sociedades anônimas sem acionista controlador e nem bloco de controle. Nessas empresas o Conselho de Administração (CA) tem papel relevante na condução dos negócios e seus membros são eleitos pela Assembleia Geral (AG). Normalmente, há uma articulação entre os acionistas para eleger uma chapa para o CA. Não havendo consenso e objetivando fortalecer os acionistas minoritários é possível utilizar o instituto do voto múltiplo na eleição do CA".

O modelo da Agência Tributária Nacional concebido pelo CCiF é o representado na figura a seguir:

[6] Disponível em: https://ccif.com.br/wp-content/uploads/2020/07/NT_ATN_Corporation_V3.pdf. Acesso em 16/09/2020

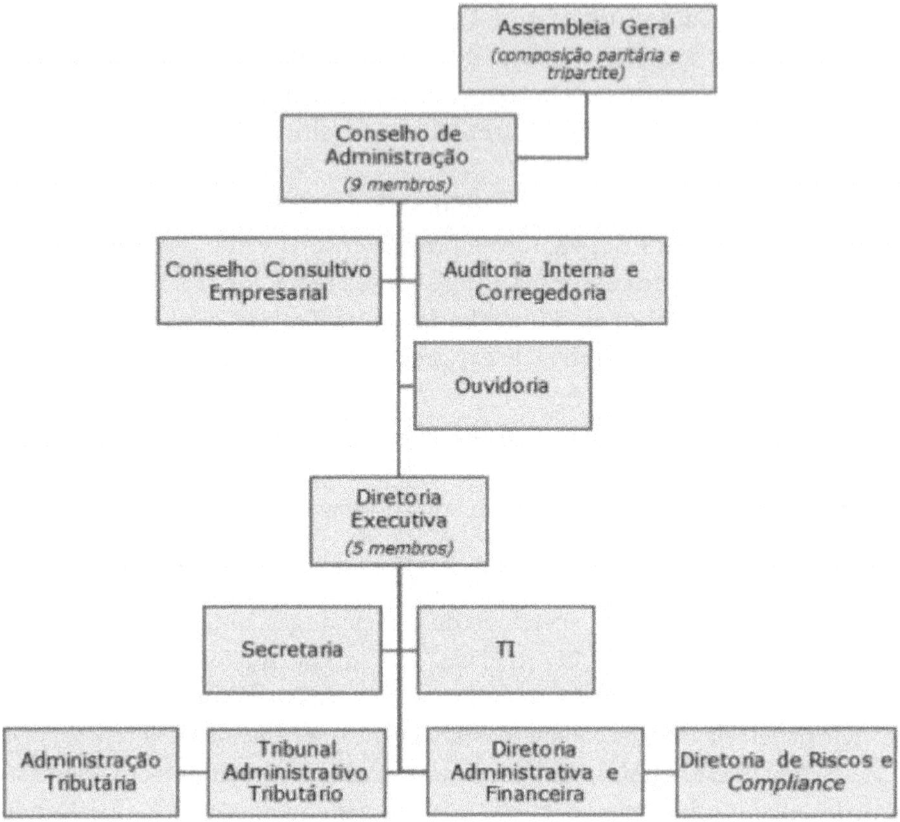

Observando a figura, percebemos que **toda a Administração Tributária,** atualmente formada pela Secretaria Especial da Receita Federal, pelas 26 Secretarias Estaduais de Fazenda, Secretaria de Economia do Distrito Federal e centenas de Secretarias Municipais de Fazenda, **estaria subordinada a uma diretoria Executiva, que por sua vez estaria subordinada a um conselho de administração, que obedeceria a uma assembleia geral**.

A proposta do CCiF de dar um verniz empresarial à relação entre o Estado e o contribuinte se aperfeiçoa com a previsão de uma diretoria administrativa e financeira e uma diretoria de riscos e *compliance*. O modelo teórico ignora a complexidade das administrações tributárias e as submete a um controle hierarquizado, inspirado, por certo, nas estruturas orgânicas dos parceiros do CCiF, poderosas empresas nacionais e internacionais como Ambev, Braskem, Carrefour, Coca-Cola, Huawei, Itaú, Natura, Raízen, Souza Cruz, Vale e Votorantim.

Não é difícil supor a força do componente político neste modelo concebido pela PEC 45/2019. Os entes federados deixariam de decidir sobre as diretrizes de sua máquina fiscalizatória e arrecadatória, **o que comprometeria sua independência financeira, vetor maior de sua autonomia política**. A violação da relação federativa certamente provocaria reações contundentes e talvez justifique a proposta não trazer em seu escopo original a concepção da Agência Tributária Nacional, transferindo-a à ousada emenda.

Mas se o modelo com base nas *corporations* traria mais complexidade e interferência política às administrações tributárias, como o Fisco poderia se modernizar e se adequar a um novo sistema, mais simples e mais transparente?

Discutir o complexo da administração pública implica examinar nossa burocracia estatal, necessária para organizar a vida em sociedade.

O sistema inicialmente é concebido para ter um padrão de funcionamento, regras a que todos devem obediência. Quando esse sistema é violado ou há a tentativa de violá-lo, a administração pública responde, aumentando os controles, elevando a burocracia e deteriorando a boa-fé que deveria reger a relação entre a administração pública e o cidadão.

É preciso destacar que certos comportamentos acirram os níveis de desconfiança. Por aqui, empresa pequena adquire empresa gigantesca. Sociedades empresárias são criadas apenas para emitir notas fiscais de serviços que jamais foram prestados, objetivando gerar indevidos créditos tributários. Dados são inseridos em sistemas públicos para gerar créditos tributários inexistentes. No Brasil, empresário retém a contribuição social de seu empregado e, ao invés de entregá-la aos cofres públicos, monetiza-a. Neste país, mesmo em tempos pandêmicos, contratos são superfaturados e pessoas ficam ricas às custas da desgraça coletiva. Aqui também há servidores públicos que se envolvem em esquemas de corrupção e prejudicam quem deveria zelar, o Estado. Essa somatória de condutas ilícitas justificam a desconfiança entre administração e administrado.

Sob essa perspectiva, se a reforma tributária propõe simplificar o sistema, de modo a torná-lo mais transparente e de mais fácil cumprimento, é imperativo que criemos as condições para sua implantação e execução.

É preciso que o Estado disponha de meios para aplicar e controlar o novo sistema e isso demanda uma colossal mudança comportamental.

2. Novo cenário, nova cultura

Com normas menos numerosas, mais simples e mais claras, tendemos a afastar a complexidade e o excesso burocrático, considerados raízes da inadimplência e do descumprimento da norma tributária. O novo sistema não será perfeito e a administração tributária precisará intervir regulamentando, interpretando a legislação e eventualmente suprindo eventuais lacunas. Surge nesse instante a oportunidade para os Fiscos inaugurarem (ou resgatarem) a boa-fé na relação com o contribuinte. O primeiro passo na modificação desta relação é adotar posturas que estimulem o cumprimento das normas tributárias. Sem pretender exaurir a questão, apenas a título exemplificativo, o Fisco poderia notificar o contribuinte antes de qualquer ação fiscal, quando irregularidades forem detectadas pelo sistema, concedendo-lhe prazos para autorregularização. Priorizar respostas a consultas formuladas ou tratar com mais celeridade processos de compensação e restituição são também iniciativas que visam a premiar o contribuinte que se esforça por cumprir as regras tributárias, o chamado "bom contribuinte". Essa é a parte que cabe à administração.

Todavia, como toda relação demanda reciprocidade, é preciso que as iniciativas que desburocratizam e reduzam os custos tributários estejam atreladas a sanções aos que se aproveitam da confiança depositada pelo Estado. É preciso garantir meios eficazes para se combater os ilícitos dolosos. É imperativo separar o joio do trigo e, para isso, a administração tributária precisa dispor de mecanismos para premiar as iniciativas positivas e desestimular as más condutas.

A Medida Provisória (MP) nº 66 de 2002 ilustra com clareza a importância de se fazer andar em paralelo medidas desburocratizadoras e punições eficazes. Até a edição da MP 66, a compensação de tributos federais, em obediência ao disposto no art. 170 do Código Tributário Nacional (CTN), era autorizada pela Receita Federal somente depois de expressamente reconhecida a liquidez e certeza do direito creditório pleiteado pelo contribuinte. A necessidade de se examinar cada pedido acabava por retardar e prejudicar o direito do contribuinte. Com vistas a contornar a situação, **prestigiando a boa-fé**, a MP nº 66, de 2002, convertida na Lei nº 10.637, criou uma nova forma de quitação de débitos tributários, consistente na **mera entrega de uma declaração de compensação** (DCOMP), na qual o contribuinte inseria seus débitos e os créditos para compensação, sem o prévio reconhecimento da certeza e liquidez pela autoridade tributária. Tal declaração teria o condão de extinguir automaticamente o débito, sob condição resolutória de ulterior homologação. Esse mecanismo trouxe inegável agilidade e facilitou a vida de milhões de contribuintes. **Todavia, fez eclodir uma serie de crimes fiscais.** Contribuintes passaram a inserir créditos inexistentes nos sistemas visando à extinção de seus débitos junto ao Fisco, apostando na impossibilidade de o Fisco verificar a procedência do pedido dentro do prazo decadencial. Como de fato não havia recursos para processar em tempo cada pedido, alguns poucos contribuintes, por meio dos pedidos fraudulentos, acabaram por drenar bilhões de reais dos cofres públicos, privando a sociedade de investimento no serviço público. Será que se houvesse medidas mais duras e **eficazes** para quem praticasse o ilícito descrito, a situação seria a mesma?

Quando o Estado não dispõe de meios para punir, ele reage criando controles e aumentando a burocracia **para todos**, misturando indevidamente "bons" e "maus" contribuintes.

A Reforma Tributária é uma oportunidade singular para o Estado poder diferenciar o contribuinte cioso de suas obrigações daquele que se vale da prática delitiva para obter vantagem sobre a coletividade. A Reforma, que persegue a simplicidade, a transparência e a boa-fé, **deve prestigiar também a eficácia no combate às fraudes fiscais**.

Com regras mais claras, os custos tributários tendem a reduzir. Com a efetividade da aplicação da lei, a sonegação também tende a encolher. A soma desses vetores beneficia toda a coletividade. O Brasil precisa de regras tributárias mais simples e transparentes e o Estado de instrumentos que lhe garantam eficácia no cumprimento da norma tributária.

Para cumprir com justiça sua função de tributar, o Estado precisa ser isonômico. É preciso que a nova administração tributária equilibre controle, confiança e punição. É imperioso separar o joio do trigo.

Contribuintes cometem erros, seja no preenchimento de uma declaração, seja na interpretação de uma norma. Dessa forma, o primeiro desafio que se impõe é segregar o erro escusável da conduta dolosamente fraudulenta.

Podemos encontrar um caminho observando exemplos internacionais. Os Estados Unidos tributam mais pesadamente a renda em detrimento do consumo (o inverso do que ocorre no Brasil), por isso a atenção do IRS – *Internal Renevue Service*, a Receita Federal americana, concentra suas ações nas declarações de imposto de renda de pessoas físicas e jurídicas. O IRS conceitua a fraude fiscal como uma tentativa intencional de escapar das obrigações fiscais. O questionamento chave é saber se há a intenção de reduzir ou não pagar impostos ou omitir a ocorrência do fato gerador do tributo[7].

Tanto lá quanto aqui determinadas condutas deixam clara a intenção de fraudar a coletividade: Inserir informações sabidamente incorretas em sistemas, importar produtos ilícitos, utilizar documentos fiscais de serviços que nunca foram prestados, lastrear operações em contratos fictícios, dissimular operações para obter tributação mais favorável, valer-se de terceiros para realizar operações ilícitas etc.

Em nações mais maduras, o contribuinte que demonstra querer cumprir a regra tributária tem benefícios e o que a descumpre intencionalmente é punido severamente, inclusive com pena corpórea, frise-se, **sem a necessidade de aguardar o processamento de intermináveis recursos judiciais**. Exemplifica a afirmação o caso de Bernard Madoff, responsável por uma das maiores fraudes financeiras do planeta, foi acusado de fraude pelo FBI, a Polícia Federal americana em dezembro de 2008. Em 29 de junho de 2009, portanto 6 meses depois, Madoff foi condenado a 150 anos de prisão por **um tribunal de New York**[8]. Observe-se que não foi necessário aguardar a apreciação do tema pela Suprema Corte Americana para que a prisão se efetivasse e impedisse o fraudador de continuar a prática delitiva. Esse é o grau de transigência com que países sérios tratam crimes do colarinho branco. E no Brasil, há ambiente para separarmos o joio do trigo? **Há espaço para desonerarmos o bom contribuinte e agravarmos a situação de fraudadores?**

[7] Disponível em: https://www.irs.gov/compliance/criminal-investigation/tax-fraud-alerts. Acessado em 11/10/2020

[8] Disponível em: https://www.bbc.com/portuguese/noticias/2009/06/090629_madoffsentenca_ac#:~:text=O%20financista%20americano%20Bernard%20Madoff,a%20maior%20na%20hist%C3%B3ria%20americana. Acessado em 11/10/2020.

3. Impunidade converte boa-fé na indesejável desconfiança

De início, é preciso ressalvar que a esmagadora maioria dos contribuintes brasileiros é ordeira e tenta, apesar do complexo tributário, honrar com suas obrigações tributárias. Exemplo disso é que a Receita Federal processa anualmente mais de 31,8 milhões de declarações de IRPF[9] e "somente" 378 mil são retidas em malha. Todavia, há o sujeito que **intencionalmente** frauda a lei e comete crime contra toda a coletividade. E como é a resposta estatal a esse comportamento?

Primeiro, não se pode afirmar, de plano, a ocorrência ou não de crime. A autoridade tributária investiga os fatos, apura as informações e, se for o caso, autua o contribuinte. Havendo indícios de crimes, a autoridade tributária representa ao Ministério Público para que este proceda, se assim entender, a apuração criminal. É importante ressalvar que esse processo apenas se inicia após o crédito tributário se tornar definitivo, ou seja, após o contribuinte exaurir todas as 3 instâncias administrativas[10], cuja duração média é de cerca de 9 anos[11]. Superada essa fase, ainda que se prove a fraude fiscal, o contribuinte ainda pode recorrer ao Poder Judiciário para se eximir do pagamento ou pagar o tributo, que lhe rende um bônus: eximir-se da responsabilidade penal, como será mais a frente abordado.

É de se destacar que depois da Medida Provisória 899/2019, o joio se misturou ainda mais ao trigo. Um jabuti, termo como é conhecida a matéria estranha ao texto original da proposta legislativa, foi inserido para estabelecer que, nos julgamentos procedidos pelo CARF – Conselho Administrativo de Recursos Fiscais, o empate favorece o contribuinte, que **fica exonerado** do pagamento de tributos e, portanto, **de eventual processo criminal**. Além disso, caso perca administrativamente e seja obrigado a pagar o tributo, o Congresso lhe faculta os chamados parcelamentos especiais, tipo favorecido de suspensão do crédito tributário em que se reduzem substancialmente os juros e multas das autuações fiscais. Os parcelamentos especiais – REFIS, tiveram origem nos anos 2000 e

[9] Fonte: Sistema IRPF WEB da Receita Federal, em setembro de 2020.

[10] Art. 83 da Lei 9.430/1996. Disponível em http://www.planalto.gov.br/ccivil_03/leis/L9430.htm. Acesso em 11/10/2020.

[11] Disponível em: https://pesquisa.apps.tcu.gov.br/#/documento/processo/*/NUMEROSOMENTENUMEROS%253A3804720195/DTAUTUACAOORDENACAO%2520desc%252C%2520NUMEROCOMZEROS%2520desc/0/%2520. Acesso em 11/10/2020.

ocorriam religiosamente a cada 3 anos. Entretanto, foram nos últimos 8 anos que se multiplicaram e superaram as 3 dezenas, privilegiando a todos, indistintamente.

Oportuno lembrar que o Parlamento brasileiro, na contramão do caminho trilhado por países desenvolvidos, não só aprova sucessivos REFIS e perdões tributários, como também regras que fragilizam o combate à corrupção, à sonegação e à lavagem de dinheiro. Ano passado, a Comissão Mista que apreciou a Medida Provisória 870/2019 aprovou um jabuti que impedia que auditores fiscais da Receita Federal do Brasil representassem ao Ministério Público os indícios de crimes com que se deparassem em suas ações fiscais, inutilizando por completo a exigência contida no art. 83 da Lei 9.430[12].

Outro exemplo de ação parlamentar que afrouxa o poder de fiscalização foi o chamado RERCT – Regime Especial de Regularização Cambial e Tributária. Aprovado pela Lei 13.245/2016, a lei dispunha sobre a possibilidade de recursos de origem lícita serem repatriados. Disciplinava uma série de vantagens, como referência cambial de 2014 **e desnecessidade de comprovação da origem lícita dos recursos**, sendo suficiente para a adesão ao programa **a mera declaração do contribuinte**. Até mesmo a competência da Receita Federal para fiscalizar a origem dos recursos foi arguida, deixando clara a intenção dos envolvidos com relação ao objetivo maior do projeto, qual seja, possibilitar a repatriação de recursos de origem sem que fosse arguida a sua licitude. Outra grande vantagem da lei foi a aplicação de alíquota super favorecida. O RERCT estabelecia que sobre o montante repatriado deveria incidir o percentual de 15%, valor bem abaixo dos 27,5% da última faixa de tributação do imposto de renda das pessoas físicas.

Para finalizar os exemplos de ineficácia estatal no combate aos crimes de sonegação e lavagem de dinheiro, é preciso destacar que mesmo que a administração tributária comprove a ocorrência de fraude fiscal ou

[12] Art. 83. A representação fiscal para fins penais relativa aos crimes contra a ordem tributária previstos nos arts. 1º e 2º da Lei no 8.137, de 27 de dezembro de 1990, e aos crimes contra a Previdência Social, previstos nos arts. 168-A e 337-A do Decreto-Lei no 2.848, de 7 de dezembro de 1940 (Código Penal), **será encaminhada ao Ministério Público depois de proferida a decisão final**, na esfera administrativa, sobre a exigência fiscal do crédito tributário correspondente. Disponível em: http://www.planalto.gov.br/ccivil_03/leis/L9430.htm.Acesso em 11/10/2020.

qualquer outro crime contra a ordem tributária, dificilmente o contribuinte será preso.

Pela redação do art. 34[13] da Lei 9.249, de 1995, o contribuinte que pagar o tributo antes do oferecimento da denúncia sequer responderá a processo criminal, pois tem extinta a punibilidade do crime cometido. A Lei 10.684, de 2003, foi ainda mais condescendente com os ilícitos criminais contra a coletividade ao não fixar em que momento o pagamento do tributo deveria ser feito para haver a extinção da punibilidade penal. O STF, com base na nova previsão legal (HC 85.452, rel. Min. Eros Grau, DJU 03.06.2005), entendeu que o pagamento de tributo – inclusive contribuições previdenciárias – **realizado a qualquer tempo**, gerava a extinção da punibilidade. A atuação estatal e, por que não dizer, o interesse público sofreram um segundo golpe pela mesma Lei 10.684/2003, que estabeleceu que o contribuinte nem precisaria pagar o tributo para se livrar do processo penal, bastaria parcelar seu débito para ver suspensa a pretensão punitiva do Estado[14].

Por esses exemplos, fica claro que o Estado não consegue exercer eficazmente o seu *jus puniendi* e reage criando obstáculos cada vez mais difíceis de serem transpostos, a fim de evitar a ocorrência dos ilícitos que, já se sabe, dificilmente conseguirá reprimir. Ao reagir dessa forma, **mistura o joio e o trigo, trata a todos com desconfiança** e joga por terra a boa-fé que deveria pautar as relações. Em nosso país, uma minoria faz com que estabeleçamos regras rigorosas para uma maioria ordeira e ciosa de suas obrigações.

4. Mudanças comportamentais

O debate envolvendo o resgate da boa-fé no trato entre Estado e contribuinte, de que ainda não se ocuparam as discussões na reforma tributária, precisa ser feito. É fundamental que o país decida que referência quer

[13] Art. 34. Extingue-se a punibilidade dos crimes definidos na Lei nº 8.137, de 27 de dezembro de 1990, e na Lei nº 4.729, de 14 de julho de 1965, quando o agente promover o pagamento do tributo ou contribuição social, inclusive acessórios, antes do recebimento da denúncia.

[14] Art. 9o É suspensa a pretensão punitiva do Estado, referente aos crimes previstos nos arts. 1º e 2º da Lei no 8.137, de 27 de dezembro de 1990, e nos arts. 168A e 337A do Decreto-Lei no 2.848, de 7 de dezembro de 1940 – Código Penal, durante o período em que a pessoa jurídica relacionada com o agente dos aludidos crimes estiver incluída no regime de parcelamento. Acessado em 11/10/2020.

ser perante seus nacionais e a comunidade internacional. A imagem de um Brasil complacente com crimes de colarinho branco ou que pune os ilícitos que drenam bilhões de reais anualmente e impedem sua aplicação em favor da sociedade. As propostas em torno do novo sistema deveriam contemplar e destacar a figura o tributo, bem de todos e que por ser universal deve ser revertido a toda a sociedade. O crime contra a ordem tributária deveria ser tratado com gravidade e merecer do Estado forte reprimenda, por ser contrário à toda a coletividade. No acumulado dessas práticas delituosas, a sonegação estimada atinge R$ 350 bilhões por ano, retira do Estado os recursos que poderiam viabilizar hospitais, escolas, ferrovias, hidrovias, aeroportos regionais, enfim, a infraestrutura que daria ao país melhores condições de vencer qualquer crise, de se destacar no cenário econômico mundial.

4.1. Do fisco

Tendo em vista a função do tributo e a necessidade de o Estado estimular boas práticas e coibir condutas ilícitas, a temática da administração tributária ganha relevo, por ser ela o braço da administração pública responsável pelo sucesso da implementação e da execução do novo modelo tributário em discussão no Congresso.

Seria importante dotar a administração tributária de instrumentos capazes de separar o joio do trigo. Noutro sentido, é imprescindível que o Fisco reveja sua atuação perante a sociedade e que seja criado um ambiente de confiança com o contribuinte. Nesse sentido é possível, por exemplo, interpretar de forma menos restritiva as normas tributárias. A título de exemplo, a Receita Federal entende cabível a compensação de ofício de débitos tributários regularmente parcelados, o que viola frontalmente o disposto no CTN – Código Tributário Nacional (art. 151, VI[15]). Apesar de o STJ ter pacificado entendimento de que não caberia ao Fisco Federal exigir a compensação de ofício, a Receita Federal insistia na prática. Recentemente o STF decidiu sobre a matéria reafirmando posição do STJ. É chegado o momento de a administração tributária federal rever seus posicionamentos.

[15] Art. 151. Suspendem a exigibilidade do crédito tributário: [...] VI – o parcelamento. (Incluído pela Lcp nº 104, de 2001). Disponível em: http://www.planalto.gov.br/ccivil_03/leis/l5172compilado.htm. Acesso em 11/10/2020.

Outro exemplo que reforça a necessidade de postura do Fisco Federal é a interpretação que ele dá à expressão "aquisição" contida no caput do art. 39[16] da Lei 11.196/2005, restringindo seu significado à "compra". Ocorre que, como cediço, o conceito e alcance de institutos do direito privado são dados pelas suas regras e princípios gerais (art. 109[17], CTN). Dessa forma, a aquisição (da propriedade) referida no caput do retro citado dispositivo deve ser interpretado como qualquer forma de aquisição da propriedade estabelecida no Código Civil (art. 1.238 e seguintes). Ao interpretar de forma mais restritiva, o Fisco empurra o contribuinte para a trilionária litigiosidade administrativa e transmite à sociedade uma indesejável imagem de arbitrariedade.

Além da imprescindível mudança de postura em relação à interpretação da legislação tributária, o Fisco poderia adotar uma postura de parceria com o Parlamento, criando com ele um canal direto para encaminhar sugestões de melhorias legislativas, em respeito à boa-fé, transparência e simplicidade tributárias. Esse novo relacionamento entre Fisco e Congresso proporcionaria uma troca saudável de informações e permitiria ao Parlamento conhecer melhor o trabalho da administração tributária e suas necessidades.

4.2. Em relação ao fisco

Se por um lado há ações que dependam exclusivamente dos Fiscos, outras passam pela iniciativa do Executivo e manifestação do Legislativo em favor das administrações tributárias.

É imperativo que os órgãos dos Fiscos Nacionais se modernizem cada vez mais e invistam em soluções tecnológicas que otimizem processos internos e facilitem a vida do contribuinte. Para isso, é imperioso que elas disponham de recursos prioritários, como determina o texto constitucional (art. 37, XVIII). Diante dessa clara necessidade dos Fiscos,

[16] Art. 39. Fica isento do imposto de renda o ganho auferido por pessoa física residente no País na venda de imóveis residenciais, desde que o alienante, no prazo de 180 (cento e oitenta) dias contado da celebração do contrato, aplique o produto da venda na **aquisição** de imóveis residenciais localizados no País. Disponível em: http://www.planalto.gov.br/ccivil_03/_ato2004-2006/2005/lei/l11196.htm

[17] CTN/ Art. 109. Os princípios gerais de direito privado utilizam-se para pesquisa da definição, do conteúdo e do alcance de seus institutos, conceitos e formas, mas não para definição dos respectivos efeitos tributários.

em razão das atividades essenciais que desempenham à manutenção do Estado, é inconcebível que o próprio Ministério da Economia, com o aceite do Congresso, tenha promovido no orçamento discricionário da Receita Federal para 2020 um corte de mais de 35%, **algo em torno de 1 bilhão de reais**. Oportuno ressalvar que esta iniciativa estatal, além de colidir com o citado preceito constitucional, afasta ainda mais o Brasil do organismo internacional de que tenta ser parte, a OCDE[18] – Organização para a Cooperação e Desenvolvimento Econômico, que prega entre seus membros uma postura de maior autonomia das administrações tributárias.

Além de recursos financeiros para a eficaz execução do seu mister legal de arrecadar, faltam às administrações tributárias instrumentos normativos que lhes permitam efetividade no cumprimento das regras tributárias. No Brasil, os instrumentos de coerção ainda são muito limitados. Quando o Fisco busca robustecer o seu *enforcement* a reação é imediata. Juristas, órgão de imprensa e setores do Parlamento buscam no direito constitucional a prevalência do direito privado sobre o público, subvertendo a lógica que funciona em países desenvolvidos.

Se desejarmos nos inspirar, observando como Estados mais pujantes tratam da sonegação e fraude, exemplos não faltam. Na Alemanha, o presidente do Bayern de Munique, Uli Hoenes, foi acusado de fraudar o Fisco por meio de conta na Suíça. Apesar de ter feito delação, a Promotoria identificou que a narrativa foi incompleta e Hoenes, um dos empresários de maior sucesso na Alemanha e ídolo do futebol do país, foi denunciado e condenado a 3 anos e meio de prisão por sonegação fiscal. Outro ícone do futebol mundial, Cristiano Ronaldo, foi acusado de fraude fiscal em Madrid. O jogador reconheceu a prática delituosa e pagou a multa de 18,8 milhões de euros para fugir da pena de 23 meses de prisão por sonegar impostos. Nos Estados Unidos, onde o crime de fraude fiscal é tratado com a devida gravidade, a cantora Lauryn Hill foi condenada a três meses de prisão domiciliar e multa de 50 mil dólares por sonegação de impostos federais. Wesley Snipes foi condenado por sonegação fiscal e cumpriu dois anos de reclusão. Em 24 de outubro de 1931, o filho de imigrantes italianos Al Capone foi condenado a 11 anos de prisão e multa de 50 mil dólares por sonegar impostos. No Brasil não se tem notícias de condenação ou prisão

[18] Disponível em: https://www.oecd-ilibrary.org/taxation/twenty-years-of-tax-autonomy--across-levels-of-government_ca7ebc02-en. Acessado em 12/10/2020.

por sonegação fiscal, uma vez que as leis permitem que se pague ou mesmo se parcele o tributo devido, livrando o acusado da responsabilização penal.

Portanto, economias mais maduras tratam com denodo e seriedade suas questões fiscais. Por efeito da globalização, o Brasil é cobrado a enrijecer seu padrão de tolerância fiscal, com vistas a manter e firmar novos acordos comerciais. Há um esforço internacional para que as administrações tributárias sejam um instrumento eficiente na fiscalização e combate ao planejamento tributário agressivo e à evasão fiscal. Urge, nesse sentido, que o fortalecimento da Administração Tributária brasileira seja inserido no debate da Reforma Tributária, como propõe, por exemplo, o art. 162-A da PEC 110/2019[19], atribuindo-lhe a necessária autonomia financeira, orçamentaria e administrativa. Urge igualmente que seja discutido o plano legislativo que lastreará a atuação dos Fiscos, em prol de uma saudável relação com o contribuinte e um eficiente combate aos ilícitos tributários.

Conclusões

A Reforma Tributária é uma oportunidade para simplificarmos e darmos mais transparência ao nosso sistema. É também oportunidade para discutir como a administração tributária pode se inserir nesse debate, facilitando a implementação do novo modelo tributário e garantindo sua higidez. É também momento de repensarmos a relação que queremos entre o Fisco e o contribuinte, de como construir um ambiente de maior confiança, de mais estímulo aos que demonstrem quererem cumprir a lei tributária e de eficácia na punição aos que dolosamente infringem a ordem jurídica.

Para isso é preciso que tenhamos leis que desburocratizem e facilitem as atividades dos contribuintes e outras que garantam que ilícitos dolosos não passem incólumes, em combate ao sentimento de impunidade que graça em nosso país.

É indispensável que dotemos as administrações tributárias de mais recursos e instrumentos de atuação, de maior autonomia, como defende a OCDE, para que lhe seja permitido realizar com eficiência seu mister de fiscalizar e arrecadar tributos, por meio da justa aplicação da lei tributária.

[19] Art. 162-A, disponível em: https://legis.senado.leg.br/sdleg-getter/documento?dm=8050102&ts=1602268358150&disposition=inline. Acessado em 11/10/2020.

Soluções como a proposta pela PEC 45/2019, que visa a aplicar um modelo *corporations* às administrações tributárias, revelam a ignorância do funcionamento do Estado, mascararam os reais problemas brasileiros e agravam ainda mais a situação, por submeter órgãos de Estado a decisões políticas, o que pode ver crescer a impunidade, tão combatida no ideário brasileiro.

Precisamos amadurecer como nação. Precisamos rever a relação entre Estado e contribuinte, estimulando a conformidade tributária e desestimulando e punindo as condutas ilícitas dolosas. A Reforma Tributária não pode cuidar de parte do problema, é preciso enfrentá-lo como um todo. O Brasil está preparado para esse debate?

13.
Sem Reforma da Tributação sobre o Consumo Não Haverá Simplificação

Iágaro Jung Martins

Introdução

A complexidade e os altos custos de conformidade com a atividade de pagar tributos no Brasil tem sua maior causa no modelo de tributação sobre o consumo, com múltiplas incidências sobre a receita. Os esforços implementados isoladamente e as demandas de quem efetivamente paga essa conta, os contribuintes, não produziram e não produzirão resultados efetivos se o País não enfrentar a causa do problema, isto é, redesenhar o modelo de tributação sobre o consumo para que exista uma única incidência tributária com repartição do produto de arrecadação entre os três entes que atualmente possuem capacidade tributária ativa.

1. A atual tributação sobre o consumo, concebida para não funcionar

A Constituição Federal de 1988 realizou verdadeira proeza, sem paralelo em outros países, ao estabelecer competência tributária ativa para a tributação sobre o consumo para a União (art. 195), os estados (art. 155, II) e os municípios (art. 156, III). Esse fato nos condena a conviver com um plexo de complexidades, custos de conformidade irracionais e litígios entre os entes tributantes e entre esses e os contribuintes.

Não bastasse a experiência já então falida sob a perspectiva da uniformização de regras e obrigações acessórias com o antigo Imposto sobre a Circulação de Mercadorias[1] e a não harmonização efetiva das obrigações

[1] Emenda Constitucional nº 18, de 1965.

acessórias pelo Conselho Nacional de Política Fazendária[2] (Confaz) nos últimos 45 anos, a Carta Política, editada no afã de privilegiar novas bases de um Pacto Federativo, criou problemas que os arranjos ou puxadinhos dos últimos 32 anos só tornaram a situação insustentável sobre a perspectiva do ambiente de negócios, capacidade do país em atrair investimentos e, sobretudo, transformar em verdadeiro pandemônio tributário a realidade de quem tem a obrigação de interpretar a norma tributária e antecipar o pagamento do imposto sem prévio exame da autoridade administrativa[3], isto é, imponto ao contribuinte as consequências e os riscos de reinterpretação das regras do Imposto sobre a Circulação de Mercadorias e sobre prestações de Serviços de transporte interestadual e intermunicipal e de comunicação (ICMS), que variam em cada um dos 27 estados.

Além da perspectiva de não uniformização nacional da incidência do ICMS, o Constituinte nos deixou um legado obtuso ao não corrigir distorção já existente e desprovida de qualquer racionalidade, qual seja, a de manter a distinção da tributação sobre o consumo entre mercadorias ou produtos e a prestação de serviços. Tal medida, igualmente sob o argumento do Pacto Federativo, para privilegiar receitas aos municípios, produziu e produz litígios de toda ordem sobre (i) quem é o sujeito ativo da relação tributária, (ii) conceitos muitas vezes controversos sobre o que é mercadoria e o que é serviço e (iii) conceitos sobre industrialização ou prestação de serviços, obviamente com efeitos desastrosos para o ambiente de negócios e previsibilidade das relações jurídicas.

Esse design esdrúxulo da tributação fez do Brasil o campão mundial no quesito complexidade, com cinco incidências tributárias sobre o consumo, com carga tributária em relação ao Produto Interno Bruto (PIB) em 2017 de 12,57%[4], dos quais 0,72% se referiam ao Imposto sobre Produtos Industrializados (IPI), 0,89% à Contribuição para o Programa de Integração Social (PIS), 3,38% à Contribuição para o Financiamento

[2] Lei Complementar nº 24, de 7 de janeiro de 1975.

[3] Código Tributário Nacional, art. 150

[4] Secretaria Especial da Receita Federal do Brasil. *Carga Tributária no Brasil 2017*. Disponível em: <https://receita.economia.gov.br/dados/receitadata/estudos-e-tributarios-e-aduaneiros/estudos-e-estatisticas/carga-tributaria-no-brasil/carga-tributaria-2017.pdf>. Acesso em 12.10.2020.

da Seguridade Social (Cofins), 6,72% ao ICMS e 0,86% do Imposto sobre Serviços de Qualquer Natureza (ISSQN).

Para fins de comparabilidade, a carga tributária do imposto sobre valor agregado nos países membros da Organização para a Cooperação e Desenvolvimento Econômico (OCDE) em 2017 foi de 10,9%[5].

2. A atual tributação sobre o consumo, ruim para o país

Depois da Constituição Federal de 1988, os estados passaram a utilizar de mecanismos de renúncia fiscal do ICMS para atrair investimentos. Obviamente, como era previsível, terminado o período de fruição desses benefícios, os beneficiários faziam nova rodada de leilão entre os estados e, não raro, transferiam as plantas industriais em busca de um novo período sem incidência do ICMS.

O resultado disso foi a erosão da base tributária do ICMS observada ao longo dos últimos anos, a título de ilustração, a carga tributária do ICMS, que representava 7,14% do PIB em 2008 e passou para 6,72% em 2017[6], fato que afetou as combalidas finanças estaduais e só não foi maior em razão de que vários estados majoraram a alíquota nominal do ICMS para os demais contribuintes, notadamente para os que não podiam barganhar benefícios fiscais, para fazer frente a gastos orçamentários crescentes.

Se o mais importante dos cinco tributos sobre valor agregado no Brasil sofreu ao longo dos anos deterioração da sua base de arrecadação, fruto de uma visão simplista de atração de investimento, sobreveio uma das decisões mais *sui generis* sobre o tema, com a decisão proferida pelo Supremo Tribunal Federal (STF) no RE nº 574.706/PR, que decidiu pela exclusão do ICMS da base de cálculo do PIS e da Cofins.

Ainda que tenha havido esforço exegético da Secretaria Especial da Receita Federal do Brasil (RFB) no sentido de "interpretar" a decisão do STF para concluir que o ICMS a ser excluído é aquele registrado em

[5] Organisation for Economic Co-operation and Development (OECD). *Revenue Statistics 1965-2018*. Disponível em: <https://read.oecd-ilibrary.org/taxation/revenue-statistics--2019_0bbc27da-en#page73>. Acesso em: 12.10.2020.

[6] Secretaria Especial da Receita Federal do Brasil. Carga Tributária no Brasil 2017. Disponível em: <https://receita.economia.gov.br/dados/receitadata/estudos-e-tributarios-e-aduaneiros/estudos-e-estatisticas/carga-tributaria-no-brasil/carga-tributaria-2017.pdf> . Acesso em 12.10.2020.

conta passiva, como a pagar[7], nada assegura que essa será a posição final da Suprema Corte, onde cada vez mais se torna complexo entender os precedentes por ela emanados, visto que as razões de decidir de cada ministro são díspares. No caso do RE nº 574.706/PR não foi diferente, em alguns votos é absolutamente incompreensível se extrair qual efetivamente é o *quantum* a ser excluído da base de cálculo do PIS e da Cofins.

Embora a manifestação da RFB no sentido de externar seu entendimento sobre o que foi decidido pelo STF, o assunto não é pacífico e há dúvida relevante sobre efetivamente qual parcela do ICMS, pois alguns votos ora se referem ao valor da despesa com o ICMS, valor destacado na nota fiscal pela saída de mercadorias, ora se referem ao valor pago, isto é, a diferença entre o débito incidente sobre as saídas, registrado como despesa, e o crédito sobre as entradas, registrado em conta do ativo.

A decisão do STF sobre a exclusão do ICMS da base de cálculo do PIS e da Cofins é apenas o início de um grande problema para as finanças públicas dos três entes, uma verdadeira "caixa de pandora".

Explica-se, o argumento final que prevaleceu na decisão do STF no RE nº 574.706/PR, ainda que reste dúvida sobre qual parcela do ICMS deve ser excluída, é de que o imposto pago não tem natureza de faturamento[8]. Isso significa que, pelo mesmo argumento e por coerência científica, deverá ser aceito pela para Suprema Corte a exclusão do ISSQN da base de cálculo do PIS e da Cofins.

Todavia, a referida decisão do STF afeta negativamente também as finanças estaduais e municipais com a redução potencial de até 9,65% das receitas do ICMS e do ISSQN, visto que, com base nas mesmas razões de decidir, isto é, de que a parcela do imposto pago não tem natureza de faturamento, é possível a exclusão do PIS e da Cofins da base de cálculo do ICMS e do ISSQN.

A decisão do STF no RE nº 574.706/PR é o atestado de falência do atual modelo de tributação com incidências múltiplas sobre o consumo no Brasil, fato que nos impele, via reforma do texto constitucional, a rever e a impor racionalidade a essa tributação, via incidência tributária única sobre bens e serviços, ainda que o produto da arrecadação, em respeito ao Pacto Federativo, seja compartilhado.

[7] Vide Solução de Consulta Interna nº 13 – Cosit, de 18.10.2018.

[8] STF, RE nº 574.706/PR, conforme trecho do voto na relatora, Ministra Cármen Lúcia.

3. A atual tributação sobre o consumo, ruim para o contribuinte

Se sob a ótica das finanças públicas e do ônus tributário para os contribuintes que não tem condições de barganhar benefícios fiscais, o ICMS apresenta sinais evidentes de colapso, quando mudamos o objeto de análise para os deveres instrumentais de prestar informações ou, na denominação do Código Tributário Nacional (CTN), das obrigações acessórias a serem prestadas aos diversos estados e munícipios em que a empresa possua estabelecimento, deparamo-nos com obrigações acessórias sem padronização, instituídas sob o argumento da autonomia absoluta dos entes com capacidade tributária ativa.

Nessa perspectiva, o caos tributário se mostra evidente e ainda mais irracional.

Mesmo após a criação do Sistema Público de Escrituração Digital (Sped) em 2007[9] e seus módulos da Nota Fiscal Eletrônica (NF-e) e do Livro de Escrituração Fiscal Digital do ICMS/IPI (EFD-ICMS/IPI), o custo de conformidade para pagar tributos no país entre 2005 a 2015, medido pelo Banco Mundial no *Doing Business*, se manteve nas inalteradas 2.600 horas, das quais 1.734 horas se referiam ao ICMS.

Atualmente, em 2020, as horas estimadas para pagar impostos no Brasil na pesquisa *Doing Business* são de 1.500 horas, das quais 885 se referem ao ICMS[10].

A tão festejada NF-e, que deveria ser um caso de simplificação tributária, é um exemplo da falência de ausência de governança e transparência em âmbito nacional para melhorar o ambiente de negócios.

Algo que simplificou sobremaneira o processo logístico das empresas no início, foi paulatinamente capturado pela burocracia gerada por técnicos organizados em algo que se assemelha às organizações não governamentais. O resultado foi uma proliferação de atributos na NF-e, que atualmente possui um manual de 299 páginas onde estão discriminados 423 atributos, alguns com desdobramentos alfanuméricos que fazem esse número beirar 600 regras para que uma empresa possa emitir uma nota fiscal[11]!

[9] Decreto nº 6.022, de 22 de janeiro de 2007.

[10] The World Bank. *DOING BUSINESS – Measuring Business Regulations.* Disponível em: <https://www.doingbusiness.org/en/data/exploreeconomies/brazil#DB_tax>. Acesso em: 12.10.2020.

[11] Site Sped/NF-e <https://www.nfe.fazenda.gov.br/portal/listaConteudo.aspx?tipoConteudo=33ol5hhSYZk=>. Acesso em: 12.10.2020

Para a tecnocracia, o céu é o limite. Assim foram criados mais documentos que digitalizaram a irracionalidade, como o Conhecimento de Transporte Eletrônico (CT-e), o Manifesto Eletrônico de Documentos Fiscais (MDF-e), Nota Fiscal de Consumidor Eletrônica (NFC-e), Nota Fiscal de Energia Elétrica Eletrônica (NF3-e), Bilhete de Passagem Eletrônico (BP-e), Cartão de Documentos Fiscais Eletrônicos (CDF-e), Ficha de Conteúdo de Importação (FCI), Guia de Transporte de Valores Eletrônica (GTV-e), Identificador de Veículos de Carga Eletrônico (IVC-e), Sistema Autenticador e Transmissor de Cupons Fiscais Eletrônicos (SAT).

Sob a perspectiva da Nota Fiscal de Serviços, as dificuldades decorrem da multiplicidade de municípios e das diferentes estruturas entre eles, dois quais, ressalte-se, a maioria não dispõe de estrutura mínima para exercer a competência tributária ativa do ISSQN.

Dados do Instituto de Pesquisa Econômica Aplicada (IPEA) informam que, dos 5.570 municípios existentes, apenas 2.248 possuíram arrecadação anual de ISSQN superior a um milhão de reais em 2019[12].

Não obstante, temos potencialmente no País 5.570 regras de emissão para a nota fiscal de serviços, que, sem coordenação nacional podem significar uma miríade de padrões de leiautes da Nota Fiscal de Serviços Eletrônica (NFS-e) e em custos de conformidade adicionais para quem presta serviços em mais de um município. Por exemplo, um grupo hoteleiro que atua em mais de cem munícipios, para cada um deles deverá observar os diversos leiautes de NFS-e e as regras municipais de cobrança do ISSQN.

Ainda que os municípios de capitais tenham se esforçado em definir um padrão único para a NFS-e[13], tal iniciativa, por não ter caráter cogente, não garante sua adoção por todos os municípios, nem mesmo os que sediam capitais.

[12] Instituto de Pesquisa Econômica Aplicada. *Estimativas anuais da arrecadação tributária e das receitas totais dos municípios brasileiros entre 2003 e 2019, autores: Cláudio Hamilton Matos dos Santos, Ana Carolina Souto Valente Motta e Monise Estorani de Faria. Base de dados – Receitas municipais.* Disponível em: <https://www.ipea.gov.br/cartadeconjuntura/index.php/2020/07/estimativas-anuais-da-arrecadacao-tributaria-e-das-receitas-totais-dos-municipios-brasileiros-entre-2003-e-2019/>. Acesso em 12.10.2020.

[13] Associação Brasileira das Secretarias de Finanças das Capitais (Abrasf). Disponível em: <http://www.abrasf.org.br/paginas_multiplas_detalhes.php?cod_pagina=1&titulo=TEMAS%20T%C9CNICOS&data=nao>. Acesso em 14.10.2020.

O custo de fazer negócios do Brasil há muito tem sido combatido por quem efetivamente paga a conta, os contribuintes.

Em seminário promovido pela Federação das Indústrias do Estado de São Paulo (Fiesp) em 26.09.2013, denominado "O Peso da Burocracia Tributária: A Busca pela Simplificação", foi apresentado que o custo estimado para cumprir todos os deveres instrumentais pelos contribuintes brasileiros em 2012 foi de R$ 24,6 bilhões, ou 1,16% do faturamento das empresas[14]!

No mesmo seminário da Fiesp, um dos painéis foi altamente impactante, quando desnudou os dados reais das obrigações acessórias de uma empresa com estabelecimentos em dezesseis estados da federação, em que mensalmente era obrigada a prestar 86 informações declarativas ao Fisco, das quais 79 eram destinadas aos estados ou aos municípios[15].

Tal fato decorre da óbvia incidência múltipla de cinco tributos sobre o consumo e porque, não obstante a existência do Sped, a quase totalidade dos estados continuou e continua a exigir obrigações acessórias redundantes às informações constantes na EDF-ICMS/IPI e, em alguns casos, os estados não compartilham a totalidade das informações com os municípios, que passaram a exigir informações sobre o ICMS gerado localmente, pois os municípios têm interesse constitucional nas informações do imposto em razão da parcela de 25% que lhes pertence[16].

Tal fato se traduz na clara falência no papel de simplificação e da padronização das informações que incube ao Confaz no âmbito dos entes estaduais e na ausência de coordenação cogente sobre os deveres instrumentais exigidos pelos municípios brasileiros.

4. A simplificação conquistada no Simples Nacional

A instituição do Regime Especial Unificado de Arrecadação de Tributos e Contribuições devidos pelas Microempresas e Empresas de Pequeno

[14] Federação das Indústrias do Estado de São Paulo. O Peso da Burocracia Tributária: A Busca pela Simplificação. Disponível em: < file:///C:/Users/CARF/Downloads/Bernard-Appy-LCA-Consultores4%20(3).pdf>. Acesso em: 12.10.2020

[15] Federação das Indústrias do Estado de São Paulo. *O Peso da Burocracia Tributária: A Busca pela Simplificação.* Disponível em: <file:///C:/Users/CARF/Downloads/Sandra-Juliana-de-Oliveira-Siemens-e-Marcelo-Martins-da-Fonseca-CSN3.pdf>. Acesso em: 12.10.2020.

[16] Art. 158, IV, da Constituição Federal.

Porte[17] (Simples Nacional) estabeleceu um novo patamar de relacionamento entre os três entes tributantes e os contribuintes.

O Simples Nacional obrigou a União, os estados e os municípios a buscarem entendimento comum sobre as regras de exigência dos contribuintes optantes em relação aos deveres instrumentais de prestar informação. O mesmo ato legal determinou que essa exigência seja única, de âmbito nacional, e aprovada por um Comitê Gestor[18], do qual participam quatro representantes da RFB, dois dos estados e dois dos municípios.

Em que pese a existência de distorções, fruto muitas vezes da facilidade de o Congresso Nacional conceder benefícios sem avaliar a efetiva consequência da renúncia tributária, como por exemplo: (i) o limite de enquadramento para uma sociedade empresária ser considerada de pequeno porte, R$ 4,8 milhões, muito acima do limite adotado pelos demais países que introduziram modalidades de monotributo para contribuintes de menor capacidade contributiva, (ii) o descompasso entre a contribuição previdenciária e os benefícios futuros a serem pagos aos empregados das empresas optantes e (iii) as distorções na tributação de serviços, extremamente reduzida para algumas faixas de faturamento e atividades, o Simples Nacional pode ser considerado a mais importante experiência efetiva em prol da simplificação tributária desde a edição da Constituição Federal.

Na prática, a existência do Comitê Gestor relativizou o dogma do Pacto Federativo dos respectivos entes tributantes para não mais criar obrigações acessórias individualmente consideradas, mas concertar uma única e padronizada obrigação de âmbito nacional.

É inegável que ser optante do Simples Nacional para um contribuinte é, antes de tudo, estar protegido do pandemônio de obrigações acessórias que os não optantes estão submetidos pela União, estados e municípios.

O que muitos não perceberam, no entanto, é de que isso só foi possível em razão de incidência material do tributo ser única sobre a receita, enquanto que para os demais contribuintes, não optantes, são obrigados a conviver com regras de apuração de até cinco incidências tributárias distintas sobre a mesma receita.

[17] Art. 12 da Lei Complementar nº 123, de 14.12.2006.

[18] Art. 2º, I, da Lei Complementar nº 123, de 14.12.2006.

5. Um sopro de racionalidade com a PEC nº 45/2019 em prol da simplificação

A situação ideal e utilizada em países que adotaram o modelo de tributação sobre valor agregado tem sido a instituição de um único tributo sobre o consumo, com regras nacionais de incidência e de deveres instrumentais padronizados, para que isso seja possível, é imperativo que os três entes relativizem o dogma do Pacto Federativo em tributar de forma autônoma o consumo, pois o fato real é um só: existe apenas uma única receita com a venda de bens ou com a prestação de serviços. A imposição dos fatos reais se impõem a construções jurídicas equivocadas na Constituição.

Os contribuintes, que pagam a conta e geram riqueza, não compreendem a relevância dessa discussão hermética sobre Pacto Federativo ou autonomia absoluta da competência tributária ativa, quando estamos sistematicamente, ano após ano, como País, sendo condenados a taxas insignificantes de crescimento pelo nó tributário na tributação sobre consumo.

É estreiteza de visão continuar a brigar por exercício ou manutenção das atuais competências ativas, essa é uma briga de afogados.

A prevalecer a mesquinhez dessa visão, iremos afundar ainda mais na complexidade e na baixa produtividade, mas convictos em nossos dogmas. E isso, registre-se, em nada interfere em definir, como já ocorre na Constituição, em partilhar o produto da arrecadação da tributação sobre o consumo, necessária para que os três entes cumpram seus respectivos compromissos orçamentários.

Os empreendimentos econômicos são decididos com base no pragmatismo, onde a alocação de recursos deve ser maximizada. Qual a razão para decidir em alocar investimento no Brasil com os atuais custos e grau de complexidade de cumprimento das atuais regras e obrigações acessórias instituídas pela União, por 27 estados e, potencialmente, por 5.570 municípios?

Criamos o modelo perfeito para que as decisões sobre novos investimentos sejam direcionadas para outros países, sobretudo quando alguns oferecem outras vantagens competitivas que ajudam a suplantar nosso mercado consumidor, tais como: energia elétrica mais barata, infraestrutura logística moderna, sistema jurídico célere e mercado concorrencial justo, com baixas taxas de sonegação ou de estratégias análogas aos denominados devedores contumazes.

Das iniciativas em tramitação no Congresso Nacional, a Proposta de Emenda à Constituição (PEC) nº 45/2019, do Imposto sobre Bens e Serviços (IBS), busca contemplar a premissa, de incidência nacional e com participação dos três entes tributantes, de tributação única sobre o valor agregado, cuja arrecadação será compartilhada e a gestão competirá a um comitê gestor nacional[19].

Uma proposta de emenda à PEC nº 45/2019 foi apresentada por uma associação civil sem fins lucrativos formada por servidores fazendários dos estados[20], todavia foi desenhada com os mesmos ranços que inspiraram a Constituinte de 1988, que, além de excluir a União, mantém a causa das complexidades que condenam o País à estagnação, ou seja, regras de tributação e as consequentes obrigações acessórias definidas pelos 27 entes subnacionais, sem regras nacionais uniformes e transparentes, com a autofágica guerra fiscal do atual ICMS, visto que a experiência dos 45 com o Confaz não se mostrou eficaz.

A aprovação da PEC nº 45/2019 nos conduzirá a uma espiral positiva de simplificação da tributação sobre o consumo, com a consequente melhoria do ambiente de negócios.

6. O mínimo que uma reforma deve entregar em prol da simplificação

Não sendo superados os ranços do atraso que nos trouxeram até aqui, normalmente movidos por interesses e ganhos individualmente considerados, cujo legado é o prejuízo do todo e a ausência de crescimento do País, uma alternativa é, pelo menos, simplificar e reduzir os custos de conformidade para os contribuintes.

A simplificação e os menores custos de conformidade para cumprir exigências de prestar informações sobre o pagamento de tributos pode ser obtido mediante a aprovação de uma Lei Complementar[21] que disponha sobre a competência compartilhada da União, dos estados, do Distrito Federal e dos municípios para exigir obrigação acessória, de forma

[19] Art. 1º da PEC nº 45, de 2019, que institui o art. 152-A e, em especial, o § 6, que trata do comitê gestor nacional do imposto sobre bens e serviços, integrado por representantes da União, dos Estados e do Distrito Federal e dos Municípios.

[20] Comitê Nacional de Secretários de Fazenda, Finanças, Receita ou Tributação dos Estados e do Distrito Federal (Comsefaz).

[21] Art. 146, I, da Constituição Federal.

cogente, sobre os tributos incidentes sobre o consumo, mercadorias e prestação de serviços, indistintamente.

O referido ato legal, semelhantemente ao Comitê Gestor do Simples Nacional, deveria instituir um Comitê Gestor Nacional de Obrigações Acessórios que teria entre suas atribuições a de definir um documento único sobre operações com bens e serviços e uma única escrituração de apuração, que, com a instituição de um único documento fiscal, poderá ser pré-preenchida pela Administração Tributária para posterior ratificação pelo contribuinte, fato que já ocorre em países como o Chile, que possui incidência nacional e única sobre o consumo. Sem dúvida alguma, seria um cenário revolucionário para simplificação e para a melhora na relação Fisco-contribuinte, onde o contribuinte se relacionaria com um único ente nacional.

Alternativa semelhante, mas com escopo reduzido para a Nota Fiscal de Serviço Eletrônico (NFS-e), é o Projeto de Lei Complementar nº 521/2018[22], que se encontra na Câmara dos Deputados. Esse Projeto, como se refere apenas a operações com serviços, institui, em seu art. 4º, o Comitê Gestor da Nota Fiscal de Serviços Eletrônica, composto por cinco representantes da RFB e cinco representantes dos municípios de cada região do País.

Ao estabelecer um padrão único de documento fiscal para prestação de serviços, a solução que vinha sendo construída pela RFB e pelos municípios, e que aguardava aprovação do referido PLC nº 521/2018, contemplava soluções de combate à informalidade, como a emissão da NFS-e via *smartphone* e uma cesta de soluções de tecnologia, que eliminava conflitos de tributação sobre o local de prestação de serviço e, não menos importante, instrumentalizava municípios de menor porte, que são mais de três mil no País, para exercerem sua capacidade tributária ativa em relação ao ISSQN.

7. Deitado eternamente em berço esplêndido

Pagamos um custo de oportunidade gigantesco por não termos tido comprometimento e vontade de enfrentar os problemas que impediram o País de redesenhar a tributação sobre o consumo nas últimas três décadas.

[22] O PLC nº 521/2018 é oriundo do Projeto de Lei do Senado nº 493, de 2017, aprovado pelo Plenário do Senado em 05.06.2018.

Em todas as iniciativas de reforma tributária pós-constituição, que buscavam eliminar as sobreposições impositivas, tais como a Comissão Executiva para a Reforma Fiscal, de 1992, ou a Proposta de Emenda Constitucional 175-A, de 1995, nenhuma seguiu em frente em decorrência do aparente argumento de respeito ao Pacto Federativo, mas que na verdade escondia o subjacente argumento de perpetuar a não transparente guerra fiscal de deslocamento de investimentos dentro País.

Depois de anos de inanição, de erosão da base de incidência do ICMS, da posição vexatória do Brasil no *Doing Business*, não há como sufocar o grito de saturação com atual modelo que parte dos contribuintes e sobre os quais recaem toda a ineficiência do desenho de tributação sobre o consumo.

Voltamos mais uma vez ao debate sobre a reforma tributária, muitos que opinam sobre o tema defendem soluções movidas pelo corporativismo ou sobre o falso argumento de que deixar de legislar ou de editar normas infralegais feriria o Pacto Federativo, num raciocínio absolutista, que esquece que o modelo deve assegurar meios, isto é, receitas, para que os três entes possam cumprir com suas obrigações constitucionalmente fixadas, que se materializam nos respectivos orçamentos.

Estamos diante de um importante ponto de inflexão, onde estadistas precisam assumir a liderança desse processo no Congresso Nacional. Precisamos que o debate seja movido pela racionalidade e pela análise não apaixonada de modelos de tributação que efetivamente funcionam em outros países, para que se busque uma única incidência nacional para a tributação sobre o consumo e, consequentemente, com um único documento fiscal sobre as operações com bens e serviços.

Apenas com a revisão do modelo de tributação sobre o consumo, com incidência nacional única, o Brasil assumirá as rédeas para uma efetiva melhora do ambiente de negócios, fato que nos permitirá atrair investimentos verdadeiros para o País, aumentar a produtividade dos agentes econômicos e o Produto Interno Bruto (PIB), com a consequente, sob a perspectiva das finanças públicas, redução do GAP tributário[23] das atuais múltiplas incidências sobre o consumo.

[23] Para mais informações sobre GAP tributário, veja em: UEDA, Junji. *Estimating the Corporate Income Tax Gap: The RA-GAP Methodology*. International Monetary Fund/Fiscal Affairs Department, 2018.

Se mais uma vez ficarmos deitados em berço esplêndido e não conseguirmos ver aprovada a PEC nº 45/2019, esperando a utópica solução consensual por parte daqueles que falaciosamente defendem a reforma, mas lutam de forma dissimulada para manter *o status quo*, que, pelo menos, possamos aprovar em Lei Complementar a obrigatoriedade de que União, estados e municípios, organizados em órgão nacional colegiado, disciplinem a exigência de um único documento fiscal para operações com bens e serviços e um único módulo de escrituração fiscal no Sped para apuração da tributação sobre o consumo.

14.
O Impacto da Reforma Tributária sobre o Setor de Combustíveis: Uma Análise da PEC 45, PEC 110 e do PL 3.887/2020

Jules Michelet Pereira Queiroz e Silva
Victor Lyra Guimarães Luz

Introdução

O presente artigo tem por objetivo analisar os potenciais impactos econômicos e jurídicos das propostas de Reforma Tributária, atualmente debatidas no Congresso Nacional, sobre o setor de combustíveis.

Três propostas de Reforma Tributária são hoje mais relevantes no Congresso Nacional: as Propostas de Emenda Constitucional nº 45, da Câmara dos Deputados, e nº 110, do Senado Federal, bem como o Projeto de Lei nº 3.887/2020, de autoria do Poder Executivo.

A PEC 45 e a 110 estabelecem teoricamente dois tributos que poderiam incidir sobre o setor de combustíveis: o Imposto sobre Bens e Serviços (IBS) e o Imposto Seletivo. A diferença notável entre as propostas é que, enquanto a PEC 110 cria dois IBS – um federal e outro estadual e municipal –, a PEC 45 cria um tributo unificado sobre o consumo nas três esferas de governo, com subalíquotas nacionais, regionais e locais. Já o Projeto de Lei 3.887/2020 pretende substituir a Contribuição ao PIS/PASEP e a Contribuição para o Financiamento da Seguridade Social (doravante "PIS e COFINS"), tributos sobre a receita, pela Contribuição sobre Bens e Serviços ("CBS"), contribuição exclusivamente federal que se propõe, ao que parece, a incidir sobre as operações com os aludidos bens e serviços.

O presente trabalho realizará uma avaliação das potenciais influências de cada uma das propostas de Reforma Tributária em debate considerando as peculiaridades do setor de combustíveis. Para tanto, o trabalho foi dividido em quatro partes: (i) na primeira delas, realizaremos breves considerações sobre as peculiaridades do setor de combustíveis; (ii) na segunda parte, trataremos de forma breve sobre a PEC 45, apresentando, em seguida, os impactos da proposta sobre o setor de combustíveis; (iii) em uma segunda parte, analisaremos de forma breve a PEC 110, com os potenciais impactos no setor de combustíveis apresentados em seguida; (iv) por fim, em uma terceira parte, analisaremos os impactos do PL 3.887/2020 sobre o setor de combustíveis. Ao final, apresentaremos as conclusões.

1. Peculiaridades do setor de combustíveis: breves considerações

Antes de analisarmos de um modo específico cada uma das propostas de reforma tributária e os correspondentes impactos, necessário verificarmos determinadas peculiaridades do setor de combustíveis para uma melhor visão do tema.

Em primeiro lugar, os combustíveis são insumos de primeira importância para a vida e para a economia. Exercem, inclusive, papel relevante na própria integração econômica das nações. Daí porque, na maioria dos países, os combustíveis são tributados em nível nacional, não em nível local. Na América do Sul, em geral os combustíveis são tributados por um Imposto sobre Valor Agregado (IVA) e um Imposto Especial, normalmente sendo ambos de competência nacional[1].

Em comparação ao cenário das contrapartes sul-americanas, o Brasil tem um quadro bastante particular. O Estado brasileiro se utiliza de três tributos gerais (ICMS, PIS e Cofins) e um tributo especial (CIDE-Combustíveis) para tributar tanto a energia elétrica quanto os combustíveis, além de também submetê-los aos tributos de natureza eminentemente aduaneira, em hipóteses específicas.

O fato de haver um tributo estadual a incidir sobre os combustíveis – o ICMS – é uma peculiaridade do sistema brasileiro.

[1] QUEIROZ E SILVA, Jules Michelet Pereira. *Tributação da energia*: aspectos tributários da integração energética da América do Sul. Belo Horizonte: Dialética, 2020, pp. 45-88.

Nem sempre, porém, foi assim. De um modo geral, houve uma modificação de competência entre as Constituições de 1967/1969 e a de 1988 na tributação sobre energia elétrica e combustíveis, lubrificantes e demais derivados de petróleo. No sistema anterior, havia o imposto único sobre operações relativas a combustíveis, lubrificantes e energia elétrica (art. 21, VIII, da Carta de 1967/1969[2]), de competência da União. Paralelamente, o consumo em geral era tributado pelo imposto sobre comércio de mercadorias (ICM), de modo que, ao criar um imposto específico e único de competência federal, a Carta de 1967/1969 tinha o objetivo de evitar que os Estados e Municípios, por meio de suas competências tributárias, viessem a dificultar o crescimento industrial do País[3].

A Constituição de 1988 reverteu esse quadro, conferindo aos Estados e ao Distrito Federal a competência para tributar os combustíveis (art. 155, § 3º)[4]. A competência federal para a tributação dessas operações, entretanto, foi mantida pela incidência dos impostos de importação e exportação, pelo PIS e COFINS e pela CIDE-Combustíveis. O que é relevante, contudo, é notar que houve o deslocamento da competência para tributar os combustíveis de um imposto específico e federal sobre o consumo para um imposto geral e estadual – o ICMS.

Ao fazer isso, a Carta de 1988 retirou parte dos poderes da União de utilizar a tributação como instrumento de política energética. O deslocamento de competência sobre a tributação da energia também transformou o ICMS em uma fonte essencial de receitas tributárias para os Estados e Distrito Federal, uma das bases tributárias referidas como *blue chips*. Além disso, a tributação estadual permite que cada Estado tenha alíquotas próprias de ICMS, manipulando-as da forma que melhor entender, o que, no entanto, mitiga a neutralidade tributária e nem sempre vai ao encontro da seletividade em função da essencialidade das mercadorias, previsto na

[2] "Art. 21. Compete à União instituir impôsto sôbre: VIII – produção, importação, circulação, distribuição ou consumo de lubrificantes e combustíveis líquidos ou gasosos e de energia elétrica, impôsto que incidirá uma só vez sôbre qualquer dessas operações, excluída a incidência de outro tributo sôbre elas;"

[3] CARRAZA, Roque Antônio. *ICMS*. 12. ed. São Paulo: Malheiros, 2007, p. 240.

[4] O texto original da Constituição de 1988 permitia ainda a tributação de vendas a varejo de combustíveis líquidos e gasosos, exceto diesel, pelos Municípios (art. 156, inciso III). Essa possibilidade foi revogada pela Emenda Constitucional nº 3/1993.

Constituição (art. 155, § 2º, III) como princípio aplicável ao imposto em comento.

O vigente texto constitucional, entretanto, buscou uniformizar as incidências do ICMS-Combustíveis. Na permissibilidade do inciso IV, do § 4º, do art. 155, da Constituição (que prevê hipóteses de ICMS monofásico, isto é, que incide uma única vez na cadeia de consumo), prescinde-se de lei para dispor sobre a alíquota do ICMS-Combustíveis, o que representa uma hipótese de mitigação do princípio da legalidade tributária previsto no art. 150, inciso I, da Constituição, visto caber tal definição à deliberação dos Estados e Distrito Federal. Em tese, tal manobra garantiria a mencionada uniformidade das incidências nos Estados, o que, por consequência, traria segurança jurídica.

O ICMS monofásico é tratado pelo Convênio-ICMS nº 110, de 28 de setembro de 2007. O convênio em questão, porém, não se utiliza da competência do art. 155, § 4º, inciso IV, "a", no sentido de estabelecer alíquotas uniformes para o ICMS-Combustíveis, embora nas Cláusulas Sétima a Décima Quarta do Convênio se tenha uma disposição bastante exaustiva sobre a base de cálculo. Inclusive, a Cláusula Décima Quinta remete expressamente a alíquota à legislação interna dos Estados e Distrito Federal, ao prever que "*O valor do imposto a ser retido por substituição tributária será calculado mediante a aplicação da alíquota interna prevista na legislação da unidade federada de destino sobre a base de cálculo*".

O objetivo do comando sobre a uniformidade das alíquotas em todo o território nacional é manter a neutralidade tributária no preço dos combustíveis. Como o ICMS é o único tributo não federal que incide sobre combustíveis e que geralmente as alíquotas exigidas superam a casa dos 25%, é de se convir que ele tem o potencial de desequilibrar os preços desse insumo energético, a depender da legislação de cada Estado. Esse problema não ocorria no ordenamento constitucional anterior, em que não havia tributação estadual desses insumos. Com a novel competência, passa-se a haver claro problema de redução da neutralidade fiscal, daí porque necessária sua uniformidade.

Dito isto, o relevante é notar que, por mais que o constituinte tenha visto a necessidade de tornar o imposto uniforme e estabelecido uma previsão exaustiva do imposto, o que na prática vemos é que o ICMS se tornou um imposto contraproducente e distorcivo.

Além das distorções decorrentes diretamente do ICMS, os combustíveis são *commodities* bastante influenciados pelos movimentos do mercado, sendo a arrecadação tributária sobre eles sobremaneira influenciada pelo cenário interno e internacional. Se o mercado influencia a arrecadação tributária, o inverso também é verdadeiro. Isso porque, como se verá, a forma como se arrecadam os tributos influencia na formação de preços, inclusive com incentivo à uniformização e, via de consequência, à redução da competitividade.

Em relação ao PIS/COFINS, por não haver distorções tão grandes como o ICMS, trataremos de um modo específico das peculiaridades ao tratar do PL 3.887/2020.

Como visto até aqui, o setor de combustíveis é altamente tributado. Incidem, na esfera federal, o PIS/COFINS e a CIDE-Combustíveis e na esfera estadual, o ICMS. Conquanto se trate de um setor de alta importância para a população, o que em tese poderia fazer com que os governantes reduzissem a carga tributária, não é o que vemos. Segundo a Federação Nacional do Comércio de Combustíveis e Lubrificantes (Fecombustíveis)[5], a carga tributária é a seguinte:

	GASOLINA	DIESEL	ETANOL	GNV
TRIBUTAÇÃO AGOSTO (1ª Semana média)	46,2%	27,4%	33,3%	23,0%
ICMS (imposto estadual, varia conforme o estado)	25% - 34%	12% - 25%	25% - 32%	12% - 28%
PIS/COFINS (imposto federal)	R$ 0,7925/litro (Gasolina A) R$ 0,1309/litro (Etanol Anidro)	R$ 0,3515/litro (Diesel A) R$ 0,1480/litro (Biodiesel)	R$ 0,1309/litro (Produtor) R$ 0,1109/litro (Distribuidor)	9,25%
CIDE (imposto federal)	R$ 0,1000/litro (Gasolina A)	R$ 0,000/litro (Diesel A)	R$ 0,000/litro	Não incide

Vistas essas questões gerais, analisaremos nos tópicos seguintes cada uma das reformas tributárias e os impactos correspondentes sobre o setor de combustíveis.

[5] Cf. https://www.fecombustiveis.org.br/tributacao.

2. PEC 45, da Câmara dos Deputados

O ponto essencial da PEC 45, proposta na Câmara dos Deputados com base em anteprojeto do Centro de Cidadania Fiscal (CCiF), é unificar a tributação do consumo em um único imposto plurifásico e não cumulativo: o Imposto Sobre Bens e Serviços – IBS. Esse imposto substituiria o ICMS, o ISS, o IPI e as contribuições ao PIS e Cofins.

O IBS teria alíquota única para todos os produtos e serviços a ele sujeitos. Essa alíquota seria formada pela soma de subalíquotas federal, estadual e municipal. Como se vê, portanto, abandonar-se-ia a seletividade de alíquotas existente no ICMS e no IPI.

A unificação e uniformização das alíquotas da tributação do consumo segue tendência da literatura econômica, no sentido de que a concessão de benefícios e múltiplas alíquotas aumenta a complexidade dos tributos e dificulta a sua administração e os custos de conformidade dos contribuintes[6]. Além disso, a concessão de incentivos fiscais a um setor tende a estimular modificações alocativas nas empresas, que tentam modificar seus modelos de negócio para se beneficiar da desoneração por planejamento tributário[7].

O IBS proposto pela PEC 45 implica em um impacto imediato no setor de combustíveis, pois prevê uma alíquota unificada para todas as operações a ele sujeitas. Ao fazê-lo, de um lado inviabiliza a prática dos Estados de aumentar alíquotas de ICMS sobre combustíveis para aumento de arrecadação em tempos de crise fiscal. Como esse tipo de bem tem demanda de baixa elasticidade[8], o aumento da alíquota e, portanto, do preço, tem pouco reflexo no comportamento dos consumidores. Assim, em momentos de crise fiscal, os Estados tendem a recorrer ao aumento da tributação de combustíveis para aumentar sua receita.

[6] JAMES, K. *The Rise of the Value Added Tax*. Cambridge: Cambridge University Press, 2015, p. 45-55.

[7] *Idem*.

[8] Em microeconomia, a elasticidade da demanda é a variação percentual na quantidade demandada em função da variação de preço do bem. Como a incidência de um imposto aumenta o preço do bem, dizer que a demanda é inelástica significa dizer que ela é pouco reduzida pelo aumento no preço. Em outras palavras, a "vantagem" arrecadatória no aumento do tributo é maior que a redução do consumo que ela causa. Cf. VASCONCELLOS, Marco Antônio Sandoval de. *Economia*: micro e macro. 4. ed. São Paulo: Atlas, 2006, p. 63.

De outro lado, a alíquota unificada impedirá a adoção de alíquotas específicas (*ad rem*) em função de unidades de medida (litros, metros cúbicos), atualmente autorizadas para o ICMS-Combustíveis pelo art. 155, § 4º, IV, "b", da Constituição, com a redação da Emenda Constitucional nº 33/2001. Esta emenda teve por objetivo a abertura do mercado brasileiro de combustíveis e as alíquotas específicas, nesse cenário, teriam o objetivo de reduzir a distorção tributária no preço dos produtos de energia, que tem larga influência do mercado internacional[9].

Ocorre que as alíquotas específicas já hoje são alvo de críticas. Em estudo sobre a competitividade do mercado de combustíveis, o Conselho Administrativo de Defesa Econômica (CADE) já teve a oportunidade de apontar que as alíquotas específicas penalizam a eficiência econômica[10]. Isso porque, como as alíquotas têm base em unidades de medida e não no valor pago pelo consumidor, uma redução nos preços não fará variar o tributo devido, de modo que o fornecedor com preço menor suporta carga tributária proporcionalmente maior.

Com efeito, um mérito da PEC 45 é aproximar o sistema brasileiro do modelo de alíquotas unificadas. Ao mesmo tempo, promover a concorrência no setor de combustíveis ao impor alíquotas *ad valorem*, o que retira o estímulo das alíquotas *ad rem* à uniformização de preços.

Contudo, a proibição da adoção das alíquotas *ad valorem* expõe a arrecadação tributária à variação dos preços do petróleo no mercado internacional. Tal problema, contudo, pelo menos do ponto de vista federal, pode ser combatido pela modulação de alíquotas da CIDE-Combustíveis, que pode manter constantes os preços do insumo e a arrecadação tributária sobre os combustíveis em face da variação de preços internacionais.

Um outro efeito mercadológico da PEC 45 é que o tributo unificado passará a comportar subalíquotas estadual, federal e municipal, de maneira que a alíquota total – e, portanto, os preços – variará não apenas entre Estados, como hoje ocorre, mas também entre Municípios. Trata-se de evidente influência tributária sobre os preços dos combustíveis, podendo

[9] Nesse sentido, tanto a Mensagem nº 1.093/2000, do Poder Executivo, que originou a Emenda Constitucional nº 33 quanto o Parecer do Relator Basílio Villani na Comissão Especial da Câmara dos Deputados.

[10] BRASIL. Conselho Administrativo de Defesa Econômica. *Repensando o setor de combustíveis*: medidas pró-concorrência. Brasília: Ministério da Justiça, 2018, pp. 30-31.

gerar ineficiências alocativas decorrentes da ausência de neutralidade. Isto é: o consumidor tem mais facilidade de transitar entre Municípios vizinhos com carga tributária menor do que entre Estados vizinhos.

Por neutralidade, entende-se a característica de um tributo que se analisa em não alterar os preços relativos das alternativas sobre que recaem as escolhas dos agentes econômicos[11]. A PEC 45 tem na neutralidade fiscal uma de suas bases e, paradoxalmente, ao permitir a variação municipal de alíquotas de produtos como os combustíveis, influencia sobremaneira na concorrência desse mercado, tendo inclusive o potencial de gerar pequenas "guerrilhas fiscais".

Assim, a PEC 45 *aprofunda* a distorção já existente na tributação pelo ICMS-Combustíveis, gerando agora uma variação municipal de preços em decorrência tão somente da subalíquota municipal.

Uma terceira questão é a possibilidade de incidência de imposto(s) seletivo(s). O art. 154, III, da Constituição, proposto pela PEC 45, autoriza a instituição de impostos seletivos, com finalidade extrafiscal, destinados a desestimular o consumo de determinados bens, serviços ou direitos. Como já colocado, boa parte dos ordenamentos tributários prevê um imposto seletivo sobre combustíveis, em especial fósseis, em face das externalidades ambientais negativas.

O problema da PEC 45 nesse aspecto é que ela não revoga a previsão do art. 177, § 4º, que autoriza a instituição da CIDE-Combustíveis, a qual, ao fim e ao cabo, já é um tributo especial sobre o consumo. Assim, a PEC possibilita a bitributação econômica das operações com combustíveis pela CIDE e pelo eventual imposto seletivo, de modo que, em tese, podem incidir dois tributos com funções extrafiscais sobre as mesmas operações.

3. PEC 110, do Senado Federal

A PEC 110 é bastante similar à PEC 45 ao instituir o IBS. A diferença fundamental é que o IBS, na PEC 110, passa a ser um imposto de competência dos Estados e Distrito Federal, autorizando à União tão somente a estabelecer adicional federal para financiamento da seguridade social (art. 195, § 14).

[11] BASTO, José Guilherme Xavier de. *Cadernos de ciência e técnica fiscal*: a tributação do consumo e sua coordenação internacional. n. 164. Lisboa: Centro de Estudos Fiscais, 1991, p. 29.

Nesse sentido, a PEC 110 passa a estabelecer a possibilidade um "IVA Dual" compartilhado entre o ente central e os regionais. Ao não permitir a criação de subalíquotas municipais, a PEC 110 mitiga o problema de neutralidade da PEC 45 já apontado no capítulo anterior. De outro lado, prevê alíquotas uniformes do IBS, aproximando-se da literatura internacional a respeito dos IVA mais modernos. A PEC 110 ainda autoriza a concessão de alguns incentivos fiscais de IBS, mas não inclui o setor de combustíveis nessas exceções.

A PEC 110 é mais ampla que a 45 na medida em que o novo IBS passa a substituir o ICMS, o ISS, o IPI e as contribuições ao PIS/Pasep e Cofins, mas também o IOF, a CIDE-Combustíveis e a CSLL.

Quando ao imposto seletivo, a PEC 110 é mais específica que a 45, autorizando que essa espécie incida somente sobre operações com petróleo e seus derivados, combustíveis e lubrificantes de qualquer origem, gás natural, cigarros e outros produtos do fumo, energia elétrica, serviços de telecomunicações, bebidas alcoólicas e não alcoólicas, e veículos automotores novos, terrestres, aquáticos e aéreos, bem como pneus, acessórios, partes e peças nestes empregados (art. 153, VIII).

A PEC 110, portanto, elimina o risco de bitributação econômica pela CIDE-Combustíveis e imposto seletivo, cuja incidência sobre operações com combustíveis é expressa.

4. PL 3.887/2020, do Poder Executivo

O presente tópico tem por objeto analisar os potenciais impactos do PL 3.887/2020, do Poder Executivo, sobre o setor de combustíveis. Para tanto, primeiramente, realizaremos uma brevíssima, mas necessária, consideração sobre a CBS, para, em seguida, demonstrar os impactos sobre o setor de combustíveis.

4.1. Considerações gerais sobre o PL 3.887/2020

O PL 3.887/2020 tem por objetivo substituir o PIS e a Cofins, tributos incidentes sobre a receita, pela Contribuição sobre Bens e Serviços ("CBS"), contribuição exclusivamente federal que se propõe, ao que parece, a incidir sobre operações com os aludidos bens e serviços. A ideia central do Governo Federal, então, é unificar o PIS e Cofins em uma única contribuição, alterando aspectos principais, como a alíquota e a forma de apuração de créditos.

De uma maneira geral, nos termos do PL, o critério material do fato gerador da CBS seria o auferimento da receita bruta prevista no artigo 12 do Decreto-Lei n. 1.598/77[12] (art. 2º), sendo contribuintes as pessoas jurídicas de direito privado e equiparadas segundo a legislação do imposto de renda – IRPJ (art. 3º).

Em relação ao critério quantitativo, a base de cálculo da CBS é, de uma maneira geral, a receita bruta auferida nas operações com bens e serviços, sendo que a alíquota prevista é de 12%. Vale destacar que, no novo sistema, como o declarado pelo Governo Federal é criar uma contribuição uniforme, sem peculiaridades ou regimes distintos – diferentemente do que ocorre com o PIS e Cofins –, não haveria sistemas cumulativo e não-cumulativo, de modo que a alíquota de 12% seria aplicável à grande maioria das sociedades empresárias.

Isso tem o potencial de causar um aumento de carga tributária efetivo para o setor de serviços, que, em sua maioria, atualmente está submetido ao regime cumulativo do PIS e Cofins, cujas alíquotas combinadas são de 3,65%. Como o setor de serviços apura poucos créditos, o aumento da carga tributária será real, o que pode vir a ser um problema.

Vistas essas considerações gerais, relevante mencionar que a constitucionalidade da CBS tem sido alvo de intensa controvérsia.[13] As discussões estão centradas no fundamento de validade da CBS, o art. 195, I, "b", da Constituição, que confere competência para a União instituir contribuições sobre "receita ou faturamento". De maneira um tanto ambígua, o PL estabelece, primeiramente, que a CBS incidirá sobre as operações com

[12] Art. 12. A receita bruta compreende:
I – o produto da venda de bens nas operações de conta própria;
II – o preço da prestação de serviços em geral;
III – o resultado auferido nas operações de conta alheia; e
IV – as receitas da atividade ou objeto principal da pessoa jurídica não compreendidas nos incisos I a III.

[13] Em que pese não conhecermos artigos acadêmicos sobre o tema, citamos aqui trabalhos relevantes:
http://www.apet.org.br/2019/artigos-tributarios.asp?art_id=2608&autor=Sergio%20Andr%E9%20Rocha%20e%20Melina%20Rocha%20Lukic
https://www.conjur.com.br/2020-ago-05/opiniao-evidente-inconstitucionalidade-cbs
https://www.conjur.com.br/2020-ago-17/opiniao-projeto-cbs-aperfeicoado
https://www.conjur.com.br/2020-out-02/opiniao-face-oculta-cbs-tributo

bens e serviços (art. 1º); em seguida, contudo, o PL prescreve que a CBS incidirá sobre a receita bruta decorrente da operação com bens e serviços (art. 2º). Além da ambiguidade textual, toda a análise do projeto de lei deixa clara a intenção do Governo, que é de instituir um tributo incidente sobre *operações*, e não sobre *receita*, aproximando-se muito mais de um IVA Europeu, do que de um tributo incidente sobre receita – que é, ao fim e ao cabo, o fundamento de validade extraído da Constituição.

Há quem diga, diante disso, que a CBS tenta tributar operações de competência dos Estados e Municípios[14], respectivamente pelo ICMS e ISS, sendo, portanto, inconstitucional. Já outros autores entendem que é possível sim a tributação de faturamento decorrente das operações, que já acontece inclusive hoje na sistemática do PIS/Cofins não-cumulativos[15].

A par dessas discussões, entendemos que a análise sobre a constitucionalidade ou não da CBS deve levar em conta a base de cálculo utilizada pelo projeto na definição do que efetivamente será tributado, já que a Constituição dispõe que a seguridade social será financiada por contribuições que *incidem* sobre receita ou faturamento (art. 195, I, "b"). Portanto, o que a Constituição estabelece como fundamento constitucional é que os contribuintes serão aqueles que aufiram receitas ou possuam faturamento, sendo que as contribuições devem ser calculadas sobre as grandezas *receita* ou *faturamento*.

Dito isso, mesmo que "pareça" com um IVA Europeu, que incide sobre as operações, fato é – e isso ninguém pode negar – que o PL 3.887/2020, em uma previsão genérica, estabelece que a base de cálculo da CBS é a receita bruta auferida nas operações com bens e serviços (art. 7º), de modo que, segundo entendemos, o PL em análise, na previsão geral, respeita o disposto no artigo 195 da Constituição – como veremos à frente, este não é o caso para os combustíveis. Vale dizer, ainda, que a receita bruta a

[14] ROCHA, Sérgio André. LUKIC, Melina Rocha. A inadequação do fato gerador da CBS incidente no mercado interno. Disponível em: http://www.apet.org.br/2019/artigos-tributarios.asp?art_id=2608&autor=Sergio%20Andr%E9%20Rocha%20e%20Melina%20Rocha%20Lukic. Acesso em 07 jan 2021.

[15] VASCONCELOS, Breno Ferreira Martins. ALVIM, Leonardo. MATTHIESEN, Maria Raphaela Dadona. A constitucionalidade do fato gerador da CBS. Disponível em: https://www.jota.info/opiniao-e-analise/artigos/a-constitucionalidade-do-fato-gerador-da-cbs-28082020#:~:text=Com%20a%20institui%C3%A7%C3%A3o%20da%20Cofins,ADC%201%2D1%2FDF. Acesso em 06 jan 2021.

que alude o dispositivo mencionado representa uma grandeza inferior à alcançada pelo PIS e COFINS não cumulativos, dado que, enquanto estes alcançam a *receita total, independentemente da denominação ou classificação contábil* (Leis 10.637/02 e 10.833/03), a receita bruta alcançada pela CBS seria aquela prevista no artigo 12 do Decreto-Lei n. 1.598/77 (receitas decorrentes da venda de mercadorias e da prestação de serviços).

Sob esta ótica, portanto, parece-nos que a CBS passaria no teste de validade constitucional.

4.2. A CBS e o Setor de Combustíveis

Avançando para o setor de combustíveis, de uma maneira geral, pode-se dizer que o setor em questão é pouco afetado pelo novo tributo.

No sistema atual do PIS e Cofins, regra geral as contribuições incidem, para os derivados de petróleo, na primeira etapa da cadeia de consumo (PIS/Cofins Monofásico) sobre a receita decorrente das vendas efetuadas pelos produtores ou importadores de derivados de petróleo, nos termos do artigo 4º da Lei n. 9.718/98. No caso do álcool, inclusive para fins carburantes, a sistemática não é de PIS/Cofins Monofásico, tendo o legislador previsto a incidência nas etapas de produção e importação, como também na distribuição, ficando reduzidas a 0% as alíquotas das receitas auferidas por distribuidores, no caso de venda de álcool anidro adicionado à gasolina, por comerciante varejista (postos de gasolina), em qualquer caso, bem como nas operações realizadas em bolsa de mercadorias e futuros.

Opcionalmente, o legislador previu o regime especial de apuração e pagamento do PIS/Cofins incidentes sobre combustíveis (Recob)[16]. De acordo com este regime opcional, adotado por grande parte das empresas do setor, a legislação estabelece que o PIS e Cofins não incidirão sobre as receitas decorrente das vendas de combustível, mas sim segundo uma alíquota calculada por unidade de medida, de acordo com o metro cúbico do combustível vendido.

No regime da CBS, a tributação do setor de combustíveis se dará de forma exclusiva de acordo com as alíquotas estabelecidas para o Recob – i.e, alíquota por unidade de medida, calculada de acordo com o metro cúbico de combustível vendido. Por isso, dissemos linhas atrás que não há

[16] Para o álcool, regime previsto no artigo 5º, §4º, da Lei n. 9.718/98; Para os derivados de petróleo, regime previsto no artigo 23 da Lei n. 10.865/04.

grandes impactos para o setor, sendo que, na previsão do PL 3.887/2020, as alíquotas da CBS e do PIS e Cofins no Recob são rigorosamente as mesmas.

A despeito disso, visualizamos dois pontos principais de potenciais discussões sobre os impactos da CBS no setor de combustíveis, que são: (i) sobre quem recairia o ônus do pagamento da CBS, na hipótese em que os distribuidores ou varejistas não realizassem o pagamento da contribuição; e (ii) as inconstitucionalidades decorrentes da implantação obrigatória do regime monofásico.

Em relação ao primeiro ponto, o artigo 37 estabelece que, após a incidência monofásica, as demais etapas da cadeia de venda de combustíveis são isentas da contribuição, desde que tenham sido tributadas anteriormente. O referido artigo dá a entender que os distribuidores e varejistas podem ser responsabilizados pelo pagamento da contribuição, na situação em que os sujeitos passivos definidos pela lei (produtores e importadores de combustíveis – artigo 33) não efetuarem o recolhimento do tributo. Não obstante, inexiste uma regra de inclusão dos distribuidores e varejistas como sujeitos passivos da relação jurídico-tributária, o que dificulta juridicamente a sua inclusão como responsáveis pelo pagamento da CBS.

Em relação ao segundo ponto, vale destacar que, conquanto o Projeto de Lei da CBS disponha que a incidência monofásica aplica-se às "receitas" (artigo 32), entendemos, diferentemente da regra geral que vimos em 3.1, que há um vício de inconstitucionalidade na previsão obrigatória da referida sistemática.

Enquanto no sistema atual do PIS e Cofins os contribuintes podem optar pela incidência do PIS/Cofins (i) sobre as receitas decorrentes de operações com vendas de combustíveis são tributadas mediante aplicação de uma alíquota sobre o montante auferido (regra geral) ou (ii) sobre o sistema especial (Recob), que, opcional aos contribuintes, se tornou a prática do mercado, no sistema da CBS há previsão apenas de incidência monofásica. Nesse cenário, a CBS incidiria sobre valores fixos (Anexo II do PL) às operações com combustíveis (gasolina e correntes, óleo diesel e correntes, GLP, biodiesel e álcool), mantendo os mesmos valores incidentes atualmente no Recob, mas incluindo o Gás Natural Veicular (GNV) na sistemática em questão.

Conquanto tal sistemática seja atualmente conhecida pelo setor de combustíveis e que, na prática, como pontuamos, seja o adotado pelo mercado, as contribuições destinadas à seguridade social instituídas com fundamento no artigo 195, inciso I, “b”, da Constituição *somente* podem incidir sobre receita ou faturamento. Nesse sentido, qualquer outra grandeza distinta que seja obrigatória aos contribuintes, conquanto benéfica e represente uma prática do mercado, deve ser reputada por inconstitucional.

Assim, se há alguma controvérsia sobre a constitucionalidade da CBS em geral, no caso dos combustíveis ela é claramente inconstitucional porque não toma por base o faturamento ou a receita, mas sim o volume de bens transacionados na operação, aproximando-se – aí sim – de um IVA. Com efeito, duas empresas que vendam o mesmo volume de combustíveis a preços diferentes terão receitas diversas, mas pagarão o mesmo valor de CBS. Na proposta do Governo Federal, portanto, no que diz respeito ao setor de combustíveis, a CBS incide sobre a operação, não sobre a receita dela decorrente – competência atribuída pela Constituição Federal.

Nem se diga que o § 9º do art. 195 da Constituição autorizaria a aplicação de alíquotas diferenciadas em razão da atividade econômica. Isso porque a alíquota, ainda que diferenciada, somente pode refletir o critério material da competência: não se pode adotar *proxies* de consumo para mensurar a receita. Basta notar que os tributos para os quais a Constituição expressamente admite alíquotas específicas por unidade de medida são tributos sobre o consumo: ICMS e CIDE-Combustíveis.

Também não se pode argumentar que hoje já há nas contribuições ao PIS e Cofins tributação por alíquotas específicas por unidade de medida com base nas leis 9.718/1998 e 10.10.865/2004. Trata-se, como já pontuado, do Regime Especial de Apuração das Contribuições Incidentes sobre Combustíveis e Bebidas (Recob). Em primeiro lugar, porque mesmo esse regime pode ser objeto de questionamento da sua constitucionalidade ao mesmo fundamento. Em segundo lugar, porque o Recob atual é um instrumento de política fiscal que demanda opção expressa do contribuinte, ao contrário das alíquotas específicas da CBS, que seriam obrigatórias e universais para o setor.

Conclusões

É preciso atentar que o setor de combustíveis trabalha com um insumo essencial ao desenvolvimento do país que também é uma *commodity* fortemente influenciada pelo mercado internacional. Assim, eventual Reforma

Tributária deve analisar criteriosamente seus efeitos sobre esse mercado, evitando resultados imprevistos que podem causar danos profundos e de difícil recuperação.

Nesse sentido, analisando as propostas colocadas em debate pelo Congresso Nacional, pode se chegar às seguintes conclusões:

i. As PEC 45 e 110 se aproximam das recomendações da literatura internacional ao promover a uniformização das alíquotas do IBS, abandonando o princípio da seletividade.

ii. O abandono das alíquotas *ad rem* promove a competitividade no setor de combustíveis, pois a redução dos preços implica em reduzir o ônus tributário proporcionalmente.

iii. O abandono das alíquotas *ad rem* submete a arrecadação tributária às flutuações dos preços do petróleo no mercado internacional, o que pode ser mitigado pela CIDE-Combustíveis ou por imposto seletivo.

iv. A PEC 45 coloca em risco a neutralidade tributária no setor de combustíveis ao permitir a variação municipal das alíquotas do IBS.

v. A PEC 45 possibilita a bitributação econômica das operações com combustíveis pela CIDE-Combustíveis e por imposto seletivo.

vi. A Contribuição sobre Bens e Serviços (CBS) foi proposta pelo PL 3.887/2020, de autoria do Governo Federal. A constitucionalidade do fato gerador da CBS tem sido objeto de questionamentos no caso da aplicação às empresas em geral, havendo quem aponte argumentos para ambos os lados.

vii. No caso do setor de combustíveis, a inconstitucionalidade é patente, em vista da submissão do setor às alíquotas segundo unidades de medida, que calcula a CBS de acordo com as operações, enquanto o fundamento constitucional para as contribuições não com a receita – base constitucional das contribuições destinadas à seguridade social.

viii. Além disso, existem discussões sobre a responsabilidade tributária, sendo que, no regime desenhado pelo PL 3.887/2020, há um hiato sobre quem seria o responsável tributário em determinadas operações.

Referências

BASTO, José Guilherme Xavier de. **Cadernos de ciência e técnica fiscal**: a tributação do consumo e sua coordenação internacional. n. 164. Lisboa: Centro de Estudos Fiscais, 1991.

BECHARA, Carlos Henrique Tranjan. GÂNDARA, João Rafael. A face oculta da Contribuição sobre Bens e Serviços: o que está por trás desse tributo? Disponível em: https://www.conjur.com.br/2020-out-02/opiniao-face-oculta-cbs-tributo. Acesso em 06 jan 2021.

BRASIL. Conselho Administrativo de Defesa Econômica. **Repensando o setor de combustíveis**: medidas pró-concorrência. Brasília: Ministério da Justiça, 2018.

CARRAZA, Roque Antônio. **ICMS**. 12. ed. São Paulo: Malheiros, 2007.

FUNARO, Hugo. ODORIZZI, Douglas Guidini. CARVALHO, Thúlio José Michilini Muniz de. O Projeto da CBS precisa ser aperfeiçoado. Disponível em: https://www.conjur.com.br/2020-ago-17/opiniao-projeto-cbs-aperfeicoado. Acesso em 06 jan 2021.

GUIMARÃES, Ariane Costa. LEMOS, Gabriela Silva de. FRASCINO, Glaucia Lauletta. TEDESCO, Paulo Camargo. Inconstitucionalidade da CBS traz risco de futuros litígios. Disponível em: https://www.conjur.com.br/2020-ago-05/opiniao-evidente-inconstitucionalidade-cbs. Acesso em 06 jan 2021.

JAMES, K. **The Rise of the Value Added Tax**. Cambridge: Cambridge University Press, 2015.

QUEIROZ E SILVA, Jules Michelet Pereira. **Tributação da energia:** aspectos tributários da integração energética da América do Sul. Belo Horizonte: Dialética, 2020.

ROCHA, Sérgio André. LUKIC, Melina Rocha. A inadequação do fato gerador da CBS incidente no mercado interno. Disponível em: http://www.apet.org.br/2019/artigos-tributarios.asp?art_id=2608&autor=Sergio%20Andr%E9%20Rocha%20e%20Melina%20Rocha%20Lukic. Acesso em 07 jan 2021.

VASCONCELOS, Breno Ferreira Martins. ALVIM, Leonardo. MATTHIESEN, Maria Raphaela Dadona. A constitucionalidade do fato gerador da CBS. Disponível em: https://www.jota.info/opiniao-e-analise/artigos/a-constitucionalidade-do-fato-gerador-da-cbs-28082020#:~:text=Com%20a%20institui%C3%A7%C3%A3o%20da%20Cofins,ADC%201%2D1%2FDF. Acesso em 06 jan 2021.

VASCONCELLOS, Marco Antônio Sandoval de. **Economia**: micro e macro. 4. ed. São Paulo: Atlas, 2006.

15.
Tributação sobre o Consumo da PEC 45/19

Jussandra Maria Hickmann Andraschko

Introdução

Enquanto a maioria dos países tributa o consumo através de um único imposto não-cumulativo sobre o valor adicionado (IVA), o Brasil adota uma multiplicidade de impostos sobre a produção e o consumo de bens e serviços, gerando complexidade, especialmente em razão do excesso de normas e obrigações acessórias. Buscando a simplificação da tributação sobre o consumo, em 2019, retomaram-se os debates e a apresentação de propostas para a reforma do Sistema Tributário Nacional. Apesar de o Brasil postergá-la desde meados dos anos 1990, pela primeira vez, o cenário político para que a reforma tributária aconteça é extremamente favorável.[1] Inclusive, os atuais presidentes da Câmara, Arthur Lira (PP-AL), e do Senado, Rodrigo Pacheco (DEM-MG), firmaram acordo para votar a reforma tributária no Congresso, definindo cronograma para aprovação definitiva entre os meses de agosto e outubro de 2021.[2]

[1] CINTRA, Marcos. Movimentação Financeira: a base tributária emergente. *In*: SACHISIDA, Adolfo; SIMAS, Erich Endrilho Santos (org.). *Reforma Tributária*: IPEA-OAB/DF. Rio de Janeiro: Ipea, OAB/DF, 2018. p. 248. Disponível em: http://www.ipea.gov.br/portal/images/stories/PDFs/livros/livros/180508_reforma_tributaria.pdf. Acesso em: 11 out. 2020.

[2] RIBEIRO, Marcelo; DI CUNTO, Raphael. Pacheco e Lira querem reforma tributária aprovada até outubro. *Valor Econômico*, Brasília, 04 fev. 2021. Disponível: https://valor.globo.com/politica/noticia/2021/02/04/lira-e-pacheco-querem-reforma-tributaria-aprovada-ate-outubro.ghtml. Acesso em: 21 fev. 2021.

Um dos projetos de reforma tributária que tramita no Congresso Nacional é a Proposta de Emenda Constitucional n. 45/2019, apresentada pelo Deputado Baleia Rossi em abril de 2019, que cria o chamado Imposto sobre Bens e Serviços (IBS).[3] A PEC 45 já teve sua admissibilidade aprovada pela Comissão de Constituição e Justiça da Câmara dos Deputados e aguarda parecer da Comissão Especial. Ela é fruto de pesquisas realizadas por juristas e economistas do Centro de Cidadania Fiscal e tem como objetivo contribuir para a simplificação do sistema tributário brasileiro.

O presente artigo visa apresentar uma análise crítica a essa proposta.

1. Tributação sobre o Consumo objeto de alteração pela PEC 45/2019

Atualmente cinco tributos incidentes sobre o consumo estão na mira da PEC 45/2019, a saber: o Imposto municipal sobre Serviços (ISS), o Imposto sobre a Circulação de Mercadorias e sobre a Prestação de Serviços de Transporte Interestadual, Intermunicipal e de Comunicação (ICMS), o Imposto federal sobre Produtos Industrializados (IPI) e as Contribuições Federais para o Programa de Integração Social (PIS) e para o Financiamento da Seguridade Social (Confins).

Tais tributos apresentam características inadequadas ao modelo de tributação sobre o consumo, especialmente porque, em sua grande maioria, não incidem apenas sobre o valor adicionado ao produto, mercadoria ou serviço. Isso causa elevação dos custos de investimento, oneração desproporcional da produção nacional relativamente à de outros países,[4] e aumento da litigiosidade entre Fisco e Contribuinte.

O Imposto sobre Serviços (ISS) é um imposto cumulativo por natureza. Da mesma maneira, o PIS e a COFINS para aqueles que fazem a opção pela Regime Cumulativo destas contribuições, justamente por ser a menos onerosa para determinados setores da economia.

[3] ROSSI, Baleia. *Proposta de Emenda à Constituição nº 45, de 2019*. Altera o Sistema Tributário Nacional e dá outras providências. Brasília, DF: Câmara dos Deputados, 2019. Disponível em: https://www.camara.leg.br/proposicoesWeb/prop_mostrarintegra;jsessionid=EBF1E89C6CC1F91411848D14F8A626AB.proposicoesWebExterno1?codteor=1728369&filename=PEC+45/2019 Acesso em: 11 out. 2020.

[4] RABELLO, Gabriel Gouvêa; OLIVEIRA, João Maria de. Tributação sobre Empresas no Brasil: comparação internacional. *Radar*, Brasília: IPEA, n. 41, p. 37, out. 2015. Disponível em: http://repositorio.ipea.gov.br/bitstream/11058/5714/1/Radar_n41_tributa%C3%A7%C3%A3o.pdf. Acesso em: 07 out. 2020.

Já o ICMS, apesar de constitucionalmente não-cumulativo, por vezes o é, seja pela não-devolução de créditos acumulados ou por uma série de restrições à sua recuperação. Exemplo clássico é a previsão contida no art. 155, § 2º, I, da CF, de que o ICMS será não-cumulativo, mas, apesar da Lei Kandir garantir a apropriação de créditos decorrentes de materiais e uso e consumos, até hoje isso não foi concretizado, pois a vigência de tal direito vem sendo reiteradamente prorrogada (Art. 33, I, LC 87/96). O mesmo ocorre com o direito ao crédito de ICMS sobre os bens destinados ao ativo fixo, os quais somente podem ser apropriados parceladamente em quarenta e oito meses (art. 20, §5º. I, da LC 87/96).

No tocante ao IPI, infelizmente, o princípio constitucional da não--cumulatividade é igualmente mitigado, tendo sua incidência interrompida na cadeia de valor adicionado, ante a inexistência de direito a crédito presumido sobre a aquisição de matéria-prima e insumos isentos, não tributados ou sujeitos à alíquota zero de IPI. Sem dúvida, essa vedação ao creditamento, apesar de chancelada pelo Supremo Tribunal Federal, onera a próxima etapa de produção e transforma a não-cumulatividade em mero instrumento de retórica. Sem falar nas dificuldades para classificação dos produtos na Tabela de Incidência (TIPI) baseada na Nomenclatura Comum do Mercosul (NCM), e nos conflitos de competência existentes em razão dos conceitos de industrialização e serviços.

Também existe incerteza quanto ao direito ao crédito de insumos de PIS e de COFINS no Regime não-cumulativo, fazendo com que, até hoje, o contribuinte desconheça quais insumos lhe dão direito ao crédito e quais não dão.

Por tais características, assim como o excesso de normas, de alíquotas, de obrigações acessórias e dificuldades interpretativas, o sistema tributário brasileiro é um dos mais complexos do mundo.[5] Ele faz com que o custo de apuração e recolhimento dos impostos, denominado de custo de conformidade, seja extremamente elevado. Segundo o relatório *Paying Taxes* 2018, elaborado pelo Banco Mundial, se estima que o tempo despendido para o cumprimento de obrigações tributárias acessórias seja

[5] CARVALHO, Alexandre Xavier Ywata de *et al.* Uma reforma dual e modular da tributação sobre o consumo no Brasil. In: SACHISIDA, Adolfo; SIMAS, Erich Endrilho Santos (org.). *Reforma Tributária*: IPEA-OAB/DF. Rio de Janeiro: Ipea, OAB/DF, 2018. p. 95-108. Disponível em: http://www.ipea.gov.br/portal/images/stories/PDFs/livros/livros/180508_reforma_tributaria.pdf. Acesso em: 11 out. 2020.

de 1.958 horas de trabalhos anuais de uma empresa, mais do que o dobro do segundo colocado, a Bolívia, que é de 1025 horas anuais.[6]

Outra questão importante que impulsionou os debates da reforma tributária sobre o consumo são as novas transações comerciais envolvendo tecnologia, que desafiam os conceitos previstos no ordenamento jurídico pátrio para fins de incidência tributária. A maior dificuldade tem sido o enquadramento das atividades digitais realizadas como sendo uma mercadoria ou um serviço.

Os tradicionais conceitos de bens tangíveis e intangíveis, corpóreos ou incorpóreos; de obrigações de dar ou de fazer, não dão conta de alcançar os novos produtos digitais, como software por *download*, *streaming*, publicidade *online*, entre outras. Inúmeros produtos não se enquadram em nenhuma das materialidades previstas no texto constitucional.

Diante desse cenário, os mentores da PEC 45/2019 a apresentam como solução para o Brasil simplificar a tributação sobre o consumo.

2. Principais alterações introduzidas pela PEC 45/2019 na tributação sobre o consumo

O projeto de Emenda Constitucional n. 45/19[7] propõe no seu art. 152-A[8] a criação de um Imposto sobre bens e serviços, denominado de IBS, que deverá substituir os cinco tributos já referidos, a saber:

1. imposto sobre produtos industrializados (IPI);
2. imposto sobre operações relativas à circulação de mercadorias e sobre prestações de serviços de transporte interestadual e intermunicipal e de comunicação (ICMS);

[6] PWC; WORLD BANK GROUP; INTERNATIONAL FINANCE CORPORATION. *Paying Taxes 2018*. [S. l.], 2018. Disponível em: https://www.pwc.com/gx/en/paying-taxes/pdf/pwc_paying_taxes_2018_full_report.pdf. Acesso em: 11 out. 2020.

[7] ROSSI, Baleia. *Proposta de Emenda à Constituição nº 45, de 2019*. Altera o Sistema Tributário Nacional e dá outras providências. Brasília, DF: Câmara dos Deputados, 2019. Disponível em: https://www.camara.leg.br/proposicoesWeb/prop_mostrarintegra;jsessionid=EBF1E89C6CC1F91411848D14F8A626AB.proposicoesWebExterno1?codteor=1728369&filename=PEC+45/2019 Acesso em: 11 out. 2020.

[8] Art. 152-A. Lei complementar instituirá imposto sobre bens e serviços, que será uniforme em todo o território nacional, cabendo à União, aos Estados, ao Distrito Federal e aos Municípios exercer sua competência exclusivamente por meio da alteração de suas alíquotas.

3. imposto sobre serviços de qualquer natureza (ISS);
4. contribuição para o financiamento da seguridade social (Cofins); e
5. contribuição para o Programa de Integração Social (PIS).

Busca-se, portanto, a unificação de três tributos federais (PIS/COFINS/IPI), um estadual (ICMS) e um municipal (ISS) mediante a criação de um único imposto, o Imposto sobre Bens e Serviços – IBS, cuja característica que mais chama a atenção é a alíquota única no âmbito dos Estados e Municípios para toda e qualquer operação.

O modelo proposto, em seu art. 152-A, IV,[9] pretende simplificar radicalmente o sistema tributário brasileiro, acabando com as diferentes alíquotas existentes para cada tipo de produto, sem, contudo, reduzir a autonomia dos Estados e Municípios, que manteriam o poder de gerir suas receitas através da alteração da alíquota do IBS.

A alíquota do IBS será formada pela soma das alíquotas (uma espécie de "sub-alíquota") fixadas por cada ente federado (União, Estado e Municípios), que será única, aplicável a todos os bens e serviços consumidos ou destinados daquele Município e Estado brasileiro, os quais terão suas alíquotas próprias (art. 152-A, §2º, I e II).[10]

A alíquota sugerida pelos mentores do projeto é de 25%,[11] mas ela não consta da redação projeto, o que preocupa diante da liberdade do legislador de estabelecê-la em 30% ou mais.

Altera-se o modelo hoje existente de tributação na origem, sendo aplicável a alíquota do Estado e do Município de destino (art. 152-A, §3º,

[9] Art. 152-A.(...)
VI – terá alíquota uniforme para todos os bens, tangíveis e intangíveis, serviços e direitos, podendo variar entre Estados, Distrito Federal e Municípios.

[10] Art. 152-A (...)
§ 2º A alíquota do imposto aplicável a cada operação será formada pela soma das alíquotas fixadas pela União, pelos Estados ou Distrito Federal e pelos Municípios, observado o seguinte:
I – a competência para alteração da alíquota pela União, pelos Estados, pelo Distrito Federal e pelos Municípios será exercida por lei do respectivo ente;
II – na ausência de disposição específica na lei federal, estadual, distrital ou municipal, a alíquota do imposto será a alíquota de referência, fixada nos termos do art. 119 do Ato das Disposições Constitucionais Transitórias.

[11] CENTRO DE CIDADANIA FISCAL (CCiF). *Apresentação da Proposta de Emenda Constitucional 45, 2019*. [S. l.]: CCiF, jun. 2019. p. 13. Disponível em: https://ccif.com.br/wp-content/uploads/2020/06/IBS_base_1906.pdf. Acesso em: 07 out. 2020.

I e II),[12] assim como o produto da arrecadação ficará para as unidades da federação onde localizado o destinatário da operação, seja ele contribuinte ou consumidor final. O critério espacial da regra-matriz de incidência tributária será, então, o Estado e Município de destino.

Assim, todos os bens e serviços destinados a determinado Município/Estado serão taxados por uma mesma alíquota, mas a tributação não será uniforme em todo território nacional, pois cada Município/Estado poderá fixar sua alíquota singular.

E mais, o projeto amplia a base de cálculo hoje tributável, pois prevê incidência sobre todos os bens e serviços, inclusive intangíveis, cessão e licenciamento de direitos, locações e sobre as importações de bens, tangíveis e intangíveis, de serviços e de direitos.

O objetivo deste imposto é tributar o consumo em todas as suas formas. Com a nova economia, a fronteira entre bens, serviços e direitos se torna cada vez mais difusa, sendo essencial que o imposto alcance todas as formas assumidas pela atividade econômica no processo de agregação de valor até o consumo final.[13] Assim, operações hoje não tributadas pelo ISS ou ICMS, como as locações de bens móveis e imóveis, as plataformas de *streaming*, e demais transações envolvendo novas tecnologia não ficarão de fora do campo de incidência do IBS.

Diante, então, dos elementos contidos na redação do art. 152-A, §1º, do projeto, o critério material da regra matriz de incidência tributária do IBS será toda e qualquer "operação" com "bens", "locação", "serviços", "cessão de direitos", "licenciamentos" e "importações" de bens e serviços. Veja que o texto normativo não utilizada a palavra "mercadoria", podendo, destarte, incidir sobre outros negócios e não exclusivamente sobre os mercantis.

O disposto no art. 152-A, § 1º, III, assegura no texto constitucional que o IBS será não-cumulativo, compensando-se o imposto devido em

[12] Art. 152-A. (...)

§ 3º Nas operações interestaduais e intermunicipais:

I – incidirá a alíquota do Estado ou Distrito Federal e do Município de destino;

II – o imposto pertencerá ao Estado ou Distrito Federal e ao Município de destino.

[13] ROSSI, Baleia. *Proposta de Emenda à Constituição nº 45, de 2019.* Altera o Sistema Tributário Nacional e dá outras providências. Brasília, DF: Câmara dos Deputados, 2019. p. 29. Disponível em: https://www.camara.leg.br/proposicoesWeb/prop_mostrarintegra;jsessionid=EBF1E89C6CC1F91411848D14F8A626AB.proposicoesWebExterno1?codteor=1728369&filename=PEC+45/2019 Acesso em: 11 out. 2020

cada operação com aquele incidente nas etapas anteriores. O imposto incidirá em todas as etapas de produção e comercialização, e a regra não-cumulatividade proporcionará o direito ao crédito financeiro do IBS pago nas etapas anteriores. Além disso, o IBS não deverá integrar a sua própria base de cálculo, mas essa característica de incidência "por fora" do IBS será prevista apenas na lei complementar.

A justificativa do projeto também vem acompanhada da promessa de crédito integral e imediato para os bens e serviços adquiridos em processos de investimento (com bens de capital) e promete a devolução de eventuais saldos credores acumulados por exportadores ou investidores, em princípio em apenas 60 dias, prazo indicado como suficiente para identificar se há indícios de fraude na origem dos créditos cujo ressarcimento está sendo demandado.[14] Todavia, tal previsão igualmente ficou delegada à lei complementar, nada contendo no projeto de emenda constitucional.

O inciso V do §1º do art. 152-A do projeto disciplina a não incidência sobre as exportações, assegurada a manutenção dos créditos. A ideia é salvaguardar uma característica essencial da tributação do consumo, a saber: que a incidência se dê no destino, no local do consumo, e não na sua produção. Pretende-se, com isso, desonerar os investidores e promover a competitividade das exportações brasileiras para o exterior.

Outro ponto do IBS é a centralização da arrecadação por um Comitê Gestor, formado por representantes das três unidades da Federação. Tal Comitê operacionalizará a partilha das receitas entre União, Estados e Municípios, na forma da lei complementar. O sujeito ativo da relação jurídica-tributária do IBS será a União Federal, dada a previsão de centralização.

A PEC nº 45/2019 (art. 152-A, IV[15]) prevê a impossibilidade de qualquer ente federativo conceder isenções, incentivos ou benefícios tributários ou financeiros, inclusive de redução de base de cálculo ou

[14] ROSSI, Baleia. *Proposta de Emenda à Constituição nº 45, de 2019.* Altera o Sistema Tributário Nacional e dá outras providências. Brasília, DF: Câmara dos Deputados, 2019. p. 30. Disponível em: https://www.camara.leg.br/proposicoesWeb/prop_mostrarintegra;jsessionid=EBF1E89C6CC1F91411848D14F8A626AB.proposicoesWebExterno1?codteor=1728369&filename=PEC+45/2019 Acesso em: 11 out. 2020.

[15] Art. 152-A [...] IV – não será objeto de concessão de isenções, incentivos ou benefícios tributários ou financeiros, inclusive de redução de base de cálculo ou de crédito presumido ou outorgado, ou sob qualquer outra forma que resulte, direta ou indiretamente, em carga tributária menor que a decorrente da aplicação das alíquotas nominais;

de crédito presumido ou outorgado, que resulte em redução da carga tributária do imposto sobre bens e serviços.

Para Bernard Appy a concessão de benefício fiscal como instrumento de desenvolvimento regional é uma forma extremamente ineficiente de política de desenvolvimento, "pois grande parcela do incentivo concedido serve apenas para cobrir custos adicionais de logística e o padrão é que os Estados concedam incentivos para atrair empreendimentos que não correspondem à vocação regional".[16]

A guerra fiscal do ICMS, por exemplo, influencia negativamente a produtividade brasileira, pois induz a alocação de investimentos em locais onde a produção se faz de forma menos eficiente, não apenas em estados pobres, mas também nos estados mais ricos do país.[17] Além disso, a grande quantidade de regimes especiais para setores ou produtos específicos gera complexidade e enorme custo de conformidade, contribuindo para o aumento do contencioso e da insegurança jurídica.

A intenção é acabar com a guerra fiscal, para se atingir a neutralidade tributária. Para os idealizadores da proposta,[18] as desigualdades regionais devem ser combatidas pela União, através de subsídios para os investimentos nas regiões menos desenvolvidas. Na justificativa do projeto, defende-se que os tributos sobre o consumo devem ter como função essencial a arrecadação, para o adequado financiamento das políticas públicas, não sendo indicado para outras finalidades, senão essa. Em nenhum outro país do mundo os IVA's são utilizados para fins de política setorial ou regional.[19]

[16] APPY, Bernard. Por quê o sistema tributário brasileiro precisa ser reformado. *Revista Interesse Nacional,* [s. l.], ano 8, n. 31, out.-dez. 2015. Disponível em: http://interessenacional.com.br/2015/10/05/por-que-o-sistema-tributario-brasileiro-precisa-ser-reformado/. Acesso em: 11 out. 2020.

[17] APPY, Bernard. Por quê o sistema tributário brasileiro precisa ser reformado. *Revista Interesse Nacional,* [s. l.], ano 8, n. 31, out.-dez. 2015. Disponível em: http://interessenacional.com.br/2015/10/05/por-que-o-sistema-tributario-brasileiro-precisa-ser-reformado/. Acesso em: 11 out. 2020.

[18] CENTRO DE CIDADANIA FISCAL (CCiF). *Apresentação da Proposta de Emenda Constitucional 45, 2019.* [S. l.]: CCiF, jun. 2019. p. 13. Disponível em: https://ccif.com.br/wp-content/uploads/2020/06/IBS_base_1906.pdf. Acesso em: 07 out. 2020

[19] ROSSI, Baleia. *Proposta de Emenda à Constituição nº 45, de 2019.* Altera o Sistema Tributário Nacional e dá outras providências. Brasília, DF: Câmara dos Deputados, 2019. p. 31. Disponível em: https://www.camara.leg.br/proposicoesWeb/prop_mostrarintegra;jsessionid=EBF1E89

Por outro lado, a vedação a benefícios fiscais busca evitar o risco de que setores específicos busquem um tratamento diferenciado no âmbito do IBS, o que inevitavelmente leva a distorções competitivas e alocativas. A adoção de um regime uniforme de tributação para todos os bens e serviços favorece a discussão democrática entre os consumidores/eleitores e o governo, pois torna absolutamente transparente o custo de financiamento das ações do poder público.

Outra característica importante do novo imposto sobre bens e serviços é o fim da aplicação do princípio da seletividade para graduar a alíquota de acordo com a essencialidade do bem. O projeto adota alíquota única para todos os bens e serviços consumidos em determinado local. Eis a justificativa contida no PEC 45/2019 para o fim da seletividade:

> A adoção de alíquota uniforme evita as questões de classificação – e o consequente aumento do contencioso e do custo de conformidade tributária – que inevitavelmente acompanham modelos com múltiplas alíquotas. De fato, há um amplo consenso na literatura internacional de que IVAs com alíquota uniforme são superiores àqueles com múltiplas alíquotas. Não por acaso, a grande maioria dos IVAs criados nos últimos 25 anos no mundo tem apenas uma alíquota.[20]

De acordo com o projeto (art. 154, III),[21] os impostos somente poderão ser seletivos, com finalidade extrafiscal, para desestimular o consumo de determinados bens, serviços ou direitos. Ou seja, a proposta em questão visa introduzir um Imposto Seletivo Federal, incidente sobre bens e serviços geradores de externalidades negativas, cujo consumo se deseja desestimular como, por exemplo, cigarros e bebidas alcoólicas.

C6CC1F91411848D14F8A626AB.proposicoesWebExterno1?codteor=1728369&filename=PEC+45/2019 Acesso em: 11 out. 2020.

[20] ROSSI, Baleia. *Proposta de Emenda à Constituição nº 45, de 2019.* Altera o Sistema Tributário Nacional e dá outras providências. Brasília, DF: Câmara dos Deputados, 2019. p. 31. Disponível em: https://www.camara.leg.br/proposicoesWeb/prop_mostrarintegra;jsessionid=EBF1E89C6CC1F91411848D14F8A626AB.proposicoesWebExterno1?codteor=1728369&filename=PEC+45/2019 Acesso em: 11 out. 2020.

[21] Art. 154 [...] III – impostos seletivos, com finalidade extrafiscal, destinados a desestimular o consumo de determinados bens, serviços ou direitos.

E em razão das significativas alterações que a PEC 45 trará ao sistema tributário nacional, para viabilizá-la é imprescindível um tempo de transição, tanto para os contribuintes, quanto para os entes federativos. A proposta sugere dois mecanismos de transição como forma de permitir um ajuste "suave" das empresas e das finanças públicas estaduais e municipais às mudanças: um relativo à substituição dos tributos atuais pelo IBS e outro relativo à distribuição da receita do IBS entre os Estados e os Municípios.

Com a adoção do princípio do destino (art. 152-A, § 3º, I e II), haverá perda de receita de alguns Estados e Municípios, já que a distribuição da receita será proporcional ao consumo. Então, visando mitigar os impactos dessa perda, propõe-se diluir os efeitos da mudança por longos cinquenta anos. Nos primeiros vintes anos, através da reposição do valor correspondente a redução da receita, e nos trinta subsequentes mediante redução proporcional da parcela que repõe a perda de arrecadação.

Os tributos substituídos serão eliminados à medida que aumentado progressivamente o IBS, nos seus dez primeiros anos de vigência. Os dois primeiros anos serão de "teste", admitindo-se modificações ao sistema. Nesse período de teste, o IBS será cobrado à alíquota de 1% e o aumento da arrecadação compensado pela redução das alíquotas Cofins e da Cofins-Importação. A partir do terceiro ano, será iniciada a progressiva redução das alíquotas do ICMS, do ISS, do IPI, do PIS e da COFINS e da COFINS-Importação, ao ritmo de 1/8 por ano. Após o oitavo ano, todos os cinco tributos serão extintos.

Portanto, durante dez anos, conviveríamos com os cinco tributos substituídos mais o IBS.

3. Pontos polêmicos do projeto

Inúmeros são os pontos controvertidos da PEC 45/2019.

O primeiro deles diz respeito a escolha do modelo de tributação sobre o consumo. O IVA é o modelo indicado para o atual momento da economia brasileira?

Para o professor Fernando Rezende,[22] da Fundação Getúlio Vargas (FGV), o IVA é um imposto da era industrial e não para a era digital e os impactos que as novas tecnologias terão no futuro:

[22] REZENDE, Fernando. Reforma está no caminho errado, diz grupo de especialistas. [Entrevista cedida a] Marta Watanabe. *Valor Econômico*, São Paulo, 21 set. 2020. Disponível

> O IVA foi criado quando o processo de produção se assemelhava a uma linha ferroviária, na qual cada estação era agregado um valor cada vez maior à medida que se avançava no percurso. Hoje, diz ele, a produção é mais uma "roda viva", naquele o maior insumo é intelectual e o valor agregado pode vir de várias partes do mundo. Nesse processo, diz, não há como e estabelecer origem e destino e nem há sentido em se falar em não cumulatividade, algo buscado tanto pela CBS quanto pelas PECs que tramitam no Congresso.

O modelo do IVA foi criado para ser aplicado em cadeias de produtivas longas, em que há agregação de valor em cada etapa: produção, distribuição e venda ao consumidor final. Mesma característica adotada na PEC 45, uma vez que o IBS será cobrado e recolhido em cada etapa da circulação do bem ou serviço.

Nada impede que tal modelo também seja aplicado em situações nas quais estas cadeias são reduzidas ou mesmo inexistentes, como é o caso dos serviços e produtos da economia digital. Todavia, pelo fato de prever alíquota única e elevada, o setor de serviços e de bens digitais será fortemente onerado pelo IBS.

Isso porque tais setores utilizam pouco insumo capaz de gerar crédito fiscal, já que seu maior custo é com a folha de salários, despesa não passível de creditamento. Logo, nada adianta o discurso cativante de creditamento amplo se a base econômica tributável não possui cadeia produtiva.

Inclusive a promessa de um "crédito amplo" é outro elemento duvidoso da proposta. O princípio da não-cumulatividade já existente na nossa Carta Política e tem sido constantemente descumprido através de legislações infraconstitucionais bem minuciosas, cuja interpretação pelas autoridades fiscais é extremamente restritiva quanto ao direito a utilização dos créditos.[23]

Daí o receio e a cautela quanto à garantia ofertada pela proposta de reforma, de "crédito amplo", que advém da experiência corrente que

em: https://valor.globo.com/brasil/noticia/2020/09/21/reforma-esta-no-caminho-errado--diz-grupo-de-especialistas.ghtml. Acesso em: 12 out. 2020.

[23] MACHADO SEGUNDO. Hugo de Brito. IBS pode corrigir ou ampliar problemas de tributação indireta no Brasil. *Consultor Jurídico*, São Paulo, 31 jul. 2019. Disponível em: https://www.conjur.com.br/2019-jul-31/consultor-tributario-ibs-corrigir-ou-amplificar-problemas--tributacao-indireta. Acesso em: 11 out. 2020.

demonstra a mitigação de tal garantia em nome do aumento da arrecadação para cumprimento das despesas públicas.

Outro problema identificado na proposta diz respeito a preservação da autonomia dada aos entes federados, por meio do pacto federativo, uma vez que, no novo modelo de tributação sobre o consumo, os Estados e Municípios somente poderão fixar suas alíquotas parciais no IBS.

Há inúmeros juristas, como Humberto Ávila,[24] Everardo Maciel,[25] Fernando Facury Scaff,[26] Heleno Torres[27] e Tathiane Piscitell,[28] que comungam do entendimento de que a PEC 45/2019 afeta a forma federativa de Estado prevista no art. 60, §4º, inciso I, da CF, motivo pelo qual sequer poderia tramitar no Congresso, já que se trata de cláusula pétrea.

A forma federativa de Estado é afetada em razão da supressão da outorga de competência tributária do ISS e do ICMS, pois reduz a autonomia financeira dos Estados e Municípios. Para eles, a ausência de competência tributária é sinônimo de ausência de autonomia financeira. Isso porque é justamente a competência tributária privativa que permite a cada ente instituir tributos, graduar suas alíquotas em razão da política fiscal

[24] ÁVILA, Humberto. IVA, uma proposta inconstitucional. *Portal Exame*, [s. l.], 18 out. 2018. Disponível em: https://exame.abril.com.br/blog/opiniao/iva-uma-proposta-inconstitucional/. Acesso em: 11 out. 2020.

[25] MACIEL, Everardo. Insensatez não é opção válida no sistema tributário brasileiro. *Consultor Jurídico*, São Paulo, 02 mai. 2019. Disponível em: https://www.conjur.com.br/2019-jul-31/consultor-tributario-ibs-corrigir-ou-amplificar-problemas-tributacao-indireta. Acesso em: 11 out. 2020.

[26] SCAFF, Fernando Facury. Reforma tributária, a cláusula pétrea do federalismo e o STF. *Consultor Jurídico*, São Paulo, 16 abr. 2019. Disponível em https://www.conjur.com.br/2019-abr-16/contas-vista-reforma-tributaria-clausula-petrea-federalismo-stf. Acesso em 11 out. 2020.

[27] TORRES, Heleno Taveira. Reforma tributária infraconstitucional precisa avançar. *Consultor Jurídico*, São Paulo, 05 jun. 2019. Disponível em https://www.conjur.com.br/2019-jun-05/consultor-tributario-reforma-tributaria-infraconstitucional-avancar. Acesso em: 11 out. 2020.

[28] PISCITELLI, Tathiane. Proposta de reforma tributária ofende pacto federativo. *Valor Econômico*, [s. l.], 15 abr. 2019. Disponível em: https://www.valor.com.br/legislacao/fio-da-meada/6199943/proposta-de-reforma-tributaria-ofende-pacto-federativo. Acesso em: 11 out. 2020.

desejada e autogerir-se independentemente da vontade e interferência dos demais.[29]

O terceiro aspecto polêmico e que gera dúvida sobre a constitucionalidade do projeto é a expressa previsão constitucional de vedação a quaisquer isenções, incentivos ou benefícios tributários. Impedir que cada ente possa promover políticas tributárias de desenvolvimento regionais que visem reduzir as desigualdades sociais não seria uma violação ao pacto federativo?

Isso porque as regiões pobres, com baixa densidade populacional, que não dispõem de localização favorecida e malha logística atrativa para geração de empregos e investimentos, ficarão ainda mais pobres. Elas dependerão de subsídios a empreendimentos previstos nas dotações orçamentárias anuais, os quais competirão com as despesas ordinárias e indispensáveis como saúde, segurança e educação.

Ora, esperar que recursos públicos fomentem o empreendedorismo e desenvolvimento regionais é inviabilizar oportunidades a locais longínquos do país, "distantes não apenas fisicamente dos grandes centros empregatícios e tecnológicos, mas equidistantes no que tange à ação efetiva do Poder Público enquanto agente promovente da cidadania e dignidade da pessoa humana."[30] Sem a participação da iniciativa privada, dificilmente haverá mitigação das desigualdades sociais regionais.

Espera-se, diante disso, que a vedação à concessão de incentivos aumente a concentração de recursos na região sudeste brasileira, que dispõe de melhor estrutura logística, mão de obra mais qualificada e maior proximidade dos fornecedores de insumos. Aumentando ainda mais o mercado consumidor dessa região.

Outrossim, como bem refere Everardo Marcial, a proposta não distingue a competição fiscal lícita, comum a todos os países e sem preferência por tipo de tributo, e guerra fiscal, presumidamente contrária

[29] DIAS DE SOUZA, Hamilton. Reforma Tributária: a PEC 45/19 afronta o pacto federativo. *JOTA*, [s. l.], 03 jul. 2019. Disponível em: https://www.jota.info/opiniao-e-analise/artigos/reforma-tributaria-a-pec-45-19-afronta-o-pacto-federativo-03072019#sdfootnote28sym. Acesso em: 11 out. 2020.

[30] DIAS, Igor Bastos de Almeida. Inconstitucionalidade do IBS quanto à ausência de possibilidade de concessão de benefícios fiscais. *Migalhas*, [s. l.], 25 set. 2019. Disponível em: https://www.migalhas.com.br/dePeso/16,MI311672,61044-Inconstitucionalidade+do+IBS+quanto+a+ausencia+de+possibilidade+de. Acesso em: 11 out. 2020.

a lei. Não há dúvida que se instalou uma guerra fiscal no País, mas as deficiências normativas e administrativas são sanáveis.[31] Abolir a concessão de incentivos fiscais é inviabilizar a competitividade para atração de investimento, prejudicando, e muito, diversas regiões brasileiras que atualmente só possuem empresas e desenvolvimento graças aos benefícios fiscais concedidos.

Evidente que não se está aqui a defender a existência de benefícios fiscais gratuitos e sem contrapartida, mas sim, aqueles que efetivamente buscam garantir os fundamentos da dignidade da pessoa humana, valores sociais do trabalho e da livre iniciativa (art. 1º, III e IV, CF/88), bem como os objetivos de garantir o desenvolvimento nacional, redução das desigualdades sociais e regionais e promover o bem de todos (art. 3º, II, III e IV, CF/88).

Um exemplo clássico é a Zona Franca de Manaus, estabelecida com a finalidade de criar, no interior da Amazônia, um centro industrial, comercial e agropecuário, dotado de condições econômicas que permitam seu desenvolvimento. Inclusive já há diversas emendas apresentadas ao projeto, pleiteando alterações pertinentes à Zona Franca de Manaus, dado o severo impacto da aprovação da PEC à economia e ao desenvolvimento da região.

Ademais, não se pode olvidar da regra disposta no inciso I do art. 151 da Constituição Federal, cuja redação atualmente em vigor admite, expressamente, a concessão de incentivos fiscais destinados a promover o equilíbrio do desenvolvimento socioeconômico entre as diferentes regiões do País. E por se tratar de norma que versa sobre limitações ao poder de tributar, ganha estatura de cláusula pétrea, impedindo a atuação do legislador constituinte derivado, nos termos do art. 60, §4º, IV, da Carta Política.

Destarte, por tais razões e diante dos debates já travados, inconteste que a judicialização do tema será inevitável, tendo em vista que alguns entes federados questionarão a constitucionalidade do projeto, por violação ao pacto federativo, ante a extinção de tributo de suas competências e vedação à concessão de incentivos fiscais.

[31] MACIEL. Everardo. PEC 45, São Muitos os que perdem. *O Estado de São Paulo*, São Paulo, 1 ago. 2019. Disponível em: https://economia.estadao.com.br/noticias/geral,pec-45-sao-muitos-os-que-perdem,70002949953. Acesso em: 11 out. 2020.

Outra característica bastante criticada da proposta é que ela não se preocupa em fazer justiça fiscal, uma vez que afasta as técnicas do princípio da seletividade, permitindo aumento da regressividade tributária.

A Ministra do Superior Tribunal de Justiça, Regina Helena Costa, fez duras críticas aos projetos de reforma tributária até então apresentados (PEC 45 e PEC 110), referindo que as discussões se concentram tão somente em unificar tributos para simplificar o sistema tributário, e que "em um país marcado pela desigualdade social, nem sempre as soluções mais simples são as mais justas".[32] A principal preocupação de uma reforma tributária deveria ser com a Justiça tributária.

Apesar disso, a proposta sugere um modelo em que parte do imposto pago pelas famílias mais pobres seja devolvido através de mecanismos de transferência de renda. Esse modelo seria viabilizado pelo cruzamento do sistema em que os consumidores informam seu CPF na aquisição de bens e serviços, com o cadastro único dos programas sociais. Para os mentores da PEC, seria um mecanismo muito menos custoso e muito mais eficiente do ponto de vista distributivo que o modelo tradicional de desoneração da cesta básica de alimentos.[33]

Entretanto, tais políticas são incertas, ainda não testadas e podem ser contingenciadas em momento de crise. Efetivamente, a seletividade foi mal utilizada e está gerando complexidade, mas ela tem o potencial de assegurar que os mais pobres paguem menos tributos sobre bens essenciais.

Importante ressaltar que a inobservância do problema de iniquidade do sistema tributário nacional e de oneração excessiva de bens e serviços essenciais viola o princípio da capacidade contributiva. A versão mais contemporânea do princípio permite a sua aplicação a outras espécies

[32] COSTA, Regina Helena: nenhuma proposta de reforma se preocupa com a Justiça Tributária. Entrevista concedida a Jamile Racanicci. *JOTA*, São Paulo, 23 ago. 2019. Disponível em: https://www.jota.info/tributos-e-empresas/tributario/reforma-tributaria-regina-helena-costa-23082019. Acesso 11 out. 2020.

[33] ROSSI, Baleia. *Proposta de Emenda à Constituição nº 45, de 2019*. Altera o Sistema Tributário Nacional e dá outras providências. Brasília, DF: Câmara dos Deputados, 2019. p. 31. Disponível em: https://www.camara.leg.br/proposicoesWeb/prop_mostrarintegra;jsessionid=EBF1E89C6CC1F91411848D14F8A626AB.proposicoesWebExterno1?codteor=1728369&filename=PEC+45/2019 Acesso em: 11 out. 2020.

tributárias, bem como admite que seja cogente, com observância obrigatória pelo legislador diante de qualquer exação.[34]

O fato de delegar à lei complementar o papel de definir novos conceitos da base tributável; fazer a distribuição da arrecadação aos entes federados; instituir o comitê gestor; deliberar sobre a restituição parcial do imposto aos mais carentes e sobre à devolução do crédito acumulado; assim como as regras do novo processo administrativo tributário, somado ao histórico do Congresso Nacional Brasileiro, geram muita incerteza.

E, por fim, vem o malfadado prazo de transição. Durante dez anos, conviveríamos com os cinco tributos substituídos mais o IBS. Logo, simplificação, se houver, será somente após o longo período de transição. Até lá, os contribuintes conviverão com dois regimes tributários, aumentando, portanto, a complexidade tributária, uma vez que, além de lidar com os atuais e conhecidos problemas, terão um novo tributo, cujos conceitos e hermenêutica ainda são desconhecidos.

Portanto, é provável que a aprovação PEC 45 não implique em redução do contencioso já existente.

Conclusões

Diante das características do novo imposto e das reflexões apresentadas, parece que a aprovação da PEC nº 45/2019 não trará a segurança jurídica, a redução da complexidade e da litigiosidade, tampouco o aumento da confiança e melhora do ambiente de negócios. Ao menos não agora, em face do elevado prazo de transição e das incertezas que permeiam o projeto, mormente por delegar tantos e importantes elementos à legislação complementar, cujos termos são desconhecidos.

Há que se ter cautela com a promessa de melhoria do ambiente de negócios, de aumento da geração de emprego e de crescimento exponencial do PIB, como amplamente anunciados pelos idealizadores do projeto. A curto e médio prazo, esse projeto não trará as consequências prometidas, e, se elas efetivamente ocorrerem, será em um futuro bem distante. Além

[34] GUIMARÃES. Ariane Costa. Capacidade Contributiva: a obrigatoriedade de observância pela lei tributária e a possibilidade de controle jurisdicional. *In*: SACHISIDA, Adolfo; SIMAS, Erich Endrilho Santos (org.). *Reforma Tributária*: IPEA-OAB/DF.Rio de Janeiro: Ipea, OAB/DF, 2018. p. 175-190. Disponível em: http://www.ipea.gov.br/portal/images/stories/PDFs/livros/livros/180508_reforma_tributaria.pdf. Acesso em: 11 out. 2020.

disso, nada assegura que a proposta de reforma, se aprovada, permanecerá hígida ao longo dos dez anos, tampouco que a extinção dos cinco tributos indiretos não será prorrogada.

Indiscutível a necessidade de revisão e simplificação do sistema tributário brasileiro, mas também de se fazer justiça fiscal, de manter a autonomia dos entes federados e a atual carga tributária, bem como refletir se esse modelo é o mais indicado para era digital.

É necessário cuidado com o eufemismo das propostas: "simplificação do sistema", "aumento da produtividade" e "crescimento econômico" que encobrem o aumento de carga tributária, especialmente para o setor dos serviços e bens digitais.

Referencias

APPY, Bernard. Por que o sistema tributário brasileiro precisa ser reformado. *Revista Interesse Nacional,* [s. l.], ano 8, n. 31, out.-dez. 2015. Disponível em: http://interessenacional.com.br/2015/10/05/por-que-o-sistema-tributario-brasileiro--precisa-ser-reformado/. Acesso em: 11 out. 2020.

ÁVILA, Humberto. IVA, uma proposta inconstitucional. *Portal Exame,* [s. l.], 18 out. 2018. Disponível em: https://exame.abril.com.br/blog/opiniao/iva-uma--proposta-inconstitucional/. Acesso em: 11 out. 2020.

CARVALHO, Alexandre Xavier Ywata de *et al.* Uma reforma dual e modular da tributação sobre o consumo no Brasil. In: SACHISIDA, Adolfo; SIMAS, Erich Endrilho Santos (org.). *Reforma Tributária*: IPEA-OAB/DF.Rio de Janeiro: Ipea, OAB/DF, 2018. p. 95-108. Disponível em: http://www.ipea.gov.br/portal/images/stories/PDFs/livros/livros/180508_reforma_tributaria.pdf. Acesso em: 11 out. 2020.

CENTRO DE CIDADANIA FISCAL (CCiF). *Apresentação da Proposta de Emenda Constitucional 45, 2019.* [S. l.]: CCiF, jun. 2019. Disponível em: https://ccif.com.br/wp-content/uploads/2020/06/IBS_base_1906.pdf. Acesso em: 07 out. 2020.

CINTRA, Marcos. Movimentação Financeira: a base tributária emergente. *In*: SACHISIDA, Adolfo; SIMAS, Erich Endrilho Santos (org.). *Reforma Tributária*: IPEA-OAB/DF. Rio de Janeiro: Ipea, OAB/DF, 2018. p. 247-268. Disponível em: http://www.ipea.gov.br/portal/images/stories/PDFs/livros/livros/180508_reforma_tributaria.pdf. Acesso em: 11 out. 2020.

COSTA, Regina Helena: nenhuma proposta de reforma se preocupa com a Justiça Tributária. Entrevista concedida a Jamile Racanicci. *JOTA,* São Paulo, 23 ago. 2019. Disponível em: https://www.jota.info/tributos-e-empresas/tributario/reforma-tributaria-regina-helena-costa-23082019. Acesso 11 out. 2020.

DIAS DE SOUZA, Hamilton. Reforma Tributária: a PEC 45/19 afronta o pacto federativo. *JOTA*, [s. l.], 03 jul. 2019. Disponível em: https://www.jota.info/opiniao-e-analise/artigos/reforma-tributaria-a-pec-45-19-afronta-o-pacto-federativo-03072019#sdfootnote28sym. Acesso em: 11 out. 2020.

DIAS, Igor Bastos de Almeida. Inconstitucionalidade do IBS quanto à ausência de possibilidade de concessão de benefícios fiscais. *Migalhas*, [s. l.], 25 set. 2019. Disponível em: https://www.migalhas.com.br/dePeso/16,MI311672,61044-Inconstitucionalidade+do+IBS+quanto+a+ausencia+de+possibilidade+de. Acesso em: 11 out. 2020.

GUIMARÃES. Ariane Costa. Capacidade Contributiva: a obrigatoriedade de observância pela lei tributária e a possibilidade de controle jurisdicional. *In*: SACHISIDA, Adolfo; SIMAS, Erich Endrilho Santos (org.). *Reforma Tributária*: IPEA-OAB/DF. Rio de Janeiro: Ipea, OAB/DF, 2018. p. 175-190. Disponível em: http://www.ipea.gov.br/portal/images/stories/PDFs/livros/livros/180508_reforma_tributaria.pdf. Acesso em: 11 out. 2020.

MACHADO SEGUNDO. Hugo de Brito. IBS pode corrigir ou ampliar problemas de tributação indireta no Brasil. *Consultor Jurídico*, São Paulo, 31 jul. 2019. Disponível em: https://www.conjur.com.br/2019-jul-31/consultor-tributario-ibs-corrigir-ou-amplificar-problemas-tributacao-indireta. Acesso em: 31 out. 2019.

MACIEL, Everardo. Insensatez não é opção válida no sistema tributário brasileiro. *Consultor Jurídico,* São Paulo, 02 mai. 2019. Disponível em: https://www.conjur.com.br/2019-jul-31/consultor-tributario-ibs-corrigir-ou-amplificar-problemas-tributacao-indireta. Acesso em: 11 out. 2020.

MACIEL. Everardo. PEC 45, São Muitos os que perdem. *O Estado de São Paulo*, São Paulo, 1 ago. 2019. Disponível em: https://economia.estadao.com.br/noticias/geral,pec-45-sao-muitos-os-que-perdem,70002949953. Acesso em: 11 out. 2020.

MORAES, Isabela. Reforma Tributária: conheça as propostas que estão em disputa. *In:* POLITIZE. [S. l], 30 abr. 2019. Disponível em: https://www.politize.com.br/reforma-tributaria-quais-impostos-mudar/. Acesso em: 06 out. 2020.

PISCITELLI, Tathiane. Proposta de reforma tributária ofende pacto federativo. *Valor Econômico*, [s. l.], 15 abr. 2019. Disponível em: https://www.valor.com.br/legislacao/fio-da-meada/6199943/proposta-de-reforma-tributaria-ofende-pacto-federativo. Acesso em: 11 out. 2020.

PWC; WORLD BANK GROUP; INTERNATIONAL FINANCE CORPORATION. *Paying Taxes 2018*. [S. l.], 2018. Disponível em: https://www.pwc.com/gx/en/paying-taxes/pdf/pwc_paying_taxes_2018_full_report.pdf. Acesso em: 11 out. 2020.

RABELLO, Gabriel Gouvêa; OLIVEIRA, João Maria de. Tributação sobre Empresas no Brasil: comparação internacional. *Radar*, Brasília: IPEA, n. 41, p. 33-43, out. 2015. http://repositorio.ipea.gov.br/bitstream/11058/5714/1/Radar_n41_tributa%C3%A7%C3%A3o.pdf. Acesso em: 07 out. 2020.

REZENDE, Fernando. Reforma está no caminho errado, diz grupo de especialistas. [Entrevista cedida a] Marta Watanabe. *Valor Econômico*, São Paulo, 21 set. 2020. Disponível em: https://valor.globo.com/brasil/noticia/2020/09/21/reforma-esta-no-caminho-errado-diz-grupo-de-especialistas.ghtml. Acesso em: 12 out. 2020.

RIBEIRO, Marcelo; DI CUNTO, Raphael. Pacheco e Lira querem reforma tributária aprovada até outubro. *Valor Econômico*, Brasília, 04 fev. 2021. Disponível: https://valor.globo.com/politica/noticia/2021/02/04/lira-e-pacheco-querem-reforma-tributaria-aprovada-ate-outubro.ghtml. Acesso em: 21 fev. 2021.

ROSSI, Baleia. *Proposta de Emenda à Constituição nº 45, de 2019*. Altera o Sistema Tributário Nacional e dá outras providências. Brasília, DF: Câmara dos Deputados, 2019. Disponível em: https://www.camara.leg.br/proposicoesWeb/prop_mostrar integra;jsessionid=EBF1E89C6CC1F91411848D14F8A626AB.proposicoesWeb Externo1?codteor=1728369&filename=PEC+45/2019. Acesso em: 11 out. 2020.

SCAFF, Fernando Facury. Reforma tributária, a cláusula pétrea do federalismo e o STF. *Consultor Jurídico*, São Paulo, 16 abr. 2019. Disponível em https://www.conjur.com.br/2019-abr-16/contas-vista-reforma-tributaria-clausula-petrea-federalismo-stf. Acesso em 11 out. 2020.

16.
A Instituição de Imposto sobre Valor Agregado no Brasil: A Questão dos Incentivos Fiscais e o Pacto Federativo

Leandro Alves dos Santos
Joicy Leide Montalvão de Almeida

Introdução

Ao tempo em que elaboramos este artigo, retornam os debates públicos sobre a reforma tributária que é objeto de projetos da Câmara dos Deputados e do Senado Federal que, dentre os mais relevantes, propõem a instituição de um imposto sobre valor agregado (IVA) a partir da unificação de diversos tributos.

A Proposta de Emenda à Constituição (PEC) nº 45/2019, em tramitação na Câmara dos Deputados, propõe, entre outros, a substituição de cinco tributos por um Imposto Sobre Bens e Serviços (IBS), do tipo IVA único e com vedação de concessão de incentivos fiscais, com incidência atrelada às operações com bens e serviços em geral. Seriam extintos os seguintes tributos: Imposto sobre Produtos Industrializados (IPI), o Imposto sobre Operações Relativas à Circulação de Mercadoria e sobre Prestações de Serviços de Transporte Interestadual e Intermunicipal e de Comunicação (ICMS), o Imposto sobre Serviços de Qualquer Natureza (ISS), a Contribuição para o Financiamento da Seguridade Social (COFINS) e a Contribuição para o Programa de Integração Social (PIS)[1].

[1] BRASIL. Câmara dos Deputados. Proposta de Emenda à Constituição nº 45/2019. Altera o Sistema Tributário Nacional e dá outras providências. Disponível em: < https://www.camara.leg.br/proposicoesWeb/prop_mostrarintegra;jsessionid=D267ADD2CB00AE88D039FC13

A Proposta de Emenda à Constituição (PEC) nº 110/2019, em trâmite no Senado Federal, propõe, entre outros, substituir nove tributos por um Imposto sobre Bens e Serviços (IBS), do tipo IVA único, mas com autorização de concessão de incentivos fiscais. Os tributos a serem extintos seriam os seguintes: Imposto sobre Produto Industrializado (IPI); Contribuição para o Financiamento da Seguridade Social (COFINS); COFINS-Importação; Contribuição para o Programa de Integração Social (PIS); PIS-Importação; Imposto sobre Operações de Crédito, Câmbio e Seguro, ou relativas a Títulos ou Valores Mobiliários (IOF); Contribuição Social do Salário-Educação; Imposto sobre Operações Relativas à Circulação de Mercadorias e sobre Prestações de Serviços de Transporte Interestadual, Intermunicipal e de Comunicação (ICMS); e Imposto Sobre Serviços de Qualquer Natureza (ISS)[2].

A última proposta relevante, até este momento, foi de iniciativa do Poder Executivo e consiste no Projeto de Lei (PL) nº 3.887/2020, em trâmite na Câmara dos Deputados e com previsão de eliminação de diversos regimes especiais de tributação (incentivos fiscais), que propõe a unificação da Contribuição ao Programa de Integração Social (PIS) e da Contribuição para o Financiamento da Seguridade Social (COFINS) e a instituição da Contribuição sobre Bens e Serviços (CBS)[3]. Esta contribuição seria, portanto, espécie de IVA federal.

A problemática consiste em sabermos o seguinte: Haveria violação ao Pacto Federativo no caso de instituição de imposto sobre o valor agregado (IVA) com proibição de concessão de incentivo fiscal pelos entes subnacionais? Temos hipótese inicial afirmativa.

3D209B0F.proposicoesWebExterno1?codteor=1728369&filename=PEC+45/2019> Acesso em 20 de set. 2020. Texto Integral.

[2] BRASIL. Senado Federal. Proposta de Emenda à Constituição nº 110/2019. Estabelece reforma tributária, para extinguir tributos e criar o Imposto sobre Operações com Bens e Serviços (IBS). Disponível em: <https://legis.senado.leg.br/sdleg-getter/documento?dm=7977850&ts=1602268349752&disposition=inline> Acesso em 18 de fev. 2021. Texto Integral.

[3] BRASIL. Câmara dos Deputados. Institui a Contribuição Social sobre Operações com Bens e Serviços – CBS, e altera a legislação tributária federal. Disponível em: <https://www.camara.leg.br/proposicoesWeb/prop_mostrarintegra?codteor=1914962&filename=PL+3887/2020> Acesso em 18 de fev. 2021. Texto Integral.

Registra-se, ao final, que este trabalho não possui a pretensão de esgotar o tema analisado. Aliás, a elaboração deste artigo utilizou o método hipotético-dedutivo, a fim de confirmar, ou não, a hipótese inicial.

1. O federalismo

Acerca da conceituação do federalismo, Ricardo Lodi Ribeiro explica que este consiste num sistema de governo federativo de determinado país, o qual é marcado pela descentralização de poder e pela repartição de competências entre os entes federados. Tudo fundamentado na respectiva Constituição Federal, que também deve garantir a formação da ordem jurídica central e da existência de órgão judiciário capaz de garantir o Pacto Federativo estabelecido na Constituição.[4]

Segundo Scaff, o federalismo é a união de requisitos, destacando a diferença entre soberania e autonomia como início da distinção. A soberania é caracterizada como elemento exclusivo da União, sendo aos estados-membros apenas conferido o elemento de autonomia, competência delimitada e definida pela Constituição do Estado Federal[5].

Com efeito, a vigente Constituição Federal de 1988 incluiu em nosso Pacto Federativo os estados-membros, os municípios e o Distrito Federal, inovando em relação ao denominado federalismo dual, o qual envolve apenas a repartição de obrigações e competências tributárias entre a União Federal e os estados-membros. Em contraposição, para fins de conhecimento, os Estados Unitários não se dividem em ordens de governo e possuem um único organismo político. E nas Confederações de Estados a soberania e a autonomia dos Estados se unem, via de regra, em função de objetivos comuns transitórios[6].

O sistema de repartição de competências federativas é hermético e visa estabelecer um equilíbrio harmônico entre os entes políticos, resguardando a autonomia própria do regime federativo, sem desprezar a

[4] RIBEIRO, Ricardo Lodi. Do Federalismo Dualista ao Federalismo de Cooperação – A Evolução dos Modelos de Estado e a Repartição do Poder de Tributar. 1ª ed. Revista Interdisciplinar de Direito da Faculdade de Valença, 2018, v.1, p. 339.

[5] SCAFF, Fernando Facury; ROCHA, Francisco Sergio. Princípios, Elementos e Conceito do Estado Federal. O Federalista Atual: Teoria do Federalismo. 1ª. ed. Belo Horizonte. Arraes Editores, 2013, v. 1, p. 68.

[6] COÊLHO, Sacha Calmon Navarro. Curso de Direito Tributário Brasileiro. 12ª ed. rev. e atual. Rio de Janeiro: Forense, 2012. Paginação irregular.

necessidade da formação de regras que permitam a atuação de cada ente nas matérias que digam respeito à condução da vida nacional[7].

A autoadministração depende de recursos financeiros para fazer frente às funções constitucionalmente delegadas a cada um dos entes federados. Para garantir a possibilidade de cada um deles cumprir os objetivos impostos pela Constituição Federal é preciso que haja conformidade dos recursos repartidos a essas atividades administrativas que lhes foram confiadas[8].

A Constituição, em seus artigos 153, 155 e 156, dispõe acerca da repartição de competências, fixando a capacidade tributária ativa dos entes e repartição das receitas públicas, discriminando exaustivamente as rendas tributárias, prevendo a existência de tributos de competência privativa dos entes e a capacidade para sua arrecadação, assim como prevê a distribuição da receita tributária, discriminando a renda por determinado produto, como forma de cooperação financeira entre as entidades autônomas da Federação[9].

Inerente ao exercício da competência tributária é o poder de não tributar. Ou seja, a faculdade, a partir das suas próprias estratégias para alcançar o desenvolvimento social e econômico, inclusive de instituir incentivos fiscais visando contemplar não só a desoneração pura e simples, mas também fomentar a economia e atrair agentes econômicos[10].

Nesse contexto, a Constituição Federal de 1988 estabeleceu o federalismo fiscal por meio da competência tributária, pelo exercício da autonomia local concretizado pelo exercício legislativo tributário, inclusive no que tange à concessão de incentivos fiscais, e por meio da repartição de receitas tributárias entre os entes políticos.

[7] SCAFF, Fernando Facury; ROCHA, Francisco Sergio. Princípios, Elementos e Conceito do Estado Federal. O Federalista Atual: Teoria do Federalismo. 1ª ed. Belo Horizonte. Arraes Editores, 2013, v. 1, p. 74.

[8] RIBEIRO, Ricardo Lodi. Do Federalismo Dualista ao Federalismo de Cooperação – A Evolução dos Modelos de Estado e a Repartição do Poder de Tributar. 1ª ed. Revista Interdisciplinar de Direito da Faculdade de Valença, 2018, v.1, p. 345.

[9] SCAFF, Fernando Facury; ROCHA, Francisco Sergio. Princípios, Elementos e Conceito do Estado Federal. O Federalista Atual: Teoria do Federalismo. 1ª ed. Belo Horizonte. Arraes Editores, 2013, v. 1, p. 73.

[10] RIBEIRO, Ricardo Lodi. Do Federalismo Dualista ao Federalismo de Cooperação – a Evolução dos Modelos de Estado e a Repartição do Poder de Tributar. 1ª ed. Revista Interdisciplinar de Direito da Faculdade de Valença, 2018, v.1, p. 348.

Finalmente, Ribeiro afirma que "o princípio da conduta amistosa é representado na fidelidade para com a Federação, não só dos Estados, mas da União em relação aos Estados, sendo inconstitucional a iniciativa que fira essa fidelidade federativa."[11]

2. Principais características do imposto sobre valor agregado (IVA)

O imposto sobre valor agregado (IVA) é um modelo de origem europeia, mas atualmente está em vigor em aproximadamente 100 países e tem por objetivo harmonizar a tributação do consumo. A seguir, passamos a descrever aos seus tipos, formas, métodos e princípio jurisdicionais do IVA.

O tratado de Roma, que instituiu a Comunidade Econômica Europeia (CEE), preconizou, no ano de 1957, a harmonização dos tributos incidentes sobre as vendas e consumo. O objetivo indispensável era buscar a neutralidade tributária em relação ao comércio internacional[12].

O IVA é tipo de imposto sobre o consumo em geral de bens e serviços; É multifásico, incide sobre toda a cadeia produtiva até a comercialização; É não cumulativo, admite a subtração do tributo pago nas operações anteriores; Sua base de cálculo pode ser o preço puro ou sobre a base financeira; A alíquota é proporcional ao preço; É calculado no método "por dentro", mais transparente e com fácil identificação do valor devido; E tem prevalência do princípio do país de destino[13].

Quanto à classificação, o IVA pode ser de três tipos, a depender da base econômica ou do tratamento dado aos investimentos de ativo fixo, a saber: a) IVA tipo consumo: permite deduzir o valor total dos bens adquiridos para o ativo fixo no período de apuração; b) IVA tipo renda: permite a dedução do valor correspondente à depreciação dos bens do ativo fixo no período considerado; c) IVA tipo produto bruto: não permite nenhum tipo de dedução[14].

[11] RIBEIRO, Ricardo Lodi. Do Federalismo Dualista ao Federalismo de Cooperação – a Evolução dos Modelos de Estado e a Repartição do Poder de Tributar. 1ª ed. Revista Interdisciplinar de Direito da Faculdade de Valença, 2018, v.1, p. 349.

[12] CRETTON, Ricardo Aziz. Um IVA à brasileira para a integração econômica? Revista de Direito. Vol. 51. Procuradoria Geral do Rio de Janeiro.1998. Página 124.

[13] CRETTON, Ricardo Aziz. Um IVA à brasileira para a integração econômica? Revista de Direito. Vol. 51. Procuradoria Geral do Rio de Janeiro.1998. Página 125.

[14] CRETTON, Ricardo Aziz. Um IVA à brasileira para a integração econômica? Revista de Direito. Vol. 51. Procuradoria Geral do Rio de Janeiro.1998. Página 125.

Finalmente, quanto à generalidade do IVA, no plano vertical, sua cobrança pode ser feita apenas no ciclo de produção, no de produção e no atacado, ou incidir nas cadeias de produção, atacado e varejo; Já no plano horizontal, o IVA pode ser global, abrangendo todos os bens e serviços, ou apenas parcial.

3. A vedação à concessão de incentivos fiscais sobre o IVA e o pacto federativo

Em vista das características do imposto sobre valor agregado (IVA), passamos a expor os principais argumentos que respondem de forma afirmativa e negativa ao problema inicial, a saber: Haveria violação ao Pacto Federativo no caso de instituição de imposto sobre o valor agregado (IVA) com proibição de concessão de incentivo fiscal pelos entes subnacionais?

Os incentivos fiscais são uma série de institutos jurídico-tributários que têm função extrafiscal, para induzir comportamentos ou resultados avaliados positivamente pela ordem jurídica. São exemplos de incentivos fiscais a isenção, a remissão, entre outros[15].

Ao analisar o princípio da conduta amistosa entre os entes políticos, Ribeiro concluiu que eventual alteração no Pacto Federativo que diminua a autonomia dos entes subnacionais, ainda que por meio da redução de sua competência tributária, tenderia a abolir a Federação conforme estabelecida pelo constituinte originário e criaria um outro modelo que, se não se traduz em um estado unitário, transformará o regime brasileiro em um federalismo orgânico, afastando-se da ideia de federalismo cooperativos consagrada na vigente Constituição[16].

Por sua vez, Sacha Calmon Navarro Coêlho afirma que a partir das tensões ocorridas no seio da Federação se infere que a centralização absoluta de poder seria capaz de transformar os Estados Federados em um Estado Unitário. Por outro lado, a extrema descentralização de poder

[15] CORREIA NETO, Celso de Barros. O Avesso do Tributo: Incentivos e Renúncias no Direito Brasileiro. 2ª ed. São Paulo. Almedina, 2016. p. 28.

[16] RIBEIRO, Ricardo Lodi. Do Federalismo Dualista ao Federalismo de Cooperação – a Evolução dos Modelos de Estado e a Repartição do Poder de Tributar. 1ª ed. Revista Interdisciplinar de Direito da Faculdade de Valença, 2018, v.1, p. 357.

conduziria à dispersão, isto é, cada Estado Federado se tornaria autônomo, com ordens jurídicas independentes e soberanas.[17]

Em ensaio anterior à promulgação da vigente Constituição Federal, com descrição do equilibrado modelo federal da Alemanha, marcado pelo favorecimento dos estados-membros na repartição de competências legislativas a ponto de tornar-se excepcional a necessidade de legislação federal ou apenas para fixação de regras gerais, Raul Machado Horta preleciona que este deveria servir de inspiração ao constituinte federal brasileiro de modo que o exercício dos poderes federais não intimide o desenvolvimento dos poderes dos estados-membros e fortaleça o sentimento federativo e a preocupação com o destino de nossa Federação. O autor também reclama o enriquecimento da autonomia dos estados--membros com a atribuição de novas competências legislativas a fim de prestigiar, efetivamente, seus poderes de auto-organização constitucional e a capacidade para legislar sobre temas de seu interesse, além de reclamar mudança no quadro de concentração de recursos tributários na União Federal e de melhor repartição do produto da arrecadação tributária.[18]

Assim, pela linha argumentativa dos autores supramencionados, infere--se que eventual instituição de IVA com vedação à concessão de incentivos fiscais pelos entes subnacionais poderá caracterizar violação ao Pacto Federativo, cláusula pétrea prescrita no inciso I do parágrafo 4º do art. 60 da vigente Constituição, em razão da perda de autonomia administrativa e financeira por partes daqueles entes.

Por outro lado, a partir das lições de Ricardo Aziz Cretton sobre as características do imposto sobre valor agregado (IVA), verificou-se que este tipo de tributo se caracteriza principalmente pela elevada generalidade, não cumulatividade ampla e transparência tributária[19].

Isto é, há reduzido espaço para atribuição tratamentos específicos e concessões de incentivos fiscais no imposto sobre valor agregado (IVA), ainda sob o risco de beneficiar grande número de contribuintes atingidos

[17] COÊLHO, Sacha Calmon Navarro. Curso de Direito Tributário Brasileiro. 12ª ed. rev. e atual. Rio de Janeiro: Forense, 2012. Paginação irregular.

[18] HORTA, Raul Machado. Ensaio: Organização Constitucional do Federalismo. Revista da faculdade de direito da Universidade Federal de Minas Gerais, v. 30, n. 28/29, p. 9-32 de 1985/1986.

[19] CRETTON, Ricardo Aziz. Um IVA à brasileira para a integração econômica? Revista de Direito. Vol. 51. Procuradoria Geral do Rio de Janeiro.1998. Página 126.

pela larga hipótese de incidência tributária. Aliás, notadamente o IVA persegue a neutralidade fiscal, a justa dedução dos custos de produção e a diluição de sua incidência em toda a cadeia produtiva.

Infere-se que a Constituição Federal de 1988, conforme disposto no inciso IX do art. 21, não interrompeu a política de desenvolvimento regional do federalismo cooperativo inaugurado a partir da Constituição Federal de 1946, isto com a descentralização no âmbito federal e a instituição de órgãos federais incumbidos de promover o desenvolvimento regional. Inclusive, a vigente Constituição Federal, entre outros, manteve inalterada a Zona Franca de Manaus, entidade autárquica de livre comércio de importação e exportação e de incentivos fiscais especiais que fora criada pelo Decreto-Lei nº 288/1967. E a autonomia constitucional do estado-membro, com maior ou menor liberdade, integra o Estado Federal preconizado na Constituição Federal de 1988 e está sujeita às alterações das normas constitucionais de regência[20].

Ainda, o Pacto Federativo Brasileiro sofreu diversas alterações desde a promulgação da Constituição Federal de 1988. De acordo com Aurélio Guimarães Cruvinel e Palos em estudo intitulado "A Constituição de 1988 e o Pacto Federativo Fiscal", em razão de dificuldades fiscais enfrentadas pela União Federal, a partir de 1994 o Congresso Nacional positivou a majoração de alíquotas de importantes contribuições sociais federais, sem obrigatoriedade de divisão do produto da arrecadação com os demais entes políticos, criou novas incidências cumulativas e concedeu incentivos fiscais em relação a tributos nos quais, por dever constitucional, deve partilhar o produto da sua arrecadação com os entes subnacionais[21].

Ou seja, mesmo com relevantes e discutíveis alterações, não houve definição acerca de violação ao Pacto Federativo. No espectro jurídico e político, foram toleradas as alterações sobre o Pacto Federativo, sem atribuir-lhe a qualidade de "intocável".

[20] HORTA, Raul Machado. As Novas Tendências do Federalismo e Seus Reflexos na Constituição Brasileira de 1988. Revista do Legislativo, Belo Horizonte: Assembleia Legislativa do Estado de Minas Gerais, n. 25, p. 14-25, jan./mar. 1999.

[21] BRASIL. Câmara dos Deputados. A Constituição de 1988 e o Pacto Federativo Fiscal. Disponível em: < https://bd.camara.leg.br/bd/handle/bdcamara/12/browse?value=Palos%2C+Aur%C3%A9lio+Guimar%C3%A3es+Cruvinel+e&type=author> Acesso em 10 de abril de 2021.

Nesse contexto, deve-se ressaltar que a autonomia financeira dos entes subnacionais não se limitaria apenas ao exercício da competência tributária, haja vista que pode ser satisfeita por meio da repartição de receitas conforme prescrito no artigo 157 e seguintes da Constituição Federal[22].

Finalmente, a partir destes últimos argumentos, infere-se que eventual instituição de IVA com vedação à concessão de incentivos fiscais pelos entes subnacionais não caracterizaria violação ao Pacto Federativo, eis que eventuais alterações sobre as competências tributárias seriam legitimamente aceitas no ordenamento jurídico pátrio.

Conclusões

Neste breve estudo, pudemos constatar que o bom equilíbrio de um modelo de Estado Federal pressupõe, entre outros, a repartição de competências e de recursos financeiros. Também constatamos que o Pacto Federativo Brasileiro já sofreu diversas alterações desde a promulgação da Constituição de 1988, de modo que este seria passível de modificação sem caracterizar violação ao Pacto Federativo.

Em relação aos incentivos fiscais no ordenamento jurídico pátrio, a sua concessão não está atrelada pura e simplesmente ao privilégio de algumas corporações, mas ao desenvolvimento de determinados entes subnacionais que renunciam a parte da receita tributária potencial para atrair agentes econômicos e buscar o desenvolvimento social e econômico.

Sob outro ponto de vista, o imposto sobre valor agregado possui características que revelam seu compromisso com a elevada generalidade, a não cumulatividade ampla e a transparência tributária. Estas características revelam, portanto, que a instituição ou a utilização do IVA persegue a neutralidade fiscal para afetar minimamente as decisões dos agentes econômicos. Isto é, o IVA não se coaduna com a concessão de incentivos fiscais para determinados contribuintes ou segmentos econômicos.

Aliás, a mera limitação dos entes subnacionais sobre a competência relativa aos seus principais tributos não permite concluir pela violação ao Pacto Federativo. Ora, as competências tributárias relativas ao Imposto sobre Operações Relativas à Circulação de Mercadorias e sobre Prestações

[22] BRASIL. Constituição (1988). Constituição da República Federativa do Brasil. Brasília, DF: Presidência da República, [2020]. Disponível em: < http://www.planalto.gov.br/ccivil_03/constituicao/constituicao.htm>. Acesso em: 10 de abril. de 2021. Texto Integral.

de Serviços de Transporte Interestadual, Intermunicipal e de Comunicação (ICMS) e ao Imposto Sobre Serviços de Qualquer Natureza (ISS) já são atualmente limitadas pelas respectivas Leis Complementares da União Federal nº 87/1996 (Lei Kandir) e nº 116/2003.

Inclusive, recente alteração promovida na Lei Complementar nº 116/2003 inseriu o referido Diploma Legal o art. 8-A que, em regra, veda expressamente a concessão de incentivos ou benefícios tributários ou financeiros, que resultem em redução da carga tributária, em relação ao Imposto Sobre Serviços de Qualquer Natureza (ISS).

Finalmente, a hipótese inicial do problema deste artigo não foi confirmada, pois, diante do contexto, concluímos que a vedação à concessão de incentivos fiscais por parte dos entes subnacionais sobre eventual imposto sobre valor agregado (IVA) não viola o Pacto Federativo.

Referências

BRASIL. Câmara dos Deputados. A Constituição de 1988 e o Pacto Federativo Fiscal. Disponível em: < https://bd.camara.leg.br/bd/handle/bdcamara/12/browse?value=Palos%2C+Aur%C3%A9lio+Guimar%C3%A3es+Cruvinel+e&type=author> Acesso em 10 de abril de 2021.

BRASIL. Câmara dos Deputados. Institui a Contribuição Social sobre Operações com Bens e Serviços – CBS, e altera a legislação tributária federal. Disponível em: <https://www.camara.leg.br/proposicoesWeb/prop_mostrarintegra?codteor=1914962&filename=PL+3887/2020> Acesso em 18 de fev. 2021. Texto Integral.

BRASIL. Câmara dos Deputados. Proposta de Emenda à Constituição nº 45/2019. Altera o Sistema Tributário Nacional e dá outras providências. Disponível em: < https://www.camara.leg.br/proposicoesWeb/prop_mostrarintegra;jsessionid=D267ADD2CB00AE88D039FC133D209B0F.proposicoesWebExterno1?codteor=1728369&filename=PEC+45/2019> Acesso em 20 de set. 2020. Texto Integral.

BRASIL. Constituição (1988). Constituição da República Federativa do Brasil. Brasília, DF: Presidência da República, [2020]. Disponível em: < http://www.planalto.gov.br/ccivil_03/constituicao/constituicao.htm>. Acesso em: 20 de set. de 2020. Texto Integral.

BRASIL. Lei Geral do imposto dos Estados e do Distrito Federal sobre operações relativas à circulação de mercadorias e sobre prestações de serviços de transporte interestadual e intermunicipal e de comunicação. Brasília, DF: Presidência da República, [2021]. Disponível em: < http://www.planalto.gov.br/Ccivil_03/Leis/LCP/Lcp87.htm> Acesso em 15 de abril de 2021.

BRASIL. Lei Geral do Imposto Sobre Serviços de Qualquer Natureza. Brasília, DF: Presidência da República, [2021]. Disponível em: <http://www.planalto.gov.br/ccivil_03/leis/lcp/lcp116.htm> Acesso em 15 de abril de 2021.

BRASIL. Senado Federal. Proposta de Emenda à Constituição nº 110/2019. Estabelece reforma tributária, para extinguir tributos e criar o Imposto sobre Operações com Bens e Serviços (IBS). Disponível em: <https://legis.senado.leg.br/sdleg-getter/documento?dm=7977850&ts=1602268349752&disposition=inline> Acesso em 18 de fev. 2021.

COÊLHO, Sacha Calmon Navarro. Curso de Direito Tributário Brasileiro. 12ª ed. rev. e atual. Rio de Janeiro: Forense, 2012. Paginação irregular.

CORREIA NETO, Celso de Barros. O Avesso do Tributo: Incentivos e Renúncias no Direito Brasileiro. 2ª ed. São Paulo. Almedina, 2016. p. 28.

CRETTON, Ricardo Aziz. Um IVA à brasileira para a integração econômica? Revista de Direito. Vol. 51. Procuradoria Geral do Rio de Janeiro.1998. Páginas 124 a 126.

HORTA, Raul Machado. As Novas Tendências do Federalismo e Seus Reflexos na Constituição Brasileira de 1988. Revista do Legislativo, Belo Horizonte: Assembleia Legislativa do Estado de Minas Gerais, n. 25, p. 14-25, jan./mar. 1999.

HORTA, Raul Machado. Ensaio: Organização Constitucional do Federalismo. Revista da faculdade de direito da Universidade Federal de Minas Gerais, v. 30, n. 28/29, p. 9-32 de 1985/1986.

RIBEIRO, Ricardo Lodi. Do Federalismo Dualista ao Federalismo de Cooperação – A Evolução dos Modelos de Estado e a Repartição do Poder de Tributar. 1ª ed. Revista Interdisciplinar de Direito da Faculdade de Valença, 2018, v.1, p. 339.

SCAFF, Fernando Facury; ROCHA, Francisco Sergio. Princípios, Elementos e Conceito do Estado Federal. O Federalista Atual: Teoria do Federalismo. 1ª. ed. Belo Horizonte. Arraes Editores, 2013, v. 1, p. 68 e 74.

17.
Reforma Tributária: Entre a Ingenuidade e o Ceticismo[1]

LEANDRO PAULSEN

Introdução

Na maioria dos casos, as pessoas são muito mais ingênuas e simples do que costumamos achar; inclusive, nós.[2] Mas, procuremos superar, ao menos, a ingenuidade.

Escrever sobre algo controverso e inacabado é um enorme risco. E, por ocasião do fechamento desta obra, ainda não temos um texto definitivo da reforma tributária. Cuidar daquilo em que muitos depositam enormes esperanças mostra-se ainda mais desafiador, porquanto há uma indução à apologia em detrimento da cautela e da crítica.

Resolvemos, porém, colaborar com uma análise tanto quanto possível serena não dos resultados propriamente – que ainda dependem de um longo caminho envolvendo a definição e aprovação de um texto final da

[1] Alguns pontos deste texto têm como base o quanto consta em obras nossas anteriores: PAULSEN, Leandro. *Curso de Direito Tributário Completo.* 12ª edição. São Paulo: Saraiva, 2021 (no prelo); PAULSEN, Leandro. *Constituição e Código Tributário Comentados à Luz da Doutrina e da Jurisprudência*, 18ª edição. São Paulo: Saraiva, 2017; PAULSEN, Leandro. Responsabilidade e Substituição Tributárias. 2ª ed. Porto Alegre: Livraria do Advogado Editora, 2014; PAULSEN, Leandro. *Capacidade Colaborativa: Princípio de Direito Tributário para Obrigações Acessórias e de Terceiros.* Porto Alegre: Livraria do Advogado Editora, 2014; PAULSEN, Leandro; MELO, José Eduardo Soares de. *Impostos Federais, Estaduais e Municipais.* 11ª ed. São Paulo: Saraiva, 2018. PAULSEN, Leandro; VELLOSO, Andrei Pitten. *Contribuições no Sistema Tributário Brasileiro.* 4ª ed. São Paulo: Saraiva, 2019.

[2] DOSTOIEVSKI, Fiódor. *Os Irmãos Karamázov.* Tradução, posfácio e notas de Paulo Bezerra/ desenhos de Ulysses Bôscolo. São Paulo: Editora 34, 2012 (3ª edição), p. 20.

reforma e a sua implementação pela legislação complementar e, talvez, ordinária –, mas do que vem motivando a reforma tributária, de como ela vem se apresentando e do que podemos esperar dela no que toca à amplitude e à qualidade.

1. O Sistema Tributário Nacional e suas reformas

Reformar é "dar melhor forma", "aprimorar".[3] Essa acepção é que pretendemos encontrar na expressão "reforma tributária". É para isso que se movem o parlamento, o governo, empresários e tributaristas: reúnem esforços para implementar melhorias no Sistema Tributário Nacional.

Sistema é um conjunto de elementos coordenados em face de princípios e fins que lhes são comuns. "Quando se fala em 'sistema', toma-se em questão precisamente o 'modo de ser recíproco' entre as partes ou 'elementos' que compõem o todo, isto é, tem-se em consideração, mais que a existência de ligação entre os 'elementos' entre si, o próprio significado deles em relação ao 'todo'."[4] A própria autonomia do Direito Tributário estabeleceu-se quando, sendo objeto de codificação, passou-se a vislumbrar o sistema em que se consubstanciava e a desenvolver abordagens completas e coerentes orientadas estrutural e principiologicamente.[5] Surgiram, então, suas primeiras grandes obras: a de HENSEL na Alemanha,[6] a de BLUMENSTEIN na Suíça,[7] as de VANONI[8] e GIANNINI[9] na Itália.

[3] FERREIRA, Aurélio Buarque de Holanda. *Novo Dicionário Aurélio da língua portuguesa.*; Coordenação Marina Baird Ferreira, Margarida dos Anjos. 4ª ed. Curitiba: Ed. Positivo, 2009, p. 1720.

[4] CAMARGO, Ricardo Antonio Lucas. *Política Econômica, Ordenamento Jurídico e Sistema Econômico.* Porto Alegre: Sergio Antonio Fabris Ed., 2019, p. 121.

[5] GRECO, Marco Aurélio. *Contribuições (uma figura* sui generis*).* Dialética, 2000, p. 147.

[6] HENSEL, Albert. *Steuerrecht.* 2ª ed. Berlin: Verlag Von Julius Springer, 1927. A primeira edição foi de 1924.

[7] BLUMENSTEIN, Ernst. Schweizerischen Steuerrecht, 1926; e BLUMENSTEIN, Ernst; BLUMENSTEIN, Irene. *System des Steuerrechts.* Band I. Zùrich: Polygraphischer Verlag A. G. Zùrich, 1944.

[8] VANONI, Ezio. *Natura ed Interpretazione delle leggi tributarie.* In? FORTE, F. & LONGOBARDI, C. Operre giuridiche. Vo. I. Milano: Giuffrè, 1961. Primeira edição da obra de Vanoni foi de 1932.

[9] GIANNINI, Achille Donato. Istituzioni di Diritto Tributário. 8ª ed. Milano: Giuffrè, 1960. A primeira edição foi publicada ainda na década de 30 do século passado.

A expressão Sistema Tributário Nacional "designa o complexo de preceitos jurídicos necessários ao disciplinamento do poder de tributar",[10] sendo orientado, do ponto de vista material, pelos princípios da capacidade contributiva, da capacidade colaborativa, da isonomia, da neutralidade, da praticabilidade tributária, dentre outros.

O sistema tributário brasileiro passou a ser conformado pela EC n. 18/65 à Constituição de 1946 e pelo Código Tributário Nacional de 1966. IVES GANDRA, ao analisar a evolução do sistema tributário no Brasil, bem destaca que a Federação "constitui-se no primeiro elemento escultor do sistema", seguida da "sistematização das espécies tributárias" e da "necessidade de um corpo de princípios e normas gerais".[11] É sob o título "Sistema Tributário Nacional" que a Constituição de 1988 estrutura toda a disciplina jurídica da tributação no Brasil. Inicia definindo as competências dos diversos entes políticos e as espécies tributárias (arts. 145 e 147 a 149-A), bem como o papel da lei complementar em matéria tributária (arts. 146 e 146-A). Segue com as limitações do poder de tributar (arts. 150 a 152), passa a distribuir a competência para a instituição de impostos para a União (arts. 153 e 154), para os Estados e Distrito Federal (art. 155) e para os Municípios e Distrito Federal (art. 156) e finaliza com a repartição de receitas tributárias (arts. 157 a 162).

A Constituição cidadã, porém, ao ser promulgada, já continha a previsão da sua revisão após cinco anos, nos termos do art. 3º do ADCT. O Sistema Tributário Nacional, em particular, não tardou a receber novas redações e dispositivos. Aliás, desde o seu advento, houve mais de dez emendas constitucionais que alteraram, em maior ou menor extensão, no capítulo Do Sistema Tributário Nacional e em artigos correlatos (arts. 145 a 162, 40, 177, § 4º, e 195, da CF e 74ss do ADCT). Destaco as seguintes emendas:

[10] SILVA, De Plácido e. *Vocabulário Jurídico*. 28ª ed. Atualizadores: Nagib Slaibi Filho e Gláucia Carvalho. Rio de Janeiro: Forense, 2009, p. 1296.

[11] MARTINS, Ives Gandra da Silva. A Evolução do Sistema Tributário no Brasil. In: MARTINS, Ives Gandra da Silva/ BRITO, Edvaldo Pereira de (organizadores). *Direito tributário: princípios e normas gerais*. 2ª ed. (Coleção doutrinas essenciais, vol. 1). São Paulo: Editora Revista dos Tribuanis, 2014, p. 216.

- EC 3/93, exigindo lei específica para as desonerações tributárias em geral, como isenções, redução de base de cálculo e créditos presumidos, autorizando a substituição tributária para frente, autorizando a instituição do IPMF e revogando tanto do adicional estadual do IR sobre lucros, ganhos e rendimentos de capital como do imposto municipal sobre a venda a varejo de combustíveis;
- EC 12/96, autorizando a instituição da CMPF;
- EC 20/98, revogando a imunidade de IR sobre rendimentos provenientes de aposentadoria e pensão a maiores de 65 anos com renda exclusiva de rendimentos do trabalho e ampliando as bases econômicas das contribuições de seguridade social para que fosse paga por toda e qualquer empregador, empresa ou entidade equiparada, alcançando quaisquer rendimentos do trabalho pagos a pessoa física, toda e qualquer receita e as importações, tudo a par das bases previstas originariamente;
- EC 27/00, permitindo a desvinculação parcial das receitas da União, posteriormente prorrogada por diversas outras emendas constitucionais;
- EC 29/00, autorizando a autorização de progressividade do IPTU;
- EC 33/01, definindo bases econômicas para a incidência de contribuições sociais e CIDES e procedendo a alterações no ICMS, bem como prevendo a CIDE combustíveis;
- EC 39/02, autorizando os Municípios a instituírem a contribuição de iluminação pública;
- EC 42/03, viabilizando o Simples Nacional, ensejando a fiscalização e arrecadação do ITR pelos Municípios que firmem convênio com a União, estabelecendo a anterioridade nonagesimal como limitação genérica ao poder de tributar, prevendo a contribuição de seguridade sobre a importação, autorizando a não cumulatividade das contribuições de seguridade sobre a receita e sobre a importação para setores da atividade econômica definidos por lei;
- EC 75/13, com a imunidade dos fonogramas e videogramas de autores brasileiros ou interpretadas por artistas brasileiros produzidos no Brasil;
- EC 87/15, trazendo alterações no ICMS para que o estado destinatário participe da arrecadação mesmo nas operações interestaduais a consumidor final, dentre outras modificações;

- EC 93/16, autorizando a desvinculação parcial das receitas dos Estados e dos Municípios;
- EC 103/19, ensejando contribuição previdenciária progressiva e até a instituição de contribuição extraordinária dos servidores públicos em caso de déficit atuarial dos regimes próprios e revogando a autorização de substituição da contribuição sobre a folha.

Nessas emendas, houve muitas alterações pontuais, mas poucas mudanças verdadeiramente estruturais do sistema. Talvez a mais relevante tenha sido a que autorizou a criação do Simples Nacional, sistema de recolhimento unificado e centralizado, com a arrecadação e a fiscalização compartilhadas pelos entes federados e distribuição imediata da parcela de recursos pertencentes a cada qual. O Simples Nacional, efetivamente, alterou para melhor o recolhimento de tributos pelas microempresas e empresas de pequeno porte, unificando diversos tributos em um único recolhimento de alíquota módica sobre a sua receita bruta.

O anseio por uma reforma estrutural e abrangente, porém, sempre se fez presente e permaneceu intenso. Entre os principais reclamos que ganharam eco nesses anos todos de vigência do Sistema Tributário Nacional sob a égide da Constituição de 1988 estão os atinentes à pesada carga tributária, à excessiva concentração de competências e receitas nas mãos da União, ao custo tributário da mão-de-obra gerando pretensões de desoneração da folha de salários, aos tributos cumulativos, à obsolescência dos nossos tributos indiretos a aconselhar sua substituição por um imposto sobre valor agregado, à complexidade da legislação e ao volume exagerado de obrigações acessórias implicando elevados custos de conformidade.

2. Os projetos atuais de reforma tributária

A pressão por uma nova e significativa reforma tributária ganhou força e forma. E a reforma amadureceu, ganhando o protagonismo do próprio Congresso Nacional. Comissão mista, com vinte e cinco integrantes de cada casa, ficou responsável pela unificação dos projetos de reforma tributária consubstanciados nas EECC 45 e 110, de 2019, oriundos da Câmara e do Senado, respectivamente.

IVES GANDRA, em palestra pronunciada na Universidade de Coimbra em 2004, já apontava que, nas duas primeiras décadas do século XXI, deveria ocorrer nítida aproximação dos sistemas tributários de todo o mundo através do imposto sobre valor agregado, facilitando, inclusive, a integração das economias.[12]

Ambos os projetos têm como foco principal, justamente, a substituição de diversos tributos que hoje gravam a industrialização, o comércio e a prestação de serviços por um novo Imposto sobre Bens e Serviços – o IBS – que venha a se revestir de atributos mais modernos. As propostas diferem em alguns pontos: o IBS substituiria o IPI, ICMS, ISS, PIS e COFINS ou, ainda, o IOF, a contribuição do salário-educação e a CIDE--combustíveis; o imposto seria federal ou estadual, com uma alíquota única padrão e transferência de frações aos entes políticos ou teria alíquotas fixadas paralelamente pela União, pelos Estados e pelos Municípios (sem uniformidade); não admitiria benefícios ou os autorizaria para certas áreas relacionados a alimentos, medicamentos, transporte, educação e saneamento. As regras de transição também variam, combinando um período de um ou dois anos de teste do novo IBS com um período de cinco a oito anos de substituição gradual dos já referidos tributos atuais pelo IBS, e, ainda, um período de 15 a 50 anos de transferência da arrecadação para o destino. As propostas também criam um imposto seletivo sobre cigarros, bebidas e energia.

O Poder Executivo optou pelo fracionamento das suas próprias propostas. Ofereceu ao Congresso, em julho de 2020, um projeto de lei ordinária que substitui as contribuições PIS e COFINS por uma nova contribuição: a Contribuição sobre Bens e Serviços (CBS). Nesse projeto de lei, fez com que a CBS incidisse em cada operação, por fora, com destaque no respectivo documento fiscal. Nos moldes do IBS, mas destinada à seguridade social (é característica das contribuições a sua funcionalização, ou seja, a vinculação do seu produto a determinada finalidade), a CBS segue a técnica da não cumulatividade, tendo sido proposta com alíquota de 12%. É que as alíquotas do PIS e da COFINS, somadas, já alcançavam 9,25% para contribuições calculadas por dentro, enquanto a CBS é calculada por fora e se reveste de não cumulatividade mais ampla. O setor de serviços vislumbra enorme majoração da sua carga

[12] MARTINS, Ives Gandra da Silva. Aproximação dos Sistemas Tributários. In: MARTINS, Ives Gandra da Silva/ BRITO, Edvaldo Pereira de (organizadores). *Direito tributário: princípios e normas gerais.* 2ª ed. (Coleção doutrinas essenciais, vol. 1). São Paulo: Editora Revista dos Tribunais, 2014, p. 243.

tributária, mas as instituições financeiras receberam tratamento especial, submetidas à alíquota de 5,8%, sem direito a créditos. Interessante, nesse projeto, também, é a previsão de responsabilidade tributária das plataformas digitais veiculadoras do comércio eletrônico. Com a apresentação desse projeto de lei, o governo firmou a posição da necessidade de uma contribuição para a seguridade social sobre bens e serviços, a CBS, ou seja, da não incorporação do PIS e da COFINS ao imposto unificado sobre o consumo de bens e serviços, o IBS. De outro lado, antecipou o modelo de não cumulatividade que também alcançará o IBS.

O governo ainda acena com projetos de submissão da distribuição de lucros e dividendos ao imposto de renda e, como já referido, com a instituição de um imposto ou uma contribuição sobre pagamentos eletrônicos para substituir a contribuição sobre a folha de salários.

3. O que a reforma tributária não faz

A redução da carga tributária não está contemplada na reforma tributária. Aliás, tal depende é de outras reformas e de práticas consequentes sob a perspectiva da responsabilidade fiscal. A reforma previdenciária advinda em 2019 foi significativa, mas não teve a amplitude horizontal que se esperava. Alguns pagam contribuições escorchantes; outros, não. Ademais, para que houvesse alguma perspectiva de redução da carga, seria indispensável avançar com a reforma administrativa. Precisamos gastar menos e melhor. A necessidade de gastos excessivos em políticas assistenciais sem cobertura, como se deu no contexto da pandemia vivida no país, acaba por gerar enormes passivos que pressionarão por maior arrecadação tributária logo na sequência.

Com a reforma tributária, aliás, haverá aumento significativo da carga tributária de alguns setores. O setor de serviços restará mais onerado do que é atualmente, na medida em que não funciona propriamente em uma cadeia de produção e comercialização, não terá créditos significativos a compensar e, por isso, terá concentrada toda a carga de IBS que é estimada em quase 27%.[13] Ademais, alguns outros setores que não eram tributados ou cuja tributação era bastante discutível passarão a se submeter, indistintamente, ao IBS.

[13] https://www.ipea.gov.br/portal/index.php?option=com_content&view=article&id=35280.

Diga-se, ainda, que os projetos da Câmara e do Senado não enfrentam as pretensões de desoneração da folha de salários e demais pagamentos à pessoa física. Aliás, com a reforma previdenciária realizada pela EC 103/19, restou revogada a previsão constitucional de substituição gradual, total ou parcial, da contribuição sobre a folha por nova contribuição sobre a receita e proibida diferenciação na sua base de cálculo. As contribuições substitutivas de que tratava a Lei 12.546/11 estão sujeitas a vigência temporária. O Poder Executivo, sim, é que acena com a substituição parcial da contribuição patronal sobre a folha por um novo imposto sobre pagamentos, o que, entretanto, ressuscitaria um modelo de tributação cumulativo já objeto de críticas agudas quando da vigência do IPMF e da CPMF.

Outro ponto não tocado pelos projetos é nosso modelo de tributação do patrimônio. Atualmente, as competências limitam-se a ensejar a tributação da propriedade de imóveis e de veículos, o que têm caráter regressivo. É iníquo tributar pesadamente contribuintes com patrimônio modesto voltado às necessidades fundamentais de moradia e deslocamento, enquanto grandes patrimônios são formados por ativos variados e de outra natureza que permanecem inalcançados. Se a tributação do patrimônio é uma escolha, que seja isonômica, considerando a universalidade de bens e direitos, ou que não ocorra, mas para todos.

A reforma também não adentra o imposto sobre a renda, cuja revisitação seria necessária, tendo em conta que os critérios constitucionais da generalidade, da universalidade e da progressividade constituem, lamentavelmente, letra morta. Essa realidade enseja a perpetuação de violações à isonomia. A discussão sobre tributação de lucros e dividendos é importante, mas poderíamos ter uma discussão mais abrangente da tributação da renda.

4. As virtudes da reforma tributária proposta

O grande trunfo da reforma é reformular a tributação do consumo, reduzindo o número de impostos que hoje estão disciplinados por legislações dos diversos entes federados e colocando, em seu lugar, um imposto abrangente, instituído por lei complementar e que se apresente transparente, isonômico e neutro. Eurico Diniz de Santi, do Núcleo de Estudos Fiscais da FGV que também é coordenado pelo Prof. Isaias Coelho, em entrevista sobre a reforma tributária, afirmou que "a lei tributária precisa ser Simples para o contribuinte, Isonômica, Neutra, Transparente e Arrecadadora".[14]

A unificação trará maior simplicidade, sobretudo se o tributo for federal, porquanto o mesmo imposto incidirá sobre operações relativas às diversas atividades econômicas. Com alíquota única ou poucas alíquotas, será mais fácil identificá-la e aplicá-la. E o contribuinte não terá de lidar simultaneamente com o cipoal legislativo hoje formado pela legislação federal, por vinte e sete legislações estaduais e por mais de cinco mil e quinhentas legislações municipais, reduzindo-se sensivelmente os custos de conformidade, além do que a sua fiscalização também restará facilitada. A curto prazo, porém, teremos um sistema bastante mais complexo, porquanto coexistirão os tributos atuais com os tributos novos até que o IBS, finalmente, venha a substituir por completo os atuais. E ainda teremos a mudança para o modelo de concentração da receita tributária no destino, ou seja, nos estados onde consumidos os bens e serviços, o que pode contribuir para o equilíbrio do desenvolvimento socioeconômico das diversas regiões, mas se dará mediante uma transição longa.

Teremos maior isonomia? A submissão das atividades econômicas em geral a um imposto padrão trará para o âmbito de tributação alguns setores que dela vinham escapando por não se enquadrarem nas bases próprias dos tradicionais impostos indiretos do nosso sistema, sobretudo as relacionadas às novas utilidades intangíveis. A vedação ou as restrições à concessão de benefícios fiscais, igualmente, favorecerá a igualdade e poderá levar ao estabelecimento de uma carga mais suportável para todos. Mas o efeito indutor dos benefícios será perdido. Ademais, há características bastante distintas entre as diversas atividades econômicas. Não nos parece adequado, por exemplo, que se trate com a mesma alíquota o comércio de bens e a prestação de serviços, o que poderá ter o efeito colateral de gerar, isso sim, informalidade e evasão no setor de serviços.

Ganharemos em neutralidade, sim. CALIENDO frisa que, na aplicação do princípio da neutralidade, se deve tentar alcançar a "menor influência

[14] https://www.conjur.com.br/2018-set-09/entrevista-eurico-santi-professor-direito--tributario. Acesso em 1º de setembro de 2020. Vide, também: http://www.apet.org.br/simposio-de-direito-tributario-2018/23/23-1-1.pdf

possível nas decisões dos agentes econômicos" e que a neutralidade somente estará assegurada "quando não forem produzidas distorções competitivas". Além disso, "A neutralidade deve respeitar os aspectos federativos da tributação sobre o consumo e com o tratamento das 'fronteiras fiscais' (tax frontiers)."[15] Em outra obra, já afirmara que o princípio da neutralidade fiscal estabelece "A busca de um sistema tributário ótimo, ou seja, que realize as suas funções de financiamento de políticas públicas, promoção dos direitos fundamentais, evitando ao máximo interferências nas decisões econômicas". Do contrário, a tributação acaba sendo vetor de diminuição da eficiência e obstáculo ao desenvolvimento.[16] Efetivamente, quanto menos interventiva for, quanto menos figurar como uma variável relevante para a tomada de decisões econômicas, menos distorções a tributação gerará. É neutra, portanto, a tributação que não produz efeitos indutivos ou inibitórios significativos, capazes de orientar a tomada de decisões quanto ao exercício das atividades econômicas e a respectiva alocação de recursos. A adoção da não cumulatividade plena para o IBS vem nessa linha. O IPI, o ICMS e o ISS, por exemplo, não são compensáveis uns com os outros; mas, substituídos todos pelo IBS e permitida a apropriação de créditos sempre que adquiridos bens e serviços onerados por esse imposto, teremos uma não cumulatividade mais abrangente, levando a um efeito de tributação do valor agregado e permitindo que os negócios sejam estruturados de modo mais livre sem que o seu modelo influa na carga tributária suportada pelo consumidor. Os dispositivos da reforma que limitam benefícios fiscais também favorecem a neutralidade, sobretudo quando inibem a realidade de concessão indiscriminada de incentivos. Lembre-se que o uso da extrafiscalidade depende de um criterioso juízo de proporcionalidade, o que nem sempre é observado. É CALIENDO que, mais uma vez, adverte: "A utilização da função extrafiscal do direito tributário deve ser residual, motivada e, se

[15] CALIENDO, Paulo. *Curso de Direito Tributário*. São Paulo: Saraiva, 2017, p. 196. Sob a rubrica do princípio da neutralidade fiscal, CALIENDO trabalha diversos pontos, como a igualdade de tratamento, a vedação do confisco, a boa-fé em matéria tributária, a solidariedade, a não cumulatividade, a não limitação ao tráfego de pessoas e bens, a proibição de isenções heterônomas, a uniformidade geográfica, a vedação de tributação da dívida pública, a essencialidade e a seletividade.

[16] CALIENDO, Paulo. *Direito Tributário e Análise Econômica do Direito: uma visão crítica*. Rio de Janeiro: Elsevier, 2009, p. 113.

possível, temporária. O tributo não pode ser entendido como elemento fundamental de direção econômica, mas tão-somente como meio de regulação excepcional, limitado e justificado."[17]

A transparência também é um escopo da reforma tributária em questão. Importa que as técnicas de tributação tornem clara a carga tributária. Atualmente, dois dos três atuais impostos indiretos (ICMS e ISS) e as contribuições sobre a receita (PIS e COFINS) são calculados por dentro dos preços, o que significa que os preços têm de ser inflados para comportarem o custo do tributo calculado sobre o valor total e, portanto, sobre o próprio tributo. A alíquota nominal é uma, mas a carga efetiva é bastante superior. O IBS e a CBS, porém, como idealizados, serão calculados por fora. Com menor número de tributos, poucas faixas de alíquotas e um sistema efetivo de não cumulatividade, será possível conhecer melhor a carga tributária sobre o consumo. Lembre-se que é garantia fundamental do contribuinte, estampada no art. 150, § 4º, da CF, ser esclarecido acerca dos impostos que incidem sobre mercadorias e serviços, o que resta disciplinado pela Lei 12.741/12. O "consumidor-eleitor" tem direito de ser informado sobre "quanto paga no consumo"[18] e, diga-se, de não ser iludido por técnicas de tributação antiquadas. A redução dos incentivos fiscais, por sua vez, também favorece a transparência. Constituem, eles, subsídios prestados pelo estado, equivalendo a um dispêndio público em favor de determinadas pessoas, operações, atividades. A Receita Federal do Brasil, em seu sítio na internet, conceitua: "Gastos tributários são gastos indiretos do governo realizados por intermédio do sistema tributário, visando a atender objetivos econômicos e sociais e constituem-se em uma exceção ao Sistema Tributário de Referência, reduzindo a arrecadação potencial e, consequentemente, aumentando a disponibilidade econômica do contribuinte." E prossegue: "Os sistemas tributários, via de regra, não possuem outro objetivo senão o de gerar recursos para a administração. No entanto, são permeados por situações que promovem isenções, anistias, presunções creditícias, reduções de alíquotas, deduções, abatimentos

[17] CALIENDO, Paulo. *Direito Tributário e Análise Econômica do Direito: uma visão crítica*. Rio de Janeiro: Elsevier, 2009, p. 118.

[18] Vide, novamente, Eurico Diniz de Santi: <http://www.apet.org.br/simposio-de-direito-tributario-2018/23/23-1-1.pdf>.

e diferimentos de obrigações de natureza tributária."[19] A redução dos benefícios fiscais torna o sistema mais transparente. E é preciso que a tributação se revista de transparência para que possa ser mais facilmente percebida, dimensionada e controlada.

Conclusões

Enfim, temos uma reforma tributária com foco bem definido. Se, de um lado, não devemos ser ingênuos, menosprezando os riscos advindos da ousadia de mudar o modelo de tributação sobre o consumo, de outro, não devemos nos deixar tomar pelo ceticismo que paralisa e que nos levaria a subestimar os ganhos e superestimar as perdas. Valerão os esforços se, com a reforma, conseguirmos fortalecer, a médio prazo, os pilares da simplicidade, da neutralidade e da transparência!

Referências

BLUMENSTEIN, Ernst. Schweizerischen Steuerrecht, 1926;

BLUMENSTEIN, Ernst; BLUMENSTEIN, Irene. *System des Steuerrechts.* Band I. Zùrich: Polygraphischer Verlag A. G. Zùrich, 1944.

BRASIL. MINISTÉRIO DA ECONOMIA. RECEITA FEDERAL. Disponível em <https://receita.economia.gov.br/dados/receitadata/renuncia-fiscal/demonstrativos-dos-gastos-tributarios/conceito-de-gasto-tributario#:~:text=A%20Receita%20Federal%20do%20Brasil,Sistema%20Tribut%C3%A1rio%20de%20Refer%C3%AAncia%2C%20reduzindo>. Acesso em 19 de outubro de 2020.

BRASIL. INSTITUTO DE PESQUISAS ECONÔMICAS APLICADA. Disponível em <https://www.ipea.gov.br/portal/index.php?option=com_content&view=article&id=35280>. Acesso em 19 de outubro de 2020.

CALIENDO, Paulo. *Curso de Direito Tributário.* São Paulo: Saraiva, 2017.

CALIENDO, Paulo. *Direito Tributário e Análise Econômica do Direito: uma visão crítica.* Rio de Janeiro: Elsevier, 2009.

CALIENDO, Paulo. *Direito Tributário e Análise Econômica do Direito: uma visão crítica.* Rio de Janeiro: Elsevier, 2009.

[19] Vide: <https://receita.economia.gov.br/dados/receitadata/renuncia-fiscal/demonstrativos-dos-gastos-tributarios/conceito-de-gasto-tributario#:~:text=A%20Receita%20Federal%20do%20Brasil,Sistema%20Tribut%C3%A1rio%20de%20Refer%C3%AAncia%2C%20reduzindo>. Acesso em 19 de outubro de 2020.

CAMARGO, Ricardo Antonio Lucas. *Política Econômica, Ordenamento Jurídico e Sistema Econômico*. Porto Alegre: Sergio Antonio Fabris Ed., 2019.

DOSTOIEVSKI, Fiódor. *Os Irmãos Karamázov*. Tradução, posfácio e notas de Paulo Bezerra/ desenhos de Ulysses Bôscolo. São Paulo: Editora 34, 2012 (3ª edição).

FERREIRA, Aurélio Buarque de Holanda. *Novo Dicionário Aurélio da língua portuguesa.*; Coordenação Marina BAird Ferreira, Margarida dos Anjos. 4ª ed. Curitiba: Ed. Positivo, 2009.

GIANNINI, Achille Donato. Istituzioni di Diritto Tributário. 8ª ed. Milano: Giuffrè, 1960. A primeira edição foi publicada ainda na década de 30 do século passado.

GRECO, Marco Aurélio. *Contribuições (uma figura* sui generis*)*. Dialética, 2000.

HENSEL, Albert. *Steuerrecht*. 2ª ed. Berlin: Verlag Von Julius Springer, 1927. A primeira edição foi de 1924.

MARTINS, Ives Gandra da Silva. Aproximação dos Sistemas Tributários. In: MARTINS, Ives Gandra da Silva/ BRITO, Edvaldo Pereira de (organizadores). *Direito tributário: princípios e normas gerais*. 2ª ed. (Coleção doutrinas essenciais, vol. 1). São Paulo: Editora Revista dos Tribuanis, 2014.

MARTINS, Ives Gandra da Silva. A Evolução do Sistema Tributário no Brasil. In: MARTINS, Ives Gandra da Silva/ BRITO, Edvaldo Pereira de (organizadores). *Direito tributário: princípios e normas gerais*. 2ª ed. (Coleção doutrinas essenciais, vol. 1). São Paulo: Editora Revista dos Tribuanis, 2014.

PAULSEN, Leandro. *Curso de Direito Tributário Completo*. 12ª edição. São Paulo: Saraiva, 2021 (no prelo).

PAULSEN, Leandro. *Constituição e Código Tributário Comentados à Luz da Doutrina e da Jurisprudência*, 18ª edição. São Paulo: Saraiva, 2017.

PAULSEN, Leandro. Responsabilidade e Substituição Tributárias. 2ª ed. Porto Alegre: Livraria do Advogado Editora, 2014.

PAULSEN, Leandro. *Capacidade Colaborativa: Princípio de Direito Tributário para Obrigações Acessórias e de Terceiros*. Porto Alegre: Livraria do Advogado Editora, 2014.

PAULSEN, Leandro; MELO, José Eduardo Soares de. *Impostos Federais, Estaduais e Municipais*. 11ª ed. São Paulo: Saraiva, 2018.

PAULSEN, Leandro; VELLOSO, Andrei Pitten. *Contribuições no Sistema Tributário Brasileiro*. 4ª ed. São Paulo: Saraiva, 2019.

SANTI, Eurico Diniz de. *A Reforma da Qualidade do Sistema Tributário sobre o Consumo – IBS*. Disponível em: <http://www.apet.org.br/simposio-de-direito-tributario-2018/23/23-1-1.pdf>. Acesso em 14 de setembro de 2020.

SANTI, Eurico Diniz de. *Novo imposto sobre consumo é para arrecadar, e não para fazer política fiscal*. Disponível em: <https://www.conjur.com.br/2018-set-09/

entrevista-eurico-santi-professor-direito-tributario>. Acesso em 1º de setembro de 2020.

SILVA, De Plácido e. *Vocabulário Jurídico.* **28ª ed. Atualizadores: Nagib Slaibi Filho e Gláucia Carvalho. Rio de Janeiro: Forense, 2009.**

VANONI, Ezio. *Natura ed Interpretazione delle leggi tributarie.* In: FORTE, F. & LONGOBARDI, C. Operre giuridiche. Vo. I. Milano: Giuffrè, 1961.

18.
A Reforma Tributária e o Supremo Tribunal Federal

Luciano Felicio Fuck
Hadassah Santana

Introdução

Cada vez mais, o Supremo Tribunal Federal tem papel decisivo na compreensão e no desenvolvimento do sistema constitucional tributário[1]. Seus acórdãos e decisões não apenas traçam o conteúdo e alcance das normas constitucionais, como também inspiram muitas vezes mudanças legislativas, que advêm, inclusive, por meio de emendas constitucionais.

Dadas as caraterísticas do sistema constitucional tributário no Brasil, qualquer reforma tributária profunda precisa ser feita necessariamente por meio de emendas constitucionais e considerando que o Supremo Tribunal Federal é reputado como um dos mais poderosos tribunais do mundo[2], o Pretório Excelso também tem sido chamado a examinar a constitucionalidade de emendas constitucionais, quando provocado, apesar de toda a polêmica a propósito da viabilidade desse controle no direito comparado[3].

[1] A propósito, cf. FUCK, Luciano Felício. Estado Fiscal e Supremo Tribunal Federal. São Paulo: Saraiva, 2017.

[2] A respeito, cf. as seguintes obras que destacam visão externa sobre a importância do STF no direito comparado: ROSENN, Keith S. "Recent Important Decisions by the Brazilian Supreme Court" in Inter-American Law Review, vol 45, n. 2. Miami: University of Miami, spring 2014. p. 297-334; KAPISZEWSKI, Diana. *High Courts and Economic Governance in Argentina and Brazil.* Cambridge: Cambridge University Press, 2012.

[3] A propósito do controle jurisdicional de constitucionalidade de normas constitucionais, cf. a clássica obra BACHOF, Otto. *Normas Constitucionais Inconstitucionais?*. Tradução de José Manuel M. Cardoso da Costa. Coimbra: Almedina, 2008.

1. Instituição de novas competências tributárias

Qualquer alteração de competência tributária deve ser implementada pelo poder constituinte derivado, isto é, por meio de emendas constitucionais. A redação originária da CF/1988 procurou descentralizar as receitas tributárias da União para estados e municípios por meio da atribuição de competências constitucionais e de acentuação das transferências de receitas[4]. O constituinte originário buscou, assim, atender ao antigo anseio de maior autonomia financeira aos estados e, principalmente, aos municípios[5].

No entanto, não tardou muito e o arranjo constitucional de competências tributárias necessitou de alterações. Com efeito, já nas primeiras emendas constitucionais, mais precisamente na Emenda Constitucional n. 3, de 17 de março de 1993 (EC 3/1993), o constituinte derivado instituiu, revogou e alterou as competências tributárias.

O próprio caráter rígido e exaustivo das competências tributárias, dispostas na CF/1988, acarretou a necessidade de edição de emendas constitucionais que visavam adaptar as normas constitucionais tributárias, seja para criar outros tributos, seja para alcançar bases materiais alternativas.

Com efeito, as Emendas Constitucionais 3/1993; 12/1996; 20/1998 e 31/2000 criaram expressamente outras competências tributárias.

1.1. A emenda constitucional 3 de 1993: o imposto sobre a movimentação financeira – IPMF

A primeira emenda constitucional que instituiu nova competência tributária (EC 3/1993) inaugurou o chamado "imposto sobre a movimentação ou transmissão de valores e de créditos e direitos de natureza financeira" (IPMF) e rapidamente foi submetida ao controle abstrato de constitucionalidade no âmbito do Supremo Tribunal Federal, no que se tornou um dos mais relevantes precedentes da Corte[6].

[4] A propósito, criticando o aumento de atribuições, funções e encargos e a redução das receitas tributárias da União provocados pela promulgação da CF/1988, cf. MARTINS, Ives Gandra. *O Sistema Tributário na Constituição*. 6. ed. São Paulo: Saraiva, 2007, p. 62 e ss., nota n. 5.

[5] LEAL, Victor Nunes. *Coronelismo, Enxada e Voto: o município e o regime representativo no Brasil*. 7. ed. São Paulo: Companhia das Letras, 2012. p. 70 e seguintes.

[6] Sobre a importância da ADI 939, Rel. Ministro Sydney Sanches, Pleno, DJ 18.3.1994, cf. VALADÃO, Marcos Aurélio Pereira. "Acerca de decisões relevantes do STF sobre o sistema

A referida emenda criou espécie de imposto e expressamente afastou a incidência do princípio da anterioridade e das imunidades, previstas como limitações constitucionais ao poder de tributar.

Nesse caso, o Supremo Tribunal Federal enfrentou com desassombro a tarefa de examinar a constitucionalidade de norma editada pelo poder constituinte derivado e, pela primeira vez na história da Corte, suspendeu e declarou inconstitucional uma emenda constitucional.

Em 6 de setembro de 1993, foi ajuizada a Ação Direta de Inconstitucionalidade (ADI) 939, cuja medida cautelar foi apreciada na sessão de 15 de setembro do mesmo ano, 1993. O mérito restou apreciado em 15 de dezembro de 1993, em curtíssimo espaço de tempo, dado o contexto do imposto provisório.

No que se refere a ADI 939, a exordial pleiteou a inconstitucionalidade completa do novo imposto provisório por violação aos princípios da anterioridade, da não cumulatividade e do equilíbrio orçamentário, bem como pela bitributação do contribuinte.

O julgamento da ADI 939 de relatoria do Ministro Sydney Sanches, marcou a história e constituiu em 1994, a primeira vez em que o STF efetivamente reconheceu, de forma definitiva e em decisão de mérito, a inconstitucionalidade de emenda constitucional[7].

O Tribunal não considerou o novo imposto inteiramente inconstitucional, mas se restringiu a garantir o *status* de cláusula pétrea às limitações constitucionais ao poder de tributar, em especial no que se refere à anterioridade prevista no art. 150, III, "b", da CF/1988, de todo modo, a Corte, em momento algum, endossou o argumento de que novos impostos só poderiam ser instituídos na forma do art. 154, I, da Carta Magna[8].

constitucional tributário a partir da Constituição de 1988". In: MENDES; BRANCO & VALE. *A Jurisprudência do STF nos 20 anos da Constituição.* São Paulo: Saraiva, 2010, p. 263-71. FUCK, Luciano Felicio. "Tributação e cláusulas pétreas: ADI 939". In: HORBACH, Beatriz Bastide & FUCK, Luciano Felicio (Coord.). *O Supremo por seus assessores.* São Paulo: Almedina, 2014. p. 13-20.

[7] A ADI 926 acabou julgada prejudicada por perda superveniente de objeto, tendo em vista o julgamento do mérito da ADI 939, no acórdão ADI-QO 926/DF, Rel. Ministro Sydney Sanches, Pleno, DJ 29.4.1994.

[8] A propósito, confira-se o voto do Ministro Carlos Velloso na ADI-MC 939, Rel. Ministro Sydney Sanches, Pleno, DJ 17.12.1993, que expressamente aponta que o art. 154, I, da CF/1988 não limita o poder constituinte derivado.

Relativamente à medida cautelar, no voto do relator, Ministro Sydney Sanches, reconhecia-se tão somente o *fumus boni juris* e o *periculum in mora* quanto à violação ao princípio da anterioridade, em virtude da emenda se fazer efetiva no mesmo ano de instituição, ferindo a anterioridade e permitindo a incidência no já no ano de 1993. Os votos dos Ministros Celso de Mello e Marco Aurélio, mais uma vez, destacaram que, além da anterioridade, as imunidades também constituem cláusulas pétreas, razão pela qual não poderiam ser excetuadas do novo imposto criado por emenda constitucional.

Na ocasião do julgamento da cautelar, o Pleno, por maioria, suspendeu a eficácia do art. 2º da EC 3/1993, além da LC 77/1993, no mesmo ano de 1993, impedindo que o IPMF incidisse sobre os fatos geradores no ano de sua instituição.

Na ocasião, o Ministro Paulo Brossard vocalizou a preocupação quanto a casos futuros, em que o contexto da União, dos estados e dos municípios dependesse da criação de novas fontes de recursos. Essa manifestação revela a preocupação simultânea com a proteção dos direitos fundamentais dos contribuintes e com a capacidade de o Estado financiar-se para garantir a concretização de suas funções, exatamente na linha do Estado Fiscal.

Quanto ao julgamento do mérito, o STF rapidamente afastou qualquer inconstitucionalidade na criação de novo tributo por meio de emenda constitucional, inclusive refutando argumentos como a violação da tipicidade da tributação, de equilíbrio orçamentário e da capacidade contributiva pela discriminação de novo imposto.

O STF glosou a pretensão da emenda constitucional de criar exceção ao princípio da anterioridade, reconhecendo-a como garantia individual do contribuinte e cláusula pétrea. Em síntese, nesse importante precedente, o STF admitiu o controle de constitucionalidade de emendas constitucionais, permitiu a instituição de novas competências tributárias e deu força normativa às garantias individuais dos contribuintes ao assegurar a prevalência da regra da anterioridade e das imunidades. Atendendo aos critérios do Estado Fiscal, o Tribunal conseguiu equilibrar a eficácia das normas constitucionais de modo a, simultaneamente, permitir o reforço das receitas públicas por meio de tributos não vinculados e proteger as garantias fundamentais dos contribuintes.

1.2. A instituição da contribuição provisória sobre movimentação financeira – CPMF

Cessado o período de vigência do IPMF, o poder constituinte derivado decidiu criar outro tributo provisório semelhante, não mais com a estrutura de imposto, mas de contribuição social. Com efeito, a natureza de contribuição social permitia a aplicação da anterioridade mitigada, a superação das regras e limitações pertinentes aos impostos, as imunidades do 150, VI, da CF/1988 e a repartição de arrecadação com estados e municípios.

Nesse contexto, foi instituída a EC 12/1996, que acrescentou dispositivos ao ADCT e criou a contribuição provisória sobre movimentação ou transmissão de valores e de créditos e direitos de natureza financeira (CPMF).

Desde logo, instaurou-se grande controvérsia a respeito da constitucionalidade desse novo tributo[9]. A discussão não tardou a chegar ao Supremo e, em 9 de outubro de 1996[10], o Plenário examinou, em liminar, a constitucionalidade da EC 12/1996, nos autos das ADI-MC 1.497, Rel. Ministro Marco Aurélio, Pleno, DJ 13.2.2002, j. 9.10.1996[11].

Na ocasião, o relator acolheu o pedido de suspensão da emenda constitucional, insistindo na violação dos arts. 154, I, c/c 60, §4º, IV, da CF/1988,

[9] Entre os diversos textos a respeito, destacam-se pela inconstitucionalidade da CPMF: BARRETO, Paulo Ayres. "Emenda Constitucional". *In* Revista de Direito Constitucional e Internacional. vol. 21. São Paulo: Revista dos Tribunais, outubro de 1997. p. 160-74. WALD, Arnoldo. "A CPMF e o Devido Processo Legal". *Revista da Academia Brasileira de Letras Jurídicas.* Ano XII, n. 12. Rio de Janeiro: 2º Semestre de 1997. p. 9-11. BRITO, Edvaldo. "I – Cofins e PIS/Pasep: conceito de Faturamento e Receita Bruta II – CPMF: Questionamentos Jurídicos". *Revista Dialética de Direito Tributário.* n. 43. São Paulo: Dialética, abril de 1999. p. 33-64. MACHADO, Agapito. "CPMF – Emenda Constitucional n. 12/96 e Lei n. 9.311/96 – Inconstitucionalidade – Lei Ordinária não ostenta aptidão para determinar a Quebra de Sigilo Bancário dos Cidadãos". *Revista Dialética de Direito Tributário* n. 30. São Paulo: Dialética, março de 1998. P 7-13. Pela constitucionalidade: MOREIRA, André Mendes & COÊLHO, Sacha Calmon Navarro. "A CPMF e os Princípios Constitucionais Tributários" in SANTI, Eurico Marcos Diniz (org.). *Curso de Direito Tributário e Finanças Públicas – do fato à norma, da realidade ao conceito jurídico.* São Paulo: Saraiva, 2008. p. 726-45.

[10] O julgamento iniciou-se em 18.9.1996, mas foi interrompido pelo pedido de vista do Ministro Carlos Velloso.

[11] A ADI-MC 1501, Rel. Ministro Marco Aurélio, Pleno, DJ 13.2.2002 também examinava a EC 12/1996, mas restou prejudicada ante o indeferimento da liminar na outra ADI, apreciada na mesma data.

com base em dois fundamentos: a nova contribuição era cumulativa, bem como adotava base de cálculo própria do imposto sobre operações de créditos, câmbio e seguro, ou relativas a títulos ou valores mobiliários, especialmente no que se refere à tributação exclusiva do ouro (IOF).

Prevaleceu o voto divergente do Ministro Carlos Velloso, que validou a instituição de nova contribuição social fora das regras de competência residual, por meio de emenda constitucional. Seu voto teve o claro mérito de discutir a relação entre direitos fundamentais e a tributação.

O voto condutor do acórdão da ADI-MC 1.497, Rel. Ministro Marco Aurélio, Pleno, DJ 13.2.2002, identifica apenas o rol de direitos e garantias previstos no art. 150 da CF/1988 como protegidos pela cláusula pétrea do art. 60, § 4º, IV, da Carta Magna. Exclui, assim, tanto as limitações previstas na competência tributária residual (art. 154, I, da CF/1988) quanto a unicidade da tributação do ouro (art. 153, § 5º, da CF/1988) da esfera dos direitos fundamentais, apontando as mencionadas regras como técnicas de tributação, disponíveis de alteração pelo poder constituinte derivado sob pena de "impedir qualquer reforma tributária, [...] gessar o sistema tributário, com prejuízo, muita vez, para as classes mais pobres"[12].

Em síntese, a maioria do STF entendeu plenamente constitucional a criação de nova competência de contribuição social, respeitada a anterioridade nonagesimal, independentemente da imunidade recíproca ou das demais imunidades que limitavam o IPMF.

Antes de julgado o mérito das referidas ADIs ajuizadas contra a EC 12/1996, o Congresso cuidou de aprovar nova emenda constitucional (EC 21/1999), prorrogando o prazo de vigência da CPMF. Ocorre que a EC 21/1999 foi promulgada em 18 de março de 1999, ou seja, após o prazo de validade da EC 12/1996, vencido em 22 de janeiro de 1999, reacendendo mais controvérsias sobre a constitucionalidade da CPMF em razão da solução de continuidade[13].

[12] Voto do Ministro Carlos Velloso na ADI-MC 1497, Rel. Ministro Marco Aurélio, Pleno, DJ 13.2.2002.

[13] A propósito das alegações de inconstitucionalidade formal e material da EC 21/1999, confiram-se os seguintes textos: TÔRRES, Heleno Taveira. "Prorrogação da CPMF pela Emenda Constitucional n. 21/99: Efeitos da Ausência de Procedimento na Validade das Normas Jurídicas". *Revista Dialética de Direito Tributário* n. 47. São Paulo: Dialética, agosto de 1999. P 45-55. GASPARINI, Lesley. "A Lei Temporal e a Emenda Constitucional n. 21/99"

O Pleno do STF apreciou a questão cautelarmente na ADI-MC 2.031/DF, Rel. Ministro Octavio Gallotti, Pleno, DJ 28.6.2002, j. 29.9.1999, decidindo, por maioria, em suspender apenas o § 3º do art. 75 do ADCT, em razão de vício formal de constitucionalidade. Na oportunidade, o STF afastou impugnações à constitucionalidade formal da EC 21/1999 e assentou que a Constituição não veda a repristinação de norma temporária por emenda constitucional.

Ressalte-se que o § 3º do art. 75 do ADCT não cuidava propriamente da competência tributária, mas da autorização para emissão de títulos da dívida pública para cobrir a falta de receitas decorrentes da ausência de solução de continuidade da CPMF, uma vez que a contribuição social não incidiu entre 23.1.1999 e 18.6.1999. Na esteira do voto do Ministro Nelson Jobim, o STF entendeu suspender essa norma, uma vez que a Câmara aprovou texto sem a condição imposta pelo Senado, alterando o seu sentido. Em suma, o STF entendeu constitucional a criação da contribuição e sua repristinação por meio de emenda constitucional, contra os votos dos Ministros Ilmar Galvão e Marco Aurélio.

Por ocasião do julgamento do mérito, o acórdão prolatado na ADI 2.031/DF, Rel. Ministro Ellen Gracie, Pleno, DJ 17.10.2003, j. 3.10.2002, confirmou a medida liminar, afastando qualquer pecha de inconstitucionalidade material tanto na EC 12/1996 quanto na EC 21/1999, de modo a permitir a instituição de tributo (e não só de competência tributária) por meio de emenda constitucional, assim como para refutar as alegações de confisco e violação à isonomia e capacidade contributiva, vencido apenas o Ministro Ilmar Galvão. Reiterou-se, também, o entendimento de que não há reserva de iniciativa do chefe do Poder Executivo para projeto de lei de norma tributária, com ressalva dos territórios federais.

in *Boletim de Direito Administrativo*, Ano VX, n. 8. São Paulo: NDJ, agosto/1999. NEVES, Márcio Calvet & MAIA, João Agripino. "Considerações sobre o Retorno da CPMF". *Revista Dialética de Direito Tributário* n. 47. São Paulo: Dialética, agosto 1999. p. 95-100. BAMBINI, Andréia & HÖHER, Rafael. "A Inconstitucionalidade da CPMF" . Repertório *de Jurisprudência IOB*. n. 5, Caderno 1. 1ª Quinzena de março, 2000. p. 132-0. Pela constitucionalidade da EC 21/1999, cf. SARAIVA FILHO, Oswaldo Othon de Pontes. "A Constitucionalidade da CPMF (EC 21/99)". In: ROCHA, Valdir de Oliveira (org.). *Grandes Questões Atuais do Direito Tributário*. 3º Volume. Sâo Paulo: Dialética, 1999. p. 245-53.

Como aponta RODRIGO PETRY, essa orientação permitiu que emenda constitucional dispusesse sobre quaisquer elementos do tributo[14], de forma a não só estabelecer competência tributária, mas, desde logo, instituir o próprio tributo, independentemente de lei ordinária[15].

Destaque-se que o STF não conheceu de impugnação específica da constitucionalidade da CPMF, em razão do desvio do produto da arrecadação[16], nos autos da ADI-QO 1.640/DF, Rel. Ministro Sydney Sanches, Pleno, DJ 3.4.1998, por entender que a destinação de recursos é esfera de mero ato de natureza político-administrativa de efeitos concretos e, nessa linha, insuscetível de apreciação em sede de ação direta[17].

Além disso, o STF também declarou constitucionais as posteriores prorrogações[18] da CPMF, efetuadas pelas EC 37/2002[19] e 42/2003.

No que se refere à EC 37/2002, o STF declarou sua constitucionalidade, nos autos das ADI 2.666/DF, Rel. Ministro Ellen Gracie, Pleno, DJ 6.12.2002, j. 3.10.2002, e ADI 2.673/DF, Rel. Ministro Ellen Gracie, Pleno, DJ 6.12.2002, j. 3.10.2002, entendendo que a supressão, por uma das casas do Congresso Nacional, de incidência da anterioridade nonagesimal na prorrogação da CPMF, não alterava o sentido da parte

[14] PETRY, Rodrigo Caramori. "Reflexões sobre a Função Normativa das Emendas Constitucionais em Matéria Tributária: Questionamentos envolvendo as constituições ao PIS, CSLL, CPMF e RPPS". Repertório *de Jurisprudência IOB*. n. 13/2010, vol. I, Primeira Quinzena de Julho de 2010. p. 448 (445).

[15] A propósito da possibilidade de normas constitucionais instituírem diretamente tributos, como disposição de conduta cf. CARVALHO, Paulo de Barros. *Curso de Direito Tributário*. 22. ed. São Paulo: Saraiva, 2011. p. 91 e seguintes.

[16] A respeito, cf. BARRETO, Paulo Ayres. *Contribuições: regime jurídico, destinação e controle*. 2. ed. São Paulo: Noeses, 2011. p. 167 e ss. RÊGO, Bruno Noura de Moraes. "Da Inconstitucionalidade da Destinação dos Recursos da CPMF". *Revista Dialética de Direito Tributário* n. 35. São Paulo: Dialética, agosto 1999. p. 22-5.

[17] Esse posicionamento foi paulatinamente superado no julgamento das ADI 2925/DF, Redator para o acórdão Ministro Marco Aurélio, Pleno, DJ 4.3.2005; ADI-MC 4048/DF, Rel. Ministro Gilmar Mendes, Pleno, DJe 22.8.2008; ADI-MC 4049/DF, Rel. Ministro Ayres Britto, Pleno, DJe 8.5.2009; e ADI-MC 3949/DF, Rel. Ministro Gilmar Mendes, Pleno, DJe 7.8.2009.

[18] A EC 31/2000, que incluiu o art. 80 e seu inciso I no ADCT e majorou a alíquota da CPMF de 0,30% para 0,38%, não foi apreciado pelo STF.

[19] A propósito das impugnações à EC 37/2002, cf. FERREIRA SOBRINHO, José Wilson. "Emenda Constitucional n. 37/02 (Ainda o tormento tributário denominado CPMF)". Repertório *de Jurisprudência IOB*. n. 16, Caderno 1. 2ª Quinzena de agosto, 2002. p. 640-38.

aprovada da proposição. Ademais, o STF entendeu que não é obrigatória a noventena nos casos em que não há solução de continuidade, como na prorrogação decorrente da EC 37/2002.

No julgamento do RE 566.032/RS, Rel. Ministro Gilmar Mendes, Pleno, DJe 23.10.2009, apreciado como paradigma do tema 51 da repercussão geral, o Plenário também assentou a constitucionalidade da emenda constitucional, inclusive na parte em que revogou a progressiva redução da alíquota da CPMF, prevista no Texto Constitucional revogado. No entanto, a maioria do STF entendeu que havia mera expectativa de redução da alíquota, uma vez que a norma constitucional foi revogada antes de efetivamente exigível.

Dessa forma, o STF claramente conferiu ampla liberdade ao poder constituinte derivado para criação de competência de nova contribuição social, sem preocupar-se com as imunidades referentes aos impostos e invocadas na ADI 939/DF, Rel. Ministro Sydney Sanches, Pleno, DJ 18.3.1994. Frise-se que as advertências desse basilar julgamento quanto à anterioridade foram estritamente observadas pelo Congresso Nacional na instituição da nova contribuição, inclusive disciplinando a incidência do art. 195, § 6º, da CF/1988, nos casos de solução de continuidade (EC 21/1999).

3.1.3. Novas competências tributárias: o caso da CIDE-Combustíveis

A EC 33/2001 instituiu, ainda, outra competência tributária para a União, ao incluir o § 4º no art. 177 da CF/1988, de modo a possibilitar a cobrança de contribuição de intervenção no domínio econômico relativa às atividades de importação ou comercialização de petróleo e seus derivados, gás natural e seus derivados e álcool combustível (CIDE-Combustíveis).

Nesse sentido, a EC 33/2001 dispôs sobre a hipótese de incidência da CIDE-Combustíveis, excepcionando a estrita legalidade tributária (art. 150, I, da CF/1988) – ao permitir que as alíquotas pudessem ser reduzidas ou restabelecidas por ato do Poder Executivo –, e a anterioridade (150, III, "b", da CF/1988).

Apesar de não ter examinado especificamente a constitucionalidade da EC 33/2001, no ponto em que instituiu a competência para a CIDE-Combustíveis, em mais de uma ocasião o Supremo Tribunal Federal adotou as respectivas normas como parâmetro de controle de constitucionalidade.

Nota-se que, de certa forma, a jurisprudência chancela, ainda que implicitamente, a vigência da competência da CIDE-Combustíveis instituída pela EC 33/2001, sem esbarrar nos óbices declarados no julgamento do IPMF.

3.1.4. O julgamento do Supremo Tribunal Federal na contribuição sobre iluminação pública – COSIP

A EC 39/2002 criou inusitada competência tributária, conferindo aos municípios a possibilidade de "instituir contribuição, na forma das respectivas leis, para o custeio do serviço de iluminação pública, observado o disposto no art. 150, I e III" (art. 149-A da CF/1988, acrescentado pela EC 39/2002).

Para garantir aos municípios os respectivos recursos, negados pelas decisões do STF, inclusive facilitando sua arrecadação por meio das contas de energia elétrica, o Congresso Nacional estabeleceu nova espécie de contribuição[20] completamente diversa das formas originariamente previstas na Carta Magna. Não se trata de contribuição de melhoria, social, de intervenção no domínio econômico ou de interesse de categorias profissionais ou econômicas, mas de uma nova categoria de contribuição[21].

[20] Sobre a natureza jurídica e impugnações de inconstitucionalidades da EC 39/2002, cf. BARRETO, Paulo Ayres. *Contribuições: regime jurídico, destinação e controle.* 2. ed. São Paulo: Noeses, 2011. p. 112 e ss. CARRAZZA, Roque Antonio. *Curso de Direito Constitucional.* 27. ed. São Paulo: Malheiros, 2011. p. 686-9. BARRETO, Aires Fernandino. *Curso de Direito Tributário Municipal.* 2. ed. São Paulo: Saraiva, 2012. p. 529-40. MARTINS, Ives Gandra. "A Contribuição para Iluminação Pública". *Revista Dialética de Direito Tributário* n. 90. São Paulo: Dialética, março de 2003. P 62-70. MARTINS, Ives Gandra. "Contribuição de Iluminação – ainda a EC n. 39/2002". *Revista Dialética de Direito Tributário* n. 92. São Paulo: Dialética, maio de 2003. p 21-5. HARADA, Kiyoshi. "Contribuição para custeio da iluminação pública". Repertório *de Jurisprudência IOB.* n. 6/2003, vol. I, Segunda Quinzena de Março de 2003. p. 218-5. TROMBINI JUNIOR, Nelson. *As Espécies Tributárias na Constituição Federal de 1988.* São Paulo: MP ed., 2006. p. 170-83. ANDRADE, Valentino Aparecido de. "A Inconstitucionalidade da Contribuição para Custeio do Serviço de Iluminação Pública". *Revista Dialética de Direito Tributário* n. 97. São Paulo: Dialética, outubro de 2003. p. 104-13.

[21] Cf. PIMENTA, Paulo Roberto Lyrio. "Contribuição para o custeio do Serviço de Iluminação Pública". *Revista Dialética de Direito Tributário* n. 95. São Paulo: Dialética, agosto de 2003. P 100-8. RODRIGUES, Hugo Thamir. "Contribuição para o custeio do Serviço de Iluminação Pública: um estudo acerca de sua natureza jurídica e de sua constitucionalidade" in REIS, Jorge Renato dos & LEAL, Rogério Gesta. *Direitos Sociais & Políticas Públicas: Desafios Contemporâneos.* Tomo 6. Santa Cruz do Sul: EDUNISC, 2006. p. 1677-702.

A Contribuição para Custeio do Serviço de Iluminação Pública (COSIP), trata-se de contribuição *sui generis* por ter características bem distintas tanto das contribuições de melhoria quanto das contribuições previstas no art. 149 da CF/1988.

Nada obstante seus aspectos excepcionais, o STF entendeu plenamente constitucional a outorga da nova competência tributária no julgamento do RE 573.675/SC, Rel. Ministro Ricardo Lewandowski, Pleno, DJe 22.5.2009.

Nesse sentido, o STF autorizou o poder constituinte derivado a estabelecer novas competências e a criar outras espécies tributárias, com características, padrões e regimes jurídicos próprios, compreendendo o sistema constitucional tributário como regime jurídico rígido, porém não imutável. Também o argumento de violação ao federalismo pela instituição de nova competência de contribuição para os municípios e o Distrito Federal[22] não encontrou respaldo na jurisprudência do STF, que entendeu possível a instituição de nova competência de contribuição, nada obstante a União ser detentora da competência residual.

A competência tributária outorgada pela EC 39/2002 aos municípios rompe com o entendimento de que o sujeito passivo das contribuições seja identificado com a atividade estatal custeada pela respectiva arrecadação[23].

Com efeito, ao permitir a cobrança na fatura de energia elétrica, a norma constitucional, indiretamente, elege como contribuintes os consumidores residenciais, comerciais e industriais, apesar de o serviço de iluminação pública ser de caráter universal e indivisível. Essa definição não passou despercebida pelo STF[24], que expressamente declarou constitucional essa

[22] A propósito, cf. ALVES, Anna Emilia Cordelli. "Da Contribuição para o Custeio da Iluminação Pública". *Revista Dialética de Direito Tributário* n. 97. São Paulo: Dialética, outubro de 2003. p. 20-32.

[23] Cf. HOFFMANN, Susy Gomes. *As Contribuições no Sistema Constitucional Tributário*. Campinas: Copola Livros, 1996. p. 133-9. BARRETO, Paulo Ayres. *Contribuições: regime jurídico, destinação e controle*. 2. ed. São Paulo: Noeses, 2011. p. 65-6. HARADA, Kiyoshi. *Direito Financeiro e Tributário*. 16. ed. São Paulo: Atlas, 2007, p. 337. Em sentido mais elástico, GRECO, Marco Aurélio. *Contribuições (uma figura "sui generis")*. São Paulo: Dialética, 2000. p. 83-5 aponta que basta "fazer parte" ou "participar" de alguma finalidade constitucional ser contribuinte, sem exigir fato determinado ou utilidade ligados diretamente ao sujeito passivo.

[24] Cf. item IV do voto do relator no julgamento do RE 573.675/SC, Rel. Ministro Ricardo Lewandowski, Pleno, DJe 22.5.2009.

opção do constituinte, isto é, o universo de contribuintes da COSIP não se confunde necessariamente com o grupo de pessoas afetadas pela atividade estatal a ser desempenhada com a arrecadação da contribuição.

O STF reconheceu expressamente[25] a possibilidade de o poder Legislativo adaptar o sistema constitucional tributário a partir da configuração dada pelo Poder Judiciário. De certa forma, a EC 39/2002 cumpre a orientação do STF de que o serviço de iluminação pública não poderia ser remunerado por meio de taxa, criando espécie tributária exclusivamente para atender esses gastos.

Ressalte-se que o poder constituinte derivado, ao instituir a competência para a COSIP, não tentou circunscrever a jurisprudência do STF[26]. A EC 39/2002 não autorizou a cobrança de taxa em razão da prestação do serviço de iluminação pública, isto é, prescrevendo o serviço geral e indivisível como hipótese de incidência.

A rigor, o município pode instituir e cobrar a COSIP mesmo antes de instalar qualquer poste de luz ou oferecer iluminação pública. A única condição constitucional é que o **produto da arrecadação** da contribuição seja destinado ao custeio do serviço público de iluminação pública.

2. Alterações de competências tributárias

Na tentativa de adaptar o sistema constitucional tributário, o poder constituinte derivado criou espécies tributárias, bem como fez modificações substanciais nas competências previstas originalmente. Várias dessas emendas constitucionais também foram impugnadas no STF, cuja interpretação ajudou a definir o sistema constitucional tributário.

2.1. A ampliação da Competência Tributária e o Fundo Social de Emergência

Com o propósito de criar o Fundo Social de Emergência (FSE), a ER 1/1994 estendeu a competência tributária da União, com relação à

[25] Voto do Ministro Gilmar Mendes no RE 573.675/SC, Rel. Ministro Ricardo Lewandowski, Pleno, DJe 22.5.2009.

[26] Em sentido contrário, argumentando que a COSIP tem natureza jurídica de taxa: BARRETO, Aires Fernandino. *Curso de Direito Tributário Municipal*. 2. ed. São Paulo: Saraiva, 2012. p. 529-40. MARTINS, Ives Gandra. "A Contribuição para Iluminação Pública". *Revista Dialética de Direito Tributário* n. 90. São Paulo: Dialética, março de 2003. P 62-70.

contribuição para o Programa de Integração Social (PIS, art. 239 da CF/1988) e à Contribuição Social Sobre o Lucro Líquido (CSLL – art. 195, I, "c", da CF/1988), para incidir sobre a receita bruta das instituições financeiras.

No entanto, a ER 1/1994 não se limitou a erigir a mencionada competência constitucional, mas efetivamente estabeleceu a regra matriz de incidência, inclusive disciplinando diretamente no Texto Constitucional a hipótese de incidência, base de cálculo, sujeito passivo e alíquota das referidas contribuições (art. 72, III e V, do ADCT)[27], praticamente dispensando a edição de lei regulamentar.

A ER 1/1994 previu o aumento da alíquota da CSLL até 31.12.1995, enquanto a EC 10/1996 foi aprovada em 4.3.1996 e publicada em 7.3.1996, uma vez que, neste caso, ao contrário daquele, a prorrogação pela nova emenda ocorreu quando ainda em vigor a alíquota que se pretendia manter.

Assim, o RE 587.008/SP, Rel. Ministro Dias Toffoli, Pleno, DJe 6.5.2011, limitou-se a fazer valer a incidência da irretroatividade e da anterioridade.

De outro modo, no julgamento do RE 346.983/RJ, Rel. Ministro Cezar Peluso, Segunda Turma, DJe 14.5.2010, o STF admitiu a legitimidade da cobrança dos tributos previstos na nova competência tributária, independentemente da edição de lei complementar, contra o voto do Ministro Eros Grau.

O STF reconheceu a repercussão geral também com relação à constitucionalidade da definição da base de cálculo do PIS. Ademais, o STF rejeitou sistematicamente as alegações de inconstitucionalidade do aumento da contribuição previdenciária das instituições financeiras, refutando inclusive a ofensa à isonomia pela existência de alíquotas superiores para essas instituições.

No mérito, o STF confirmou a orientação pela constitucionalidade, consoante decidido nos RE-AgR 370.590/RJ. No entanto, o fundamento

[27] A propósito da regra de competência tributária editada pela ER 1/1994, cf. PETRY, Rodrigo Caramori. "Reflexões sobre a Função Normativa das Emendas Constitucionais em Matéria Tributária: Questionamentos envolvendo as constituições ao PIS, CSLL, CPMF e RPPS". *Repertório de Jurisprudência IOB*. n. 13/2010, vol. I, Primeira Quinzena de Julho de 2010. p. 448-36.

utilizado pelo STF praticamente inviabiliza o controle de constitucionalidade de alíquotas por violação ao princípio da isonomia. Com efeito, o fundamento assenta que não cabe ao STF, ante a separação de poderes, nem equiparar, nem suprimir alíquotas.

Além disso, a ER 1/1994 apresentou inovação importante ao direcionar parte da arrecadação de tributos destinados, tais como as contribuições sociais ao FSE, que poderia ser empregado "no custeio das ações do sistema de saúde e educação, benefícios previdenciários e auxílios assistenciais de prestação continuada, inclusive liquidação de passivo previdenciário, e **outros programas de relevante interesse econômico e social.**" (art. 71, ADCT, na redação da ER 1/1994). É certo que a EC 17/1997 alterou esse dispositivo, mas, ao final, manteve a cláusula aberta.

Essa flexibilização foi estendida e prorrogada pela EC 27/2000, que instituiu a denominada Desvinculação das Receitas da União (DRU), acrescentando o art. 76 no ADCT[28]. No julgamento do RE 537.610/RS, Rel. Ministro Cezar Peluso, Segunda Turma, DJe 18.12.2009, o STF afastou qualquer alegação de inconstitucionalidade da desvinculação das contribuições sociais.

Sob o regime da repercussão geral, o Plenário pacificou a questão constitucional, nos autos do RE 566.007/RS, Rel. Ministro Cármen Lúcia, Pleno, j. 13.11.2014, declarando a constitucionalidade do art. 76 do ADCT, tal como aprovado pela EC 27/2000 e alterado pelas EC 42/2003, 56/2007, 59/2009 e 68/2011, afastando a violação de qualquer cláusula pétrea.

Em síntese, o STF não repudiou quaisquer alterações decorrentes da reforma tributária implantada pela ER 1/1994, inclusive quanto à polêmica da desvinculação das receitas de contribuições sociais, mas garantiu a autoridade do princípio da anterioridade.

2.2. A contribuição salário-educação

A EC 14/1996 alterou significativamente as competências administrativas da União, estados e municípios a respeito da educação e, a fim de viabilizar

[28] A respeito da controvérsia doutrinária sobre a constitucionalidade da DRU, cf. BARRETO, Paulo Ayres. *Contribuições: Regime Jurídico, Destinação e Controle.* 2. ed. São Paulo: Noeses, 2011, p. 162-7; IBRAHIM, Fábio Zambitte. "Desvinculação Parcial da Arrecadação de Impostos e Contribuições – uma interpretação Possível da Emenda Constitucional n. 27". *Revista Dialética de Direito Tributário,* n. 61, São Paulo: Dialética, outubro de 2000. p. 43-48.

essas alterações, modificou também as competências tributárias e transferências constitucionais de recursos.

Além de prorrogar o prazo, inicialmente fixado em 10 (dez) anos, do art. 60 do ADCT, a mencionada emenda constitucional revogou a possibilidade de dedução de aplicações diretamente realizadas pelos contribuintes no ensino fundamental de empregados e dependentes.

A EC 14/1996 destinou ainda mais profundamente parcela da arrecadação de tributos não vinculados à concretização desse direito fundamental. Nessa linha, o STF julgou constitucional diversas disposições de constituições estaduais que vinculavam receitas tributárias, independentemente de cuidar-se de impostos, a finalidades relacionadas à educação, como nas ADI 550/MT, Rel. Ministro Ilmar Galvão, Pleno, 18.10.2002; ADI 336/SE, Rel. Ministro Eros Grau, Pleno, DJe 16.9.2010; e ADI-MC 780/RJ, Rel. Ministro Carlos Velloso, Pleno, DJ 16.4.1993.

A CF/1988 recepcionou expressamente a contribuição do salário-educação com natureza tributária e a EC 14/1996 eliminou qualquer possibilidade de substituição (ou dedução) da contribuição social em comento.

Em primeiro momento, alguns partidos políticos impugnaram tanto a EC 14/1996 quanto a Lei n. 9.424/1996, que a regulamentou, com fundamento de que o aprofundamento da vinculação das receitas dos impostos contrariaria a forma federativa de Estado (art. 60, § 4º, IV, da CF/1988). O STF resolveu não conhecer da ação direta, por ocasião do julgamento do mérito – vencidos o Ministro Octavio Gallotti, Relator; além dos Ministros Néri da Silveira e Ilmar Galvão, que julgavam improcedente a ação –, por ausência de impugnação às novas competências administrativas da União, então expressas no art. 211, §1º, da CF/1988, no julgamento da ADI 1.749/DF, Red. para o acórdão Ministro Nelson Jobim, Pleno, DJ 15.4.2005.

Essa decisão, nada obstante sua conclusão pelo não conhecimento, é bastante relevante justamente por revelar a preocupação do Tribunal em examinar a análise formal das alterações das competências tributárias, contextualizada pelas alterações de competências administrativas e financeiras.

Nessa mesma linha, apreciou o Tribunal a ADC 3/DF, Rel. Ministro Nelson Jobim, Pleno, DJ 9.5.2003, declarando a constitucionalidade formal e material do art. 15 da Lei 9.424/1996.

Naquela oportunidade, o voto condutor do acórdão ressaltava as importantes finalidades da contribuição social do salário-educação para analisar a constitucionalidade tanto formal quanto material da Lei que regulamentou a EC 14/1996. Nesse importante precedente, o STF assentou o seguinte: (a) as alterações de enunciados legislativos por uma das Casas do Congresso Nacional não dependiam de revisão pela outra nos casos de ausência de modificação da **proposição jurídica**; (b) não é inconstitucional a bitributação por duas contribuições sociais distintas, desde que não se trate da competência residual prevista no art. 195, § 4º, da CF/1988; e, (c) ainda que não recepcionada a delegação ao poder Executivo para fixar a alíquota de tributo, permanece vigente a última alíquota fixada por decreto antes da promulgação da CF/1988.

Em síntese, o Plenário do STF sempre referendou as sucessivas alterações relativas à contribuição social do salário-educação e a redistribuição de receitas estabelecidas por emenda constitucional, fundamentando-se reiteradamente na importância do direito fundamental financiado pela tributação em comento.

2.3. A contribuição previdenciária dos inativos

Outra alteração constitucional que modificou o sistema de competência tributária e que resultou em bastante polêmica refere-se à contribuição previdenciária dos servidores públicos, principalmente quanto aos inativos[29].

No tocante aos servidores federais, prevalecia a contribuição de servidores ativos criada pela Lei n. 6.439/1977, na redação dada pelo DL 1.910/1981, até a edição da Lei n. 8.162/1991, que aumentou a alíquota, com fundamento na necessidade de os servidores contribuírem para o pagamento das aposentadorias e pensões.

[29] A propósito, cf. BRITTO, Carlos Ayres. "A Lei Federal n. 9.783/99 e suas inconstitucionalidades". *Direito Atual,* n. 1, v. 1, Brasília: Projecto, maio de 1999. p. 163-205; MAGALHÃES, Assusete. "Mudança no Modelo de Estado e as Reformas Administrativa e da Previdência". *Revista do Tribunal Regional Federal da 1ª Região,* v. 15, n. 9. Brasília: TRF1, setembro/2003, p. 18-42. MARTINS, Ives Gandra da Silva & MENDES, Gilmar Ferreira. "Contribuição de Inativos: Uma interpretação possível". *Revista Jurídica Virtual,* V. 1, n. 6. Brasília: Presidência da República, outubro/novembro de 1999, Disponível em: http://www.planalto.gov.br/ccivil_03/revista/Rev_06/inter_poss%EDvel.htm, . Acesso em: dez. 2014. GODOI, Marciano Seabra de. *Questões Atuais do Direito Tributário na Jurisprudência do STF.* São Paulo: Dialética, 2006. p. 57 e ss.

A EC 3/1993, incluiu o § 6º no art. 40 da CF/1988, dispondo sobre as "contribuições dos servidores". Essa instituição de competência tributária nunca foi rechaçada pelo STF.

No julgamento de mérito, proferido em 1º.10.1997, o Pleno acabou por declarar a inconstitucionalidade da progressão de alíquotas por estar assentada no salário mínimo, em violação ao art. 7º, IV, da Carta Magna, na ADI 1.425/PE, Rel. Ministro Marco Aurélio, Pleno, DJ 26.3.1999, Em nenhum momento, porém, foi rechaçada a possibilidade de contribuição dos pensionistas.

O STF indeferiu pedido de medida cautelar por entender plausível a constitucionalidade da MP 1.441/1996, que instituiu contribuição social sobre proventos de servidores públicos federais inativos, com fundamento na paridade de situações de servidores ativos e inativos, nos termos dos § 4º e § 6º do art. 40 da CF/1988, na redação da EC 3/1993.

Em 1º.7.1996, no julgamento da ADI-MC 1.430/BA, Rel. Ministro Moreira Alves, Pleno, DJ 13.12.1996, o Tribunal também indeferiu a liminar de ação direta ajuizada contra legislação do Estado da Bahia, que instituía contribuição previdenciária de servidores aposentados e pensionistas, na mesma linha da ADI-MC 1.441/DF, Rel. Ministro Octavio Gallotti, Pleno, DJ 18.10.1996.

Além disso, é importante destacar que não há, verdadeiramente, nenhuma incompatibilidade entre o decidido na ADI-MC 1.433/GO, Rel. Ministro Ilmar Galvão, Pleno, DJ 1º.7.1996, e os precedentes proferidos nas ADI-MC 1.441/DF, Rel. Ministro Octavio Gallotti, Pleno, DJ 18.10.1996, e ADI-MC 1.430/BA, Rel. Ministro Moreira Alves, Pleno, DJ 13.12.1996, uma vez que tanto aquele quanto estes consideraram existir competência tributária em relação à contribuição previdenciária, seja para instituir o tributo, seja para conceder isenção.

Nesse sentido, a edição da EC 20/1998, marca a alteração de entendimento do STF. O voto condutor do acórdão afastou as alegações de inconstitucionalidade formal, mas apontou os debates legislativos que expressamente rejeitaram a instituição de competência tributária para a contribuição previdenciária de servidores inativos, limitando, no texto do art. 40, § 12, da CF/1988, na redação da EC 20/1998, a sujeição passiva aos "servidores públicos titulares de cargo efetivo".

Em síntese, o STF entendeu que apenas no período entre a EC 20/1998 e a EC 41/2003 não havia competência tributária e era indevido o recolhimento de contribuição previdenciária de servidores inativos e pensionistas, tal como fixado em repercussão geral no RE-RG 580.871/SP, Rel. Ministro Gilmar Mendes, Pleno, DJ 13.12.2010.

2.4. A construção da progressividade do IPTU

Outra emenda constitucional editada como reação à jurisprudência do STF, em matéria de competência tributária, foi a EC 29/2000.

Com efeito, antes da referida emenda, a jurisprudência do STF consolidou-se no sentido da inconstitucionalidade da instituição de impostos reais com alíquotas progressivas, principalmente nos casos do Imposto Sobre a Propriedade Predial e Territorial Urbana (IPTU), salvo nos casos de expressa autorização da Carta Magna.

A CF/1988 manteve a orientação de vedação de progressividade de alíquotas com fundamento na capacidade econômica do contribuinte.

O STF também declarou inconstitucional lei municipal que instituiu a progressividade por meio de isenções graduais, fundadas no valor dos imóveis, no RE 355.046/SP, Rel. Ministro Ellen Gracie, Pleno, DJe 31.8.2011, determinando a aplicação da alíquota mais baixa ao contribuinte.

No julgamento do RE 423.768/SP, Rel. Ministro Marco Aurélio, Pleno, DJe 10.5.2011, à unanimidade, o STF reconheceu a constitucionalidade da EC 29/2000, com diversos votos no sentido de admitir alíquotas progressivas para tributos reais apenas com fundamento no art. 145, § 1º, da CF/1988, a exemplo dos votos dos Ministros Marco Aurélio, Eros Grau, Cármen Lúcia e Ayres Britto[30].

Nesse sentido, o STF acatou a reforma constitucional e assentou a constitucionalidade da EC 29/2000, de sorte que considerou inconstitucionais as alíquotas progressivas do IPTU, salvo a progressividade no tempo, autorizada pelo art. 182, § 4º, II, da CF/1988, no período anterior (em repercussão geral, no julgamento da AI-QO-RG 712.743/SP, Rel. Ministro Ellen Gracie, Pleno, DJe 8.5.2009); e constitucionais aquelas instituídas após a referida emenda (em sede de repercussão geral, no RE 586.693/SP, Rel. Ministro Marco Aurélio, Pleno, DJe 22.6.2011).

[30] A respeito da mudança de orientação do STF sobre a relação entre capacidade contributiva e tributos reais, cf. GODOI, Marciano Seabra de. *Crítica à Jurisprudência do Atual do STF em Matéria Tributária*. São Paulo: Dialética, 2011.

Ressalte-se que a alteração de entendimento do STF sobre tributos reais e sobre a capacidade contributiva refletiu-se no julgamento de outro imposto, a saber, o Imposto Sobre Transmissão *Causa Mortis* ou doação (ITCD).

A Suprema Corte também entendeu constitucional o estabelecimento de alíquotas diferenciadas de outro imposto real, o IPVA, mesmo antes da EC 42/2003, desde que o elemento de distinção não fosse calcado na capacidade contributiva.

2.5. Algumas modificações no ICMS

Como o tributo que mais arrecada no País[31], a competência tributária relativa ao ICMS sofreu importantes modificações, também examinadas pelo STF, desde a EC 3/1993.

Uma dessas modificações diz respeito ao adicional de 2% ao ICMS, sobre produtos e serviços supérfluos, criado pela EC 31/2000 e destinado constitucionalmente ao Fundo de Combate à Pobreza[32].

Em nenhum momento o STF censurou a instituição deste adicional de imposto destinado. Ao contrário, no julgamento da AC-MC 268/BA, Rel. Ministro Marco Aurélio, Pleno, DJ 10.8.2006, o Plenário admitiu a cobrança do adicional destinado e permitiu sua exclusão da receita líquida real dos estados, para os fins de amortização da dívida pública consolidada.

Apesar de apenas a EC 3/1993 ter incluído expressamente a possibilidade de substituição tributária[33] no ICMS (art. 150, § 7º, da CF/1988), a

[31] Segundo a Estimativa da Carga Tributária Brasileira na Prestação de Contas da Presidenta da República (PCPR 2013), o ICMS arrecadou em 2013 mais de R$ 366 bilhões, o equivalente a 21% de tudo que foi auferido pelas receitas federal, estaduais e municipais. In: BRASIL. *Prestação de Contas da Presidenta da República 2013*. Brasília: Controladoria-Geral da União, abril 2014. Disponível em: http://www.cgu.gov.br/Publicacoes/PrestacaoContasPresidente/2013/Sumario.asp. Acesso em: dez. 2014.

[32] A respeito, cf. CICHELLA, Edson. "Breves Comentários acerca do Fundo de Combate e Erradicação da Pobreza". *Repertório de Jurisprudência IOB*. n. 16, Caderno 1. 2ª Quinzena de agosto, 2001. p. 466-465. CONTI, José Maurício. "Comentário ao art. 82 do ADCT. In: CANOTILHO, J. J. Gomes; Mendes, Gilmar Ferreira; SARLET, Ingo & STRECK, Lenio (Coord.). *Comentários à Constituição do Brasil*. São Paulo: Saraiva/Almedina, 2013. p. 2.264-6.

[33] A propósito, cf. GRECO, Marco Aurélio. *Substituição Tributária (Antecipação do Fato Gerador)*. 2. ed. São Paulo: Malheiros, 2001. p. 45 e ss. SOUZA, Hamilton Dias de. "ICMS – Substituição Tributária". *Revista Dialética de Direito Tributário*. n. 12. São Paulo: Dialética, setembro de 1996, p. 14-26. MARTINS, Ives Gandra. "Substituição Tributária sem ocorrência de fato

jurisprudência do STF entendeu que, mesmo no período anterior, o mecanismo já era permitido em relação ao ICMS, em razão das normas dispostas no DL 406/1968 e no CTN, recepcionadas pela CF/1988, no julgamento do RE 213.396/SP, Rel. Ministro Ilmar Galvão, Pleno, DJ 1º.12.2000. Na oportunidade, a Corte entendeu que a substituição tributária no ICMS, prevista na CF/1988, no art. 155, XII, "b", foi devidamente regulamentada até o advento da LC 87/1996.

De resto, o STF reconheceu a constitucionalidade e a aplicação da substituição tributária, inclusive quanto a outros tributos, como as contribuições sociais, no RE 603.191/MT, Rel. Ministro Ellen Gracie, Pleno, DJe 5.9.2011.

A competência tributária relativa ao ICMS ainda sofreu alteração significativa pela EC 33/2001, principalmente ao alterar o art. 155, § 2º, IX, "a", da CF/1988 de forma a ampliar os sujeitos passivos que podem ser submetidos à regra matriz de incidência do tributo[34], para torná-lo quase um concorrente do Imposto de Importação (II).

Prevaleceu, a orientação capitaneada pelo Ministro Maurício Corrêa no sentido de que somente há circulação de mercadorias nas operações de natureza mercantil, principalmente considerando que o consumidor não contribuinte do ICMS é insuscetível de aplicação do princípio da não cumulatividade.

No julgamento do RE 185.789/SP, Red. para o acórdão Ministro Maurício Corrêa, Pleno, DJ 19.5.2000, que tratava da importação de bem por sociedade civil restou consolidado o Verbete n. 660 da Súmula do STF, vazado nos seguintes termos: "Não incide ICMS na importação de bens por pessoa física ou jurídica que não seja contribuinte do imposto".

gerador – processos anteriores a EC 3/93 – inteligência do art. 155, §3º, da Constituição Federal". *Revista Tributária e de Finanças Públicas.* vol. 9, outubro de 1994. p. 98-112. OLIVEIRA, Júlio M. de. "A Substituição Tributária para frente prevista na Emenda Constitucional n. 3/93 em face das cláusulas Pétreas e do Poder Constituinte Derivado". *Repertório de Jurisprudência IOB.* n. 7, Caderno 1. 1ª Quinzena de abril, 1997. p. 169-4. Sobre a questão no regime constitucional anterior: BRAGA, Waldir Luiz & BARRETO, Paulo Ayres. "ICM – Irremediável Inconstitucionalidade do Regime de Substituição Tributária". *Revista de Direito Tributário,* Ano IX, n. 32. São Paulo: Revista dos Tribunais, abril-junho de 1985, p. 258-65.

[34] A propósito, cf. MIGUEL, Luciano Garcia. *Incidência do ICMS nas Operações de Importação.* São Paulo: Noeses, 2013. p. 142 e ss.

Daí a EC 33/2001 ter alterado o texto do art. 155, § 2º, IX, "a", da CF/1988, de forma a ampliar o sujeito passivo da obrigação tributária. Parte da doutrina manifestou-se, nesse ponto, pela inconstitucionalidade da referida emenda constitucional[35], ante a suposta violação de direito individual do contribuinte.

No julgamento do RE 206.069/SP, Rel. Ministro Ellen Gracie, Pleno, DJ 1º.9.2006, o STF assentou que a entrada de bem do exterior, ainda que por meio de contrato de arrendamento mercantil, já autorizava a incidência do ICMS, mesmo no regime anterior à EC 33/2001.

Ao apreciar o mérito, RE 540.829/SP, Red. para o acórdão Ministro Luiz Fux, j. 11.9.2014, o STF entendeu, contra os votos do relator originário, Ministro Gilmar Mendes, e de Teori Zavascki, que não incide o ICMS na importação decorrente de *leasing*, salvo nas hipóteses de antecipação da opção de compra, ante a ausência de circulação[36].

De qualquer forma, nesses casos, o STF acatou a nova redação prevista pela EC 33/2001, ainda que tenha divergido quanto à sua interpretação.

No que concerne especificamente à incidência do ICMS nas importações realizadas por pessoas físicas ou sociedades não mercantis, o STF reconheceu a repercussão geral da questão constitucional, nos autos do RE-RG 594.996/RS, Rel. Ministro Eros Grau, Pleno, DJe 7.8.2009, cujo mérito foi decidido nos RE 439.796/PR, Rel. Ministro Joaquim Barbosa, Pleno, DJe 17.3.2014, e RE 474.267/RS, Rel. Ministro Joaquim Barbosa, Pleno, 19.3.2014.

Na oportunidade, o relator assentou a inexistência de direito à imutabilidade do regime jurídico da tributação, julgando constitucional a EC 33/2001, no ponto em que ampliava a competência tributária relativa ao ICMS. Após o voto do Ministro Dias Toffoli, sustentando que as novas competências dependiam, ante o princípio da legalidade tributária, de adequação das normas gerais e, posteriormente, da lei estadual instituidora, o relator reajustou seu voto para dar provimento ao recurso dos contribuintes e negar o do estado. Nesse sentido, o STF entendeu que não

[35] Cf. CARRAZZA, Roque Antonio. *ICMS*. 16. ed. São Paulo: Malheiros, 2012. p. 90 e ss.

[36] A questão também está sendo examinada pelo Plenário no RE 226.899/SP, suspenso o julgamento ante o pedido de vista do Ministro Teori Zavascki. Votaram pela incidência do ICMS a Ministro Ellen Gracie, relatora, e o Ministro Joaquim Barbosa, contra os Ministro Eros Grau, Dias Toffoli, Cármen Lúcia e Ricardo Lewandowski.

eram aplicáveis as leis estaduais editadas antes da EC 31/2001 ou da LC 114/2002, rejeitando a constitucionalidade superveniente[37].

Além disso, o STF também declarou válida a cobrança do ICMS na importação "por dentro", isto é, incluído o próprio valor do ICMS, no julgamento do RE 582.461/SP, Relator Ministro Gilmar Mendes, Pleno, DJe 18.8.2011.

Assim, mesmo sem mudar sua orientação e preservando a legalidade e os direitos do contribuinte, o STF acatou a alteração feita pelo Congresso Nacional, que estendeu as hipóteses de incidência do ICMS na importação de bens.

Frise-se que o referido entendimento continua aplicável a outros tributos que não foram afetados pela EC 33/2001, como o IPI.

2.6. A ampliação da base de incidência das contribuições PIS e COFINS

A EC 33/2001 também ampliou a competência tributária relativa às contribuições sociais e de intervenção no domínio econômico, de forma a onerar também as importações. A partir da EC 42/2003, todas as importações passaram a ser oneradas, na forma do art. 149, § 2º, II e III, da CF/1988[38].

No julgamento do RE 559.937/RS, Red. para o acórdão Ministro Dias Toffoli, Pleno, DJe 17.10.2013, a Corte reconheceu, por unanimidade, a constitucionalidade das referidas ampliações de competência tributária e da Lei 10.865/2004, que instituiu a COFINS e o PIS/PASEP na importação, com exceção de seu art. 7º, I, na parte em que inseria na base de cálculo das referidas contribuições, além do valor aduaneiro do produto, a importância relativa ao ICMS-importação e às próprias contribuições.

Na espécie, o STF entendeu que a competência tributária inserida pela EC 33/2001 limitava a base econômica ao "valor aduaneiro" que não incluía o cálculo dos tributos acima referidos. A relatora originária, Ministro Ellen Gracie[39], chegou a afastar a rara alegação da Fazenda de

[37] Em contradição ao decidido no caso do adicional ao ICMS previsto na EC 42/2003.

[38] A propósito, cf. PRADE, André Porto. "PIS e COFINS sobre Importação: Aspectos Controversos da Lei n. 10.865/04". Revista Dialética de Direito Tributário, n. 108. São Paulo: Dialética, setembro de 2004. p. 7-15.

[39] Ressalte-se que o Ministro Dias Toffoli só se tornou redator para o acórdão, nesse caso, em decorrência da finalização do julgamento ter sido posterior à aposentadoria da Ministro Ellen

inconstitucionalidade da EC 33/2001 – apesar de reconhecer a isonomia tributária como cláusula pétrea – assentando que não era possível dar tratamento absolutamente igualitário às operações efetuadas no mercado interno e àquelas decorrentes de importação. Por essa razão era plenamente justificável – e constitucional – a limitação da base de cálculo da COFINS e do PIS/PASEP na importação ao valor aduaneiro.

O STF reconheceu a repercussão geral quanto ao caráter taxativo ou exemplificativo do rol de bases econômicas previstas no art. 149, § 2º, III, "a", da CF/1988, com redação da EC 33/2001, no RE-RG 603.624, Rel. Ministro Ellen Gracie, Pleno, DJe 23.11.2010. Além disso, a EC 42/2003 constitucionalizou a necessidade de as contribuições do PIS e da COFINS tornarem-se não cumulativas, ao incluir o § 12 no art. 195 da CF/1988.

3. Exame da compreensão do STF

Só as emendas constitucionais podem atualizar e readaptar a tributação no Brasil. Em geral, o STF tem sido bastante comedido na censura ao Congresso Nacional, considerando apenas o controle de emendas, dando ampla margem para as modificações constitucionais.

Com efeito, entre os poucos casos que o STF declarou a inconstitucionalidade de emenda constitucional, a decisão não impediu a instituição ou cobrança de tributos novos, mas restringiu-se a aplicar a anterioridade, como demonstrado no artigo nos casos do IPMF e da CSLL, ou a censurar tratamento não isonômico, como no caso da contribuição dos inativos, determinando a aplicação homogênea da situação mais favorável ao contribuinte.

Uma vez que as alterações constitucionais envolviam apenas tributos não vinculados, não é possível destacar distinção alguma de tratamento com relação aos tributos vinculados. Ressalte-se que o STF foi igualmente rigoroso na análise de novos impostos e de novas contribuições sociais.

Se por um lado a Corte sempre reafirmou sua competência como guardiã da Constituição, inclusive para examinar a constitucionalidade de emendas constitucionais, por outro, invariavelmente acatou as emendas constitucionais editadas como reação a sua jurisprudência, a exemplo dos casos da COSIP e da progressividade do IPTU.

Gracie, uma vez que o julgamento foi unânime. Sem dúvida, o voto condutor desse aresto foi aquele proferido pela Ministro Ellen Gracie.

O poder de veto do STF ficou ainda mais concentrado por meio das reformas constitucionais que valorizaram o controle abstrato e a objetivação do controle difuso (EC 3/1993 e EC 45/2004). Com efeito, se o controle difuso de constitucionalidade pulverizava as decisões das questões constitucionais no País inteiro, chegando ao STF vários anos após a instalação das controvérsias, a instituição da ADC, inclusive com pedido de medida liminar, e da repercussão geral permitiram a definição pelo STF de polêmicas constitucionais com eficácia *erga omnes* ou *ultra partes*, em tempo mais adequado.

A Corte permitiu a criação, via emenda constitucional, de novas espécies de tributos indiretos (como impostos e contribuições) e admitiu a criação de gênero completamente novo no sistema constitucional tributário, como foi o caso da COSIP. Além disso, admitiu a expressa constitucionalização superveniente de leis tributárias, contrariamente à sua predominante orientação jurisprudencial.

Essa postura cautelosa da Corte, acrescida da proteção de direitos dos contribuintes, adequou-se ao Estado Fiscal, permitindo novas competências de tributos não vinculados e, consequentemente, novas formas de financiamento dos direitos fundamentais assegurados pelo poder público.

No que se refere aos fundamentos, o STF também considerou os limites do Texto Constitucional[40] e se fundou em princípios ligados ao Estado Fiscal, como a invocação do princípio da solidariedade, especialmente ao tratar de contribuições sociais.

Conclusões

O STF reconheceu, desde logo e acertadamente, sua competência para examinar a constitucionalidade de todos os atos normativos, inclusive de emendas constitucionais.

Na vigência da CF/1988, o STF declarou a inconstitucionalidade de parte de, pelo menos, três emendas constitucionais que tratavam do sistema tributário nacional (EC 3/1993; EC 10/1996 e EC 41/2003), reconhecendo a violação de cláusulas pétreas com extrema prudência e responsabilidade institucional.

[40] GRAU, Eros Roberto. *O Direito Posto e o Direito Pressuposto*. 8. ed. São Paulo: Malheiros, 2011. p. 289.

Em razão da ausência de impugnação, o STF deixou de examinar com profundidade os casos de revogação de normas de competência tributária, bem como de alteração das limitações constitucionais ao poder de tributar. No entanto, a Corte tratou com semelhante rigor a instituição de novas competências relativas a impostos e a contribuições sociais.

Nada obstante o reconhecimento de parciais inconstitucionalidades, o STF adotou postura cautelosa, fundada na proteção de direitos dos contribuintes e na liberdade de instituição de novas competências de tributos não vinculados, adequando-se ao Estado Fiscal.

Referências

ALVES, Anna Emilia Cordelli. "Da Contribuição para o Custeio da Iluminação Pública". *Revista Dialética de Direito Tributário n. 97*. São Paulo: Dialética, outubro de 2003.

ANDRADE, Valentino Aparecido de. "A Inconstitucionalidade da Contribuição para Custeio do Serviço de Iluminação Pública". *Revista Dialética de Direito Tributário* n. 97. São Paulo: Dialética, outubro de 2003. p. 104-13.

BACHOF, Otto. *Normas Constitucionais Inconstitucionais?*. Tradução de José Manuel M. Cardoso da Costa. Coimbra: Almedina, 2008.

BAMBINI, Andréia & HÖHER, Rafael. "A Inconstitucionalidade da CPMF". Repertório *de Jurisprudência IOB*. n. 5, Caderno 1. 1ª Quinzena de março, 2000. p. 132-0.

BARRETO, Aires Fernandino. *Curso de Direito Tributário Municipal*. 2. ed. São Paulo: Saraiva, 2012.

BARRETO, Paulo Ayres. "Emenda Constitucional". *In Revista de Direito Constitucional e Internacional. vol. 21*. São Paulo: Revista dos Tribunais, outubro de 1997.

BARRETO, Paulo Ayres. Contribuições: Regime Jurídico, Destinação e Controle. 2. ed. São Paulo: Noeses, 2011.

BRAGA, Waldir Luiz & BARRETO, Paulo Ayres. "ICM – Irremediável Inconstitucionalidade do Regime de Substituição Tributária". *Revista de Direito Tributário, Ano IX, n. 32*. São Paulo: Revista dos Tribunais, abril-junho de 1985.

BRASIL, ADI-MC 939, Rel. Ministro Sydney Sanches, Pleno, DJ 18.3.1994.

BRASIL, ADI-MC 939. Relator Ministro Sydney Sanches, Pleno, DJ 17.12.1993.

BRASIL, ADI-MC 1501, Rel. Ministro Marco Aurélio, Pleno, DJ 13.2.2002

BRASIL. Prestação de Contas da Presidenta da República 2013. Brasília: Controladoria-Geral da União, abril de 2014. Disponível em: http://www.cgu.gov.br/Publicacoes/PrestacaoContasPresidente/2013/Sumario.asp. Acesso em: dez. 2014.

BRITO, Edvaldo. "I – Cofins e PIS/Pasep: conceito de Faturamento e Receita Bruta II – CPMF: Questionamentos Jurídicos". *Revista Dialética de Direito Tributário*. n. 43. São Paulo: Dialética, abril de 1999. p. 33-64.

BRITTO, Carlos Ayres. "A Lei Federal n. 9.783/99 e suas inconstitucionalidades". *Direito Atual*, n. 1, v. 1, Brasília: Projecto, maio de 1999. p. 163-205;

CARRAZZA, Roque Antonio. *Curso de Direito Constitucional*. 27. ed. São Paulo: Malheiros, 2011. p. 686-9.

CARRAZZA, Roque Antonio. *ICMS*. 16. ed. São Paulo: Malheiros, 2012. p. 90 e ss.

CICHELLA, Edson. "Breves Comentários acerca do Fundo de Combate e Erradicação da Pobreza". *Repertório de Jurisprudência IOB. n. 16, Caderno* 1. 2ª Quinzena de agosto, 2001. p. 466-465.

FERREIRA SOBRINHO, José Wilson. "Emenda Constitucional n. 37/02 (Ainda o tormento tributário denominado CPMF)" . *Repertório de Jurisprudência IOB. n. 16*, Caderno 1. 2ª Quinzena de agosto, 2002.

FUCK, Luciano Felicio. "Tributação e cláusulas pétreas: ADI 939". In: HORBACH, Beatriz Bastide & FUCK, Luciano Felicio (Coord.). *O Supremo por seus assessores*. São Paulo: Almedina, 2014.

FUCK, Luciano Felício. *Estado Fiscal e Supremo Tribunal Federal*. São Paulo: Saraiva, 2017.

GASPARINI, Lesley. "A Lei Temporal e a Emenda Constitucional n. 21/99" in *Boletim de Direito Administrativo*, Ano VX, n. 8. São Paulo: NDJ, agosto/1999.

GODOI, Marciano Seabra de. *Crítica à Jurisprudência do Atual do STF em Matéria Tributária*. São Paulo: Dialética, 2011.

GODOI, Marciano Seabra de. *Questões Atuais do Direito Tributário na Jurisprudência do STF*. São Paulo: Dialética, 2006. p. 57 e ss.

GRAU, Eros Roberto. O Direito Posto e o Direito Pressuposto. 8. ed. São Paulo: Malheiros, 2011.

GRECO, Marco Aurélio. *Contribuições (uma figura "sui generis")*. São Paulo: Dialética, 2000. p. 83-5

GRECO, Marco Aurélio. *Substituição Tributária (Antecipação do Fato Gerador)*. 2. ed. São Paulo: Malheiros, 2001. p. 45 e ss.

HARADA, Kiyoshi. "Contribuição para custeio da iluminação pública". Repertório *de Jurisprudência IOB*. n. 6/2003, vol. I, Segunda Quinzena de Março de 2003. p. 218-5.

HARADA, Kiyoshi. *Direito Financeiro e Tributário*. 16. ed. São Paulo: Atlas, 2007, p. 337.

HOFFMANN, Susy Gomes. *As Contribuições no Sistema Constitucional Tributário*. Campinas: Copola Livros, 1996. p. 133-9.

IBRAHIM, Fábio Zambitte. "Desvinculação Parcial da Arrecadação de Impostos e Contribuições – uma interpretação Possível da Emenda Constitucional n. 27". *Revista Dialética de Direito Tributário, n. 61*, São Paulo: Dialética, outubro de 2000.

KAPISZEWSKI, Diana. *High Courts and Economic Governance in Argentina and Brazil.* Cambridge: Cambridge University Press, 2012.

LEAL, Victor Nunes. *Coronelismo, Enxada e Voto: o município e o regime representativo no Brasil.* 7. ed. São Paulo: Companhia das Letras, 2012.

MACHADO, Agapito. "CPMF – Emenda Constitucional n. 12/96 e Lei n. 9.311/96 – Inconstitucionalidade – Lei Ordinária não ostenta aptidão para determinar a Quebra de Sigilo Bancário dos Cidadãos". *Revista Dialética de Direito Tributário* n. 30. São Paulo: Dialética, março de 1998. P 7-13.

MAGALHÃES, Assusete. "Mudança no Modelo de Estado e as Reformas Administrativa e da Previdência". *Revista do Tribunal Regional Federal da 1ª Região,* v. 15, n. 9. Brasília: TRF1, setembro/2003, p. 18-42.

MARTINS, Ives Gandra da Silva & MENDES, Gilmar Ferreira. "Contribuição de Inativos: Uma interpretação possível". *Revista Jurídica Virtual,* V. 1, n. 6. Brasília: Presidência da República, outubro/novembro de 1999, Disponível em: http://www.planalto.gov.br/ccivil_03/revista/Rev_06/inter_poss%EDvel.htm, . Acesso em: dez. 2014.

MARTINS, Ives Gandra. "A Contribuição para Iluminação Pública". Revista Dialética de Direito Tributário n. 90. São Paulo: Dialética, março de 2003.

MARTINS, Ives Gandra. "Contribuição de Iluminação – ainda a EC n. 39/2002". *Revista Dialética de Direito Tributário* n. 92. São Paulo: Dialética, maio de 2003.

MARTINS, Ives Gandra. "Substituição Tributária sem ocorrência de fato gerador – processos anteriores a EC 3/93 – inteligência do art. 155, §3º, da Constituição Federal". *Revista Tributária e de Finanças Públicas.* vol. 9, outubro de 1994.

MARTINS, Ives Gandra. *O Sistema Tributário na Constituição.* 6. ed. São Paulo: Saraiva, 2007, p. 62 e ss., nota n. 5.

MENDES, Gilmar Ferreira; SARLET, Ingo & STRECK, Lenio (Coord.). *Comentários à Constituição do Brasil.* São Paulo: Saraiva/Almedina, 2013.

MIGUEL, Luciano Garcia. *Incidência do ICMS nas Operações de Importação.* São Paulo: Noeses, 2013.

MOREIRA, André Mendes & COÊLHO, Sacha Calmon Navarro. "A CPMF e os Princípios Constitucionais Tributários" in SANTI, Eurico Marcos Diniz (org.). *Curso de Direito Tributário e Finanças Públicas – do fato à norma, da realidade ao conceito jurídico.* São Paulo: Saraiva, 2008. p. 726-45.

NEVES, Márcio Calvet & MAIA, João Agripino. "Considerações sobre o Retorno da CPMF". *Revista Dialética de Direito Tributário* n. 47. São Paulo: Dialética, agosto 1999. p. 95-100.

OLIVEIRA, Júlio M. de. "A Substituição Tributária para frente prevista na Emenda Constitucional n. 3/93 em face das cláusulas Pétreas e do Poder Constituinte Derivado". *Repertório de Jurisprudência IOB.* n. 7, Caderno 1. 1ª Quinzena de abril, 1997. p. 169-4.

PETRY, Rodrigo Caramori. "Reflexões sobre a Função Normativa das Emendas Constitucionais em Matéria Tributária: Questionamentos envolvendo as constituições ao PIS, CSLL, CPMF e RPPS". *Repertório de Jurisprudência IOB*. n. 13/2010, vol. I, Primeira Quinzena de Julho de 2010.

PIMENTA, Paulo Roberto Lyrio. "Contribuição para o custeio do Serviço de Iluminação Pública". *Revista Dialética de Direito Tributário n. 95*. São Paulo: Dialética, agosto de 2003.

PRADE, André Porto. "PIS e COFINS sobre Importação: Aspectos Controversos da Lei n. 10.865/04". *Revista Dialética de Direito Tributário, n. 108*. São Paulo: Dialética, setembro de 2004.

RODRIGUES, Hugo Thamir. "Contribuição para o custeio do Serviço de Iluminação Pública: um estudo acerca de sua natureza jurídica e de sua constitucionalidade" in REIS, Jorge Renato dos & LEAL, Rogério Gesta. Direitos Sociais & Políticas Públicas: Desafios Contemporâneos. Tomo 6. Santa Cruz do Sul: EDUNISC, 2006.

ROSENN, Keith S. "Recent Important Decisions by the Brazilian Supreme Court" in *Inter-American Law Review, vol 45, n. 2*. Miami: University of Miami, spring 2014.

SARAIVA FILHO, Oswaldo Othon de Pontes. "A Constitucionalidade da CPMF (EC 21/99)". In: ROCHA, Valdir de Oliveira (org.). *Grandes Questões Atuais do Direito Tributário*. 3º Volume. Sâo Paulo: Dialética, 1999. p. 245-53.

SOUZA, Hamilton Dias de. "ICMS – Substituição Tributária". *Revista Dialética de Direito Tributário*. n. 12. São Paulo: Dialética, setembro de 1996, p. 14-26.

TÔRRES, Heleno Taveira. "Prorrogação da CPMF pela Emenda Constitucional n. 21/99: Efeitos da Ausência de Procedimento na Validade das Normas Jurídicas". *Revista Dialética de Direito Tributário* n. 47. São Paulo: Dialética, agosto de 1999. P 45-55.

TROMBINI JUNIOR, Nelson. *As Espécies Tributárias na Constituição Federal de 1988*. São Paulo: MP ed., 2006. p. 170-83.

VALADÃO, Marcos Aurélio Pereira. "Acerca de decisões relevantes do STF sobre o sistema constitucional tributário a partir da Constituição de 1988". In: MENDES; BRANCO & VALE. *A Jurisprudência do STF nos 20 anos da Constituição*. São Paulo: Saraiva, 2010, p. 263-71.

WALD, Arnoldo. "A CPMF e o Devido Processo Legal". *Revista da Academia Brasileira de Letras Jurídicas*. Ano XII, n. 12. Rio de Janeiro: 2º Semestre de 1997. p. 9-11.

19.
Arbitragem no Direito Tributário Brasileiro: Uma Proposta

Luís Eduardo Schoueri

Introdução

Enquanto em outros países o estoque do contencioso tributário não representa mais de 1% do respectivo Produto Interno Bruto ("PIB"), estima-se que, no Brasil, ultrapassa mais da metade do PIB[1]. Essa discrepância também se dá no cumprimento dos deveres instrumentais. As médias de horas gastas por ano para pagar tributos são 160 na Europa Ocidental, 284 na África, 519 na América do Sul e 234 no mundo, ao passo que, no Brasil, gastam-se aproximadamente 1.501 horas. Ultrapassa bastante, assim, seus países vizinhos, sendo o mais próximo a Bolívia, com 1.025 horas[2].

A realidade se impõe de tal maneira que parece ser um consenso a necessidade de reformas tributárias, muito embora as discordâncias sejam ferrenhas acerca do que se deve fazer. Unificação dos tributos sobre o consumo, a criação de um tributo sobre as transações financeiras e a revogação da isenção dos dividendos são apenas algumas das ideias – concretizadas até em projetos de lei ou de emenda constitucional – que foram aventadas até agora.

Nessa agenda reformista, a adoção do procedimento arbitral no direito tributário brasileiro, para solução de litígios envolvendo Fisco e

[1] Núcleo de Tributação do Insper. Contencioso tributário no Brasil: Relatório 2019 – ano de referência 2018. Julho de 2020. Disponível em:<https://www.insper.edu.br/wp-content/uploads/2020/07/Contencioso_tributario_Relatorio2019_092020_v2.pdf>.

[2] PwC e Banco Mundial. *Paying Taxes 2020*. Disponível em:<https://www.pwc.com/gx/en/paying-taxes/pdf/pwc-paying-taxes-2020.pdf>.

contribuinte, está, mais do que nunca, na ordem do dia. Nesse contexto, a introdução da arbitragem tributária no ordenamento jurídico brasileiro é alvo de ardorosas defesas, bem como de enfáticas restrições.

Neste artigo, sugere-se um modelo de arbitragem tributária à brasileira, enfrentando possíveis objeções que podem surgir, de modo a demonstrar que a arbitragem não é incompatível, de partida, com a ordem constitucional brasileira. Para isso, e em caráter meramente ensaístico, este trabalho sugere um (1) modelo de arbitragem tributária, pensado para o âmbito dos processos administrativos fiscais. Pretende-se com isso, também, fornecer subsídios teóricos para a eventual implementação deste mecanismo de solução de controvérsias no direito tributário brasileiro. Em seguida à apresentação do modelo sugerido, este trabalho (2) enfrenta as duas principais objeções levantadas contra a arbitragem tributária e que poderiam lançar contra a presente proposta: a irrenunciabilidade do crédito tributário e a vinculatividade da atuação da administração fiscal, como corolários da legalidade tributária; e a inafastabilidade da jurisdição do Poder Judiciário[3].

1. Arbitragem tributária no direito brasileiro: uma proposta

O processo administrativo tributário federal é regulado pelo Decreto nº 70.235/1972 e outras legislações esparsas. A chamada "fase litigiosa do procedimento", a que se refere o art. 14 desse Decreto, inicia-se com a impugnação do sujeito passivo. Por sua vez, seu art. 25 prevê o julgamento, em primeira instância, pela Delegacia Regional de Julgamento ("DRJ") e, em segunda, pelo Conselho Administrativo de Recursos Fiscais ("CARF"). O §1º do art. 25 prevê ser o CARF composto por seções (especializadas por matéria e constituídas por câmaras, nos termos do §2º) e pela Câmara Superior de Recursos Fiscais ("CSRF"). É o art. 45 do mesmo Decreto que dispõe que, em caso de decisão definitiva favorável ao sujeito passivo, cumpre à autoridade preparadora exonerá-lo, de ofício, dos gravames decorrentes do litígio.

[3] Para estudos voltados ao enfrentamento de tais objeções, cf. Luís Eduardo Schoueri, Arbitragem no Direito Tributário Internacional, *Direito Tributário Atual*, v. 23, São Paulo, IBDT/Dialética, 2009, pp. 302-320; e Luís Eduardo Schoueri, "Arbitration and Constitutional Issues", in Michael Lang; e Jeffrey Owens (orgs.), *International Arbitration in Tax Matters*, v. 2, Amsterdam, IBFD, 2016, pp. 187-208.

Se o julgamento em primeira instância pela DRJ não passa de deliberação interna e de natureza colegiada da Receita Federal do Brasil (art. 25, I, do Decreto nº 70.235/1972), a segunda instância, que se dá no CARF, tem natureza distinta, dada sua composição paritária, integrante da estrutura do Ministério do Estado da Fazenda (art. 25, II, do mesmo Decreto). Os conselheiros, tanto representantes do Fisco, como dos contribuintes, são designados para mandato pelo Ministro de Estado da Fazenda (§10 do art. 25).

Este estudo propõe que no âmbito do CARF, poderia o legislador prever a adoção da arbitragem. Ou seja, uma vez decidida a questão pela DRF, vindo o recurso a ser encaminhado ao CARF, a impugnação poderia seguir dois caminhos. O primeiro, já hoje existente, levaria o tema à apreciação das turmas julgadoras em cada seção, com eventual recurso à CSRF. O novo caminho, que ora se propõe, é oferecer ao sujeito passivo a possibilidade de celebrar compromisso arbitral, de modo que a revisão do lançamento, em segunda instância, seja feita por câmara arbitral, integrante da estrutura do próprio CARF.

Em síntese, a câmara arbitral seria instaurada após a assinatura do compromisso arbitral, oferecendo-se ao sujeito passivo a prerrogativa de indicar um árbitro, dentre aqueles previstos em lista elaborada pelo Ministro do Estado da Fazenda. A Fazenda Nacional, por sua vez, também indicaria seu árbitro. Tendo em vista, entretanto, que a lista de árbitros seria elaborada exclusivamente pelo referido Ministro, parece razoável admitir que o sujeito passivo, antes de firmar o compromisso arbitral, possa pleitear a exclusão da lista de nomes que, em seu entender, não tenham o histórico de independência que se exige de um árbitro. Do mesmo modo (desde que, obviamente antes da escolha do árbitro pelo sujeito passivo), poderia o Ministro do Estado da Fazenda rever sua lista de árbitros, excluindo aqueles que não tenham comportamento imparcial. Escolhidos ambos os árbitros, caberia a estes encontrar, na mesma lista, um terceiro árbitro para presidir os trabalhos. Composta a câmara arbitral, seria oferecida, por uma última vez, a possibilidade de o sujeito passivo desistir do processo arbitral, retomando a via original do processo administrativo tributário. Essa última manifestação legitimaria de modo definitivo a corte arbitral assim constituída.

Do compromisso arbitral constaria expressa renúncia, da parte do sujeito passivo, de ingressar no Poder Judiciário para questionar o laudo arbitral (salvo nos casos de nulidade do procedimento arbitral), dando-se, pois, ares de definitividade àquele laudo.

Nos termos acima propostos, não há diferença na natureza jurídica do laudo arbitral, se comparada à da decisão das turmas julgadoras do CARF. Num e noutro caso, o que se terá é uma decisão, por órgão administrativo, que mantém, reforma ou anula um lançamento. Se este órgão administrativo (o CARF) decide por meio de órgãos paritários (turmas, câmaras, seções) ou por câmaras arbitrais, é decisão do legislador. Novamente, em ambos os casos, o que se tem, sempre, é uma decisão do órgão administrativo apontado pelo legislador como competente julgar o lançamento fiscal.

Poder-se-ia, entretanto, alegar que a administração, ao submeter-se a procedimento arbirtal, estaria renunciando a crédito tributário, o que seria vedado pelo caráter necessariamente vinculado da cobrança de tributo, corolário da legalidade tributária. Ou ainda se poderia arguir que, dada a definitividade do laudo, o compromisso arbitral violaria o art. 5º, XXXV da Constituição Federal, pelo qual "*a lei não excluirá da apreciação do Poder Judiciário lesão ou ameaça a direito*".

Tais objeções não procedem. Explica-se.

2. A legalidade tributária como óbice à proposta de arbitragem em matéria tributária

A legalidade em matéria tributária tem por corolário o poder-dever da administração fiscal de, verificada a ocorrência do fato jurídico-tributário, "constituir" o crédito tributário e proceder à sua cobrança. A atividade fiscal tem, portanto, natureza vinculada (art. 3 do Código Tributário Nacional – "CTN"). "Constituído" o crédito tributário, por sua vez, a administração não lhe pode renunciar. Porque a administração fiscal atua na vontade da lei, e não por juízo de conveniência e oportunidade, as autoridades do Fisco estão impedidas de abdicar de tributo devido.

Para refutar a objeção à arbitragem tributária alegadamente fundada no Princípio da Legalidade, é preciso distinguir a competência tributária da obrigação tributária: a primeira é indelegável e irrenunciável; ao passo que a segunda, que enseja a "constituição" do crédito tributário, é disponível à administração nas hipóteses expressamente previstas em lei[4]. Afinal, seria

[4] Cf. Heleno Taveira Tôrres, "Transação, Arbitragem e Conciliação Judicial como Medidas Alternativas para Resolução de Conflitos entre Administração e Contribuintes – Simplificação e Eficiência Administrativa", in *Revista Fórum de Direito Tributário*, ano 1, n. 2, 2003, p. 114.

logicamente impossível sustentar a ilegalidade de situação que a própria lei autoriza. O próprio Código Tributário Nacional regula as hipóteses de remissão e anistia do crédito tributário, estabelecendo critérios para a sua concessão (art. 172 e 180 e seguintes). Isso evidencia que, desde que previstas em lei, pode haver exceções à irrenunciabilidade do crédito tributário.

É óbvio que a lei não pode autorizar a remissão a critério da administração. Se a lei atribuir à administração o poder de renunciar ao crédito por seu juízo de conveniência e oportunidade, ela estará, com outras palavras, atribuindo à administração o poder de renunciar ao crédito em qualquer hipótese, o que não seria compatível com a Legalidade constitucionalmente exigida.

Da Legalidade tributária não se extrai, portanto, a impossibilidade de arbitragem em matéria tributária. Basta que a lei, utilizando-se de critérios seguros e proporcionais, delimite o cabimento do procedimento arbitral, para que este se viabilize na ordem jurídico-tributária brasileira – tal qual se admite que o legislador descreva, materialmente, situações em que a remissão seja possível.

É claro que o lançamento é ato vinculado e obrigatório. Uma vez constatada a ocorrência do fato jurídico-tributário, deve ser exigido o recolhimento do tributo. A tributação prescinde da vontade do credor ou do devedor da obrigação. Por isso mesmo, não pode o legislador prever a possibilidade de arbitragem em qualquer caso. Daí que este estudo propõe a seguinte pergunta: poderia um laudo arbitral tratar de casos em que não há certeza acerca do surgimento da obrigação tributária? Se ainda não constituído o crédito tributário em caráter definitivo, pode a administração submeter-se ao juízo arbitral?

As respostas a estas perguntas dependem dependem do exame (2.1) da natureza jurídica do processo administrativo fiscal, bem como (2.2) da natureza jurídica do lançamento tributário. É o que se fará a seguir.

2.1. O laudo arbitral e a natureza jurídica do processo administrativo fiscal

Não se confundem as naturezas jurídicas do processo administrativo fiscal e do processo judicial.

De um lado, o processo judicial pressupõe lide, isto é, uma pretensão resistida. Partes com interesses contrapostos apresentam suas razões, perante um juiz independente e imparcial, que solucionará o conflito.

De outro lado, no processo administrativo tributário, não se verificam nenhuma dessas características. A bem da verdade, o processo administrativo tributário é um procedimento, interno à Administração, no qual esta tem a oportunidade de rever seu próprio ato de lançamento. O sujeito passivo insurge-se contra um lançamento, pedindo à Administração que reveja seu ato, ensejando o processo administrativo tributário.

Dessa forma, não é possível dizer que, no processo administrativo tributário, haja independência do juiz, nem que exista, por consequência, a independência própria de um juiz independente. O ponto chave aqui é que a própria administração é quem julga o processo administrativo. Todo o procedimento se dá no âmbito da própria administração. A colaboração de terceiros, em órgãos paritários como o CARF, não afasta a imbricação entre uma das "partes" (a administração) e o julgador (a administração). Note-se que o Decreto nº 70.235/1972 prevê, no §10 de seu art. 25, sejam os mandatos dos conselheiros designados pelo Ministro de Estado da Fazenda. Assim, no processo administrativo fiscal, não há uma das garantias básicas do juiz independente – a inexistência de vinculação a outra autoridade. O Ministro de Estado da Fazenda é quem decide acerca da condução e, particularmente, a recondução de conselheiros.

É certo que a ampla defesa e o contraditório, garantias próprias do processo judicial, se estendem à esfera administrativa (art. 5, LV da Constituição Federal). Essas garantias asseguram ao particular a oportunidade de apresentar suas razões perante a administração e, sobretudo, asseguram que estas razões influam na formação do convencimento da autoridade julgadora administrativa, que as deverá levar em conta (acolhendo-as ou rejeitando-as) ao decidir.

Isso não significa que não se deva buscar o máximo de imparcialidade nos julgamentos administrativos, como muito bem faz o legislador. Espera-se, aliás, de todo funcionário público lisura e impessoalidade. O processo administrativo é oportuno tanto ao sujeito passivo – que pode, desde já, provocar a anulação ou reforma de um lançamento desfavorável, sem levar a discussão ao Poder Judiciário –, como à própria administração, mediante a correção, ainda no âmbito administrativo, de um lançamento mal feito. Se não houvesse procedimento administrativo, uma vez questionado o lançamento, pelo contribuinte, no Poder Judiciário, a administração se veria na perigosa e imprudente missão de sustentar os lançamentos em âmbito judicial. Perigosa e imprudente porque, não tendo sucesso, arcaria com os – às vezes vultosos – custos da sucumbência.

Estabelecido que o processo administrativo tributário nada mais é que procedimento de controle, pela própria administração, do lançamento fiscal, pergunta-se: a decisão administrativa que anula ou reforma um lançamento efetuado pela própria administração, *renuncia* a crédito fiscal?

Não parece ser o caso. Ora, reconhecer a improcedência do lançamento não é abrir mão de crédito tributário. A renúncia a direito pressupõe, por óbvio, a existência de direito, a que se possa renunciar. No processo administrativo tributário, a Administração não abre mão de direito de que era titular, senão apenas reconhece a improcedência do lançamento – isto é, reconhece que não tem direito a tributo algum, ou a menos tributo tal qual estipulado pelo lançamento. A distinção é relevante porque, existente um crédito tributário, a Administração não pode abrir mão de sua cobrança (salvo nas hipóteses de remissão, necessariamente previstas em lei, nos termos do art. 172 do CTN). A cobrança de crédito tributário, portanto, é obrigatória. Mas isso, insista-se, desde que haja crédito a ser cobrado; não há (mais) crédito quando a administração o desconstitui em processo administrativo.

Desse modo, ressalta-se o quanto já foi dito: nos termos em que se propõe a introdução da arbitragem tributária, não há diferença de natureza entre o que fazem hoje as turmas julgadoras do CARF e o que fariam as câmaras arbitrais. Num e noutro caso, o que há é uma decisão, emanada de órgão administrativo, que mantém, reforma ou anula um lançamento. Em ambos os casos, está a administração desconstituindo crédito que julgava existente; não está, portanto, renunciando a crédito tributário.

Constatada a inexistência de renúncia a crédito tributário por parte da administração que o desconstitui, passa-se a examinar o laudo arbitral com vistas à natureza jurídica do lançamento tributário.

2.2. O laudo arbitral e a natureza jurídica do lançamento tributário

À definitividade do laudo arbitral, poder-se-ia sustentar que haveria violação à legalidade em virtude da possibilidade de o laudo arbitral tratar de casos em que não há certeza acerca do surgimento da obrigação tributária.

Essa controvérsia só pode ser enfrentada a partir da natureza jurídica do lançamento tributário, pois enquanto uns defendem a natureza constitutiva, outros sustentam sua natureza declaratória.

De um lado, para os defensores da natureza constitutiva do lançamento[5], a obrigação não existe antes da atividade lançadora; ao Fisco cumpre construir o fato jurídico e fazer incidir sobre ele a lei tributária. Sendo assim, dado que o surgimento da obrigação tributária está subordinado à formação do convencimento da autoridade administrativa, também pode o legislador imputar o nascimento da obrigação tributária ao resultado do laudo arbitral.

De outro lado, da perspectiva dos que veem, no lançamento, mera declaração de situação jurídica preexistente[6], a obrigação tributária já teria surgido com a ocorrência do fato jurídico-tributário. A atividade da autoridade fiscal teria caráter investigativo, buscando, em síntese, a "verdade material". Assim, mesmo após o lançamento, a descoberta de um "erro de fato" permite novo lançamento, desde que não prescrito o crédito tributário.

Parece mais acertada a segunda corrente, consoante se depreende dos dispositivos do CTN. Nos termos do art. 149, VIII, do CTN, admite-se a revisão do lançamento "*quando deva ser apreciado fato não conhecido ou não provado por ocasião do lançamento anterior*". Ora, se o resultado da arbitragem levar ao lançamento, então não parece errôneo aplicar o dispositivo acima.

Essa conclusão preliminar nos leva a enfrentar uma complexa classificação da ciência jurídica: como definir uma questão de fato, oposta à de direito? Apesar da dificuldade da distinção, pode-se dizer que um erro de fato é um erro na compreensão do fato, ou, ainda, um erro na valoração jurídica de um fato objeto de subsunção a uma hipótese descrita abstratamente pela lei. Em outras palavras, nova apreciação do fato implica novo critério jurídico que, por sua vez, implica nova valoração jurídica do fato. Novas propriedades são consideradas para fins da nova classificação (*e.g.*, seletividade no IPI e valor do imóvel no IPTU). Não se está a defender, aqui, a impossibilidade de haver questões puramente fáticas no

[5] Cf., *e.g.*, Paulo de Barros Carvalho, *Direito Tributário, linguagem e método*. São Paulo, Noeses, 2008, p. 431.

[6] Cf., *e.g.*, Brandão Machado, Decadência e prescrição no Direito Tributário. Notas a um Acórdão do Supremo Tribunal Federal, *Direito Tributário Atual*, v. 6, 1986, pp. 1309-1378; e André Folloni, Crítica ao dualismo entre fato e evento na ciência do Direito Tributário, *Direito Tributário Atual*, v. 32, 2014, pp. 9-30.

lançamento – por exemplo, pode haver controvérsia sobre a ocorrência de determinado fato ou sobre quem efetivamente o praticou. Trata-se apenas de reconhecer que a atividade lançadora envolve, na grande maioria das situações, mais que um mero juízo de verificação fática.

Desse modo, é relevante examinar se é possível uma arbitragem em matéria tributária, independentemente de a questão de fundo ser "de fato" ou "de direito".

Novamente, a Legalidade aparece como potencial óbice: não se pode admitir que um lançamento decorrente da arbitragem contrarie a lei.

Dessa objeção, contudo, não se conclui pela impossibilidade do procedimento arbitral em matéria tributária. Isso porque, diferentemente do que sustentam os adeptos da tipicidade fechada[7], a legislação tributária está repleta de cláusulas gerais e conceitos indeterminados: as primeiras consistem em formulações das hipóteses tributárias que, por sua generalidade, alcançam um amplo campo[8]; os últimos são marcados pela impossibilidade de se delimitarem precisamente os contornos semânticos dos vocábulos usados[9]. Tais expedientes são até louváveis, na medida em que servem a que o direito se adapte à pluralidade e imprevisibilidade da vida[10].

[7] Cf., *e.g.*, Alberto Xavier, *Os princípios da legalidade e da tipicidade da tributação*. São Paulo, Revista dos Tribunais, 1978, pp. 58-62; Yonne Dolacio de Oliveira, *A tipicidade no Direito Tributário brasileiro*. São Paulo, Saraiva, 1980, p. 47; e Roque Antonio Carrazza, *Curso de Direito Constitucional Tributário*. 9ª ed. revista e ampliada. São Paulo, Malheiros, 1997, p. 270.

[8] Cf. Hans Spanner, "Generalklausel" (verbete), in Georg Strickrodt et al. (orgs.), *Handwörterbuch des Steuerrechts* unter Einschluß von Betriebswirtschaftlicher Steuerlehre, Finanzrecht, Finanzwissenschaft. Band 1. 2., neubearb. U. erw. Aufl. München, Beck; Bonn, Verlag des Wissenschaftl. Inst. d. Steuerberater u. Steuerbevollmächtigten, 1981, p. 601.

[9] Cf. César García Novoa, *El Principio de Seguridad Jurídica en Materia Tributaria*, Madrid, Marcial Pons, 2000, p. 120; Karl Engisch, *Einführung in das juristische Denken*. 8. Auflage. Stuttagart; Berlin; Köln, Kohlhammer, 1983, p. 108. Acerca da polêmica entre Carrió e Soler, onde o último entende existir possibilidade de se tornarem técnicos e precisos os conceitos vagos da linguagem comum, cf. Onaldo Franco Jannotti. "Conceitos Indeterminados e Origem Lógico-Normativa da Discricionariedade", in *Revista de Direito Público*, n. 64, 1982, pp. 37-54 (39-45).

[10] Cf. Karl Engisch, *Einführung in das juristische Denken*. 8. Auflage. Stuttagart; Berlin; Köln, Kohlhammer, 1983, p. 107; e Marcia Dominguez Nigro Conceição, *Conceitos Indeterminados na Constituição:* requisitos da relevância e urgência (art. 62 da C.F.), São Paulo, Celso Bastos Editor, Instituto Brasileiro de Direito Constitucional, 1999, p. 53.

A existência de conceitos indeterminados nos leva a outra conclusão preliminar essencial: a lei não permite uma única interpretação correta[11]. Isso não quer dizer que qualquer resultado interpretativo seja possível; não pode o intérprete ultrapassar os limites sêmanticos mínimos do texto. Cabe a ele descobrir uma interpretação "correta", já preexistente no texto, de maneira a conciliar a rigidez do texto com a elasticidade da interpretação[12].

Ora, se uma mesma situação fática admite mais de uma solução jurídica correta, a escolha de uma solução "correta" ou outra não viola a legalidade, já que todas estão no âmbito possível de atuação da lei.

Conclui-se, assim, que a pluralidade de soluções jurídicas corretas torna improcedente o argumento de que a arbitragem tributária seria inconstitucional por potencial violação da Legalidade. Não só há mais de uma solução juridicamente admissível para um caso, como a circunstância de o órgão julgador ser a turma de julgamento do CARF, a câmara arbitral ou, finalmente, o Poder Judiciário nada diz sobre a correção jurídica da decisão. Se a arbitragem chega a uma decisão (contrária ou favorável ao contribuinte) em desconformidade com a lei tributária (exigindo tributo indevido ou dispensando tributo devido), trata-se de possibilidade inerente a qualquer decisão, de qualquer órgão julgador. Decisões, inclusive as judiciais, são falhas; o ato de aplicar a lei é ínsitamente falho, pela mera circunstância de que órgãos julgadores, estabelecidos no mundo real e formados por pessoas do mundo real, são os responsáveis por decidir casos jurídicos. A aplicação da lei não se dá no mundo lógico e ideal do direito; ela se dá no mundo, real e falho, das instituições humanas.

Portanto, a grande questão que se põe não é sobre a correção jurídica da decisão arbitral, mas sobre a possibilidade de atribuir-lhe caráter definitivo, afastando o Poder Judiciário. Ou seja, é saber *quem* pode ter a palavra final (jurisdição) sobre um conflito entre contribuinte e Fisco, diante da

[11] Cf. Eros Roberto Grau, *Ensaio sobre a Interpretação/Aplicação do Direito*, 2ª ed., São Paulo, Malheiros, 2003, p. 30.

[12] Cf. Eros Grau. "Atualização da Constituição e mutação constitucional (art. 52, X da Constituição", in *Revista Acadêmica da Escola de Magistrados da Justiça Federal da 3ª Região*, ano I, nº1, p. 65; e Tércio Sampaio Ferraz Jr, *Introdução ao Estudo do Direito*, 3ª ed., São Paulo, Atlas, 2001, p. 259.

previsão constitucional de reserva de jurisdição ao Poder Judiciário. É o que se faz a seguir.

3. A inafastabilidade da jurisdição do Poder Judiciário como óbice à proposta de arbitragem em matéria tributária

O compromisso arbitral, celebrado no seio do CARF, preveria o caráter definitivo do laudo arbitral, vedando o recurso ao Poder Judiciário, seja por parte da Administração, seja por parte do sujeito passivo.

O problema da definitividade só se põe de maneira relevante quando visto sob o ponto de vista do contribuinte; é conhecido e usual que decisões administrativas sejam definitivas para a própria administração.

Em 1969, o Supremo Tribunal Federal ("STF") decidiu que "*[a] decisão proferida pela autoridade fiscal, embora de instância administrativa, tem, em relação ao Fisco, fôrça vinculatória, equivalente à da coisa julgada, principalmente quando gerou aquela decisão direito subjetivo para o contribuinte*"[13]. Na mesma linha, os arts. 42 e 45 do Decreto 70.235/1972 consideram definitivas as decisões administrativas favoráveis ao sujeito passivo.

Em que pese se encontre uma decisão em sentido contrário à do STF proferida pelo Tribunal Regional Federal da 1ª Região em 1995[14], decisões do Superior Tribunal de Justiça ("STJ")[15] e de outros Tribunais Regionais Federais[16] estão alinhadas com aquele julgado do STF: não pode a Administração questionar perante o Judiciário *coisa julgada administrativa*.

Anote-se, também, que a submissão à jurisdição arbitral nada tem que ver com a irrenunciabilidade do crédito tributário. A administração

[13] STF, RE 68.253/PR, Rel. Min. Barros Monteiro, Primeira Turma, j. 02/12/1969, D.J. 08/05/1970.

[14] Cf. TRF da 1ª Região, AC 95.01.05547-7/PA, Rel. Juiz Souza Prudente, Quarta Turma, j. 22/05/1995, D.J. 20/11/1995.

[15] Cf. STJ, MS 223/DF, Rel. Min. Garcia Vieira, Primeira Seção, j. 27/03/1990, D.J. 16/04/1990; STJ, MS 8.810/DF, Rel. Min. Humberto Gomes de Barros, Primeira Seção, j. 13/08/2003, D.J. 06/10/2003; STJ, RMS 12.386/RJ, Rel. Min. Franciulli Netto, Segunda Turma, j. 19/02/2004, D.J. 19/04/2004; e STJ, REsp 572.358/CE, Rel. Min. João Otávio de Noronha, Segunda Turma, j. 10/10/2006, D.J. 06/12/2006.

[16] Cf. TRF da 5ª Região, REO 53787, Rel. Des. Fed. Petrucio Ferreira, Segunda Turma, j. 30/10/1997, D.J. 30/01/1998; TRF da 5ª Região, AC/AMS 96.04.1590-4/PR, Rel. Juiz Fernando Quadros da Silva, Primeira Turma, j. 20/04/1999, D.J. 16/06/1999; TRF da 5ª Região, AMS 73.262/CE, Rel. Des. Fed. Paulo Roberto de Oliveira Lima, Segunda Turma, j. 02/10/2001, D.J. 23/10/2002.

que se submete ao juízo arbitral não renuncia a seu crédito; apenas elege, com base em permissão de lei, quem terá a palavra final sobre o litígio que envolve o crédito. Não só pode a administração submeter-se à jurisdição arbitral, como é regra, no direito brasileiro, que ela não possa tomar a iniciativa de questionar, no Poder Judiciário, ato emanado dela própria. A proposta aqui discutida prevê a arbitragem no seio da própria administração. Portanto, o laudo arbitral nada mais é que uma forma de decisão dela mesma.

Estabelecido que a definitividade dos julgamentos administrativos para a própria administração não contraria a ordem constitucional brasileira, resta saber se a definitividade para o contribuinte seria admissível.

No sistema brasileiro, o art. 5º, XXXV da Constituição Federal determina que "*a lei não excluirá da apreciação do Poder Judiciário lesão ou ameaça a direito*".

Em matéria privada, o compromisso arbitral não enseja objeções: os particulares, por ele, renunciam ao poder de levar o litígio instaurado à apreciação do Poder Judiciário. Não é a lei, portanto, que afasta o caso da jurisdição judicial; as partes é que o fazem, por vontade própria. Mais controversa é a situação da cláusula arbitral, já que consiste na renúncia ao poder de ingressar no Judiciário antes mesmo de instaurado o litígio. Mesmo essa cláusula, entretanto, foi aceita pelo STF, quando se discutiu a constitucionalidade da lei de arbitragem[17].

No âmbito do direito público, a Lei nº 13.129, de 26 de maio de 2015, alterou a Lei nº 9.307, de 23 de setembro de 1996, de sorte a permitir a arbitragem por entidades da Administração Pública direta e indireta no que diz respeito a conflitos relativos a direitos patrimoniais disponíveis, contanto que se respeito o princípio da publicidade. A Medida Provisória nº 752, de 24 de novembro de 2016 convertida na Lei nº 13.448, de 5 de junho de 2017 trouxe como uma das diretrizes para contratos de parceria nos setores rodoviário, ferroviário e aeroportuário da administração pública federal a possibilidade de inserção do compromisso arbitral. Em tal caso, dispõe o art. 31, §5º, desta Lei que caberá ao Poder Executivo regulamentar o credenciamento de câmaras arbitrais para os fins de tal Lei.

[17] STF, SE 5206 AgR/EP – ESPANHA (Ag. Reg. na Sentença Estrangeira), Rel. Min. Sepúlveda Pertence, Tribunal Pleno, j. 12/12/2001, D.J. 30/04/2004.

No modelo de arbitragem tributária aqui proposto, não se tem cláusula arbitral – pela qual se renuncie, abstratamente, ao poder de ingressar no Judiciário –, mas compromisso arbitral, conforme aliás prevê a Lei nº 13.448/2017. Na presente proposta, o compromisso arbitral serviria para que, instaurada uma controvérsia, por meio de auto de infração, contribuinte e Fisco, *de comum acordo*, se comprometam a acatar uma decisão arbitral. A aquiescência do Fisco na presente proposta, enfatize-se, estaria fundamentada em lei, jamais em discricionariedade administrativa.

A definitividade do laudo arbitral para o contribuinte não é contrária ao art. 5º, XXXV da Constituição Federal.

O mencionado dispositivo estabelece uma regra para o legislador, não para os cidadãos legislados. Veda o art. 5º, XXXV que o legislador subtraia do Poder Judiciário lesão ou ameaça de lesão a direito. Garante ao cidadão, portanto, uma imunidade em face do Poder Legislativo: estabelece o dispositivo constitucional que não está no âmbito da competência do Poder Legislativo retirar, por meio de lei, o direito do cidadão de buscar judicialmente a defesa de seus direitos. Não veda, portanto, a possibilidade de o próprio cidadão (e não a lei), no exercício de sua autonomia privada, renunciar a seu direito de demandar judicialmente. É sabido e corriqueiro que o particular possa submeter-se, por vontade própria e nos limites da lei, ao juízo arbitral, precluso o direito de acionar o Poder Judiciário posteriormente – o direito de ingressar no Poder Judiciário abrange o direito de não ingressar.

Como se vê, a única particularidade que, neste ponto, o procedimento arbitral encontra em matéria tributária é o fato de envolver a administração pública, a qual, na verdade, já se dá em outros âmbitos, quanto a direitos disponíveis, consoante destacado acima. Assim, não poderia o administrador público submeter-se à jurisdição arbitral sem lei que o autorizasse de maneira criteriosa, o que explica a ênfase dada neste trabalho à necessidade de previsão legal para a arbitragem em matéria tributária.

A bem da verdade, sobre o modo de previsão de arbitragem em matéria tributária, mais correto é a necessidade de edição de lei complementar, ao menos, prevendo a arbitragem como modo de extinção do crédito tributário. Ora, nos termos do art. 146 da Constituição Federal, cabe à lei complementar estabelecer normas gerais em matéria tributária, o que é o caso das modalidades de extinção do crédito tributário, as quais estão previstas no art. 156 do CTN. Esse dispositivo estabelece, por exemplo, que extinguem o crédito tributário tanto a decisão administrativa irreformável quanto a decisão judicial passada em julgado. Parece correto afirmar que se a arbitragem se der no procedimento administrativo, estar-se-ia diante de decisão administrativa; a novidade da matéria, entretanto, recomenda que o legislador complementar a ela se refira expressamente.

Conclusões

Do que foi exposto neste artigo, ainda em caráter meramente ensaístico, algumas conclusões podem ser reiteradas.

Em primeiro lugar, a arbitragem em matéria tributária não viola a legalidade constitucionalmente exigida. De um lado, para que seja compatível com a lei a decisão alcançada pelo juízo arbitral sobre um litígio envolvendo Fisco e contribuinte, não há uma única solução jurídica; o direito admite uma pluralidade de soluções jurídicas corretas. De outro lado, decisões arbitrais podem ser falhas, mas esta não é uma exclusividade delas; toda e qualquer solução dada por um orgão julgador a um caso jurídico pode ser juridicamente incorreta. Essa constatação não basta para rejeitar a possibilidade de arbitragem em matéria tributária.

Em segundo lugar, no que se refere à indisponibilidade do crédito tributário como corolário da legalidade, cumpre lembrar que também ele se dobra à lei. O ordenamento tributário permite que, por lei, se chegue até mesmo à remissão do crédito. Se a lei pode autorizar a remissão, com muito maior razão pode permitir a arbitragem. Num e noutro caso, o limite será constatar que a decisão da administração pelo caminho da arbitragem não se dê sem os controles da legalidade: cabe ao legislador descrever as circunstâncias em que caberia a arbitragem. Itens como valor da causa, complexidade da questão, ineditismo do tema ou jurisprudência vacilante poderiam ser critérios para que a decisão da administração se desse motivadamente.

Em terceiro lugar, a arbitragem no âmbito administrativo, conforme aqui proposta, nada faria senão o mesmo que hoje já fazem as turmas julgadoras do CARF: a desconstituição de créditos tributários lançados por autoridade fiscal hierarquicamente inferior. Daí não se poder falar sequer em crédito; do qual se pudesse renunciar. O juízo arbitral, tal qual hoje fazem as turmas julgadoras do CARF, apenas verificariam se há obrigação tributária devida que fundamente o crédito lançado.

Em quarto e último lugar, a regra constitucional segundo a qual a lei não pode retirar da competência do Poder Judiciário a apreciação de lesão ou ameaça de lesão a direito não veda que o contribuinte, por sua decisão, abra mão do direito de ir ao Judiciário. O direito fundamental de ingressar no Poder Judiciário compreende o direito de não ir.

20. Reforma Tributária: O Manicômio Tributário Jurídico e Frankestein Funcional Travou o Crescimento Econômico Brasileiro

Luiz Carlos Jorge Hauly
Luiz Renato O. J. Hauly

Introdução

O sistema tributário é o grande vilão da economia brasileira. E para combater esse grave e recorrente problema, não podemos mais contar com minirreformas ou reformas fatiadas. É preciso uma reforma profunda, que acabe de uma vez com as causas raiz dos problemas que o Sistema Tributário Nacional – STN, um verdadeiro manicômio tributário sobre o aspecto jurídico e um Frankenstein funcional sobre o aspecto arrecadatório criou para a economia do país e para os brasileiros.

1. (Não) Crescimento econômico: de tigre á patinho feio da economia mundial

O Brasil vem empobrecendo abruptamente nos últimos 40 anos. No final da década de 80 o Produto Interno Bruto – PIB brasileiro representava cerca de 4,5% do PIB mundial. Em 2020, o PIB do país deve representar algo em torno de 40% a menos, ou seja, cerca de 2,5%.

A economia brasileira deixou de crescer de forma sustentada e de ser uma potência econômica depois de passar um longo período áureo, que durou mais de 50 anos, do início do século XX até 1980. Foram anos em que o país teve um dos maiores crescimentos econômicos do mundo, com taxas de crescimento médio de tigre de 6,3% ao ano.

Contudo, nas últimos 4 décadas o crescimento do PIB passou de tigre para patinho feio, á taxas médias anuais de apenas 2,2% em um verdadeiro "voo de galinha", isto é, em alguns anos esboçava um ciclo de crescimento, mas na sequência já entrava em recessão. Considerando-se apenas os últimos cinco anos, o crescimento foi negativo de -0,5% ao ano, ou seja, um verdadeiro crescimento de "rabo de cavalo" que só cresce para baixo. O vexame econômico recente aconteceu mesmo com importantes avanços da agenda econômica estruturante do país, tais como: Plano Real, reformas trabalhistas e a previdenciária.

Portanto, considerando-se o gigantismo do Brasil (5º maior território, 6º maior população e o solo mais fértil entre todos os países) e os avanços que inegavelmente foram promovidos nos últimos anos, por que ainda assim a economia não reagiu? O que foi feito de errado ou o que não foi feito? Pois, é inadmissível que um gigante cresça economicamente menos do que a média mundial. Tais evidências levam á crer que o vilão foi o STN criado por várias pequenas alterações ao longo dos últimos anos.

1.1. A (des) construção do Sistema Tributário Nacional

Não por coincidência, nos anos áureos de crescimento (1930-1980), o Brasil tinha um sistema tributário uno, cuja única alteração substancial se deu com a Emenda Constitucional - EC/65 que, em 1965/67 dividiu a tributação da base consumo entre bens e serviços. Neste ano, a carga tributária brasileira - CTB era de 19% do PIB.

Na constituinte de 1988, a União perdeu significativa receita para Estados e Municípios. Estes últimos entes, eram como jaguatiricas magras e famintas por aumentarem suas respectivas arrecadações e, ao verem uma União como um leão gordo, abocanharam 15% da arrecadação do Imposto de Renda - IR e 25% do Imposto sobre Produtos Industrializados - IPI, além de 5 Impostos Seletivos Monofásicos. Nesta data, a CTB já estava em quase 23% do PIB.

Adiante, entre 1989 até os dias de hoje, o STN passou por mais 17 (mini) reformas fatiadas ao longo desses anos. Sendo que a CTB subiu para 33% do PIB atualmente, mas já esteve em 35%. Aumento de mais de 10% do PIB na arrecadação cujo "beneficiário" praticamente exclusivo foi a União.

Assim, com tantos remendos ao longo dos anos, o STN se tornou um verdadeiro manicômio tributário do ponto de vista jurídico e um Frankenstein funcional.

Manicômio jurídico, pois ele gera um enorme contencioso judicial e administrativo cujos valores discutidos representam mais de 70% do PIB (base 2019), ou R$ 5 trilhões, além das dívidas ativa que somam mais R$ 3 trilhões. Com mais de 8 milhões de normas tributárias expedidas que, se fossem compiladas em um livro, pesaria o equivalente á um elefante de mais de 7 toneladas, além de ser impraticável estar atualizado com a legislação tributária em prática, gera um custo ao contribuinte, sobretudo para as empresas, para cumprir á burocracia tributária de 1% do PIB (base 2019), ou seja, R$ 75 bilhões todos os anos somente para declarar e recolher os tributos.

Do ponto de vista funcional e arrecadatório é um Frankenstein, pois ainda que seja repleto de remendos, seja burocrático, pesado e confuso, o sistema arrecada para os Entes federativos um terço de toda o produto da economia do país. Tais deficiências do sistema Frankenstein contribuem sobremaneira para á informalidade cujo PIB estimado é de R$ 1.8 trilhão e, cuja perda de arrecadação somada á outros tipos de sonegação somam R$ 600 bilhões ao ano.

Assim, o retrato do STN atualmente é totalmente diferente dos padrões mundiais.

GRÁFICO 1: **Bases Tributárias Universais e o perfil do STN**

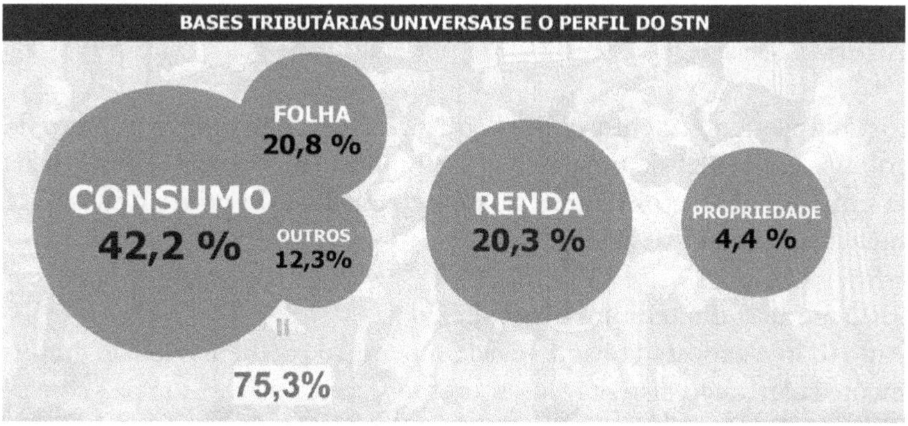

Fonte: Próprio autor)

Cabe ressaltar que só existem 3 bases tributáveis conhecidas: Base consumo; base renda; e base patrimônio.

Sobre o aspecto arrecadatório, a matriz tributária brasileira é excessivamente sobrecarregada na base consumo. Conforme o **Gráfico 1,** a arrecadação do Brasil vem majoritariamente da base do consumo de bens e serviços. Se considerarmos apenas os tributos diretamente incidentes sobre as mercadorias, quais sejam, o ICMS (dos estados), o ISS (dos municípios) e o PIS, COFINS, PASEP, IPI e IOF (da União) representam mais de 42% de toda a CTB.

GRÁFICO 2: **Perfil do atual STN**

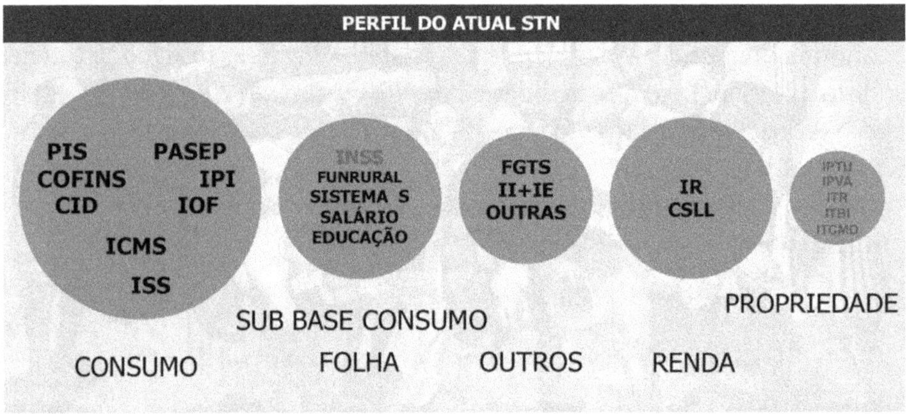

Fonte: Próprio autor

Complementarmente, o **Gráfico 2,** evidencia o excessivo número de tributos existentes de uma maneira geral no STN. Ou seja, é ainda mais latente o inchaço sobre a mesma base consumo do ponto de viste de números de tributos incidentes.

2. O manicômio tributário brasileiro

Ante todo o exposto até aqui, é evidente que o problema do não crescimento econômico sustentável e, sobretudo, aceitável, para um país com as dimensões do Brasil tem forte relação com as inadequações e inequidades do STN. É um sistema que foi construído por remendos entre 1965-2019 pensando sempre, á cada remendo, no ótimo local de algum agente econômico e nunca no ótimo global, seja ele algum dos Entes Federados ou de setores da economia. Foi uma somatória cujo resultado é negativo.

Pois bem, passemos então a analisar quais as causas-raiz de todo esse emaranhado de efeitos indesejáveis que o STN produziu e produz para entendermos como uma solução adequada deveria se posicionar, ou melhor dizendo, deveria focar.

Ao se organizar os principais efeitos indesejáveis do manicômio tributário bem como conectá-los á causas em relações de causa e efeito, conseguimos identificar 6 grandes causas, conforme o **Gráfico 3** abaixo:

Gráfico 3: **Árvore da Realidade Atual do STN.**

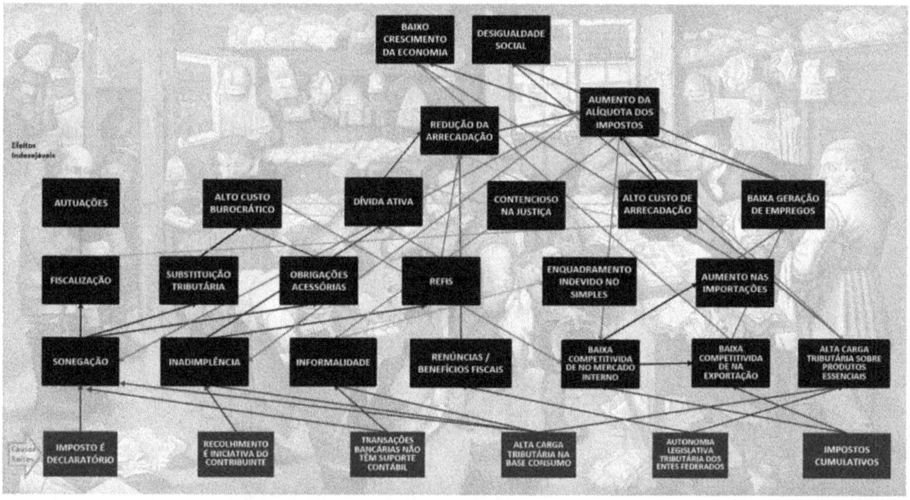

Fonte: Próprio autor

Percebe-se que os efeitos têm causas raiz não necessariamente exclusivas, bem como têm relações entre si. Ainda, é importante ressaltar que é impossível hierarquizar em nível de importância tais efeitos. Pois, cada agente econômico tende a perceber um ou outro efeito com mais intensidade do que o outro. Portando, o foco das melhorias deve estar nas causas, e não nos efeitos.

Assim, passamos a discorrer sobre cada uma das causas-raiz da Árvore da Realidade atual do STN, quais sejam: O Imposto é declaratório;

o recolhimento do tributo ocorre por iniciativa do contribuinte; as transações bancárias não têm suporte contábil nem fiscal; há alta carga tributária na base consumo; há divisão e excesso de autonomia legislativa entre os Entes Federados; e, por fim, os impostos cumulativos.

(a) Imposto é Declaratório

O STN possui a sistemática tributária declaratório por parte do contribuinte. Ou seja, o contribuinte é que deve periodicamente declarar ao fisco o que e quanto deve com base na movimentação, na atividade econômica resultante de um determinado período.

Com isso, inevitavelmente, abre-se margem para a sonegação, pois, se o contribuinte não declarar parte ou todo da movimentação, ele também pode não declarar parte ou todo do tributo devido.

Em consequência, cria-se necessidade de fiscalizações para validar se o contribuinte não está incorrendo em sonegação o que leva às autuações e a um aumento do custo de arrecadação que tem efeito multiplicado pelo contencioso gerado das autuações. Isto se considerado apenas as relações da causa "imposto é declaratório" com seus efeitos em até 3º grau, conforme ilustrado no **Gráfico 4:**

GRÁFICO 4: **Árvore da Realidade Atual do STN: causa Imposto é Declaratório.**

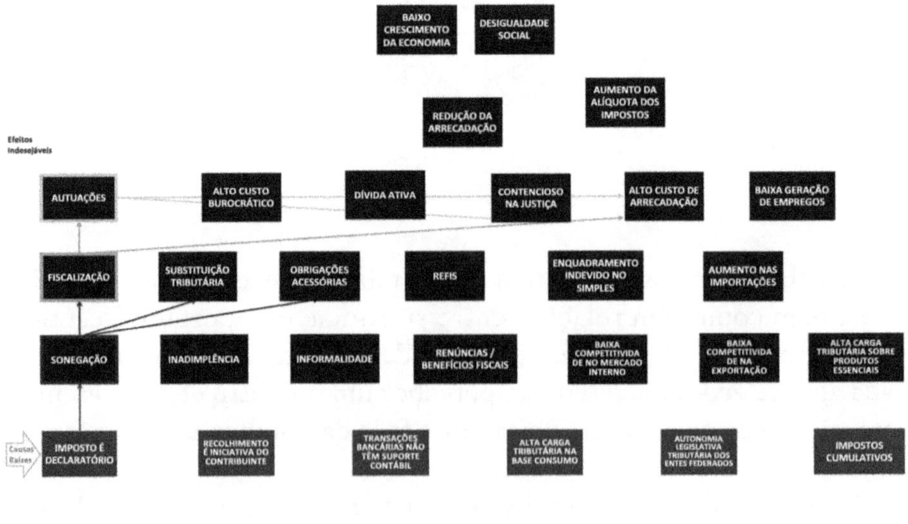

Fonte: Próprio autor

(b) Recolhimento é iniciativa do contribuinte

Adiante, a segunda causa raiz identificada é o fato de o Recolhimento ser de iniciativa do contribuinte. Ou seja, além do contribuinte ter que fazer a declaração do que ele deve para o(s) Fisco(s), ele deve fazer o recolhimento do valor correspondente na data prevista.

Com isso, abre-se margem, inevitavelmente, para a inadimplência, pois o contribuinte, na maioria dos casos, não faz a reserva do valor apurado na declaração de imposto devido para pagamento na data posterior prevista. Com isso, o dinheiro que deveria ser reservado ao Fisco acabe sendo absorvido no fluxo de caixa para fazer frente ás outras obrigações cotidianas das empresas, tais como: pessoal, fornecedores, despesas fixas com aluguel etc.

Além disso, em decorrência da inadimplência gerada pelo fato de o recolhimento ser de iniciativa do próprio contribuinte, as relações de efeito em até 3º grau desta causa são: Dívida ativa, REFIS e redução da arrecadação.

Gráfico 5: **Árvore da Realidade Atual do STN: causa Recolhimento é iniciativa do contribuinte.**

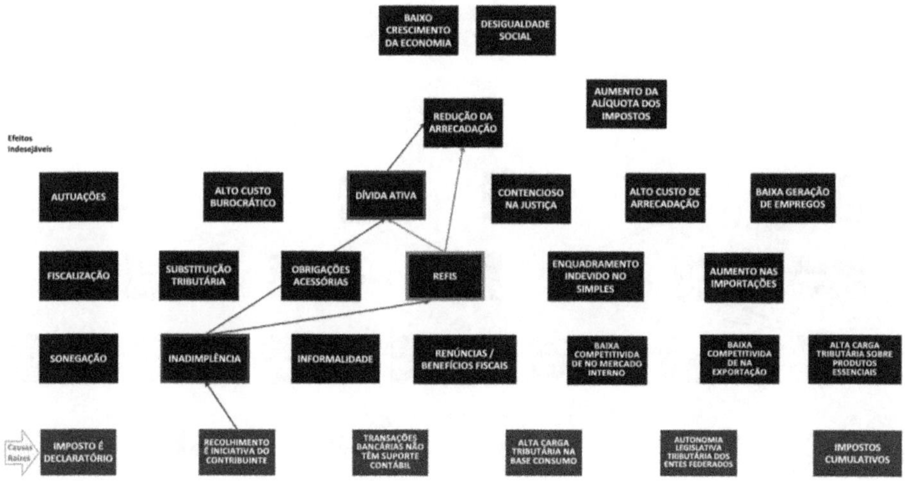

Fonte: Próprio autor

(c) Transações bancárias não têm suporte contábil

A terceira causa raiz identificada foi o fato de as transações bancárias não possuírem suporte contábil ou fiscal. Isto é, o dinheiro que circula comercialmente não tem lastro contábil/fiscal, ou seja, um boleto gerado para uma compra e venda muitas vezes tem sua contrapartida fiscal na nota fiscal de menor valor devido a descontos ou maior valor devido a multas ou demais acordos comerciais não tributados.

Com isso, abre-se margem, novamente, para a sonegação além da informalidade. Pois por vezes o contribuinte emite uma Nota Fiscal com valor menor do que o de fato contratado comercialmente na compra e venda de um bem ou serviço para justamente ter o tributo devido menor, além de, em outros casos, o valor que circula na conta bancária não ter qualquer lastro contábil fiscal pois o contribuinte não está formalizado como um todo.

Assim, em decorrência desta causa raiz, seus efeitos em até terceiro grau são os seguintes conforme o **Gráfico 6:**

GRÁFICO 6: **Árvore da Realidade Atual do STN: causa Transaçoes bancárias não têm suporte contábil.**

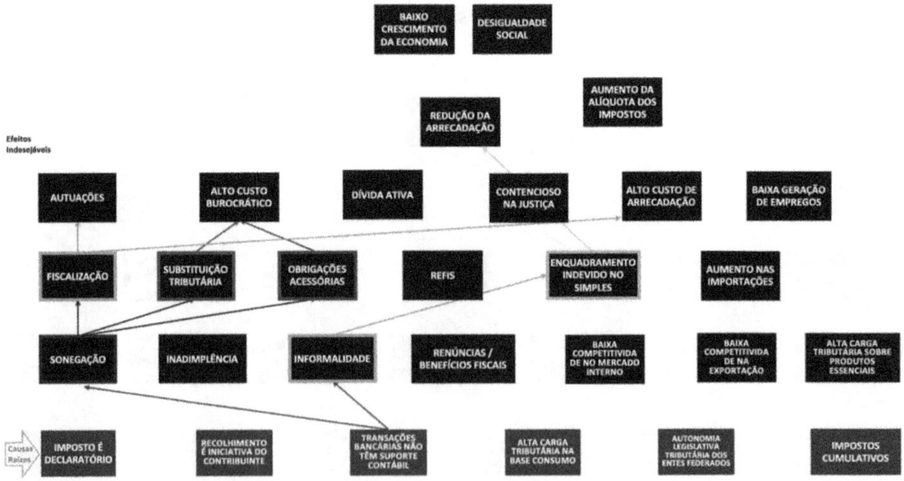

Fonte: Próprio autor

(d) Alta carga tributária na base consumo:
A quarta causa raiz identificada foi a de que o STN possui uma alta carga tributária sobrecarregada na base consumo. Conforme no capítulo anterior deste artigo, se considerarmos a base de consumo ampliada, ou seja, além dos tributos chamados indiretos ou regressivos sobre os bens e serviços, considerarmos também outras taxas e tributos sobre a folha, a participação da base consumo na CTB chega á 75% com dados de 2015.

Esta terrível causa raiz leva, em primeiro grau:

Á sonegação, pois a alta carga leva o contribuinte á correr o risco das implicações de uma sonegação para ter competitividade;

Á inadimplência pois o contribuinte não consegue fazer frente á tamanha carga tributária sobre tal operação comercial;

Á informalidade, pois é um caminho alternativo fácil que o agente econômico pode optar mais facilmente para poder empreender e ter competitividade;

E á alta carga tributária sobre produtos essenciais pois, uma vez que a carga nesta base não faz distinção de alíquota por classe social ela tem o mesmo sobrepeso sobre os itens essenciais á vida humana e pesa ainda mais para quem ganha menos, ou seja, é regressiva. Segundo o IPEA – Instituto de Pesquisa Econômica Aplicada, muito embora a CTB média tenha oscilado em torno de 35% do PIB nos últimos anos, á CT – Carga Tributária de quem ganha mais de 30 salários mínimos é de 29% e, portanto, menor do que á média ao passo que a CT de quem ganha menos de 2 salários mínimos a CT chega á quase 54%, portanto muito maior do que a média conforme o **Gráfico 7**. Isso, pois, á uma sobrecarga tributária na base consumo que é regressiva e indistinta com relação á faixas salarias.

GRÁFICO 7: **O que Mudar? A regressividade na base consumo.**

O QUE MUDAR? A REGRESSIVIDADE NA BASE CONSUMO			
Renda Mensal Familiar	Carga Tributária Bruta – 2004	Carga Tributária Bruta - 2008	Dias Destinados ao Pagamento de Tributos
até 2 SM	48,8	53,9	197
2 a 3	38,0	41,9	153
3 a 5	33,9	37,4	137
5 a 6	32,0	35,3	129
6 a 8	31,7	35,0	128
8 a 10	31,7	35,0	128
10 a 15	30,5	33,7	123
15 a 20	28,4	31,3	115
20 a 30	28,7	31,7	116
Mais de 30 SM	26,3	29,0	106
CTB, segundo CFP/DIMAC	32,8	36,2	132

Fonte: Próprio autor com base em IPEA

Adiante, no **Gráfico 8,** ilustra-se os efeitos negativos em até 3º grau relacionados á essa causa raiz.

GRÁFICO 8: **Árvore da Realidade Atual do STN: causa Alta Carga Tributaria na Base Consumo.**

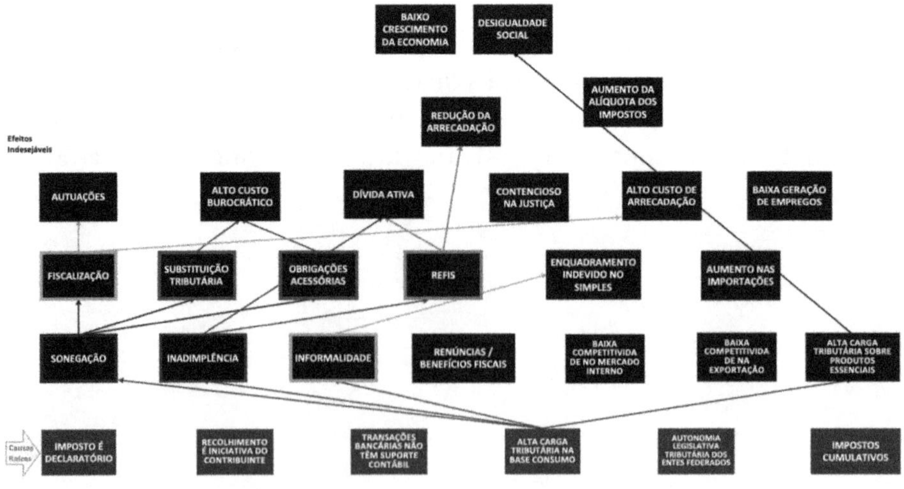

Fonte: Próprio autor

(e) Autonomia legislativa tributária dos Entes Federados

Outra causa raiz identificada foi que há uma divisão e um excesso de autonomia legislativa tributária entre os Entes Federados para tributar a mesma base do consumo de bens e serviços. Como vimos anteriormente, essa causa tem origem na EC/65 mas que ao longo do tempo foi agravada, sobretudo pelas contribuições criadas pela União sobre tal base e cuja arrecadação não é compartilhada com os demais Entes.

O excesso de autonomia para todos os entes (união, estados/DF e municípios) legislarem sobre a tributação na base consumo. Segundo o Banco Mundial, no relatório Doing Business, o Brasil é o 129º país em termos de ambiente de negócios e o 184º pior sistema tributário dentre 190 países pesquisados); originaram também a nefasta e autofágica guerra fiscal (os 7% do PIB equivalentes a renúncias, citados anteriormente), que custa caro para quem tenta andar na linha (o 1% de custo da burocracia tributária já citado, acrescido de um contencioso exorbitante, cujo custo em cascata aumenta a demanda pelo poder judiciário

Tal autonomia produz, em 1º grau, os seguintes efeitos negativos: renúncia/incentivos fiscais e alta carga tributária sobre produtos essenciais.

Primeiramente, cabe ressaltar que a famigerada "Guerra Fiscal" produzida por essa autonomia que permite aos Entes abrirem mão de arrecadação através das renúncias/incentivos fiscais á primeira vista pode parecer, para o Ente que assim está agindo, como uma importante política econômica de atração de investimentos que se reverterá em amis arrecadação, contudo, não é o que se observou no comportamento do ICMS, principal tributo dos Estados ao longo dos anos, por exemplo, conforme o **Gráfico 9** abaixo.

GRÁFICO 9: **Evolução Histórica da Tributação: CTB x ICMS.**

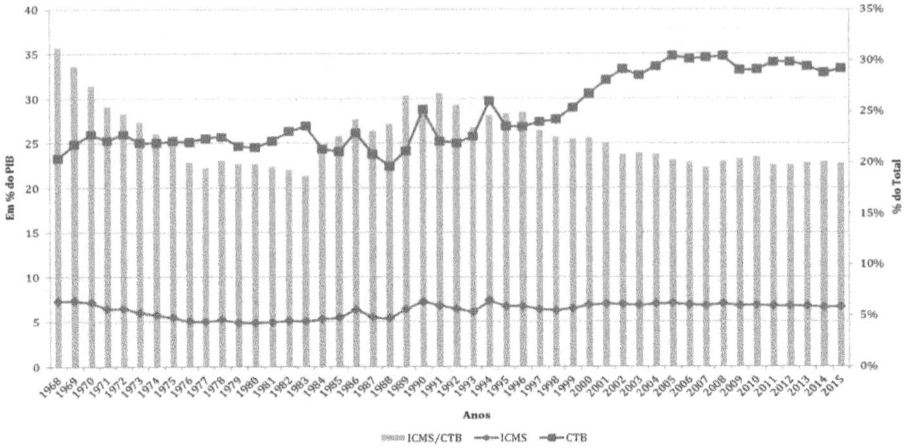

Fonte: CAE. Relatório do grupo de trabalho destinado a avaliar a funcionalidade do sistema tributário nacional. 2017)

Mais adiante, pelo exposto no **Gráfico 10**, é possível se observar os efeitos negativos em até 3º grau decorrentes desta nefasta causa raiz.

GRÁFICO 10: **Árvore da Realidade Atual do STN: causa Autonomia Legislativa Tributária dos Entes Federados.**

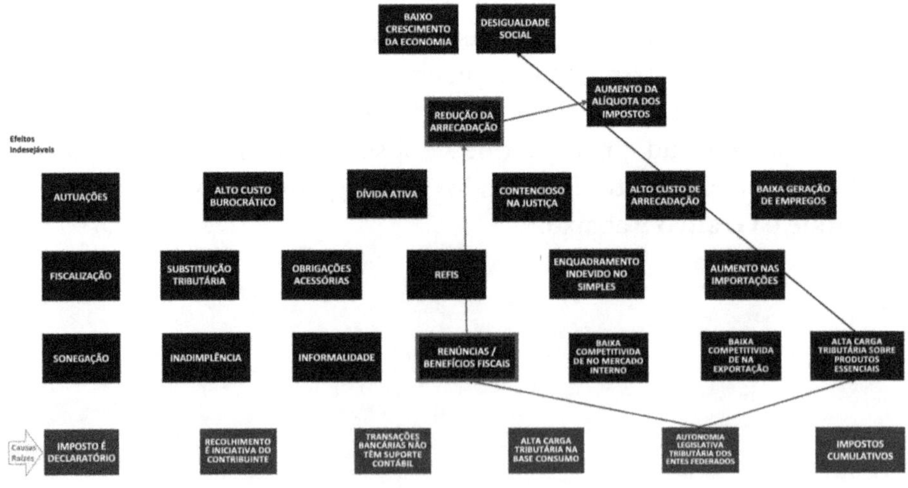

Fonte: Próprio autor

(f) Impostos cumulativos

Por fim, a última causa raiz identificada que originam todas as inadequações e inconsistências do manicômio tributário foi o fato de que o STN contém impostos cumulativos e não neutros. Isso leva a distorções na formação de preços, concorrência predatória e desleal e a uma injusta carga, ainda mais severa para quem ganha menos. Além de produzir, em primeiro grau, um terrível efeito negativo sobre a competitividade das empresas no âmbito interno e no externo.

Adiante, o **Gráfico 11** evidencia os efeitos negativos produzidos por tal causa em até o terceiro grau.

Gráfico 11: **Árvore da Realidade Atual do STN: causa Impostos Cumulativos.**

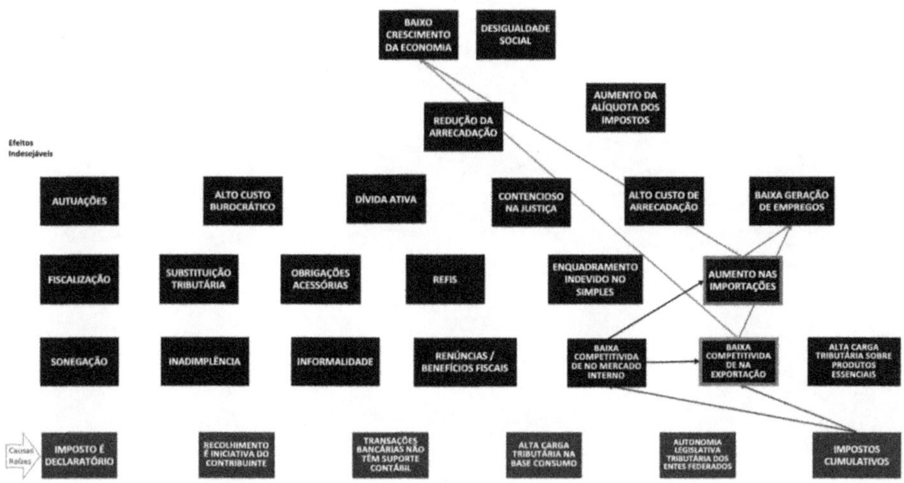

Fonte: Próprio autor. 2020

Referências

ABUHAB, Miguel. Devo não nego, pago quando receber! Alfaiatar: 2017.

CAE – Comissão de Assuntos Econômicos do Senado Federal. *RELATÓRIO DO GRUPO DE TRABALHO DESTINADO A AVALIAR A FUNCIONALIDADE DO SISTEMA TRIBUTÁRIO NACIONAL. Brasília*, Outubro 2017.

21. Nota em Busca de uma Nova Base Tributária Digital[1]

MARCOS CINTRA CAVALCANTI DE ALBUQUERQUE

Introdução

A moderna economia digital, que assume papel preponderante na organização social e da produção hodiernas, exige análise e eventual revisão dos conceitos convencionais que vêm presidindo os rumos das políticas tributárias adotadas em todo o mundo há décadas. As formas de produção e organização dos mercados demandam que a tecnologia digital em constante e rápida evolução deixe de ser apenas um instrumento de gestão tributária, como vem sendo amplamente utilizada[2], e assuma protagonismo, como elemento estruturante, no processo de *tax design* e no enfrentamento das questões de adaptação do sistema tributário à nova economia digital emergente.

A questão para a qual estas notas preliminares para debate estão orientadas é a de analisar a movimentação financeira como uma base tributária emergente, compatível com o mundo virtual. Apesar de sofrer críticas severas por parte dos que defendem os modelos tributários convencionais, tentaremos rebater algumas dessas objeções e mostrar que se trata de uma alternativa viável para substituir tributos convencionais que se mostram cada vez mais desajustados à realidade econômica do mundo virtual.

[1] Esta nota coleta e expande informações contidas em vários trabalhos do autor citados na bibliografia, particularmente em [CINTRA, 2009] e [CINTRA,2020].

[2] O Brasil vem sendo um dos pioneiros no uso da tecnologia digital na administração tributária, a exemplo da Nota Fiscal Eletrônica, das declarações via internet e do programa SPED, já plenamente desenvolvido entre nós.

A nova dinâmica do mundo digital

A crescente intensidade na movimentação de mercadorias e capitais no mundo moderno impõe novos parâmetros de comportamento nos setores privado e governamental. A automação e as sofisticadas formas de gestão, sobretudo nas empresas transnacionais, aumentaram vertiginosamente a produtividade e geraram escalas mundiais de produção. Organizações passaram a realizar planejamento estratégico num contexto global, padronizando produtos e práticas administrativas por todos os países onde atuam. As multinacionais desenham seus produtos, compram insumos, produzem, vendem e aplicam recursos financeiros em escala mundial, independentemente da localização física de suas matrizes e filiais. Os mercados internacionais movimentam somas vultosas de recursos a cada dia, tornando praticamente impossível a tarefa de acompanhar, controlar e classificar tais fluxos e suas representações materiais para poderem servir de base para um sistema tributário convencional.

O rápido avanço tecnológico e a revolução da informática alteraram em profundidade as formas como as trocas se realizam nas economias contemporâneas, que se tornam crescentemente desmonetizadas. O termo *cashless society*, cunhado pela revista *The Economist,* resume um novo ambiente econômico em gestação no mundo moderno. O Brasil se antecipou nesta tendência mundial induzido pelas crises hiper inflacionárias do final do século passado, que produziu o hiperdesenvolvimento do sistema bancário brasileiro, e facilitou a implantação de tributação sobre movimentação financeira.[3]

Os atuais sistemas tributários estão estruturados sobre bases convencionais de incidência. A renda pessoal, o lucro das empresas, o consumo, a folha salarial e o patrimônio são as formas predominantes de exação. Mas cada uma delas assume características distintas frente ao mundo global e virtual.[4]

Profissionais qualificados, com elevado nível de renda, passaram a ter uma mobilidade jamais vista. No caso dos lucros das empresas, a mobilidade é ainda mais acentuada. As grandes empresas multinacionais

[3] Cintra, M Globalização, modernização e inovação fiscal in [VASCONCELLOS, 2009], cap. 3, pp. 45-126.

[4] Cintra, M., Globalização impõe novo paradigma tributário, pp.47-54, in [WALD, 2003], pp. 47-54.

dispõem de modernos instrumentos que permitem reduzir seus desembolsos tributários.

A facilidade no transporte de pessoas por todo o mundo também afeta a tributação do consumo. Comerciantes e turistas podem adquirir produtos de elevado valor agregado em países que oferecem preços mais reduzidos. Além disso, nota-se que a expansão acelerada do comércio eletrônico dificulta a tributação por meios convencionais declaratórios, que se tornam incapazes de identificar os locais de origem e destino da operação. Da mesma forma as plataformas de comércio *P2P (peer-to-peer)* oferecem rotineiramente mecanismos de troca entre não-contribuintes de tributos sobre consumo, tanto interna quanto internacionalmente, passando ao largo dos instrumentos de controle fiscal usuais.

No mercado de trabalho a chamada "economia colaborativa", com novos formas de atuação como a *gig economy*, a *sharing economy*, as transações P2P, e as novas configurações e modelos de contratação e de prestação de serviços, vem causando a crescente erosão da base tributária assentada sobre a folha de pagamento das empresas, ameaçando fortemente a principal e mais tradicional fonte de financiamento da previdência social em todo o mundo[5]. O encolhimento desta base tributária além de causar fortes preocupações quanto ao financiamento da previdência, já altamente deficitária, pode configurar ainda fonte de distorções no processo concorrencial[6].

A utilização de sistemas tributários convencionais dentro desse contexto de dramáticas mudanças de ambientes comportamentais e administrativos é caldo de cultura propício para o surgimento de "paraísos fiscais". Há dezenas espalhados pelo globo. Os privilégios tributários proporcionados pelas *offshore companies* criadas nessas ilhas ou países permitem a montagem de complexas operações envolvendo fundações familiares, sociedades de serviços especializados, *trusts* e fundos de investimentos. Criam-se, assim,

[5] Cintra, M., Movimentação financeira: a base tributária emergente in [SACHSIDA et alii, 2018] cap. 16, pp. 247-268; o debate sobre a erosão da base de financiamento da previdência e a busca de uma nova base que permita a desoneração da folha de pagamentos é trazida à baila a cada nova proposta de reforma tributária. Vide Cintra, M. Movimentação financeira: a base de uma nova Contribuição Social, in [MINISTÉRIO DA PREVIDÊNCIA,2003] pp.177-228.

[6] Vide [REMEUR, 2018]

dificuldades dramáticas para a gestão de estruturas tributárias ortodoxas baseadas em impostos tradicionais.

Nota-se, portanto, acentuada deterioração na capacidade de tributação dos governos nacionais. As atuais estruturas fiscais vivem em constante ameaça em função de decisões tomadas por pessoas e empresas em diferentes partes do mundo e sobre as quais os governos nacionais possuem escassa possibilidade de controle. Administradores tributários são confrontados com sérios problemas de identificação seja dos fatos geradores, seja dos sujeitos passivos das obrigações tributárias. Elementos informativos essenciais como quem? quando? quanto? e onde? tão necessários para a tipificação dos fatos geradores tributários convencionais se embaralham fática e burocraticamente em novas formatações de produção e trocas, gerando enorme potencial para a explosão de contencioso e aumento dos custos de transação.[7]

Os métodos e instrumentos de controle e fiscalização do fisco são modernizados, mas o sistema tributário e seus conceitos básicos continuam estruturalmente arcaicos. As formas de tributação não se ajustaram à realidade do novo modo de produção que surge no mundo moderno.

Nestas circunstâncias porque não explorar como base imponível um elemento simples, transparente e onipresente, facilmente observável empiricamente que é a movimentação financeira?[8] O Brasil já teve no passado experiência com esta forma de tributação, que se mostrou eficiente e não gerou distorções que inviabilizassem sua operação durante mais de uma década, até 2007.

Trata-se de mecanismo que permitiria amplas possibilidades de rastreamento das atividades econômicas e ao mesmo tempo ofereceria ampla base de incidência que sintetiza praticamente todas as bases tributárias utilizadas nas economias contemporâneas.

É no ambiente digital envolvendo as transações financeiras que reside a nova e promissora base de cobrança de impostos para o financiamento dos Estados modernos.

[7] Sobre esse tema e sobre problemas gerados pelas criptomoedas e pela economia colaborativa, ver Verdi M.F., e Miguez S.D.S., Economia Digital y Tributación in [AFONSO, 2020,] pp-47-66.

[8] Sobre a evolução da tributação no Brasil e a possibilidade de tributar pagamentos vide Cintra, M., Paradigmas tributários: do extrativismo colonial à globalização na era eletrônica, in de [SANTI, 2008], pp. 16-34 e [CINTRA,2009].

Apesar da movimentação financeira já ser um tributo amplamente cobrado em vários países no mundo, ele tem sido utilizado mais frequentemente como um tributo regulatório, como por exemplo, o IOF no Brasil. Apenas três países o utilizaram, ou o vêm utilizando, como um tributo com fins arrecadatórios e de incidência ampla: Brasil, que o aplicou por cerca de doze anos entre 1994 e 2007, Argentina que o utiliza desde a década de 90, e ainda o faz com alíquota de 0,6% nos débitos e 0,6% nos créditos bancários e a Hungria que passou a cobrar o imposto a partir de 2014 com alíquota de 0,3%, após amplo debate e com a concordância das autoridades econômicas da União Europeia, inclusive do Banco Central Europeu.

A operação do IMF

No Brasil, a informatização dos bancos e a predominância da moeda eletrônica estimularam a adoção de uma nova base tributária na década de 90: a movimentação financeira.

Interessante notar que a base *movimentação financeira* é em realidade uma síntese de todas as bases tributárias utilizadas atualmente, com exceção da base riqueza. Todos os fatos geradores convencionais como renda, consumo, circulação, folha de salários são alcançados pelo imposto sobre movimentação financeira, IMF. Apenas o estoque de riqueza, base para tributos sobre propriedade não é alcançado, ainda que a tributação sobre transações de propriedade seja eficazmente realizada. Desta forma, diferentemente dos que afirmam alguns, a movimentação financeira pode ser considerada a mais perfeita *proxy* das bases convencionais, e, portanto, representa com fidelidade a atividade econômica e a capacidade contributiva dos agentes econômicos enquanto contribuintes. Ela tributa a renda (salários, juros, lucros e aluguéis), a circulação e o consumo, deixando de tributar apenas o estoque de riqueza.

No início dos anos 1990, quando se discutia a criação de um Imposto sobre Movimentação Financeira (IMF) com o propósito de contribuir para o ajuste das contas públicas (o IPMF que vigorou em 1994), e depois para financiar a saúde pública (a CPMF, que vigorou de 1997 a 2007), muitos críticos desse tipo de tributo alertaram que ele seria danoso ao sistema produtivo nacional. No entanto, os fatos acabaram desmentindo as previsões negativas apregoadas na época, pois a experiência brasileira com a tributação sobre movimentação financeira foi positiva. Ela mostrou ser um tributo de baixo custo para os contribuintes e para o governo, não gerou contencioso, além de ser imune à sonegação e à evasão.

Por razões que não cabe discutir aqui, o debate que levou à extinção da CPMF em 2008 foi iminentemente político, ignorando-se por completo a experiência que, de forma pioneira em todo o mundo, foi implantada no Brasil com enorme sucesso em doze anos de vigência.

O IMF, por sua universalidade e facilidade de arrecadação, possibilita a substituição de impostos e contribuições de natureza declaratória por uma incidência sobre transações bancárias. Pode ser utilizado tanto como um substituto pontual de tributos de baixa produtividade e alto custo, quanto, no limite, em sua forma mais radical, como um imposto único.

Ao IMF são atribuídos alguns efeitos operacionais indesejáveis: o estímulo à desintermediação bancária pela monetização da economia, a não-desoneração das exportações, estímulos à verticalização, cumulatividade e regressividade.[9]

Quanto ao primeiro caso, a proposta prevê a cobrança de uma alíquota adicional sobre os saques e depósitos para compensar o período que, em média, o papel-moeda ficará em circulação até seu retorno para o sistema bancário. Ademais, cabe esclarecer que a aplicação do IMF exigiria proteção legal, no sentido de tornar obrigatória a circulação pelo sistema bancário de qualquer operação comercial para que ela tenha validade e legitimidade.

Em relação ao segundo caso, o impacto no sistema bancário, haverá uma *conta investimento* na qual o dinheiro irá circular sem a incidência desse tributo, sendo cobrado o Imposto de Renda sobre os ganhos das aplicações. Apenas quando esses recursos retornarem ao circuito das operações na *conta movimento* o IMF voltaria a incidir[10].

É preciso pensar os sistemas tributários contemporâneos com base no ambiente globalizado e digital em que a sociedade vive e se desenvolve atualmente. Não há como imaginar que os tributos convencionais e ortodoxos gerados na era do papel, dos livros contábeis e das barreiras

[9] Cumpre lembrar, porém, que a adoção do IMF deve vir acompanhada de um tratamento diferenciado para as transações em moeda manual e para os mercados financeiro e de capitais, como ocorreu com a CPMF a partir de 2004.

[10] Para uma discussão detalhada das características operacionais recomendadas para a tributação sobre as transações no mercado financeiro e de capitais ver [CINTRA, 2009] pp.187-188.

físicas de transporte de mercadorias serão capazes de evitar a generalizada evasão tributária e suas dramáticas consequências para o financiamento do estado moderno[11].

Quanto ao mercado financeiro, vale relembrar o que ocorreu no Brasil com a CPMF entre outubro de 2004 e 2007 quando a lei 10892/2004 criou a conta-investimento para isentar os investidores da incidência daquele tributo exatamente para neutralizar seus impactos negativos no setor financeiro.

Em relação às exportações, um IMF permite que se estime o peso do tributo em cada produto a partir de uma matriz intersetorial utilizada para calcular os impactos sobre os preços. A partir dessa informação seria possível destinar créditos aos exportadores por meio de rebates fiscais.

No tocante ao estímulo à verticalização, o processo decisório interno à empresa nesta decisão pende para questões de natureza tecnológica, como ganhos de especialização e de escala, em relação as quais o IMF é geralmente irrelevante considerando sua baixa alíquota marginal. Difícil imaginar, por exemplo, uma montadora de automóvel voltar a produzir aço, borracha, pneu e vidro para fugir do tributo sobre alguns insumos que individualmente representam pequenas proporções dos custos totais de insumos.

Por fim a desintermediação: dizem os críticos que um IMF fará com que as pessoas e empresas vão deixem de utilizar os bancos para trabalhar com dinheiro, e que consequentemente esta base tributária tende a se contrair e reduzir a arrecadação. Afirmam que em outros países isto teria ocorrido, citando-se o caso argentino.

Primeiramente, não procede a afirmação que esse tipo de tributo gerou monetização na Argentina.[12] Naquele país vige desde 2002 um IMF cuja arrecadação tem se mantido constante, com alíquota de 0,6% em cada lado de uma operação bancária. Na Colômbia o tributo com alíquota de 0,3% em 2001 e 0,4% a partir de 2004 manteve-se incialmente em 0,7% do PIB

[11] Uma clara preocupação com a crescente evasão de recursos públicos que assola as economias mundiais está contemplada no plano de ação da Organização para a Cooperação e Desenvolvimento Econômico (OCDE) intitulado *"Addressing Base Erosion and Profit Shifting"*. A entidade foca a necessidade de combater esquemas de planejamento tributário praticado por grupos econômicos que se aproveitam de lacunas normativas e assimetrias dos sistemas tributários nacionais para transferir lucros para países com tributação reduzida ou inexistente.

[12] Para uma análise do caso argentino ver [CINTRA, 2009] pp. 167-169.

e depois saltou para 0,9% do PIB e aí se manteve. No Peru a receita foi declinante em razão da alíquota ter sido reduzida de 0,15% para 0,005% para se tornar um instrumento de fiscalização contra a sonegação.

Quanto aos possíveis estímulos ao uso de dinheiro em espécie cabe lembrar que hoje nos setores de serviços, comércio e indústria o prêmio ao sonegador pode ir de 26% a 37% em razão dos atuais tributos. Basta a não emissão de um Nota Fiscal. Por que com cerca de 1%, 2% ou 3% de um IMF haveria maior incentivo? Sem falar nos custos de transação mais elevados com uso de moeda manual, como transporte e segurança. Por fim, vale dizer que a monetização pode ser controlada com medidas dissuasivas como a cobrança de alíquotas dobradas nos saques e depósitos de dinheiro em espécie, tornar obrigatório que todas as transações transitem pelos bancos para terem reconhecimento jurídico, ou retirar de circulação cédulas de valor elevado.

Adicionalmente, os críticos da tributação sobre a movimentação financeira levantam a questão de as criptomoedas substituírem as moedas nacionais. Sem dúvida, trata-se de ameaça real, mas ela diz respeito a qualquer sistema tributário, seja eletrônico, cumulativo, declaratório ou sobre o valor agregado. O impacto potencial das moedas digitais vem sendo analisado por instituições como os Banco da Inglaterra, do Canadá, o Federal Reserve e o Departamento do Tesouro nos Estados Unidos com vistas a estabelecer controles que devem disciplinar seu uso visando preservar a capacidade de arrecadação pública.

Conclusões

Parte expressiva do pensamento tributário contemporâneo estacionou em teorias e dogmas vigentes em meados do século passado, mantendo-se presa a conceitos e princípios ultrapassados que não se ajustam ao mundo contemporâneo. Ainda que os métodos administrativos de controle e a atividade do Fisco tenham sido operacionalmente modernizados, as estruturas conceituais sobre as quais estão assentados os paradigmas usualmente defendidos nas propostas convencionais de reforma tributária continuam em grande parte em desacordo frente à realidade do novo modo de produção e circulação de bens e serviços que surge na sociedade atual.

Nos últimos anos, medidas isoladas atingindo questões tributárias pontuais visaram, sobretudo, aumentar a arrecadação sem que aspectos relacionados à eficiência alocativa dos recursos econômicos fossem levados em consideração. Nestas condições, tais iniciativas foram na contramão das necessidades do país.

Não tem havido simplificação, a complexidade vem aumentando a cada momento, as estratégias de negócios são devassadas pelos fiscos e sujeitas a interpretações que fazem explodir o contencioso e a iniquidade se aprofundou. Os custos de transação explodem, e as exigências fiscais sufocam as empresas e as famílias com altos custos de *compliance*.

Tudo isto como resultado de uma insensata insistência em amoldar princípios ultrapassados de exação tributária a um mundo novo, vigoroso e repleto de inovações surpreendentes.

O cenário econômico global, baseado na tecnologia digital, exige uma forma de tributação inovadora, como o IMF, que traz inúmeras vantagens. A fiscalização torna-se mais simples, os critérios de taxação ficam mais automáticos e desburocratizados, e os custos de gestão para o poder público, e principalmente para o setor produtivo privado, tornam-se menores. A simplificação do processo fiscal reduz os custos de transação pois a arrecadação dispensa declarações, guias e controles burocráticos. O IMF eliminaria virtualmente a sonegação, a corrupção fiscal e a economia informal, com custos administrativos ou de fiscalização pouco significativos.

Em resumo, o IMF é uma forma de tributação inovadora, em sintonia com a sociedade moderna, capaz de gerar expressivos ganhos de eficiência e competitividade. No ambiente dinâmico e inovador do mundo moderno, cabe substituir a adaptação desajeitada do **fato gerador** analógico do passado para dar lugar ao uso do fato gerado disponível nos registros digitais dos pagamentos.

Referências

AFONSO J.R. e Santana, H.L. (coordenadores) *Tributação 4.0*, Coleção IDP, Almedina, SP, 2020.

CINTRA, M., *As assimetrias distributivas da não-cumulatividade*, Escola de Economia de São Paulo (EESP/FGV). São Paulo, abril de 2004.

CINTRA, M., *Bank transactions: pathway to the Single Tax ideal*, Amazon Books, 2009.

CINTRA, M., A new tax technology: The Brazilian experience with a general bank transactions tax. *Journal of Accounting and Taxation*, Vol. 2, p.15-24, junho,2010.

CINTRA, M., Economia Digital e Tributação I, *Conjuntura Econômica*, FGV, Vol. 74, abril 2020.

CINTRA, M., Economia Digital e Tributação II, *Conjuntura Econômica*, FGV, Vol. 74, maio 2020.

DORIGO, S., Robots and taxes: turning an apparent threat into an opportunity, in *Tax Notes International* Volume 92, number 11, December 10, 2018.

HASLEHNER W. et alii (eds) *Tax and the digital economy: challenges and proposals for reform*, Wolters Kluwer, 2019.

KAPLOW, L., *The theory of taxation and public economics*, Princeton University Press, 2008.

KOVACEV, R.J., *A taxing dilemma: robot taxes and the challenges of effective taxation of AI, automation and robotics in the fourth industrial revolution*, apresentado no Symposium on AI and the future of tax law and policy, Ohio State University Moritz College of Law, March 22, 2019.

MINISTÉRIO DA PREVIDÊNCIA SOCIAL, *Base de financiamento da previdência social: alternativas e perspectivas*, Série Estudos, 2003

MIROUDOT, S. et al, "*Services In Global Value Chains: From Inputs to Value-Creating Activities*", OECD Trade Policy Papers, No. 197, OECD Publishing, Paris, 2017.

OWENS, J., *Current technological developments*, Institute for Austrian and International Tax Law, Vienna University of Economics and Business, mimeo, s/d.

REMEUR C., *The Collaborative economy and taxation*, European Parlamentary Research Service, PE 614.718, European Parliament, Feb.2018.

RESENDE, F. *A revolução digital e o universo tributário – Desafios e caminhos para a reforma tributária*, Confederação Nacional de Serviços (CNS). São Paulo, 2019.

SACHSIDA, A., et al, *Reforma Tributária*, Ipea-OAB/DF, Rio de Janeiro, 2018.

SANTI, E.M., *Curso de Direito Tributário e Finanças Públicas*, São Paulo, Saraiva, 2008.

SECRETARIA DA RECEITA FEDERAL, CPMF – Mitos e verdades sob as óticas econômica e administrativa, Textos para discussão 15, 2001.

STEIN, H. (Ed.), *Tax Policy in the Twenty-First Century*, New York: John Wiley and Sons, 1988, pp.19-20.

SUESCÚN, Rodrigo. Raising Revenue With Transaction Taxes In Latin America – Or is it better to tax with the devil you know? *World Bank Policy Research Working Paper* 3279, p.40, Abril de 2004.

Tax Notes International Volume 92, number 11, December 10, 2018.

TANZI, V. *Globalization, technological developments, and the work of fiscal termites.* IMF, Working Paper, WP00181, Nov. 2000.

VASCONCELLOS, R.F., *Política Fiscal*, cap.3, pp. 45-126, São Paulo, Série GV Law, Saraiva, 2009.

Wald, A. et alii, *O direito brasileiro e os desafios da economia globalizada*, América Jurídica, Rio de Janeiro, 2003.

22. A Particularidade da Discussão sobre a Isenção do Imposto de Renda sobre a Distribuição de Lucros nas Sociedades de Pessoas

Misabel Abreu Machado Derzi
Fernando Daniel de Moura Fonseca

1. Delimitação do problema. Apresentação dos principais pontos de discussão. Antecipação do posicionamento final

Questão das mais instigantes envolvendo as recentes discussões sobre a necessidade de uma reforma da legislação tributária brasileira diz respeito à isenção legal sobre a distribuição de lucros por pessoas jurídicas. Como se sabe, desde 1º de janeiro de 1996 lucros e dividendos auferidos por pessoas físicas e jurídicas, domiciliadas no Brasil ou no exterior, cuja origem seja o resultado apurado por pessoas jurídicas nas quais o beneficiário detenha participação estão isentas de imposto de renda.

Atualmente, a regra trazida pelo legislador ordinário (Lei n. 9.249/95, art.10) vem sendo objeto de críticas. A principal delas, que de certa forma diz respeito a aspectos fundamentais do debate, reside na pretensa existência de um tratamento tributário favorecido aos titulares de rendimentos oriundos do capital, classe a que pertenceriam, indistintamente, os lucros e dividendos distribuídos por pessoas jurídicas. Esse favorecimento ficaria evidente diante da constatação de que rendimentos oriundos do trabalho seriam tributados de forma mais gravosa, dado que inexoravelmente submetidos à progressividade de alíquotas do imposto de renda das pessoas físicas, cujo maior percentual hoje está em 27,5%.

A crença na existência de um regime discriminatório em favor de rendimentos do capital (dividendos, *e.g.*) somada à premissa de que o recebimento de lucros pelo titular de participações societárias representaria, sempre e necessariamente, um rendimento oriundo do capital deveria impor uma mudança imediata. Tratar-se-ia, em verdade, de uma mudança de rota para a correção de um erro cometido em 1995, em prol dos critérios da generalidade, universalidade e progressividade, informadores da tributação da renda no Brasil por imperativo constitucional.

É preciso, todavia, que as premissas estejam mais bem estabelecidas. Conforme será demonstrado ao longo desse breve ensaio, o legislador brasileiro não positivou, na década de 1990, um regime destinado a promover um injustificado favorecimento aos rendimentos do capital. A propósito, no contexto histórico em que estabelecida a regra isentiva já se discutia, em termos mundiais, a necessidade de sistemas integrados de tributação da renda, cujo objetivo principal era o de evitar que uma mesma riqueza fosse onerada duplamente, por meio da cobrança do imposto de renda corporativo e daquele incidente sobre as pessoas naturais.

Não se ignora que a isenção dos resultados distribuídos (sistemática brasileira) não é a única forma de se obter a referida integração, existindo diversos outros modelos. De todo modo, reconhecer existência de alternativas à isenção não pressupõe qualquer tipo de defesa de um modelo amplo de dupla tributação da renda, que seria obtido caso a regra atual fosse apenas revogada. Dito de outro modo, a discussão deve ter a integração como pressuposto e jamais a possibilidade de dupla oneração de uma mesma riqueza.

Para além disso, é preciso que sejam levadas em conta as diversas singularidades brasileiras. Nessa linha de ideias, conclusões baseadas em comparações pontuais entre diferentes jurisdições não se mostram úteis. Dois pontos específicos saltam aos olhos. O primeiro deles diz respeito à existência de dois tributos que incidem sobre a totalidade das receitas (PIS/Cofins), diminuindo o peso do argumento de que planejamentos tributários acabariam por retirar do imposto de renda das pessoas jurídicas parte da sua capacidade de arrecadação. O segundo passa pela rigidez da separação entre pessoas físicas e jurídicas no Brasil, fruto de uma deferência, por vezes exagerada, do legislador tributário aos conceitos e formas do direito privado. Por essa razão, todas as pessoas jurídicas brasileiras estão submetidas à tributação corporativa, mesmo quando a sua composição revelar estar-se diante de uma sociedade de pessoas.

O segundo ponto acaba por induzir a um raciocínio que distorce a realidade. A submissão das pessoas jurídicas à tributação corporativa parece sugerir a necessária existência de uma capacidade econômica autonomamente manifestada, distinta daquela revelada pelos sócios por ocasião da distribuição do resultado. Em outras palavras, o modelo legal vigente, de separação entre pessoas físicas e jurídicas, acaba por sugerir a presença de duas manifestações de riqueza, ambas igualmente aptas a sofrerem a incidência do imposto de renda.

Conforme se pretendeu demonstrar ao longo dos tópicos seguintes, na maior parte das pessoas jurídicas (em especial nas sociedades de pessoas, a manifestação de riqueza está indissociavelmente ligada ao trabalho pessoal de seus sócios. Ou seja, o imposto de renda cobrado no nível da sociedade nada mais é do que uma antecipação do tributo devido pelas pessoas físicas, responsáveis únicos e destinatários finais da riqueza gerada. Dito de outro modo, não há manifestação de riqueza autônoma no âmbito das sociedades de pessoas, o que deve afastar qualquer possibilidade de dupla tributação, dada a singularidade da riqueza econômica gerada.

Os comentários acima acabam por gerar um efeito adicional. É que se as sociedades de pessoas não possuem capacidade contributiva, tampouco deveriam estar submetidas ao imposto de renda corporativo. Nesse contexto, os rendimentos que dela derivam simplesmente não podem ser classificados como "do capital", representando verdadeiros rendimentos do trabalho, a atrair a incidência do imposto de renda das pessoas físicas. Agora sim, por respeito aos critérios da generalidade, universalidade e progressividade.

As considerações realizadas até aqui demonstram a abrangência da discussão. O presente artigo, contudo, vai se dedicar ao tema sob a perspectiva das sociedades de pessoas. Em síntese, defende-se a ideia de que qualquer mudança sobre a regra atual deve considerar a absoluta impossibilidade de que tais rendimentos sejam onerados duplamente. Do contrário, haverá uma ilegítima discriminação com base na origem do rendimento e não na sua natureza, o que não se tolera em virtude dos mesmos critérios constitucionais já mencionados. Admite-se, apesar disso, que a integração ocorra no âmbito das pessoas físicas, por meio da submissão dos rendimentos à tabela progressiva, de tal sorte a aproximar o imposto da efetiva geração de riqueza.

Tendo sido verificados os pontos controvertidos, apresentados os principais argumentos e antecipadas algumas das conclusões, passemos aos fundamentos com maior riqueza de detalhes.

2. A isenção brasileira sobre os resultados distribuídos. Contexto histórico

Quando a Lei n. 9.249/95 foi concebida, optou o legislador brasileiro por um modelo de incidência única, concentrado nas pessoas jurídicas. Como decorrência, a passagem do lucro para os sócios foi objeto de uma isenção. A Exposição de Motivos do referido diploma legal declinou as suas razões. Afirmou-se que por meio da exclusão seria promovida uma integração completa entre pessoas físicas e jurídicas, cujo fundamento teria origem na simplificação dos controles e no combate à evasão fiscal.[1] E não se tratava de um modismo tupiniquim. De fato, a opção por regimes sustentados na isenção dos resultados distribuídos (mesmo que parcial) vinha se mostrando a tendência em jurisdições importantes. Àquela altura era grande a preocupação com os efeitos de uma dupla tributação da renda.[2]

Ainda a respeito do contexto da edição da Lei n. 9.249/95, Polizelli[3] chama atenção a um ponto curioso pertinente às discussões havidas na

[1] Lei 9.2949/95. Exposição de Motivos. "12. Com relação à tributação dos lucros e dividendos, estabelece-se a completa integração entre a pessoa física e a pessoa jurídica, tributando-se esses rendimentos exclusivamente na empresa e isentando-se quando do recebimento pelos beneficiários. Além de simplificar os controles e inibir a evasão, esse procedimento estimula, em razão da equiparação de tratamento e das alíquotas aplicáveis, o investimento nas atividades produtivas".

[2] POLIZELLI, Victor. Tributação de Dividendos no Brasil: propostas e questões para sua implementação. *In*: BUISSA, Leonardo; RIEMANN, Simon; MARTINS, Rafael Lara (org.). **Direito e finanças públicas nos 30 anos da constituição:** experiências e desafios nos campos do direito tributário e financeiro. Florianópolis [SC]: Tirant Blanch, 2018. p. 413-439, p. 421. (Experiência Jurídica nos 30 anos da Constituição Brasileira, 8).

[3] POLIZELLI, Victor. Tributação de Dividendos no Brasil: propostas e questões para sua implementação *In*: BUISSA, Leonardo; RIEMANN, Simon; MARTINS, Rafael Lara (org.). **Direito e finanças públicas nos 30 anos da constituição:** experiências e desafios nos campos do direito tributário e financeiro. Florianópolis [SC]: Tirant Blanch, 2018. p. 413-439, p. 421. (Experiência Jurídica nos 30 anos da Constituição Brasileira, 8).

Câmara dos Deputados. A isenção foi estabelecida em um cenário de redução das alíquotas do Imposto de Renda das Pessoas Jurídicas (IRPJ), o que poderia levar à conclusão de que o seu real objetivo teria sido o impulso à formalização dos contribuintes e não propriamente aqueles manifestados pelo legislador. O principal atrativo seria a presença de uma menor carga tributária, apta a estimular a opção pelo lucro presumido. Na ocasião, vários Congressistas teriam se mostrado insatisfeitos com o que se considerava ser um exagero nas reduções de alíquota do imposto de renda das empresas.

O momento atual sugere novas preocupações. O mundo vem lidando com as consequências de uma concorrência tributária ferrenha, na qual países lutam para atrair contribuintes para o seu território, ainda que às custas de uma obscena redução da carga tributária ou da concessão de benefícios fiscais questionáveis. Isso pode ser constatado por meio de uma rápida incursão sobre detalhes genéricos do Projeto BEPS (*Base Erosion and Profit Shifting*),[4] desenvolvido pela Organização para a Cooperação e Desenvolvimento Econômico (OCDE), com apoio do G20.

Diversas das questões endereçadas têm por origem, justamente, os efeitos tributários de uma competição por mercados cada vez mais globalizados. Discussões como territorialidade e universalidade da tributação, concorrência tributária prejudicial e transparência fiscal estão em evidente ebulição. Como reação a tudo isso, o mundo parece caminhar no sentido da redução das alíquotas do imposto de renda das pessoas jurídicas, com a transferência de parte desse ônus para as pessoas físicas.

Não era essa a preocupação do legislador brasileiro em 1995. Naquele momento, não se cogitava a mobilidade contemporânea do capital, tampouco a erosão das bases tributáveis. O país se encontrava em outro estágio do ponto de vista de desenvolvimento econômico, as instituições estavam menos consolidadas, a legislação carecia de melhoramentos básicos, o Fisco ainda não tinha obtido o elevado grau de aperfeiçoamento atual, etc. Por todas essas razões, avaliar a opção de outrora com os olhos de hoje para concluir que a isenção representa a concessão de um benefício odioso aos titulares do capital é ingênuo. O debate precisa se apresentar em outro patamar, para promover uma discussão técnica sobre o modelo mais adequado de tributação da renda no Brasil.

[4] Em livre tradução: "erosão da base e transferência de lucros."

3. O conteúdo da regra prevista no art. 10 da Lei n. 9.249/95[5]

A clareza da redação atribuída ao dispositivo acima mencionado faz com que a norma não seja objeto de maiores controvérsias. É possível tomar como pacífico o entendimento de que a distribuição de resultados por pessoas jurídicas não está sujeita ao pagamento de imposto de renda pelo beneficiário, ainda que residente/domiciliado no exterior. Há previsão de um único nível de tributação dos lucros auferidos por pessoas jurídicas, que podem ser entregues livremente aos seus titulares, restringindo a incidência ao determinado na legislação que regula a tributação corporativa.

De todo modo, é importante que se analisem algumas questões mais técnicas, ainda que sobre elas igualmente não pairem grandes divergências. A primeira diz respeito ao vocábulo *resultados*, que revela nítida opção do legislador por confiar à legislação privada, especialmente à Lei n. 6.404/76,[6] a definição da base sobre a qual incide a regra isentiva. A legislação tributária não se preocupou em definir resultado, tendo apenas previsto que ele pode passar aos sócios sem qualquer obstáculo de natureza fiscal, desde que apurado com base em determinados critérios

[5] Lei n. 9.249/95: Art. 10. Os lucros ou dividendos calculados com base nos resultados apurados a partir do mês de janeiro de 1996, pagos ou creditados pelas pessoas jurídicas tributadas com base no lucro real, presumido ou arbitrado, não ficarão sujeitos à incidência do imposto de renda na fonte, nem integrarão a base de cálculo do imposto de renda do beneficiário, pessoa física ou jurídica, domiciliado no País ou no exterior.
§1º No caso de quotas ou ações distribuídas em decorrência de aumento de capital por incorporação de lucros apurados, a partir do mês de janeiro de 1996, ou de reservas constituídas com esses lucros, o custo de aquisição será igual à parcela do lucro ou reserva capitalizado, que corresponder ao sócio ou acionista.
§ 2ºA não incidência prevista no caput inclui os lucros ou dividendos pagos ou creditados a beneficiários de todas as espécies de ações previstas no art. 15 da Lei nº 6.404, de 15 de dezembro de 1976, ainda que a ação seja classificada em conta de passivo ou que a remuneração seja classificada como despesa financeira na escrituração comercial.
§3º Não são dedutíveis na apuração do lucro real e da base de cálculo da CSLL os lucros ou dividendos pagos ou creditados a beneficiários de qualquer espécie de ação prevista no art. 15 da Lei nº 6.404, de 15 de dezembro de 1976, ainda que classificados como despesa financeira na escrituração comercial.

[6] Lei n. 6.404/76: Art. 177. A escrituração da companhia será mantida em registros permanentes, com obediência aos preceitos da legislação comercial e desta Lei e aos princípios de contabilidade geralmente aceitos, devendo observar métodos ou critérios contábeis uniformes no tempo e registrar as mutações patrimoniais segundo o regime de competência.

legais oriundos da legislação comercial. Como consequência, não se exige que o resultado societário tenha sido oferecido à tributação, sendo permitido que parcelas do lucro não tributadas sejam distribuídas com isenção aos seus titulares.

Atento à possibilidade de que os lucros nem sempre sejam objeto de distribuição aos sócios, que podem, inclusive, optar por sua capitalização, prevê a legislação que as participações societárias recebidas em decorrência da referida operação[7] tenham o seu custo de aquisição representado ou majorado pelos lucros e/ou reservas incorporadas ao capital social. Não poderia ser diferente, na medida em que a incorporação de lucros ao capital representa inegável esforço econômico por parte do sócio. A preocupação do legislador, nesse particular, é com a apuração de eventual ganho obtido na alienação das referidas participações societárias, dada a relevância do custo de aquisição para esse fim. A norma, portanto, apenas explicita um direito que decorre da própria estrutura do imposto de renda.

Logo na sequência, o parágrafo segundo do mesmo artigo 10 traz disposição interessante. Em linha com a abrangência da regra prevista no caput, assegura que os resultados não serão tributados mesmo que a ação respectiva esteja classificada em conta de passivo ou que a sua remuneração venha a ser classificada como despesa financeira na contabilidade da sociedade. Trata-se de comando legal preocupado com o que se pode chamar de instrumentos híbridos, que seriam aqueles que possuem, ao mesmo tempo, elementos típicos de uma relação de dívida *(debt)* e de capital *(equity)* e que serão registrados contabilmente de acordo com o feixe de atributos dominantes.

Logo, se uma determinada classe de ações contiver elementos que levem a uma classificação, sob a ótica contábil, como instrumento de dívida (cuja escrituração ocorrerá em conta de passivo), os seus frutos serão tidos juridicamente por lucros/dividendos a despeito de a fonte pagadora conceder-lhes tratamento diverso (juros). De forma simétrica, o parágrafo seguinte impede que o oposto gere efeitos, isto é, que os "dividendos" pagos com base em instrumentos de dívida sejam deduzidos na apuração do lucro real. O dispositivo apenas cuidou de assegurar a prevalência da

[7] A capitalização de lucros e suas reservas não pressupõe a emissão de novas participações societárias.

natureza jurídica, apesar de que, na perspectiva da escrituração mercantil, os valores não terão origem no resultado, o que é uma exigência do *caput*.

Não obstante a abrangência da isenção, algumas limitações podem ser observadas. O vínculo com o resultado societário acaba por restringir o montante dos dividendos que podem ser pagos ao exato valor do lucro líquido apurado no exercício.[8] Distribuições acima desse limite, considerando um ano-calendário, não estarão abrangidas pela isenção e deverão ser tributadas pelos beneficiários de acordo com os seus respectivos regimes de incidência. Além disso, distribuições que não tenham origem no resultado não podem ser consideradas isentas, como seria o caso de pagamentos à conta de reserva de capital (reserva de ágio, *e.g.*), quando a lei societária assim o permitir.

Questão interessante diz respeito aos lucros e dividendos cuja origem seja um investimento avaliado pelo critério do patrimônio líquido. Nessa hipótese, o beneficiário da distribuição não reconhece uma receita (que seria objeto da norma isentiva), na medida em que as oscilações havidas sobre o patrimônio da investida são refletidas por equivalência. Dito de outro modo, os dividendos relacionados a um investimento avaliado pelo Método da Equivalência Patrimonial (MEP) não transitam pelo resultado, sendo registrados como diminuição do valor de patrimônio líquido do investimento.[9] Trata-se de uma consequência lógica, eis que a distribuição de dividendos reduz o patrimônio da investida. Portanto, a não tributação

[8] Lei n. 6.404/76: Art. 201. A companhia somente pode pagar dividendos à conta de lucro líquido do exercício, de lucros acumulados e de reserva de lucros; e à conta de reserva de capital, no caso das ações preferenciais de que trata o § 5º do artigo 17.

§ 1º A distribuição de dividendos com inobservância do disposto neste artigo implica responsabilidade solidária dos administradores e fiscais, que deverão repor à caixa social a importância distribuída, sem prejuízo da ação penal que no caso couber.

§ 2º Os acionistas não são obrigados a restituir os dividendos que em boa-fé tenham recebido. Presume-se a má-fé quando os dividendos forem distribuídos sem o levantamento do balanço ou em desacordo com os resultados deste.

[9] Art. 22. O valor do investimento na data do balanço, conforme o disposto no inciso I do caput do art. 20, deverá ser ajustado ao valor de patrimônio líquido determinado de acordo com o disposto no art. 21, mediante lançamento da diferença a débito ou a crédito da conta de investimento. (Redação dada pela Lei nº 12.973, de 2014) (Vigência)

Parágrafo único. Os lucros ou dividendos distribuídos pela coligada ou controlada deverão ser registrados pelo contribuinte como diminuição do valor de patrimônio líquido do investimento, e não influenciarão as contas de resultado.

dos dividendos nesses casos tem origem na previsão de neutralidade das receitas e despesas de equivalência patrimonial.

Situação diversa ocorre quando o investimento é avaliado pelo método de custo. Nesses casos, o recebimento dos resultados pelo beneficiário é reconhecido como receita, que deveria ser levada à tributação pelo imposto de renda não fosse a previsão legal de isenção. A regra parece ter efeito apenas sobre essa hipótese, dado que ela atua para expurgar da base de cálculo do imposto de renda das pessoas jurídicas uma receita contábil. Nas situações do parágrafo anterior, a não tributação tem origem nas regras atinentes ao MEP.

Com essas considerações, pretende-se afirmar que eventual revogação da regra atual pode não gerar qualquer efeito sobre os lucros e dividendos originados de investimentos avaliados pelo MEP, uma vez que o seu recebimento não tem influência sobre o resultado do beneficiário. A pretensão de tributação desses resultados parece pressupor a necessidade de um outro tipo de regra, a que irá prever a adição à base de cálculo de um ingresso não tratado pela contabilidade como receita. Ou seja, se a intenção do legislador for determinar a tributação dos lucros e dividendos recebidos pode não se mostrar suficiente apenas a revogação da norma atualmente em vigor.

Diante desses apontamentos, pode-se concluir que o atual regramento brasileiro é realmente amplo, eis que baseado no conceito de integração, operacionalizado pela isenção total.[10] Optou o legislador por adotar um regime de tributação em apenas um nível, que ocorre exclusivamente no âmbito das pessoas jurídicas, tratadas como entidades que possuem personalidade distinta da de seus sócios. Por essa razão, confiou à legislação societária a definição de resultado, isentando tudo aquilo que tenha sido apurado como representativo da performance da pessoa jurídica. Como consequência, admite-se que resultados eventualmente não oferecidos

Parágrafo único. Os lucros ou dividendos distribuídos pela investida deverão ser registrados pelo contribuinte como diminuição do valor do investimento, e não influenciarão as contas de resultado. (Redação dada pela Lei nº 12.973, de 2014) (Vigência).

[10] A propósito, vide: CATARINO, João Ricardo; GODOI, Marciano Seabra; MELO, Ana Conceição; GARCIA, Ana Carolina Moreira. Tendências da Tributação Internacional sobre os Lucros e Dividendos: Um Estudo Comparativo entre Brasil e Portugal. **Revista de Direito Internacional Econômico e Tributário – RDIET**, Brasília, v. 12, n. 1, p. 92-131, jan./jun. 2017.

à tributação, em razão de especificidades da legislação tributária, sejam entregues aos sócios sem qualquer incidência adicional.

4. A capacidade contributiva das pessoas jurídicas em geral

A definição dos critérios para a tributação de lucros e dividendos pressupõe a definição das hipóteses em que seria razoável cogitar-se duas incidências do imposto de renda. Essa possibilidade de dupla oneração decorre da óbvia necessidade de se identificar quando se está diante de distintas manifestações de capacidade contributiva, o que não ocorrerá pelo simples fato de que lucros foram transferidos aos sócios. Dito de outro modo, a presença de uma sociedade não induz à necessária conclusão acerca da existência de riquezas que possam ser consideradas desvinculadas da atuação das pessoas físicas dos acionistas.[11] Em alguns casos, a impossibilidade de dupla tributação da renda tem origem na ausência de manifestação de capacidade contributiva por parte da pessoa jurídica.

O correto endereçamento dessa questão está diretamente ligado a uma discussão mais abrangente e de extrema importância, relacionada a quem efetivamente suporta o ônus do tributo. Muito se argumenta no sentido de que esse ônus é sempre dos acionistas (pessoas físicas), funcionando as sociedades apenas como mecanismos mais eficientes de cobrança por parte do Estado.[12] Na esteira desse raciocínio, em um mundo ideal, dever-se-ia eliminar por completo o imposto de renda das empresas, fazendo recair o tributo apenas sobre os rendimentos auferidos pelas pessoas físicas, verdadeiras titulares de alguma capacidade contributiva.[13]

Avi-Yonah[14] traz importantes considerações sobre essa questão. De acordo com ele, as pessoas jurídicas estariam em todos os lugares e em lugar algum ao mesmo tempo. Em lugar algum, porque o pensamento dominante na doutrina seria no sentido de que as sociedades não existem

[11] McNULTY, John K. Corporate Income Tax Reform in the United States: Proposals for integration of the Corporate and Individual Income Taxes, and International Aspects. **Int'l Tax & Bus. Law**, v. 12, p. 161-222, 1994, p. 173.

[12] BANK, Steven A. Rethinking Double Taxation's Role in Dividend Policy: A Historical Approach. **Tax Law Review**, v. 56, Jan. 2003.

[13] DODGE, Joseph M. A Combined Mark-To-Market and Pass-Trough Corporate-Shareholder Integration Proposal. **Tax L. Rev.**, v. 50, p. 265, 1995, p. 2.

[14] AVI-YONAH, Reuven S. Corporations, Society, and the State: A Defense of the Corporate Tax. **Va. L. Rev.**, v. 90, n. 5, p. 1193-1255, Sept. 2004, p. 1194-1197.

de fato, representando apenas um ponto de conexão para uma série de relações havidas entre sócios, empregados, clientes, etc. Reconhece-se, porém, que sob a perspectiva econômica grande parte das atividades são executadas por meio de pessoas jurídicas. Mesmo aquelas sem finalidade lucrativa também estão estruturadas desse mesmo modo, como seriam os casos de universidades, igrejas, hospitais, etc. Daí a ideia de todos os lugares.

Essas ponderações relativizam a visão de que pessoas jurídicas seriam sempre incapazes de manifestar capacidade contributiva. O problema passa a dizer respeito à busca por critérios de identificação de quando isso poderá ocorrer. E sendo esse o caso, ter-se-ia a justificativa abstrata para a cobrança de um imposto sobre o lucro, na medida em que os resultados não poderiam ser imputados diretamente aos sócios. A riqueza dos titulares das participações societárias surgiria apenas no momento do recebimento desse mesmo lucro, como mecanismo de remuneração do investimento, sob a forma de dividendos. Nessa segunda etapa, ter-se-ia a justificativa abstrata para uma nova incidência. É dizer, apenas quando a presença de uma pessoa jurídica indicasse a existência de capacidade contributiva autônoma haveria a possibilidade de duas incidências do imposto de renda sobre um mesmo resultado.[15]

O próprio Avi-Yonah[16] se vale das distinções existentes entre sociedades abertas e fechadas para promover a diferenciação mencionada no parágrafo anterior. No caso das sociedades fechadas, ele sustenta que o resultado deve ser atribuído diretamente aos sócios, inexistindo cobrança de imposto de renda no nível da pessoa jurídica. No entanto, não seria plausível a repetição desse mesmo mecanismo nas hipóteses de sociedades abertas, especialmente por evidentes problemas de ordem prática. Em virtude disso, haveria algum espaço para que o lucro societário fosse onerado pelo imposto de renda das pessoas jurídicas.

Todo esse raciocínio pressupõe um rompimento com a ideia de que a capacidade contributiva das pessoas jurídicas seria uma decorrência do fato de que a legislação reconhece a autonomia do seu patrimônio e de

[15] GRAETZ, Michael J.; WARREN, Alvin C. Integration of Corporate and Shareholder Taxes. **National Tax Journal**, v. 69, n. 3, p. 677-700, May 2016, p. 679.

[16] AVI-YONAH, Reuven S. Corporations, Society, and the State: A Defense of the Corporate Tax. **Va. L. Rev.**, v. 90, n. 5, p. 1193-1255, Sept. 2004, p. 1203-1208.

sua responsabilidade, pelo menos como regra geral. O ponto é que essa noção não precisa encontrar necessária ressonância no direito tributário.

É forçoso reconhecer que algumas sociedades existem apenas como forma de permitir que riquezas sejam geradas pelas pessoas físicas e a elas imediatamente repassadas, não tendo o lucro apurado *status* de uma riqueza considerada de forma autônoma.[17] Nesse cenário, cabe à legislação tributária tratar essas pessoas jurídicas como entidades transparentes, no sentido de não submetê-las ao imposto de renda corporativo. O efeito prático é a existência de apenas um nível de tributação com a aplicação das regras atinentes às pessoas físicas, mesmo que os lucros não tenham sido distribuídos.[18]

O cenário se altera diante da presença de sociedades de capital. Ainda que a finalidade última de tais pessoas jurídicas seja remunerar o capital investido pelos sócios, pode-se observar a existência de um centro autônomo de decisões, desvinculado da vontade individual dos acionistas. Compete aos administradores o livre emprego dos recursos econômicos disponíveis, levando a uma riqueza que pode ser atribuída à sociedade e não diretamente aos titulares das participações societárias. Esse contexto é mais facilmente percebido em sociedades anônimas de capital aberto, em que a gestão normalmente não se confunde com o controle.[19]

Significa dizer que a passagem do resultado aos sócios – agora sim por meio de efetiva transferência de riqueza – justificaria nova incidência do imposto de renda, desde que para fazer com que o ônus da tributação seja deslocado para as pessoas físicas. É como se a riqueza previamente onerada pelo tributo tivesse atingido o seu destinatário final, oportunidade em que se deveria cuidar para que o imposto de renda seja suportado pelos reais titulares da riqueza. Essa condição se mostra compatível com os ideais de generalidade e progressividade na tributação da renda, que ficariam prejudicados com a concentração da incidência do imposto apenas no âmbito das pessoas jurídicas.

[17] FALSITTA, Gaspare. **Manuale di Diritto Tributario:** parte speciale. 12. edizione. Padova: CEDAM, 2018, p. 286.

[18] AVI-YONAH, Reuven S. Corporations, Society, and the State: A Defense of the Corporate Tax. **Va. L. Rev.**, v. 90, n. 5, p. 1193-1255, Sept. 2004, p. 1201.

[19] AVI-YONAH, Reuven S. Corporations, Society, and the State: A Defense of the Corporate Tax. **Va. L. Rev.**, v. 90, n. 5, p. 1193-1255, Sept. 2004, p. 1208-1211.

De um lado, tem-se que as sociedades de pessoas não deveriam estar submetidas ao imposto de renda das empresas, dada a inexistência de capacidade contributiva autônoma. Como consequência, os resultados apurados seriam diretamente atribuídos aos sócios, que os ofereceriam à tributação pelo imposto de renda das pessoas físicas. De outro lado, tem-se que as sociedades de capital podem ser tributadas pelo imposto de renda das empresas, cabendo à legislação prever mecanismos de integração por ocasião de sua distribuição aos sócios.

Sob a perspectiva da integração, é importante levar em conta uma tendência de que isso ocorra no âmbito das pessoas físicas, seja em respeito aos critérios da generalidade e da progressividade, seja porque a base de cálculo do imposto de renda das pessoas jurídicas vem perdendo sua relevância em termos de arrecadação. No caso dos EUA, por exemplo, o imposto de renda corporativo é responsável por apenas ¼ do que o Fisco federal arrecada. Além disso, a doutrina argumenta existir uma indústria de serviços que tem como escopo a busca por estruturas societárias complexas e que permitam a redução da base de incidência do imposto de renda. Como já mencionado, a competição internacional torna esse fator ainda mais relevante.[20]

5. A tributação da renda em sociedades de pessoas

Ultrapassada a questão da capacidade contributiva em pessoas jurídicas, é preciso avançar sobre discussão das mais pertinentes, relativa ao tratamento tributário que deve ser conferido às sociedades de pessoas.[21] Como visto, a controvérsia gira em torno da (in)existência de capacidade contributiva autônoma de tais entidades, o que tem impacto direto sobre a possibilidade de fazer incidir o imposto de renda corporativo sobre o resultado apurado. Ao se adotar a premissa de que os lucros pertencem aos sócios, passa-se a tratar essas pessoas jurídicas como entidades transparentes, ou seja, meros veículos para que os rendimentos possam chegar aos seus reais titulares, que são sempre pessoas físicas.[22]

[20] AVI-YONAH, Reuven S. Corporations, Society, and the State: A Defense of the Corporate Tax. **Va. L. Rev.**, v. 90, n. 5, p. 1193-1255, Sept. 2004, p. 1199.

[21] A definição dos requisitos para que uma determinada sociedade seja enquadrada como de pessoa cabe ao legislador.

[22] FANTOZZI, Augusto; PAPARELLA, Franco. **Lezione di Diritto Tributario dell'Impresa**. 2. edizione. Italia: CEDAM, 2019, p. 48.

Sob esse prisma, pouco importa que para o direito privado exista um lucro societário atribuído a uma pessoa jurídica. Tampouco que ele precise ser juridicamente transferido ao sócio. A distribuição de lucros torna-se uma figura irrelevante para o direito tributário, pois se levanta o véu que encobre a pessoa jurídica, exclusivamente para esse fim. A decisão dos contribuintes de exercerem a sua atividade econômica por meio de uma sociedade não obriga que o resultado apurado esteja submetido às regras do imposto de renda das empresas. O direito tributário enxergará uma única manifestação de capacidade contributiva, diretamente atribuível às pessoas físicas.[23]

O impacto desse raciocínio para o tema central do presente trabalho é enorme. Simplesmente não se cogita a dupla tributação dessas rendas. E não por uma singela escolha do legislador, mas pela presunção de que rendimentos apurados no âmbito de sociedades de pessoas sempre terão pertencido aos seus reais beneficiários, a despeito da forma jurídica por eles adotada. Trazendo esse enfoque para o direito brasileiro, boa parte das pessoas jurídicas ficaria de fora de qualquer possibilidade de dupla tributação, que seria o resultado obtido por uma irrefletida revogação da regra vigente.

Ainda nessa linha, fica sem sentido a distinção entre rendimentos do capital e do trabalho, muitas vezes invocada como fundamento para a defesa de um sistema de dupla imposição. É que a renda obtida por meio de sociedades de pessoas será sempre rendimento do trabalho, dada a pessoalidade do vínculo existente entre o sócio e a atividade exercida pela pessoa jurídica. Essa conclusão apenas reforça a impossibilidade de que tais rendimentos sejam tributados duplamente, na medida em que se estabeleceria uma discriminação injustificada. É dizer, determinados rendimentos do trabalho seriam onerados em dois momentos distintos pelo simples fato de que pessoas físicas resolveram explorar uma atividade econômica por meio de uma entidade autônoma sob a ótica do direito privado.

Apesar de ser essa uma questão trivial em outras jurisdições, a legislação brasileira se comporta de forma particular. Prevalece no direito civil doméstico uma distinção rígida entre pessoas físicas e jurídicas,[24] e essa

[23] FALSITTA, Gaspare. **Manuale di Diritto Tributario:** parte speciale. 12. edizione. Padova: CEDAM, 2018, p. 99.

[24] Código Civil. Art. 49-A. A pessoa jurídica não se confunde com os seus sócios, associados, instituidores ou administradores.

separação repercute no âmbito tributário, na medida em que a legislação não permite que determinadas sociedades escapem à tributação pelo IRPJ. A propósito, mesmo as sociedades simples prestadoras de serviços de natureza personalíssima obedecem a essa regra, tendo o legislador, inclusive, se valido da expressão *tão-somente* para designar o regime tributário a elas aplicável.[25] Não há opção. A existência de uma pessoa jurídica atrai a inapelável incidência do imposto de renda corporativo.

Conjugando novamente as regras civis e tributárias chega-se a mais um efeito. Até que seja deliberada a distribuição os lucros pertencem à sociedade e não aos sócios, de tal sorte que o efetivo pagamento dos dividendos representa alteração na titularidade jurídica do rendimento. Somente a partir desse momento é que a riqueza gerada no âmbito da sociedade se incorpora ao patrimônio jurídico do sócio. Por uma questão de lógica, entende-se que a aquisição da disponibilidade dessa renda – que antes pertencia à pessoa jurídica – representa nova manifestação de riqueza, que poderia ser submetida ao imposto de renda das pessoas físicas.

Veja-se que a dinâmica da legislação brasileira conduz a quatro diferentes conclusões: (i) pessoas físicas e jurídicas são entidades distintas e plenamente capazes de gerar riqueza; (ii) a opção pela constituição de uma pessoa jurídica, seja ela simples ou empresária, reclama a submissão de seu resultado à tributação pelo IRPJ; (iii) o lucro pertence à sociedade até que haja deliberação no sentido de sua distribuição; (iv) o pagamento de dividendos aos sócios sugere nova e distinta manifestação de capacidade contributiva, fruto da aquisição de disponibilidade jurídica ou econômica de uma renda que deriva da titularidade de uma participação societária (renda-produto).

Esse cenário escancara a possibilidade de dupla tributação da renda, eis que a legislação efetivamente trabalha com a realidade de duas distintas

Parágrafo único. A autonomia patrimonial das pessoas jurídicas é um instrumento lícito de alocação e segregação de riscos, estabelecido pela lei com a finalidade de estimular empreendimentos, para a geração de empregos, tributo, renda e inovação em benefício de todos.

[25] Lei n. 11.196/05. Art. 129. Para fins fiscais e previdenciários, a prestação de serviços intelectuais, inclusive os de natureza científica, artística ou cultural, em caráter personalíssimo ou não, com ou sem a designação de quaisquer obrigações a sócios ou empregados da sociedade prestadora de serviços, quando por esta realizada, se sujeita tão-somente à legislação aplicável às pessoas jurídicas, sem prejuízo da observância do disposto no art. 50 da Lei nº 10.406, de 10 de janeiro de 2002 – Código Civil.

manifestações de capacidade contributiva. De imediato, é preciso suscitar o problema da ausência de qualquer distinção por tipos de sociedade, o que representa uma distorção grave. Veja-se que mesmo as sociedades simples estão submetidas ao rigor da separação, gerando o risco de que uma mesma riqueza seja onerada duplamente, o que é ainda mais evidente quando o rendimento gerado decorre do esforço pessoal dos sócios.[26]

Diante desse contexto, é possível levantar-se a possibilidade de que o legislador brasileiro se viu desprovido de maiores alternativas. Em linha com o declarado na Exposição de Motivos da Lei n. 9.249/95 – integração e combate à evasão fiscal –, a exclusão dos lucros e dividendos da tributação no nível das pessoas físicas era a única alternativa possível. Do contrário, duas seriam as consequências imediatas. A incidência do IRPF sobre lucros e dividendos levaria a dois níveis de tributação, o que contrariaria a integração e o combate à evasão restaria dificultado pela necessidade de fiscalização de todo um universo de pessoas físicas. Dito de outro modo, sob a bandeira da integração no panorama normativo brasileiro, impunha-se a isenção.

Não se pode negar que a isenção prevista causa situações de sobreinclusão.[27] O ponto é que a correção demandaria uma reforma mais ampla da legislação, que reconhecesse a impossibilidade de que determinados resultados apurados por pessoas jurídicas fossem tributados pelo IRPJ. Como decorrência disso, algumas sociedades teriam os seus lucros atribuídos diretamente aos sócios, o que continuaria a gerar apenas um nível de tributação, só que no âmbito das pessoas físicas, em conjunto com os demais rendimentos e por meio da aplicação de alíquotas progressivas.

Nota-se que a discussão sobre a possibilidade de tributação de lucros e dividendos passaria a ter viés completamente distinto, uma vez que se romperia com a ideia, de certa forma induzida pelo legislador, de que toda e qualquer sociedade possui capacidade contributiva. De igual modo, restaria afastada a noção segundo a qual o recebimento de lucros invariavelmente denota a aquisição de riqueza nova, desvinculada de sua origem nas pessoas jurídicas. Com isso, ficaria mais clara a ideia de que tributar os lucros distribuídos por sociedades de pessoas é tributar a

[26] E muitas vezes gera a sua responsabilização pessoal.

[27] SCHAUER, Frederick. **Playing by the rules. A philosophical examination of rule-based decision-making in law and in life.** New York: Oxford University Press, 1991.

mesmíssima riqueza duas vezes, e mais, onerar duplamente rendimentos do trabalho apenas em razão de sua origem.

6. A possibilidade da criação de um regime de transparência

É preciso que seja tomada uma posição a respeito da forma pela qual a legislação tributária deve lidar com a separação existente entre pessoas físicas e jurídicas. A inexistência de um regime de transparência, em razão da premissa de que pessoas jurídicas manifestam capacidade contributiva, mesmo em se tratando de sociedades de pessoas, faz com que a exclusão dos lucros e dividendos da tributação seja uma medida necessária para que uma mesma manifestação de capacidade contributiva não seja tributada duas vezes.

Esse talvez seja o primeiro ponto a merecer uma reflexão mais profunda. As sociedades de pessoas – cuja definição dependerá de lei em sentido formal – precisam ser enxergadas como produtoras de rendimentos do trabalho. Ou seja, são incapazes de manifestar capacidade contributiva que possa ser separada de seus sócios, de modo que o ônus de qualquer tributo será sempre suportado pelas pessoas físicas. Sendo isso verdade, não há fundamento para que a distribuição de resultados nesse contexto tenha qualquer relevância tributária, dado que os rendimentos pertencem, desde a sua origem, aos sócios.[28]

Do ponto de vista conceitual, portanto, o Brasil poderia adotar um regime de transparência, por vezes chamado de *shareholder allocation prototype*, em que as pessoas jurídicas são vistas apenas como um veículo para que a riqueza chegue aos seus reais titulares.[29] Nesse cenário, os rendimentos auferidos por meio de sociedades de pessoas seriam imputados diretamente aos sócios e inexistiria incidência de tributos sobre a renda das pessoas jurídicas.

Eventual incidência do imposto de renda das pessoas jurídicas (se fosse mantida) poderia servir como uma espécie de antecipação, a despeito do método escolhido para tanto. Com essa medida, os lucros e dividendos

[28] GRAVELLE, Jane G. **Corporate Tax Integration and Tax Reform.** Washington, DC: Congressional Research Service, 2016, p. 5.

[29] McNULTY, John K. Corporate Income Tax Reform in the United States: Proposals for integration of the Corporate and Individual Income Taxes, and International Aspects. **Int'l Tax & Bus. Law**, v. 12, p. 161-222, 1994, p. 173.

recebidos dessas pessoas jurídicas, por ostentarem natureza de rendimentos do trabalho, seriam tributados da mesma forma que outros de perfil idêntico, como seria o exemplo dos rendimentos do trabalho assalariado. Em síntese, o imposto de renda passaria a incidir sobre os reais titulares da capacidade contributiva. Tal possibilidade de tributação opcional, por transparência, imputando-se os lucros ou resultados auferidos na pessoa jurídica diretamente aos sócios – nas sociedades de pessoas – é opção existente nos EUA e em países europeus.

Conclusões

De forma alguma os lucros e dividendos recebidos de sociedades de pessoas podem ser onerados duplamente. Caso contrário, o legislador criaria uma intolerável discriminação baseada na forma de organização da atividade econômica, uma vez que apenas os rendimentos do trabalho cuja origem fosse uma sociedade seriam objeto de dois níveis de tributação. Como já mencionado, a correção de uma suposta desigualdade iria criar outra ainda maior. Na essência, haveria duas incidências do imposto de renda para idênticas manifestações de capacidade contributiva. Para além disso, regimes como o lucro presumido restariam inviabilizados, dado o relevante incremento da carga tributária sobre eles incidente. Diante da inexistência de um regime de transparência, a isenção é a medida mais adequada para assegurar a integração.

Discutir seriamente a questão passa por quantificar os efeitos da opção atual e confrontá-los com os que se espera de um novo regime. Para tanto, a mera comparação entre alíquotas nominais se revela insuficiente. Em se tratando de pessoas jurídicas, é preciso levar em conta os custos inerentes à sua própria existência. O custo de ser uma pessoa jurídica no Brasil é elevado, especialmente em razão da complexidade inerente ao sistema tributário nacional. Não bastasse isso, a falta de segurança jurídica e a litigiosidade que permeiam a relação Fisco-contribuinte também geram ônus relevantes. A título de exemplo, podem ser citadas as inúmeras autuações que vêm sendo lavradas contra pessoas jurídicas de natureza personalíssima, ao arrepio da legislação, em razão do mero inconformismo da autoridade administrativa com a existência do já citado art. 129 da Lei n. 11.196/05.

A análise também deve considerar qual será a reação dos contribuintes diante de eventual mudança. Trata-se de algo inerente a qualquer alteração de legislação tributária, uma vez que o efeito indutor de comportamentos não é algo restrito às normas chamadas de extrafiscais. De forma mais específica, não é crível considerar apenas o que seria arrecadado caso a isenção atual fosse revogada. Esse raciocínio pressupõe que a situação fática será mantida como está, com a mera submissão dos lucros distribuídos à tributação nas pessoas físicas.

Ocorre que a imposição de um segundo nível de tributação, sem qualquer espécie de abrandamento, irá gerar reações na tentativa de reduzir os seus efeitos. Determinadas pessoas jurídicas simplesmente deixarão de existir, com a prestação de seus serviços ocorrendo diretamente no âmbito das pessoas físicas. No caso das declarações de imposto de renda, certamente será observado um aumento na adoção do modelo completo, a opção por planos de previdência privada na modalidade PGBL, enfim, na busca legítima pela redução da base de incidência do IRPF. Esse efeito não pode ser negligenciado, sob pena de se obter um cálculo que irá apresentar um cenário utópico e incorreto.

Por fim, basta a simulação do efeito que seria ocasionado sobre as pessoas jurídicas optantes pelo lucro presumido e pelo Simples Nacional. À carga tributária (direta e indireta) sobre elas já incidentes seria somada à tabela progressiva do IRPF, cujo teto é de 27,5%. Sem qualquer medo de errar, para a grande maioria delas o ônus final iria superar os 40%, percentual bastante acima do cobrado das pessoas físicas beneficiárias de rendimentos do trabalho assalariado. Caso o cenário seja incrementado, para abranger também pessoas jurídicas controladas por outras pessoas jurídicas, o efeito seria ainda mais irracional, com a possibilidade de múltiplas incidências.

Em fechamento, pode-se afirmar a impossibilidade de revogação da regra de isenção de lucros e dividendos distribuídos nas hipóteses de sociedades de pessoas. Os seus lucros representam rendimentos do trabalho, que não podem ser tributados duplamente apenas em razão de sua origem. A sua exclusão, nesses casos, é a única solução possível diante de um conjunto normativo que exige uma intransigente separação entre pessoas físicas e jurídicas, não havendo qualquer exceção para fins tributários. Em termos concretos, deve o Poder Legislativo pensar em mudanças que perpassem pela criação de um modelo de transparência, desde que sejam demonstráveis os efeitos benéficos em termos de arrecadação. Adicionalmente, podem ser promovidos estudos com a finalidade de modificar a abertura a regimes como o lucro presumido e o Simples Nacional.

Enfim, pode-se afirmar a impossibilidade de revogação da regra de isenção de lucros e dividendos distribuídos nas hipóteses de sociedades de pessoas. Os seus lucros representam rendimentos do trabalho, que não podem ser tributados duplamente apenas em razão de sua origem. A isenção, nesses casos, é a única solução possível diante de um conjunto normativo que exige uma intransigente separação entre pessoas físicas e jurídicas, não havendo qualquer exceção para fins tributários. Em termos concretos, deve o Poder Legislativo pensar em mudanças que passem pela criação de um modelo de transparência.

23.
O STF e a Reforma Tributária Judicial

Nina Pencak

Introdução

Em 2020, a reforma tributária se tornou ainda mais presente nos debates midiáticos e legislativos e as alterações normativas parecem, mais do que nunca, inevitáveis. Como se sabe, três são os principais projetos sobre os quais se debateu, sobretudo em âmbito acadêmico, cujos trâmites no Congresso não corresponderam à ansiedade do mundo jurídico: a Proposta de Emenda Constitucional nº 45/2019, apresentada pela Câmara dos Deputados; a Proposta de Emenda Constitucional nº 110/2019, de iniciativa do Senado Federal; e o Projeto de Lei nº 3887/2020, apresentado pelo Executivo.

No entanto, pouco se fala de uma reforma tributária, mais silenciosa, protagonizada pelo Supremo Tribunal Federal, que passou praticamente despercebida em até o fim de 2019,[1] mas que, em 2020, tornou-se visível para todos aqueles que acompanham os processos da Corte. E é esse o enfoque do presente artigo: o papel desenvolvido pelo STF no Direito Tributário à luz do impacto das suas decisões no Sistema Tributário

[1] Nesse sentido, relevantes casos julgados antes de 2020: a exclusão do ICMS da base de cálculo do PIS e da COFINS (RE 574.706, Rel. Min. Cármen Lúcia, DJe 02.10.2017); a determinação de incidência de IPTU sobre bens imóveis públicos arrendados a particulares (RE 594.015 e RE 601.720, Rel. Min. Marco Aurélio, DJe 25.08.2017); a incidência de ICMS em serviço preparatório à telecomunicação (RE 912.888, Rel. Min. Teori Zavascki, DJe 10.05.2017); a criminalização do ICMS declarado e não pago (RHC 163.334, Rel. Min. Luís Roberto Barroso, j. dezembro/2019).

Nacional, no que se refere, sobretudo, à dogmática, aos direitos humanos e ao federalismo. A fim de compatibilizar tão complexa análise com um número limitado de linhas, focaremos no exame de decisões proferidas pela Corte em 2020 e que corroboram a ideia de que está em curso uma reforma tributária judicial.

No decorrer de 2020, foi possível verificar que a pandemia teve dois efeitos principais e diretos na jurisprudência da Corte. O primeiro deles e o mais previsível dentro de um contexto de extrema imprevisibilidade, é o de que a Corte foi instada a atuar – sem precedentes – em demandas relacionadas à COVID-19 e ao estado de calamidade pública que dela resultou, principalmente em casos envolvendo as competências dos entes para tomada de decisões e em causas relacionadas às finanças públicas de União, Estados e Municípios. O segundo efeito foi a expansão do ambiente virtual para julgamentos de todos os processos de competência do STF. Em outras palavras, a partir de março e abril, o Supremo passou a julgar causas cujo mérito envolvia desdobramentos jurídicos da pandemia, bem como a impossibilidade da continuidade dos julgamentos presenciais foi utilizada pela Presidência da Corte como justificativa para a ampliação irrestrita dos julgamentos em ambiente virtual.

Tem-se que as sessões de julgamento presenciais passaram, em praticamente todos os tribunais brasileiros, a ocorrer por vídeo conferência, ou seja, os magistrados e os advogados puderam exercer seus ofícios de casa ou de seus escritórios via *softwares* de reunião, desenvolvidos ou não para essa finalidade. Porém, a alteração no sistema de julgamentos com maior repercussão para o sistema tributário, inegavelmente, foi a ampliação do escopo de julgamento do Supremo Tribunal Federal, devido a uma alteração regimental ocorrida no início de 2020, que permitiu a inclusão no Plenário Virtual da Corte de todos os processos, o que levou a julgamentos, praticamente em massa, de repercussões gerais e ações de controle abstrato de constitucionalidade em matéria tributária.

Objetiva-se analisar, portanto, a atuação da Corte em matéria tributária, sobretudo em 2020, a fim de verificar as principais intervenções na dogmática tributária, no federalismo e nos direitos humanos, e comprovar que se encontra em curso uma reforma tributária judicial. Assim, considerando as relevantes alterações regimentais ocorridas no referido ano, na primeira parte do presente artigo, abordaremos brevemente a expansão da competência da Corte para julgamentos em ambiente virtual; em seguida abordaremos os casos que foram finalizados no decorrer do ano e que impactaram a dogmática tributária, os direitos humanos e o federalismo; por fim, apresentaremos nossas considerações finais e conclusões sobre o tema.

1. Alterações relevantes no Plenário Virtual[2]

O Plenário Virtual surgiu, em 2007, com a Emenda Regimental nº 21, de 30.04.2007, que alterou a redação do artigo 323 para permitir que a manifestação do relator sobre a existência de repercussão geral fosse submetida para votação dos demais Ministros em ambiente de julgamento integralmente virtual.

No entanto, foi a partir da edição da Emenda Regimental nº 51, de 22 de junho de 2016, que o RISTF passou a permitir que o relator submetesse, além de reconhecimento e negativa de repercussão geral, agravos internos e embargos de declaração a julgamento em ambiente virtual, observadas as respectivas competências das Turmas e do Plenário. Com o tempo, porém, os julgamentos virtuais não apenas foram expandidos para abranger outras classes processuais, como a sua disciplina foi sendo aperfeiçoada, a fim de (tentar) garantir o máximo de similitude possível entre o ambiente virtual e o presencial, em termos de exercício do contraditório e da ampla defesa pelas partes.

Com a Resolução 642/2019, passaram a se submeter a julgamento virtual, a critério do relator, além de *agravos internos* e *embargos de declaração*, *medidas cautelares em ações de controle concentrado*, *referendum de medidas cautelares e de tutelas provisórias*, *recursos extraordinários e agravos, inclusive com repercussão geral reconhecida*, e *demais classes processuais cuja matéria discutida tenha jurisprudência dominante no âmbito da Corte* (art 1º).

Em virtude da pandemia, os julgamentos virtuais no STF estenderam-se a todos os processos de competência do Tribunal, a critério do relator, na forma da Emenda Regimental nº 53, de 18.03.2020 e da Resolução nº 669/2020. Assim, até as ações em controle de constitucionalidade abstrato, atividade principal no exercício da jurisdição constitucional

[2] Tópico fruto de pesquisas que resultaram em artigo publicado, em 06.07.2020, na revista eletrônica Consultor Jurídico (Conjur), em coautoria com a doutoranda Raquel de Andrade Vieira Alves: A crise é aguda e o Plenário Virtual pode ser a solução no momento, disponível em, https://www.conjur.com.br/2020-jul-06/pencak-alves-plenario-virtual-solucao-crise .

do STF, passaram a ter o seu mérito julgado pelo Plenário Virtual. Os julgamentos realizados pelo Plenário Virtual não se confundem com os julgamentos por videoconferência iniciados no dia 15.04.2020, uma vez que no primeiro caso os processos são julgados em sessão que existe apenas virtualmente.

Tem-se, assim, um breve resumo do estado atual de coisas no que se refere aos julgamentos virtuais no Supremo Tribunal Federal.

No que se refere especificamente ao impacto dessas alterações no Direito Tributário, um breve levantamento que realizamos através de consulta ao *site* do STF demonstrou que, apenas em matéria tributária, desde 03.04.2020 até o fim de julho/2020, o Plenário do Supremo Tribunal finalizou o julgamento de 23 processos vinculantes, dentre ações declaratórias de inconstitucionalidade e recursos extraordinários com repercussão geral reconhecida. Foram, nesse período, julgadas dezoito repercussões gerais e cinco ações diretas. Ocorre que, nos anos de 2017, 2018 e 2019 foram julgadas, no total, dezenove repercussões gerais.

Além disso, verificou-se que, em matéria tributária, foram aprovadas duas súmulas vinculantes, a SV 57[3] e 58[4] e foi cancelada a súmula 584, quando da finalização do julgamento do RE 159.180[5]. Além disso, ocorreu, ao menos, uma superação de jurisprudência, no RE 1.221.330.[6] No total, julgou-se 20% a mais em ambiente virtual no primeiro semestre de 2020 – 8.588 processos, do que no 1º semestre de 2019 – 6.951 processos.

Em artigo publicado no JOTA, em 10.08.2020, intitulado *12 anos em 1: o plenário virtual do STF e o furacão de precedentes tributários*, afirma-se

[3] A imunidade tributária constante do art. 150, VI, d, da CF/88 aplica-se à importação e comercialização, no mercado interno, do livro eletrônico (e-book) e dos suportes exclusivamente utilizados para fixá-los, como leitores de livros eletrônicos (e-readers), ainda que possuam funcionalidades acessórias.

[4] : "Inexiste direito a crédito presumido de IPI relativamente à entrada de insumos isentos, sujeitos à alíquota zero ou não tributáveis, o que não contraria o princípio da não cumulatividade"

[5] Súmula 584: Ao imposto de renda calculado sobre os rendimentos do ano-base, aplica-se a lei vigente no exercício financeiro em que deve ser apresentada a declaração.

[6] Sobre o tema, publiquei artigo no JOTA, em coautoria com a doutoranda Raquel de Andrade Vieira Alves, intitulado STF e ICMS Importação por contribuinte não habitual. Disponível em: https://www.jota.info/opiniao-e-analise/artigos/stf-e-icms-importacao-por-contribuinte-nao-habitual-13072020.

que o STF poderia ter julgado em 2020, o equivalente em número de repercussões gerais dos últimos 12 anos.[7]

Assim, com essa concisa abordagem das últimas alterações regimentais do STF, as quais, como se viu, levaram a uma "enxurrada" de julgamentos em matéria tributária, que, a nosso ver, foram responsáveis por alterações nos fundamentos do Sistema Tributário Nacional, verificamos o aprofundamento de uma reforma tributária judicial que já se encontrava em curso.

2. Julgamentos em matéria tributária e seus efeitos na dogmática, no federalismo e nos direitos humanos: a reforma judicial em curso

No presente tópico, serão analisados alguns casos julgados durante no período de março a setembro/2020, que impactaram na dogmática tributária, no federalismo fiscal e nos direitos humanos, a fim de exemplificar a chamada "reforma tributária judicial".

2.1. Impactos na dogmática tributária

Quanto a este tópico, tem-se dois julgados finalizados em recursos extraordinários com repercussões gerais reconhecidas: (i) o RE 878.313 (Rel. Min. Marco Aurélio, Red. p/ acórdão Min. Alexandre de Moraes), em que restou decidida a constitucionalidade da manutenção da cobrança da contribuição social de 10% sobre o FGTS em caso de demissão sem justa causa, e (ii) o RE 946.648 (Rel. Min. Marco Aurélio, Red. p/ acórdão Min. Alexandre de Moraes), em que restou definida a constitucionalidade da incidência de IPI na revenda no mercado interno de produtos importados que não tenham sofrido industrialização. Então vejamos.

– Sobre o RE 878.313:[8]

Em 18.08.2020, por seis votos a quatro, o Plenário, em sessão virtual, negou provimento ao RE 878.313, com repercussão geral reconhecida (Tema 846). De acordo com o voto condutor do Min. Alexandre de

[7] Artigo de Lucas Henrici e Fábio Fraga, disponível em: https://www.jota.info/opiniao-e-analise/colunas/coluna-da-abdf/12-anos-em-1-o-plenario-virtual-do-stf-e-o-furacao-de--precedentes-tributarios-10082020

[8] STF, Tribunal Pleno, Rel. Min. Marco Aurélio, Red. p/ acórdão Min. Alexandre de Moraes, DJe 04.09.2020.

Moraes, primeiro a divergir do relator, Min. Marco Aurélio, é admissível a continuidade da cobrança da contribuição, prevista no artigo 1º da Lei Complementar nº 110/2001, ainda que o produto da arrecadação seja destinado à finalidade diversa do estabelecido no artigo 4º da norma, desde que a nova finalidade esteja diretamente relacionada aos direitos decorrentes do FGTS.

Ocorre que os dois elementos que validavam as contribuições sociais como espécie tributária seriam a referibilidade de grupo e a afetação do produto da sua arrecadação. Como se sabe, o primeiro elemento tem sido excepcionado pelo legislador, com chancela do STF, como ocorreu na criação da própria contribuição sob análise. Restava, porém, o requisito de validação pelo respeito à destinação legal do produto da arrecadação, o que restou também superado pelo STF, conforme verificaremos.

Especificamente no que se refere à contribuição à alíquota de 10% sobre os depósitos devidos ao FGTS, durante a vigência do contrato de trabalho, tem-se que ela foi criada pela Lei Complementar nº 110, de 29 de junho de 2001, com a finalidade de repor o déficit inflacionário nas contas do fundo, provocados pelos expurgos dos Planos Verão e Collor 1, em 1989 e 1990. De acordo com o art. 1º da lei, a contribuição é devida pelos empregadores em caso de despedida de empregado sem justa causa. A recomposição dos expurgos como finalidade da contribuição está clara na Exposição de Motivos do projeto da lei[9]. Destaca-se que a finalidade do

[9] "Temos a honra de submeter à elevada consideração de Vossa Excelência a anexa minuta de Projeto de Lei Complementar que autoriza o crédito, nas contas vinculadas do Fundo de Garantia do Tempo de Serviço – FGTS, dos complementos de atualização monetária decorrentes de decisão do Supremo Tribunal Federal, sob condição da aprovação da contribuição social de 10% (dez por cento) dos depósitos do FGTS, devida nos casos de despedida sem justa causa, e da contribuição de 0,5% (cinco décimos por cento) incidente sobre a folha de pagamento, ora propostas".

(...)

A contribuição social devida nos casos de despedida sem justa causa, além de representar um importante instrumento de geração de recursos para cobrir o passivo decorrente da decisão judicial, terá como objetivo induzir a redução da rotatividade no mercado de trabalho.

(...)

A urgência solicitada se deve à necessidade de que os recursos das contribuições que ora se propõem sejam coletados pelo FGTS no mais breve período de tempo, a fim de que os trabalhadores possam receber a complementação de atualização monetária nos prazos propostos na anexa minuta de Projeto de Lei Complementar.".

tributo também se encontra expressa no art. 13 da lei, em que consta que a lei orçamentária deveria destinar a integralidade dos valores arrecadados, nos exercícios de 2001, 2002 e 2003, ao FGTS.

Ocorre que, poucos meses após a edição da LC nº 110/2001, foram propostas as ADI 2556 e 2568, em que se alegou: (i) afronta ao art. 149 da Constituição, tendo em vista que a exação não poderia ser classificada como contribuição social, de intervenção econômica e no interesse das categorias profissionais e econômicas, e também não seria destinada à seguridade social, conforme demanda o art. 195, §4º, da Constituição; (ii) violação à referibilidade ou solidariedade de grupo, caso se entendesse que possui natureza jurídica de contribuição, visto que os fatos geradores são praticados por todos aqueles que contratem empregados no regime celetista, salvo as exceções legais; (iii), violação à não afetação, não podendo, portanto, ser entendida como um imposto; (iv) violação à capacidade contributiva, pois a base cálculo da exação não constituiria signo presuntivo de riqueza; (v) sendo contribuição social geral, violação à anterioridade anual, prevista no art. 150, III, b; e (vi) que as contribuições majoravam a multa pela rescisão sem justa causa do contrato de trabalho além do limite previsto pelo art. 10, inciso I do ADCT.

O STF, ao apreciar o mérito dessas ações diretas, entendeu se tratar de tributo da espécie contribuição especial e da subespécie contribuição social geral, reconhecendo a sua constitucionalidade, mantendo-se a cautelar anteriormente deferida para suspender o art. 14 da lei complementar, uma vez que se reconheceu o desrespeito à anterioridade anual. Entretanto, em relação ao argumento suscitado posteriormente que se baseia no exaurimento da finalidade para a qual a contribuição fora instituída, circunstância que ainda não havia se verificado na época em que as ações diretas propostas, o relator, Min. Joaquim Barbosa, optou por não o apreciar, uma vez que as ações já não estariam mais em fase instrutória, deixando a sua apreciação para eventual recurso extraordinário ou ADI posterior, o que ocorreu no RE aqui analisado.

No que se refere à finalidade do tributo em questão, não há dúvidas de que sua criação se deu exclusivamente para a recomposição dos expurgos inflacionários causados pelos planos econômicos ao FGTS. Esse objetivo está claro na exposição de motivos do projeto de lei, no art. 13 da LC 110/2001, e nos acórdãos das ADI 2556 e 2568, em que esta Corte consignou que a contribuição foi criada para custear os dispêndios da União decorrentes de decisão do Supremo Tribunal Federal que considerou devido o reajuste dos saldos do FGTS (RE 226.855, rel. min. Moreira Alves, Pleno, DJ de 13.10.2000).

Assim, em novembro/2011, a Caixa Econômica Federal, responsável pela administração das contas do FGTS, reconheceu que o débito referente à sua atualização monetária seria integralmente quitado em julho/2012, afirmando que os valores arrecadados a título de contribuição adicional ao FGTS já eram, naquele momento, utilizados pela União para financiamentos habitacionais a famílias com renda bruta mensal de até R$ 4.900,00 e R$ 4 bilhões para a concessão de auxílio financeiro para complementar a capacidade de pagamento de famílias com renda bruta de até R$ 2.790,00, sem retorno para o FGTS. Esse dado foi reiterado em fevereiro/2012, ocasião em que o Poder Legislativo editou o Projeto de Lei nº 198, de 18 de abril de 2007, a fim de extinguir a referida contribuição, e a CEF emitiu o Ofício nº 0038/2012/SUFUG/GEPAS, reafirmando que a contribuição adicional do FGTS poderia ser extinta em julho daquele ano, diante da previsão de quitação integral dos passivos oriundos dos expurgos inflacionários da época.

Restava incontroverso, portanto, o exaurimento da finalidade para a qual a contribuição foi criada que, pelo menos a partir de julho/2012, conforme expresso e reiterado pela instituição bancária responsável pela gestão do FGTS, não se destina à recomposição dos expurgos inflacionários. A finalidade da contribuição ao FGTS era a recomposição dos expurgos inflacionários do início da década de 1990, fato esse, como já vimos, nítido na exposição de motivos da LC 110/2001 e nos acórdãos do STF das ADI 2556 e 2568.

O passivo, como visto, foi integralmente quitado em 2012, conforme atesta a Caixa e a própria Presidência da República assumiu a tredestinação em relação aos valores arrecadados com a contribuição nas razões do veto do PL nº 200/12. Assim, ao fixar a tese no sentido de que "*É constitucional a contribuição social prevista no artigo 1º da Lei Complementar nº 110, de 29 de junho de 2001, tendo em vista a persistência do objeto para a qual foi instituída*", o STF não só ignora a ocorrência da referida tredestinação, como subverte a lógica da validação constitucional das contribuições sociais.

– Sobre o RE 946.648[10]

Também por seis votos a quatro, o STF, manteve a jurisprudência do STJ e decidiu pela constitucionalidade da incidência do IPI quando o produto industrializado importado é comercializado pelo estabelecimento importador no mercado interno, negando, portanto, provimento ao recurso extraordinário do contribuinte. O colegiado, nos termos do voto divergente do ministro Alexandre de Moraes, entendeu que a incidência do tributo nas duas fases não representa bitributação em relação ao ICMS e não resulta em ofensa ao princípio da isonomia tributária.

O recurso foi interposto por uma importadora em face de acórdão proferido pelo TRF da 4ª, que havia considerado devido o pagamento do IPI tanto na importação quanto na revenda, no mercado interno, de bens importados e não submetidos a processo de industrialização no período entre a importação e a revenda. De acordo com a Justiça Federal, por serem fases diversas e sucessivas, ocorre, em cada procedimento, fato gerador distinto. As empresas alegavam, por sua vez, que a exigência do pagamento do IPI quando a mercadoria já nacionalizada é revendida no mercado interno é indevida, pois os produtos revendidos não sofrem nenhum dos processos de industrialização. Segundo sua argumentação, o fato gerador do IPI é a industrialização, e não a comercialização do produto e, dessa forma, a cobrança na segunda fase viola o princípio da isonomia tributária, pois onera excessivamente o importador.

Ocorre que o Ministro Alexandre de Moraes, que proferiu o voto vencedor, explicou que o mesmo contribuinte, ao realizar fatos geradores distintos, pode ser sujeito passivo do tributo, desde que observada a não cumulatividade tributária. No caso, quando importa o produto no desembaraço aduaneiro, ele recolhe o IPI na condição de importador e, ao revendê-lo, figurará, por equiparação, ao industrial. Assim, embora sejam realizadas pelo mesmo contribuinte, as duas operações configuram-se fatos geradores distintos, o que afasta a hipótese de dupla tributação, inclusive em relação ao ICMS.

Segundo o Ministro Alexandre, se não houvesse a incidência do IPI na segunda etapa, os produtos importados teriam uma vantagem competitiva de preço com o produto nacional. O Ministro enfatizou ainda que a incidência do imposto na revenda do produto importado que não sofreu

[10] Plenário, Rel. Min. Marco Aurélio, Red. p/ acórdão Min. Alexandre de Moraes, j. 28.08.2020.

beneficiamento industrial não se confunde com o ICMS. Nessa fase, o encargo tributário ocorre na primeira saída da mercadoria do estabelecimento do importador, porque é nesse momento em que o importador se encontra em condições de igualdade com o industrial brasileiro.

Ficaram vencidos os ministros Marco Aurélio (relator), Edson Fachin, Rosa Weber e Roberto Barroso, que davam provimento aos recursos. Para eles, é inconstitucional a dupla incidência de IPI, considerada a ausência de novo beneficiamento do produto no campo industrial, tendo sido fixada a seguinte tese de repercussão geral: "*É constitucional a incidência do Imposto sobre Produtos Industrializados (IPI) no desembaraço aduaneiro de bem industrializado e na saída do estabelecimento importador para comercialização no mercado interno*".

No presente caso, a Corte, utilizando-se indevidamente de fundamento de isonomia, chancelou a desnecessidade da industrialização no mercado interno como pressuposto de incidência do IPI na saída nacional do produto, a nosso ver, contrariando inequivocamente o disposto no art. 153, IV, da Constituição, de modo a ser confundir com a materialidade econômica a ser tributada pelo ICMS, qual seja, a circulação de mercadorias (art. 155, II, da Constituição).

2.2. Impactos no federalismo fiscal

Quanto a decisões do STF com impacto no federalismo fiscal, destaco (i) a ADPF 198 e (ii) o RE 1016605. Trata-se de julgados diretamente relacionados com a guerra fiscal de ICMS e IPVA entre os Estados, cujos julgamentos foram finalizados recentemente. Então vejamos.

– *Sobre a ADPF 198:*[11]

Essa arguição de descumprimento de preceito fundamental foi ajuizada em 2009, pelo governador do Distrito Federal e possui como objeto a validade do quórum unânime de deliberação no Conselho Nacional de Política Fazendária (Confaz) imposto pela Lei Complementar nº 24/1975. O que se pede na ADPF é que o STF afaste a necessidade do prévio consentimento unânime do Confaz na edição de benefícios fiscais, passando a ser necessária, somente, a maioria simples para que um Estado possa conferir determinado incentivo.

[11] Plenário, Rel. Min. Cármen Lúcia, DJe 06.10.2020.

Na proposição da unanimidade, objetivava-se que os Estados pudessem vetar os benefícios que lhes prejudicassem. Entretanto, tal lógica foi subvertida, significando, hoje, a concentração de poder nas mãos de Estados que não pretendem ver sua posição de destaque na economia do país ameaçada.[12] Ocorre que a unanimidade, como quórum para a ratificação de um convênio, consolida nas mãos dos Estados mais desenvolvidos economicamente o poder de veto e, consequentemente, de ingerência sobre as operações internas e políticas públicas dos Estados menos desenvolvidos. Inclusive, na enorme maioria das vezes, apesar de tais Estados terem contado com fatores históricos de desenvolvimento, como ocorreu com o Rio de Janeiro e São Paulo, são eles os principais responsáveis por atração de investimentos privados aos seus territórios de forma inconstitucional.

Torna-se fácil concluir que uma lei complementar que desconsidera um dos parâmetros de votação do Estado democrático de Direito, qual seja, a vontade da maioria, certamente, contraria o art. 1º da Carta de 1988, sendo, assim, impraticável a concretização dos objetivos fundamentais da República previstos no art. 3º, vez que se viola o Princípio da Democracia. Por mais essa razão, seria imprescindível que se reconhecesse que a LC nº 24/1975 encontra-se em total desacordo com a Constituição de 1988, vez que impõe lógica que fere o mais caro princípio do Estado Democrático de Direito, a democracia.

Com isso em mente, é importante ressaltar que, no julgamento da ADPF 198, por seis votos a quatro, prevaleceu o voto da relatora, Ministra

[12] "A explicação dada por Rousseau para a prevalência da unanimidade sobre um princípio de maioria é simples. Uma vontade majoritária que resulte da acomodação de interesses positivos acaba sempre por fazer com que interesses majoritários se sobreponham a interesses minoritários; para legitimar essa situação seria necessária a vontade geral, que é uma fórmula sutil de eliminação das diferenças entre os interesses, do que resulta um consenso compacto, sem brechas, unânime, portanto sem maiorias e minorias. Ou seja, unanimidade é um instrumento para harmonizar as diferenças entre os interesses em jogo, não as congurências. Assim, como a soma das diferenças entre os interesses individuais constitui a vontade geral, a vonatade geral (unânime) coloca as vontades individuais, quer majoritás, quer minoritárias, sob sua suprema direção. Daí o direito de veto, que é antes uma **garantia de não ser prejudicado**, mais do que uma garantia de que o interesse comum seja atendido"– Grifos presentes no original. (JÚNIOR, Tércio Sampaio Ferraz."Unanimidade ou maioria nas deliberações do Confaz: considerações sobre o tema a partir do princípio federativo". In.: *Revista Fórum de Direito Tributário*, nº 59, Belo Horizonte, 2012, p. 14.

Cármen Lúcia, pela recepção dos dispositivos da LC 24/75, que tratam da unanimidade, restando vencidos os Ministros Edson Fachin, Rosa Weber, Ricardo Lewandowski e Marco Aurélio, tendo a Corte desperdiçado grande oportunidade de intervir diretamente em uma das raízes da guerra fiscal de ICMS.

– *Sobre o RE 1016605:*[13]

Por seis votos a cinco, o STF, em sessão virtual, decidiu que o IPVA deve ser recolhido no Estado de domicílio do proprietário do veículo e não no Estado de licenciamento.

Prevaleceu, no julgamento, o voto do Ministro Alexandre de Moraes, que destacou que o IPVA foi criado em 1985 por meio de emenda constitucional e repetido na Constituição de 1988. A justificativa do imposto seria remunerar a localidade onde o veículo circula, em razão da maior exigência de gastos em vias públicas. O ministro assinalou ainda que o Código de Trânsito Brasileiro não permite o registro do veículo fora do domicílio do proprietário. "Ou seja, licenciamento e domicílio devem coincidir", afirmou. A tese firmada foi a de que "A Constituição autoriza a cobrança do Imposto sobre a Propriedade de Veículos Automotores (IPVA) somente pelo Estado em que o contribuinte mantém sua sede ou domicílio tributário".

Entendemos que, por não haver lei complementar de normas gerais em matéria de IPVA, o local de cobrança deve ser aquele previsto no art. 158, III, da Constituição, que destina parte da receita arrecadada pelos Estados aos Municípios onde ocorrer o licenciamento dos veículos. Apesar de o Ministro Alexandre de Moraes ter feito referência a esse dispositivo em seu voto, a tese por ele proposta é bastante restritiva, uma vez que não faz menção ao local do licenciamento e impõe que o domicílio é o único elo de conexão entre o contribuinte e o Estado competente para cobrar o imposto, o que pode vir a agravar a guerra fiscal, prejudicando além de Estados, Municípios.

[13] Plenário, Rel. Min. Marco Aurélio, Red. p/ acórdão Min. Alexandre de Moraes, j. 16.09.2020, DJe 16.12.2020.

2.3. Impactos nos Direitos humanos

Finalmente, no que se refere aos direitos humanos, verificamos dois precedentes julgados pela Corte também em âmbito virtual: (i) RE 576.967 e (ii) 647.885, conforme analisaremos.

– *Sobre o RE 576.967:*[14]

Em 5.08.2020, foi encerrado em Plenário Virtual do Supremo Tribunal Federal, o julgamento do RE 576.967, tema nº 72 da Repercussão Geral. Acompanhado por outros 6 votos, prevaleceu a tese proposta pelo Relator, Ministro Luís Roberto Barroso: *"É inconstitucional a incidência da contribuição previdenciária a cargo do empregador sobre o salário maternidade"*[15].

O voto condutor do relator possui dois fundamentos: (i) o salário-maternidade tem clara natureza de benefício previdenciário, de modo que não se inclui no conceito de folha de salários, do art. 195, I, a, da Constituição, porque não se trata de contraprestação pelo trabalho tampouco de ganho habitual da empregada. Sendo fonte alternativa de custeio da seguridade social, sua tributação deve ser implementada por lei complementar; (ii) a incidência de tal tributo viola frontalmente a isonomia, na sua dimensão de gênero, uma vez que desincentiva a contratação feminina. Há, portanto, inconstitucionalidade formal e material.

Em relação a este último ponto, destaca-se o seguinte trecho do voto condutor: *"É necessário, portanto, que o Estado não imponha quaisquer ônus adicionais a uma situação que já é, por si só, mais cara ao empregador, que não pode sofrer o desestímulo estatal para a contratação de mão de obra feminina"*.

Trata-se, até onde se tem notícia, do primeiro precedente vinculante em que se abordou, com fundamento na isonomia em sua dimensão de igualdade de gênero, o papel indutor da tributação. Isso porque a incidência da contribuição previdenciária, a ser paga pelo empregador, sobre o salário-maternidade configurava grave ônus e discriminação à contratação de mulheres com potencial de virarem mães, conforme

[14] Plenário, Rel. Min. Luís Roberto Barroso, DJe 20.10.2020.

[15] Disponível em: http://www.stf.jus.br/portal/jurisprudenciaRepercussao/verAndamentoProcesso.asp?incidente=2591930&numeroProcesso=576967&classeProcesso=RE&numeroTema=72#:~:text=72%20%2D%20Inclus%C3%A3o%20do%20sal%C3%A1rio%2Dmaternidade,Previdenci%C3%A1ria%20incidente%20sobre%20a%20remunera%C3%A7%C3%A3o.

destacado pelo relator do recurso extraordinário: "(...) *para fins de reflexão, propõe-se colocar no lugar de um gestor de empresa privada que possui duas opções de contratação para a mesma vaga: um homem e uma mulher, ambos com 30 anos de idade e recém-casados com os seus respectivos cônjuges, com currículos exatamente iguais e mesmas notas atribuídas no processo seletivo. Tendo em mente os custos acima e imaginando que ambos os candidatos desejam ter filhos a curto prazo, não é difícil responder à pergunta sobre quem seria selecionado para o emprego.*"

Tal julgamento tocou em pontos como a isonomia do ponto de vista da igualdade de gêneros, do acesso à mulher ao mercado de trabalho, licença paternidade, entre outros, aspectos que, até então, não possuíam uma relação direta com o Direito Tributário de acordo com a jurisprudência.

– *Sobre o RE 647.885:*[16]

Nesse recurso extraordinário, a Corte, por dez votos a um definiu que a suspensão do exercício profissional pelo não-pagamento da taxa de anuidade — de quem está inscrito em entidade de classe — consiste em sanção política que afronta princípios constitucionais. Definiu-se, assim que, entidades como a Ordem dos Advogados do Brasil não podem inviabilizar o exercício pleno de atividade econômica de seus inadimplentes. A tese definida foi: "*É inconstitucional a suspensão realizada por conselho de fiscalização profissional do exercício laboral de seus inscritos por inadimplência de anuidades, pois a medida consiste em sanção política em matéria tributária*".

Prevaleceu o voto do relator, ministro Luiz Edson Fachin, que seguiu a jurisprudência do STF, segundo a qual a suspensão dos inadimplentes consiste em afronta aos princípios da proporcionalidade, da razoabilidade e do devido processo legal substantivo. Mais importante, destacou que o regramento atacado representava ofensa à livre iniciativa e à liberdade profissional.

Conclusões

Como observado, foram intensos os julgamentos tributários em 2020. Verificamos que, com a expansão da competência de julgamento do Plenário Virtual, ocorreu uma massificação de análise pelo Plenário da Corte de processos tributários, alguns que aguardavam resolução há mais de uma década.

[16] STF, Plenário, Rel. Min. Edson Fachin, DJe 19.05.2020.

Assim questionamos, é preferível uma prestação jurisdicional em massa ou nenhuma prestação? Infelizmente, ainda não é possível prover uma resposta adequada a esse questionamento, uma vez que se encontram em análise as consequências da virtualização dos julgamentos que, como vimos, em alguns casos também privilegiaram direitos fundamentais em concreto.

O que sabemos é que essa massificação dos julgamentos em matéria tributária trouxe à tona uma tendência da Corte que já havia se iniciado há algum tempo: a alteração de relevantes balizas do Sistema Tributário Nacional, seja por: (i) alteração da dogmática tributária, como vimos no caso da validação constitucional das contribuições sociais e da hipótese de incidência do IPI; (ii) omissão na proteção do pacto federativo, chancelando leis que acentuam a guerra fiscal de ICMS e IPVA; e (iii) vinculação do Sistema Tributário dos Direitos Humanos, com a aproximação da tributação da discussão relacionada à igualdade de gênero e do livre exercício profissional.

Sem sombra de dúvidas, os dois primeiros itens são os mais preocupantes, uma vez que, ao contrário do terceiro, distancia o Direito Tributário do desenho traçado pelo constituinte de 1988. No que se refere à aproximação das discussões tributárias daquelas diretamente relacionadas aos direitos fundamentais, entendemos que, especificamente nos dois casos aqui citados, andou bem a Corte, elevando e conferindo ao Direito Tributário o *status* constitucional desejado e desenvolvendo o seu papel de Tribunal Constitucional.

No entanto, é inegável que, antes de 2020 estudávamos e pesquisávamos um Sistema Tributário bastante diferente daquele que verificamos ao final desse ano intenso, o que comprova que se encontra em curso uma reforma judicial que merece tanta atenção quanto as propostas legislativas em curso no Congresso Nacional.

24.
Competência Tributária e as Assimetrias Decorrentes da Nova CBS

Paulo Ayres Barreto
Paulo Arthur Cavalcante Koury

Introdução

No dia 21 de julho de 2020, o Poder Executivo encaminhou ao Congresso Nacional a Mensagem nº 404/2020, posteriormente convertida no Projeto de Lei 3.887/2020 (PL 3.887/20), que "institui a Contribuição Social sobre Operações com bens e Serviços – CBS, e altera a legislação tributária federal". O projeto em questão revoga uma série de dispositivos em vigor, relativos à Contribuição ao PIS e à Cofins, e institui em seu lugar a chamada CBS. Conforme a exposição de motivos do Projeto, tratar-se-ia de um primeiro passo na reforma tributária, visando a superar a complexidade da atual legislação das contribuições sobre receita e ao "alinhamento da legislação brasileira ao moderno e reconhecido padrão mundial de tributação do consumo: a tributação do valor adicionado".

As discussões sobre o PL 3.887/20 se dão em diferentes níveis de discurso, que não raro são indevidamente mesclados, com relevantes prejuízos à analiticidade e à clareza das posições apresentadas.

De um lado, é dado a todos os cidadãos brasileiros perquirir sobre a conveniência e a oportunidade do projeto. Nesse nível de discurso, é pertinente e coerente destacar que a atual conformação da CBS representará um elevado aumento de carga tributária para alguns setores da economia, no tocante àqueles que tenham na mão de obra o seu principal insumo. Muitas prestadoras de serviços sairão da alíquota de 3,65%, sem a possibilidade da tomada de créditos (regime cumulativo), para a alíquota de 12%, com possibilidade de créditos que não abrangem os custos com mão de obra. Sob essa perspectiva, seria possível afirmar que a novel contribuição atua contra o emprego, ao tributar mais quem tem na mão de obra o seu principal insumo.

A análise dessa importante questão pertence ao *discurso político*, do qual devem participar todos os cidadãos brasileiros, conforme o princípio democrático, que deve incluir mecanismos de participação direta dos cidadãos na tomada de decisões, para "democratizar a democracia através da participação", como colocou Canotilho.[1]

De outro lado, da perspectiva do *discurso jurídico*, deve-se perquirir sobre a constitucionalidade do Projeto de Lei em questão. Conforme Alexy, o discurso jurídico se caracteriza pela sua vinculação aos textos de direito posto.[2] Tratando-se de proposta de lei ordinária, há uma série de limites constitucionais que devem ser obedecidos, ainda que se conclua que o projeto é conveniente e oportuno. O nível de discurso em que opera a argumentação jurídica não se confunde com o discurso político.

O objetivo deste artigo é, da perspectiva exclusiva do discurso jurídico, analisar o fato gerador da contribuição. Trata-se de determinar se a contribuição efetivamente se enquadra na competência da União Federal determinada pelo art. 195, I, "b", da CF/88, que abrange a "receita ou o faturamento" ou se haveria invasão de competências legislativas estaduais ou municipais. É o que se passa a examinar.

1. A CBS e as normas constitucionais atributivas de competências: tributo sobre bens e serviços ou sobre a receita bruta?

A questão relevante consiste em determinar se a CBS, na forma como delimitada pelo PL 3.887/20, enquadra-se na competência constitucional da União para instituir contribuição sobre o faturamento e a receita bruta, conforme o art. 195, I, "b", da CF/88, ou se haveria alguma invasão da competência estadual para tributar "operações relativas à circulação de

[1] CANOTILHO, José Joaquim Gomes. *Direito Constitucional e Teoria da Constituição*. 4. ed. Coimbra: Almedina, 1987. p. 365.

[2] ALEXY, Robert. *Teoria da Argumentação Jurídica*: a Teoria do Discurso Racional como Teoria da Fundamentação Jurídica. Tradução Zilda Hutchinson Schild Silva. 3. ed. Rio de Janeiro: Forense, 2013. p. 217.

mercadorias e sobre prestações de serviços de transporte interestadual e intermunicipal e de comunicação" (art. 155, II) ou da competência dos Municípios e do Distrito Federal para instituir imposto sobre "serviços de qualquer natureza" (art. 156, III).

A presente análise não incluirá a incidência da CBS sobre a importação, haja vista tratar-se de exação com fundamento no art. 195, IV, da CF/88, que institui a competência federal a para a instituição de contribuição sobre o "importador de bens ou serviços do exterior, ou de quem a lei a ele equiparar".

No tocante à CBS incidente sobre operações no mercado interno, recentemente alegou-se que:

(i) seria plenamente constitucional o seu fato gerador, pois "o PL previu um fato gerador que combina o atual conceito legal de receita bruta – e, ao que nos parece, também o adotado pelo STF – com a adoção de marco temporal mais instantâneo para sua ocorrência, que não considera a soma de fatores positivos num determinado período de tempo, mas sim de cada ingresso individualmente"[3];
(ii) que haveria dúvidas quanto à constitucionalidade do fato gerador da CBS, pois "tanto a redação dos arts. 1º e 2º, quanto a exposição de motivos, parecem ser contraditórias e não deixam claro se a CBS incidirá, no caso de operações no mercado interno, sobre as operações em si ou sobre a receita bruta"[4]; e
(iii) que o fato gerador eleito para a CBS deve gerar insegurança jurídica e litigiosidade, pois, "deixando de lado o fato de que o artigo 1º do PL enuncia que institui uma 'contribuição sobre bens

[3] VASCONCELOS, Breno Ferreira Martins; ALVIM, Leonardo; MATTHIESEN, Maria Raphaella Dadona. A Constitucionalidade do fato gerador da CBS. Uma análise da evolução legal e jurisprudencial do conceito de receita bruta. *Jota*. Disponível em: https://www.jota.info/opiniao-e-analise/artigos/a-constitucionalidade-do-fato-gerador-da-cbs-28082020. Acesso: 28/08/2020.

[4] ROCHA, Sergio André; LUKIC, Melina Rocha. A inadequação do fato gerador da CBS incidente no mercado interno. Fato de se inaugurar sistema já povoado de controvérsias deveria ser suficiente para repensarmos modelo apresentado. *Jota*. Disponível em: https://www.jota.info/opiniao-e-analise/artigos/a-inadequacao-do-fato-gerador-da-cbs-incidente-no-mercado-interno-05082020#_ftn2. Acesso: 28/08/2020.

> e serviços', e não uma contribuição sobre a receita das pessoas jurídicas, há outros indícios na norma quanto à falta de clareza do fato gerador".[5]

É bem verdade que, por ser facultativo o exercício das competências tributárias, é plenamente válida a instituição de um tributo que abarque uma parte dos fatos que estão sob a competência do ente tributante, desde que não se viole a igualdade (CF/88, art. 5º, *caput* e art. 150, II). Nesse sentido, não são inconstitucionais as isenções atualmente existentes em relação à Contribuição ao PIS e à Cofins, por exemplo, desde que o discrímen por elas encerrado se funde em finalidade constitucionalmente albergada.[6] Contudo, não se pode afirmar que a competência para tributar receitas seja um gênero da qual seriam espécies a competência para tributar operações com mercadorias e a competência para tributar prestações de serviços.

Muito embora a capacidade contributiva nos impostos sobre a venda de mercadorias e a prestação de serviços deva ser medida por meio da receita auferida em cada operação, a competência conferida aos Estados e aos Municípios alberga as operações isoladamente consideradas, enquanto a competência federal abrange a receita bruta do contribuinte, avaliada como um todo. As diferenças entre essas competências demonstram-se tanto na base de cálculo como nas previsões de não cumulatividade dos diferentes tributos.

Em primeiro lugar, deve-se destacar que a base de cálculo dos tributos, além de medir as proporções do fato tributável, exerce o papel de "confirmar, infirmar ou afirmar o elemento material da incidência"[7] e de determinar a presença de capacidade contributiva.[8] Desse modo,

[5] PISCITELLI, Tathiane. CBS, fato gerador e direito a crédito. Se o direito a crédito só é possível quando houver documento fiscal relativo à "aquisição de bens e direitos", a CBS só incide nessa hipótese. Valor Econômico, 28/08/2020. Disponível em: https://valor.globo.com/legislacao/fio-da-meada/post/2020/08/cbs-fato-gerador-e-o-direito-a-credito.ghtml?. Acesso 28/08/2020.

[6] Cf. ÁVILA, Humberto. *Teoria da Igualdade Tributária*. 3. ed. São Paulo: Malheiros, 2015. p. 45.

[7] CARVALHO, Paulo de Barros. *Direito Tributário: Fundamentos Jurídicos da Incidência*. 9ª ed. São Paulo: Saraiva, 2012. p. 244.

[8] BARRETO, Aires F. *Base de cálculo, alíquota e princípios constitucionais*. São Paulo: Revista dos Tribunais, 1986. p. 83.

enquanto as bases de cálculo do ICMS e do ISS devem referir-se às operações de venda de mercadorias e prestação de serviços, a base de cálculo das contribuições sobre receita deve mensurar a receita do contribuinte, globalmente considerada.

Examinando-se o PL 3.887/20, verifica-se, inicialmente, a existência de duas previsões contraditórias, com redação muito similar. Enquanto o art. 1º determina que "a CBS incide sobre as operações com bens e serviços", o art. 2º prescreve que a "CBS incide sobre o auferimento da receita bruta de que trata o art. 12 do Decreto-Lei nº 1.598, de 26 de dezembro de 1977, em cada operação", de maneira idêntica ao que ora preveem as Leis 10.637/02 e 10.833/03 relativamente à Contribuição ao PIS e à Cofins, respectivamente. O dispositivo objeto da remissão abarca, além da venda de bens, da prestação de serviços e do resultado das operações em conta alheia, as "as receitas da atividade ou objeto principal da pessoa jurídica não compreendidas nos incisos I a III".

Nesse contexto, dispositivos atinentes à base de cálculo da exação apontam para a prevalência do mandamento do art. 1º sobre o art. 2º, infirmando a conclusão de que a contribuição incidiria sobre a receita bruta e não sobre operações com bens e serviços. Ao tratar da base de cálculo da exação, o art. 7º vincula a receita adquirida a "cada operação". Já o art. 17 estabelece que "o valor da CBS incidente *sobre a operação* deverá ser destacado em documento fiscal". Os mesmos termos são empregados no art. 19, I, que trata de obrigações acessórias.

Em segundo lugar, deve-se destacar ser nas previsões atinentes à não cumulatividade que a CBS demonstra, de maneira mais contundente, o seu afastamento da competência federal para a instituição de contribuições sobre a receita bruta. Conforme o § 12 do art. 195 da Constituição, "a lei definirá os setores de atividade econômica para os quais as contribuições (...) serão não-cumulativas". Contudo, por existirem diversos métodos de não cumulatividade, a maneira pela qual a lei ordinária estabelecer essa providência terá influência determinante na própria conformação do tributo.

De um lado, os tributos sobre receitas devem valer-se de métodos de não cumulatividade que apartem a incidência tributária de um agente daquilo que é receita de outro agente. De outro, a não cumulatividade dos tributos sobre operações de venda de mercadorias e prestação de serviços vincula-se aos tributos pagos sobre os produtos e serviços que são objeto de circulação econômica. Trata-se de uma diferença sutil, porém relevante.

Atualmente, as Leis 10.637/02 e 10.833/03 estabelecem que a apuração dos créditos, para os fins da não-cumulatividade da Contribuição ao PIS e da Cofins, será efetuada mediante a aplicação das alíquotas previstas em cada uma das Leis (1,65% e 7,6%, respectivamente) sobre o valor dos bens, serviços, insumos, aluguéis, energia elétrica e demais despesas previstas no artigo 3º, caput e incisos, de cada um destes diplomas normativos.

Não obstante as contendas doutrinárias a respeito,[9] a não-cumulatividade da contribuição ao PIS e da Cofins tem perfil que se aproxima fortemente do denominado sistema "base sobre base", conquanto agregue em sua sistemática de apuração algumas características do sistema imposto sobre imposto. No primeiro sistema, deduz-se da base de cálculo do tributo o valor do tributo devido a partir da base anterior.[10] É, indiretamente, o que ocorre em relação à Contribuição ao PIS e à Cofins, uma vez que são tomados créditos correspondentes ao valor que decorreria da aplicação da alíquota do próprio contribuinte submetido ao regime não-cumulativo sobre o valor da receita do seu fornecedor. É dizer, a Contribuição ao PIS e a Cofins não são vinculadas a cada operação isoladamente considerada, tanto que não há expressa permissão para a manutenção de créditos relativos a vendas com isenção, alíquota zero ou não incidência (art. 17 da Lei 11.033/04).

Diferentemente, ao tratar da não-cumulatividade da CBS, o art. 11 do PL 3.887/20 estabelece que "é vedada a apropriação de crédito em relação a bens e serviços vinculados a receita não sujeita à incidência ou isenta da CBS". Também esse dispositivo parece infirmar o fato gerador previsto no art. 2º, conduzindo à conclusão de que o real fato gerador das contribuições é a realização de operações com mercadorias e serviços, o que implica sobreposição em relação ao ICMS e ao ISS.

[9] Cf. GRECO, Marco Aurélio. Não cumulatividade no PIS e na COFINS. *Revista Fórum de Direito Tributário*. n. 12, Belo Horizonte: Fórum, nov-dez, 2004. p. 10. MOREIRA, André Mendes. *A não-cumulatividade dos tributos*. 2. ed. São Paulo: Noeses, 2012. p. 435.

[10] Cf. COSTA, Alcides Jorge. *ICM na Constituição e na lei Complementar*. São Paulo: Resenha Tributária, 1978. p. 26.

Conclusões

Em síntese do exposto, tanto os dispositivos atinentes à base de cálculo como a regulamentação da não-cumulatividade da CBS claramente determinam a incidência sobre operações de venda de mercadorias e prestações de serviço, o que representa invasão da competência de Estados e Municípios, na linha do que expressamente estabelece o art. 1º do PL 3.887/20. Não se trata de simples definição temporal da incidência, mas de efetiva conformação do tributo de modo que este invade materialidades tributáveis apenas pelos estados e municípios. A CBS, da maneira como disciplinada pelo Projeto de Lei em questão, vincula-se a cada operação de venda de mercadorias e prestação de serviços, com lógica de base de cálculo e não-cumulatividade idêntica aos tributos estaduais e municipais.

Trata-se de considerações jurídicas, que são independentes da conveniência e da oportunidade de haver convergência da tributação brasileira ao padrão de tributação do valor agregado, adotado na União Europeia e em outros países. Ainda que se concorde com essa premissa, que também deve ser posta à discussão da perspectiva política e estratégica, a sua implementação deve ser realizada em conformidade com as normas da Constituição, reformando-as, se necessário.

25.
Economia Digital e a Tributação sobre o Consumo no Brasil

Paulo Caliendo

Introdução

O presente texto objetiva analisar o impacto da economia digital no atual modelo da tributação sobre o consumo. Os negócios surgidos com as novas tecnologias não somente alteraram os meios técnicos existentes, mas revolucionaram a base econômica tradicional, por meio de uma *disrupção* com as estruturas presentes.

De outro lado, irá se verificar as consequências da incompatibilidade entre essa mudança estrutural e o sistema tributário nacional, especialmente na tributação particionada sobre o consumo, em ICMS (Estados e DF); IPI e PIS/COFINS (União) e ISS (Municípios).

Por fim, irá se demonstrar a necessidade da adoção inafastável do modelo IVA, como exigência de eficiência, praticidade e equidade. O presente estado de coisas irá exigir uma nova normatividade jurídica, adaptada aos novos desafios, particularmente, como uma exigência constitucional.

A mera simplificação dos tributos, incidentes fracionadamente sobre o consumo (ICMS, IPI, ISS e PIS COFINS), é incapaz de resolver os graves dilemas decorrentes do atual modelo. A simplificação promete ser uma melhoria, quando em verdade mantém o estado atual de insegurança e disfuncionalidade.

A CF/88 irá estabelecer um marco normativo abrangente sobre as mudanças tecnológicas. A *proteção da tecnologia nacional* está presente no texto constitucional em diversos dispositivos (art. 5º., inc. XXIX e art. 216, inc. III). A CF/88 ainda determina *a promoção da tecnologia*, por meio do acesso, da difusão e da criação, como política pública constitucionalizada (art. 23, inc. V; art. 24, inc. IX e art. 200, inc. V). Para tanto o texto determina o *incentivo à pesquisa e tecnologia*, como uma das prioridades de Estado (art. 179, inc. III; art. 213, § 2º, arts. 217, 218 e 219).

Os novos desafios tecnológicos irão demandar a proteção e incentivo da tecnologia, mas também a necessária adaptação do sistema tributário às novas formas negociais e econômicas.

1. Os novos modelos de negócios na economia digital e seus impactos socioeconômicos

O impressionante desenvolvimento tecnológico, nesse início do século XXI, excedeu em muito as melhores previsões. Há vinte anos atrás as grandes perspectivas estavam com o mundo novo das "*tecnologias da informação*" (*technology of information – IT*). Nem os cenários mais futuristas, daquela época, projetariam o desenvolvimento exponencial dos últimos ou dos vindouros anos. Diversas tecnologias, convergentes ou não, surgem surprendendo todos os roteiros sistemáticos e '*abrangentes*'. A lista de inovações, a cada momento tida como definitiva e fielmente organizada, exige nova atualização, com novos e impactantes modelos, técnicas e desafios, incluindo impactos de larga escala nas relações de trabalho.

Uma nova tecnologia pode imediatamente tornar-se disruptiva e alterar todas as formas de realização de negócios anteriores. Tamanha alteração de contexto histórico produzirá alterações sobre os conceitos e regras utilizados em Direito Tributário? Essa é uma pergunta fundamental. Haveria permanência dos conceitos em um contexto de mudança tecnológica?

A essência transformadora, revolucionária e, por que não dizer, disruptiva do capitalismo foi acuradamente percebida por *Joseph Schumpeter*, em sua obra "*Capitalismo, Socialismo e Democracia*", originalmente publicada em 1943. Para o autor o processo de destruição criativa é a própria do âmago desse sistema econômico. Ele consiste e vive nesse processo contínuo de destruição do modo anterior de produção e de criação de modelos mais inovadores ("*this process of Creative Destruction is the essential fact about capitalism. It is what capitalism consists in and what every capitalist concern has got to live in"*[1]).

Schumpeter não fazia uso das expressões atualmente em voga, "*disruptivo*" ou "*exponencial*", mas afirmava que existiam momentos de mudanças tecnológicas "*revolucionárias*" e não meramente lineares. "*Qualitativas*" e não meramente quantitativas. O fenômeno pressentido por *Schumpeter* tornou-se cristalino na atualidade. Essa havia sido sua intuição genial.

Três movimentos tiveram profunda influência no Ambiente de Inovação e, consequentemente, no Direito. Primeiro, a mudança no foco no inventor individual para as redes de pesquisas (*networked learning*); segundo, da inovação direcionada ao mercado à interação entre práticas de mercado e sociais (*nonmarket practices*) e, por último, dos direitos proprietários para a interação entre direitos proprietários e comuns[2].

A literatura sobre o assunto tem demonstrado a tendência da inovação em direção à práticas coletivas e compartilhadas. O padrão do inventor solitário cede espaço aos ambientes coletivos de inovação[3]. O papel heróico do indivíduo precursor é contrabalançado pelas contribuições da comunidade onde ele está inserido[4].

Outra conclusão relevante é de que a existência de conexões entre a indústria e Universidade importam e muito[5]. Aqui, diversos fatores devem ser levados em consideração: proteção da propriedade intelectual, relações laborais, regulação, dentre outras. A tributação se destaca, como um possível obstáculo relevante a um ambiente de inovação sadio.

[1] SCHUMPETER, Joseph. Capitalism, Socialism and Democracy. Londres/Nova York: George Allen & Unwin, 1976, p. 83.

[2] BENKLER, Yochai. Law, Innovation, and Collaboration in Networked Economy and Society. Annual Review of Law and Social Science. Vol. 13, p. 231-250, 2017.

[3] ALLEN RC. 1983. Collective invention. J. Econ. Behav. Organ. 4 (1), p. 1–24 e ALLEN RC. 2009. The Industrial Revolution in miniature: the spinning jenny in Britain, France and India. J. Econ. Hist. 69 (4): p. 901–27.

[4] NUVOLARI A. 2004. Collective invention during the British Industrial Revolution: the case of the Cornish pumping engine. Cambridge J. Econ. 28(3):347–63.

[5] SAMILA S, Sorenson O. 2011. Noncompete covenants: incentives to innovate or impediments to growth. Management Science, v. 57, n. 3, p. 425–38.

A tributação poderá prejudicar enormemente o desenvolvimento da economia digital, especialmente, na ausência de clareza e previsibilidade na utilização dos conceitos jurídicos, em face dos novos fatos econômicos.

Os conceitos de Direito Tributário apresentaram um extraordinário desenvolvimento no século vinte, motivado por um cuidadoso e sério trabalho de Professores e doutrinadores. A questão que se coloca é justamente sobre a atualidade desse conjunto de elaborações. Como paradigma dessas preocupações está o debate sobre o Plano BEPS (*Base Erosion and Profit Shifting*) da OCDE, referência para nos debates internacionais. Dentre os principais questionamentos está a dúvida sobre a natureza dessas alterações. Representarão as novas tecnologias apenas mais um conjunto de técnicas a somarem-se a tantas outras, como o telefone, a televisão ou produzirão uma radical alteração dos fatores produtivos e, consequentemente, dos conceitos tributários?

A OCDE percebeu uma mudança estrutural no modo de se fazer negócios, especialmente, no Relatório, denominado de *Action* 1 do BEPS, com o surgimento de um novo fenômeno: a *decomoditização* ("*decommoditise*"). A redução contínua dos custos de produção, por meio das novas tecnologias de informação e comunicação (TIC), impôs aos agentes econômicos a busca de novas formas de vantagem competitiva pela agregação de valor, em aspectos específicos ou partes do processo produtivo. Aqui surgiriam novas e excepcionais oportunidades produtivas[6].

O Plano de Ação do BEPS, sobre Economia Digital, aprofundou em muito os desafios já previstos no início dos anos 2000, para muito além do comércio de bens intangíveis, sem a intermediação de entrega ou pagamentos por meios materiais. A OCED listou as seguintes possibilidades tecnológicas: i) o uso de smartphones e tablets; ii) internet; iii) software; iv) produção de conteúdo; v) uso de dados e vi) icloud. Dentre as tecnologias promissoras cita: a internet das coisas; moedas virtuais; robótica e impressão 3D.

Cada uma dessas tecnologias individualmente e em conjunto irão operar uma mudança no modo de se fazer negócios, com a destruição das antigas formas tecnológicas, incapazes de continuar o fluxo de produção de

[6] Ver *in* OECD. Addressing the Tax Challenges of the Digital Economy, Action 1 – 2015 Final Report, disponível em http://dx.doi.org/10.1787/9789264241046-en, acesso em 05.11.2017, às 21:42.

riqueza e os novos modelos, que irão gerar novas oportunidades. Cada uma dessas novas tecnologias merece um estudo detalhado e individualizado, o que foge ao objeto do presente texto[7]. Nosso objetivo é verificar o impacto *geral* dessas novas tecnologias no sistema tributário como um todo.

2. Economia digital e seus impactos tributários

A economia digital tende a modificar as bases da tributação do consumo, de forma radical.

A história do Imposto sobre Valor Agregado foi fundamentalmente vinculada à noção de uma tributação neutra, uniforme e eficiente sobre o ciclo econômico do consumo e ainda hoje os desafios permanecem gigantescos para a doutrina, especialmente sobre uma forma de alcançar o respeito ao princípio da capacidade contributiva nos tributos sobre o consumo.

O IVA possui como característica ser cobrado em todas as fases de produção, ou seja, sua característica plurifásica lhe garante isonomia econômica no tratamento de todas as fases do ciclo econômico, não incentivando ou desincentivando a união ou a separação das operações das unidades produtivas. Esta incidência plurifásica tem por efeito diluir o peso da carga fiscal sobre todas as fases econômicas de modo mais uniforme, visto que impede o impacto sobre uma única classe de agentes econômicos.

O IVA tem se caracterizado por defender um alargamento da base tributável e uma redução da lista de produtos com proteção fiscal mantendo apenas e especialmente os bens essenciais e os alimentares ligados à subsistência da classe mais desfavorecida, bem como os bens agrícolas e os produzidos para autoconsumo de produtos alimentares.

A nova economia digital está propondo reflexões e irá questionar os mais profundos princípios do IVA. Se tornará cada vez mais difícil determinar onde as operações foram realizadas, em prestações *cross-borders*. Onde se deve coletar os tributos? Onde ele foi consumido? O que ocorre quando não houver materialidade, presença física e mesmo territorialidade da prestação claramente definida?

[7] Cf. MANYIKA, James; CHUI, Michael; BUGHIN, Jacques; DOBBS, Richard; BISSON, Peter *et* Alex Marrs. Disruptive technologies: Advances that will transform life, business, and the global economy. Report McKinsey Global Institute, 2013.

Todos esses questionamentos imporão novos desafios, muito distintos daqueles surgidos durante a história do tributo. Duas soluções têm sido apontadas: a tributação no local onde o consumidor ou prestador é residente[8]. O primeiro modelo tem sido utilizado, especialmente quando o fornecedor é cadastrado no local de presença do consumidor e lá deve recolher os tributos. O segundo modelo o fornecedor será tributado no local de sua residência, mesmo que a operação seja realizada em outra jurisdição.

A atribuição de competência à jurisdição de residência do consumidor é a regra indicada pela OCDE no fornecimento de serviços, no modelo B2B, *in OECD International Guidelines VAT/GST (2014)*. É o modelo para as operações "*cross-border supplies of services and intangibles that are capable of delivery from a remote location*", sob as recomendações da *OECD 2003 E-commerce Guidelines*. A OCDE informa que o modelo de tributação na residência do prestador tem sido o método escolhido por preferência, especialmente, porque reduz o risco de fraudes na exportação de serviços[9].

Os desafios da nova economia digital ao IVA não se limitarão ao problema do local de cobrança. Problemas relativos ao sujeito passivo, que se despersonifica; aos meios de pagamento, que se virtualizam; à base de cálculo, que se torna ambígua e tantos outros irão criar diversos desafios aos países que adotam algum dos regimes de tributação do consumo, sob a modalidade VAT/GST.

O caso brasileiro será ainda mais complicado, em razão do país não adotar um modelo de IVA, na tributação sobre o consumo. Torna-se urgente a resolução dos graves entraves fiscais em que o país se assenta. Se os problemas já eram profundos, a nova economia digital será implacável com a arcaica estrutura tributária nacional.

3. O atual modelo de tributação do consumo no Brasil e sua incompatibilidade com a nova economia digital

O Brasil possui a sua tributação sobre o consumo baseada em quatro tributos distintos: ICMS, ISS, IPI e PIS/COFINS. Cada uma dessas espécies impositivas incide sobre determinada hipótese de incidência e possuía a sua correspondente base de cálculo. O ICMS possui duas hipóteses de

[8] P. 31.

[9] OECD, p. 32.

incidências: i) as operações de circulação de mercadorias e ii) a prestação de serviços de comunicação e transporte interestadual e intermunicipal. As mercadorias são caracterizadas por sua natureza tangível, por sua corporeidade.

O STF (se posicionou, entendeu?) com voto do Min. Relator *Sepúlveda Pertence* que "(...) *o conceito de mercadoria efetivamente não inclui os bens incorpóreos, como os direitos em geral: mercadoria é bem corpóreo objeto de atos de comércio ou destinado a sê-lo*"[10]. A matéria dirigia-se à controvérsia da incidência do ICMS sobre o software. A Corte afastou a incidência do imposto aos casos onde não houvesse presença de substrato material. O tema ainda se encontra em aberto no julgamento da ADI 1945, onde aparentemente há a possibilidade de revisão do entendimento consolidado do STF, com a possível admissão da existência de uma "mercadoria digital".

Considerando todos os elementos anteriormente expostos, torna-se claro que a nova economia digital irá impactar as estruturas sociais, bem como exigir mudanças nos modelos tributários nacionais. Todos os países serão afetados pelas mudanças, mas o Brasil sofrerá mais, pelo sistema complexo, ineficiente e sem harmonia com os padrões internacionais. Contudo, quando se fala em reforma tributária muitos imediatamente disparam o gatilho emocional de desânimo ou desconfiança. Parece que de novo estamos a tratar de um assunto nacional insolúvel.

Não há um IVA no país, nem os constituintes o desejaram, tampouco as administrações estaduais o defenderam. Houve a aceitação de princípios gerais tidos como válidos e referenciais, especialmente o princípio da não-cumulatividade. Houve a aceitação da base ampla de incidência. Mas, o IVA é bem mais do que esse princípio, ele exige um sistema completo de tratamento da tributação sobre o consumo[11]. No caso brasileiro o

[10] RE 176.626-3/SP.

[11] REZENDE, F. (1993), A Moderna Tributação do Consumo, Reforma Fiscal – Coletânea de Estudos Técnicos, Relatório da CERF, Vol. II, pp. 355-402; SERRA, J. et AFONSO, José R. (1999), Federalismo Fiscal à Brasileira: Algumas Reflexões, Revista do BNDES, V. 6, n. 12, pp 3-30; VARSANO, R. (1995), A tributação do Comércio Interestadual: ICMS atual versus ICMS partilhado, Texto para Discussão no 382, IPEA e VARSANO R., (2000), "Subnational Taxation and the Treatment of Interstate Trade in Brazil: Problems and a Proposed Solution". Em S. J. Burki e outros (eds.) "Decentralization and Accountability of the Public Sector". Procedimentos da Conferência Anual de Bancos sobre Desenvolvimento na América Latina e no Caribe. Washington, D. C.: Banco Mundial, págs. 339-356.

constituinte optou por manter a repartição de competências tributárias entre os três níveis da federação União (IPI, CIDEs e PIS/COFINS); Estados e Distrito Federal (ICMS) e Municípios (ISS). É como se existisse um IVA fatiado, dividido e, em alguns casos, compartilhado.

O resultado foi desastroso. Os conflitos de competência se multiplicaram e os tribunais se tornaram abarrotados de casos complexos. Talvez não exista democracia ocidental com tamanha quantidade de casos judicializados, referentes à dúvidas de interpretação da legislação e da Constituição Tributária.

Dentre as razões para a adoção do IVA se destacam as exigências de uma federação funcional. O atual sistema de repartição de competências tributárias entre União, Estados e Municípios não funciona. O STF e o STJ estão sobrecarregados, com conflitos envolvendo os diversos entes federados, especialmente entre o ICMS e o ISS.

Os casos de conflitos de competência entre o ICMS, IPI e ISS são os mais diversos, dentre os quais podemos destacar aqueles relativos ao questionamento sobre a exação devida em operações mistas, tais como as realizadas por farmácias de manipulação, gráficas e produção de embalagens, industrialização por encomenda, entre tantas outras.

Os efeitos sobre as finanças públicas de um sistema tributário disfuncional são graves. Há um estoque de mais de um trilhão e quinhentos bilhões de reais em dívida ativa, mais de 600 bilhões em tribunais administrativos e bilhões em programas de parcelamentos. O sistema cobra, mas não arrecada. O sistema legisla, mas não consegue implementar. Por mais que investiguemos meios alternativos de cobrança, o que por sinal é necessário, não se resolvem as causas do caos tributário.

A distinção entre mercadoria e serviço, em tributos, competências e legislações distintas, definitivamente não combina com a economia digital e se mantida irá manter o país com grandes dificuldades para construir uma ponte para o século XXI.

Conclusões

A economia digital terá um impacto revolucionário na economia e na tributação, especialmente, sobre o consumo. A magnitude dessa *disrupção* ainda difícil de ser parametrizada, mas alterará definitivamente as estruturas existentes.

O sistema tributário nacional apresenta uma forte incompatibilidade com as mudanças estruturais, decorrentes das inovações tecnológicas, especialmente, em razão da tributação distribuída sobre o consumo, em ICMS (Estados e DF); IPI e PIS/COFINS (União) e ISS (Municípios).

Desse modo, se faz urgente a adoção pelo país de um modelo IVA, nos termos mencionados pela OCDE, em seus estudos sobre a economia digital.

Referências

ALLEN RC. 1983. Collective invention. J. Econ. Behav. Organ. 4 (1), p. 1–24.

ALLEN RC. 2009. The Industrial Revolution in miniature: the spinning jenny in Britain, France and India. J. Econ. Hist. 69 (4): p. 901–27.

BENKLER, Yochai. Law, Innovation, and Collaboration in Networked Economy and Society. Annual Review of Law and Social Science. Vol. 13, p. 231-250, 2017.

BENKLER, Yochai. Law, Innovation, and Collaboration in Networked Economy and Society. Annual Review of Law and Social Science. Vol. 13, p. 231-250, 2017.

EBRILL L. et alii. The Modern VAT, International Monetary Fund, Washington, D.C., 2001. Ver in VARSANO, Ricardo. Os IVAs dos BRICs. Disponível em http://www.joserobertoafonso.com.br/ivas-dos-brics-varsano/, acessível em 28.02.2017, às 02:00 h.

EEC. The EEC reports on tax harmonization; the report of the Fiscal and Financial Committee and the reports of the sub-groups A, B and C. Amsterdam: International Bureau of Fiscal Documentation, 1963.

GII.SON, Ronald J. 1999. The legal infrastructure of high technology industrial districts: Silicon Valley, Route 128, and covenants not to compete. New York University Law Review. 57(3), p. 425–38.

JR. MCLURE, Charles et CORABI, Giampaolo. *La tributación sobre el comercio electrónico*: objectivos económicos, restricciones tecnológicas y legislación tributario. Buenos Ayres: Depalma, 2000. MCLURE, p. 113.

JR. MCLURE, Charles et CORABI, Giampaolo. *La tributación sobre el comercio electrónico*: objectivos económicos, restricciones tecnológicas y legislación tributario. Buenos Ayres: Depalma, 2000. MCLURE, p. 113.

LAURE, Maurice. La Taxe Sur La Valuer Ajoutée. Paris : Sirey, 1ª ed., 1953.

LIMA, Edilberto Carlos Pontes. Reforma Tributária no Brasil: entre o ideal e o possível. Texto para Discussão n. 666, Brasília: Ipea, 1999.

MANYIKA, James; CHUI, Michael; BUGHIN, Jacques; DOBBS, Richard; BISSON, Peter *et* Alex Marrs. Disruptive technologies: Advances that will transform life, business, and the global economy. Report McKinsey Global Institute, 2013.

MCNULTY, John K . Flat Tax, Consumption Tax, Consumption-Type Income Tax Proposals in the United States: A Tax Policy Discussion of Fundamental Tax Reform. December, Volume 88, Issue 6, 2000, p. 2150-2151.

NUVOLARI A. 2004. Collective invention during the British Industrial Revolution: the case of the Cornish pumping engine. Cambridge J. Econ. 28(3):347–63.

OECD. Addressing the Tax Challenges of the Digital Economy, Action 1 – 2015 Final Report, disponível em http://dx.doi.org/10.1787/9789264241046-en, acesso em 05.11.2017, às 21:42.

OLIVEIRA, Fabrício Augusto de. A Evolução da estrutura tributária e do fisco brasileiro: 1889-2009. Texto para Discussão n. 1469, Brasília: Ipea, 2010, p. 39.

REZENDE, F. (1993), A Moderna Tributação do Consumo, Reforma Fiscal – Coletânea de Estudos Técnicos, Relatório da CERF, Vol. II, pp. 355-402; SERRA, J. et AFONSO, José R. (1999), Federalismo Fiscal à Brasileira: Algumas Reflexões, Revista do BNDES, V. 6, n. 12, pp 3-30;

SAMILA S, Sorenson O. 2011. Noncompete covenants: incentives to innovate or impediments to growth. Management Science, v. 57, n. 3, p. 425–38.

SCHUMPETER, Joseph. Capitalism, Socialism and Democracy. Londres/Nova York: George Allen & Unwin, 1976, p. 83.

VARSANO R., (2000), "Subnational Taxation and the Treatment of Interstate Trade in Brazil: Problems and a Proposed Solution". Em S. J. Burki e outros (eds.) "Decentralization and Accountability of the Public Sector". Procedimentos da Conferência Anual de Bancos sobre Desenvolvimento na América Latina e no Caribe. Washington, D. C.: Banco Mundial, págs. 339-356.

VARSANO, R. (1995), A tributação do Comércio Interestadual: ICMS atual versus ICMS partilhado, Texto para Discussão no 382, IPEA.

VARSANO, Ricardo. A tributação do valor adicionado, o ICMS e as reformas necessárias para conformá-lo às melhores práticas internacionais. Banco Interamericano de Desenvolvimento, 2014.

26. O Senado Federal e a Construção do Novo Equilíbrio Federativo Brasileiro[1]

Roberto Coelho Rocha

Introdução

A Constituição Federal de 1988, mantendo a tradição das Cartas anteriores, incumbiu ao Senado Federal a importante missão institucional de representar as unidades da federação no parlamento da União.

A instituição Senado está presente em diversas nações do mundo moderno, a partir de variações do exemplo vindo da Roma antiga. Após seu aparecimento na antiguidade, a tradição primeiro se espalhou pela Europa e posteriormente atravessou o Atlântico. No Brasil, o modelo foi inspirado, num momento inicial, na Câmara dos Lordes do Reino Unido, mas com a Proclamação da República foi adotado um sistema semelhante ao do Senado dos Estados Unidos. De uma maneira geral e, sobretudo, neste último país, o Senado nasce da necessidade de se estabelecer um equilíbrio entre as unidades da federação para formar a nova nação.

No desenho moderno, a maioria das nações que optaram por duas câmaras não teve como objetivo separar classes sociais, mas garantir o equilíbrio entre as unidades da federação, função para a qual o Senado tem se revelado plenamente vocacionado. A Câmara Alta brasileira, em vários momentos da história, foi responsável pelo equilíbrio do jogo político, tal

[1] A elaboração deste artigo contou com a contribuição técnica de Sérgio Ricardo dos Santos Rosa, Assessor do Senador Roberto Rocha e membro da carreira de Especialista em Políticas Públicas e Gestão Governamental.

como no Primeiro Reinado, ao representar um contrapeso entre o Poder Imperial e as vontades populares expressadas pela Câmara dos Deputados. Após a Proclamação da República, o Senado foi também o grande fiador do equilíbrio político da recém-criada federação, função que vem exercendo com efetividade até os dias de hoje.

É novamente nesse papel, de fiel da balança, que o Senado Federal está sendo chamado para reconstruir, juntamente com a Câmara dos Deputados e com os demais Poderes constituídos e a sociedade civil, o equilíbrio federativo da República. Nesse particular, diferentemente do protagonismo desempenhado na tradição histórica, trata-se de equacionar desequilíbrio de natureza econômico-financeira, razão pela qual a Reforma Tributária constitui a pedra angular da edificação do novo arranjo fiscal do federalismo brasileiro.

Durante a Assembleia Nacional Constituinte, instalada em 1987, a construção de um equilíbrio político entre as forças democráticas representadas no Congresso Nacional, que em seguida ocupariam a arena até então dominada pelo antigo regime, deu a tônica do novo texto constitucional. Na prática, com pequenos ajustes, o federalismo fiscal foi recepcionado na nova ordem político-social, a partir do arcabouço tributário do regime anterior, cujo marco legal é o Código Tributário Nacional de 1966.

Numa sociedade com tantos contrastes econômicos e sociais, a construção da nova ordem institucional privilegiou a positivação de um conjunto de direitos e garantias de seus cidadãos, de organização do Estado e de regras do jogo político[2], mas principalmente e acima de tudo fixou um extenso conjunto de políticas públicas setoriais, com vistas a mitigar, nos termos dos objetivos fundamentais definidos no art. 3º da Carta de 1988, o grande déficit de desenvolvimento, principalmente em relação às regiões mais pobres do país.

Ao longo dos mais de trinta anos de vigência da Constituição Federal, o modelo tributário vem paulatinamente dando mostras de esgotamento, sem que o país tenha sequer se aproximado dos objetivos político-institucionais pactuados originariamente. Sensível a essa percepção geral da sociedade, o Senado brasileiro, a Casa dos representantes da federação, avocou para si, num ato simbólico, a iniciativa de apresentar uma proposta

[2] http://www.sbdp.org.br/arquivos/monografia/193_Fernando%20Gallacci.pdf

de emenda à Constituição para realizar a Reforma Tributária, tendo como primeiro subscritor o seu Presidente, apoiado por outros 65 senadores.

Coube a mim, por determinação de meus pares, a honrosa missão de relatar a proposta e, assim, iniciar o processo de construção de um novo marco legal do sistema tributário, capaz de forjar o equilíbrio federativo necessário à promoção do bem de todos, sem qualquer forma de discriminação e tratando os desiguais na medida das suas diferenças. Esse é, no meu entender, o grande desafio da Reforma Tributária, que certamente o Congresso Nacional promulgará ainda nessa legislatura.

1. A presença do binômio: possibilidade/necessidade

O pacto federativo é cláusula pétrea, expressa no art. 60 da CF/88. A forma federativa se encontra protegida em seu sentido amplo, em que se resguarda o Estado Federado em detrimento do Estado Unitário. De acordo com a doutrina, a cláusula pétrea se restringiria a proteger a federação, podendo existir diferentes formas de Estado. À luz dessa compreensão, vê-se que o constituinte derivado se encontra apto a alterar as diferentes competências dos entes políticos, pois ao fazê-lo não aboliria a forma federativa[3].

Pois bem, se, por um lado, a modificação na repartição dos recursos fiscais, como decorrência de ajustes nas competências tributárias dos entes federados, não alcança as cláusulas pétreas; por outro lado, qualquer que seja a alteração, deve-se sempre buscar preservar o equilíbrio e a harmonia federativa. A Suprema Corte tem se manifestado[4] no sentido de que, ausente qualquer situação que introduza instabilidade no equilíbrio federativo ou que ocasione ruptura da harmonia nas relações entre as entidades integrantes do Estado, não se fere o pacto federativo.

Embora o Senado Federal tenha tradicionalmente protagonizado a construção e manutenção do equilíbrio federativo, a Constituição da República de 1988 reservou ao Supremo Tribunal Federal[5] o poder de dirimir as controvérsias, que por vezes antagonizam as unidades integrantes da Federação, como as questões envolvendo matéria de natureza tributária, a exemplo da exclusão do ICMS, imposto de competência

[3] ADI-MC 1749; relator Octavio Gallotti, julgada em 24.10.03, p. 68 do acórdão

[4] RTJ 81/675 – RTJ 95/485, v.g.

[5] CF, art. 102, I, 'f'

estadual, da base de cálculo da Contribuição do PIS e da Cofins[6], tributos federais, cujo contencioso envolve a discussão de cerca de R$ 250 bilhões. Qualquer que seja a decisão, restarão evidenciados mais uma vez os verdadeiros e grandes desajustes do federalismo fiscal brasileiro, que tanto dificultam o cumprimento da missão jurídico-institucional da Suprema Corte, no seu mister de velar pela intangibilidade do vínculo federativo e zelar pelo equilíbrio harmonioso das relações políticas entre as pessoas estatais que integram a federação brasileira.

Diante de um sistema tributário gerador de conflitos permanentes e inconciliáveis, o encargo institucional de promover o equilíbrio federativo, por certo, há muito vem se deslocando da Suprema Corte em direção ao Congresso Nacional, com o protagonismo conferido institucionalmente ao Senado Federal. Hoje, há o consenso de que o novo equilíbrio depende essencialmente da formulação de um novo pacto fiscal, inclusive como meio de se reinstalar a devida harmonia entre os Poderes, tão difícil nos dias de hoje.

A pretensão de se reformar o sistema tributário nacional é recorrente e remonta à própria Assembleia Constituinte, que não o fez em razão de prioridades outras mais evidenciadas à época. A PEC 45/2019, em tramitação na Câmara dos Deputados, por exemplo, retoma a estrutura da reforma tributária da PEC 233/2008, arquivada após a apresentação do substitutivo. Com uma origem mais antiga ainda, a PEC 110/2019, em tramitação no Senado Federal, teve por base a PEC 293/2004, relatada pelo deputado Luiz Carlos Hauly (PSDB-PR). Depois de muitos diálogos com agentes do poder público, com representantes de diversos segmentos do setor privado e com a sociedade civil, o Relator apresentou seu substitutivo, que foi aprovado na comissão e posteriormente arquivado[7].

Ao longo dos últimos trinta anos, a reforma tributária esteve na pauta de debates do Congresso Nacional, ora de forma mais abrangente, ora mais pontual, mas sempre acumulando conhecimento e envolvendo cada vez mais os segmentos da sociedade. A proposta que espoletou o

[6] RE 574.706

[7] http://www.lex.com.br/doutrina_28042766_ REFORMA_TRIBUTARIA_NO_ CONGRESSO_NACIONAL_ CONTRARREFORMAS_OU_REFORMAS_DO_CONTRA. aspx

processo de discussão da Reforma Tributária, com efetivas chances de se concretizar, foi formulada na Casa do povo, mas teve seu início na Casa da Federação. Dessa forma, tanto a PEC 45/19, quanto a PEC 110/19, estão tecnicamente maduras e são convergentes entre si, sobretudo na intenção de criar o imposto sobre bens e serviços (IBS).

Ainda que presentes as condições necessárias e suficientes para a Reforma Tributária, faltava ainda a atuação efetiva de alguns agentes políticos, a fim de fazer o assunto ganhar a prioridade na agenda das duas Casas e do Poder Executivo. O empurrão para fazer andar a Reforma foi dado por um grupo de parlamentares, dentre os quais os Presidentes de ambas as Casas legislativas e os respectivos relatores das PEC acima mencionadas. A instalação da Comissão Mista da Reforma Tributária foi um passo com grande simbolismo político e, por si só, repercute a presença inequívoca do binômio necessidade/possibilidade.

2. O consenso em torno da Reforma Tributária

A Comissão Mista Temporária da Reforma Tributária (CMRT) foi criada a partir do consenso formado no Congresso Nacional em torno basicamente de três pontos relevantes. O primeiro, diz respeito à constatação da falência do atual sistema tributário nacional e do alto custo da sua manutenção para a sociedade, sobretudo, pela capacidade de gerar conflitos de toda ordem. O segundo, constitui o grave risco de o veloz avanço tecnológico tornar o sistema tributário, qualquer que seja ele, obsoleto num futuro não muito distante. O terceiro, por fim, consiste na certeza de que o imposto sobre valor agregado (IVA) constitui hoje a ponte mais segura para nos conduzir a esse futuro, mas dotando as próximas gerações de instrumentos hábeis para promover as atualizações necessárias.

O IVA surgiu na França, por volta da década de 1930, com o objetivo de evitar o efeito cascata, que consiste na cobrança acumulada de impostos em diferentes etapas da produção. O sistema foi bem sucedido e logo se espalhou pela Europa e pela América. Ainda nos dias de hoje, o modelo tem sido usado para promover reformas tributárias bem-sucedidas em vários países do mundo, de forma a simplificar a arrecadação de impostos sobre bens e serviços e a facilitar a vida tanto dos contribuintes, quanto do Poder Público. Trata-se, portanto, de uma experiência exitosa ao redor do mundo, adotada por 168 países, com o objetivo de unificar e simplificar os impostos cobrados do consumidor.

Sem dúvida alguma, o IVA é o grande consenso em torno da Reforma Tributária e ponto de convergência entre as PEC 45 e 110. A ideia basilar das duas propostas é justamente reorganizar as três principais bases de tributação – consumo, propriedade e rende –, com ênfase para a mudança estrutural na base consumo. Em relação à renda, o ajuste é mais de foco no contribuinte do que propriamente de delimitação ou dimensionamento da base. Trata-se de ajuste de natureza infraconstitucional, com vistas a adequar a carga tributária, de acordo com a capacidade contributiva do contribuinte, seja pessoa física, seja jurídica. Já no caso da propriedade, cuja adequação também deverá ser realizada por lei, a questão cinge-se ao imposto sobre herança e grandes fortunas, já possíveis de implementação sob a vigência do atual sistema, bem como à ampliação da base, a fim de incluir aviões e embarcações de luxo. Observa-se ainda um movimento de aprofundamento da discussão sobre a função social da propriedade, em linha com a redefinição dos conceitos de cidade e campo no mundo moderno, com vistas a promover uma regulamentação mais atualizada do imposto rural e do urbano sobre bens imóveis.

O grande e mais complexo problema do sistema tributário nacional reside especificamente na base consumo. A disputa entre estados e União, em análise do STF[8], uma dentre muitas envolvendo o ICMS e o PIS e a Cofins, além de outras envolvendo o ISS, de competência municipal, e os demais entes da federação, revela de forma inconteste desajuste de natureza estrutural sobre a base consumo, que precisa ser corrigido com a maior urgência. Desde a Promulgação da CF/88, o STF tem atuado para fixar os limites de cada ente, alargando as competências de um e, simultaneamente, restringindo as dos outros, em geral, tendendo a decidir em favor da União, que, ao fim e ao cabo, funciona como o ente mais importante para a manutenção do equilíbrio federativo e único a dispor de instrumentos monetários para atuar também nessa direção.

Além do conflito federativo, as disputas em torno dos tributos incidentes sobre a base consumo estão acirrando os ânimos entre os Poderes constituídos, à luz da indefinição do maleável conceito do que seria bem ou serviço, situação que se torna cada vez mais aguda, em razão do avanço tecnológico exponencial característico da contemporaneidade. A instituição do IVA, por conseguinte, reúne os requisitos doutrinários

[8] RE 574.706

e materiais para pôr um ponto final nos debates sobre a tênue fronteira entre bem e serviço, uma vez que tributa o valor agregado passível de precificação, seja ele tangível ou intangível.

O consenso em torno do IVA fez com que propostas alternativas ganhassem corpo para também ingressarem no debate sobre a Reforma Tributária, como é o caso da ideia do imposto único, incidente sobre a base tributária constituída pela movimentação financeira ou digital, cuja primeira formalização data de 2001, por meio da PEC 474/01, e mais recentemente reapresentada sob a Emenda nº 20, substitutiva à PEC 45/19. O fundamento doutrinário desse tributo remete ao pensamento econômico mercantilista do século XVI, que via na circulação de mercadorias a fonte da geração de riquezas econômicas. Não se pode, nos dias de hoje, desprezar o potencial dessa base de tributo, pois ainda que a circulação em si contribua muito pouco para agregar valor, ela é essencial e imprescindível para a realização da riqueza produzida. Ademais, na era da *internet*, as transações digitais estão cada vez mais ganhando predominância, ao tempo em que os preços dos insumos materiais são cada vez menores. Tudo isso faz com que os custos de circulação dos bens se aproximem proporcionalmente do próprio custo de produção, em relação a um passado sem o atual nível de conectividade. A rigor, essa proposta somente concorre com a consensuada em torno do IVA, na medida em que pretende instituir uma base única de tributação. Todavia, se considerada como uma base adicional, poder-se-ia dizer que se trata, em tese, de proposições complementares, em que pese o desgaste político em razão da experiência vivenciada com a CPMF, a qual, diga-se de passagem, funcionou de forma complementar às demais do atual regime.

Uma segunda proposta que concorre com as anteriores é a encabeçada pela PEC 07/2020, que cria o imposto sobre vendas (*sales tax*). O tributo é inspirado no modelo norte-americano e incide sobre vendas convencionais ou de varejo, cobrado do usuário final toda vez que o item é vendido ao consumidor. A característica relevante desse sistema é que não há cobrança ao longo da cadeia produtiva, como no IVA, mas apenas ao final e é pago de forma definitiva e em uma única vez, não gerando crédito algum para os produtores intermediários. A alíquota, por sua vez, é basicamente a mesma para qualquer mercadoria e sofre pouquíssima alteração de estado para estado, no caso norte-americano.

O imposto sobre vendas, além de não solucionar a disputa de fronteira entre bens e serviços, não leva em conta premissas da doutrina econômica, na identificação de como a carga dos tributos é repartida entre produtores e consumidores. Segundo a teoria econômica, considerando uma curva de oferta e demanda em equilíbrio, *ceteris paribus*, quanto maior a essencialidade do produto, tais como os da cesta básica, maior é a capacidade dos produtores transferirem os custos dos tributos para o consumidor final.

A regressividade do sistema tributário nacional é o grande mal a ser combatido pela Reforma Tributária. Não obstante, à luz da doutrina econômica, o modelo de imposto sobre vendas certamente contribuirá para manter, ou quiçá aumentar, a regressividade do sistema, tornando a carga tributária sobre os bens essenciais mais pesada justamente para os mais pobres. Esse tipo de imposto tende a funcionar melhor onde o nível médio de renda é mais elevado e as desigualdades entre a renda média e o segmento mais pobre da população já estão atenuadas, o que efetivamente não é o caso do Brasil.

As ciências sociais, como é de conhecimento notório, não permitem experimentos em laboratório, mediante controle das variáveis. Cada evento social é sempre único e está sujeito a um conjunto de variáveis específicas, próprio de cada nação e condicionado ao respectivo desenvolvimento histórico. Não obstante, a experiência do IVA, presente em cerca de 87% dos países[9], nos dá a certeza científica de que essa é sim uma proposta bem experimentada e com casos de sucesso sem precedentes, do ponto de vista tributário. A opção por qualquer outro modelo, seja o imposto único ou o sobre vendas, constitui aposta com alto risco de insucesso, ainda que existam experiências de êxito em alguns poucos países, nenhum deles, diga-se de passagem, com as características do Brasil.

Delimitar o debate ao modelo de IVA mais adequado ao caso brasileiro e à base consumo, parece-me o caminho mais útil e frutífero para consolidar o consenso já existente e para aperfeiçoar as propostas que hoje estão em debate, sejam no parlamento, sejam nos meios acadêmicos e profissionais. O IVA tem demonstrado ao longo dos tempos que tem ampla capacidade de se adequar às novas tecnologias e de se valer delas para aperfeiçoar a

[9] Oficialmente existem 193 países aglutinados à ONU (Organização das Nações Unidas), que possui poderes de, inclusive, aprovar a constituição ou o reconhecimento de um novo país.

efetividade do modelo, tal como a proposta de implantação unificada da nota fiscal eletrônica.

3. A experiência com a tramitação da PEC 110/2019

Na relatoria da PEC 110/2019, tive a oportunidade de acumular alguma experiência com a proposta de implantação de um modelo IVA no sistema tributário nacional, a qual já estou compartilhando com meus pares na condução dos trabalhos da Comissão Mista. A proposição que chegou ao Senado Federal, subscrita pelo seu Presidente, embora tenha sido fruto de muito diálogo com segmentos políticos e da sociedade civil, apresentava-se muito rígida e presa a alguns preceitos doutrinários. Ao longo dos debates promovidos na Comissão de Constituição, Justiça e Cidadania do Senado Federal, a proposta começou a ganhar novos contornos, tornando-se mais flexível, conforme se pode observar do cotejamento entre a peça inicial e o Projeto Substitutivo, ainda pendente de votação.

A Reforma Tributária surge com o intuito de modernizar e simplificar o sistema nacional, extirpando suas grandes mazelas, tal como a excessiva regressividade e os muitos privilégios e isenções endereçadas a determinados contribuintes, sobretudo, àqueles com razoável capacidade contributiva. O desafio a ser enfrentado é realizar todas as alterações necessárias para tornar o sistema justo e solidário, mas sem modificar a essência do equilíbrio social e federativo pactuado na Assembleia Constituinte e petrificados na Carta de 1988, razão pela qual são invioláveis pelos constituintes derivados.

Compreender como está forjado o equilíbrio na CF/88 constituiu, então, a condição para o início dos trabalhos de relatoria da PEC 110/19. A Constituição Federal de 1988 definiu, com suporte no antigo regime tributário, um conjunto de despesas a serem financiadas pelo Poder Público. Todavia, o sistema arrecadatório é apenas um dos lados da moeda, posto que, segundo a Carta vigente, nenhuma despesa pública poderá ser realizada sem a sua devida autorização em lei. Para tanto, foram definidas duas importantes peças orçamentárias, quais sejam, o orçamento da seguridade social (OSS) e o orçamento fiscal (OF)[10]. O primeiro, abastecido por contribuições sociais e o segundo, por recursos dos impostos

[10] A essas duas peças, inclui-se o orçamento de investimentos das estatais, art. 165, §5º, inciso II, da CF/88.

ordinários. Pois bem, a primeira dificuldade na implementação do modelo IVA é que ele unifica espécies tributárias distintas, como contribuição e imposto, no denominado imposto sobre bens e serviços (IBS).

Importante destacar que, à exceção das receitas advindas das contribuições de intervenção no domínio econômico, todas as demais da espécie são exclusivas da União. Em contrapartida, as receitas dos impostos da União são compartilhadas com os estados e municípios. De tal modo que a unificação das duas espécies de tributos, por si só, tem potencial para gerar tanto um desequilíbrio entre o OSS e o OF, como também entre os entes federados, no que tange à repartição das receitas. O Substitutivo do Relator, em linha com a Reforma da Previdência, enfrentou muito bem esse tema, assegurando ao OSS os recursos necessários para manter o atual e o futuro equilíbrio entre as duas peças orçamentárias e, assim, fazer face às políticas sociais previstas na CF/88. Além disso, no que diz respeito ao equilíbrio fiscal do pacto federalista, manteve-se igualmente a situação preexistente, com leve melhoria fiscal dos municípios, em detrimento dos demais entes. Por conseguinte, a Proposição em tramitação no Senado observou estritamente o pacto federativo e o pacto social forjados para promover as políticas públicas firmadas pelos constituintes originários.

Uma vez mantidas as premissas do pacto original, o combate à regressividade e aos privilégios do sistema tributário brasileiro passou, então, a constituir o grande foco da Reforma. Um sistema regressivo é aquele em que, proporcionalmente, os mais pobres pagam mais tributos do que os mais ricos. Há um consenso nos meios político, acadêmico e profissional de que, diferentemente das demais, a base consumo apresenta, no sistema nacional, uma regressividade estrutural, razão pela qual a Reforma está essencialmente concentrada nos atuais tributos incidentes sobre o consumo.

A consequência direta e imediata da regressividade reflete-se no elevado custo de vida geral da população, que mede a relação entre preços ponderados de uma cesta de bens e serviços sobre a renda, na média. Há somente três formas matemáticas de se reduzir o custo de vida médio da população: uma seria aumentando o denominador, o que demandaria crescimento do PIB acima do crescimento populacional; a segunda é reduzir o numerador da fração, ou seja, os preços dos bens e serviços; e, por fim, realizar simultaneamente os dois movimentos anteriores.

Nos últimos dez anos, a taxa média anual de crescimento do PIB tem girado em torno de 1%, ao passo que o crescimento populacional médio, segundo estimativas, teria sido de 0,85%[11] no período 2010-2018. Se considerados apenas os últimos cinco anos, o crescimento médio anual do PIB é negativo. Em outras palavras, a renda média do brasileiro está caindo, revelando um empobrecimento da população. Pelo lado dos preços, os tributos constituem um relevante elemento de custo para a produção, tendo um peso considerável na formação do preço final. A dificuldade que os governos têm encontrado para a desoneração da cesta básica, por exemplo, decorre da complexa tributação sobre a base consumo, com uma multiplicidade de impostos e contribuições incidentes, que se soma ao fato de alguns dos tributos estarem sob a competência de diferentes entes, com autonomia para fixar alíquotas. Dessa forma, a desoneração da cesta básica – ou de qualquer bem ou serviço – constitui ação complexa, dependente de um pacto de vontades entre entes autônomos.

O substitutivo à PEC 110/19 elencou uma lista de bens e serviços, com base na essencialidade socioambiental, que estariam sujeitos à tributação diferenciada, justamente para incluir consumidores, com fundamento econômico no preço. Ainda que de forma invertida, a lógica é essencialmente a mesma utilizada para a criação do imposto seletivo (IS), de caráter extrafiscal, que por meio da majoração dos preços, tem o condão de desestimular o consumo de produtos nocivos à saúde ou contrários ao interesse público.

O intuito da desoneração da cesta básica é atuar para elevar o conjunto da população a uma condição de classe média, em que todos os brasileiros tenham meios de renda suficientes e preços justos, sem o peso excessivo da mão do Leviatã. Espera-se, assim, contribuir com o objetivo republicano de construir uma sociedade livre, justa e solidária, e ao mesmo tempo dotá-la das condições econômico-financeiras necessárias à promoção do desenvolvimento nacional.

Um outro conhecimento importante, obtido na relatoria, diz respeito às peculiaridades e diferenças dos processos produtivos entre os bens e os serviços, situação que constitui um dos grandes nós para a unificação dos tributos. A rigor, o setor de serviços possui uma cadeia produtiva mais curta e, por isso, pouco se beneficiaria do sistema de creditamento do IVA,

[11] https://atlassocioeconomico.rs.gov.br/crescimento-populacional

de forma que a alíquota de equilíbrio[12] do IBS seria bastante elevada para o setor terciário. Além disso, é um segmento com utilização intensiva de mão-de-obra, fato que agrava a situação, em razão dos pesados encargos sociais sobre a folha de pagamento. No caso específico da produção de bens, a situação se inverte, uma vez que o mecanismo gera créditos tributários ao longo da cadeia produtiva, de forma a compartilhar o custo do imposto entre os produtores intermediários. Some-se a essa vantagem a utilização de mão-de-obra não tão intensiva, proporcionalmente ao valor agregado, na comparação com os prestadores de serviços.

Em face das caraterísticas intrínsecas do IBS, o setor de serviços vem demonstrando preferência pela tributação sobre a base movimentação financeira, uma vez que grava menos os setores que integram cadeias produtivas mais curtas. A solução encontrada pelo Substitutivo para o problema foi facultar, de acordo com regulamentação posterior, que os tributos incidentes sobre a folha gerassem créditos para serem deduzidos do IBS. Uma outra solução aventada por mim, já que há um interesse cruzado e antagônico entre produtores de bens e de serviços, seria implantar uma contribuição sobre movimentação financeira exclusivamente para pessoa jurídica, em substituição parcial à contribuição sobre a folha. Essa seria, no meu entender, uma forma efetiva de se equilibrar o peso a carga tributária entre os segmentos, sem aumentar a carga total. Essa possibilidade, todavia, não consta do Substitutivo, em razão da interdição do debate sobre a base movimentação financeira.

Independentemente da solução que venha a ser acolhida, o cenário mundial para os próximos anos é de ampliação do processo de automação produtiva, o que tenderá, por um lado, a reduzir o peso proporcional da folha de pagamento sobre os custos de produção de bens; e, por outro, a aumentar a prestação de serviços, inclusive os intermediários, em razão também da automação.

Apesar de todos os problemas e deficiências do atual sistema tributário nacional, há uma curva de aprendizagem sobre as especificidades da organização fazendária brasileira. A premissa assumida, ao longo dos trabalhos de relatoria, foi justamente assimilar e consolidar todo o ganho

[12] Alíquota de equilíbrio seria é que mantém o nível de arrecadação dos tributos unificados, que, segundo o Ipea, estaria em torno de 26,9% para o IBS.
https://www.ipea.gov.br/portal/images/stories/PDFs/TDs/td_2530_web.pdf

de conhecimento. Por essa razão, regimes como a Zona Franca de Manaus, Simples Nacional e outros Regimes Especiais de Tributação (RET), a exemplo dos aplicáveis ao setor imobiliário e ao de combustíveis, foram incorporados à Proposta.

Por derradeiro, importante salientar que o Substitutivo apresentado contempla um IVA-dual, modelo utilizado no Canadá, mediante a unificação dos tributos em dois blocos distintos: um somente federal e outro estadual e municipal. Essa sugestão é uma demanda do Governo Federal e conta com a simpatia dos demais entes da federação.

O efeito prático do modelo de IVA-dual, no caso brasileiro, é que os estados e municípios poderão, por meio de um comitê gestor, exercer um melhor controle sobre a administração fazendária. Ocorre que o comitê gestor não pode ser constituído como um ente à parte da União, pois essa hipótese feriria o pacto federativo erguido sob o pilar dos três tipos de entes federados. Então, na prática, o comitê não terá autonomia administrativa e nem poder executivo, sendo-lhe adequado funcionar como órgão meramente consultivo.

Tendo em vista que a legislação do IBS será de caráter nacional, qualquer ajuste nas regras deverá ser produzido pelo Congresso Nacional. Em razão do interesse arrecadatório do Poder Executivo Federal, no Substitutivo, o comitê está diretamente vinculado ao Senado Federal, com vistas justamente a conferir à Casa da Federação a prerrogativa da iniciativa das leis do pacto fiscal. Dessa forma, altera-se pontualmente a regra do processo legislativo, definida pela Constituição de 1988, em que os projetos legislativos começam a tramitar pela Câmara dos Deputados, à exceção dos apresentados por senadores e comissões da Casa, que começam no Senado. No caso em tela, a Câmara dos Deputados funcionaria como Casa revisora.

A relatoria da PEC 110/19 – que enobrece o mandato de qualquer representante da federação, em especial de um maranhense –, consolidou a minha certeza de que estamos no caminho certo para a construção de um novo sistema tributário, com grande potencial para dotar as futuras gerações de instrumentos eficientes para mantê-lo atualizado. Estou seguro de que será um regime tributário que viabilizará a prestação de serviços públicos de qualidade e homogêneos em todo território nacional, sobretudo, em relação a educação, saúde, habitação, saneamento básico e transporte público.

4. A Reforma Tributária e as desigualdades sociais e regionais

Dentre os objetivos fundamentais da República está o de reduzir as desigualdades sociais e regionais. Para tanto, o constituinte originário fixou o prazo de dez anos, após a promulgação da Constituição de 1988, para zerar as desigualdades inter-regionais, a teor do art. 165, § 7º, combinado com o art. 35 ADCT. Em razão de o prazo já ter sido superado em mais de 20 anos, tendo as desigualdades regionais aumentando, apresentei no Senado Federal, como primeiro signatário, a PEC 64/2019, com vistas a dar efetividade aos referidos dispositivos constitucionais ainda vigentes.

Nesse particular, a Proposta acima mencionada é complementar à Reforma Tributária, posto que o Substitutivo à PEC 110/19, além de recepcionar os fundos constitucionais, prevê ainda a criação de um fundo de desenvolvimento regional e um fundo de equalização, para que a União possa promover políticas adequadas, com vistas a tornar o desenvolvimento mais homogêneo em todo territorial nacional, respeitando as peculiaridades ambientais e regionais de cada unidade da federação e estimulando a vocação econômica de cada uma.

O Relatório Síntese de Indicadores Sociais[13], elaborado pelo IBGE em 2018, traz um retrato bastante detalhado sobre as desigualdades sociais e regionais do Brasil. Segundo o estudo, 54,8 milhões de brasileiros vivem na pobreza, com renda *per capita* de até R$ 406 por mês. O Nordeste foi a região com maior percentual de pessoas em situação de pobreza (44,8%), enquanto no Sul a realidade é bem mais favorável, com 12,8%. Conforme se denota, a desigualdade regional está longe de ser reduzida e fica mais evidenciada quando se leva em conta a qualidade dos serviços públicos prestados. O estado com a maior proporção de pessoas em situação de pobreza é o Maranhão, em que 54,1% da população vivem com até R$ 406 por mês, seguido por Alagoas, com 49,8%.

O estudo conclui que, para erradicar a pobreza, seria necessário investir R$ 10,2 bilhões por mês na economia ou, alternativamente, garantir cerca R$ 187 por mês a mais, em média, na renda de cada pessoa que está em situação de pobreza. Apenas para dar um parâmetro para se dimensionar o investimento necessário, na folha de setembro do ano passado, 2019, o Bolsa Família atendeu 13,5 milhões de famílias, somando um valor total de R$ 2,5 bilhões e benefício médio de R$ 189,21.

[13] https://biblioteca.ibge.gov.br/visualizacao/livros/liv101629.pdf

O Programa Bolsa Família (PBF), criado oficialmente em 2004 pela Lei nº 10.836, é comprovadamente um importante instrumento para mitigar as desigualdades sociais e regionais. Apesar do reconhecimento das externalidades positivas do PBF, inclusive por organismos multilaterais, como a Organização das Nações Unidas, para que o país possa voltar a crescer e a se desenvolver socialmente, há um entrave de natureza estrutural na economia que somente poderá ser vencido com uma verdadeira reforma tributária.

A equipe técnica que trabalhou na relatoria da PEC 110/19, ao meu lado, estimou que a cada ano sem Reforma Tributária, o país "perde" cerca de R$ 1,5 trilhão, como decorrência das distorções do atual regime. Nos últimos dez anos, já perdemos R$ 5 trilhões em renúncias fiscais, R$ 6 trilhões em sonegação, R$ 720 bilhões em burocracia, sem contar a dívida ativa e o contencioso, que chegam a quase R$ 8 trilhões.

A construção de um Brasil predominantemente de classe média não pode prescindir de programas como o BF, mas somente ele não é suficiente. É preciso também um sistema tributário mais justo e solidário e é por isso que estamos abraçando essa causa, já que em estados pobres, como o Maranhão, a percepção do tributo é mitigada pela própria pobreza.

Segundo pesquisa realizada pela Federação do Comércio do Estado do Rio de Janeiro (Fecomércio-RJ)[14], um em cada quatro brasileiros ignora que paga impostos no seu dia a dia.Em geral, as pessoas mais pobres associam imposto apenas a Imposto Predial e Territorial Urbano (IPTU), Imposto de Renda (IR) ou Imposto sobre a Propriedade de Veículos Automotores (IPVA), todos de incidência direta. Por conseguinte, quanto mais pobre a população, menor é a percepção do peso dos impostos indiretos, sobretudo, dos incidentes sobre bens e serviços da cesta básica.

Atenta a essa percepção distorcida, a equipe técnica que deu suporte à elaboração do Substitutivo realizou cálculos para avaliar a carga tributária sobre o consumo de quem ganha até 2 salários-mínimos. O resultado indicou uma carga de até 54%. Independente da faixa de renda, nos Estados Unidos, o consumo é tributado em 17% e nos 23 países que

[14] https://agenciabrasil.ebc.com.br/economia/noticia/2015-08/um-em-cada-quatro-brasileiros-desconhecem-pagar-impostos-no-dia-dia

integram a União Europeia, a alíquota média está em torno de 21,8%. A minha intenção – e vou envidar esforços sem medidas para isso – é reduzir o imposto a 18% para o segmento de renda de até dois salários-mínimos. O peso para o conjunto da sociedade, em média, deverá ficar em torno 25%. Daí porque a importância da desoneração da cesta básica.

A erradicação da regressividade e a padronização das regras tributárias, tratando os desiguais na medida das suas diferenças tal, constituem condições para a efetividade das políticas de redução das desigualdades sociais e regionais.

Conclusões

A despeito do formato do texto final que a CMRT produzirá, sob a relatoria do deputado Agnaldo Ribeiro, há um consenso sobre os objetivos a serem alcançados, com estrito respeito ao pacto pétreo da Constituição de 1988.

A Reforma Tributária, necessariamente, deverá contribuir para fortalecer o pacto federativo e, simultaneamente, revigorar a harmonia entre os Poderes. O foco principal é o cidadão, com vistas a dotar os governos locais de condições para que todos, num futuro razoável, possam contar com serviços públicos de qualidade e homogêneos, em qualquer parte do território nacional.

De uma maneira geral, o consenso está criado em torno do modelo IVA, pela sua larga experimentação em países de diversos níveis de sofisticação econômica. Não se trabalha com a incerteza sobre a possível obsolescência do novo modelo, mas sim com a certeza de que as gerações futuras terão instrumentos muito melhores e mais simples do que temos hoje para atualizar o sistema tributário da nossa geração.

Qualquer que seja o desfecho, a Proposta da CMRT será fruto de um desejo coletivo, elaborado a várias mãos e diferentes cabeças pensantes. Como diria o poeta e cantor: Sonho que se sonha só / É só um sonho que se sonha só / Mas sonho que se sonha junto é realidade[15].

[15] Versos da música *Prelúdio* de Raul Seixas.

Referências

IBGE. Síntese de indicadores sociais: uma análise das condições de vida da população brasileira: 2018. Coordenação de População e Indicadores Sociais. – Rio de Janeiro: IBGE.

IPEA – Instituto de Pesquisa Econômica Aplicada. Texto para discussão nº 2530 / Reforma tributária e federalismo fiscal: uma análise das propostas de criação de um novo imposto sobre o valor adicionado para o brasil. 2019.

27. Limites e Princípios Constitucionais na Reforma Tributária

Roque Antonio Carrazza

Introdução

Neste artigo voltaremos nossas atenções para os limites e princípios constitucionais a serem levados em conta, na reforma tributária em curso.

Trata-se de um assunto extremamente delicado, por dizer de perto com a liberdade e a propriedade das pessoas. Não é à toa que as opiniões a respeito já se encontram de algum modo consolidadas, seja por convicção doutrinária amadurecida, seja porque a tributação, em nosso País, é extremamente complexa e, em muitos casos, injusta.

O certo é que a maioria dos contribuintes deseja uma reforma tributária ampla, o que implica a necessidade de alterações profundas em nosso direito positivo. Mas, para isso, parafraseando o grande poeta Carlos Drummond de Andrade, há "uma pedra no meio do caminho"[1]: a Constituição Federal.

Antes, porém, de desenvolvermos a tese, uma pergunta precisa ser formulada e respondida: é conveniente, nestes tempos de pandemia, uma reforma tributária, ainda mais em nível constitucional? Vejamos.

[1] Eucanaã Ferraz, *Uma Pedra no Meio do Caminho – Biografia de um poema*, Instituto Moreira Salles, 1967.

1. Da inoportunidade da pretendida reforma tributária

I – Temos para nós, que o atual momento está longe de ser propício, para se realizar a pretendida reforma tributária. Definitivamente, a pandemia da Covid-19 que assola o País deixa a todos sob o guante da insegurança, da incerteza e, até, do medo.

Mas, mesmo que estes tempos de pânico passem (por exemplo, com a descoberta e a aplicação em massa de uma vacina eficaz contra a moléstia), entendemos que não poderá haver uma verdadeira reforma tributária se ela não for antecedida de amplo diálogo com todos os setores da sociedade, de consenso político e, acima de tudo, de consulta aos especialistas (advogados, economistas, contadores, professores de direito, representantes dos vários segmentos da sociedade etc.).

Ora, os projetos de reforma tributária que tramitam no Congresso Nacional – a verdade seja dita – foram marcados pelo açodamento e vieram desacompanhados de estudos sérios sobre suas repercussões setoriais e os impactos nos preços que ela certamente causará.

Não bastasse isso, entendemos que antes de votá-la é preciso fazer uma reforma administrativa séria, que contenha os gastos supérfluos e, de modo especial, que reduza nossa decantada e irracional burocracia.[2]

Ademais, é preciso ter presente que nosso sistema tributário é intrinsecamente bom, pelo que, para que funcionasse a contento, bastaria que a Constituição Federal fosse conhecida e bem cumprida, o que infelizmente até hoje não aconteceu.[3]

II – Todavia, uma das características da mentalidade brasileira é o encantamento retórico. Entre nós, as pessoas tendem a empolgar-se com expressões mágicas e, uma delas é justamente “reforma tributária”, de preferência em nível constitucional.

[2] O termo *burocracia* foi cunhado, no século XVIII, pelo economista francês Jean-Claude Marie Vincent, para significar a influência excessiva do Poder Público no cotidiano das pessoas, sem que isso traga qualquer benefício para elas e para o próprio Estado, mas, apenas, para aqueles que dela vivem.

[3] A nosso ver, a tributação vai mal no Brasil por culpa *(i)* do Poder Legislativo, que não tem dado à estampa leis capazes de dar plena eficácia às normas constitucionais tributárias e, *(ii)* do Poder Executivo, que tem abusado da faculdade regulamentar, editando decretos, portarias e até atos administrativos que malferem o *princípio da legalidade tributária*.

De fato, há – não se pode negar – um clamor nacional por uma reforma tributária ampla, explicável, entre outros fatores, pela carga fiscal excessiva, pelo baixo retorno, às pessoas físicas e jurídicas, dos recursos que a tributação gera e pela tributação acriteriosa e, em muitos casos, injusta.

Para esse anseio geral também contribuem *(i)* a complexidade e o grande número de obrigações acessória a cumprir, *(ii)* a obsolescência da legislação em vigor, diante da nova realidade econômica, representada pela economia digital, *(iii)* a regressividade excessiva, na tributação sobre o consumo[4] e, *(iv)* o alto grau de litigiosidade entre as Fazendas Públicas e os contribuintes.

III – Mas, sem embargo do que acabamos de expor, inexiste consenso acerca de qual reforma tributária deve ser feita. Na verdade, cada parte interessada anseia por uma que a favoreça, ainda que em detrimento das demais.

Com efeito, o contribuinte quer que ela diminua a carga fiscal e que os valores arrecadados revertam em seu benefício, ou seja, que lhe tragam mais lazer, mais cultura, mais segurança, mais educação, mais saúde. Quer, ainda, que simplifique o sistema arrecadatório e seja capaz de gerar novos empregos.

Já, as pessoas políticas querem, por meio da reforma tributária, arrecadar mais, para atender ao aumento sempre crescente dos gastos públicos. Deveriam antes pensar – não custa insistir – numa reforma do Estado, em ordem a diminui-los, a combater a sonegação e a reduzir a burocracia fiscal.

São, sem dúvida, pretensões distintas e absolutamente inconciliáveis.[5]

[4] Pesquisas recentes revelam que, em razão dos excessos que permeiam os denominados "tributos indiretos", como o IPI e o ICMS (que oneram o consumo de produtos, mercadorias e serviços essenciais), os mais pobres suportam, proporcionalmente aos seus ganhos, uma carga fiscal maior do que os mais ricos. Esta injustiça, no entanto, poderia ser facilmente corrigida por meio da edição de leis federais, estaduais, municipais e do Distrito Federal, que respeitassem a Constituição Federal.

[5] Falta no Brasil, ao contrário do que acontece, por exemplo, nos Estados Unidos da América, um diálogo profícuo entre o Poder Público e os contribuintes. Lá, eles negociam, chegam a um acordo e, com isso, evitam a maioria dos conflitos.

Calha, a respeito, a célebre frase do grande escritor russo Antón Checov: "quando se sugerem muitos remédios para um único mal, isto quer dizer que ele não pode ser curado".

Parece ser justamente o caso.[6]

[6] Enquanto redigimos este artigo (setembro de 2020) estão a tramitar no Congresso Nacional duas propostas de emenda à Constituição (PECs). A primeira, é a PEC 45/2019, apresentada à Câmara dos Deputados, pelo Deputado Federal Baleia Rossi, a partir de um trabalho elaborado pelo Centro de Cidadania Fiscal. A outra é a PEC nº 110/2019, que está sendo analisada pelo Senado da República e é originária de um antigo trabalho da lavra do então Deputado Federal Luiz Carlos Hauly.

Em apertada síntese, a PEC 45/2019, pretende unificar o IPI (imposto sobre produtos industrializados), o PIS (contribuição para o Programa de Integração Social), a COFINS (contribuição para o financiamento da seguridade social), o ICMS (imposto sobre operações relativas a circulação de mercadorias e serviços de transporte interestadual e intermunicipal e de comunicação) e o ISS (imposto sobre serviços de qualquer natureza), no IBS (imposto sobre bens e serviços), que, salvo algumas poucas exceções, teria uma alíquota única de 25%. Também autoriza a criação, por meio de lei complementar nacional, de um imposto federal seletivo sobre operações jurídicas com produtos supérfluos.

Já a PEC 110/2019, é um pouco mais ambiciosa, porquanto pretende unificar o IPI o PIS, a COFINS, o ICMS, a CSLL (contribuição social sobre o lucro líquido), o IOF (imposto sobre operações financeiras), o Salário Educação e a CIDE-combustíveis (contribuição de intervenção no domínio econômico sobre combustíveis), que também seria chamado de IBS. Igualmente abre espaço à instituição de um imposto seletivo sobre operações com bens e serviços voluptuários, que, no entanto, não especifica.

A nosso sentir, as duas PECs ferem fundo o *princípio federativo*, pois retiram dos Estados, dos Municípios e do Distrito Federal, o protagonismo do IBS. De acordo com elas, o novel imposto será criado, lançado e cobrado pela União e, depois, terá o produto de sua arrecadação partilhado com as demais pessoas políticas, tudo com base numa lei complementar nacional.

Paralelamente, o Presidente da República apresentou à Câmara dos Deputados, o Projeto de Lei (ordinária) nº 3.887/2020, que propõe a substituição do PIS e da COFINS, por uma contribuição sobre bens e serviços (a CBS), com uma alíquota básica de 12% sobre a receita bruta das empresas. Trata-se daquilo que está sendo denominada 1ª fase da Reforma Tributária. O Governo Federal alude, ainda, à 2ª, 3ª e 4ª fases da Reforma Tributária. Na 2ª fase se proporia a substituição do IPI por um imposto seletivo, que incidiria sobre aquisições de cigarros, bebidas e outros bens supérfluos ou nocivos à saúde. Na 3ª fase se reformularia a tributação por meio de imposto sobre a renda, *(i)* alterando-se suas alíquotas, *(ii)* determinando sua incidência sobre a distribuição de lucros e dividendos e, *(iii)* abolindo, da base de cálculo do IRPF (imposto sobre a renda da pessoa física), as deduções das despesas, próprias e de dependentes econômicos, com saúde e educação. E, finalmente, na 4ª fase, seria eliminada a tributação sobre a folha de salários, que cederia passo a um tributo digital sobre transações eletrônicas.

IV – Como quer que seja, não somos totalmente avessos a uma reforma tributária. Questionamos, sim, uma reforma constitucional tributária radical. A bem da verdade, de há muito vimos nos batendo por uma reforma tributária em nível legislativo, que – esta sim – daria cumprimento à Constituição, tornando mais justa e razoável a ação estatal de exigir tributos.

É certo que se forem necessárias algumas alterações tópicas em nosso sistema constitucional tributário, elas não só podem, como devem ser feitas. Afinal, nada é perfeito neste mundo.[7] Que sejam feitas, porém, com parcimônia, com mão avara até, de modo a não atropelar as *cláusulas pétreas*, máxime as que veiculam direitos fundamentais dos contribuintes e suas respectivas garantias.

Afigura-se-nos insofismável que, para reestruturar por completo a parte tributária do Texto Supremo, seria preciso eleger, por sufrágio universal, direto e secreto, uma nova Assembleia Nacional Constituinte.

V – Realmente, a competência do Congresso Nacional para elaborar emendas constitucionais encontra, na própria Carta Magna, limites materiais e formais, implícitos e explícitos, tecnicamente conhecidos como *cláusulas pétreas*.[8]

Também foi apresentada ao Senado Federal, pelo Senador Major Olímpio, uma nova proposta de reforma tributária, de nível infraconstitucional, fruto dos trabalhos de um grupo autointitulado *Simplifica Já*, que basicamente retrabalha a tributação por meio de ICMS e de ISS, além de reduzir o número de obrigações acessórias.
Como não temos dons divinatórios, julgamos prematuro e imprudente analisar estas propostas, que, verdade seja, ninguém, nesta altura, pode garantir que serão sequer apreciadas, quanto mais aprovadas.

[7] Perfeita, sem dúvida, nossa Constituição não é, inclusive em matéria tributária. Assim, pode ser modificada. Mas modificada sob os rígidos parâmetros e limites, materiais e formais, que ela própria erigiu.

[8] As emendas constitucionais são editadas no exercício do poder constituinte reformador (ou *poder constituinte derivado*, como preferem alguns) e se destinam a modificar a Constituição em vigor, seja alterando o conteúdo de disposições nela existentes, seja lhe acrescentando ou suprimindo artigos, parágrafos, incisos ou alíneas.
No caso brasileiro, tal poder é *constituído*, porquanto seu exercício deve obedecer a prescrições inseridas na própria Constituição Federal – do que decorre que a ela está subordinado. E nem poderia ser de outro modo, já que se manifesta por meio do Congresso Nacional, que é um órgão constituído, e não constituinte.

As principais encontram-se enumeradas no § 4º, do art. 60, da Constituição Federal.[9]

Este rol, como querem nossos mais conspícuos constitucionalistas,[10] é meramente exemplificativo. Existem, disseminadas ao longo do Texto Supremo, outras *cláusulas pétreas*, que desdobram as enunciadas no parágrafo anterior e que igualmente não podem ser desconsideradas.[11]

Visto isso, podemos nos debruçar sobre o tema central.

Conforme dispõe o art. 60, § 2º, do Texto Magno, as emendas constitucionais devem ser aprovadas em votação bicameral (Senado e Câmara dos Deputados) e em dois turnos, com *quorum* qualificado (com voto favorável de, pelo menos, três quintos, em cada Casa Legislativa, dos senadores e deputados federais). Além disso, tal aprovação, para ser válida, depende da estrita observância das *cláusulas pétreas*, materiais e formais, expressas e implícitas (para maiores detalhes, v., de Carlos Ayres Britto, "A Constituição e o monitoramento de suas emendas", in *Direito do Estado – Novos Rumos*, t. 1, São Paulo, Max Limonad, 2001).
Daí decorre que os deputados federais e senadores não estão credenciados a operar a ruptura da ordem constitucional, alterando as vigas mestras do nosso *edifício jurídico*. Podem, quando muito, lhes sanar os defeitos, por meio de emendas constitucionais, desde que observem as preditas limitações.
Resumindo, não se ignora que a Constituição dá competência para que seus dispositivos venham modificados, por meio de emendas constitucionais. Mas, ao fazê-lo, também a limita, pois, na lição escorreita de Ernest Forsthoff, toda outorga de competência encerra, a um tempo, uma autorização e uma limitação (*Tratado de Derecho Administrativo*, trad. da 5ª ed. alemã, por Legaz Lacambra, Garrido Falla Gómez de Ortega y Junge, Madrid, Instituto de Estudios Politicos, 1958, p. 232). No mesmo sentido, Amilcar de Araújo Falcão (*O Fato Gerador da Obrigação Tributária*, Ed. Financeiras, Rio de Janeiro, 1ª ed., 1964, pp. 153-154).
Em suma, as emendas constitucionais podem ter questionada sua validade perante a Constituição Federal.

[9] Constituição Federal: "Art. 60 (*omissis*) – § 4º. Não será objeto de deliberação a proposta de emenda constitucional tendente a abolir: I – a forma federativa de Estado; II – o voto direto, secreto, universal e periódico; III – a separação dos poderes; IV – os direitos e garantias individuais".

[10] Por todos, citamos José Afonso da Silva (*Curso de Direito Constitucional Positivo*, Malheiros Editores, São Paulo, 39ª ed., 2016).

[11] Em exemplário armado ao propósito, seria inconstitucional, por ofensa à *cláusula pétrea* do devido processo legislativo, proposta de emenda constitucional que tivesse em mira autorizar uma comissão especial, nomeada pelo chefe do Poder Executivo federal, a votar, com plenos poderes, uma nova Constituição Federal.

2. O tema central. Colocação das premissas

I – O ordenamento jurídico é formado por um conjunto de normas, dispostas hierarquicamente.[12] Das inferiores, criadas por particulares (os *contratos*), às constitucionais, forma-se aquilo que se convencionou chamar de "pirâmide jurídica". Nela, as normas ordenam-se segundo uma relação sintática, pela qual as inferiores recebem *respaldo de validade* daquelas que as encimam, até o patamar máximo, que é o constitucional.

É que nos modernos *Estados de Direito* – e, por muito maior razão, nos *Estados Democráticos de Direito* (caso do Brasil) – o exercício dos poderes normativos é sempre circunscrito pela Constituição. É ela que enumera os princípios fundamentais, organizativos e finalísticos da comunidade estatal, definindo as relações do poder político, dos governantes e governados e, respeitados os direitos e garantias individuais e sociais, até das pessoas físicas e jurídicas.[13]

Lei máxima, a Constituição é o *critério último* de existência e validade das demais normas do sistema do Direito,[14] pelo que condiciona o agir dos próprios Poderes Legislativo, Executivo e Judiciário. É, ainda, o ordenamento jurídico supremo do Estado.

Mas, a Constituição além de limitar as funções estatais, dá fundamento a todo o sistema jurídico. Logo, os atos normativos a ela inferiores devem ser "lidos" – vale dizer, interpretados – ao lume da Constituição; jamais, o contrário.

Em suma, a Constituição é, a um tempo, a lei máxima e o documento que limita o poder dos demais atos normativos (leis, decretos, sentenças, atos administrativos etc.), aos quais compete preservar os valores que ela consagra.

II – Insistimos que, numa Constituição rígida, como a brasileira, seus dispositivos legitimam toda a ordem jurídica.[15] Bem por isso, as leis,

[12] As normas jurídicas não estão situadas no mesmo patamar, umas ao lado das outras, mas escalonadamente, de tal sorte que as superiores dão validade às inferiores, que, assim, não as podem contrariar.

[13] Cf. Ferrucio Pergolesi, Diritto Costituzionale, CEDAM, Padova, 1968, XV edição, p. 307.

[14] Cf. Marcelo Neves, *Teoria da Inconstitucionalidade das Leis*, São Paulo, Saraiva, 1988, p. 63.

[15] A Constituição brasileira é *rígida*, na medida em que, além de ter *força formal* superior à dos demais atos normativos (leis, decretos, portarias, provimentos, atos administrativos etc.),

decretos, portarias, atos administrativos, provimentos etc. valem, em última análise, enquanto com ela se harmonizam.[16]

Em razão disso, ela, longe de ser, na estrutura hierárquica do ordenamento, simplesmente uma *lex superior*, também é a "matriz de todas as manifestações normativas do Estado", já que regula o "processo de criação de normas jurídicas" e "traça os princípios, as diretivas e os limites para o conteúdo das leis futuras".[17] Em síntese, é *Lei Fundamental do Estado*, hierarquicamente superior a qualquer outro ato normativo.

Para Gomes Canotilho a superioridade hierárquica da Constituição revela-se sob três perspectivas; a saber:

demanda, para ser modificada, procedimentos especiais, nela expressamente previstos (cfr. art. 60, I-III, e §§ 1º-5º). Também ela não pode ser emendada na vigência de intervenção federal, de estado de defesa ou de estado de sítio.

Sobremais, o Congresso Nacional não está investido do *poder constituinte originário*, mas, apenas, do impropriamente chamado *poder constituinte derivado*, que, na real verdade, não passa de um *poder constituído*, ou, se preferirmos, condicionado e secundário. *Condicionado*, porque seu exercício deve obedecer à forma prefixada na própria Constituição. E, *secundário*. porque seu *fundamento de validade* é a Constituição vigente, que atualiza e – desde que não afronte as cláusulas pétreas – completa.

Em outras palavras, os deputados federais e senadores não estão credenciados a operar a ruptura da ordem constitucional, alterando as vigas mestras do nosso *edifício jurídico*. Podem, quando muito, lhes sanar os defeitos, por meio de emendas constitucionais, desde que observem as preditas limitações materiais e formais.

Não se ignora que a Constituição dá competência para que seus dispositivos venham modificados por meio de emendas constitucionais. Mas, ao fazê-lo, também a limita, pois, na lição escorreita de Ernest Forsthoff, toda outorga de competência encerra, a um tempo, uma autorização e uma limitação (*Tratado de Derecho Administrativo*, trad. da 5ª ed. alemã, por Legaz Lacambra, Garrido Falla Gómez de Ortega y Junge, Madrid, Instituto de Estudios Politicos, 1958, p. 232). No mesmo sentido, Amilcar de Araújo Falcão (*O Fato Gerador da Obrigação Tributária*, Ed. Financeiras, Rio de Janeiro, 1ª ed., 1964, pp. 153-154).

[16] Conhecida a estrutura hierárquica do ordenamento jurídico, torna-se relativamente fácil ao intérprete ou ao aplicador do direito dirimir qualquer conflito interno de normas. Tratando-se de normas de hierarquia diversa, prevalecerá a superior, porque, à outra, exatamente por contraditá-la, faltará validade. E, juridicamente falando, uma norma inválida não existe, dada sua incapacidade de produzir efeitos.

[17] Cf. Hans Kelsen, "La garantie jurisdictionnelle de la Constitution", *Revue du Droit Public* 1928, pp. 204-205.

"(1) as normas do direito constitucional constituem uma *lex superior* que recolhe o fundamento de validade em si própria (*autoprimazia normativa*);

(2) as normas de direito constitucional são *normas de normas* (*norma normarum*), afirmando-se como fontes de produção jurídica de outras normas (normas legais, normas regulamentares, normas estatutárias etc.);

(3) *a superioridade normativa das normas constitucionais implica o princípio da conformidade de todos os actos dos poderes políticos com a Constituição*".[18]

Aliás, as próprias disposições constitucionais devem ser interpretadas e aplicadas de modo a permitirem a prevalência dos valores e interesses que elas protegem.[19]

III – Dando curso ao nosso pensamento, na Constituição brasileira existem dispositivos mais importantes e menos importantes.

De fato, ao contrário do que pode parecer ao primeiro súbito de vista, eles não possuem a mesma relevância, já que, alguns, veiculam simples *regras*, ao passo que, outros, verdadeiros *princípios*. Os princípios são as *diretrizes*, isto é, os *nortes* do ordenamento jurídico. Não sem razão Prosper Weil afirma que "algumas normas constitucionais são mais diretrizes; outras, menos".[20]

Como se vê, os princípios constitucionais, graças a seu acentuado grau de abstração, visam à obtenção de um fim e influem, apenas de modo indireto, nos modos comportamentais ou nas atribuições de competência para alcançá-los.[21] Parafraseando Robert Alexy, encerram *mandados*

[18] *Direito Constitucional*, 5ª ed., Coimbra, Livraria Almedina, 1991, p. 141 (grifamos).

[19] Não é dado, quer ao intérprete, quer ao aplicador, usar de suas idiossincrasias, para "corrigir" o que está posto na Lei Maior.

[20] *O Direito Administrativo*, trad. de Maria da Glória Ferreira Pinto, Livraria Almedina, Coimbra, 1977, p. 35.

[21] De revés, as disposições constitucionais que veiculam simples regras possuem pequeno grau de abstração, impende dizer, referem-se a situações mais específicas e têm por objeto a descrição de um comportamento ou a atribuição de uma competência, visando apenas indiretamente à obtenção de um fim. Para maior aprofundamento do assunto, *vide*, de Humberto Ávila, *Teoria dos Princípios – da definição à aplicação dos princípios jurídicos*, Malheiros Editores, São Paulo, 10ª ed., 2009.

de otimização,[22] que ordenam que algo seja realizado na maior medida possível.

Daí podermos afirmar que princípio constitucional é uma regra básica, implícita ou explícita, que, por sua grande generalidade, ocupa posição de preeminência nos vastos quadrantes do Direito e, por isso mesmo, vincula, de modo inexorável, o entendimento e a aplicação das normas jurídicas que com ele se conectam.

IIIa – Note-se que não importa se os princípios constitucionais são implícitos ou explícitos,[23] mas se existem ou não existem. Se existem, o jurista, com o instrumental teórico que a Ciência do Direito coloca à sua disposição, tem condições de discerni-los.

Portanto, explícitos ou implícitos, os princípios constitucionais demandam estrita observância, se por mais não fosse, porque, tendo um âmbito de validade maior do que as regras constitucionais, sua desobediência acarreta consequências sobremodo danosas – e, por vezes, irremediáveis – ao *sistema jurídico*. São eles, enfim, que estabelecem os *pontos de apoio normativos* para a boa aplicação do Direito.

Deste modo, para a solução de qualquer problema jurídico, por mais trivial que seja, o operador do Direito deve, antes de tudo, alçar-se ao altiplano dos princípios constitucionais, a fim de verificar em que sentido apontam. Nenhuma interpretação poderá ser havida por jurídica se, direta ou indiretamente, vier a afrontá-los.

IIIb – Tal se dá, porquanto, na frase escorreita e sempre repetida de Celso Antônio Bandeira de Mello, os princípios constitucionais atuam como "vetores para soluções interpretativas".[24]

Registre-se que as próprias regras constitucionais devem ser interpretadas e aplicadas da forma mais consentânea possível com os princípios da Carta Fundamental, que, justamente por sua superior dignidade, lhes

[22] *Teoría de los Derechos Fundamentales*, trad. de Ernesto Garzón Valdés, Centro de Estudios Constitucionales, Madrid,1993, p. 86.

[23] Quando afirmamos que um princípio constitucional é "implícito" queremos apenas significar que não se assenta em um único enunciado linguístico, mas em vários, que, tomados em conjunto, formam o texto jurídico.

[24] *Curso de Direito Administrativo*, 4ª ed., Malheiros Editores, S. Paulo, 1993, p. 409.

servem de balizas[25] e não necessitam de explicitação infraconstitucional, para produzirem todos os seus efeitos.[26]

De seu turno, o Poder Judiciário, ao decidir casos em que estão em jogo princípios constitucionais, deve despegar-se dos métodos tradicionais de interpretação, para assumir uma atuação criadora, que os concretize.

IIIc – Deveras, o postulado da *interpretação conforme a Constituição* leva necessariamente a que, diante de várias possibilidades interpretativas de uma norma, inclusive de nível constitucional, se opte pela mais consentânea com os princípios que a Lei Maior alberga.

Portanto, os princípios constitucionais influem na interpretação e na boa aplicação até dos mandamentos constitucionais. Caso um

[25] Por muito maior razão, o mesmo se dá com as disposições infraconstitucionais. Apenas para ilustrar a ideia, o art. 146, do Código Supremo ("cabe à lei complementar: I – dispor sobre conflitos de competência, em matéria tributária, entre a União, os Estados, o Distrito Federal e os Municípios; II – regular as limitações constitucionais ao poder de tributar; III – estabelecer normas gerais em matéria de legislação tributária, especialmente sobre: a) definição de tributos e de suas espécies, bem como em relação aos impostos discriminados nesta Constituição, a dos respectivos fatos geradores, bases de cálculo e contribuintes; b) obrigação, lançamento, crédito, prescrição e decadência tributários; c) adequado tratamento tributário ao ato cooperativo praticado pelas sociedades cooperativas; d) definição de tratamento diferenciado e favorecido para as microempresas e para as empresas de pequeno porte, inclusive regimes especiais ou simplificados no caso do imposto previsto no art. 155, II, das contribuições previstas no art. 195, I e §§ 12 e 13, e da contribuição a que se refere o art. 239"), só encontra seu real significado e alcance, quando devidamente cotejado com os princípios constitucionais que informam a tributação (federativo, da autonomia municipal, da segurança jurídica, da tipicidade fechada etc.).
De fato, a mera "interpretação literal" deste dispositivo – que mesmo um leigo em Direito pode levar a cabo – induz a supor que à lei complementar é dado até alterar o rígido esquema de repartição de competências tributárias das pessoas políticas. Todavia, uma interpretação que leve em conta os supracitados princípios revela que a lei complementar, mesmo a pretexto de veicular "normas gerais em matéria de legislação tributária", não pode interferir no modo pelo qual as pessoas políticas disciplinarão a criação e arrecadação dos tributos de suas competências. Pode, quando muito, aclarar o campo tributário das pessoas políticas, sem, porém, restringi-lo ou ampliá-lo. Para aprofundamento do assunto, *v.* nosso *Curso de Direito Constitucional Tributário*, Malheiros Editores, São Paulo, 32ª ed., 2020, pp. 809 a 886.

[26] Os princípios constitucionais, como observa José Carlos Vieira de Andrade, "não necessitam da mediação legislativa e não dependem, nem podem depender, por isso, das opiniões ou opções das leis ordinárias". *Os Direitos Fundamentais na Constituição Portuguesa de 1976*, Coimbra, Livraria Almedina, 1998, p. 139.

mandamento constitucional aceite várias interpretações, há de prevalecer a que estiver em sintonia com o princípio constitucional que lhe for mais próximo.

Nesse sentido se pronunciou Karl Larenz, *verbis*:

> "Se uma interpretação, que não contradiz os princípios da Constituição, é possível segundo os demais critérios de interpretação, há de preferir-se a qualquer outra em que a disposição viesse a ser inconstitucional. A disposição é, então, nesta interpretação, válida. Disso decorre, então, que de entre várias interpretações possíveis segundo os demais critérios sempre obtém preferência aquela que melhor concorde com os princípios da Constituição".[27]

Vai daí que a *interpretação conforme a Constituição* é importante instrumento de superação de conflitos entre normas constitucionais (inclusive as veiculadas por meio de emendas constitucionais) e entre estas e outras normas jurídicas, a elas inferiores.

Evidentemente, quando princípios constitucionais colidem entre si, cabe ao aplicador efetuar uma ponderação, determinando o peso específico de cada um deles, de modo a decidir qual prevalecerá no caso concreto.[28]

IV – Imperioso notar, por igual modo, que os dispositivos da Constituição que veiculam direitos fundamentais devem receber a interpretação que maior efetividade lhes empreste. Daí falar-se em *princípio da interpretação efetiva* dos artigos constitucionais, máxime daqueles que consagram direitos fundamentais.

Inconstitucional, pois, qualquer interpretação de regra contida na Lei Maior que tenda a retirar ou, mesmo, a diminuir a eficácia de um princípio constitucional, mormente quando este diz de perto com um direito fundamental.

[27] *Metodologia da Ciência do Direito*, 3ª ed., trad. de José Lamego, Lisboa, Fundação Calouste Gulbenkian, 1997, p. 480.

[28] Assim, por exemplo, se estiverem em conflito o direito à informação e o que manda proteger a intimidade das pessoas, caberá ao aplicador verificar qual, nas circunstâncias fáticas, tem maior peso. Se a informação for de relevante interesse público, o direito à intimidade deverá ceder passo. Todavia, se a informação girar em torno de questões de foro íntimo, sem maior relevância pública, o direito à intimidade é que haverá de ser resguardado.

V – É certo que um princípio constitucional também é uma regra jurídica. Mas é igualmente certo que, por ter um âmbito de validade maior, orienta a aplicação de outras regras, mesmo as de nível constitucional. Sua desconsideração acarreta consequências muito mais danosas ao "edifício jurídico" que a violação de uma simples regra.[29]

VI – O quanto escrevemos vale, ainda que com certos temperamentos, também na esfera do Direito Tributário. Nela, a funcionalidade e a validade dos princípios têm sido sempre mais postas em evidência, a ponto de falar-se que moldam, interferem e, de certo modo, até antecipam o conteúdo das leis tributárias.

É o que passamos expor e fundamentar.

3. Os princípios constitucionais como limitações à ação de tributar

I – A Constituição Federal, ao regular o exercício da tributação, foi extremamente pródiga. Com efeito, ela contém dezenas de princípios e centenas de regras que fazem uma sábia combinação do supremo respeito que deve ser dispensado aos contribuintes, com o direito estatal de exigir tributos. Os dispositivos que tratam desses assuntos não podem ser contrariados, quer na letra, quer no espírito, nem mesmo por meio de emendas constitucionais, quanto mais de leis complementares ou ordinárias.

Tanto é assim, que as pessoas políticas (União, Estados, Municípios e Distrito Federal), enquanto criam *in abstracto* tributos, se veem às voltas com o seguinte dilema: ou praticamente reproduzem o texto constitucional – e, ao fazê-lo, apenas recriam, em grau de concreção maior, o que nele de algum modo já se contém – ou, na ânsia de serem originais, acabam ultrapassando o campo da constitucionalidade. Em suma, encontram perfeitamente iluminado, no Texto Supremo, o caminho tributário que estão credenciadas a palmilhar.

[29] Isso se patenteia quando, por exemplo, contrapomos o *princípio da igualdade* (CF, art. 5º e seu inciso I) com o dispositivo da Lei Magna que estatui: "compete ao Ministro de Estado, além de outras atribuições estabelecidas nesta Constituição e na lei: apresentar ao Presidente da República relatório anual de sua gestão no Ministério" (art. 87, parágrafo único, III). Esta regra, evidentemente, nem precisaria constar da Lei Maior. É claro que, porque ali incluída, deve ser considerada, mas sempre com a ressalva de que sua importância, no contexto geral do sistema, é inquestionavelmente menor do que a do precitado princípio, segundo o qual "todos são iguais perante a lei".

Positivamente, isso é bom e louvável, pois, como não há negar, os tributos são aprovados sem que os virtuais contribuintes possam, a respeito, opinar.[30] Destarte, é a Constituição, notadamente por meio de seus princípios, que mantém a ação de tributar dentro do "Estado Democrático de Direito".

Dito de outra maneira, as normas infraconstitucionais tributárias, para terem validade, devem passar pelo crivo dos princípios constitucionais. Em consequência, o contribuinte somente estará a elas sujeito se forem coerentes com o conteúdo material dos princípios que encontram morada na Constituição Federal.

II – Cabe aqui, porém, uma advertência: os princípios constitucionais não podem alterar as regras-matrizes dos tributos, que também estão postas na Constituição. Estas conferem aos contribuintes o *direito fundamental* de só poderem ser tributados nas situações que precisamente descrevem. Assim, por exemplo, não é admissível, em nome do *princípio da solidariedade*, alargar o campo de incidência de uma lei tributária, de modo a fazê-la incidir sobre fatos que ela não contempla. Também não lhe é dado desgarrar-se da regra-matriz da exação, ainda que em nome de um princípio constitucional.

Por igual modo, é falacioso o argumento, por nós tantas vezes ouvido, de que se um fato não se subsome à hipótese de incidência do tributo A, então ele deve ser alcançado pelo tributo B, porque "algum tributo há de caber". Tal linha de pensamento é equivocada, já que nada impede que este fato seja tributariamente irrelevante, seja porque situado fora do campo que o Texto Magno considerou passível de tributação, seja porque o legislador da pessoa política competente ainda não criou *in abstracto* a exação cabível (*v.g.*, o imposto sobre a cessão onerosa de direitos, que está no campo da competência residual da União, *ex vi* do disposto no art. 154, I, da CF).

[30] No Brasil vigora a democracia representativa. Salvo as hipóteses excepcionalíssimas do *plebiscito*, do *referendo* e da *iniciativa popular*, contempladas genericamente no art. 14, da Constituição Federal, e regulamentadas pela Lei nº 9.709/1998, o povo não se autogoverna. Deste modo, os tributos são "consentidos" pelos representantes dos contribuintes, vale dizer, pelos legisladores.

IIa – Sublinhamos que o legislador de cada pessoa política está totalmente vinculado aos arquétipos tributários, insculpidos na Constituição. Notável, a propósito, a lição de Humberto Ávila, atualmente o jurista brasileiro mais conhecido e reconhecido no exterior; *verbis*:

> *"Os termos constantes dos dispositivos constitucionais que atribuem poder de tributar aos entes federados exprimem conceitos, isto é, significados que conotam propriedades necessárias e suficientes para sua configuração: necessárias no sentido de que, sem elas, o conceito não se constata; suficientes no sentido de que, com elas, o conceito se verifica".*[31]

De fato, o legislador, ao exercitar quaisquer das competências tributárias reservadas à *sua* pessoa política, deverá ser fiel à *regra-matriz* do tributo, pré-traçada na Carta Magna. Não pode fugir desse "*modelo*" constitucional.

IIb – O que os entes federados podem fazer, sim, é utilizar, em toda a latitude, as competências tributárias que receberam da Constituição Federal. Caso, porém, por meio de norma legal ou infralegal, ou de interpretação, vierem, ainda que invocando princípios constitucionais, a dilatar as raias destas competências, de três uma: *a)* invadirão seara imune à tributação; *b)* atropelarão direitos fundamentais dos contribuintes; ou, *c)* ocuparão campos tributários reservados a outras pessoas políticas. Em qualquer dessas hipóteses incidirão em inconstitucionalidade.

IIc – Remarcamos que os limites que a Constituição traçou para que a União, os Estados, os Municípios e o Distrito Federal tributem não podem ser ultrapassados nem pelo Código Tributário Nacional (ou diplomas normativos que lhe façam as vezes), nem por meio de leis (complementares ou ordinárias), decretos, portarias, atos administrativos etc.; tampouco, pela interpretação fazendária.

As próprias emendas constitucionais, caso pretendam retrabalhar o assunto, deverão ter o extremo cuidado de não inviabilizar financeiramente o custeio das atividades afetas a cada uma das pessoas políticas.

[31] *Competências Tributárias*, Malheiros Editores, São Paulo, 1ª ed., 2018, p. 68.

III – Aqui chegados, permitimo-nos anotar – embora este não seja o objetivo do presente artigo – que a Constituição Federal *(i)* conferiu, às pessoas políticas, competências tributárias privativas, *(ii)* classificou os tributos em espécies e subespécies, *(iii)* traçou suas *regras-matrizes* (as *normas padrão de incidência*) e, *(iv)* limitou a ação de tributar, por meio de uma grande cópia de princípios.

Todavia, são justamente estas características ímpares[32] que, se por um lado, protegem, de modo eficaz, os direitos dos contribuintes, por outro, dificultam, quando não imposssibilitam, a realização de uma reforma tributária ampla e irrestrita.

Em consequência, nenhuma emenda constitucional pode assumir as vestes nova Constituição, de modo a desconsiderar *(i)* os direitos fundamentais dos contribuintes, *(ii)* os princípios federativo e da autonomia municipal e, de modo especial, *(iii)* as *cláusulas pétreas*, que obstaculizam a sanha arrecadatória das pessoas políticas.[33]

IV – Muito bem. Entre as *cláusulas pétreas* figuram, sem dúvida, os princípios *da estrita legalidade tributária, da anterioridade tributária, da segurança jurídica da tributação, do não-confisco*, da *irretroatividade 'in peius' das leis tributárias* etc. É óbvio que nenhuma reforma tributária pode malferir estes grandes princípios constitucionais tributários.

Também preenchem esta condição, os direitos fundamentais dos contribuintes.

IVa – Abrimos aqui um rápido parêntese, para observar que os direitos fundamentais – vale dizer, as posições das pessoas físicas ou jurídicas na sociedade e perante o Estado, que o ordenamento jurídico considera

[32] Escrevemos "características ímpares" porque, ao que saibamos, a nossa Constituição é a única do mundo que desceu a tamanhos detalhes, em matéria tributária. Nossa *Lei Maior Tributária* é a própria Constituição Federal, ao contrário do que se dá nos outros países, em que o sistema tributário é regulado basicamente por meio de lei. Entre nós, as normas subprimárias pertinentes (*e.g.*, as contidas no Código Tributário Nacional) podem, quando muito, explicitar o que se encontra implícito na Constituição, mas nada de substancialmente novo lhe podem agregar ou subtrair.

[33] Obviamente, se nem uma emenda constitucional tem titulação para tanto, por muito maior razão (argumento *a fortiori*) não a tem uma lei (complementar ou ordinária), pois, como é de trivial sabença, ela, dentro da "pirâmide jurídica", se encontra em um patamar inferior ao ocupado por aquela.

merecedoras de maior proteção – encontram no art. 5º, da Carta Magna, sua sede natural.[34]

Entretanto, neste dispositivo constitucional não está contida mais do que uma pequena parcela dos direitos fundamentais.[35] Aliás, qualquer direito fundamental, longe de ser uma "ilha" no mundo do direito, é "parte de um continente", devendo assim ser entendido e aplicado no plano global dos valores, critérios e opções da Constituição, que veda discriminações extravagantes, privilégios juridicamente injustificáveis e, sempre, arbitrariedades.

Esta insistência não é apenas acadêmica, mas necessária, pois nossa Constituição está totalmente comprometida com os direitos fundamentais. E estes se apoiam no *princípio da dignidade da pessoa humana*, fim último da sociedade e base de todo o ordenamento jurídico estatal.[36]

Resumindo, os direitos fundamentais não se esgotam no art. 5º, da Constituição Federal, mas, pelo contrário, espraiam-se ao longo de todo o seu texto, como, aliás, estatui o § 2º, daquele dispositivo.[37]

[34] A Constituição proclama, de modo expresso, em seu art. 5º, vários direitos e garantias individuais e sociais, que as pessoas políticas têm a missão primária de tutelar. Note-se que ela os enumera antes mesmo de estruturar os poderes da República, como que querendo significar que possuem um valor instrumental, ou seja, posto a serviço daqueles.

[35] O mesmo ocorre em tantas outras matérias de natureza ou relevância constitucional, o que é facilmente explicável. Como as constituições são, acima de tudo, cartas políticas, escritas para serem compreendidas pelo comum dos homens, de regra não fazem codificações; antes, operam por síntese, devendo, por isso, nessas matérias, ser interpretadas de acordo com as necessidades socialmente sentidas para as proteger.

[36] O *princípio da dignidade da pessoa humana* é a mais relevante manifestação material do Estado Democrático de Direito. Acerca deste assunto, merecem destaque os seguintes comentários de Jorge Miranda e José de Melo Alexandrino, sobre julgado do Tribunal Constitucional Português (Ac. 509/2002). Ouçamo-los: "*... o princípio da dignidade da pessoa humana 'decorre' da ideia de Estado de direito democrático. Deste modo, ao incorporar a dignidade da pessoa humana o Estado de direito democrático envolve necessariamente um leque muito alargado de realidades, designadamente os direitos fundamentais e todos os princípios e regras constituintes desse subsistema*" (*Les Grandes Décisions des Cours Constitutionnelles Européennes*, obra ainda inédita, organizada e coordenada pelos professores Didier Maus e Pierre Bon, in www.fd.ulisboa.pt/portals/0/docs/institutos/icj/luscommune/jmjma.pdf).

[37] Constituição Federal: "Art. 5º (*omissis*) – § 2º. Os direitos e garantias expressos nesta Constituição não excluem outros decorrentes do regime e dos princípios por ela adotados, ou dos tratados internacionais em que a República Federativa do Brasil seja parte".

V – Retomando o fio do raciocínio, a Constituição apresenta grande densidade normativa em questões tributárias. A ênfase que põe nos direitos fundamentais dos contribuintes traz, para o Congresso Nacional, uma série de insuperáveis vedações à realização da anunciada reforma tributária.[38] Caso as desconsidere, ele estará se arrogando atribuições primárias que não lhe foram consentidas.

São, sem dúvida, direitos fundamentais dos contribuintes, os que dizem respeito a uma existência digna, a um mínimo existencial,[39] a uma educação adequada, à saúde, à cultura, à segurança pessoal etc.[40]

Mas há outros direitos fundamentais cujo exercício a tributação não pode obstaculizar, nem, muito menos, anular. É o caso dos direitos à reserva da vida privada, à liberdade, à livre associação, à participação no exercício do poder político (direito de voto, de ser designado para cargos políticos, de representação etc.), ao recurso ao Poder Judiciário, à liberdade de crenças e práticas religiosas, ao trabalho, à especial proteção da família, e assim avante. Eles, sem dúvida, também limitam o poder tributário do Estado e não podem ser amesquinhados, nem por uma emenda constitucional, quando mais pela legislação, quer complementar, quer ordinária.

O aprofundamento destas questões, porém, não é aqui viável.

VI – Apenas nos permitimos observar que além desses direitos fundamentais dos contribuintes, tradicionalmente estudados pelos tributaristas, há outros, só recentemente desvendados, como o da proteção da confiança[41] e o da resistência à tributação indevida.

[38] Esta característica dificulta, quando não impossibilita, a realização de uma reforma tributária que, por exemplo, unifique no IBS, o IPI, o ICMS, o PIS, a COFINS e o ISS, como pretendido pela PEC 45/2019.

[39] Entendemos por *mínimo existencial* tudo aquilo que permite que a pessoa humana desenvolva suas potencialidades, na busca da felicidade e de uma vida digna.

[40] Em contrapartida, a Carta Magna impõe aos contribuintes o dever fundamental de concorrer para as despesas públicas, mediante o pagamento de tributos. Assegura-lhes, no entanto, o direito fundamental de somente serem compelidos a fazê-lo, se, em tudo e por tudo, forem observados os grandes princípios constitucionais tributários, oponíveis *ex ante* ao próprio Estado e que os protegem da arbitrariedade tributária, em suas mais diversas manifestações.

[41] O *princípio da confiança*, que é, por assim dizer, a face mais nova do *princípio da segurança jurídica*, foi estudado em nosso *Curso*, nas páginas 358 e seguintes.

Acerca desse último, a Lei das Leis conferiu, aos contribuintes, o direito de não recolherem tributos criados ou lançados em desacordo com os ditames constitucionais e legais. Também lhes deu os meios processuais adequados a este fim: *a)* o contencioso administrativo; *b)* o livre acesso ao Poder Judiciário; *c)* o direito ao contraditório e à ampla defesa; *d)* o mandado de segurança; *e)* a ação declaratória de inexigibilidade do crédito tributário; *f)* a ação de indenização contra o Poder Público, por danos causados por atos ou omissões ilegais dos agentes fiscais; *g)* a ação de repetição do indébito tributário; e, assim por diante.

Aliás, o direito de resistência à tributação indevida pode ser extraído do *princípio da legalidade*, como bem o percebeu Maria da Glória Ferreira Pinto; *verbis*:

> "A Administração movimenta-se nas malhas da legalidade, uma legalidade que num Estado de direito material se pretende não seja meramente formal, e sim portadora em cada momento da própria *ideia de direito*".[42]

VII – Também merece ser destacado, neste passo, o direito fundamental do não regresso. De fato, a partir do momento em que a Constituição Federal consagrou a chamada *cláusula aberta de direitos fundamentais* (art. 5º, § 2º), eles devem ser submetidos a um regime especial de proteção, que leva *à vedação ao retrocesso* (ou *ao não regresso*).

Este direito fundamental, que encontra sua matriz axiológica na segurança jurídica e na dignidade da pessoa humana, consagra a tese de que o Estado, após ter beneficiado uma categoria de pessoas, não pode voltar sobre os próprios passos, sem uma medida compensatória correspondente.

VIIa – Anote-se que o direito fundamental da vedação ao retrocesso garante o progresso adquirido pela sociedade durante períodos de mudanças e transformações, o que proíbe o Estado, ainda que se valendo de emendas constitucionais, de reverter tal avanço, eis que definitivamente incorporado ao patrimônio social das pessoas favorecidas.[43]

[42] *Considerações sobre a reclamação prévia ao recurso contencioso*, Cadernos de Ciência e Técnica Fiscal, Lisboa, 1983, p. 12.

[43] Não se ignora que o *princípio da unidade da Constituição* veda que se declare a inconstitucionalidade de dispositivo votado pelo poder constituinte originário. Entretanto, isso é

Assim, quando uma emenda constitucional instituir ou potencializar direitos fundamentais, eles se agregam irreversivelmente (*inhaerere ad ossa*) ao cabedal jurídico dos beneficiários, não podendo ser suprimidos ou, mesmo, relativizados.[44] Antes, demandam interpretação ampla e favorável, de modo a conferir a maior amplitude possível a estas benesses, que, como não há duvidar, alavancam o desenvolvimento social, econômico e político do País. Daí inexistir espaço para que uma nova emenda constitucional reponha o estado de coisas anterior.

VIIb – Este direito fundamental vale também em relação às imunidades tributárias.

Não ignoramos que tem prevalecido o entendimento – do qual, *data venia*, discordamos – de que as regras de imunidade que não consagram direitos fundamentais, mas apenas delimitam a competência tributária da pessoa política numa dada situação, podem ser restringidas ou até suprimidas.[45]

Todavia, mesmo que se aceite este modo de pensar – o que só fazemos por amor à controvérsia dialética –, é incontestável que, quando a imunidade tributária prestigia *valores* consagrados na Constituição Federal, não há espaço jurídico para emendas constitucionais que os fragilizem, restrinjam ou, pior, anulem.

perfeitamente possível, quando uma emenda constitucional introduz na Carta Magna preceito com ela incompatível, seja porque editado em descompasso com o devido processo legislativo (vício formal), seja por haver inobservado *cláusula pétrea* (vício material).

[44] Medidas deste tipo, ainda que não aumentem a arrecadação fiscal, contribuem, de modo decisivo, para a redução das desigualdades regionais do País – um dos objetivos fundamentais da nossa República, *ex vi* do disposto no art. 3º, III, da CF.

Além disso, tais desonerações alavancam empregos, geram recursos e movimentam riquezas em regiões carentes do País, com o quê acabam por dar maior efetividade ao *princípio da dignidade da pessoa humana*.

[45] Nessa direção decidiu o STF, *verbis*: "Imunidade – Art. 153, § 2º, II, da CF/1988 – Possibilidade. 1. Mostra-se impertinente a alegação de que a norma do art. 153, § 2º, II, da Constituição não poderia ter sido revogada pela Emenda Constitucional n. 20/1998, por se tratar de cláusula pétrea. 2. Esta norma não consagrava direito ou garantia fundamental, apenas previa a imunidade do imposto sobre a renda a um determinado grupo social. Sua supressão do texto constitucional, portanto, não representou a cassação ou o tolhimento de um direito fundamental e, tampouco, um rompimento da ordem constitucional vigente. 3. Recurso extraordinário conhecido e improvido" (2ª Turma, RE 372.600, rela. Min. Ellen Gracie, j. 16.12.2003, *DJU* 23.4.2004).

VIIc – Sem embargo, as imunidades tributárias que alavancam direitos fundamentais possuem a característica da *progressividade*, por isso que a alteração de seus âmbitos de abrangência, por meio de emendas constitucionais, só pode dar-se quando enseja acréscimos à sua carga de fruição, ou, quando pouco, as ajusta, sem perda de substância, às inevitáveis mutações na vida cotidiana.

Portanto, cada emenda constitucional que agrega uma imunidade tributária aos direitos fundamentais dos contribuintes produz um salto qualitativo, que, uma vez ocorrido, não admite retorno. Mais: a partir deste novo patamar deverão surgir novas conquistas, num movimento constante e irreversível, rumo à tão almejada justiça fiscal.

VIII – Chegados a este ponto, permitimo-nos aduzir que, embora a imutabilidade não figure entre as características do mundo em que vivemos (Heráclito), uma relativa estabilidade das relações jurídicas é imprescindível num Estado Democrático de Direito. E tal estabilidade torna-se absoluta quando se está diante de medidas protetivas dos direitos fundamentais dos contribuintes.

Pelo menos nesta hipótese, tais medidas protetivas não podem ser suprimidas, nem mesmo por meio de emendas constitucionais. É que a prospectividade, no concernente à perda dos direitos fundamentais dos contribuintes, representa grave retrocesso, não apenas sob a óptica dos direitos de cada um deles, como para a ordem jurídica e social como um todo considerada.

IX – Definitivamente, o Congresso Nacional, mesmo que delibere emendar a Constituição, não tem um poder absoluto para fazê-lo, mas, apenas, um poder limitado, por ela condicionado.

Tais parâmetros[46] – seja-nos perdoada a tautologia – nenhuma reforma constitucional tributária poderá afastar ou, mesmo, ignorar.

Posto isso, apresentaremos, em linhas forçosamente muito genéricas, algumas propostas, na esperança de que possam contribuir para que a eventual reforma tributária, da qual tanto se fala, não extrapasse os lindes constitucionais.

[46] O termo "parâmetros", por nós buscado na Matemática, tem o sentido de medidas que servem de guia para o confronto dos diversos elementos de um problema.

4. Reforma tributária: propostas a considerar, em nível constitucional

I – A nosso sentir, uma eventual reforma constitucional tributária deverá necessariamente passar pelo fortalecimento econômico dos Estados e, acima de tudo, dos Municípios.

Como já se disse, o indivíduo, antes de residir no País ou no Estado, mora no Município. O primeiro contato que tem com o Poder Público dá-se nesta pessoa política. É ali que residem seus familiares, seus vizinhos, seus amigos. É ali que se encontram a escola, a igreja, o hospital, o clube social, a agremiação desportiva, o cemitério onde estão sepultados seus entes queridos. O Município, em suma, como apregoava Ruy Barbosa, é a *celula mater* da sociedade.

Lamentavelmente, não é o que vemos nas PECs que tramitam no Congresso Nacional.

II – De outra banda, urge aliviar a carga tributária, que hoje corresponde, grosso modo, a 35% do nosso *PIB*. Carga tributária só comparável à dos Países Nórdicos, onde, por óbvio, o retorno que os contribuintes têm, da parte do Estado-tributante, é incomparavelmente maior e melhor do que aquele que nossos contribuintes experimentam.

Ora, de acordo com a *Lei de Laffer*, a decantada voracidade fiscal do Estado brasileiro é contraproducente e perniciosa.

Para que melhor se compreenda: O *Prêmio Nobel* Arthur Laffer, famoso economista da Universidade de Stanford (EUA), demonstrou, por meio de cálculos matemáticos sofisticados, que a exacerbação das alíquotas dos tributos, só num primeiro momento aumenta a arrecadação; depois, ela tende a cair, porque os contribuintes se sentem estimulados a produzir informalmente, a deixar de produzir e, pior, a sonegar.

Ademais – sempre segundo as lições deste pensador – a tributação escorchante compromete o crescimento da Nação, porque desestimula a criação de empregos e os investimentos e, por conseguinte, impede a ampliação do mercado consumidor.

III – Ainda no plano propositivo, seria ótimo se o *constituinte derivado* criasse dificuldades à instituição de contribuições, que, não tendo o produto de sua arrecadação repassado, pela União, às demais pessoas políticas, a hipertrofia, de fora a parte não permitir o desenvolvimento harmônico de todas as regiões do País.

IV – Conviria, ainda, que a emenda constitucional declarasse imunes aos impostos regulatórios, as operações jurídicas envolvendo o *mínimo existencial*, vale dizer, o indispensável à habitação, ao vestuário, à alimentação, ao tratamento médico etc.[47]

V – Igualmente afastaria as dúvidas que o assunto suscita, se viesse acrescentada, ao § 1º, do art. 153, da Constituição Federal, a obrigação de serem motivadas as alterações, por meio de ato do Executivo, das alíquotas dos impostos sobre a importação, sobre a exportação, sobre produtos industrializados e sobre operações de câmbio, crédito e seguros ou relativas a títulos ou valores mobiliários.

VI – Também contribuiria para o progresso de nossas instituições democráticas, a inserção, na Carta Magna, de cláusula vedando expressamente a instituição ou o aumento de tributos, por meio de medidas provisórias.

VII – É de nossa convicção, ainda, que andaria bem o Congresso Nacional se inserisse na Constituição, dispositivo determinando que cada base econômica só poderá ser tributada uma vez.[48]

VIII – Sugerimos, outrossim, que se estabeleça, no próprio Texto Constitucional, que as taxas e contribuições deverão ter o produto de sua arrecadação destinado aos fins que motivaram sua instituição.[49]

IX – Temos, enfim, por fundamental que uma emenda constitucional vede a *substituição tributária para frente* (art. 150, § 7º, da CF), sempre que houver tecnologia digital apta a apurar o montante das operações jurídicas subsequentes.

[47] Era o que, *mutatis mutandis*, dispunha o art. 15, § 1º, da Constituição de 1946.

[48] Tal dispositivo impediria, por exemplo, que a operação de importação fosse concomitantemente alcançada, como hoje ocorre, pelo IPI, pelo PIS, pela COFINS e por outras contribuições, quer sociais, quer de intervenção no domínio econômico.

[49] Atualmente, o produto da arrecadação das contribuições, que representam 53% da arrecadação federal, está sendo (inconstitucionalmente) utilizado para custear as despesas gerais da União. Ora, esta é a característica dos impostos, não das contribuições.

X – Chegados a este momento, parece-nos bem reafirmar que uma eventual reforma constitucional tributária deve manter intactos os direitos fundamentais dos contribuintes, que, por serem inerentes à própria noção de pessoa, são *cláusulas pétreas*, ou seja, não aceitam sequer a exceção das emendas constitucionais.

Como é fácil perceber, muito pode ser feito, por meio de uma reforma constitucional tributária, para que reine perfeita harmonia entre os direitos do fisco e os direitos dos contribuintes.

Mas, é no nível infraconstitucional que, de forma mais expedita, se podem resolver os grandes problemas tributários que nos afligem.

6. Reforma tributária: propostas a considerar, em nível infraconstitucional

I – Para não ficarmos no plano das generalidades, pensamos que, num País como o nosso, de tantas diversificações econômicas entre pessoas físicas e jurídicas, é imperioso que os impostos sobre a renda, sobre as heranças e sobre as doações tenham alíquotas, sistemas de deduções e abatimentos, isenções etc., muito mais bem trabalhados, de modo a atenderem – o que não se dá atualmente – às distintas capacidades econômicas dos contribuintes.

II – Também entendemos que as leis que tratam das contribuições sociais (art. 195, da *CF*) devem primacialmente ter em mira, não o aumento da arrecadação, mas a estimulação dos empregos. Atualmente, a legislação tributária, contrariando diretrizes constitucionais, onera sobremodo as empresas criadoras de empregos, o que as induz à *mecanização*, quando não à *terceirização*. Daí a necessidade premente de se desonerar ao máximo de contribuições, a *folha de salários*.

III – É imprescindível, ainda, eliminar, o quanto possível, as *obrigações acessórias* (*deveres instrumentais tributários*) supérfluas e burocratizantes, que tanto entravam o progresso do País. Nesse sentido, seria interessante criar um *Cadastro Nacional de Contribuintes* (cadastro unificado), que substituiria os quase 6.000 cadastros existentes (um para cada pessoa política).

IV – Igualmente urge a aprovação de um Código Nacional de Defesa do Contribuinte.

Como se sabe, tramitam no Senado da República, o Projeto de Lei Complementar nº 646/1999[50] e outros a eles análogos, que visam, fundamentalmente, a dar plena eficácia aos mandamentos constitucionais que veiculam direitos e garantias dos contribuintes. Estes projetos, em rigor, pouco inovam; porém, têm a virtude de estabelecer os pormenores normativos que darão plena eficácia aos direitos fundamentais dos contribuintes.

Salientamos que o *Projeto* se preocupa com a justiça fiscal que, para vingar, necessita de regras positivadas. Sua filosofia não é proteger os maus contribuintes, mas, sim, possibilitar uma convivência pacífica e legalitária (nunca um confronto) com o Fisco. Tudo, evidentemente, sem inviabilizar a tributação e o combate sem tréguas à sonegação fiscal e aos sonegadores.

O pensamento que permeia todos os seus artigos é evitar que o contribuinte, pessoa física ou jurídica, seja esmagado pela máquina fazendária.

De fato, não se pode negar que, na prática, o contribuinte, máxime o mais humilde, encontra-se, em termos práticos, numa situação de inferioridade, em relação à Fazenda Pública. Ora, o *Projeto* quer justamente estabelecer, entre ambos, uma *igualdade real.*

Tal pretensão, que poderíamos chamar de "*protetiva*", não é estranha ao nosso Direito. Tanto não, que norteou a edição, dentre outros diplomas normativos, da Consolidação das Leis do Trabalho e do Código de Defesa do Consumidor, que, ao longo do tempo, muito têm contribuído para a pacificação social e o progresso de nossas instituições.

Em suma, o *Código de Defesa do Contribuinte*, caso aprovado, será, sem dúvida, um importante instrumento de complementação da cidadania.

V – Por outro lado, como também não se ignora, o mundo vem se preocupando, sempre mais, com a preservação do *meio ambiente*, vale dizer, dos elementos naturais, artificiais e culturais que permitem a manutenção da vida, não só do homem, como de todos os seres que habitam a Terra.

A Constituição Federal, ao cuidar dos direitos e garantias fundamentais, garantiu a inviolabilidade do direito à vida (art. 5º, *caput*) e, com isso, já

[50] O Anteprojeto, que se converteu no Projeto de Lei Complementar nº 646/1999, foi elaborado por comissão integrada pelos Professores Eduardo Domingos Bottallo, José Souto Maior Borges, Ricardo Lobo Torres, Paulo de Barros Carvalho, Torquato Jardim e por mim.

sinalizou que o meio ambiente deve ser mantido sadio e ecologicamente equilibrado.

Mas, a Carta Magna não se limitou a traçar um programa de ação, a ser, um dia, desenvolvido e implementado. Pelo contrário, cuidou do assunto, em múltiplos dispositivos (arts. 20, II, IX e X; 22, IV e XII; 23, III, IV, VI e VII; 24, VI, VII e VIII; 129, III; 170, III e IV; 174, § 3º; 182; 183; 184; 186, II; 184; 196 a 200; 205, 215; 216; 218; 219; 220 a 224; e, 226 a 230), que, direta ou indiretamente, mandam preservar o meio ambiente, como forma, em última análise, de assegurar a dignidade da pessoa humana.

Va – O Direito Tributário também pode colaborar para manter e aprimorar a vida em nosso planeta. De fato, os instrumentos fiscais podem e devem ser utilizados para fins de defesa do meio ambiente.

Recorde-se que a atividade tributária não é um fim em si mesma, mas meramente instrumental, já que dá ao Estado os meios pecuniários de que necessita, para atingir os objetivos que lhe são apontados pela Constituição (prover a educação, a cultura e o lazer, melhorar a saúde da população, dar-lhe segurança, prestar-lhe serviços públicos de boa qualidade etc.).

A par disso, os tributos prestam-se à consecução de outros objetivos, como se depreende da só leitura do art. 170, da Constituição Federal, que, cuidando da ordem econômica, imprime ao Estado brasileiro uma feição social e intervencionista.

Esta, de resto, é uma consequência natural de nosso *Estado Democrático de Direito*, que, mais do que tributos justos, exige que estimulem a criação e a proteção do emprego, a correção dos desequilíbrios sociais, a implantação de uma política urbanística adequada e assim por diante.

Vb – Da concepção do tributo como meio de obtenção de recursos, avançou-se para a ideia de que ele pode e deve ser utilizado para favorecer a realização dos mais elevados objetivos sociais, econômicos e políticos. Converteu-se, pois, em um instrumento privilegiado de intervenção estatal, em ordem a melhorar a qualidade de vida das pessoas.

Deveras, de há muito se percebeu que a lei tributária é mais bem obedecida quando, em lugar de determinar condutas, vale-se de meios mais sutis de influenciá-las, outorgando aos contribuintes subvenções, isenções, créditos presumidos, bonificações etc. Com tais artifícios, as pessoas ficam com a sensação de que são livres para conduzir seus negócios e tendem a fazer o que delas a Nação espera.[51]

Tais intervenções de incentivo ou dissuasão são legítimas, desde que, evidentemente, não "*esgotem*" a riqueza dos contribuintes ou os impossibilitem de manter atividades econômicas lícitas, hipóteses em que estariam a tornar confiscatório o tributo.

Vc – Demais disso, ao utilizar a tributação para estimular comportamentos (comissivos ou omissivos) dos contribuintes, o Estado quase sempre obtém vantagens maiores do que se previamente arrecadasse as exações, para, com o dinheiro assim obtido, aplicá-lo nos gastos públicos. Realmente, com a supressão das instâncias burocráticas, a despesa estatal tende a diminuir, sem prejuízo do atendimento às exigências de estabilidade e avanço sociais.

[51] Estava afinada neste diapasão a Lei nº 5.106/1966, que autorizava a dedução, da base de cálculo do imposto sobre a renda, das importâncias gastas pelo contribuinte em projetos de reflorestamento.
Viria igualmente ao encontro da ideia de preservação ambiental, lei que permitisse fossem deduzidas, da base de cálculo deste tributo, as despesas com tratamento de lixo industrial, com a preservação de imóveis revestidos de vegetação arbórea declarada de preservação permanente ou perpetuada, nos termos do art. 6º, do Código Florestal, com aquisições de equipamentos e máquinas que impedem a contaminação de rios ou da atmosfera (catalisadores, filtros etc.), de produtos ecologicamente corretos (por exemplo, biodegradáveis), de materiais fabricados com a reciclagem de resíduos industriais ou que não causam danos à camada de ozônio, de bens não-descartáveis (copos de vidro, talheres de metal), de dínamos (no lugar das pilhas comuns, que, lançadas no meio ambiente, acabam por degradá-lo).
No mesmo sentido, andaria bem a legislação do IPI acaso tributasse minimamente (ou até deixasse de fazê-lo), a comercialização de produtos industrializados ecologicamente corretos (automóveis elétricos, ônibus movidos a gás, caminhões equipados com catalisadores eficientes etc.).
Por igual modo, mereceria encômios legislação que dispensasse tratamento favorecido, em termos de IPTU para o contribuinte que efetuasse a manutenção de parques e jardins públicos. Ou que isentasse de ICMS a comercialização de produtos agrícolas cultivados sem a utilização de agrotóxicos.
Como vemos, são praticamente infinitas as possibilidades de utilização dos instrumentos tributários para induzir a sociedade como um todo, a garantir, promover e preservar os bens ambientais *lato sensu*.

Vd – Conquanto não haja artigos expressos na Constituição Federal, que determinem a utilização dos tributos para atingir outros escopos, que não os meramente arrecadatórios, nela há um implícito reconhecimento da faculdade que o Estado tem de utilizá-los para "*promover o equilíbrio do desenvolvimento sócio econômico entre as diferentes regiões do País*" (art. 151, I, *in fine*), para "*desestimular a manutenção de propriedades improdutivas*" (art. 153, § 4º, 1ª parte), para facilitar "*a transmissão de bens ou direitos incorporados ao patrimônio de pessoa jurídica em realização de capital*" (art. 156, § 2º, I, 1ª parte), para garantir a "função social da propriedade" (art. 170, III), para ensejar "*a redução das desigualdades regionais e sociais*" (art. 170, VII), para dispensar "*tratamento favorecido para as empresas de pequeno porte constituídas sob as leis brasileiras e que tenham sua sede e administração no País*" (art. 170, IX), para favorecer "*as operações de transferência de imóveis desapropriados para fins de reforma agrária*" (art. 184, § 5º), para financiar "*a seguridade social*" (art. 195), e assim por diante.

Ademais, a Constituição, ao estatuir, por exemplo, que as pessoas políticas devem "*proteger os documentos, as obras e outros bens de valor histórico, artístico e cultural, os monumentos, as paisagens naturais notáveis e os sítios arqueológicos*" (art. 23, III) e "*proteger o meio ambiente e combater a poluição em qualquer de suas formas*" (art. 23, VI), que a educação é "direito de todos e dever do Estado" (art. 205), que o "*Estado garantirá a todos o pleno exercício dos direitos culturais e acesso às fontes da cultura nacional, e apoiará e incentivará a valorização e a difusão das manifestações culturais*" (art. 215), que é "*dever do Estado fomentar práticas desportivas formais e não-formais, como direito de cada um*" (art. 217), que o "*Estado promoverá e incentivará o desenvolvimento científico, a pesquisa e a capacitação tecnológica*" (art. 218), que "*todos têm direito ao meio ambiente ecologicamente equilibrado*" (art. 225), que a "*família, base da sociedade, tem especial proteção do Estado*" (art. 226), indiretamente obriga as pessoas políticas a ajustarem seus tributos a estes louváveis objetivos, que interessam à presente e às futuras gerações.

Ve – Milita no mesmo sentido o art. 170, VI, da Constituição Federal, que, buscando conciliar a atividade econômica com a defesa do meio ambiente, determina "*tratamento diferenciado conforme o impacto ambiental dos produtos e serviços e de seus processos de elaboração e prestação*".

VI – Também propomos a criação, por meio de lei complementar, de um Conselho Nacional do Contribuinte, que faria as vezes de um verdadeiro *ombu-dsman*,[52] defendendo os direitos dos cidadãos e das empresas, bem como recebendo, investigando e corrigindo abusos do poder de tributar ou de funcionários do Fisco.[53]

VII – Finalmente, seria justo e interessante que uma lei complementar encampasse as diretrizes do movimento mundial que há nome *Women Tax*. Este movimento visa a promover a igualdade de gêneros, na tributação.[54] Sendo mais específicos, conviria que se determinasse uma tributação branda sobre operações jurídicas envolvendo produtos ou serviços destinados a mulheres (produtos de higiene íntima, bombas para retirada de leite, preservativos femininos etc.).

Como vemos, não só é possível, como necessário e urgente, aperfeiçoar nosso sistema tributário. Para tanto, porém, basta alinhar a legislação aos princípios e regras insculpidos em nossa Constituição Federal.

7. Considerações finais

À vista do exposto, não podemos nos deixar seduzir pela ideia do *reformismo fiscal fácil*, ou seja, de que uma mera emenda constitucional resolverá os problemas fiscais que assolam nosso País. Este simplicista modo de pensar, apenas aumentará a incerteza e a insegurança da tributação.

Na verdade, os contribuintes somente estarão bem protegidos se houver uma mudança racional da legislação fiscal, que preserve seus direitos fundamentais.

Daí o extremo cuidado que o Congresso Nacional deve ter, caso leve avante a Reforma Tributária. Para que reste preservado o *Estatuto do*

[52] Entendemos por *ombudsman*, a pessoa encarregada pelo Estado de defender os direitos individuais ou coletivos, recebendo e investigando queixas e denúncias de abuso de poder ou de mau serviço por parte de funcionários ou instituições públicas.

[53] Só para citarmos um exemplo, na Espanha existe a figura do Procurador-Geral dos Contribuintes, que zela para que as pessoas políticas recolham, a título de tributo, exatamente o que devem. Caso detecte que o contribuinte, seja por erro, seja por boa-fé, pagou tributo indevido, promove as medidas jurídicas necessária à repetição.

[54] As estatísticas revelam que as mulheres, no Brasil, absurdamente recebem salários em média 40% menores do que os percebidos pelos homens, para o desempenho das mesmas funções.

Contribuinte[55] é imprescindível que ela respeite os limites e princípios constitucionais pertinentes.

Mas, se o Congresso Nacional marchar dócil na alheta do Governo Federal e aprovar uma reforma tributária que agrida diretrizes básicas da Constituição da República (*cláusulas pétreas*), temos, mais do que a esperança, a certeza de que poderemos confiar no Supremo Tribunal Federal, que, certamente, restabelecerá o primado da Constituição e reforçará o *Estado Democrático de Direito*, no qual todos pretendemos viver.

Conclusões

Tudo posto e considerado, sentimo-nos confortáveis para concluir que a reforma tributária que se anuncia não pode romper com a ordem tributária vigente, desconsiderando as chamadas *cláusulas pétreas*. Deste modo, uma eventual emenda constitucional – e, maiormente, uma lei (complementar ou ordinária) – que trate do assunto deverá preservar os direitos fundamentais dos contribuintes, consagrados em nossa Carta Suprema.

Referências

ALEXY, Robert. *Teoría de los Derechos Fundamentales*, trad. de Ernesto Garzón Valdés. Madrid, Centro de Estudios Constitucionales, 1993.

ÁVILA, Humberto. *Competências Tributárias*. 1ª ed., São Paulo, Malheiros Editores, 2018.

________. *Teoria dos Princípios – da definição à aplicação dos princípios jurídicos*. 10ª ed., São Paulo, Malheiros Editores, 2009.

ATALIBA, Geraldo. *Hipótese de Incidência Tributária*. 5ª ed., 9ª tir. São Paulo, Malheiros Editores, 2008.

BALEEIRO, Aliomar. *Direito Tributário Brasileiro*. 11ª ed. (atualização de Misabel Derzi). Rio de Janeiro, Forense, 1999.

BANDEIRA DE MELLO, CELSO ANTÔNIO, *Curso de Direito Administrativo*. 4ª ed., São Paulo, Malheiros Editores, 1993.

BRITTO, Carlos Ayres. "A Constituição e o monitoramento de suas emendas", in *Direito do Estado – Novos Rumos*, t. 1, São Paulo, Max Limonad, 2001.

[55] A expressão "Estatuto do Contribuinte" foi cunhada por Louis Trotabas, grande administrativista francês do século passado, para significar que dentro da Constituição existem princípios e normas que regulam a ação estatal de exigir tributos e protegem os contribuintes contra a sanha do Fisco.

CARRAZZA, Roque Antonio. *Curso de Direito Constitucional Tributário.* 32ª ed. São Paulo, Malheiros Editores, 2019.

FALCÃO, Amilcar de Araújo. *O Fato Gerador da Obrigação Tributária.* 1ª ed. Rio de Janeiro, Edições Financeiras, 1964.

FERRAZ, Eucanaã. *Uma Pedra no Meio do Caminho – Biografia de um poema.* Instituto Moreira Salles, 1967.

FERREIRA PINTO, Maria da Glória. *Considerações sobre a reclamação prévia ao recurso contencioso.* Lisboa. Cadernos de Ciência e Técnica Fiscal, 1983.

FORSTHOFF, Ernest. *Tratado de Derecho Administrativo,* trad. da 5ª ed. alemã, por Legaz Lacambra, Garrido Falla Gómez de Ortega y Junge. Madrid, Instituto de Estudios Politicos, 1958.

GOMES CANOTILHO, José Joaquim. *Direito Constitucional.* 5ª ed. Coimbra, Livraria Almedina, 1991.

KELSEN, Hans. "La garantie jurisdictionnelle de la Constitution", in *Revue du Droit Public,* Paris, 1928, pp. 204 e ss.

LARENZ, Karl. *Metodologia da Ciência do Direito.* 3ª ed., trad. de José Lamego, Lisboa, Fundação Calouste Gulbenkian, 1997.

MIRANDA, Jorge e ALEXANDRINO, José de Melo. *Les Grandes Décisions des Cours Constitutionnelles Européennes,* obra ainda inédita, organizada e coordenada pelos professores Didier Maus e Pierre Bom (www.fd.ulisboa.pt/portals/0/docs/institutos/icj/luscommune/jmjma.pdf).

NEVES, Marcelo. *Teoria da Inconstitucionalidade das Leis.* São Paulo, Saraiva, 1988.

PERGOLESI, Ferrucio. Diritto Costituzionale. XV ed. Padova, CEDAM, 1968.

SILVA, José Afonso da. *Curso de Direito Constitucional Positivo.* 39ª ed. São Paulo, Malheiros Editores, 2016.

TROTABAS, Louis. "Ensaio sobre o Direito Fiscal". *Revista de Direito Administrativo,* vol. 26, out./nov. 1951, pp. 34 a 59.

VIEIRA DE ANDRADE, José Carlos. *Os Direitos Fundamentais na Constituição Portuguesa de 1976.* Coimbra, Livraria Almedina,1998.

WEIL, Prosper, *O Direito Administrativo,* trad. de Maria da Glória Ferreira Pinto. Coimbra, Livraria Almedina, 1977.

28.
Nexo Tributário e a Economia Digital: Uma (re) Análise do Estabelecimento Permanente

Thuany Campbell Brisolla
Larissa Romana dos Santos Sousa

Introdução

O fenômeno da digitalização dos negócios e das atividades econômicas, potencializado pelo avanço da utilização da internet e das novas tecnologias, como o IoT (Internet das Coisas), *Cloud Computing* (Computação na Nuvem), *Sharing Economy* (Economia Compartilhada), *Big Data* (Grandes Dados), *Over The Top* (OTT), *Blockchain*, entre outras, inaugurou a peculiar realidade operacional para as pessoas jurídicas frente de um ambiente favorável à geração de novas riquezas.

O que se instaura nesse cenário puramente globalizado é a ressignificação das riquezas e de sua fonte provedora, a exemplo do desempenho atribuído à participação do usuário de produtos e serviços, o qual passa a ocupar um papel econômico fundamental para geração de valores frente aos negócios travados na economia digital.

A propósito, é oportuno destacar que quando se trata de economia digital não estaremos falando sobre um novo setor da economia, mas de uma economia global que é contaminada pela incorporação dos efeitos disruptivos da tecnologia da informação e comunicação.

Nesse sentido, a ideia de tangibilidade se derrete diante da nova realidade virtual, donde emerge intensos desdobramentos tributários e a consequente a necessidade de os ordenamentos revisitarem determinados conceitos jurídicos de direito privado, objetivando adequar-se aos novos rearranjos e fatos cotidianos e, consequentemente, regular os efeitos tributários decorrentes.

Isso porque a característica do direito tributário é essencialmente de sobreposição, i.e., sua função precípua é verificar as situações fático-econômicas estabelecidas pelo direito privado para dele extrair conceitos e determinar a materialidade tributável.

Assim, diante da globalização dos negócios e da inseparabilidade entre setor digital e economia, surge a necessidade de uma análise sistêmica, institucional, econômica e geopolítica, para fins de se estabelecer uma melhor sinergia com as regras tributárias em nível internacional, vez que os novos modelos de negócios digitais colocam em xeque os paradigmas até então experienciados internacionalmente, desafiando os pilares tradicionais da tributação.

Para ilustrar esse novo paradigma e desafios, os tópicos subsequentes se encarregam de demonstrar os novos modelos de negócios digitais e suas confluências nos pilares semânticos e normativos da tributação internacional.

1. A digitalização da economia e os impactos tributários

1.1. O conceito de economia digital

A economia digital caracteriza-se por uma estrutura global de telecomunicações que se presta a disponibilizar determinados bens e serviços e representa a virada de chave de um modelo de economia industrial para uma economia predominantemente baseada em ativos intangíveis.[1]

A OCDE define a economia digital em quatro características[2]:

(1) a acentuada dependência de intangíveis;
(2) o uso maciço de dados, especialmente os de caráter pessoal dos usuários e consumidores;
(3) a frequente adoção de modelos de negócios multilaterais; e

[1] BRASIL, República Federativa do. Receita Federal do Brasil. Solução de Consulta COSIT nº 191/2017.

[2] NETO. Celso de Barros Correia; AFONSO. José Roberto Rodrigues; FUCK. Luciano Felício. *A Tributação na Era Digital e os Desafios do Sistema Tributário no Brasil.* Disponível em <https://seer.imed.edu.br/index.php/revistadedireito/article/view/3356/2344 > Acesso em 07.09.2020.

(4) a dificuldade de determinar a jurisdição na qual a criação de valor ocorre, notadamente em razão da marcante mobilidade dos ativos e "estabelecimentos" (OECD, 2015, p. 16).

Em decorrência da digitalização da economia, coloca-se em relevo o surgimento de novos mercados, indústrias, negócios, alterações nas relações de trabalho, novas modalidades de consumo, produção e intermediação dos negócios globais e multilaterais, em razão da amplitude de novas ferramentas de produção, via internet e redes.[3]

Assim, a economia digital, caracterizada pela onipresença, pela maior mobilidade dos fatores de produção e pela relativização da localização desses elementos, entrega a árdua tarefa aos países na identificação de algum nexo capaz de determinar a fonte e a natureza da renda a justificar o direito e a competência de tributar.

1.2. Novos modelos de negócios digitais

O ambiente puramente virtual, onde operam as novas transações e negócios digitais, para além de manifestar a importância da intangibilidade e a geração de novas riquezas, revela o valor da praticidade nas relações sociais e nas atividades econômicas cotidianas, bem como propicia a redução de custos e de complexidade, o aumento das vantagens competitivas, a agilidade nas transações e trocas de informações entre países, a formação e ampliação da base de dados, resultados mais precisos e, até mesmo, a dificuldade de enquadrar uma empresa, negócio ou setor como "tradicional" ou "de tecnologia".

Nesse contexto se situam alguns novos modelos de negócios digitais, dentre eles o e-*commerce*, *Marketplace*, SaaS, *app stores*, marketing digital, computação na nuvem, transações em *blockchain* com criptomoedas, serviços de pagamento e transferência online, Pix, *Peer to Peer*, *Open source*, *Freemium*, Assinatura, entre tantos outros já existentes e os que estão por vir.

Bem se vê que os ambientes onde operam os negócios digitais são utilizados não somente por grandes empresas, multinacionais ou gigantes

[3] ASSEN. Yuri. ROMÃO. Raphael. *Economia digital e Tributação*. Disponível em <https://www.migalhas.com.br/coluna/matriz-tributaria/279521/economia-digital-e-tributacao> Acesso em 07.09.2020.

do setor digital, tal como o DEG – *Digital Economy Group* (*Google, Facebook, Amazon, Microsoft, Twitter*). De outro sim, a digitalização dos negócios permite a democratização da competitividade e do poder de mercado, de modo que pequenas empresas e *startups*, diferentemente das multinacionais, já nascem com a predisposição de uma trajetória em ambiente e alcance globais.

Segundo a OCDE[4], os negócios que se relacionam à economia digital apresentam fatores comuns, dentre os quais destacam-se: (i) escala sem massa, (ii) relevância de ativos intangíveis, (iii) importância dos dados, da propriedade intelectual e da participação dos usuários para a geração de valor.

Com efeito, os dados, os ativos e algoritmos revelam-se como o verdadeiro sangue propulsor da economia digital, de modo que permitiremos para a consecução e geração das novas riquezas, as quais, em última instância, deverão sofrer determinada tributação. Daí se falar do cerne das atuais problemáticas oriundas da digitalização que afetam o direito tributário, cujos desafios decorrentes são enfrentados mundialmente.

1.3. Economia digitalizada: efeitos e desafios para a tributação da renda

Se de um lado as mudanças tecnológicas contribuem para a redefinição dos contornos da economia, de outro, desafia o direito privado e a tributação.

Os desafios estruturais tangenciam tanto a tributação da renda quanto do consumo, em nível local e internacional, e se instauram na medida em que a assimetria entre a nova realidade virtual e os tradicionais elementos semânticos jurídico-normativos, fixados por cada jurisdição, alcança severas distorções na alocação da competência tributária.

Isso porque os novos conceitos e formatos advindos da economia digital já não mais correspondem a determinadas regras de natureza tributária, as quais são indissociáveis da atividade de delimitação conceitual. Como já dito, o direito tributário é totalmente dependente das caracterizações operacionais e conceituais para que consiga veicular a materialidade do fato gerador do tributo e, assim, justificar a indicação do Estado ou

[4] OCDE. *Tax Challenges Arising from Digitalisation – Interim Report 2018: Inclusive Framework on BEPS*, OECD/G20 Base Erosion and Profit Shifting Project, OECD Publishing, Paris: 2018. Disponível em <http://dx.doi.org/10.1787/9789264293083-en.>

jurisdição aptos a realizar sua manifestação soberana de arrecadação de receitas.

Nesse diapasão, pode-se afirmar que o sistema tributário é formado por um conjunto de normas internas de cada país e por convenções internacionais que fixam e repartem a competência do poder de tributar, com base em eventos econômicos que permitem criar um vínculo entre determinada pessoa ou fato econômico e uma jurisdição[5], o que se costuma nomear de "nexo".

O ponto sensível está justamente na dificuldade de caracterização do elemento de conexão para fins de se identificar a presença tributável, dificuldade essa que começa a se manifestar desde o momento da importação de novos conceitos da tecnologia da informação, até a efetiva geração de riqueza na economia digital, a qual atrai a matéria tributável em razão do vínculo econômico.

Por outro lado, uma vez ausente, a sincronicidade entre o evento econômico e o conceito jurídico-normativo, a ideia do nexo sucumbe, fazendo com que a jurisdição competente deixe de integrar a relação jurídica a qual estava sujeita, tendo em vista que as novas riquezas já não conseguem ser captadas pelas diretrizes tradicionais da tributação, seja a renda, o consumo ou o patrimônio.

No que tange a renda, a base tradicional da tributação internacional dos lucros das empresas, para fins de reconhecimento do "nexo", em regra sempre esteve amparada pelo princípio da origem da riqueza, que delimita as contribuições advindas dos países geradores de valor [fonte de produção] e dos de fruição da renda [residência].[6] Tal princípio determina que haja a tributação no local de produção, i.e., onde o valor é criado, e não no local do mercado consumidor [princípio do destino] – tal como ocorre na tributação internacional do consumo, o que justifica a adoção das isenções nas exportações e tributação nas importações.

[5] LA GUARDIA, Renata Borges, FRANCO, Ellen Stocco Smole e SANTOS, Ana Luiza Stella. *Imposto de Renda não captura eventos econômicos de IoT. Regras em vigor estão ancoradas em conceitos ligados à presença física.* Disponível em <https://www.jota.info/paywall?redirect_to=//www.jota.info/opiniao-e-analise/artigos/imposto-de-renda-nao-captura-eventos-economicos-de--iot-09102018> Acesso em 07.09.2020.

[6] OECD. *Tax Challenges Arising from Digitalisation – Interim Report 2018: Inclusive Framework on BEPS*, OECD/G20 Base Erosion and Profit Shifting Project, OECD Publishing, Paris, p. 167 e 174.

Considerando que no princípio da origem a fruição da renda tem respaldo na residência (da pessoa jurídica), as regras tradicionais demonstram, para tanto, que deveria haver uma vinculação aos conceitos ligados à presença física, ancorada no critério-fator "localização fixa" de determinado negócio no espaço. Ocorre que, com o advento da digitalização, a presença física deixa de ter lugar e os negócios operados remotamente são, muitas das vezes, co-criados por diversas jurisdições, quase que simultaneamente.

O cenário que se instaura, portanto, traduz na problemática de se tributar as atividades digitais das empresas nos casos em que inexiste um estabelecimento físico da pessoa jurídica no (s) mercado (s) onde atua. Nesse contexto, o dilema tributário trazido pelos negócios digitais é bem definido por Vanderwolk:

> O dilema tributário trazido pelos negócios digitalizados é que eles conseguem penetrar o mercado em uma jurisdição e auferir lucros por vendas regulares e contínuas para consumidores localizados nessa jurisdição, sem que possua qualquer presença tributável tradicional – ou seja, um escritório ou agente dependente com autoridade para concluir vendas na jurisdição.[7]

Percebe-se, assim, a importância da correta delimitação do "nexo" e a necessidade de sua caracterização acompanhar as realidades virtuais, sob pena das lacunas normativo-semânticas revelarem-se um campo de oportunidades pendulares, ora para erosão das bases tributáveis, ora para a dupla tributação, dentre outros efeitos perversos que veremos adiante.

A dupla tributação internacional se configura quando cada Estado, no anseio de arrecadação de receitas, passa a adotar medidas unilaterais para tributar uma mesma situação econômico-jurídica, com um mesmo tributo ou semelhante.

Tendo em vista a perversidade da dupla tributação, que viola frontalmente o princípio da neutralidade fiscal e representa não só um aumento da carga tributária para as pessoas físicas e jurídicas, mas uma verdadeira insegurança jurídica frente a um ambiente de negócios hostil ao desenvolvimento econômico, os países passam a firmar acordos mútuos

[7] VANDERWOLK, Jefferson. *Digital Business and Corporate Income Taxation: What's value creation got to do with it. Tax Notes International.* Documento nº 2018-37006.

para definir a competência tributária de cada ente, fazendo eliminar ou mitigar a dupla tributação.

É nesse contexto que surge a Convenção Modelo OCDE, oferecendo recomendações normativas uniformes para resolver os problemas que são colocados pela economia digital.

No célebre Tratado, a proposta para a caracterização do "nexo" é a existência de um estabelecimento permanente (EP), figura trazida pelo artigo 5, cujo alcance semântico do reflete diretamente na alocação de lucros corporativos (artigo 7). O instituto também foi trazido pelo principal projeto da OCDE, o Plano BEPS, especificamente na Ação 7.

Ocorre que a aplicação e interpretação de tal instituto (EP) é amplamente discutida, tendo em vista que o conceito tradicional de EP não consegue capturar determinadas riquezas oriundas dos negócios digitais, além de que alguns ordenamentos jurídicos sequer incorporaram a real dimensão do estabelecimento permanente em suas legislações domésticas.

Nota-se, com efeito, que os desafios surgem para os mais diversos atores e setores da economia global, na medida em que os interesses político-econômicos dos diversos agentes envolvidos são conflitantes e se intensificam diante da necessidade de redefinição dos elementos de conexão que justificam a tributação e a competência internacional do poder de tributar, a qual é tradicionalmente interpretada pelo "nexo" ou "elemento de conexão".

Num contexto mais amplo, os referidos elementos de conexão que atraem a tributação para o país onde os rendimentos são gerados, em regra, se caracterizam tanto pelo conceito de estabelecimento permanente quanto o de residência. Daí a importância de definirmos as bases conceituais de cada termo.

Em relação à caracterização da residência, para fins tributários, a determinação pode ser feita com base em critérios formais ou materiais, i.e., a residência pode ser considerada o lugar onde se estabelece a empresa ou o lugar da administração do seu negócio. Entretanto, no caso de empresas não-residentes, via de regra, se exige a configuração de um estabelecimento permanente (*permanent establishment* – PE) para que a correspondente tributação sobre as operações internacionais (*crossborder transactions*) seja exercida ou pelos países de fonte ou pelos países de residência.

Países da fonte são, em tese, importadores de capital, países em desenvolvimento, que dependem de seu mercado consumidor, onde os bens e serviços são, em grande escala, fornecidos por empresas estrangeiras e, portanto, caracterizam-se como regiões dependentes dos resultados da tributação na fonte. Já os países da residência são representados pelos países desenvolvidos, exportadores de capital, e que abrigam a residência das grandes empresas e multinacionais.

Apesar dessa dicotomia "fonte *vs* residência" não representar uma regra absoluta, o fato é que para os países em desenvolvimento, ou "países-fonte", a efetividade de sua arrecadação depende da delimitação semântica-conceitual do que venha a ser EP e a consequente regra de atribuição de lucros a tais estabelecimentos, tendo em vista que a tributação na fonte é sua principal fonte de arrecadação.

Por outro lado, as empresas conhecidas como gigantes da tecnologia, naturalmente advindas de países desenvolvidos, em determinadas operações digitais acabam não sendo tributadas em lugar algum, por ausência de caracterização do EP. Conforme afirma Jinyan Ly, "a base da tributação da renda corporativa dessas jurisdições é erodida ou perdida, principalmente em razão das regras que definem os direitos tributários da fonte serem ineficazes na economia digital.[8]

Assim, contribuintes e fiscos também encontram as seguintes dificuldades: interpretação e aplicação das regras de residência e de estabelecimento permanente, previstas em normas internas, tratados internacionais e convenções multilaterais; e na implementação de políticas públicas para o combate à erosão da base tributária e alocação artificial de lucros.

Portanto, diante das consequências e efeitos tributários trazidos pela digitalização da economia, o que muito ainda se discute internacionalmente é a necessidade de reforma no sistema de tributação internacional, com a revisão de seus pilares, conceitos e princípios tradicionais, os quais tornam-se inócuos na presente realidade.

[8] LI, Jinyan. *Protecting the Tax Base in the Digital Economy*. United Nations Paper n. 9. Op. Cit. p. 484

2. Análise conceitual e histórica de estabelecimento para fins tributários

2.1. Definições de direito privado utilizadas pelo direito tributário

O registro de uma pessoa jurídica nos órgãos competentes serve essencialmente para determinar o seu "domicílio", conceito não idêntico ao de "estabelecimento", nem mesmo de "sede".

Prova disso é que o Código Civil[9], embora não traga uma conceituação clara de cada um dos termos, estabelece diretrizes mínimas para se permitir a diferenciação entre um ou outro instituto. Primeiro, o diploma normativo traz alguns indícios de quais localidades podem ser consideradas o domicílio de uma pessoa jurídica (art. 75, IV e §1º). Em seguida, determina que uma pessoa jurídica estrangeira que possui sede no Brasil será considerada "nacional", sem mencionar se essa sede representa seu domicílio ou estabelecimento – especial ou comercial (art. 1.126, *caput*).

O conceito de domicílio possui algumas subespécies[10], dentre as quais o domicílio tributário e o domicílio societário. Pode-se dizer que tais subespécies se conectam para os fins de se determinar a localização do evento jurídico e/ou a vinculação com determinado sistema jurídico.

Em relação ao domicílio tributário, o artigo 127 do Código Tributário Nacional (CTN) oferta claro horizonte por meio do qual se pode vislumbrar sua definição com base nos seguintes critérios jurídicos, segundo a imputação geográfica: (i) a residência habitual ou centro habitual de atividade; (ii) o lugar da sede ou de cada filial ou o lugar das repartições públicas; (iii) o lugar da situação dos bens ou da ocorrência dos atos ou fatos que deram origem à obrigação. Importante observar que, por força do artigo 110 do CTN[11], o direito tributário não pode criar conceitos

[9] Art. 1.126. É nacional a sociedade organizada de conformidade com a lei brasileira e que tenha no País a sede de sua administração. Código Civil. Lei 10.406/2002.

[10] VITA. Jonathan Barros. *Economia Digital/Disruptiva: (Re)Analisando o Conceito de Estabelecimento Tributário no Direito Brasileiro e Internacional.* p.7. Disponível em <https://www.ibet.com.br/wp-content/uploads/2018/05/Jonathan-Vita.pdf > Acesso em 27.08.2020.

[11] Art. 110. A lei tributária não pode alterar a definição, o conteúdo e o alcance de institutos, conceitos e formas de direito privado, utilizados, expressa ou implicitamente, pela Constituição Federal, pelas Constituições dos Estados, ou pelas Leis Orgânicas do Distrito Federal ou dos Municípios, para definir ou limitar competências tributárias. Disponível em <http://www.planalto.gov.br/ccivil_03/leis/l5172compilado.htm> Acesso em 01.09.2020.

imaginários em relação aos definidos pelo direito privado, para fins de delimitação das competências tributárias.

Ocorre que, de tempos em tempos, o direito tributário se vê forçado a criar determinadas subclasses a partir dos conceitos do direito privado, estabelecendo diferenças pontuais em relação ao instituto civilista. Entretanto, não podemos discordar que a criação de critérios distintivos, sobremaneira na determinação do estabelecimento tributário, deva existir como desmembramento do conceito de estabelecimento descrito no direito privado.

Nesse sentido, a consequência lógica é a inclusão, no conceito de estabelecimento, da disciplina jurídica dos contratos celebrados na internet e o específico local de sua constituição, somado aos elementos que servem como uma tendência de (re) localização das prestações e das obrigações.

No âmbito do direito tributário, essa matéria vem sendo ventilada em intensos debates, conforme mencionado nos tópicos anteriores. Afinal, para determinados tributos o conceito de estabelecimento, de residência e domicílio, trazem consequências efetivas no campo das sujeições ativas, das receitas tributárias e dos deveres da fiscalização[12], tendo como discussões mais acirradas as operações de consumo, que giram em torno do ISS e do ICMS.

A título de exemplo, a LC 116/2003[13] veicula como regra geral a tributação no local do estabelecimento prestador, ou de seu domicílio, quando ausente o estabelecimento, conforme previsto no caput do artigo 3º da referida Lei. Para além dessa cláusula geral, inclui outras hipóteses de localização para fins de determinar a incidência do ISS (incisos do artigo 3º, incluídos pela LC 157/2016). Curioso observar que o artigo 4º da LC 116, ao normatizar o que se considera "estabelecimento prestador", aduz que tal caracterização independe das denominações de filial, sede, sucursal, escritório, agência, representação, entre outros.

[12] VITA. Jonathan Barros. Economia Digital/Disruptiva: *(Re)Analisando o Conceito de Estabelecimento Tributário no Direito Brasileiro e Internacional*. p. 529. Disponível em <https://www.ibet.com.br/wp-content/uploads/2018/05/Jonathan-Vita.pdf> Acesso em 27.08.2020.

[13] LC 116. Disponível em <http://www.planalto.gov.br/ccivil_03/leis/lcp/lcp116.htm> Acesso em 01.09.2020.

Além disso, em relação ao ICMS, o artigo 11 da LC 87/96[14] define diversos conceitos de estabelecimento do contribuinte para fins de se determinar a correta alocação da origem e do destino das mercadorias.

2.2. Histórico do conceito de estabelecimento permanente

A primeira menção ao "estabelecimento permanente" se deu no Código Industrial Prussiano de 1945, retratado como o *espaço total utilizado para uma atividade negocial.*[15] Tal conceituação decorreu do tratado internacional firmado em 1869 entre a Prússia e a Saxônia, o qual definiu, resumidamente, as condições de pagamento de impostos individuais ou empresariais estrangeiros, quando as empresas estivessem utilizando um estabelecimento comercial em outro país.

Na legislação alemã de 1990, o conceito de estabelecimento permanente trouxe as seguintes características básicas: sede física e a realização de atividades comerciais[16].

Caliendo[17] nos mostra, em seu livro *Estabelecimentos Permanentes em Direito Tributário Internacional*, que houve um tratado internacional firmado em 1899, entre a Prússia e o Império Austro-hungaro, com intuito de evitar a bitributação e a evasão fiscal, e incluiu no conceito de "estabelecimento permanente" tanto o critério físico quanto às atividades realizadas por representantes das empresas. Esse tratado foi utilizado para elaboração de diversas convenções ao final do século XIX e início do século XX.

Após a Primeira Guerra Mundial, o cenário econômico instaurado fez com que a Europa criasse sistemas jurídicos capazes de auxiliar na retomada das atividades comerciais. Nesse sentido, foi instituída a Liga das Nações (*Société des Nations*), em 1919, pelas potências vencedoras da guerra, com o escopo de estabelecer a paz mundial.

[14] LC 87/96. Disponível em <http://www.planalto.gov.br/ccivil_03/leis/lcp/lcp87.htm> Acesso em 01.09.2020.

[15] WALKER, Benjamim. *The evolution of the Agency Permanent Establishment Concept.* UNSW Business School, 2018. Disponível em <https://www.business.unsw.edu.au/About-Site/Schools-Site/Taxation-Business-Law-Site/Documents/40-Walker-ATTA2018.pdf> Acesso em 01.09.2020.

[16] Idem. Ibdem.

[17] CALIENDO, Paulo. *Estabelecimentos Permanentes em Direito Tributário Internacional.* São Paulo: Ed. Revista dos Tribunais, 2005. p. 56.

Referida organização internacional reuniu tributaristas com intuito de debater as questões tributárias internacionais da época, o que deu ensejo à publicação do Modelo de Convenção da Liga das Nações, de 1927, oportunidade em que se definiu o local da fonte como o tributável e com aplicabilidade a todos os tipos de rendimentos, uma vez presente a caracterização do estabelecimento permanente. Entretanto, é importante deixar registrado que novos estudos continuaram sendo realizados na tentativa de pacificar as controvérsias sobre o tema.[18]

Finalmente, podemos falar do modelo elaborado em 1943, na Cidade do México, em relação aos países em desenvolvimento da América Latina, no qual estabeleceu como principal regra a tributação na fonte.

Posteriormente, esse modelo foi revisado e, em 1946, as seguintes inovações vieram à tona: (i) a definição da existência de um *fixed place of business* e sua contribuição econômica com a empresa estrangeira; (ii) a caracterização de agentes como uma hipótese de Estabelecimento Permanente; (iii) os locais de construção temporários podem receber classificação de estabelecimento Permanente; (iv) a definição de que o local da empresa matriz deve ser tributado separadamente e não constitui um Estabelecimento Permanente.

No entanto, a OCDE preferiu se utilizar de algumas das premissas adotadas pelo modelo da Sociedade das Nações, mas que logo perderam a força, na medida em que a Liga foi dissolvida por ausência de acordo de paz, dando lugar à instituição da ONU.[19]

3. Diálogos internacionais e o modelo OCDE na (re)configuração do estabelecimento permanente

Em resposta às dificuldades apresentadas pela economia digital, uma vez que os dados e os bens intangíveis se tornam as ferramentas para a geração de valor e, portanto, de riquezas passíveis de tributação, diversas são as Organizações que se colocam à frente do movimento de discussão da problemática tributária surgida no século XXI, sobremaneira a ONU, a OCDE e União Europeia.

[18] CALIENDO, Paulo. Op. Cit., p.56 et al

[19] QUEIROGA. Carolina. Disponível em <https://repositorio.ufpe.br/bitstream/123456789/34093/1/Carolina%20Queiroga%20Nogueira.pdf > Acesso em 01.09.2020.

Em que pese a explícita divergência de interesses e premissas, tais Organizações buscam estruturar políticas globalmente coordenadas para estabelecer diretrizes equânimes no regime tributário internacional, objetivando a redução dos impactos da digitalização na nova realidade econômica. Para tanto, conduzem a elaboração de diversos relatórios, audiências públicas e *papers,* visando esclarecer os atuais desafios tributários, as diferentes visões defendidas por grupos empresariais e por grupos de países (*stakeholders*), bem como apresentando soluções para se alcançar uma proposta alinhada no âmbito da tributação internacional sobre a economia digital.

Conforme visto, há muito já se debatia sobre o conceito de EP e sua consequência jurídica para a seara tributária. Ocorre que, por ser tradicionalmente concebido como um estabelecimento físico, caracterizado pela presença pessoal, material ou formal de uma empresa, esse debate inevitavelmente retorna no contexto do cenário da economia digital.

No âmbito da OCDE (*fixity*), a primeira linha conceitual remete à presença física de um lugar específico, do ponto de vista geográfico[20]. Nesses termos, a ligação entre a empresa e o local seria a atividade comercial exercida em determinada localidade.

Posteriormente, a Convenção Modelo da OCDE estabeleceu a figura da "atividade acessória" (Artigo 5, parágrafo 3º), para determinar tanto o que não era presumivelmente acessório e, portanto, poderia ser reconhecido como EP (a exemplo dos armazéns da *Amazon*)[21], quanto o que não poderia ser considerado como EP, devido ao seu caráter acessório na condução dos negócios. Estabeleceu, também, a figura do "agente" (o Artigo 5, parágrafo 4º[22]), para figurar como elemento de conexão e caracterização de um EP, quando ausente a figura de um local fixo de negócios, e desde que fossem pessoas físicas ou jurídicas com atividades conexas à empresa estrangeira, com autonomia para concluir contratos da empresa, além do dever de manter relação continuada e usual com as transações em

[20] CALIENDO, Paulo. Op. Cit., p.106.

[21] FOLIGNO, Camille. *EP no Brasil à luz das reocmendacoes da OCDE.* . In: SAUNDERS, Ana Paula (org.). Rio de Janeiro: Lumen Juris, 2019. p. 315.

[22] OCDE. *OECD Model Tax Convention on Income and on Capital: An overview of available products.* Disponível em <http://www.oecd.org/tax/treaties/oecd-model-tax-convention-available--products.htm> Acesso em 07.09.2020.

nome da companhia.[23] Já o “agente independente”, que atua em favor da empresa, porém de forma independente, não goza do mesmo *status* para o enquadramento de EP.

Na sequência, o parágrafo 7º explica que a empresa subsidiária não é considerada estabelecimento permanente, a menos que cumpra os requisitos dos parágrafos 1 e 5, ou seja, encontrar-se em um local fixo de negócios para exercer suas atividades.[24]

Já no âmbito internacional, diversas medidas unilaterais vêm sendo adotadas pelos países, já que a OCDE ainda não conseguiu pôr termo na discussão. Assim, os países passam a buscar novos critérios para além da tributação na residência como regra preponderante, para fins de se alcançar uma fatia da riqueza gerada a partir das transações empresariais envolvendo intangíveis.

No contexto do Brasil, historicamente a legislação doméstica negligenciou o tema relacionado ao EP, pelo fato do país adotar regras de tributação indireta e na fonte, frente à importação de bens e serviços, critério que, em tese, já resolve muito a problemática trazida pela economia digitalizada.

Tal realidade fez com que o Brasil nunca tivesse a preocupação com a receita tributária decorrente do lucro das atividades do EP no Brasil, vez que indiretamente já ocorre a tributação na fonte, notadamente CIDE, PIS, COFINS, CSLL, IRRF e IOF.[25]

Ademais, o regulamento do imposto de renda (RIR/2018) pincela, em alguns artigos esparsos, o fundamento que há por detrás da caracterização de um EP, mas sem reconhecer expressamente o instituto, tal como é tratado nas convenções internacionais. Fato é que a legislação doméstica não abarca o fenômeno do EP em sua dimensão, tal qual a ventilada internacionalmente, até mesmo porque é uma tarefa desafiante e que requer a análise de muitos elementos subjetivos.[26]

[23] CALIENDO, Paulo. Op. Cit., p.135.

[24] LawTeacher. *Permanent Establishment under the OECD Model Tax Convention [Internet].* November 2013. Disponível em <https://www.lawteacher.net/free-law-essays/commercial--law/permanent-establishment-under-the-oecd-law-essays.php1> Acesso em 01.09.2020.

[25] Idem. Op. Cit. 18., p. 317.

[26] Idem. p., 323.

Assim, diante da lacuna normativa, utiliza-se a dicção do artigo 97, III, do CTN, que determina não ser possível estabelecer hipóteses de tributação que não tenham previsão na legislação[27].

3.1. Competência tributária: localização geográfica para o exercício da tributação

A presença física como critério determinante para a alocação da competência tributária deixa de ser elemento relevante nos negócios digitais, quando não se torna anacrônico. Dessa nova realidade decorrem estratégias complexas de monetização, que desafiam o aferimento do montante a ser tributado sobre os lucros corporativos, os quais podem ser diluídos e percebidos em mais de uma jurisdição. Nesse contexto, é até possível identificar *quem* obteve o lucro, mas especificar a *localidade competente para tributar* torna-se uma tarefa cada vez mais difícil, diante da inexpressiva existência (ou inexistência) da presença física na economia digital.

A relativização da presença física é uma das premissas que, dentre 04 (quatro) principais, são elencadas para se entender como a economia digital interfere na tributação: (1) a valorização dos bens intangíveis; (2) a aproximação do processo produtivo ao consumidor; (3) a relativização da presença física; e (4) a transmutação das espécies jurídicas.[28]

Consequência disso, a partir do momento em que não mais é possível adotar os elementos de conexão atrelados à localização geográfica do contribuinte ou de suas atividades, a competência tributária é esvaziada.

Assim, no que concerne à divisão da competência tributária nas operações transfronteiriças envolvendo novas tecnologias, duas problemáticas surgem diante da mobilidade dos bens intangíveis. A primeira está no sentido de definir o local da criação de valor e o consumo desses bens pelos usuários. Em sequência, a problemática se verifica quanto à relevância das informações geradas nos bancos de dados de alto valor agregado, por meio do uso contínuo das ferramentas tecnológicas.

A postura inicial da Convenção OCDE foi no sentido de atribuir a competência tributária ao país de residência do contribuinte, face aos

[27] CALIENDO, Paulo. Op. Cit., p.198.

[28] Idem.

rendimentos e lucros obtidos com a atividade exercida em países da fonte. Entretanto, tal competência era deslocada ao país da fonte caso aí configurada a existência de um EP. Isso é o que se observa do Artigo 7 da Convenção da OCDE, o qual preconiza que o lucro de uma empresa instalada no Estado contratante será tributado somente nessa jurisdição. A tributação ocorrerá em outro Estado se a empresa ali exercer sua atividade através de EP.[29] Assim, o aspecto da localização geográfica (EP tradicional) para o exercício da tributação tem sido discutido ao longo da evolução tecnológica.

Dentre os desafios enfrentados pela OCDE no contexto do comércio digital, estão o nexo entre a competência tributária *vs* ausência de presença física da empresa fornecedora de bens e serviços digitais e a atribuição de valor decorrente da geração de dados, por meio de produtos e serviços virtuais e a qualificação da natureza dos pagamentos para fins tributários.[30]

No atual cenário digital, onde as empresas passam a atuar em países onde não se caracteriza mais a existência de um EP (presença física), deixa de se alcançar o devido enquadramento legal da operação, bem como a correta identificação do domicílio fiscal de uma empresa e do tributo incidente em determinada relação econômica.

Como se vê, as regras tributárias internacionais tradicionais passam a ser insuficientes, inclusive para combater as crescentes possibilidades de planejamentos fiscais.

3.2. BEPS: Ações 1 e 7

Visando eliminar ou mitigar tais problemáticas, surgiu o BEPS, acrônimo de *Base Erosion e Profit Shifiting* (Erosão da Base Tributária e Transferência de Lucros), projeto que instituiu planos de ação de combate à erosão das bases tributárias e à transferência artificial de lucros, capitaneados pela Organização para Cooperação e Desenvolvimento Econômico (OCDE) e pelo G-20.

[29] DIAS. Felipe Wagner de Lima. Disponível em: <https://www.ibdt.org.br/RDTIA/n-7-2020/action-1-do-beps-medidas-unilaterais-adotadas-por-paises-e-seus-impactos-na-tributacao-dos-negocios-da-economia-digital/>.

[30] BEPS, *Novos desafios para a tributação internacional*. Disponível em <https://www.pwc.com.br/pt/eventos-pwc/assets/arquivo/bulletin-beps.pdf > Acesso em 07.09.2020.

O projeto teve relatório emitido em 2013, pela OCDE, denominado *Addressing Base Erosion and Profit Shifting*, tendo sua versão final divulgada em 2015, com o título "*BEPS 2015 Final Reports*".[31] Após uma consulta pública realizada em 2017, publicou-se, em 2018, um Relatório denominado "*Tax Challenges Arisign from Digitalisation – Interim Report 2018*".

Na visão de Yariv Brauner, conhecedor do assunto, da Universidade da Flórida, o BEPS segue três pilares básicos:

(i) melhoramento da cooperação entre países, com afastamento da competição fiscal;
(ii) plano de ação mais abrangente, substituindo abordagens pontuais por um plano de ação maior, que aborde todas as facetas (*holistic approach*); e,
(iii) desenvolvimento de soluções inovadoras para os novos e complexos problemas tributários internacionais, ainda que, de alguma forma, elas pudessem conflitar com os fundamentos tradicionais do Direito Tributário internacional[32].

O BEPS contemplou em seu relatório 15 (quinze) Planos de Ação, os quais versam sobre coerência, substância e transparência.[33] Para tratar especificamente dos desafios da economia digital para a tributação, cuidou de elaborar um Plano específico: a *Action 1*, e para tratar das propostas que objetivam evitar a evasão fiscal, instituiu a *Action 7*.

A Ação 1 do plano BEPS diz respeito ao comércio eletrônico, no sentido de: (i) encontrar os obstáculos à aplicação das regras atuais de tributação internacional, de imposição da economia digital e (ii) desenvolver soluções específicas para essas dificuldades.[34]

No que tange aos planos que versam sobre "coerência", o objetivo é uniformizar a tributação internacional, afastando as lacunas

[31] BRIGAGÃO. Gustavo. *O Beps e os desafios da tributação eletrônica internacional*. Conjur. Disponível em: <https://www.conjur.com.br/2017-dez-06/consultor-tributario-beps--desafios-tributacao-eletronica-internacional>. Acesso em 07.09.20.

[32] Idem. Cit. 31.

[33] Op. Cit. 29

[34] Idem. Cit. 29, p. 5.

normativas que deixam de tributar atividades extremamente lucrativas. Nessa categoria, podemos enquadrar as *Actions* 2 (neutralização de arranjos híbridos), 3 (fortalecimento das regras de CFC), 4 (limites à dedutibilidade de despesas financeiras) e 5 (combate às práticas tributárias danosas).[35]

No plano da "substância", o objetivo é garantir a tributação no âmbito da jurisdição que se manifesta efetivamente a capacidade contributiva, ou seja, a criação de valor.[36] Nesse diapasão, podemos mencionar as *Actions* 6 (prevenção da utilização abusiva de tratados), 7 (combate à descaracterização artificial do status de estabelecimento permanente) e 8 a 10 (alinhamento da legislação de preços de transferência com o objetivo de permitir que a tributação da renda ocorra nas jurisdições em que há a efetiva geração de valor).[37]

Em relação ao âmbito da "transparência", o objetivo é assegurar maior lisura e troca de informações nas relações entre as diversas jurisdições, assim como entre as administrações fazendárias e contribuintes[38]. Nesse cenário se enquadram as *Actions* 11 (avaliação e monitoramento do Projeto BEPS), 12 (regras mandatórias de revelação de planejamentos fiscais abusivos), 13 (documentação relativa a preços de transferência) e 14 (mecanismos eficazes de resolução de conflitos).[39]

Por fim, a *Action* 15 (instrumento multilateral), cujo escopo é analisar temas de direito tributário e direito internacional público que tenham relação com os acordos multilaterais que permitam a implementação das medidas desenvolvidas pelos trabalhos do BEPS e de ajustes das cláusulas pertinentes.[40]

A OCDE traçou recomendações específicas, conforme artigo publicado no sítio Conjur, do autor e consultor tributário Gustavo Brigagão[41]:

(i) Combate ao abuso de tratados: ampliação do combate ao *treaty shopping*, isto é, planejamentos em que contribuintes se utilizam

[35] Op. Cit. 31
[36] Idem. Cit. 29
[37] Idem. Cit. 29
[38] Idem. Op. Cit. 29
[39] Idem. Op. Cit. 29.
[40] Idem. Op. Cit. 29.
[41] Idem. Op. Cit. 31.

de estruturas artificiais para se aproveitar de benefícios previstos em tratados, seguindo-se as práticas recomendadas por meio do relatório *Preventing the Granting of Treaty Benefits in Inappropriate Circumstances* (OCDE, 2015);

(ii) Exceções ao conceito de estabelecimento permanente (artigos 5, parágrafo 4º, alíneas "a" a "f" da Convenção Modelo da OCDE): entre outras medidas, sugeriu-se a alteração da redação atual, de modo a assegurar que essas exceções digam respeito apenas a atividades de natureza **materialmente** preparatória ou auxiliar; esse tema é tratado em maiores detalhes no *action plan* 7;

(iii) Regras "antifragmentação": introdução de nova regra "antifragmentação", para assegurar que a repartição de atividades entre partes vinculadas não leve ao aproveitamento abusivo das exceções ao conceito de estabelecimento permanente;

(iv) Neutralização de arranjos híbridos: eliminação das discrepâncias entre normas de Direito Tributário Internacional que permitem que contribuintes se aproveitem de descasamentos existentes entre as legislações internas dos países para, por exemplo, maximizar deduções fiscais; as recomendações práticas para tanto constam do *action plan* 2;

(v) Limitação à dedutibilidade de despesas financeiras: outro instrumento comumente utilizado em planejamentos internacionais é a contratação de empréstimos *intercompany*, gerando despesas financeiras elevadas que podem erodir a base tributável em determinado país; esse tema é objeto do *action plan* 4;

(vi) Combate às práticas tributárias nocivas: a OCDE recomenda a adoção de medidas mais eficazes no combate às práticas tributárias nocivas entre países, especialmente nas atividades com intangíveis; essa matéria é tratada no *action plan* 5;

(vii) Preços de transferência e criação de valor: alteração das normas de preços de transferência com o objetivo de permitir que a tributação da renda ocorra nas jurisdições em que há efetiva geração de valor, na forma dos *action plans* 8 a 10.

Para fins de se capturar a localidade tributável, o Brasil apresentou Projeto de Lei nº 218/2020 do Deputado Danilo Forte, com o objetivo de instituir a Contribuição Social sobre Serviços Digitais (CSSD), que incidiria sobre a receita bruta de serviços digitais de tecnologia prestados pelas grandes empresas de tecnologia[42].

É tido como fato gerador da CSSD o auferimento de receita bruta no Brasil sobre: (i) a exibição de publicidade em plataforma digital para usuários localizados no Brasil; (ii) a disponibilização de uma plataforma digital que permita interação entre usuários com intuito de vender mercadorias ou serviços, desde que pelo menos um deles esteja localizado no Brasil; (iii) a transmissão de dados usuários localizados no Brasil.

Nota-se que o local definido para incidência da referida Contribuição é o acesso de usuários localizados no Brasil e em dispositivo localizado fisicamente no Brasil, conforme descrito no parágrafo único do artigo 2º.

Uma das justificativas do PL é que as grandes empresas digitais possuem formas de negócios as quais possam atuar em um país sem ter a presença física. Nesse sentido, a OCDE, com a instituição do Plano BEPS, traz como primeira linha de ação exatamente o desenvolvimento de opções para resolver as dificuldades impostas pela economia digital, no qual adota abordagem geral, levando em consideração tanto a tributação direita como a indireta.

A Ação 7 do BEPS, que vem complementar a matéria tratada pela Ação 1, propõe uma nova roupagem para a caracterização do EP, para fins de se estabelecer parâmetros da materialidade e competência tributária internacional e evitar a evasão fiscal, já que a presença física se derrete na economia digital.

Diversas mudanças foram sugeridas visando adequar o conceito de estabelecimento permanente previsto no Artigo 5 da CM OCDE para os moldes da nova realidade. Segundo a OCDE, o servidor que hospeda um *website* de uma empresa que opera globalmente, por exemplo, pode passar a ser enquadrado no conceito de estabelecimento permanente – solução essa que gera inúmeras outras discussões, pois tal caracterização possibilitaria a tributação sem lucro, já que o servidor não exerce nenhuma função nas atividades empresariais.

[42] FORTE. Danilo. Projeto de Lei 218/2020. Disponível em: <https://www.camara.leg.br/proposicoesWeb/prop_mostrarintegra;jsessionid=52BB80F4EFA58B2E363E0CFCECBB65D4.proposicoesWebExterno2?codteor=1923750&filename=PLP+218/2020>.

Essas e outras tantas problemáticas no rol da Ação 7 do BEPS vem sendo discutidas pela OCDE, mas ainda sem consenso unânime nas soluções.

3.3. As convenções internacionais e o Artigo 5: o conteúdo semântico de estabelecimento permanente

As Convenções internacionais conferem autonomia negocial aos Estados para disporem sobre a alocação da tributação de determinados rendimentos auferidos por seus residentes, já que mais de uma jurisdição poderia alegar os respectivos elementos de conexão que vinculam e justificam sua competência e poder de tributar, motivo pelo qual a dupla tributação seria possível – embora não desejável.

Dentre as Convenções firmadas por diversos países, destacam-se a Convenção Multilateral (MLI), as CDT's brasileiras – Convenção para se evitar a Dupla Tributação dos lucros empresariais e as Convenções-Modelo da ONU e OCDE.

Há diversos artigos previstos em tais Convenções estabelecendo tratamentos próprios para a alocação da tributação a específicos tipos de rendimentos. Mas, para além desses rendimentos específicos, há uma regra geral em relação aos rendimentos oriundos de operações envolvendo mais de um Estado/jurisdição: a regra da tributação de lucros empresariais pelo Estado de residência (Artigo 7 das Convenções Modelo).

O Artigo 7º (nas Convenções OCDE e ONU) toma por base o princípio tributário da origem (princípio da origem da riqueza), o qual prevê que a jurisdição competente para tributar os lucros de determinada empresa é aquela onde reside a empresa que deu ensejo ao desenvolvimento da atividade, i.e., onde o valor foi gerado. Não havendo que se falar em tributação no Estado onde essa atividade foi consumida ou explorada (Estado da fonte).

O Artigo 5º das Convenções Modelo determina o conteúdo semântico de estabelecimento permanente e afirma a relevância da participação do contribuinte no Estado da fonte. Assim, para a OCDE, a caracterização do estabelecimento permanente é ditada pela presença de quatro elementos: (i) existência de uma empresa; (ii) uma instalação fixa; (iii) a condução de um negócio e (iv) o exercício contínuo da atividade.

O Artigo 5º estipula a tributação dos lucros oriundos da atividade quando se verifique a configuração de um estabelecimento permanente no

Estado de fonte. Na prática, isso é o que ocorre quando uma determinada empresa, desenvolvedora da atividade e da geração de valor, possui uma atuação tão marcante em outro Estado (o mercado consumidor) ao ponto de sofrer proporcional tributação no Estado da fonte – abordagem que claramente precisa ser revista.

Para uma análise pormenorizada dos Artigos 5 e 7 das Convenções Modelo da OCDE e da ONU, bem como seus reflexos e distinções com as políticas brasileiras de negociação de acordos, recomendamos a reverenciada obra de Paulo César Teixeira Duarte Filho[43].

3.4. A regras brasileiras de estabelecimento permanente

Vimos que a questão semântica do "estabelecimento permanente", bem como sua extensão e aplicação na legislação doméstica foi historicamente negligenciada, tendo em vista que o Brasil adota a regra da tributação na fonte – o que se caracteriza como uma espécie de "vanguarda inconsciente". Entretanto, a partir do momento em que o país se constituir como membro OCDE, o que até o presente momento não ocorreu, haverá a expectativa adeque suas normas às recomendações postas. Afinal, é necessário que a caracterização, mesmo que implícita, de um EP se adapte à realidade para a qual não estava inicialmente vocacionada.

Em suas negociações internacionais, o Brasil já vem adotando as Convenções Modelo nas questões atinentes ao EP, embora o debate, na ótica estritamente brasileira, ainda esteja sendo tratada à margem do padrão da OCDE, vez que a caracterização do instituto não é tão urgente como para o resto do mundo, em razão de termos em nosso ordenamento regras específicas de tributação na fonte.

A propósito, a caracterização do contribuinte do Imposto de Renda (IRPJ) conforma-se segundo os ditames apresentados pelo artigo 159 do RIR/2018, cuja redação autoriza a tributação de não-residentes, i.e., das PJs domiciliadas no exterior: (i) que possuam filial, sucursal, agência ou representação no Brasil e (ii) quando seus "mandatários ou comissários" no Brasil tenham resultados rentáveis em operações realizadas em favor dos comitentes estrangeiros.

Entretanto, a legislação doméstica carece de regras claras e específicas sobre a questão tributação de um estabelecimento permanente. Nossas

[43] DUARTE FILHO, Paulo César Teixeira. *Double Tax Treaties Policies of Brazil – The Brazilian Model Tax Convention*. Rio de Janeiro: Lumen Juris, 2018.

regras se reduzem a normatizar a questão da tributação de lucros auferidos no Brasil, por empresas não-residentes.

Por outro lado, temos previsão em tratados para evitar a dupla tributação, dos quais o Brasil é signatário. As Convenções brasileiras (CDTs) que tratam do assunto de estabelecimento permanente possuem similar definição às Convenções Modelo OCDE-ONU.

Mas à margem de qualquer conceituação, pode-se afirmar que o estabelecimento permanente nada mais é do que um conceito de direito tributário internacional que delimita o poder de tributar dos diversos países.

Assim, seria possível vislumbrarmos três prováveis cenários em que pode haver tributação no Brasil, em relação aos estabelecimentos permanentes: (a) quando houver uma presença física formal de empresas estrangeiras no Brasil, no formato escritório, filial ou outras instalações fixas, devidamente registradas e autorizadas por Decreto Presidencial; (b) quando houver atividades empresariais realizadas no Brasil por intermédio de representantes, agentes, comissários, mandatários em território brasileiro, imbuídos dos poderes para celebração de contratos em nome da empresa; (c) quando a empresa se estabelece fisicamente, com estrutura e funcionários, porém sem o registro competente.

Ocorre que as próprias autoridades fiscais brasileiras enfrentam dificuldade em identificar a existência de um EP, o que reflete direta ou indiretamente na ausência de precedentes administrativos e judiciais sobre o tema. Entretanto, podemos citar os seguintes julgados do CARF (Conselho Administrativo de Recursos Fiscais): n. 16682.721312/2013-91 e n. 10980.729160/2012-43.

3.5. Pilares I e II: recentes propostas da OCDE

Há de ressaltar que, paralelamente aos trabalhos lastreados na Ação 1 do BEPS, a OCDE desenvolveu mais recentemente duas novas propostas para endereçar a questão da alocação do poder de tributar os lucros gerados pela economia digital: o Pilar I (ampliação do conceito de estabelecimento permanente e, de outro lado, o desenvolvimento do *unified approach*[44] para

[44] OCDE. *Secretariat Proposal for a "Unified Approach" under Pillar One.* 9 October 2019 - 12 November 2019. Disponível em <https://www.oecd.org/tax/beps/public-consultation- document-secretariat-proposal-unified-approach-pillar-one.pdf> Acesso em 10.08.2020; OCDE.

se repartir o lucro global) e o Pilar II (GLoBE – regras mais sofisticadas de tributação e repartição do lucro das multinacionais que atuam na economia digital em diversas jurisdições) do BEPS.

Especificamente quanto ao Pilar 1, propõe-se a expansão de nexo tributário e consequente alocação adicional de renda tributável para jurisdições de mercado consumidor, i.e., onde localizados os usuários de serviços e produtos digitais (atividade econômica remota). Tal proposta é aplicável, inclusive, às atividades econômicas de interação com o consumidor (CFB – *Consumer Facing Businesses*) e aos serviços digitais automatizados (ADS – *Automated Digital Services*).

Os Blueprints que foram veiculados são uma resposta da OCDE à percepção de que suas recomendações originais foram insuficientes para enfrentar os desafios tributários nos mercados digitais.

Perceba-se, portanto, que as concepções clássicas de estabelecimento permanente e de nexo tributário físico, apesar de cegas à nova conjuntura, retornam constantemente aos atuais debates em nível internacional, já que se apresentam como coadjuvantes na economia digital, na medida em que as empresas que operam na nova dinâmica econômica global possuem presença econômica em determinada jurisdição sem qualquer presença física.

4. Experiências internacionais unilaterais: soluções temporárias

Enquanto as jurisdições aguardam uma solução global para a problemática da tributação internacional da renda e lucro, e o consequente tratamento sobre o estabelecimento permanente, a experiência internacional de alguns países mostra que, mesmo que ocupantes de diferentes posições no âmbito da economia global (país de fonte ou país de residência), determinadas jurisdições têm adotado medidas similares, conforme revelado pela OCDE, dentre as quais podem ser destacadas: (i) criação de regimes tributários específicos para as grandes multinacionais, como é o caso da criação de tributos sobre serviços digitais (*digital service tax –DST*) e taxas

Statement by the OECD/G20 Inclusive Framework on BEPS on the Two-Pillar Approach to Address the Tax Challenges Arising from the Digitalisation of the Economy. As approved by the OECD/G20 Inclusive Framework on BEPS on 29-30 January 2020. Disponível em <https://www.oecd.org/tax/ beps/statement-by-the-oecd-g20-inclusive-framework-on-beps-january-2020.pdf> Acesso em 09.09.2020.

de equalização (*equalization levy*); (ii) introdução do novo elemento de conexão "presença digital significativa", como forma de ampliação da regra do nexo; (iii) extensão do alcance na configuração de um estabelecimento permanente, com a criação de um "estabelecimento permanente virtual – *EP virtual*" e (iv) instituição de um imposto de renda retido na fonte sobre as transações digitais em face de empresas não-residentes.

Guardadas as devidas proporções, esses foram os modelos encontrados na Índia, Israel, União Europeia e Arábia Saudita, sendo a tributação sobre serviços digitais igualmente presentes na Itália e Espanha. Ademais, em decorrência dos países da Europa tornarem-se importadores de capitais, verdadeiros Estados da fonte, a União Europeia buscou a criação de um EP Virtual por meio de sua caracterização fictícia e de uma também fictícia independência face à alocação de lucros. Por outro lado, na experiência norte-americana, a Suprema Corte[45] definiu que o nexo é estabelecido quando o contribuinte se beneficia do "privilégio substancial de exercer suas atividades em outra jurisdição".

Entretanto, para que haja a introdução do conceito de presença digital significativa, se faz necessária a alteração na Convenção Modelo OCDE, embora o BEPS afirme, na Ação 1, que a presença econômica significativa pode capturar qualquer negócio com uma plataforma digital ou automatizada que tenha uma interação relevante com a economia local. Nas palavras de Allison Christians:[46]

> Vários fatores podem ser utilizados para determinar a relevância dessa interação, como: o valor das receitas geradas por meio de uma plataforma digital; o nível de interação sustentada do usuário local; o uso de marketing e promoção local; a integração de formas locais de pagamento em plataformas de compra (ou seja, preços refletindo a moeda local); o número de usuários ativos mensais que visitam a plataforma digital; e a quantidade de dados digitais coletados pela empresa. Os setores que provavelmente estão sujeitos a

[45] South Dakota v Wayfair, 138 S. Ct. 2080 (2018) (finding that physical presence is not necessary to create a substantial nexus). See also AVI-YONAH, R. S. The international implications of Wayfair. Tax Notes Intl 161, 2018; MASON, R. Implications of Wayfair. Intertax v. 46, n. 10, p. 810, 2018; HELLERSTEIN, W.; OWENS, J.; and DIMITROPOULOU, C. Digital taxation lessons from Wayfair and the U.S. States' responses. Tax Notes Intl 241, 2019.

[46] CHRISTIANS, Allison. *International Tax in the Digitalized Economy Era*. In: Revista ANAIS. VIII Congresso Brasileiro de Direito Tributário Internacional, 2020. (Tradução livre).

uma presença econômica significativa incluem aqueles que fornecem serviços de streaming, mecanismos de pesquisa, serviços de transporte e serviços de acomodação que operam em uma plataforma digital.

O objetivo de adotar uma regra de presença econômica significativa é atrair recursos de empresas não-residentes (estrangeiras) para a rede de tributação nacional, em razão do então famigerado efeito da economia global, que privilegia o Estado de residência e países desenvolvidos.

Indiscutível que há necessidade de se revisitar as regras de nexo, mas igualmente claro que não se pode esperar consenso entre os países para adoção de um regime universal de tributação da renda e repartição das bases tributárias.

É nesse sentido que a OCDE trouxe solução temporária para que os Estados de fonte pudessem receber parcela da arrecadação gerada pela atividade empresarial operada em seu território e, assim poder exercer sua competência constitucional de tributar: a possibilidade de reterem uma parcela proporcional da base tributária, mediante a adoção da "presença econômica significativa", ou mesmo a adoção de tributação na fonte.

O Brasil, dentre outros países emergentes, que já adotava o regime de tributação na fonte, ampliou seu escopo para abranger diversos recursos e serviços prestados por não-residentes (IN RFB 1455/2014), por meio da ampliação dos conceitos de "*royalties*" e "serviços técnicos".

5. Novos rumos da tributação na economia digital: efeitos da pandemia da Covid-19

Com a turbulência econômica decorrente da crise da pandemia Covid-19, é improvável que a OCDE chegue a um consenso até o final do presente ano (2020). Isso porque as consequências da pandemia foram muito além das expectativas, e estão longe de terminar.

Em relação aos efeitos imediatos nas relações tributárias internacionais, cita-se, em breves linhas: (i) o favorecimento à tendência de revisitar as regras de nexo atreladas às operações e atividades empresariais no ambiente de economia digital (EP, residência fiscal, alocação justa de lucros etc), (ii) o desaparecimento de EP e surgimento de novos EPs, e (iii) a criação de novas consequências e canalização das já existentes, do ponto de vista da tributação internacional na economia digital.

Evidencia-se, assim, que os trabalhos até então realizados pelas Organizações deverão ser revisitados e (re) analisados sob a ótica dos efeitos pandêmicos frente ao sistema tributário internacional. Apesar disso, a OCDE se adiantou e rapidamente avaliou os impactos da pandemia, a partir do ponto de vista da Convenção Modelo OCDE e seus "Comentários", no relatório publicado em abril de 2020, "*Analysis of Tax Treaties and the Impact of the Covid-19 Crisis*"[47], documento que trouxe muitas respostas relevantes para a economia digital.

Entretanto, diversas perguntas seguem ainda sem respostas e passíveis de debates entre Organismos internacionais, OCDE, setores da economia, agentes políticos e fiscais. Nesse sentido, destaca-se, resumidamente, a interessante abordagem relatada pela autora Joanna Wheeler[48], para quem as antigas e as novas incógnitas são colocadas em relevo: 1. **Mudanças repentinas na lucratividade**: Haverá tributação sobre lucros excedentes? E o efeito sufocante da tributação, que é capaz de exaurir a geração de riquezas e impedir a liberdade de empreender? Será que o limite do poder de tributar somente deve ser arguido em casos de confisco?; 2. **Novos modelos de negócios**: A pandemia vai alterar a estrutura da ordem tributária na economia digital? E como lidar com as disparidades estruturais de cada país – desenvolvido *vs* em desenvolvimento?; 3. **Gastos públicos com suportes governamentais**: Quem irá pagar a conta? Os milionários, por meio da tributação de grandes fortunas? Ou haverá a elevação geral de carga tributária, sem distinções de capacidade contributiva?; 4. **Trabalho remoto**: Para onde vai a regra do nexo? A residência pessoal pode ser considerada com um EP? Como tratar a difusão geográfica das atividades empresariais ao redor do globo? Deveríamos adotar um sistema tributário internacional, baseado na territorialidade? Ou uma *worlwide taxation*?; 5. **Debates agudos e sensíveis**: Dicotomia da perda de arrecadação *vs* perda de receita. Como fica a solidariedade internacional? A crise econômica vai aumentar a busca por novos mecanismos de economizar tributos? Seria um imposto sobre serviços digitais a resposta mais adequada para enfrentar os desafios da economia digital?

[47] OECD. *Analysis of Tax Treaties and the Impact of the Covid-19 Crisis*. Disponível em <http://www.oecd.org/coronavirus/policy-responses/oecd-secretariat-analysis-of-tax-treaties-and-the-impact-of-the-covid-19-crisis-947dcb01/ > Acesso em 10.09.2020

[48] WHEELER, Joanna. Congresso Internacional de Direito Tributário. IBDT. 2020. (Tradução livre)

Apesar da pandemia representar um cenário circunstancial e temporário, os entendimentos conclusivos, postos pela OCDE no relatório, são passíveis de severas críticas.

Conclusões

A pulverização de novos modelos de negócios e das atividades operadas em diversos países se debruça sobre a tributação internacional da renda, lucro e consumo, levando à descaracterização dos tradicionais elementos normativos, jurídicos e semânticos, porquanto incapazes de perseguir os novos formatos advindos pela tecnologia e economia digital.

A economia digital permite que as empresas operem remotamente, levando vantagem de seus mercados sem sua presença física e, portanto, sem presença tributável suficiente. Esse é um dos maiores problemas enfrentados na atualidade: a inexistência de um definitivo elemento de conexão, capaz de vincular as regras tributárias às jurisdições onde os negócios operam.

Diante da erosão das bases tributáveis, da *double non-taxation*, dos planejamentos tributários abusivos, da evasão fiscal, da alocação artificial de lucros em países com nenhuma ou baixa tributação, bem como da dupla tributação, dentre outros efeitos, diversas nações empregam esforços na (re) formulação dos regimes tributários, esperando que o Sistema Internacional Tributário ajude a resolver tais problemas, de forma mais estruturada e universal.

Decisões que precisam ser tomadas diante das dicotomias "segurança jurídica *vs* adequação", "estabilidade *vs* adaptabilidade", bem como a realização de pontuais ajustes e reformas fundamentais, fazem do ambiente de negócios um campo altamente instável, cuja tendência é se agravar diante dos efeitos negativos da pandemia da Covid-19.

Entretanto, a falta de consenso, de adesão multilateral para a solução desses problemas é latente. Isso decorre naturalmente dos seguintes fatores: (i) mudanças geopolíticas, ascensão das economias emergentes, disputas entre os entes políticos na repartição mais justa de receitas, (ii) políticas tributárias opostas, (iii) estruturas econômicas distintas, (iv) diminuição de receita tributária para determinados países, (v) aumento da carga tributária para as empresas digitais e (vi) a necessidade de unanimidade de consenso entre os Estados-membros da União Europeia.

Afinal, "quem é o titular da competência impositiva, para exigir os tributos inerentes a determinado tipo de atividade?" Diante desse impasse institucional, cada jurisdição passa a adotar medidas unilaterais para perseguir a renda decorrente dos negócios digitalizados e transfronteiriços, e cuja ausência de alinhamento estimula um ambiente de alta complexidade, de aumento com os custos de *compliance* empresarial, fomento de guerra fiscal, robusta insegurança jurídica global, entre outros efeitos perversos, naturais de um ambiente desorganizado.

Não há dúvidas de que a reforma do sistema tributário internacional é urgente. A modificação das regras de nexo tributário para as atividades econômicas remotas e a alocação da competência tributária no contexto da economia digital é algo tangível, mas exigirá um grande esforço multilateral dos países para o seu desenho e futura implementação. Entretanto, esperar um consenso uniforme entre os países é a utopia que precisamos ver concretizar para corrigir as latentes distorções instauradas pela economia digital.

Ainda há muito material para ser objeto de estudo crítico, pelo que a academia e a sociedade devem se debruçar sobre o tema e ter a oportunidade para contribuir com as próximas etapas da discussão.

Referências

ASSEN. Yuri. ROMÃO. Raphael. *Economia digital e Tributação.* Disponível em: <https://www.migalhas.com.br/coluna/matriz-tributaria/279521/economia--digital-e-tributacao>. Acesso em 07.09.2020.

BEPS. *Novos desafios para a tributação internacional.* Disponível em: <https://www.pwc.com.br/pt/eventos-pwc/assets/arquivo/bulletin-beps.pdf >. Acesso em 07.09.2020.

BRASIL, República Federativa do. Receita Federal do Brasil. Solução de Consulta COSIT nº191/2017.

BRASIL, Lei Complementar 116. Disponível em: <http://www.planalto.gov.br/ccivil_03/leis/lcp/lcp116.htm acesso em 01.09.2020>.

BRASIL, Lei Complementar 87. Disponível em: <http://www.planalto.gov.br/ccivil_03/leis/lcp/lcp87.htm acesso 01.09.2020>.

BRIGAGÃO. Gustavo. *O Beps e os desafios da tributação eletrônica internacional.* Conjur. Disponível em: <https://www.conjur.com.br/2017-dez-06/consultor-tributario--beps-desafios-tributacao-eletronica-internacional>. Acesso em 07.09.2020.

CALIENDO, Paulo. *Estabelecimentos Permanentes em Direito Tributário Internacional.* São Paulo: Revista dos Tribunais, 2005.

CORDEIRO, Daniel Vieira de Biasi, GOMES, Edgar Santos, PEPE, Flávia Cavalcanti e GODOY, Gustavo Teixeira. *Estudos de Tributação Internacional.* Vol. 3. Rio de Janeiro: Lumen Juris, 2019.

DIAS. Felipe Wagner de Lima. *Action 1 do BEPS, medidas unilaterais adotadas por países e seus impactos na tributação dos negócios da economia digital.* Disponível em: <https://www.ibdt.org.br/RDTIA/n-7-2020/action-1-do-beps-medidas-unilaterais-adotadas-por-paises-e-seus-impactos-na-tributacao-dos-negocios-da-economia-digital/>.

DUARTE FILHO, Paulo César Teixeira. *Double Tax Treaties Policies of Brazil – The Brazilian Model Tax Convention.* Rio de Janeiro: Lumen Juris, 2018.

FORTE. Danilo. *Projeto de Lei 218/2020.* Disponível em: <https://www.camara.leg.br/proposicoesWeb/prop_mostrarintegra;jsessionid=52BB80F4EFA58B2E363E0CFCECBB65D4.proposicoesWebExterno2?codteor=1923750&filename=PLP+218/2020>

LA GUARDIA, Renata Borges, FRANCO, Ellen Stocco Smole e SANTOS, Ana Luiza Stella. *Imposto de Renda não captura eventos econômicos de IoT.* Disponível em: <https://www.jota.info/paywall?redirect_to=//www.jota.info/opiniao-e-analise/artigos/imposto-de-renda-nao-captura-eventos-economicos-de-iot-09102018>. Acesso em 07.09.2020.

LAWTEACHER. *Permanent Establishment under the OECD Model Tax Convention* [Internet]. Disponível em: <https://www.lawteacher.net/free-law-essays/commercial-law/permanent-establishment-under-the-oecd-law-essays.php1>. Acesso em 01.09.2020.

NETO. Celso de Barros Correia; AFONSO. José Roberto Rodrigues; FUCK. Luciano Felício. *A Tributação na Era Digital e os Desafios do Sistema Tributário no Brasil.* Disponível em: <https://seer.imed.edu.br/index.php/revistadedireito/article/view/3356/2344>. Acesso em 07.09.2020.

OECD (2020), *Tax Challenges Arising from Digitalisation – Report on Pillar One Blueprint: Inclusive Framework on BEPS,* OECD/G20 Base Erosion and Profit Shifting Project, OECD Publishing, Paris, https://doi.org/10.1787/beba0634-en.

OECD (2015), *Addressing the Tax Challenges of the Digital Economy, Action 1 – 2015 Final Report,* OECD/G20 Base Erosion and Profit Shifting Project, OECD Publishing, Paris, https://doi.org/10.1787/9789264241046-en.

OECD (2020), *Cover Statement by the Inclusive Framework on the Reports on the Blueprints of Pillar One and Pillar Two,* OECD/G20 Base Erosion and Profit Shifting Project, OECD Publishing, Paris, http://www.oecd.org/tax/beps/cover-statement-by-the-oecd-g20-inclusive-framework-on-beps-on-the-reports-on-the-blueprints-of-pillar-one-and-pillar-two-october-2020.pdf.

QUEIROGA. Carolina. *O Estabelecimento permanente e a economia digital.* Disponível em: <https://repositorio.ufpe.br/bitstream/123456789/34093/1/Carolina%20 Queiroga%20Nogueira.pdf. Acesso em 01.09.2020.

ROCHA, Sergio André. *Política Fiscal Internacional Brasileira.* Rio de Janeiro: Lumen Juris, 2019. p. 163-201. Disponível em: http://www.sarocha.com.br/pt/publicacoes/.

SAUNDERS, Ana Paula, PEPE, Flávia Cavalcanti e UTUMI, Ana Cláudia Akie (org.). *Estudos de Tributação Internacional.* Edição Especial. Rio de Janeiro: Lumen Juris, 2019.

VITA. Jonathan Barros. *Economia Digital/Disruptiva:(RE)Analisando o conceito de estabelecimento tributário no direito brasileiro e internacional.* Disponível em: <https://www.ibet.com.br/wp-content/uploads/2018/05/Jonathan-Vita.pdf>. Acesso em 27.08.2020.

WALKER, Benjamim. *The evolution of the Agency Permanent Establishment Concept.* UNSW Business School, 2018. Disponível em: <https://www.business.unsw.edu.au/About-Site/Schools-Site/Taxation-Business-Law-Site/Documents/40-Walker-ATTA2018.pdf> Acesso em 01.09.2020.

29.

Reforma Tributária e a Importância da Manutenção dos Benefícios Fiscais: A Extrafiscalidade como um Instrumento para Reduzir as Desigualdades e Promover o Desenvolvimento Sustentável

Tiago Conde Teixeira
Valter Pedroso Vitelli

Introdução

A tributação no Brasil é extremamente complexa e burocrática. De acordo com o relatório *Doing Business 2020*, elaborado pelo Banco Mundial, o Brasil é o país no qual o contribuinte gasta mais tempo para pagar tributos no mundo, totalizando 1.501 horas por ano[1]. Ademais, a pesquisa ressalta que 65,1% do lucro das empresas brasileiras se destina ao pagamento de tributos[2]. Esses fatores reduzem a competitividade das empresas nacionais no mercado internacional e afastam investimentos estrangeiros[3].

Assim, é um consenso que a Reforma Tributária é essencial para o desenvolvimento do país, no entanto, ainda é necessário definir qual

[1] BANCO MUNDIAL. ***Doing Business 2020: Latin America and Caribean.*** 2020, p. 39. Disponível em: < https://www.doingbusiness.org/content/dam/doingBusiness/media/Profiles/Regional/DB2020/LAC.pdf >. Acesso em 17/02/2021.

[2] Ibid., p. 40.

[3] MEDEIROS, Ana Cláudia; SVENSSON, Gustavo. **A Reforma Tributária e o impacto ao direito de acesso à saúde.** Jota. Disponível em: < https://www.jota.info/opiniao-e-analise/artigos/a-reforma-tributaria-e-o-impacto-ao-direito-de-acesso-a-saude-20112020 >. Acesso em 17/02/2021.

será o caminho adotado pelo Brasil. Atualmente, existem dois projetos de emenda constitucional em tramitação no Congresso Nacional: a PEC 45/2019, de autoria do deputado Baleia Rossi, e a PEC 110/2019. Em suma, ambas as propostas possuem o objetivo de reformar e simplificar a tributação de bens e serviços no país[4]. Não se tem certeza se esses projetos irão persistir nas tramitações ou se ainda virão outros para as negociações no Congresso Nacional.

Na PEC 45/2019, propõe-se a substituição dos cinco principais tributos incidentes sobre o consumo – quais sejam, ICMS, IPI, ISS, PIS e Cofins – pelo Imposto Sobre Bens e Serviços (IBS). Esse imposto deve ser instituído por meio de lei complementar federal, que estabelecerá uma alíquota global e uniforme, sendo a parcela da alíquota destinada à União, aos Estados, ao Distrito Federal e aos Munícipios definida por lei ordinária de cada ente federativo[5]. Nessa proposta, fica vedada a concessão autônoma de qualquer isenção, incentivo ou benefício fiscal por parte dos entes políticos[6]. Ademais, a PEC confere à União a competência para criar o Imposto Seletivo (IS), com função predominantemente extrafiscal de desestimular o consumo de determinados bens e serviços[7].

Por sua vez, a PEC 110/2019 também prevê a criação de um IBS, no entanto, esse é mais abrangente do que o previsto pela PEC 45/2019, substituindo os seguintes tributos: ICMS, IPI, ISS, PIS e Cofins, o IOF, a Cide-combustíveis, o Pasep e o salário-educação[8]. A principal diferença entre as referidas propostas, contudo, reside no fato de a PEC 110/2019

[4] GOBETTI, Sérgio Wulff; ORAIR, Rodrigo Octávio. **Reforma Tributária e Federalismo Fiscal: uma análise das propostas de um novo imposto sobre o valor adicionado para o Brasil.** Rio de Janeiro: IPEA, 2019, pp. 10-11.

[5] ARAUJO, José Evande Carvalho; NETO, Celso de Barros Correia; NUNES, Fabiano da Silva; Soares, Murilo Rodrigues. **Nota Técnica: Reforma Tributária – PEC 110/2019, do Senado Federal, e PEC 45/2019, da Câmara dos Deputados.** Consultoria Legislativa, 2019, p. 3. Disponível em: < https://www2.camara.leg.br/atividade-legislativa/estudos-e-notas-tecnicas/publicacoes-da-consultoria-legislativa/fiquePorDentro/temas/sistema-tributario-nacional-jun-2019/ReformaTributria_ComparativoPEC45ePEC110.pdf >. Acesso em 18/02/2021.

[6] GOBETTI, Sérgio Wulff; ORAIR, Rodrigo Octávio. *Op. cit.*, p. 35.

[7] GOMES, Daniel de Paiva; GOMES, Eduardo de Paiva; PISCITELLI, Tathiane. **Quais são os pontos centrais das propostas de reforma tributária?** Consultor Jurídico. Disponível em: < https://www.conjur.com.br/2019-nov-16/opiniao-quais-sao-pontos-centrais-reforma-tributaria >. Publicado em 16/12/2019. Acesso em 18/02/2021.

[8] *Op. cit.*, p. 11.

delegar a competência do IBS aos governos estaduais, cabendo à lei complementar estabelecer uma alíquota padrão e possíveis alíquotas diferenciadas ou benefícios fiscais para bens e serviços específicos, como alimentos; medicamentos; transporte público coletivo; saneamento básico e educação[9]. A PEC ora em análise também prevê a criação do Imposto Seletivo, porém com função eminentemente arrecadatória, que incidiria sobre energia, telecomunicações, veículos e derivados do petróleo e do tabaco[10].

Além das propostas supramencionadas, em julho de 2020, o Poder Executivo apresentou o Projeto de Lei nº 3.887/2020 ao Congresso Nacional, no qual se propõe a criação da Contribuição Social sobre Operações com Bens e Serviços (CBS), em substituição à contribuição ao PIS e da Cofins, com alíquota de 12%. O projeto de reforma tributária do governo é composto de quatro fases, sendo que as três etapas restantes consistem (i) na reforma do IPI, visando a sua simplificação, (ii) na reforma do IRPJ e IRPF, com vistas a reduzir a tributação das empresas e tributar os dividendos distribuídos às pessoas físicas; e (iii) na desoneração da folha de salário, para reduzir o custo do trabalho formal[11].

Todavia, um dos pontos que mais chamou atenção no projeto apresentado pelo governo foi o corte de R$ 28,2 bilhões em benefícios fiscais concedidos a vários setores da economia. Essa medida está alinhada com a intenção da equipe economia do governo federal de reduzir, nos próximos anos, o patamar de gastos tributários de cerca de 4% do PIB para cerca de 2%[12].

Destarte, em que pese as particularidades das propostas mencionadas, é possível identificar um ponto em comum: a redução excessiva dos benefícios fiscais, sem levar em consideração os impactos sociais, econômicos

[9] ARAUJO, José Evande Carvalho; NETO, Celso de Barros Correia; NUNES, Fabiano da Silva; Soares, Murilo Rodrigues. *Op. cit.*, pp. 3-4.

[10] *Op. cit.*, p. 6.

[11] SOUSA, Juliana de. **Reforma tributária: o que contemplo o projeto entregue pelo governo.** Consultor Jurídico. Disponível em: < https://www.conjur.com.br/2020-ago-08/juliana-souza-reforma-tributaria-projeto-governo >. Acesso em 18/02/2021.

[12] MARTELLO, Alexandro. **Reforma tributária: proposta do governo prevê cortar 34% dos benefícios fiscais de PIS e Cofins.** G1. Disponível em: < https://g1.globo.com/economia/noticia/2020/08/11/reforma-tributaria-proposta-do-governo-preve-cortar-34percent-dos-beneficios-fiscais-de-pis-e-cofins.ghtml >. Acesso em 18/02/2021.

e ambientais gerados por essa política pública fiscal. Nesse contexto, o presente estudo examina a relação entre a concessão benefícios fiscais e a promoção dos objetivos e valores estabelecidos pela Constituição Federal, notadamente a redução das desigualdades sociais e regionais e a preservação do meio ambiente.

Para desenvolver esse debate, o trabalho está dividido em três partes. A primeira parte discorre sobre as principais funções desempenhadas pelos tributos no Estado Democrático de Direito. Em seguida, a segunda parte aborda os benefícios fiscais, instrumento utilizado pelo Poder Pública para induzir o comportamento dos agentes privados. Por fim, a terceira parte analisa os impactos socioeconômicos da Zona Franca de Manaus com vistas a avaliar a sua efetividade.

1. Federalismo, fiscalidade e extrafiscalidade: o papel dos tributos no Estado Democrático de Direito

A Constituição Federal de 1988 estabelece que o Estado brasileiro é uma Federação, ou seja, o poder político e dividido entre a União, os Estados, o Distrito Federal e os Municípios[13]. Esse processo de descentralização importa em uma atuação governamental mais eficiente, uma vez que as políticas públicas são executadas de uma maneira mais próxima à realidade do cidadão[14].

Nesse modelo, os Estados-membro são autônomos e independentes entre si e têm as suas competências definidas pela Constituição Federal[15]. Entretanto, para arcar com as despesas decorrentes dessas funções, o Estado necessita de recursos públicos, sendo a tributação a principal fonte de arrecadação[16]. Significa dizer que, para efetivar essa autonomia do

[13] ELALI, André de Souza Dantas. **Tributação e desenvolvimento econômico regional: um exame da tributação como instrumento de regulação econômica na busca da redução das desigualdades regionais.** Dissertação (Mestrado em Direito) – Faculdade de Direito, Universidade de São Paulo, São Paulo, 2006, p. 25.

[14] BEVILACQUA, Lucas; FREITAS, Leonardo Buissa. Atividade financeira do Estado, transferências intergovernamentais e políticas públicas no federalismo fiscal brasileiro. **Revista Fórum de Direito Financeiro e Econômico,** Belo Horizonte, n. 9, 2016, p. 56.

[15] SCAFF, Fernando Facury; ROCHA, Francisco Sérgio Silva. Princípios, elementos e conceito de Estado Federal. In: RAMOS, Dircêo Torrecillas (Coord.). **O federalista atual: teoria do federalismo.** Belo Horizonte: Arraes Editores, pp. 67-83, 2013, p. 69.

[16] PAULSEN, Leandro. **Curso de Direito Tributário.** 8 ed. São Paulo: Saraiva, 2017, p. 25.

poder central, é fundamental que os entes federados possuam autonomia econômico-financeira[17]. Assim, tendo em vista que a principal fonte de arrecadação no Estado Democrático de Direito é a tributação, a Constituição Federal repartiu a competência tributária entre os entes políticos[18].

Noutro plano, com relação à intervenção na economia, o Estado pode explorar diretamente atividades econômicas, por razões de segurança nacional ou de relevante interesse coletivo, ou atuar como agente regulador da atividade econômica, sendo responsável pela sua fiscalização, incentivo e planejamento[19]. Nesse diapasão, Eros Grau leciona que a intervenção do Estado na economia pode ocorrer das seguintes formas: (i) por absorção ou participação; (ii) por direção; ou (iii) por indução.

Na primeira hipótese, o Estado participa de forma direta em determinado setor da atividade econômica, seja em regime de monopólio ou em competição com outras empresas privadas. Noutro plano, na segunda e na terceira hipótese, o Estado regula o exercício das atividades econômicas. No caso da intervenção por direção, o Estado estabelece normas obrigatórias que devem ser observadas pelos agentes econômicos, sob pena da aplicação de sanções em caso de descumprimento. Por sua vez, na intervenção por indução, o Estado visa a incentivar ou inibir determinados comportamentos dos particulares, a fim de alcançar valores e objetivos constitucionalmente contemplados, através da concessão de benefícios ou agravamentos[20].

Evidencia-se, portanto, que a tributação e as políticas fiscais também podem ser utilizadas como espécie de intervenção por indução. Em outras palavras, a fim de alcançar determinados objetivos estabelecidos pela constituição, o Poder Público pode aumentar ou reduzir tributos

[17] BONAT, Alan Luiz; GONÇALVES, Oksandro Osdival. Análise Econômica do Direito, incentivos fiscais e a redução das desigualdades regionais. **Revista Jurídica da Presidência,** v. 20, n. 121, pp. 381-407, jun./set. 2018, p. 385.

[18] BATISTA, Luiz Rogério Sawaya. **Créditos do ICMS na guerra fiscal.** São Paulo: Quartier Latin, 2012, p. 89.

[19] BONAT, Alan Luiz; GONÇALVES, Oksandro Osdival. Análise Econômica do Direito, incentivos fiscais e a redução das desigualdades regionais. **Revista Jurídica da Presidência,** v. 20, n. 121, pp. 381-407, jun./set. 2018, p. 394.

[20] GRAU, Eros Roberto. **A Ordem Econômica na Constituição de 1988.** 17 ed., São Paulo: Malheiros, 2015, pp. 143-144.

para incentivar ou desestimular certas condutas por parte dos agentes privados[21].

Assim, é possível concluir que, em um Estado Democrático de Direito, os tributos podem desempenhar funções fiscais e extrafiscais[22]. Em sua finalidade fiscal, os tributos são utilizados para abastecer os cofres públicos[23], ou seja, arrecadar recursos financeiros para que o Estado possa se manter e desempenhar as atividades que lhe foram atribuídas pela Constituição Federal. Por outro lado, em sua finalidade extrafiscal, os tributos são utilizados como um instrumento de intervenção estatal no meio social e na economia privada[24]. É dizer: através de uma maior oneração ou desoneração tributária, o Estado induz o contribuinte a realizar ou não determinado comportamento[25]. Nessa hipótese, o foco não é a obtenção de receitas para arcar com as despesas públicas, e sim a persecução de objetivos econômicos ou sociais estabelecidos no texto constitucional[26].

Passa-se, portanto, a analisar um dos principais instrumentos utilizados pelo legislador para induzir a conduta dos contribuintes: os benefícios fiscais.

[21] BONAT, Alan Luiz; GONÇALVES, Oksandro Osdival. Análise Econômica do Direito, incentivos fiscais e a redução das desigualdades regionais. **Revista Jurídica da Presidência**, v. 20, n. 121, pp. 381-407, jun./set. 2018, p. 395.

[22] Conforme ensina Leandro Paulsen, na verdade, esses efeitos coexistem, ou seja, ao mesmo tempo em que representam a principal fonte de receita financeira do Estado, os tributos também oneram as operações sobre as quais incidem, influenciando, portanto, as escolhas dos agentes econômicos. Assim, a classificação é realizada de acordo com o seu caráter predominante. É ver: PAULSEN, Leandro. **Curso de Direito Tributário.** 8 ed. São Paulo: Saraiva, 2017, p. 26.

[23] COSTA, Regina Helena. **Curso de Direito Tributário.** 8 ed., São Paulo: Saraiva, 2018, p. 58.

[24] BECKER, Alfredo Augusto. **Teoria geral do direito tributário.** 4. ed. São Paulo: Noeses, 2007, p. 623.

[25] BONAT, Alan Luiz; GONÇALVES, Oksandro Osdival. Análise Econômica do Direito, incentivos fiscais e a redução das desigualdades regionais. Revista Jurídica da Presidência, v. 20, n. 121, pp. 381-407, jun./set. 2018, p. 396.

[26] NABAIS, José Casaçta. **O dever fundamental de pagar impostos.** Coimbra: Almedina, 2009, p. 629.

2. Benefícios fiscais, redução das desigualdades e preservação do meio ambiente

Conforme demonstrado, através das normas tributárias indutoras, o Estado pode estimular ou desestimular determinadas condutas por parte dos agentes econômicos[27]. Com efeito, a concessão de benefícios fiscais é um dos principais instrumentos utilizados pelo legislador para induzir o comportamento dos contribuintes, com vistas a alcançar os objetivos considerados fundamentais em um Estado Democrático de Direito[28].

Ao se manifestar acerca do instituto, o STF entendeu que os incentivos fiscais são normas jurídicas com finalidades extrafiscais de promoção do desenvolvimento econômico e social que excluem total ou parcialmente o crédito tributário[29]. Contudo, há que se ter em mente que esses incentivos também podem ser concedidos por outras formas de favorecimento, que não diminuem diretamente a carga fiscal, mas conferem forma de pagamento mais vantajosa para o contribuinte, como parcelamento do débito, a concessão de prazos mais dilatados ou ainda reduzir ou simplificar as obrigações acessórias que devem ser cumpridas pelo contribuinte[30].

Nesse ponto, ressalta-se que, nos termos do artigo 150, § 6º, da Constituição, qualquer subsídio, isenção, redução de base de cálculo, concessão de crédito presumido, anistia ou remissão, relativos aos impostos, às taxas ou contribuições, só pode ser concedido mediante lei específica, que regule especificamente as referidas matérias ou o tributo correspondente[31]. Ademais, por se tratar de despesas e receitas públicas,

[27] SCHOUERI, Luís Eduardo. **Normas tributárias indutoras e intervenção econômica.** Rio de Janeiro: Forense, 2005, p. 16.

[28] ASSUNÇÃO, Matheus Carneiro. **Incentivos Fiscais e Desenvolvimento Econômico: a função das normas tributárias indutoras em tempos de crise**. Finanças Públicas. XV Prêmio Tesouro Nacional, 2010, p. 22. Disponível em: < https://www.conjur.com.br/dl/premio-concedido-secretaria-tesouro.pdf >. Acesso em 18/02/2021.

[29] STF. RE nº 577.348, Relator: Ministro Ricardo Lewandowski, Plenário, julgado em 13/08/2009.

[30] ASSUNÇÃO, Matheus Carneiro. *Op. cit.*, p. 20.

[31] GRADVOHL, Michel André Bezerra Lima; SILVEIRA, Rodrigo Frota da. Benefícios fiscais e gastos tributários no ICMS, espécies e método de mensuração. **Revista Controle,** v. 19, n. 1, pp. 82-124, jan./jul. 2021, p. 85.

os incentivos devem estar previstos na lei orçamentária, conforme previsto no artigo 165, § 6º da CF[32].

Em suma, os incentivos fiscais são instrumentos de desoneração tributária, aprovados pelo ente político competente para instituir o tributo, por meio de lei específica, com vistas a alcançar os objetivos constitucionalmente estabelecidos[33]. Nesse sentido, a Constituição Federal de 1988 estabelece, em seu artigo 3º, objetivos fundamentais que devem ser perseguidos pela República Federativa do Brasil por meio de políticas públicas, dentre eles o desenvolvimento nacional e a redução das desigualdades sociais e regionais[34]. Assim, o legislador pode conceder incentivo fiscal a uma região mais carente do país com a finalidade de atrair investimentos privados e criar um polo industrial, acarretando a geração de empregos, maior circulação de renda, aumento do PIB, bem como a melhora da infraestrutura da região e da qualidade de vida dos seus habitantes.

No mesmo diapasão, o texto constitucional consagrou o princípio do desenvolvimento sustentável, segundo o qual o desenvolvimento econômico deve estar em harmonia com a proteção ambiental. O referido princípio encontra respaldo no artigo 225 da Constituição, no qual se atribui ao Poder Público e à coletividade o dever de defender o meio ambiente ecologicamente equilibrado para as gerações presentes e futuras[35]. Evidencia-se, portanto, que os benefícios fiscais também podem desempenhar um papel fundamental na proteção do meio ambiente.

A título de exemplo, o Poder Público pode conceder benefícios fiscais como uma forma de estimular os setores produtivos a desenvolverem

[32] **CF/1988:**
Art. 165. Leis de iniciativa do Poder Executivo estabelecerão:
§ 6º O projeto de lei orçamentária será acompanhado de demonstrativo regionalizado do efeito, sobre as receitas e despesas, decorrente de isenções, anistias, remissões, subsídios e benefícios de natureza financeira, tributária e creditícia.

[33] CATÃO, Marcos André Vinhais. **Regime jurídico dos incentivos fiscais.** Rio de Janeiro: Renovar, 2004, p. 13.

[34] SANTOS, Vanessa Oliveira dos. A extrafiscalidade como instrumento de redução de desigualdades regionais. **Revista de Direito Tributário Contemporâneo,** v. 23, pp. 165-182, mar./abr. 2020, p. 168.

[35] FIORILLO, Celso Antonio Pacheco. O princípio do desenvolvimento sustentável no direito ambiental brasileiro. In: CANOTILHO, J. J. Gomes; MENDES, Gilmar F.; SARLET, Ingo W.; STRECK, Lênio L. (coords.). Comentários à Constituição do Brasil. São Paulo: Saraiva, 2013, p. 1.813.

tecnologias que aliem o desenvolvimento econômico com a proteção do meio ambiente[36]. Segundo Cleucio Nunes, a adoção desses incentivos seria inclusive mais eficiente do que a majoração de tributos, uma vez que estimula o empresário a desenvolver e adquirir novas técnicas de preservação ambiental. Assim, o autor menciona que os impostos de importação e exportação poderiam ser utilizados como instrumento da política ambiental tributária, por meio da redução da carga fiscal na importação ou exportação de produtos destinados à limpeza do meio ambiente. O mesmo poderia ser feito com o IPVA, concedendo incentivos na base de cálculo ou alíquota do imposto para automóveis que utilizarem combustíveis menos poluentes[37].

Feitas essas considerações acerca dos benefícios fiscais, cabe agora avaliar os principais impactos sociais, econômicos e ambientais de um dos casos de incentivos fiscais mais emblemáticos do nosso país: a criação da Zona Franca de Manaus.

3. O caso da Zona Franca de Manaus: uma análise dos impactos socioeconômicos e ambientais

A Zona Franca de Manaus (ZFM), criada pelo Decreto-Lei nº 288/1967, é uma área de livre comércio de importação e exportação e de incentivos fiscais especiais, estabelecida com o objetivo de ocupar o território do Amazonas, bem como criar um centro industrial, comercial e agropecuário, de modo a possibilitar o desenvolvimento da região[38].

Conforme entendimento proferido pelo STF no julgamento da ADI nº 2.348-MC/DF, o artigo 40 do ADCT[39] conferiu status constitucional

[36] MURARO, Leonardo. Benefícios Fiscais: natureza, características e sua aplicação na busca do desenvolvimento sustentável. **Revista Tributária e de Finanças Públicas,** v. 68, pp. 259-269, maio/jun. 2006, p. 262.

[37] NUNES, Cleucio Santos. **Direito tributário e Meio Ambiente.** São Paulo: Dialética, 2005, p. 163.

[38] HOLLAND, Márcio et al. **Zona Franca de Manaus: Impactos, Efetividade e Oportunidades.** FGV, 2019, p. 13. Disponível em: < https://eesp.fgv.br/sites/eesp.fgv.br/files/estudos_fgv_zonafranca_manaus_abril_2019v2.pdf >. Acesso em 18/02/2021.

[39] **CF/1988:**

Art. 40. É mantida a Zona Franca de Manaus, com suas características de área livre de comércio, de exportação e importação, e de incentivos fiscais, pelo prazo de vinte e cinco anos, a partir da promulgação da Constituição.

à Zona Franca de Manaus, de modo que não é possível revogar a sua área de livre comércio com os seus incentivos fiscais por lei infraconstitucional. Posteriormente, foi promulgada a EC nº 83/2014, que prorrogou os incentivos fiscais da ZFM até o ano de 2073.

O desenvolvimento do Polo Industrial de Manaus passou por diferentes fases. Na primeira fase, com início em 1967 e fim em 1975, as indústrias de montagem predominaram, sendo aprovados 138 projetos pela SUFRAMA, que criaram 26,4 mil empregos diretos. A segunda fase, de 1975 a 1991, foi marcada pela substituição das importações, sendo a nacionalização dos insumos a contrapartida pelos incentivos fiscais. De se destacar que, em 1990, o número de empregos diretos no PIM era de 77 mil. Finalmente, em 1996, com a Política Nacional de Informática e de Inclusão Digital, o PIM se consolidou como espaço de polarização de segmentos industriais de alta tecnologia.

No entanto, a despeito dos resultados acima mencionados, o modelo da Zona Franca de Manaus sofre muitas críticas desde a sua implementação. Nesse sentido, em relatório do Banco Mundial do ano de 2017, no qual se avaliava o ajuste fiscal que o Brasil deveria implementar, alegou-se que as isenções tributárias fornecidas à ZFM seriam ineficazes e deveriam, pelo menos, ser reformuladas.

Nesse contexto, um grupo de pesquisadores da Faculdade Getúlio Vargas (FGV/SP) realizou um estudo para avaliar os impactos socioeconômicos e ambientais do programa Zona Franca de Manaus, bem como a sua efetividade. Vejamos, portanto, os principais dados apresentados na pesquisa.

No relatório intitulado "Perfil da Indústria nos Estados", elaborado pela Confederação Nacional da Indústria (CNI) no ano de 2014, apurou-se que o Estado do Amazonas possuía, à época, o segundo maior PIB industrial da região norte. Ademais, constatou-se que a sua indústria representava 34,8% da economia do Estado, empregando 180 mil trabalhadores e pagando o quarto maior salário industrial médio do Brasil[40].

Conforme o boletim "Indicadores de Desempenho do Polo Industrial de Manaus", divulgado pela SUFRAMA em setembro de 2018, o PIM emprega diretamente 87 mil trabalhadores distribuídos em 496 projetos industriais aprovados. O mesmo boletim reporta que, ao fim de 2017, o PIM faturou R$ 82 bilhões, sendo os setores dos bens de informática,

[40] HOLLAND, Márcio et al. *Op. cit.*, p. 15.

eletrodomésticos, duas rodas e químico responsáveis por 75% do faturamento do polo[41].

De acordo com pesquisa do IBGE, houve também um crescimento expressivo no PIB per capita do estado do Amazonas. A título de comparação, no ano de 1970, pouco depois de ser inaugurada a ZFM, a renda per capita de São Paulo (R$ 17,4 mil) era 7 vezes maior que a do Amazonas (R$ 2,4 mil). Já no ano de 2010, a renda per capita de São Paulo (R$ 30 mil) era apenas 1.8 vezes maior que a do Amazonas (R$ 17 mil). Além disso, a pesquisa também aponta que, entre 1970 e 2010, a participação do Amazonas no PIB nacional aumentou de 0,3% para 1,6%[42].

Esses avanços também se refletem no âmbito social. Segundo dados do IBGE, a média de anos de escolaridade do trabalhador da indústria do Amazonas aumentou de 7,2 anos em 2010 para 10 anos em 2015, média muito similar à verificada no Estado de São Paulo, que é de 10,26 anos. Outrossim, nota-se a melhora na qualidade do ensino, haja vista que, conforme o Índice de Desenvolvimento de Educação Básica (IDEB) do ano de 2017, os resultados dos anos iniciais do Ensino Fundamental (1º ao 5º ano) da rede pública de Manaus estão acima da média nacional[43]. A ZFM ainda contribuiu para a melhoria de infraestrutura e condições de moradia da população. Nos termos do PNAD, no ano de 1981, cerca de 70% dos domicílios tinham acesso à água, sendo essa porcentagem aumentada para 90% no ano de 2015[44].

Importante ressaltar que esses impactos não se limitam ao plano econômico e social. Explica-se: em estudo desenvolvido por pesquisadores da Universidade Federal do Amazonas, Universidade Federal do Pará, do Instituto Piatim e do IPEA, confirmou-se que o Polo Industrial de Manaus é imprescindível para a preservação da cobertura verde da Amazônia. De acordo com os dados da referida pesquisa, entre os anos de 2000 a 2006, o PIM atenuou o desmatamento no Amazonas em 70% em relação ao que poderia ter ocorrido com a ausência do polo[45].

[41] Ibid., pp. 15-16.

[42] Ibid., pp. 17-18.

[43] Ibid., p. 30.

[44] Ibid., p. 37.

[45] MACHADO, José Alberto da; MOTA, José Aroudo; RIVAS, Alexandre. **Impacto virtuoso do Pólo Industrial de Manaus sobre a proteção da floresta amazônica: discurso ou fato?** Manaus: Instituto I-Piatam, 2009, p. 20.

Após a análise dos dados supramencionados, os pesquisadores da FGV/SP concluíram que o programa de incentivos fiscais voltados para o Polo Industrial da Zona Franca de Manaus tem tido êxito[46]. Conclui-se, portanto, que a experiência da ZFM é um caso paradigmático da importância dos benefícios fiscais para promover a redução das desigualdades sociais e regionais, um dos objetivos fundamentais da República esculpidos no artigo 3º da Constituição Federal.

4. Conclusões

A tributação desempenha um papel fundamental no Estado Democrático de Direito. Isso porque, além de representarem a principal fonte de arrecadação do Estado, os tributos também são utilizados para regular a economia. É dizer: por meio da desoneração ou aumento da carga tributária, o Poder Público pode induzir o comportamento dos agentes econômicos a fim de alcançar os objetivos e valores estabelecidos pela Constituição, como o desenvolvimento nacional, a redução da desigualdade social e regional, a promoção da dignidade da pessoa humana e a preservação do meio ambiente.

É nesse contexto que se inserem os benefícios fiscais, instrumento fundamental da política pública do Brasil, país com dimensões continentais e fortemente marcado pela desigualdade. A Zona Franca de Manaus é um exemplo de êxito do referido instituto, com melhoras expressivas nas searas econômicas, sociais e ambientais.

É evidente que o Brasil necessita de uma reforma tributária, tendo em vista a complexidade, burocracia e onerosidade do sistema tributário atual. Todavia, essa reforma não pode ocorrer às custas de um instituto tão relevante como os benefícios fiscais, como se verifica nas propostas que tramitam no Congresso Nacional.

Referências

ARAUJO, José Evande Carvalho; NETO, Celso de Barros Correia; NUNES, Fabiano da Silva; Soares, Murilo Rodrigues. **Nota Técnica: Reforma Tributária – PEC 110/2019, do Senado Federal, e PEC 45/2019, da Câmara dos Deputados.** Consultoria Legislativa, 2019. Disponível em: < https://www2.camara.leg.br/

[46] HOLLAND, Márcio et al. *Op. cit.*, p. 64.

atividade-legislativa/estudos-e-notas-tecnicas/publicacoes-da-consultoria--legislativa/fiquePorDentro/temas/sistema-tributario-nacional-jun-2019/ReformaTributria_ComparativoPEC45ePEC110.pdf >. Acesso em 18/02/2021.

ASSUNÇÃO, Matheus Carneiro. **Incentivos Fiscais e Desenvolvimento Econômico: a função das normas tributárias indutoras em tempos de crise in Finanças Públicas.** XV Prêmio Tesouro Nacional, 2010. Disponível em: < https://www.conjur.com.br/dl/premio-concedido-secretaria-tesouro.pdf >. Acesso em 18/02/2021.

BANCO MUNDIAL. **Doing Business 2020: Latin America and Caribean.** 2020. Disponível em: < https://www.doingbusiness.org/content/dam/doingBusiness/media/Profiles/Regional/DB2020/LAC.pdf >. Acesso em 17/02/2021.

BATISTA, Luiz Rogério Sawaya. **Créditos do ICMS na guerra fiscal.** São Paulo: Quartier Latin, 2012.

BECKER, Alfredo Augusto. **Teoria geral do direito tributário.** 4. ed. São Paulo: Noeses, 2007.

BERCOVICI, Gilberto. **Direito Econômico do petróleo e dos recursos minerais.** São Paulo: Quartier Latin, 2011.

BERCOVICI, Gilberto. **Constituição econômica e desenvolvimento: uma leitura da Constituição de 1988.** São Paulo: Malheiros, 2005.

BEVILACQUA, Lucas; FREITAS, Leonardo Buissa. Atividade financeira do Estado, transferências intergovernamentais e políticas públicas no federalismo fiscal brasileiro. **Revista Fórum de Direito Financeiro e Econômico,** Belo Horizonte, n. 9, 2016.

BONAT, Alan Luiz; GONÇALVES, Oksandro Osdival. Análise Econômica do Direito, incentivos fiscais e a redução das desigualdades regionais. **Revista Jurídica da Presidência,** v. 20, n. 121, pp. 381-407, jun./set. 2018.

CARVALHO, Paulo de Barros. **Curso de direito tributário.** 14. ed. São Paulo: Saraiva, 2002.

CATÃO, Marcos André Vinhas. **Regime jurídico dos incentivos fiscais.** Rio de Janeiro: Renovar, 2004.

COSTA, Regina Helena. **Curso de Direito Tributário.** 8 ed., São Paulo: Saraiva, 2018.

ELALI, André de Souza Dantas. **Tributação e desenvolvimento econômico regional: um exame da tributação como instrumento de regulação econômica na busca da redução das desigualdades regionais.** Dissertação (Mestrado em Direito) – Faculdade de Direito, Universidade de São Paulo, São Paulo, 2006.

FIORILLO, Celso Antonio Pacheco. O princípio do desenvolvimento sustentável no direito ambiental brasileiro. In: CANOTILHO, J. J. Gomes; MENDES, Gilmar F.; SARLET, Ingo W.; STRECK, Lênio L. (coords.). **Comentários à Constituição do Brasil.** São Paulo: Saraiva, 2013.

GOBETTI, Sérgio Wulff; ORAIR, Rodrigo Octávio. **Reforma Tributária e Federalismo Fiscal: uma análise das propostas de um novo imposto sobre o valor adicionado para o Brasil.** Rio de Janeiro: IPEA, 2019.

GRADVOHL, Michel André Bezerra Lima; SILVEIRA, Rodrigo Frota da. Benefícios fiscais e gastos tributários no ICMS, espécies e método de mensuração. **Revista Controle,** v. 19, n. 1, pp. 82-124, jan./jul. 2021, p. 85.

GOMES, Daniel de Paiva; GOMES, Eduardo de Paiva; PISCITELLI, Tathiane. **Quais são os pontos centrais das propostas de reforma tributária?** Consultor Jurídico. Disponível em: < https://www.conjur.com.br/2019-nov-16/opiniao-quais-sao-pontos-centrais-reforma-tributaria >. Publicado em 16/12/2019. Acesso em 18/02/2021.

GRAU, Eros Roberto. **A Ordem Econômica na Constituição de 1988.** 17 ed., São Paulo: Malheiros, 2015.

GRADVOHL, Michel André Bezerra Lima; SILVEIRA, Rodrigo Frota da. Benefícios fiscais e gastos tributários no ICMS, espécies e método de mensuração. **Revista Controle,** v. 19, n. 1, pp. 82-124, jan./jul. 2021, p. 85.

HOLLAND, Márcio et al. **Zona Franca de Manaus: Impactos, Efetividade e Oportunidades.** FGV, 2019. Disponível em: < https://eesp.fgv.br/sites/eesp.fgv.br/files/estudos_fgv_zonafranca_manaus_abril_2019v2.pdf >. Acesso em 18/02/2021.

MACHADO, José Alberto da; MOTA, José Aroudo; RIVAS, Alexandre. **Impacto virtuoso do Pólo Industrial de Manaus sobre a proteção da floresta amazônica: discurso ou fato?** Manaus: Instituto I-Piatam, 2009.

MEDEIROS, Ana Cláudia; SVENSSON, Gustavo. A Reforma Tributária e o impacto ao direito de acesso à saúde. **Jota**. Disponível em: < https://www.jota.info/opiniao-e-analise/artigos/a-reforma-tributaria-e-o-impacto-ao-direito-de-acesso-a-saude-20112020 >. Acesso em 17/02/2021.

MURARO, Leonardo. Benefícios Fiscais: natureza, características e sua aplicação na busca do desenvolvimento sustentável. **Revista Tributária e de Finanças Públicas,** v. 68, pp. 259-269, maio/jun. 2006.

NABAIS, José Casalta. **O dever fundamental de pagar impostos.** Coimbra: Almedina, 2009.

NETO, Celso de Barros Correia. **O avesso do Tributo: incentivos e renúncias fiscais no direito brasileiro.** Tese (Doutorado em Direito) – Faculdade de Direito, Universidade de São Paulo, São Paulo, 2012.

NUNES, Cleucio Santos. **Direito tributário e Meio Ambiente.** São Paulo: Dialética, 2005.

PAPADOPOL, Marcel Davidman. **A extrafiscalidade e os controles de proporcionalidade e de igualdade.** Tese (Mestrado) – Universidade Federal do Rio Grande do Sul, Porto Alegre, 2009.

PAULSEN, Leandro. **Curso de Direito Tributário.** 8 ed. São Paulo: Saraiva, 2017.

SANTOS, Vanessa Oliveira dos. A extrafiscalidade como instrumento de redução de desigualdades regionais. **Revista de Direito Tributário Contemporâneo,** v. 23, pp. 165-182, mar./abr. 2020.

SCAFF, Fernando Facury. Aspectos financeiros do sistema de organização territorial do Brasil. **Revista Dialética de Direito Tributário,** n. 112, 2005.

SCHOUERI, Luís Eduardo. **Normas tributárias indutoras e intervenção econômica.** Rio de Janeiro: Forense, 2005.

SOUSA, Juliana de. **Reforma tributária: o que contemplo o projeto entregue pelo governo.** Consultor Jurídico. Disponível em: < https://www.conjur.com.br/2020-ago-08/juliana-souza-reforma-tributaria-projeto-governo >. Acesso em 18/02/2021.

SCAFF, Fernando Facury; ROCHA, Francisco Sérgio Silva. Princípios, elementos e conceito de Estado Federal. In: RAMOS, Dircêo Torrecillas (Coord.). **O federalista atual: teoria do federalismo.** Belo Horizonte: Arraes Editores, pp. 67-83, 2013, p. 69.

30. As Multas Punitivas e a Reforma Tributária

Victor Ribeiro Ferreira

Introdução

Reforma tributária sempre foi uma demanda no Brasil e, enquanto a tributação for a forma mais eficiente de financiamento do Estado, sempre haverá insatisfações e proposta de adequações do sistema tributário de modo a deixar todos os agentes econômicos satisfeitos.

Um dos pontos em comum entre os tributaristas quanto à reforma – e mesmo nos casos dos que se opõem à uma reforma ampla – é o prognóstico que um sistema tributário mais simples trará maior desenvolvimento e menos custos para o próprio Estado.

Apesar da intenção em tentar simplificar o sistema tributário brasileiro por meio, muitas vezes, da unificação de tributos, dificilmente se verifica qualquer tentativa impactante de reformar a aplicação das multas tributárias para que atinja uma melhor efetividade no pagamento de tributos atrasados ou intencionalmente não pagos.

Um dos motivos do número elevado de demandas tributárias administrativas e judiciais, são os percentuais das multas tributárias existentes, que confrontam princípios constitucionais que limitam o poder do Estado – e, assim, dão azo às demandas dos contribuintes, incentivando-os ao litígio.

Contudo, a reforma de multas tributárias não é medida simples, pois o artigo 106 do Código Tributário Nacional permite o pedido de anistia das sanções, quando a alteração for mais benéfica ao contribuinte.

Uma oportunidade rara para uma reforma efetiva das multas tributárias deve ser alinhada à mudança de tributo, pois possibilita alterar as penalidades sem que haja pedido de anistia; afinal, trata-se de novo tributo com novo patamar de multas, e não de alteração de multa sobre tributo existente.

Este artigo analisa como é a aplicação das atuais multas tributárias de caráter punitivo e se seria ideal modificar os critérios existentes de forma a tentar aumentar a eficiência na arrecadação e diminuir os custos de transação na obtenção do tributo.

1. O problema atual das multas tributárias punitivas no Brasil

No Brasil, o ordenamento jurídico tributário dispõe de três tipos de multas: moratórias, punitivas por lançamento de ofício e punitivas isoladas, conforme bem definiu o voto do Ministro Roberto Barroso no julgamento do Agravo de Instrumento nº 727.872/RS.

A moratória é aplicada em razão da impontualidade do contribuinte em pagar o tributo. A punitiva de ofício tem como objetivo desestimular o contribuinte a alguma prática ilícita. A isolada advém do descumprimento de uma obrigação acessória.[1]

Conforme ressalta Paulo Roberto Coimbra Silva, a multa punitiva não detém caráter indenizatório, pois sua função não seria compensar dano sofrido pelo erário, tendo como pressuposto, apenas, a infração do cumprimento de norma tributária.[2]

As multas punitivas na legislação federal decorrem da Lei nº 9.430/96, que em seu artigo 44, inciso I, estipula que quando houver lançamento de ofício, a multa será de 75% "sobre a totalidade ou diferença" do tributo, "nos casos de falta de pagamento ou recolhimento, de falta de declaração e nos de declaração inexata", e no inciso II, de 50% sobre o valor do pagamento mensal, nos casos especificados.[3]

[1] STF. *AGRAVO REGIMENTAL NO AGRAVO DE INSTRUMENTO*: AI 727.872 AgR. Ministro Roberto Barroso. DJe-091 15/05/2015. Disponível em: <http://redir.stf.jus.br/paginadorpub/paginador.jsp?docTP=TP&docID=8479282>. Acesso em: 21 jan. 2021.

[2] SILVA, Paulo Roberto Coimbra. Direito Tributário Sancionador. São Paulo: Quartier Latin, 2007. P. 124 e 125.

[3] Art. 44. Nos casos de lançamento de ofício, serão aplicadas as seguintes multas:
I – de 75% (setenta e cinco por cento) sobre a totalidade ou diferença de imposto ou contribuição nos casos de falta de pagamento ou recolhimento, de falta de declaração e nos de declaração inexata;

O percentual de 75% pode ser duplicado, resultando em 150% do valor do tributo devido, quando forem constatadas na autuação a ocorrência de sonegação, fraude ou conluio praticados pelo contribuinte – a chamada multa qualificada.

Esta multa ainda pode chegar até 225% do valor do tributo, caso o contribuinte, que teve a aplicação de multa qualificada, não forneça informações solicitadas pela Receita Federal. Trata-se do agravamento da multa de ofício qualificada. Em uma hipótese mais branda, a multa qualificada pode incidir somente sobre os 75% da multa de ofício (agravamento da multa de ofício), chegando ao equivalente a 112,5% do valor principal do tributo.

Em relação especificamente ao IPI, o Regulamento do Imposto sobre Produtos Industrializados (RIPI/10), em seu artigo 572, traz a

II – de 50% (cinqüenta por cento), exigida isoladamente, sobre o valor do pagamento mensal:
a) na forma do art. 8º da Lei no 7.713, de 22 de dezembro de 1988, que deixar de ser efetuado, ainda que não tenha sido apurado imposto a pagar na declaração de ajuste, no caso de pessoa física;
b) na forma do art. 2o desta Lei, que deixar de ser efetuado, ainda que tenha sido apurado prejuízo fiscal ou base de cálculo negativa para a contribuição social sobre o lucro líquido, no ano-calendário correspondente, no caso de pessoa jurídica.
§ 1º O percentual de multa de que trata o inciso I do caput deste artigo será duplicado nos casos previstos nos arts. 71, 72 e 73 da Lei no 4.502, de 30 de novembro de 1964, independentemente de outras penalidades administrativas ou criminais cabíveis
§ 2º Os percentuais de multa a que se referem o inciso I do caput e o § 1o deste artigo serão aumentados de metade, nos casos de não atendimento pelo sujeito passivo, no prazo marcado, de intimação para:
I – prestar esclarecimentos;
II – apresentar os arquivos ou sistemas de que tratam os arts. 11 a 13 da Lei no 8.218, de 29 de agosto de 1991;
III – apresentar a documentação técnica de que trata o art. 38 desta Lei.
§ 3º Aplicam-se às multas de que trata este artigo as reduções previstas no art. 6º da Lei nº 8.218, de 29 de agosto de 1991, e no art. 60 da Lei nº 8.383, de 30 de dezembro de 1991
§ 4º As disposições deste artigo aplicam-se, inclusive, aos contribuintes que derem causa a ressarcimento indevido de tributo ou contribuição decorrente de qualquer incentivo ou benefício fiscal.
§ 5º Aplica-se também, no caso de que seja comprovadamente constatado dolo ou má-fé do contribuinte, a multa de que trata o inciso I do caput sobre:
I – a parcela do imposto a restituir informado pela contribuinte pessoa física, na Declaração de Ajuste Anual, que deixar de ser restituída por infração à legislação tributária.

possibilidade de aplicação de multa punitiva isolada "igual ao valor da mercadoria ou ao que lhe for atribuído na nota fiscal". Em termos claros, a base de cálculo desta multa isolada não é o valor do tributo devido, mas o valor da mercadoria ou o constante na nota fiscal.[4]

Ocorre que estas sanções, com percentuais que ultrapassam o valor principal do tributo, fazem parte de contextos político-econômicos históricos que não representam a situação atual. A multa de ofício, por exemplo, saiu de uma lógica existente no ano de 1943[5], em que a legislação conferia à autoridade fiscal a discricionaridade para apurar a intenção do contribuinte, sendo que a hipótese legal mais benéfica imputava ao contribuinte uma multa de 10% sobre o valor do tributo principal. A partir de 1996 até os dias atuais, a legislação aplica uma multa mínima e automática de 75% do valor principal, em critério objetivo: havendo lançamento de ofício, aplica-se a multa de ofício.

Marcos Neder atribui a adoção do percentual mínimo de 75% em razão do período de alta inflação que assolou o Brasil nas décadas de 80 e 90, fazendo com que o legislador se socorresse de um percentual alto para compensar as perdas inflacionárias.[6]

[4] Art. 572. Sem prejuízo de outras sanções administrativas ou penais cabíveis, incorrerão na multa igual ao valor comercial da mercadoria ou ao que lhe for atribuído na nota fiscal, respectivamente:
I – os que entregarem a consumo, ou consumirem produto de procedência estrangeira introduzido clandestinamente no País ou importado irregular ou fraudulentamente ou que tenha entrado no estabelecimento, dele saído ou nele permanecido sem que tenha havido registro da declaração de importação no SISCOMEX, salvo se estiver dispensado do registro, ou desacompanhado de Guia de Licitação ou nota fiscal, conforme o caso; e
II – os que emitirem, fora dos casos permitidos neste Regulamento, nota fiscal que não corresponda à saída efetiva, de produto nela descrito, do estabelecimento emitente, e os que, em proveito próprio ou alheio, utilizarem, receberem ou registrarem essa nota para qualquer efeito, haja ou não destaque do imposto e ainda que a nota se refira a produto isento.

[5] BRASIL. Decreto-Lei nº 5.844, de 23 de setembro de 1943. Dispõe sobre a cobrança e fiscalização do imposto de renda. Disponível em: <http://www.planalto.gov.br/ccivil_03/decreto-lei/Del5844.htm> Acesso em: 21 jan. 2021.

[6] NEDER, Marcos. Tendência à redução das multas de ofício: Jurisprudência demonstra que tribunais administrativos resistem a penalidades exorbitantes. *Jota*. 03 mar. 2015. Disponível em: <https://www.jota.info/opiniao-e-analise/artigos/tendencia-reducao-das-multas-de-oficio-03032015>. Acesso em: 20 jan. 2021.

A multa isolada do artigo 572 do RIPI/10, por sua vez, foi herdada da Lei nº 4.502/64, ou seja, durante a Ditadura de 1964, dentro de um raciocínio punitivista exacerbado.

Esses percentuais, na prática, não condizem mais com a situação atual do país, e criam demandas legítimas dos contribuintes para a sua redução, tendo em vista que o Supremo Tribunal Federal (STF) vem decidindo que o valor das multas aplicadas que ultrapassar o da obrigação principal, é considerado quantia confiscatória.[7]

A aplicação de multas acima de 100% do valor da obrigação principal é um dos fatores que leva à judicialização das autuações fiscais, tendo em vista que uma multa qualificada de 150% pode ser reduzida para 100% pelo Poder Judiciário.

Isso não quer dizer que as multas são inconstitucionais, *per se*, mas que o percentual utilizado de forma a alcançar valores acima de 100% do valor principal é inadequado. Em outras palavras, o que afronta a Constituição Federal, especificamente o Princípio à Vedação ao Confisco, são os valores que ultrapassam o valor principal, e não a existência da multa em si.

Deste modo, os percentuais constantes no artigo 44 da Lei nº 9.430/96 são destoantes do entendimento jurisprudencial do Supremo Tribunal Federal, ocasionando questionamentos administrativos e judiciais quanto à sua aplicação.

Esses questionamentos têm um custo ao erário, tendo em vista que as despesas decorrentes do trâmite administrativo e judicial, assim como o pagamento dos servidores públicos envolvidos, partem do valor dos tributos arrecadados. Também, há o pagamento de honorários de sucumbência pela fazenda pública, quando há ganho de causa ao contribuinte, podendo chegar a valores altos, dependendo do montante discutido.

Para se ter uma ideia dos valores envolvidos, o Relatório do Instituto Insper sobre o contencioso tributário no Brasil analisou dados da Receita Federal do Brasil, Procuradoria Geral da Fazenda Nacional, Secretarias de Fazenda estaduais e municipais, Sistema de Informações Contábeis e Fiscais do Setor Público (SICONFI) e da Secretaria do Tesouro Nacional

[7] STF. *AGRAVO REGIMENTAL NO AGRAVO EM RECURSO EXTRAORDINÁRIO: ARE 938.538 AgR*. Relator Ministro Roberto Barroso. DJe-225 20/10/2016. Disponível em: <http://redir.stf.jus.br/paginadorpub/paginador.jsp?docTP=TP&docID=11899226>. Acesso em: 21 jan. 2021.

(STN) para constatar que, em 2019, o valor discutido no contencioso tributário (federal, estadual e municipal, tanto administrativo, quanto judicial) representava 75% do PIB.[8]

O contencioso tributário, administrativo e judicial, na esfera Federal (em que a União Federal é a interessada) em 2019 representou 52,7% do PIB, ou seja, R$ 3,82 trilhões em discussão.[9] Este valor, ao invés de ser utilizado pelo Estado na melhoria de condições sociais dos seus cidadãos, ou até pelos contribuintes em suas atividades e vida, permanece num limbo, sem destinação certa.

Somente na esfera administrativa federal, o Conselho Administrativo de Recursos Fiscais (CARF), em 2019, julgou 26.090 processos, em valor total acima de R$ 371 bilhões, sendo resolvidos 4.123 processos, num valor total acima de R$ 55 bilhões.[10]

Em mera especulação – apenas como exercício para visualizar o tamanho do problema trazido pelos percentuais existentes das multas tributárias punitivas – se for aplicado o entendimento do STF em relação ao caráter confiscatório da quantia das multas acima de 100% do valor principal a todo o contencioso tributário da União Federal referente ao ano de 2019, e se considerar que existe uma média de aplicação de multa de 150% (tendo em vista que as multas começam no patamar de 75%, podendo chegar até 225%), tem-se que ao menos R$ 764 bilhões são valores indevidamente cobrados pela União Federal.

Criando-se um cenário hipotético ainda pior, se esse valor indevidamente cobrado for judicializado, além dos custos ao erário para julgar valores confiscatórios, há a provável sucumbência sobre R$ 764 bilhões, que será arcada pela União Federal. O gasto com sucumbência, neste exemplo hipotético, poderia ser desde R$ 7 bilhões (1% do valor) a

[8] NÚCLEO DE TRIBUTAÇÃO DO INSPER. *Contencioso Tributário no Brasil.* Relatório 2020, ano de referência 2019. São Paulo, dez. 2020. Disponível em: <https://tinyurl.com/y2gs5t2z >. Acesso em 22 jan. 2021. P .4 a 6.

[9] NÚCLEO DE TRIBUTAÇÃO DO INSPER. *Contencioso Tributário no Brasil.* Relatório 2020, ano de referência 2019. São Paulo, dez. 2020. Disponível em: <https://tinyurl.com/y2gs5t2z >. Acesso em 22 jan. 2021. P. 7.

[10] CARF. *Dados Gerenciais do CARF.* Brasília, dez. 2020. Disponível em: <http://carf.economia.gov.br/dados-abertos/relatorios-gerenciais/2020/dados-abertos-202012-dezembro.pdf>. Acesso em 22 jan. 2021.

R$ 76 bilhões (10% do valor), dependendo da quantidade de processos e o valor envolvido em cada um.

Soma-se ao problema o fato de que, em 2009, um processo administrativo fiscal durava em média 5 anos, conforme levantamento da Fundação Getúlio Vargas (FGV)[11]. Após finalizada a instância administrativa, ainda há a possibilidade de discussão no judiciário. Por sua vez, em 2011, uma execução fiscal tributária durava em média 8 anos, segundo levantamento do IPEA[12]. No total, são cerca de 13 anos em que aquele valor que deveria ser recolhido não o é. Este período compreende mais de uma década, na qual o contribuinte tentará amortizar o seu prejuízo reinvestindo o valor que não foi recolhido, ou, simplesmente, aguardando algum programa de regularização de débitos que diminua drasticamente a dívida, ou facilite o seu pagamento.

Mesmo diante destes dados, simplesmente modificar o patamar dos percentuais das multas do artigo 44 da Lei nº 9.430/96 por meio da alteração legislativa pode causar um custo ainda maior ao erário. Isto porque o artigo 106 do Código Tributário Nacional fundamenta eventual pedido de restituição ou de redução dos valores em processos em andamento, quando os novos percentuais das multas forem mais benéficos aos contribuintes do que as multas atualmente aplicadas; tudo em razão da retroatividade da norma.[13]

[11] SANTI, E. M. D. Relatório final NEF 2009 – reforma do Processo Administrativo Fiscal Federal (PAF)/CARF: excelência, celeridade e eficiência. São Paulo: Editora Fundação Getulio Vargas, 21 dez. 2009. Disponível em: <http://docplayer.com.br/6602078-Relatorio-final-nef-2009-reforma-do-processo-administrativo-fiscal-federal-paf-carf.html>. Acesso em: 22 jan. 2021.

[12] IPEA – INSTITUTO DE PESQUISA ECONÔMICA APLICADA. Custo unitário do processo de execução fiscal na Justiça Federal. Brasília: Ipea, 2011. Disponível em: <http://repositorio.ipea.gov.br/handle/11058/887>. Acesso em: 22 jan. 2021.

[13] Art. 106. A lei aplica-se a ato ou fato pretérito:
I – em qualquer caso, quando seja expressamente interpretativa, excluída a aplicação de penalidade à infração dos dispositivos interpretados;
II – tratando-se de ato não definitivamente julgado:
a) quando deixe de defini-lo como infração;
b) quando deixe de tratá-lo como contrário a qualquer exigência de ação ou omissão, desde que não tenha sido fraudulento e não tenha implicado em falta de pagamento de tributo;
c) quando lhe comine penalidade menos severa que a prevista na lei vigente ao tempo da sua prática.

Esta situação pode ser evitada com a substituição de tributos (extinção de antigos, criação de novos). Contudo, as propostas legislativas nesse sentido devem se adequar aos limites estabelecidos pelo STF, no qual 100% do valor do tributo seria a maior penalidade pecuniária possível, a fim de cessar (ou pelo menos diminuir substancialmente) discussões sobre valores confiscatórios.

Em exemplo, caso um contribuinte tenha sido autuado em razão de falta de recolhimento de PIS e COFINS, com aplicação de multa de ofício (75%) e, durante o período da discussão administrativa ou judicial dessa multa essa tributação for substituída por uma contribuição única, o contribuinte não poderá se beneficiar de percentual mais benéfico atrelado a este novo tributo, tendo em vista que o fato gerador das multas em litígio ocorreu ao tempo em que existiam o PIS e COFINS; ou seja, aplicam-se as regras das contribuições extintas.

Além desse argumento, deve-se analisar se o percentual existente hoje, em seus patamares mínimo e máximo, são adequados para o fim de tornar a arrecadação de tributos atrasados mais eficiente, o que será feito nos próximos tópicos.

2. Necessidade de alteração do percentual das multas tributárias punitivas

Antes de verificar o futuro, deve-se olhar o passado. Como eram os percentuais das multas punitivas aplicadas no Brasil? Eram baixos ou altos? Existiam critérios outros além dos atuais? Como chegamos aos percentuais atuais?

Na Era Getúlio Vargas, em 1943, os percentuais da multa de ofício para o imposto de renda eram de 10%, 30%, 50% e 300%, conforme o artigo 145 do Decreto-Lei nº 5.844/43[14], *sic*:

> Art. 145. As multas de lançamento ex-officio serão as seguintes:
>
> a) de cinqüenta cruzeiros (Cr$ 50,00) a duzentos cruzeiros (Cr$ 200,00) se o contribuinte, pessoa física, demonstrar, dentro do prazo de esclarecimentos, que sua renda líquida não excedeu a vinte e quatro

[14] BRASIL. Decreto-Lei nº 5.844, de 23 de setembro de 1943. Dispõe sobre a cobrança e fiscalização do imposto de renda. Disponível em: <http://www.planalto.gov.br/ccivil_03/decreto-lei/Del5844.htm>. Acesso em: 21 jan. 2021.

mil cruzeiros (Cr$ 24. 000,00), ou, em se tratando de pessoa jurídica, se provar, nesse prazo, não ter apurado lucro de acôrdo com as disposições dêste Decreto-lei.

b) de 10% sôbre a totalidade ou diferença do imposto apurado, nos casos de declaração inexata por dedução de despesas não efetuadas ou abatidas, intentos indevidos, quando se verificar boa fé do contribuinte;
c) de 30% sôbre a totalidade ou diferença do imposto devido, se, intimado nos têrmos do art. 78, sem se declinarem os elementos de cadastro, o contribuinte prestar esclarecimentos satisfatórios ou, pelo menos, declarar rendimentos iguais aos conhecidos da repartição;
d) de 50 % sôbre a totalidade ou diferença do imposto divido, se o contribuinte não atender à intimação do art. 78, não prestar satisfatóriamente os esclarecimentos, ou deixar de declarar todos os seus rendimentos;
e) de 300% sôbre a totalidade ou diferença do imposto devido, em qualquer caso de evidente intüito de fraude.

Parágrafo único. As multas das alíneas b, c, d e e serão cobradas com o imposto.

Em 1957, esses percentuais foram mantidos no Decreto nº 40.702/56, que consolidou toda a legislação do imposto de renda, à época.[15]

A Lei nº 3.470/58, em seu artigo 31, excluiu a hipótese de multa de 30% nos casos de "prestar esclarecimentos satisfatórios ou, pelo menos, declarar rendimentos iguais aos conhecidos da repartição", mantendo as incidências de 10%, 50% e 300%.[16]

O Decreto-Lei nº 401/68, excluiu a multa de 10% para os casos de boa-fé do contribuinte, assim como diminuiu a multa de 300% para 150% do valor principal, nos casos de fraude. Assim, as multas bases ficaram em 50% para lançamento de ofício e 150% para os casos de "evidente intuito de fraude". O Decreto-Lei também criou a multa agravada, para os casos de não atendimento do contribuinte à intimação para prestar esclarecimento,

[15] BRASIL. Decreto nº 40.702, de 31 de dezembro de 1956. Aprova o Regulamento para a cobrança e fiscalização do imposto de renda. Disponível em: <http://www.planalto.gov.br/ccivil_03/decreto/1950-1969/D40702.htm>. Acesso em: 21 jan. 2021.

[16] BRASIL. Lei nº 3.470, de 28 de novembro de 1958. Altera a legislação do Imposto de Renda e dá outras providências. Disponível em: <http://www.planalto.gov.br/ccivil_03/leis/L3470.htm>. Acesso em: 21 jan. 2021.

majorando a multa de ofício para 75% e a multa qualificada de ofício para 225%.[17]

Em 1991, a Lei nº 8.218/91 alterou para 100% a multa relativa ao lançamento de ofício e 300% nos casos de "evidente intuito de fraude". No caso de não atendimento pelo contribuinte, havia a majoração para 150% e 450%, respectivamente.[18]

Somente com a Lei nº 9.430/96 que os patamares passaram a ser de 75% para lançamento de ofício, 150% no caso de fraude. No caso de não atendimento, a redação original da Lei determinava a majoração para 112,5% e 225%, respectivamente.[19]

Em 2007, apesar de modificações introduzidas pela Lei nº 11.488/07, foi mantido o percentual de 75% para multa de ofício, com a sua qualificação em dobro (150%) para os casos de fraude, conluio e/ou sonegação e o aumento em metade para o não atendimento do contribuinte (112,5% ou 225%).[20]

[17] BRASIL. Decreto-Lei nº 401, de 30 de dezembro de 1968. Altera dispositivos da legislação do Impôsto de Renda e dá outras providências. Disponível em: <http://www.planalto.gov.br/ccivil_03/decreto-lei/Del0401.htm>. Acesso em: 21 jan. 2021.

[18] BRASIL. Lei nº 8.218, de 29 de agosto de 1991. Dispõe sobre Impostos e Contribuições Federais, Disciplina a Utilização de Cruzados Novos, e dá outras Providências. Disponível em: <http://www.planalto.gov.br/ccivil_03/Leis/L8218.htm>. Acesso em: 21 jan. 2021.

[19] BRASIL. Lei nº 9.430, de 27 de dezembro de 1996. Dispõe sobre a legislação tributária federal, as contribuições para a seguridade social, o processo administrativo de consulta e dá outras providências. Disponível em: <https://www2.camara.leg.br/legin/fed/lei/1996/lei-9430-27-dezembro-1996-367738-publicacaooriginal-1-pl.html>. Acesso em: 21 jan. 2021.

[20] BRASIL. Lei nº 11.488, de 15 de junho de 2007. Cria o Regime Especial de Incentivos para o Desenvolvimento da Infra-Estrutura – REIDI; reduz para 24 (vinte e quatro) meses o prazo mínimo para utilização dos créditos da Contribuição para o PIS/Pasep e da Contribuição para o Financiamento da Seguridade Social – COFINS decorrentes da aquisição de edificações; amplia o prazo para pagamento de impostos e contribuições; altera a Medida Provisória nº 2.158-35, de 24 de agosto de 2001, e as Leis nºs 9.779, de 19 de janeiro de 1999, 8.212, de 24 de julho de 1991, 10.666, de 8 de maio de 2003, 10.637, de 30 de dezembro de 2002, 4.502, de 30 de novembro de 1964, 9.430, de 27 de dezembro de 1996, 10.426, de 24 de abril de 2002, 10.833, de 29 de dezembro de 2003, 10.892, de 13 de julho de 2004, 9.074, de 7 de julho de 1995, 9.427, de 26 de dezembro de 1996, 10.438, de 26 de abril de 2002, 10.848, de 15 de março de 2004, 10.865, de 30 de abril de 2004, 10.925, de 23 de julho de 2004, 11.196, de 21 de novembro de 2005; revoga dispositivos das Leis nºs 4.502, de 30 de novembro de 1964, 9.430, de 27 de dezembro de 1996, e do Decreto-Lei nº 1.593, de 21 de dezembro de 1977; e dá outras

Assim, o Brasil, que impunha percentuais de multas mínimas e máximas equivalentes a 10% e a 300% do valor principal, passa a ter percentuais de 75% a 225%.

Importante notar que qualquer majoração da multa de ofício ultrapassará o teto estabelecido pelo STF (100% do valor principal), o que, para o contribuinte que já foi penalizado com uma multa de 150%, e ciente que a parte excedente desta multa é confiscatória, não faz diferença deixar de atender as intimações da Receita Federal. Em outras palavras, independentemente da hipótese de majoração, o valor máximo da multa qualificada e/ou agravada é de 100% do valor do tributo devido.

Quanto ao imposto sobre consumo, a lógica era outra. Em 1964, na Lei nº 4.502/64, a multa aplicada por falta de lançamento era de uma a três vezes o valor da obrigação principal para o lançamento de ofício, e de quatro a seis vezes quando verificada sonegação, fraude ou conluio.

Em 1966, a multa de ofício passa para 50% do valor do imposto, 100% quando decorridos mais de 90 dias do prazo regulamentar e de 150% no caso de "infração qualificada", definida como as cometidas mediante sonegação, fraude e conluio.[21]

A Lei nº 8.218/91 alterou as alíquotas supra para 100%, 150% e 450%[22], respectivamente, disposto no artigo 5º,[23] até o patamar atual, estabelecido pela Lei nº 9.430/96.[24]

providências. Disponível em: <http://www.planalto.gov.br/ccivil_03/_Ato2007-2010/2007/Lei/L11488.htm>. Acesso em: 21 jan. 2021.

[21] BRASIL. Lei nº 4.502, de 30 de novembro de 1964. Dispõe Sôbre o Impôsto de Consumo e reorganiza a Diretoria de Rendas Internas. Disponível em: <http://www.planalto.gov.br/ccivil_03/LEIS/L4502.htm>. Acesso em: 21 jan. 2021.

[22] BRASIL. Lei nº 9.249, de 26 de dezembro de 1995. Altera a legislação do imposto de renda das pessoas jurídicas, bem como da contribuição social sobre o lucro líquido, e dá outras providências. Disponível em: <http://www.planalto.gov.br/ccivil_03/Leis/L9249.htm>. Acesso em: 21 jan. 2021.

[23] BRASIL. Lei nº 8.218, de 29 de agosto de 1991. Dispõe sobre Impostos e Contribuições Federais, Disciplina a Utilização de Cruzados Novos, e dá outras Providências. Disponível em: <http://www.planalto.gov.br/ccivil_03/Leis/L8218.htm>. Acesso em: 21 jan. 2021.

[24] BRASIL. Lei nº 9.430, de 27 de dezembro de 1996. Dispõe sobre a legislação tributária federal, as contribuições para a seguridade social, o processo administrativo de consulta e dá outras providências. Disponível em: <http://www.planalto.gov.br/ccivil_03/leis/l9430.htm>. Acesso em: 21 jan. 2021.

Observa-se que desde 1943 houve a mitigação das hipóteses de defesa do contribuinte (e.g., defesa baseada na boa-fé), com a majoração dos percentuais das multas. Apenas em 1996, a proporção da multa de ofício estabilizou em 75% do valor devido, e com a hipótese real de majoração de 100% e 50% do valor do tributo devido para os casos de qualificação ou agravamento, respectiva e cumulativamente.

Mas, para os contribuintes autuados com multas agravadas e qualificadas, a solução para reduzir as multas para 100% do valor devido é a judicialização, tendo em vista que a instância administrativa federal tem se baseado na Súmula 2 do CARF[25], declarando-se incompetente para apreciar pedidos pautados no Princípio à Vedação ao Confisco.

Outro fator importante para a demora na solução das demandas tributárias que versam sobre valor confiscatório das multas é a não adequação do entendimento de alguns Tribunais aos precedentes do Supremo tribunal Federal.

Um dos exemplos atuais é o Tribunal Regional Federal da 3ª Região, que, dependendo da Turma julgadora e sua composição, admite a manutenção das multas punitivas acima de 100% do valor principal, contrariando o entendimento do Supremo Tribunal Federal[26]. Esses entendimentos discordantes fazem com que o processo tenha que tramitar até a última instância do Poder Judiciário brasileiro para que haja a adequação da multa.

De todo modo, a manutenção das multas nos percentuais atuais incentiva o contencioso tributário, além de ser um risco de prejuízo ao erário e à eficiência dos serviços públicos envolvidos, como o de arrecadação e o prestado pelo sobrecarregado Poder Judiciário.

Portanto, sabendo que a manutenção dos percentuais das multas tributárias no patamar atual alimentará o contencioso tributário em níveis não desejáveis, e estando ciente que a interpretação dada pelo STF ao Princípio do Não Confisco limita as multas punitivas tributária ao patamar de 100%, o ideal é que, em qualquer proposta de modificação legislativa, este seja o maior percentual possível na legislação brasileira.

[25] Súmula CARF nº 2: O CARF não é competente para se pronunciar sobre a inconstitucionalidade de lei tributária.

[26] A exemplo do precedente da Apelação Cível nº 5027773-50.2017.4.03.6100 – TRF3.

3. Qual o patamar desejado para as multas tributárias punitivas?

Como explicado anteriormente, o STF entende que a multa tributária punitiva não pode exceder o valor principal do tributo (100%).

Resta analisar qual seria o percentual mínimo ideal para as multas punitivas no ordenamento jurídico brasileiro. Uma das formas de tentar estimar este mínimo é verificar como outros países aplicam suas multas para os lançamentos de ofício.

No Canadá, a multa por omissão é de 50% do valor do tributo não declarado ou dos créditos declarados a maior, sendo possível sua redução por meio de recurso administrativo.[27] Para os casos de evasão fiscal, há multa de 200% do valor do tributo evadido.[28]

No Reino Unido, dependendo do comportamento do contribuinte, a multa pode variar de 0 a 30% do valor do tributo não pago nos casos de desatenção, de 20% a 70% quando a falta de pagamento se deveu a comportamento deliberado do contribuinte, e de 30% a 100% nos casos deliberados e em que houve tentativa de ocultação do fato gerador.[29] Em caso de evasão fiscal por meio de *offshore*, a multa pode chegar a 200% do valor omitido[30]. De certa maneira, a lógica do sistema britânico é bem parecida à adotada pelo Brasil na Era Vargas.

Segundo a PWC, na França a multa de ofício é de 10%, aumentando para 40% nos casos em que for comprovada a má-fé do contribuinte, e 80% nos casos de fraude.[31] Há também multas de 100% para

[27] GOVERMENT OF CANADA. Interest and penalties. Disponível em: <https://www.canada.ca/en/revenue-agency/services/tax/individuals/topics/about-your-tax-return/interest-penalties.html>. Acesso em 20 jan. 2021.

[28] GOVERMENT OF CANADA. Tax Evasion: There are consequences. Disponível em: <https://www.canada.ca/en/revenue-agency/campaigns/tax-cheating-consequences.html>. Acesso em 21 jan. 2021.

[29] LOW INCOMES TAX REFORM GROUP. Tax penalties. 31 dez. 2020. Disponível em: <https://www.litrg.org.uk/tax-guides/tax-basics/enquiries-penalties-appeals-complaints-and-debt/tax-penalties>. Acesso em 22 jan. 2021.

[30] HM REVENUE & CUSTOMS. Increased penalties for offshore tax evasion. Disponível em: <https://assets.publishing.service.gov.uk/government/uploads/system/uploads/attachment_data/file/387346/offshore-penalties.pdf>. Acesso em 21 jan. 2021.

[31] PWC. France: Corporate – Tax administration. Disponível em: <https://taxsummaries.pwc.com/france/corporate/tax-administration>. Acesso em 23 jan. 2021.

contabilidade inservível, e 50% para quando o contribuinte não emitir nota fiscal.[32]

Esses 3 países permitem a dosimetria da multa, conforme critérios estabelecidos em sua legislação. Luís Eduardo Schoueri, apresente proposta semelhante para o Brasil, em duas alternativas: a primeira, que o legislador fixe diversas penas de acordo com a gravidade da infração; e a segunda, que o legislador estipule percentuais mínimos e máximos para que a autoridade fiscal, dentro das circunstâncias prescritas em lei, adeque o patamar quando realizar o lançamento.[33]

Além disso, é perceptível que os percentuais das multas desses 3 países são mais módicos que os existentes no Brasil; enquanto o país sul-americano tem uma multa punitiva mínima de 75%, a França tem uma mínima de 10%, enquanto Canadá tem 50% e Reino Unido pode até dispensar a multa quando se tratar de erro simples; mas, para fins de comparação, considera-se o percentual mínimo para o caso de fraude, em 30%.

Voltando à legislação do Brasil, caso o legislador queira manter a lógica atual, alterando-se apenas o percentual, poder-se-ia usar como parâmetro existente no artigo 59 da Lei nº 8.383/91, que estipula o patamar de 20% para a multa de mora.[34]

Esta ideia é aceita pelas duas Turmas de Direito Tributário do Tribunal Regional Federal da 1ª Região (TRF1), conforme precedentes da Apelação Cível nº 00223522320064013800 e nº 00185595420024013400. Cabe, aqui, transcrever trecho do acórdão nos Embargos de Declaração na Apelação Cível nº 00223522320064013800, *sic*:

> O percentual muito elevado estabelecido para a multa de ofício, em que pese seu caráter "educativo", como forma de sanção objetivando desestimular

[32] LIORET, Eglantine. France: Corporate Tax Comparative Guide. *Mondaq*. 04 fev. 2020, Disponível em: <https://www.mondaq.com/france/tax/861606/corporate-tax-comparative-guide>. Acesso em: 23 jan. 2021.

[33] SCHOUERI. Luís Eduardo. Direito Tributário. 9ª Ed. São Paulo: Saraiva Educação, 2019. P. 813. e-Book.

[34] Art. 59. Os tributos e contribuições administrados pelo Departamento da Receita Federal, que não forem pagos até a data do vencimento, ficarão sujeitos à multa de mora de vinte por cento e a juros de mora de um por cento ao mês-calendário ou fração, calculados sobre o valor do tributo ou contribuição corrigido monetariamente.

a sonegação, ofende os princípios da razoabilidade e proporcionalidade, pois demonstra ser desmedida, elevada, e assume contornos de confisco patrimonial, sendo, portanto, razoável a sua redução para 20% (vinte por cento).[35]

Assim, o percentual de 20% para a multa de ofício seria uma solução a evitar futuros questionamentos judiciais embasados nos princípios da razoabilidade e da proporcionalidade.

Da mesma forma que o estipulado no artigo 44 da Lei nº 9.430/96, pode-se aplicar a qualificação e o agravamento da multa de ofício, duplicando-se a multa de ofício para a qualificação e adicionando metade para o agravamento. Com isso, os percentuais das multas passam de 112,5%, 150% e 225% do valor principal, para 30%, 40% e 60%, respectivamente.

Esses percentuais se enquadram nos critérios do STF, assim como do TRF1, o que pode diminuir as demandas existentes em razão do caráter confiscatório do valor excedente da multa punitiva. Seria uma espécie de conformidade do próprio Estado para aplicar as multas tributárias respeitando o entendimento jurisprudencial atual.

Igualmente, valores menores para as multas podem resultar no pagamento mais rápido das autuações, tendo em vista que, com tais percentuais, dificilmente haverá redução considerável da multa por meio de programas de regularização, e o contribuinte provavelmente notará que pagar o valor da autuação (à vista ou parcelando-o) é mais vantajoso do que contratar um defensor ou advogado para tentar reduzir o valor do tributo – ainda mais porque o incentivo causado pelo Princípio à Vedação ao Confisco não existe mais.

No mesmo diapasão, em estudo de James Alm sobre a evasão fiscal, o autor relembra que a maioria das evidências empíricas demonstra que quanto maior for a alíquota real para o pagamento de um tributo, menor será o número de conformidade. Ou seja, quanto mais caro o tributo for, menos contribuintes pagarão total ou parcialmente.[36]

[35] TRF1. EMBARGOS DE DECLARAÇÃO NA APELAÇÃO CÍVEL: EDAC nº 0022352-23.2006.4.01.3800. Relator Juiz Federal Marcel Peres de Oliveira. E-DJF1 31/05/2019. Disponível em: <https://arquivo.trf1.jus.br/PesquisaMenuArquivo.asp?p1=00223522320064013800>. Acesso em: 23 jan. 2021.

[36] ALM, James. *Measuring, Explaining, and Controlling Tax Evasion: Lessons from Theory, Experiments, and Field Studies.* Tulane University, Department of Economics, 2012. P. 15.

O mesmo ocorre para as penalidades pecuniárias: quanto maior for o valor da penalidade, menor o incentivo do contribuinte em pagar o valor da autuação.

Feld e Frey, em seu trabalho *the tax authority and the taxpayer*, apresentam evidências que multas em patamares baixos, em casos de ofensa à lei tributária de menor potencial, diminuem a percepção dos contribuintes de que o Estado invade o seu patrimônio[37]. Também, os autores sugerem que multas em patamares altos servem para evitar a evasão fiscal.[38] Contudo, não especificam o que é uma multa em patamar baixo ou alto.

Não obstante, o que importa para o presente trabalho não é a evasão fiscal em si, mas a rápida solução das demandas tributárias resultantes da aplicação de valores altos de multa, o que pode ser alcançada com a diminuição da multa de ofício para 20% do valor devido.

Conclusões

A função do tributo é financiar o Estado. Contudo, algumas normas, como a aplicação de multa punitiva de ofício no percentual mínimo de 75%, somada às hipóteses de qualificação e agravamento da multa para valores acima de 100% do tributo devido, atrai a possibilidade de redução do valor das sanções, conforme precedentes do STF que consideram que as multas tributárias não podem ultrapassar o valor da obrigação principal.

Consequentemente, os percentuais atuais das multas tributárias punitivas acabam gerando incentivos para o aumento do contencioso tributário no país, que, em 2019, somente no âmbito federal, representava 52,7% do PIB. Soma-se ao problema a demora para o término das demandas: cerca de treze anos.

A extinção de tributações existentes com a criação de uma nova é uma oportunidade para diminuir o percentual das multas tributárias punitivas sem que atraia a retroatividade do artigo 106 do CTN.

Assim, as propostas legislativas que visam extinguir e criar tributos, devem contemplar a possibilidade de adequar a punição pecuniária para os casos de lançamento de ofício.

[37] FELD, Lars P.; FREY, Bruno S. *Tax compliance as the result of a psychological tax contract: The role of incentives and responsive regulation*. Law & Policy, v. 29, n. 1, p. 102-120, 2007. P. 112.

[38] FELD, Lars P.; FREY, Bruno S. The tax authority and the taxpayer: An exploratory analysis. 2002. P. 5 e 6.

Entende-se que é necessária a adequação dos percentuais das multas, respeitando os limites constitucionais estabelecidos pelo Supremo Tribunal Federal, a fim de diminuir o contencioso tributário existente.

Por fim, sugere-se que a multa de ofício seja reduzida dos atuais 75% para, no máximo, 20%, possibilitando a qualificação e agravamento sobre este novo patamar – situação que possivelmente retirará o incentivo judicialização das autuações com multa de ofício, pois o percentual de 20% é adequado ao entendimento do Supremo Tribunal Federal e do Tribunal Regional Federal da 1ª Região, e, além disso, não há incentivos para a criação de programas de regularidade fiscal com base em redução de multa, tendo em vista que as multas já são baixas.

O incentivo existente será apenas o de pagamento quando da autuação, seja com desconto no pagamento à vista ou por meio de parcelamento, garantindo-se dinheiro rápido ao erário, e a diminuição de custos com processos administrativos e judiciais.

Referências

ALM, James. *Measuring, Explaining, and Controlling Tax Evasion: Lessons from Theory, Experiments, and Field Studies.* Tulane University, Department of Economics, 2012.

ANDRADE, Eduardo de. *A multa qualificada na legislação tributária federal.* 2014. Tese de Doutorado. Universidade de São Paulo.

BALASSONE, Fabrizio; JONES, Philip. Tax evasion and tax rates: properties of a penalty structure. *Public finance review*, v. 26, n. 3, p. 270-285, 1998.

BRASIL. *Câmara dos Deputados.* Emenda na Comissão nº 207, de 2020. Propõe acrescentar o art. 152-B ao artigo 1º da Proposta de Emenda Constitucional nº 45-A de 2019, para estabelecer o limite máximo de 20% para multa sobre o valor dos tributos no País, em obediência ao disposto no art. 150, inciso IV, da Constituição Federal de 1988. Disponível em: < https://www.camara.leg.br/proposicoesWeb/prop_mostrarintegra?codteor=1819890&filename=EMC+207/2019+PEC04519+%3D%3E+PEC+45/2019>. Acesso em: 20 jan. 2021.

__. *Câmara dos Deputados.* Proposta de Emenda à Constituição nº 45, de 2019. Propõe alterar o Sistema Tributário Nacional e dá outras providências. Disponível em: < https://www.camara.leg.br/proposicoesWeb/prop_mostrarintegra?codteor=1728369&filename=PEC+45/2019>. Acesso em: 20 jan. 2021.

__. Decreto nº 40.702, de 31 de dezembro de 1956. Aprova o Regulamento para a cobrança e fiscalização do imposto de renda. Disponível em: <http://www.planalto.gov.br/ccivil_03/decreto/1950-1969/D40702.htm>. Acesso em: 21 jan. 2021.

__. Decreto-Lei nº 401, de 30 de dezembro de 1968. Altera dispositivos da legislação do Impôsto de Renda e dá outras providências. Disponível em: <http://www.planalto.gov.br/ccivil_03/decreto-lei/Del0401.htm>. Acesso em: 21 jan. 2021.

__. Decreto-Lei nº 5.844, de 23 de setembro de 1943. Dispõe sobre a cobrança e fiscalização do imposto de renda. Disponível em: <http://www.planalto.gov.br/ccivil_03/decreto-lei/Del5844.htm> Acesso em: 21 jan. 2021.

__. Lei nº 11.488, de 15 de junho de 2007. Cria o Regime Especial de Incentivos para o Desenvolvimento da Infra-Estrutura – REIDI; reduz para 24 (vinte e quatro) meses o prazo mínimo para utilização dos créditos da Contribuição para o PIS/Pasep e da Contribuição para o Financiamento da Seguridade Social – COFINS decorrentes da aquisição de edificações; amplia o prazo para pagamento de impostos e contribuições; altera a Medida Provisória nº 2.158-35, de 24 de agosto de 2001, e as Leis nºs 9.779, de 19 de janeiro de 1999, 8.212, de 24 de julho de 1991, 10.666, de 8 de maio de 2003, 10.637, de 30 de dezembro de 2002, 4.502, de 30 de novembro de 1964, 9.430, de 27 de dezembro de 1996, 10.426, de 24 de abril de 2002, 10.833, de 29 de dezembro de 2003, 10.892, de 13 de julho de 2004, 9.074, de 7 de julho de 1995, 9.427, de 26 de dezembro de 1996, 10.438, de 26 de abril de 2002, 10.848, de 15 de março de 2004, 10.865, de 30 de abril de 2004, 10.925, de 23 de julho de 2004, 11.196, de 21 de novembro de 2005; revoga dispositivos das Leis nºs 4.502, de 30 de novembro de 1964, 9.430, de 27 de dezembro de 1996, e do Decreto-Lei nº 1.593, de 21 de dezembro de 1977; e dá outras providências. Disponível em: <http://www.planalto.gov.br/ccivil_03/_Ato2007-2010/2007/Lei/L11488.htm>. Acesso em: 21 Jan. 2021.

__. Lei nº 3.470, de 28 de novembro de 1958. Altera a legislação do Imposto de Renda e dá outras providências. Disponível em: <http://www.planalto.gov.br/ccivil_03/leis/L3470.htm>. Acesso em: 21 jan. 2021.

__. Lei nº 4.502, de 30 de novembro de 1964. Dispõe Sôbre o Impôsto de Consumo e reorganiza a Diretoria de Rendas Internas. Disponível em: <http://www.planalto.gov.br/ccivil_03/LEIS/L4502.htm>. Acesso em: 21 jan. 2021.

__. Lei nº 8.218, de 29 de agosto de 1991. Dispõe sobre Impostos e Contribuições Federais, Disciplina a Utilização de Cruzados Novos, e dá outras Providências. Disponível em: <http://www.planalto.gov.br/ccivil_03/Leis/L8218.htm>. Acesso em: 21 jan. 2021.

__. Lei nº 8.218, de 29 de agosto de 1991. Dispõe sobre Impostos e Contribuições Federais, Disciplina a Utilização de Cruzados Novos, e dá outras Providências. Disponível em: <http://www.planalto.gov.br/ccivil_03/Leis/L8218.htm>. Acesso em: 21 jan. 2021.

__. Lei nº 9.249, de 26 de dezembro de 1995. Altera a legislação do imposto de renda das pessoas jurídicas, bem como da contribuição social sobre o lucro líquido, e dá outras providências. Disponível em: <http://www.planalto.gov.br/ccivil_03/Leis/L9249.htm>. Acesso em: 21 jan. 2021.

__. Lei nº 9.430, de 27 de dezembro de 1996. Dispõe sobre a legislação tributária federal, as contribuições para a seguridade social, o processo administrativo de consulta e dá outras providências. Disponível em: <https://www2.camara.leg.br/legin/fed/lei/1996/lei-9430-27-dezembro-1996-367738-publicacaooriginal-1--pl.html>. Acesso em: 21 jan. 2021.

__. Lei nº 9.430, de 27 de dezembro de 1996. Dispõe sobre a legislação tributária federal, as contribuições para a seguridade social, o processo administrativo de consulta e dá outras providências. Disponível em: <http://www.planalto.gov.br/ccivil_03/leis/l9430.htm>. Acesso em: 21 jan. 2021.

CARF. Dados Gerenciais do CARF. Brasília, dez. 2020. Disponível em: <http://carf.economia.gov.br/dados-abertos/relatorios-gerenciais/2020/dados-abertos-202012-dezembro.pdf>. Acesso em 22 jan. 2021.

CARVALHO, Paulo de Barros. Direito tributário: fundamentos jurídicos da incidência / Paulo de Barros Carvalho. 9. ed. rev. São Paulo: Saraiva, 2012.

DERZI, Misabel Abreu Machado; BREYNER, Frederico Menezes. *Multas tributárias e a vedação de confisco nos recentes julgamentos do STF.* Sacha Calmon, Belo Horizonte, v. 5, 2016.

DORAN, Michael. Tax penalties and tax compliance. *Harv. J. on Legis.*, v. 46, p. 111, 2009.

FAJERSZTAJN, Bruno. *Multas no Direito Tributário.* São Paulo: Quartier Latin, 2019.

FALKINGER, Josef; WALTHER, Herbert. Rewards versus penalties: on a new policy against tax evasion. *Public Finance Quarterly*, v. 19, n. 1, p. 67-79, 1991.

FELD, Lars P.; FREY, Bruno S. *Tax compliance as the result of a psychological tax contract: The role of incentives and responsive regulation.* Law & Policy, v. 29, n. 1, p. 102-120, 2007.

__. *The tax authority and the taxpayer: An exploratory analysis.* 2002.

GOVERMENT OF CANADA. Interest and penalties. Disponível em: <https://www.canada.ca/en/revenue-agency/services/tax/individuals/topics/about-your-tax--return/interest-penalties.html>. Acesso em 20 jan. 2021.

__. Tax Evasion: There are consequences. Disponível em: <https://www.canada.ca/en/revenue-agency/campaigns/tax-cheating-consequences.html>. Acesso em 21 jan. 2021.

HM REVENUE & CUSTOMS. Increased penalties for offshore tax evasion. Disponível em: <https://assets.publishing.service.gov.uk/government/uploads/system/uploads/attachment_data/file/387346/offshore-penalties.pdf>. Acesso em 21 jan. 2021.

IPEA – INSTITUTO DE PESQUISA ECONÔMICA APLICADA. Custo unitário do processo de execução fiscal na Justiça Federal. Brasília: Ipea, 2011. Disponível em: <http://repositorio.ipea.gov.br/handle/11058/887>. Acesso em: 22 jan. 2021.

KLEPPER, Steven; NAGIN, Daniel. The anatomy of tax evasion. *Journal of Law, Economics, & Organization*, v. 5, n. 1, p. 1-24, 1989.

LANDSBERGER, Michael; MEILIJSON, Isaac. Incentive generating state dependent penalty system: The case of income tax evasion. *Journal of Public Economics*, v. 19, n. 3, p. 333-352, 1982.

LIORET, Eglantine. France: Corporate Tax Comparative Guide. *Mondaq*. 04 fev. 2020, Disponível em: <https://www.mondaq.com/france/tax/861606/corporate-tax-comparative-guide>. Acesso em: 23 jan. 2021.

LOW INCOMES TAX REFORM GROUP. Tax penalties. 31 dez. 2020. Disponível em: <https://www.litrg.org.uk/tax-guides/tax-basics/enquiries-penalties-appeals-complaints-and-debt/tax-penalties>. Acesso em 22 jan. 2021.

NEDER, Marcos. Tendência à redução das multas de ofício: Jurisprudência demonstra que tribunais administrativos resistem a penalidades exorbitantes. *Jota*. 03 mar. 2015. Disponível em: <https://www.jota.info/opiniao-e-analise/artigos/tendencia-reducao-das-multas-de-oficio-03032015>. Acesso em: 20 jan. 2021.

NÚCLEO DE TRIBUTAÇÃO DO INSPER. *Contencioso Tributário no Brasil*. Relatório 2020, ano de referência 2019. São Paulo, dez. 2020. Disponível em: <https://tinyurl.com/y2gs5t2z >. Acesso em 22 jan. 2021.

PLUTARCO, Hugo Mendes. A sonegação e a litigância tributária como forma de financiamento. *Economic analysis of law review*, v. 3, n. 1, p. 122-147, 2012.

PWC. France: Corporate – Tax administration. Disponível em: <https://taxsummaries.pwc.com/france/corporate/tax-administration>. Acesso em 23 jan. 2021.

SANTI, Eurico Marcos Diniz. Relatório final NEF 2009 – reforma do Processo Administrativo Fiscal Federal (PAF)/CARF: excelência, celeridade e eficiência. São Paulo: Editora Fundação Getulio Vargas, 21 dez. 2009. Disponível em: <http://docplayer.com.br/6602078-Relatorio-final-nef-2009-reforma-do-processo-administrativo-fiscal-federal-paf-carf.html>. Acesso em: 22 jan. 2021.

SCHOUERI. Luís Eduardo. **Direito Tributário.** 9ª Ed. São Paulo: Saraiva Educação, 2019.

SILVA, Paulo Roberto Coimbra. **Direito Tributário Sancionador**. São Paulo: Quartier Latin, 2007

STF. *AGRAVO REGIMENTAL NO AGRAVO DE INSTRUMENTO*: AI 727.872 AgR. Ministro Roberto Barroso. DJe-091 15/05/2015. Disponível em: <http://redir.stf.jus.br/paginadorpub/paginador.jsp?docTP=TP&docID=8479282>. Acesso em: 21 jan. 2021.

__. Agravo Regimental no Agravo em Recurso Extraordinário: ARE 1058987 AgR. Relator Ministro Roberto Barroso. DJe-289 14/12/2017. Disponível em: <http://redir.stf.jus.br/paginadorpub/paginador.jsp?docTP=TP&docID=14212358>. Acesso em: 21 jan. 2021.

__. *AGRAVO REGIMENTAL NO AGRAVO EM RECURSO EXTRAORDINÁRIO: ARE 938.538 AgR*. Relator Ministro Roberto Barroso. DJe-225 20/10/2016. Disponível em: <http://redir.stf.jus.br/paginadorpub/paginador.jsp?docTP=TP&docID=11899226>. Acesso em: 21 jan. 2021.

TRF1. *EMBARGOS DE DECLARAÇÃO NA APELAÇÃO CÍVEL*: EDAC nº 0022352-23.2006.4.01.3800. Relator Juiz Federal Marcel Peres de Oliveira. E-DJF1 31/05/2019. Disponível em: <https://arquivo.trf1.jus.br/PesquisaMenuArquivo.asp?p1=00223522320064013800>. Acesso em: 23 jan. 2021.

YITZHAKI, Shlomo. On the excess burden of tax evasion. *Public Finance Quarterly*, v. 15, n. 2, p. 123-137, 1987.